JN219072

編集復刻版

# 戦後改革期文部省実験学校資料集成　第Ⅲ期　第2巻

水原克敏　編・解題

不二出版

〈復刻にあたって〉

一、原本自体の破損・不良によって、印字が不鮮明あるいは判読不能な箇所があります。

一、資料の中には人権の視点から見て不適切な語句・表現・論もありますが、歴史的資料の復刻という性質上、そのまま収録しました。

一、解題（水原克敏）は第1巻巻頭に収録しました。

（不二出版）

〈第2巻　目次〉

資料番号―資料名◆編・著◆発行所◆発行年月日……復刻版頁

〈初等教育実験学校報告書〉

◎収録一覧

| 巻 | | 資料名 | 発行所 | 発行年月日 |
|---|---|---|---|---|
| | 〈初等教育実験学校報告書〉 | | | |
| 第1巻 | 1 | 小学校道徳の評価 | 東洋館出版社 | 1963（昭和38）年5月20日 |
| | 2 | 小学校特別教育活動指導計画のあり方 | 教育図書 | 1964（昭和39）年6月1日 |
| | 3 | 小学校音楽の指導法に関する二つの実験研究 | 音楽教育図書 | 1963（昭和38）年6月20日 |
| | 4 | 小学校道徳指導計画改善の観点 | 教育図書 | 1963（昭和38）年7月5日 |
| 第2巻 | 5 | 小学校クラブ活動の効果的な運営 | 教育図書 | 1964（昭和39）年1月5日 |
| | 6 | 小学校音楽の指導法に関する実験研究――創作の指導法 | 大蔵省印刷局 | 1964（昭和39）年6月15日 |
| | 7 | 小学校家庭科すまいの領域を中心にした学習指導法の研究 | 教育図書 | 1964（昭和39）年6月10日 |
| | 8 | 学習に役だつ小学校図書館 | 東洋館出版社 | 1965（昭和40）年7月10日 |
| 第3巻 | 9 | 作文の学習指導 | 教育図書 | 1965（昭和40）年3月1日 |
| | 10 | 小学校道徳の指導法　読み物資料の効果的利用 | 東洋館出版社 | 1965（昭和40）年6月1日 |
| | 11 | 小学校児童会活動運営の実際 | 東洋館出版社 | 1965（昭和40）年6月1日 |
| | 12 | 児童の実態に即した学習指導法の研究――特に下学年の理科指導について | 東洋館出版社 | 1965（昭和40）年10月5日 |

初等教育実験学校報告書 5

小　学　校

# クラブ活動の効果的な運営

1963

文　部　省

初等教育実験学校報告書 5

小　学　校

クラブ活動の効果的な運営

1963

文　部　省

## ま え が き

小学校の新しい教育課程が実施されて以来，特別教育活動の研究が年ごとに進み，各地でその成果の発表が多く見られるようになったことは，まことに喜ばしいことである。

ところが，特別教育活動におけるクラブ活動に関しては，一般に研究の着手も遅れ，その指導計画作成や実際の運営についての問題点が少なくなく，今後の研究にまたなければならない面が多いのである。

本書は，文部省が昭和36，37年度の２か年にわたって，「クラブ活動の計画と指導」という主題で，埼玉県鴻巣市立鴻巣東小学校に実験研究を委嘱して得た成果を，「クラブ活動の効果的な運営」と題してまとめたものである。本書を一つの手がかりとして，この方面の研究をいっそう進められることを期待してやまない。

本実験研究に心からの協力をいただいた鴻巣東小学校の倉林嘉四郎前校長はじめ全職員のかたがたに深く感謝する次第である。

昭 和 38 年 5 月

文部省初等中等教育局

初等教育課長　西 村 勝 巳

## は じ め に

昭和36年４月，文部省から「クラブ活動の計画と指導」の主題を与えられ，実験学校として委嘱されてから約２か年にわたって実験研究をつづけてまいりました。今回，文部省の御配慮によって，２か年の足跡ともいうべき研究のまとめを広く閲読していただく機会を得ましたので，わたくしどもの研究のたりなかったところ，考え方の正しくなかったところなどについてじゅうぶん御教示いただき，今後クラブ活動のいっそうの伸長に努力してまいりたいと存じます。

委嘱をうけた当初，わたくしどもは，この研究への取り組み方について討議を重ね，大筋を決めて研究に取り組みました。その大筋のいくつかについてしるしてみます。

第１に

全職員協力してこの研究に取り組むこと。

校長ほか全職員がそれぞれ自分の考えを思う存分述べあい，同じ理解の上に立って実際指導に当たるということは，学校教育のどの部面でもきわめて大事なことですが，とりわけ特別教育活動は新しく教育課程に位置づけられた分野でありますので，その指導については特にこの点を強く考える要があるわけです。

第２に

小規模の組織でもよいからまず実践すること。

およそ教育のしごとは，事前の準備研究ふじゅうぶんのままとりかかることは厳に慎まなければならないことですが，初めから規模の大を望んだり，外見上よく整ったとみられるような組織を望んだりすることは，かえって特別教育活動本来のねらいを逸したり，途中で弛緩したりのことも予想されるので，小規模の組織でもまず実践活動にうつし，実践しながら足りないところを補ったり，むりのない程度に新しい部面を加えたりして，順次充実した活動に進めることがよいと考えました。

第3に

特別教育活動全体の中に正しく位置づけられたクラブ活動であること。

文部省から委嘱された主題が，「クラブ活動の計画と指導」であるからといって，クラブ活動のみに重点をおいた研究でなく，学校教育の中に正しく特別教育活動を位置づけるとともに，特別教育活動の中にむりなく座を占めるクラブ活動でなくてはなりません。この観点からして，最初の1年は，特別教育活動全般についての研究を主とし，2年目に特別教育活動の中に正しくおさまるクラブ活動の研究を主として進めることにしました。

第4に

地域の理解と協力を求めること。

市の教育委員会や市内の各学校と密接な連絡をとり，協調しながら，学校に関係する行事などの調整を図ることによって，特別教育活動を含む教育計画に支障をきたさないよう心がけることにしました。さらに，近年は，こどもの進学や就職に関心を向けすぎることによって，いわゆる学力の向上を願うあまり特別教育活動のもつ教育的意義を軽視する傾向も心配されるので，地域の人々や父母に対しての働きかけを強め，特別教育活動について正しい理解をもち，協力していただくことにしました。

以上のような考え方で研究をつづけてきました。研究を進めていく間にも，クラブ活動の伸展をはばむ問題は何であり，その問題を解決するにはどうしたらよかろうか，クラブ活動研究の上で特に力をそそぐべき点は何であろうかなどと，いろいろ迷いもし，つまずきもして今日に至りました。

その間，文部省の青木孝頼先生，埼玉県教育委員会の加藤雅信先生には終始懇切熱心な御指導をいただき衷心より感謝申しあげます。

昭和38年5月

埼玉県鴻巣市立鴻巣東小学校

前校長　倉林嘉四郎

現校長　鈴木秀吉

# 目次

# 第1章　本校特別教育活動の概要

## 第1節　本校の実態

鴻巣市は高崎線で上野から1時間ほどの距離にあり，埼玉県のほぼ中央に位置している。その昔は，中山道の宿駅として大宮，熊谷などとならんで重要な場所とされており，一方ひな人形の町としても全国に知られて，今も人形町という町内名が残されているほどである。

昭和29年9月には，当時の鴻巣町とまわりの5か村を合併して市制がしかれ，いわゆる農村都市で人口 33,000 人にすぎない小さな市である。しかし最近では首都圏計画の一部にふくまれて，市の農村部にはおいおいに工場も誘致され住宅も増加している。

本校は明治6年5月に創立され，大正12年の関東大震災の直後に今の場所に移転されたのである。その後敷地の拡張，校舎の増築，講堂の建築，給食室やプールの設置などと順次整えられてきている。

位置からいえば，市街地のおよそ中ほどにあり，いちばん遠距離の児童も20分程度で通学できる範囲が学区となっている。周囲には，高等学校，中学校，幼稚園，市役所など文教関係の建物が多く，環境には恵まれている。校地や運動場はあまり広くはないが，南面に向く校舎の前には2本の大けやきが，むさしのの歴史を秘めてそびえ，学校の象徴ともなっている。

現在児童数は1,300名ほどで，「健康で人格の高い情操豊かな実践力のある国民を育てる。」ことを教育目標として，30余名の教師が指導に当たっているのであるが，発表力豊かで明るい気風の児童が多いことは，一つの長所といっても言いすぎではないと思われる。

児童の実態は，幼稚園終了者は全児童の80パーセントをこえ，家庭教師についたり，私塾に通う児童も30パーセントをうわ回っている状態である。

父兄は県南あるいは都内への通勤者が多く，農業従事者はひじょうに少ない。教育については関心が強いが，いわゆる学力一筋の教育を望む傾向もあって，特別教育活動については消極的であった。しかし最近では，学校側でこの研究が進むにつれ機会をとらえては啓発することに努めたため，おおいに理解をもつようになり，クラブ活動についても種々意見をよせる父兄も見受けられるようになった。

## 第2節　特別教育活動の現状

教育課程の1領域としての特別教育活動には，児童会活動，学級会活動，クラブ活動があって，この三者は必ずどこの学校でも行なわなければならないことはいうまでもない。

次に本校の特別教育活動の現状について，概要を述べてみたい。

### 1　児童会活動

本校では，学習指導要領の目標やねらいを受けて，次のような児童会活動のねらいを考えている。

○児童が自分たちの学校生活をよりよいものにするため，学校生活全体に関する諸問題を取り上げ，自発的，自治的に話し合い解決する。

○自分たちの学校生活を楽しく充実したものにするために，学校内の仕事を分担処理していくという自覚をもたせ，自治的に話し合い積極的に実践活動を進める。

○児童会の決定に基づいて必要に応じた集会を，計画的，有機的に運営する。

以上のねらいをさらに具体的にして，代表委員会，部活動，集会活動ご





とにねらいを設定している。

(1)　組織と運営について

児童会活動の組織は，学校規模や児童の実態に基づいて，児童の希望などを考慮することが必要である。指導書にも組織についての配慮すべき点を，

ア．民主的，社会的な経験の場となるような組織であること。

イ．環境条件に応じ，児童にとって活動しやすい組織であること。

ウ．児童ひとりひとりの要求を，できるだけ生かす組織であること。

エ．学級会活動，クラブ活動と密接な連絡をもつことができる組織であること。

のように4項目にわたって述べており，本校でもこの点に留意し，今までの長期間にわたる実践の結果，代表委員会においては，代表委員の参加範囲，人数を，また部活動については部の種類，部の数，参加学年と児童数，指導教師などを考慮して児童会の組織を構成した。

組織ができると実際活動が始まるわけであるが，あくまでも児童の自発的，自治的な実践活動を盛り上げていくような運営がなされなければならない。活動が遅々として進まないものであっても，それが児童自身の手によってなされたものであれば，未熟ながらも一応は認め，その上で教師の適切な指導を考慮するのがよいであろう。

(2)　時間の取り方

本校では児童会活動のための時間配当は，正課の時間内にはなされていないが各分野においては，次のように活動時間を考えている。

○代表委員会……毎月第2火曜日放課後

○代表委員会の運営委員会……週1回放課後

○各部代表協議会……毎月第4火曜日放課後

○各部の話し合い……毎週金曜日放課後

○児童中心の集会…月１回

代表委員会関係の活動の時間は，それぞれおおよそ45分を原則としている。話し合いの様子によって時間を伸縮することもあるが，助言指導によって能率的に運ぶように考えている。また臨時に会をもつこともあるが，すべて放課後を当てている。また各部の活動時間については部の性格からみて，それぞれの部によって一律でない。しかし金曜日の放課後は，各部とも集合時刻を一定して始めている。常時活動で時間規定がないからといって，無制限に活動時間をとるというのではなく，負担過重にならないようじゅうぶん配慮している。

(3) 参加について

指導書によると，「児童会は全校児童をもって構成されるものであるが，実際の運営は主として高学年児童によって行なわれる。」とある。本校においては，児童数が多いのであるが，指導書の線にそって次のような参加の方法をとっている。

ア．代表委員会

４，５，６年の学級代表男女各１名と，部の代表各１名，正副議長３名，書記２名

イ．各部活動

５，６年の全児童がいずれかの部に参加する。「各部の活動内容から考えて適切な人数を，あらかじめ学校側で決めておき，どの児童がどの部にはいるかは児童の希望にまかせる。」という原則を決め，各部の構成人員および指導者数を決めた。所属決定までには，児童の希望，性別，特性，６年の場合は前年までの経験など勘案することはもちろんである。

(4) 児童会役員と任務

ア．代表委員会





正副議長と書記は，代表委員の互選によって選出される。また，運営委員会の正副議長，書記は学年代表（４，５，６年各１名）と，８部の代表１名を加えて構成し，代表委員会を開く前に，実施計画の作成にあたっている。このほか毎週水曜日には全校児童が投書できる提案箱をあけ，出された意見を検討し，学年，学級，クラブ，部などへ連絡処理している。

イ．各部協議会

運営委員が中心となり各部代表者の協議会をもち，各部間の連絡を密にしている。

ウ．各部活動

各部ともおおよそＡ，Ｂの２班を編成，正副班長を選び，隔週で活動に従事している。正副班長は各部の中心となって活動の計画，活動の反省，問題点などを話し合ったり，代表委員会の開かれる時には部の代表として参加している。

(5) 指導体制

全校教師が児童会活動のいずれかの部の指導を担当している。

代表委員会，各部の活動とも担当教師の手により１年間を見通し，前年度までの活動を参考にして，おおまかな年間指導計画を立て，また児童との話し合いにより実施計画も作り，活動しては反省し，よりよい活動ができるように努めている。

(6) 集会活動について

児童会活動として行なわれるものに代表委員会活動，各部の活動のほかに集会活動がある。この集会活動については特別教育活動の学習指導要領に示されているので，本校の現状についてだけ述べてみることにする。

ア．全校集会について

全校朝会は毎週月曜日第1時始業前15分間をこれに当てている。月曜日の朝会は大部分の時間を児童会活動の伝達，報告をするようにしており，学校行事等としての朝会ではあっても，その内容は児童会の主催する全校集会と考えてよいものである。

金曜日の全校朝会は学校行事等として学校側で計画実施しているが，毎月1回最終の金曜日には，全校児童で歌唱や器楽の演奏をしている。現在この二つの朝会をあわせて検討し，児童会の運営による全校集会に移すことを考えている。児童の中には自分たちの手で集会を運営していきたいという声があり，教師の意向もその線に向かっている現状である。

新入生歓迎会と卒業生送別会の二つの全校的な集会は，教師の助言を得て代表委員会が中心になり，ほとんど児童の手で計画運営されている。

イ．学年集会について

○スポーツ集会……主として中学年以上の学年で数多く行なわれている。

○学芸的集会……学年末のお別れ会や，ひなまつり会，学習発表会等が行なわれている。

○謝恩会……6年生の学年末に行なわれる集会で，会の計画，運営等の重要な部分は児童が主体となり，教師，用務員，給食婦，交通整理の係員などに感謝の会を開いている。

### 2　学級会活動

学級会活動も児童会活動と同じように指導書に述べられているねらいを基にして，次のような指導のねらいを設定している。

○話し合い活動……学級生活に関する問題を自分たちの手で話し合い解決できるようにする。





○係り活動……いくつかの係りにわかれ学級内の仕事を分担し実践処理できるようにする。

○集会活動……話し合いに基づいて，自分たちで立案計画し，協力的に運営して楽しく喜びあえる集まりがもてるようにする。

これらのねらいを達成するために，

○利用しやすい。

○児童の発達段階。

○学年のおよそのねらいをおく。

○自主的な話し合い活動を重視する。

などを考慮して指導計画を作成した。

次の図表1は，学級会活動の指導計画の様式であるが，このような形式により各学年とも，学級会活動指導計画を立てている。

（図表1）　第○学年の指導目標

(1)　話し合い活動のねらい

| | 活動のめあて | 留意点 | 備考 |
|---|---|---|---|
| 提案 | | | |
| 司会 | | | |
| 話し合い(討論) | | | |
| 記録 | | | |
| 実践 | | | |

(2)　係り活動のねらい

| | 活動のめあて | 留意点 | 備考 |
|---|---|---|---|
| 編成 | | | |
| 計画 | | | |
| 運営実践 | | | |

(3)　集会活動のねらい

| | 計画 | 留意点 | 備考 |
|---|---|---|---|
| 1年 | | | |
| 2年 | | | |
| 3年 | | | |

(1)　話し合い活動

ア．組織について

低学年では，集団意識もうすく，活発な話し合いも望めないので教師が中心となって司会し，話し合いが慣れるにしたがって徐々に司会，記録などの役割の必要性を話し経験させるようにしている。中学年では，学級意識も高まり話し合いもやや自主的に行なわれるようになってくるので司会，記録を設置している。しかし特定の児童に限定せず，適宜交代させ固定的組織はさけている。高学年では話し合い活動はじゅうぶん身についているので，教師は，できるだけ助言的立場に立ち児童の自発的な運営ができるように配慮している。そのため学級会の運営委員会を構成している。

イ．運営について

本校では，次のように考えている。つまり学級全員に共同の問題であり，児童の自治的活動により解決可能な範囲内のもので，児童の能力にふさわしいものである。問題は下記のような方法によって出されている。

○児童が話し合ってもらいたいもの(議題)を考えてメモしておき，それを発表しあって決める。
○朝，放課後などの話し合いのなかからふさわしい問題を取り上げる。
○仲よしポスト，学級ポスト，投書箱，学級日誌の記事などから取り上げる。
○係りの会合から提案される。
○運営委員会や計画委員会で立案される。
○個人記録から取り上げる。

以上のような方法で出された問題をじゅうぶん検討し，話し合い活動の議題として選定していくことが重要である。なお話題がかたよらないように助言指導している。議題が決定されると，学級会を開く前に議題が徹底するように掲示やプリントによって知らせ，自分の意見をまとめる準備をし，一方高学年では，運営委員会で学級





会の実施計画を作成するわけである。実施計画には，1．議題，2．議題が決まるまでの経過，3．ねらい，4．本時の活動，5．備考などの項目を決めて児童とともに流れを予想しながら考える。学級会を開く場合には，机の配列，役員など考慮する必要がある。机の配列は種々あろうがコの字型が多く使われ，役員は，司会(議長)，記録（書記）などをおき多くの児童が経験する機会をもたせるとともに，発表力の少ない児童の取り扱いなどを考えて助言するように努めている。事後の指導については決定事項の実践化に努めるわけであるが，無理でなくあくまでも自治的，自発的に実践できるように注意をはらいたい。

(2)　係り活動

係りは各学級の必要に応じ組織し自治的に活動しやすいものでなくてはならないが，本校では，係りを決める基準を考え，教科学習の延長とみられるようなもの，教師の管理範囲であるもの，児童の過重負担になるようなもの，活動が校外におよぶ内容をもったものなどは，係り活動から除外したり，当番制にしたりしている。

低学年，特に1年生では初め教師のお手伝いという立場のもとに簡単な係りを作り，係りの必要性を認識させながらしだいに仕事を見つけさせ，そのつど，新しい係りを設けるようにしている。

中学年の場合は，今までにいくつかの係りを経験しているので自分たちの係りについての認識も深まり，かなり形の整った係りを組織している。つまり小集団で係りを分担していく方法である。

高学年においては，学級独自の係りを作り，組織にあたっては形式的でなく実践できるもの，児童の希望を取り入れたり，経験を生かすものなどを児童が常に検討しあい合理的に処理できるようにさせている。

(3) 集会活動

学級会活動の1分野である集会活動は，学級の全児童が集まり，特に児童の興味と関心の深い活動を重ねることによって，児童の自治的な生活態度を養い楽しい学級生活が営まれるようになることを目ざしている。活動内容としては，普通，歌唱，ゲーム，劇などが取り上げられているが児童の発達段階によってはさらに研究発表的なもの，クラブ活動の成果の一部を発表する形式のものなども加えられる。日常の学習の成果が自然の形で学級集会ににじみでてくるのは当然であり，また好ましいことであるがゆきすぎにならないように注意している。

集会を大別すると，

○誕生日を祝う集会

○季節的行事に関係した集会

○社会的行事に関係した集会

○スポーツを中心にした集会

○学校行事に関係した集会

などが考えられる。

低学年においては教師が話し合いの中心となり児童の意見を尊重しながら運営していくが，児童の過重負担にならないようにして，集会に対して興味をもたせ慣れさせていくようにしている。

中学年においては，児童自身の創意で計画を立て，全員で分担して，協力して運営ができるようにする。なお効果的な活動として小集団による，まとまった発表を多くしていき内容も精選されてくるので回数も低学年よりいくぶん少なくなるわけである。

高学年においては，いままでの経験の上にたって建設的な態度で企画，運営にあたり内容の充実した集会活動を行なうようにしている。





集会のために必要な係りは，集会の内容によって異なるからそのつど決め，全員が一度はなんらかの係りにつき，各係りが協力して仕事を進め全体に奉仕する気持ちをもたせたい。

(4) 時間の取り方

本校では，年間を通じ各学年とも，週1時間を時間表に取り実施している。

ア．話し合い活動

低学年では児童の発達段階を考えて一応時間表の上では，1時間を当てているが，実際に要する話し合いの時間は，1回に20分ないし30分で終わる場合もある。

中学年以上特に高学年では問題の提起も多く話し合いも深くなってくるので，1週1時間は，ほとんど話し合い活動の時間に用いられる。

イ．係りの活動

係りの活動の時間は，朝会前，第1時始業前，休み時間や昼食後の休み，放課後の時間などを当てている。しかしすべての係りがこのような時間にいつでも活動するわけではなく，朝だけ連日活動するものや，放課後必要あるごとに活動するなど，係りの活動の内容によってはいろいろである。児童相互に注意しあい協力して活動を進めていくことが，高学年では多くなりがちであるが，係り活動が本来の目標からずれないように注意し助言をしている。

ウ．集会活動

集会についての話し合いや集会そのものは，当然学級会の時間になされるが，内容によってはグループによる練習も予想される。その場合には他の教育課程にも影響するので放課後の練習が多くなりがちになる。

以上各活動の時間について述べたが，学級会活動を実施していくために本校としては，およその時間の基準を次のように考えたが，この配分は強く固執するものではなく，弾力ある扱いをしている。

3　**クラブ活動**

児童数の多い本校では，3,4年では学級でクラブ的な活動を行ない，クラブ活動への関心を高めるように努め，5,6年では全児童が参加し14クラブの中から自分の好むクラブを選択して所属し，毎週水曜日の第6時間に活動している。担当教師はだいたい1クラブ2名を当てている。話し合い，実践し，反省を加えながらたゆまぬ努力をしている。

（図表2）　各活動の時間配分

| 活動＼学年 | 低学年 | 中学年 | 高学年 |
|---|---|---|---|
| 話し合い活動 | 75% | 80% | 80% |
| 係り活動 | 5% | 5% | 10% |
| 集会活動 | 20% | 15% | 10% |

## 第3節　研究の経過

本校では，昭和35年度に，教育課程改訂を前にして，「特別教育活動の具体的研究」を努力目標の一つとして取り上げ，特別教育活動の研究を始めた。

当初は，新設した特別教育活動研究部を推進母体として，特別教育活動の目標，内容，組織，運営などの総括的な問題について，学習指導要領と特別教育活動指導書などをもとにしての理論的研究や事例研究などを行なった。

1学期末には，全職員が，児童会活動，学級会活動，クラブ活動の3分野の研究グループに分かれて分科会をつくり，研究をふかめていった。

2学期からは，月曜日を特別教育活動研修日とし，特別教育活動の研究を，特別教育活動委員会（各学年から1名選出した特別教育活動の委員の





会）と，3分科会（全職員が3分野に分かれての研究組織）と，全体会議（全職員一堂に会しての研究会）を開いて，推進することにした。

昭和36年度も，前年度とほぼ同様な組織をもって研究してきたが，前年度の反省から，研修日を水曜日とした。

なお，特別教育活動の研究会に参加したり，先進校の視察や研究物の検討，参考書類の輪読会，実際活動の研究会，指導者を招いての校内研修などをもって，実際的研究を深めるように努力した。

昭和37年度も，今までの研究組織をそのままにして継続研究を進めたが，研修日は木曜日として，そのほとんどを3分科会による研究に当てた。全体会や委員会は他の日に行ない，研修日には，努めて他の会合をもたないようにして，ひたすら特別教育活動の研究に専念した。

## 第4節　クラブ活動の変遷

本校のクラブ活動は，昭和22年度学習指導要領の制定されたときに，自由研究として音楽，郷土などの10数クラブができ，4年以上の児童の希望参加として，全職員の指導によって始められた。しかし編成上の問題や，学校の施設用具などの関係でその運営はたいへん困難を感じた。

昭和26年度学習指導要領の改訂により，自由研究は廃止された。しかしその後も国語，理科，音楽などの同好の教師・児童によって組織されたクラブ活動は続けられた。

昭和35年度には，教育課程の改訂を前にして特別教育活動の実践的研究にとりくみ，それをもとにクラブ活動の実践が全教師指導のもとに始められた。

昭和35年度より昭和37年度までのクラブ活動の変遷について項をおってしるしてみよう。

1　**参加児童の範囲について**

昭和35年度より5,6年全員参加として現在におよんでいる。

### 2　クラブの種類の決定について

昭和35年度は各教科研究部ごとに，実施したいクラブ名をあげ職員会議によって，習字・図書・社会・理科・美術・歌唱・器楽・家庭・球技・器械体操・陸上運動・演劇の12クラブとした。

昭和36年度には昭和35年度3学期末に「今のクラブ以外にどんなクラブがあればよいと思いますか。」という調査を したところいろいろな クラブ名が出されたが，

(1)　クラブの本質から考えて適当でないもの。

(2)　施設，設備から考えて適当でないもの。

(3)　発達段階から考えて適当でないもの。

(4)　季節的な面から考えて適当でないもの。

(5)　希望者が少ないもの。

(6)　他のクラブ活動の中で取り上げられると思われるもの。

など，クラブを組織する基本的な観点から適当でないと思われるものは児童の希望があっても取り上げなかった。しかし児童の声を聞いて郷土クラブを地理クラブと歴史クラブに，科学クラブを動物クラブ・植物クラブ・電気クラブに，美術クラブを絵のクラブ・デザインクラブ・工作クラブに分け17クラブとした。

昭和37年度には前年度のクラブの種類と数を研究した結果，クラブの活動内容がせばめられ活動が単調になりがちとなり，クラブを統合する必要を認めた。さらに所属変更を少なくして長期間同一クラブの活動を行なうこと，「工作クラブにはいっても工作だけでなく絵もかきたい。」という児童の意見などを考え合わせて，前年度2クラブまたは3クラブに分けたクラブをふたたび統合することにした。

別に児童の希望数の多かった珠算クラブを新設し，読書・習字・地歴・





生物・電気・美術・歌唱・器楽・手芸・運動の11クラブとした。

### 3　児童の所属するクラブの選択について

昭和35年度はクラブの種類，活動内容を児童に理解できるように説明した上で，第1から第3までの希望調査をし，あらかじめ予定したクラブごとの児童数になるように，学級担任を中心とした児童との話し合いで調整をし決定した。

児童の希望と，調整による所属決定との関係を調査した結果，75%の児童は希望するクラブに所属でき，25%の児童は第1希望以外のクラブに調整された。

児童の希望するクラブの傾向を性別よりみると，男子は科学的なクラブ，体育的なクラブへ集中し，女子は芸能的クラブにかたよっていたようである。なお，所属の変更は毎学期ごとに認める3期制とした。

昭和36年度は児童の希望を重視することをたてまえとして，第1希望より第3希望まであげさせたが，第1希望を優先的に生かし，演劇クラブだけは希望者が少なかったので第2希望も入れて調整した。その結果，第1希望で所属できたものが96%となり前年度に比べてひじょうに多くなった。

所属の変更については，昭和35年度の所属変更状況調査の結果，約3分の1の児童が1年間同一のクラブを続けており，また所属期間希望調査をみると約3分の2以上の児童が2期制を希望していることを考えて，年間を前期（4月～10月上旬）後期（10月中旬～3月）の2期制とした。

昭和37年度は事前指導をじゅうぶんにし児童の自主性を重んじて第1希望を全面的に取り入れた。余儀なく調整をしたのは，5,6年児童全員524名のうちわずか12名にすぎなかった。

所属の期間は前年度同様2期制とした。しかしその後児童の所属変更希望調査によると，大半の児童が1年間同一のクラブに所属することを希望している。なお，クラブ活動のよりよい成長を図るためには，クラブの伝

統を育てることもだいじではないかということなどを考えあわせて，年間1期制の声は教師，児童の間に高まってきた。

### 4　クラブ活動の時間の取り方について

昭和35年度より毎週水曜日の第6時を実施時間にあて現在におよんでいる。なお，年間の実施総時数は35時間を基礎としているが，実際にはそれよりも多くとることができた。

### 5　指導教師の決定について

当初から全校の教師がクラブ活動の指導に参加協力している。

指導教師の担当クラブの決め方としては，昭和35年度には教師の担当する研究教科から生まれたクラブを希望どおり担当し，昭和36年度は教師の希望をとり，話し合いで調整して担当を決めた。

昭和37年度はやむをえないクラブのほかは担当するクラブはあまり変わらなかった。

### 6　年間指導計画について

当初は年間指導計画にはあまり関心をもたず，題材を月別に配当したものを作成した。その後さらに細かいものを作り実施してきたが，これでは児童の自発的，自治的な活動を妨げることになるのではないかと反省し，後述するような様式，内容のものに変わった。

### 7　実施計画について

昭和35年度当初は，児童自身だけでは実施計画を立てることができなかったが，現在では教師の立てた年間指導計画を手がかりに児童自身で立てられるようになった。

### 8　施設，設備について

順次整備してきたのでじゅうぶんとはいえないまでも，実施計画による実際活動にはこと欠かないようになった。

### 9　父兄の理解について





学校行事，新聞（ＰＴＡ新聞，学校新聞，学年通信）家庭内における児童の話や，見学，参観を通じてクラブ活動に対する父兄の理解もしだいに深まってきた。

# 第2章　クラブ活動のねらい

クラブ活動は，特別教育活動の1分野であって，児童会活動，学級会活動とあいまって特別教育活動の目的を達成することが要請されている。児童会活動は，主として学校内の諸問題を話し合い処理していく活動であり，学級会活動は，主として学級内の諸問題を処理していくことを目ざす活動であるのに対し，クラブ活動は，主として中学年以上の児童が，学年・学級のわくを解体して，共通の興味・関心を追求していく活動である。

なおクラブ活動では，同好の児童が集まり，主体を児童において活動することによって，自発性，自治性が養われ，児童会，学級会活動ではじゅうぶん満たすことのできない個性の伸長も図られ，生活も楽しく豊かなものとなり，心身ともに健康な生活が期待できるものである。

以上のような観点にたって，本校では，クラブ活動のねらいを次の点に定め実施している。

○共通の興味・関心を追求する活動を通して，自発的，自治的な活動ができるようにする。

　　同じ興味をもった児童が集まって，楽しみながら自分たちで相談し，計画を立て，実践したりして，自発的，自治的な活動ができるようにする。

○個性や能力の伸長を図る。

　　学年・学級を解いて，同じ興味・関心をもった児童が集団で活動し，クラブ全体が向上すると同時に個々の興味・関心を高め，その個性や能力の伸展を図る。

○生活を楽しく豊かにする。

　　お互いどうし認めあい，協力しあいながら，自己の興味・関心を追





求し，得たものを生かして生活を楽しく豊かにする。

以上のねらいは，クラブ活動だけで達成できるものと考えているわけではない。それには当然，他教科，道徳，学校行事等と関連をもたせ，円滑な運営がなされなければならない。またクラブ活動の基盤は，学級生活を通してより多くつちかわれることも忘れてはならない。

最近，社会の諸状勢の影響をうけて，児童は，学力偏重の波におしやられ，豊かな心情を欠く傾向が強くなっている。本校の場合もここ数年来とくにその傾向が強くなったように見受けられるが，クラブ活動の正しい実践を通して，児童の生活を明るくのびのびとした方向にむけ，健康で人格の高い情操豊かな，実践力のある国民を育てる一助としたい。

# 第３章　クラブ活動の指導計画

クラブ活動の指導計画は，クラブ活動のねらいを達成できるためのものでなくてはならない。それには児童の希望を満たすようにクラブを組織したり，活動しやすいように時間をとる必要がある。また円滑な活動が行なえるように助言者としての教師を決め，おおまかな年間指導計画も立てなくてはならない。

本校では，組織，時間，指導教師，年間指導計画を含めたものをクラブ活動の指導計画としている。

次に各項目について述べてみよう。

## 第１節　クラブ活動の組織

クラブ活動の組織にあたっては，参加児童の範囲，種類，所属についてじゅうぶん考慮しなければならない。特にその種類，数については児童の興味，関心の傾向が多様にわたりがちなので，児童の希望だけでクラブの種類を決定することには問題がある。学校の特性を考慮し，実態に即したクラブを組織することが必要である。

組織にあたっては，次のようなことに注意することがたいせつである。

ア．児童の主体性ができるだけ生かされた組織であること。

同好の児童が共通の興味，関心を追求する活動であるので，自発的，自治的活動ができるよう児童の主体性を重んじた組織でなければならない。

種類の決定，児童のクラブへの所属のしかたにしても児童の要求をできるだけ生かせるようにすべきである。

イ．指導教師の数や指導力など，指導体制の整えられた組織であること。

教師の数が限定されており，また，教師がどのクラブにも適していると





はいえない。このようなことからクラブの種類は，ある程度制約されることになる。クラブの種類が多すぎて教師の手が届かず，適切なクラブ活動が行なえない結果になるようでは好ましくない。クラブに参加する児童の範囲についても，指導体制と関連づけて考慮することがたいせつである。

ウ．学校の施設，設備などを考慮し実態に即した組織であること。

クラブ活動を実施するにあたって，使用する教室の不足，場所が不便なこと，または適当な施設，用具が足りないために思うような活動ができない場合があることを，クラブの組織にあたって考慮しておかなければならない。したがって学校の特性を考慮し，実態に即したものであることが必要である。

エ．必要に応じて変更できる弾力性に富むものであること。

以上の三つの観点に立って組織されたものであってもクラブ活動の組織は，固定的なものでなく必要に応じて変更できるものでなくてはならない。前年度の反省を生かして組織することがたいせつである。

### １　参加児童の範囲

クラブ活動への児童の参加範囲を何学年にするかは，組織を考えるにあたって第一に決定しなければならない。

学習指導要領には「中学年以上の同好の児童をもって組織する。」と示されており，その方法には，

ア．４，５，６年全員参加

イ．５，６年全員参加

ウ．５，６年全員参加　４年希望参加

エ．６年全員参加　５年希望参加

オ．以上各項について部活動とクラブ活動を交互にする方法

などが考えられているが，本校においては児童数，指導者数，施設，設備の面から検討した結果，５，６年児童とし希望者だけの参加でなく，年間

を通して全員参加の形態をとっている。なお指導書には「組織のしかたや指導方法などをくふうすることによってできるだけ中学年以上の参加が望まれる。」としるしてある。

本校においても4年生の参加はクラブ活動実施いらい考えてきたが，現状としては児童数と指導者数，施設，設備との関係からクラブへの参加は見あわせているわけである。

将来，児童数の減少などにより4年生の参加が可能になった場合は，4年生以上のクラブ活動が行なえることになるわけである。

## 2　クラブの種類決定

クラブ活動の種類の決定にあたっては，児童はどんな興味，関心，欲求などをもっているかをつかむ必要がある。そこで本校では，その実態を知るために，次のような質問紙法を用いて調査をし，児童の希望するクラブの種類を明らかにした。

（図表3）　　クラブ種類希望調査の様式例

クラブ種類希望調査

年　組　氏名＿＿＿＿＿＿＿男　女

○あなたはどんなクラブがあったらよいと思いますか。一つだけかきなさい。

この調査は，クラブ活動参加学年全員を対象としたもので，これをまとめてみると次のような結果となった。

（図表4）　　クラブ種類希望調査集計

| 文学的クラブ | | | | | 科学的クラブ | | | | | | | | | | | 芸術的 | |
|---|---|---|---|---|---|---|---|---|---|---|---|---|---|---|---|---|---|
| クラブ名 | 読書 | 国語 | ローマ字 | 習字 | 地歴 | 模型 | 生物 | 電気 | 科学 | 写真 | 機械 | 映画 | 幻燈 | 天体 | 薬品 | デザイン | 美術 |
| 人数 | 10 | 1 | 1 | 24 | 37 | 1 | 28 | 63 | 1 | 1 | 1 | 1 | 2 | 1 | 1 | 1 | 48 |





| クラブ | | 手芸的クラブ | | 体育的クラブ | | | | | 演劇的クラブ | | | その他 | | | | | |
|---|---|---|---|---|---|---|---|---|---|---|---|---|---|---|---|---|---|
| 歌唱 | 器楽 | 手芸 | 洋服のデザイン | 運動 | 卓球 | 水泳 | テニス | 柔道 | 演劇 | 人形 | 放送 | 料理 | 花道 | 花だん | 園芸 | 土木 | 珠算 |
| 52 | 22 | 86 | 1 | 63 | 1 | 1 | 1 | 13 | 22 | 1 | 1 | 25 | 1 | 1 | 5 | 1 | 7 |

以上のように，児童は多種多様なクラブを希望している。しかし児童の希望するものであるからといって，全部行なうことは，学校の実情から考えてむずかしいことである。

そこで，次のような観点のもとにクラブの種類を決定した。

ア．児童の興味関心をできるだけ生かせるもの。

イ．各クラブの希望者数を考えること。

ウ．クラブ活動のねらいにふさわしい教育的価値に富むもの。

エ．児童の発達段階に即していること。

オ．教師の数と指導力を考慮すること。

カ．施設，設備に適したものであること。

次にいくつかの例を示してみると，児童の希望の多かった柔道クラブは，設備や発達段階の面などから不適当であるし，料理クラブは，施設の面から考えて実施が不可能となる。また園芸クラブは，クラブよりもむしろ部活動にふさわしいと考えられる。このような観点のもとに検討をした結果，次のようなクラブとなった。

1　読書クラブ　　2　地理クラブ

3　歴史クラブ　　4　生物クラブ

5　電気クラブ　　6　習字クラブ

7　絵のクラブ　　8　工作クラブ

9　歌唱クラブ　　10　器楽クラブ

11　手芸クラブ　　12　運動クラブ

13　演劇クラブ　　14　珠算クラブ

しかし，運動クラブは，球技，陸上器械の2クラブに分割すべきかどうか結論がでなかった。今年度，実施をしてみて分けることが好ましいとなれば，来年度は，球技クラブ，陸上器械クラブの2クラブとしたいと思っている。

クラブの名称については，児童に親しみやすく，活動内容が端的につかめるようなものにした。なお，教科名をそのままクラブの名称とすることはさけた。

クラブの改廃については，児童の希望のみを尊重しすぎてクラブの種類が変わるようでは，児童が自分のクラブを愛し育てていこうとする気持ちがにぶり，クラブの伝統を築き上げることはできないだろう。本校では，できるだけ種類の変更は行なわないように考えている。

### 3　所属の決定

クラブの種類が決まると，ひとりひとりの児童がどのクラブに所属するかを決めることになるわけである。

本校では用意したクラブに機械的に児童を割り当てたり，強制したりすることはさけ，児童自身の希望をできるだけ生かすようにしている。そのためには参加児童にクラブの種類を発表して，それぞれのクラブの具体的な内容をじゅうぶん理解させることがたいせつである。特にクラブ活動を初めて経験する5年生には，後述の第4章第1節のような方法によって，クラブ選択の指導をし，児童に希望するクラブを選ばせた。

児童の希望がクラブによってかたよることも考えられるので，所属希望は第2希望もとり，クラブ運営上支障があると思われるときは，第2希望も入れて調整することにしている。調整は担任教師と児童との話し合いで決め，調整が強制的にならないようにしてきた。あくまで児童の自発的な希望を生かすようにして，調整はできるだけ行なわない考えである。





クラブの所属希望の調査は，図表5の調査用紙を用いて行なった。

（図表5）　　所属希望クラブ調査表

年　組　氏名

らいねんのクラブ活動は，1年間おなじクラブでやることになりました。
あなたはどのクラブへはいりたいと思いますか。
第1希望のクラブには◎　第2希望のクラブには○を書きなさい。

|  |  |  |  |  |  |  |  |  |  |  |  |  |  |  |  |
|---|---|---|---|---|---|---|---|---|---|---|---|---|---|---|---|
| 読書 | 地理 | 歴史 | 生物 | 電気 | 習字 | 絵 | 工作 | 歌唱 | 器楽 | 手芸 | | | 運動 | 演劇 | 珠算 |
|  |  |  |  |  |  |  |  |  |  | ししゅう | あみもの | そめもの |  |  |  |
|  |  |  |  |  |  |  |  |  |  |  |  |  |  |  |  |

本年度の調査結果は，図表6のようであり，児童の第1希望を全面的に取り入れて所属を決定できた。この表に見られるように，児童の希望がいくつかのクラブに集中しているが，このようなクラブにおいては指導教師

（図表6）　　昭和38年度のクラブ所属児童数

| 学年性別 / クラブ名 | 合計 | | | クラブの種類 | 昭和37年度 |
|---|---|---|---|---|---|
| | 男 | 女 | 計 | | |
| 読書 | 11 | 7 | 18 | 文学的なクラブ | 読書 |
| 地理 | 15 | 0 | 15 | 科学的なクラブ | 地歴 |
| 歴史 | 19 | 3 | 22 | | |
| 生物 | 19 | 4 | 23 | | 生物 |
| 電気 | 51 | 7 | 58 | | 電気 |
| 習字 | 4 | 18 | 22 | 芸術的なクラブ | 習字 |
| 絵 | 5 | 10 | 15 | | 美術 |
| 工作 | 23 | 13 | 36 | | |
| 歌唱 | 12 | 34 | 46 | | 歌唱 |
| 器楽 | 2 | 23 | 25 | | 器楽 |

| | | | | | |
|---|---|---|---|---|---|
| 手芸ししゅう | 0 | 21 | 21 | 手芸的なクラブ | 手芸4班 |
| あみもの | 0 | 32 | 32 | | |
| そめもの | 0 | 18 | 18 | | |
| 運動 | 54 | 8 | 62 | 体育的なクラブ | 運動 |
| 演劇 | 3 | 16 | 19 | 演劇的なクラブ | ＼ |
| 珠算 | 9 | 3 | 12 | その他のクラブ | 珠算 |

の数をますこと，またそのクラブ内において話し合いによって班を編成して活動するなどの方法で行なっている。

また男女の希望クラブの傾向は，男子は科学的なクラブ，体育的なクラブに集中し，女子は芸術的なクラブにかたよっている。この点についてもできるだけ男女のかたよりがなくなるよう，参加以前の指導によって改めていきたいと考えている。

クラブ活動は児童の興味や関心に基づいて自治的，自発的に行なわれる活動であるから，児童がどんな目的でクラブを選んでいるかの観点から，図表7のような調査をしてみた。

（図表7）　クラブ選択の目的調査

どうしてあなたはこのクラブを選んだのですか

| 項目＼性別計 | 合計 | | |
|---|---|---|---|
| | 男 | 女 | 計 |
| (1) 友だちがいるから | 16 | 7 | 23 |
| (2) 勉強のためになるから | 26 | 9 | 35 |
| (3) 前にやってよかったから | 35 | 28 | 63 |
| (4) 道具があるから | 2 | 3 | 5 |
| (5) 好きだから | 113 | 106 | 219 |
| (6) じょうずになりたいから | 34 | 58 | 92 |
| (7) その他｛やってみたい／見学してよかった／学級のクラブでやったので／いろいろな楽器でやりたい｝ | 8 | 4 | 12 |





その結果，興味・関心を深める目的をもってそのクラブを選択していることが，(5)によってはっきりうかがわれる。(1)のように友だちの選択するクラブに同調してはいったり，(2)のように教科学習の延長と考えて希望するものは年々少なくなっている。このようなことからみても，参加以前の児童に指導をじゅうぶん行なうことはきわめてたいせつである。

所属変更についても，前年度までは年間2期制（前期，後期として10月変更）で実施してきたが，本年度は1期制で出発した。

今までの所属決定について，異動状況調査の結果をみると，他のクラブへ所属を変更する児童は少なくなってきている。これはそれぞれのクラブの活動内容が理解され，自分の興味・関心の追求を継続していこうとする意欲が一段と高まってきた現われであろう。今後はこのような活動によって，クラブの伝統が築かれていくことと考えている。

## 第2節　実施時間

クラブ活動の時間の取り方には，いろいろな方法が考えられるが，その学校の諸事情を考慮して支障のない時間を選ばなければならない。本校としては次のように実施時間をとっている。

**1　1週1単位時間を当てている。**

クラブ活動についての時間規制は指導書にも示されてはいないが，学校の実情に応じて自主的な裁量で実施するのがよいであろう。その場合学校の教育課程編成の上から，児童の負担の上から，さらにクラブ活動の教育的意義などから，じゅうぶん考慮して決定しなければならないのは当然である。これらの諸点を検討して，週1時間を当てることとした。

**2　水曜日の第6時にいっせいに活動している。**

各クラブが，それぞれ別の日に実施したり，日課表の途中にクラブ実施時間を組み入れたりすることは，学校全体の運営面，指導教師，またクラブ自体の運営からしても，支障が多いことはいうまでもない。したがって日課表の最終時間である第６時を当てていっせいに活動しているものである。

**３　実施日の第６時以後は職員の研修や会合を計画しない。**

児童の興味・関心に応じてその個性を伸長し，児童の主体性を重んじて，自主的に計画を立てて活動させることを本体とするクラブ活動の本質からして，実施日の第６時以後に職員の研修や会合を計画することは決して好ましいとはいえない。活動の時間には，ある程度のゆとりをもたせる必要が考えられるからである。

このことは，クラブ活動を指導してきた教師の反省および実際に活動している児童の反省から，はっきりとはあくできることであり，本校ではやむをえない場合を除くほかは，第６時以後には諸会合を計画しないことにしている。ただ教師の指導がまったくないままに，無制限に第６時以降の課外に活動を延長することはさけなければならない。

**４　第５時，第６時の間の休憩時間を多くしている。**

それぞれの学級を担任している教師の全員が，クラブ活動の指導にあたっているのでクラブ活動開始前に，各担任学級の仕事をすませておくのがよい。特に低学年担任の場合は，そのための時間をじゅうぶんに確保しておくことはたいせつなことである。

本校では当日の第５時と第６時の間に15分間をおいている。これは枝葉末節のようであるが，実際活動にあたってみると，きわめて必要なこととなってくるものである。

## 第３節　指導教師の決定

本校では，クラブ活動の指導に全職員が当たっている。５，６年生だけがクラブ活動に参加するからといって，５，６年担任の教師だけがクラブ





の指導に当たり，それ以外の教師は無関心であるというのでは，児童の希望もみたされず，運営もおぼつかないものになってしまうので，全職員の協力のもとに実施していくのがより効果的であると考えている。１クラブの指導教師の数については１名あるいは２名といろいろ意見もあるが，本校では，現在のクラブ数が14で指導教師が約30名なので，およそ１クラブ２名をあてることにしている。それは，参加児童の数が多い場合の助言指導もじゅうぶんできるし，研修や欠勤などによって指導教師が欠けたときでも支障なく実際活動ができるからである。

指導教師の決定にあたっては，小学校特別教育活動指導資料Ⅰの中に指導教師の決定について，

(1)　教師の希望どおりに担当を決める。

(2)　教師の希望をとり，話し合いで調整して担当を決める。

(3)　教師の希望をとらず担当を決める。

の方法があげられており，さらに，

「これらの中で一般に(2)の方法がとられているようだが，それぞれの教師のもつ特技をできるだけ指導に生かす配慮が望まれる。」とある。本校でも，担当するクラブについては各教師の希望をとり，話し合いの上で決定している。

指導教師はよき助言者であればよいので，児童の興味・関心を高めクラブのもつ教育的効果をいっそうあげることにあると考えれば，クラブの指導はだれでも可能であるといえる。しかし指導力の限界をも考え，特に技能を必要とするクラブには，できるだけ教師の特技が生かせるような配慮をしている。それは特技をもつ教師が適切な助言指導をすることによって，児童の興味・関心をいっそう高め，クラブ活動の教育的効果を一段と高めえると考えるからである。

## 第４節　年間指導計画

クラブの組織ができ，実施時間が決まり，指導教師が決定されると，各クラブごとの年間指導計画を作成することになる。クラブ活動は児童の自発的，自治的な活動をめざすものであり，年間指導計画を作成することは児童のいきいきとした活動をはばむおそれがあるという考え方が一部にあるが，本校においてはこのような考え方を否定している。

教育課程の１領域として位置づけられた特別教育活動の内容であるクラブ活動であるかぎり，意図的，計画的に実践されなければならないことはいうまでもないことである。意図的，計画的に運営実施されて初めてクラブ活動のねらいである真の自発的，自治的な活動になり個性や能力の伸長も図られるわけである。いきいきとした楽しい活動も，年間指導計画の立て方やそれを手がかりとして立てられる実施計画や実際活動の指導いかんによってじゅうぶん期待できるといえよう。

### 1　計画作成の基本的な考え方

年間指導計画は次のような基本的な考え方のもとに作成されなければならない。

(1)　児童の要求ができるだけ受けいれられるようにしておくこと。

年間指導計画は教師が作成するものであることはいうまでもないが，現在までの実践の記録や経過を参考にしたり，児童の興味・関心の実態をはあくしてできるだけ児童の要求がかなえられるようなものを作成しなくてはならない。実際に活動してみると，教師の予想した当初の計画とは異なる活動が児童からだされることもある。このようなことは，クラブ活動の本質からみても当然の結果といえるのであって，児童の自発的な要求がじゅうぶんに受けいれられるように年間指導計画を作成するときに前もって考慮しておかなければならない。





(2)　計画を固定的なものとせず，弾力性をもたせるようにすること。

児童の要求をできるかぎり受け入れられるように考慮するとともに，年間指導計画は固定的なものではなく弾力性に富むものでなければならない。

児童の活動に関して一応のわくぐみを定めても，それが動かせないものでその計画のとおり行なわなくてはならないということはないわけである。児童が実施計画を作るときに教師の助言指導の資料としての年間指導計画が使用されることはあっても，児童が立てる具体的な実施計画がじゅうぶん生かされるように配慮しなければならない。

(3)　児童，教師相互の話し合いによって具体的な実施計画を立てる手がかりになるようなものであること。

実際の活動にあたっては，指導教師が助言をして児童の手で詳細な実施計画が立てられなければならない。しかし児童自身には，手がかりになるような資料が乏しいので，この指導計画が実施計画の作成によい参考となる。

(4)　教科学習の補習的内容にならないように心がけること。

ひとりひとりの児童の個性を伸ばすねらいをもつクラブ活動は，教科学習とはその特質が異なっているし活動の方法にも大きな違いがある。したがって年間指導計画を作成するときにはこの点をじゅうぶんはあくして，教科学習の補習的な内容にならないように心がけることがたいせつである。

### 2　年間指導計画の例

年間指導計画に含まれる項目として「特別教育活動指導資料Ｉ」には，予想される活動，活動の時間，経費の予想，発表会や展示会の予定，記録の大要，留意事項が示されているが，本校では年間指導計画の項目として，次の六つを考えている。

(1) 指導の重点　(2) 予想される活動
(3) 材料および経費　(4) 留意事項
(5) 備　考　(6) 前年度の記録の大要

そしてこれらの項目を図表8のような様式にまとめ，年間指導計画を作成したのである。

（図表8） 年間指導計画様式例
（　　　）クラブ年間指導計画

| 本年度の計画 | 前年度の記録の大要 | | | | |
|---|---|---|---|---|---|
| | 月 | 実施した活動 | 時間 | 経費 | 概要および反省 |
| 1 指導の重点 | | | | | |
| 2 予想される活動 | | | | | |
| 3 材料および経費 | | | | | |
| 4 留意事項 | | | | | |
| 5 備　考 | | | | | |

次にこの年間指導計画の様式を項目別に説明する。

(1) 指導の重点

年間を通して特に力を入れて指導していきたいことを指導の重点とする。したがって，指導の重点は年によって変わることもあるだろうし，その一部が修正されたり，前年度の重点がそのまま受けつがれる場合もあるわけである。





なお，各クラブの特性が指導の重点に書き表わされるようにした。たとえば習字クラブの指導の重点がそのまま他のクラブの指導の重点にはならないようにして，各クラブの活動のめやすもはっきりさせたわけである。

(2) 予想される活動

この項は，年間を通して児童が行なう活動であるため，おおまかなものをつかんでおく程度でよいわけである。年間指導計画は，年度当初に作成するので児童の活動の細かな計画は予想しにくいし，たとえ，予想できたとしても，この計画にとらわれて児童の活動が束縛される結果になりがちであるからである。クラブ活動が軌道にのり，そのクラブの伝統ができてくれば，クラブ員相互の話し合いなどで実施計画も立てられるようになってくる。教師の予想する活動は，このような観点からもおおまかなものでよいわけであり，活動の内容がおおよそわかる程度の記述にとどめ，細かなことは児童にまかすべきである。また年間を通してどのクラブでも行なわれるもの，たとえば活動するために必要な話し合いなどもこの項目に示されるのがよい。さらにその年度において活動することが予想されるものについては，およその時間数を示すことにした。これは助言指導に計画性をもたせる上からも必要なことである。

(3) 材料および経費

活動する上には材料および経費についての配慮が必要であるから，年間指導計画にその点をしるしておかなければならない。経費は材料費をのせる程度にとどめ，材料については，協同で研究したり製作していくときに必要なものや，発表会・展示会などに使用するものをのせ，個別の活動に必要なものはこの項目からはずすことにした。この資料が蓄積されていけば各クラブ経費の予算をたてる場合の資料ともなり，クラブ活動もさらに活発になるのではないだろうか。

クラブ活動に多額の費用がかかり，父兄の負担も多くなってくると活動が停滞するおそれがあるので，協同で研究したり製作する活動を多くしたり材料をくふうすることによって，個人の出費をなるべく少なくしていきたいと考えている。

**(4) 留意事項**

クラブ活動を行なっていく場合，指導教師が留意しておくことがらが年間指導計画には当然述べられていなくてはならない。クラブ活動のねらいが，そのままの形で現われる内容のものでなくても，クラブ活動の本質からも，児童の実態から考えて必要なことがらや，活動を実施していくときの予想される危険防止，そうありたいふんい気づくりなどが留意事項に含まれる内容である。

**(5) 備　考**

以上の各項目にははいらないが，クラブ活動実施のために補足したいこと，たとえば，用具のあと始末，本の取り扱いをていねいにしていこうなどのことがらは，クラブ本来のねらいとはいくぶん差異はあっても，やはり指導計画に必要な内容である。また過去の実践の結果，特に次年度に残したい事項などもこの項目に含まれるわけである。

**(6) 前年度の記録**

実際活動の結果は，実践記録簿に記録されるがこれは活動の反省の資料に使用できるし，実施計画を立てるときにも，年間指導計画を立てるときにも必要である。この記録が「前年度の記録」の大要であり，年々記録がとられ，順次年を追うにしたがって前年度の上に積み上げられていくようにしたわけである。





次に各クラブの年間指導計画の例を示す。活動が個人活動になりがちで活動のしかたがとかく問題となる習字クラブについては年間指導計画の全体をのせ，他のクラブについては前年度の記録の大要を簡単にしたものを示しておく。

（図表9）　読書クラブ年間指導計画

1　指導の重点
- ○読書する楽しみをじゅうぶんに味わわせ，特に文学書に親しむようにさせたい。
- ○クラブ員個々の活動にのみなりやすいので，協同で行なう研究も考えさせたい。

2　予想される活動
- ○活動について話し合い，計画を立てる。
- ○読書して記録し，感想を発表する。
- ○おもな作者について研究する。
- ○劇の脚本を書く。
- ○本のしくみを調べ，本の修理をする。
- ○反省する。

3　材料および経費
- ○ざら紙，画用紙，模造紙，原稿用紙，マジックインキ，ペンテルペン，絵の具
- ○約600円ぐらい

4　留意事項
- ○自分の選んだ本をあきずに読みとおすようにさせたい。
- ○読書のあとは，記録ノートに記載させたい。
- ○読んだ本について感想を話し合い意見を交換する時間もできるだけとりたい。

5　備　考
- ○本の取り扱い方をていねいにさせる。

（図表10）　地理クラブ年間指導計画

1　指導の重点
- ○郷土や日本の地理的なことを調査研究したり，模型を作ったりさせる。
- ○前年度は，個人や小グループで仕事をすすめることが多かったので，協同で行なう仕事をさせたい。
- ○成果を発表し，喜びを味わわせるとともに，改善を考えさせるようにしたい。

2　予想される活動
- ○組織と活動の計画を立てる。
- ○調査研究をする。　（約15時間）
- ○地形模型を作る。　（約10時間）

〇地図かきをする。　(約5時間)
〇発表会をする。
〇反省会をする。

3 材料および経費
〇半紙，画用紙，原稿用紙，原紙，模造紙，色鉛筆，絵の具，白地図，ボール紙，地図，ねんど，台板等
〇約1,500円（材料代1,000円，用紙代500円）

4 留意事項
〇むりな題材を選ばないようにさせる。
〇資料，参考書，地図帳の活用を図りたい。
〇危険予防に気をつける。

5 備　考

（図表11）　歴史クラブ年間指導計画

1 指導の重点
〇なごやかな楽しい気分で活動できるふんい気を作りたい。
〇クラブ員の個々が自分の興味・関心を追求する活動ばかりでなく，全員が共同で行なう活動もさせたい。
〇郷土の生活のうつりかわりを調べさせたい。

2 予想される活動
〇活動について話し合い，計画を立てる。
〇身のまわりのもののうつりかわりを調べる。　(約15時間)
〇郷土の歴史を調べる。　(約10時間)
〇遺物の模型作りや復元をする。
〇発表会をしたり，作品を展示する。
〇活動の反省を話し合う。

3 材料および経費
〇研究をまとめるための用紙（ざら紙，画用紙，模造紙，厚紙，原紙，マジックインキ，絵の具，模型作り工具）
〇約500円（用紙代400円　模型材料100円）

4 留意事項
〇研究活動ばかりでなく，話し合いやレクリエーションの機会も多くしたい。
〇模型作りや復元は簡単なものを廃物利用などで行なわせたい。
〇共同の活動をする場合は各自の持ち場をはっきりし，責任をもって研究させたい。
〇発表，作品展示などいろいろの方法をくふうさせたい。

5 備　考
〇各自の研究をまとめて「クラブ研究誌」を作らせたい。

（図表12）　生物クラブ年間指導計画

1 指導の重点
〇クラブ員全体で植物と昆虫について調べさせたい。





2 予想される活動
〇活動について話し合い，計画を立てる。
〇植物，昆虫を調べる。
〇骨格を調べる。
〇発表会をする。
〇反省をする。

3 材料および経費
〇画用紙500円，セロテープ200円，標本びん1,500円，ゴムせん500円
〇昆虫針100円，ホルマリン180円，　魚　300円，模造紙　120円
〇約3,400円

4 留意事項
〇野外での採集が多いため特に危険防止に注意させたい。
〇協力して行なうことにより必要以上に採集させないようにしたい。
〇クラブ活動の時間以外のときにも採集するように心がけさせたい。
〇特に植物の開花期についてまとめさせたい。

5 備　考
〇発表時には，他のグループの研究を尊重させるようにしたい。

（図表13）　電気クラブ年間指導計画

1 指導の重点
〇共同で模型を作らせたい。
〇セットにたよらず，いろいろの材料を利用し製作させたい。

2 予想される活動
〇活動についての話し合い，計画を立てる。
〇電気の歴史を調べる。
〇動くものを作る。
〇発電所から家庭までの模型を作る。（約10時間）
〇展示，鑑賞をする。
〇反省をする。

3 材料および経費
〇板，ボール紙，豆電球，エナメル線，電球，電燈線，ソケット
〇約5,000円

4 留意事項
〇材料は，家庭にあるものを利用し，くふうして作るようにさせたい。
〇器具，工具の取り扱いに注意するとともに，使用になれさせたい。
〇個人作業になりやすいので，話し合いの機会を多くしたい。
〇しっかり作図をさせたい。

5 備　考

（図表14）　習字クラブ年間指導計画

1 指導の重点
〇クラブ員個々の技術の習得，能力の向上にはしりすぎないように協同しての進め方を考え活動させたい。

○個々の特技を生かしながら，のびのびと書き，技術向上の楽しみを味わわせたい。
○毛筆以外の用具材料をも使用するようにさせたい。

2　予想される活動
○活動について話し合い，計画を立てる。
○季節や行事などに関することばを書く。（約25時間）
○詩集，たんざくなどを作る。
○展示，鑑賞をする。
○反省をする。

3　材料および経費
○半紙，模造紙，画用紙，原稿用紙，原紙，絵の具，マジックインキなど
○約 500 円（展示用 350 円，用紙代 150 円）

4　留意事項
○書くことが多くなりやすいので，話し合いの機会をできるだけとりたい。
○作品を交換することにより，いっそう友情を深めるようにさせる。
○紙の大きさ，種類など，できるだけくふうさせる。
○能率的に準備して，練習時間を多くしたい。
○作品集などをつくり，保存するようにさせたい。

5　備　考
○適当なよい手本を準備して，活用できるようにする。
○書くことばを作ることに時間をかけすぎないようにさせる。

（図表14）付録　　前年度の記録の大要

| 月 | 実施した活動 | 時間 | 経費 | 概要および反省 |
|---|---|---|---|---|
| 4 | ○前期の活動について話し合い，計画を立てた。 | 1 | | ○自己紹介，リーダー決定，整理当番の班編成をした。<br>○どんなものが書きたいか話し合ったか，あまり意見は出なかった。 |
| | ○春に関したことば | 2 | | ○春の小川，緑の週間，楽しい遠足など春に関したことばを書いた。 |
| 5 | ○母の日にちなんだことば | 2 | | ○母の日にちなむ「父母兄姉」「母に感謝」などのことばを書いたが，そのための話し合いは活発に行なわれた。<br>○“謝”の字は書きにくいようであった。 |
| | ○交通安全に関する標語 | 3 | (20) | ○各自で考えた標語「守れ赤青」「人は右車は左」などを書いたが，紙の大きさをくふうさせたかった。 |





| 月 | 実施した活動 | 時間 | 経費 | 概要および反省 |
|---|---|---|---|---|
| 6 | ○時の記念日に関する標語 | 1 | | ○各自で考えた標語を書かせようと思ったが，ざん新的なものは出なかった。 |
| | ○旅行や遠足の思い出 | 2 | | ○旅行や遠足の思い出を話し合い，それに関したことば「男体山」「中禅寺湖」などを書いた。<br>○５年，６年と遠足の場所がちがったために，共通の話題になりにくかった。 |
| | ○表紙文字 | 1 | (5) | ○作品を保存しておくために表紙文字を書いた。 |
| 7 | ○夏らしいことば | 2 | | ○楽しい夏休みの話し合いをし，山や海に関したことばを書いた。 |
| | ○反省をした。 | 1 | | ○活動してきたことについて話し合ったところ楽しかったという児童が多かったが，個人的な活動のみに終わったことを反省した。 |
| 9 | ○秋に関したことば | 3 | (20) | ○秋の七草，秋祭り，月見などから特にひらがなの練習をしたが，ひらがなは形がとりにくいようであった。 |
| | ○前期の活動について反省をした。 | 1 | | ○計画，実施などについて話し合ったが，グループ活動を多くしていきたいという希望がたくさんあった。 |
| 10 | ○後期の活動計画について話し合いをした。 | 1 | | ○前期と同様に話し合いをしたが，前期と比較し意見がたくさん出た。 |
| | ○運動会の種目 | 3 | | ○半紙たて半分を２枚つないだものに種目を書き，グループでプログラムを仕上げさせた。<br>○学年解体し27人を４班編成にしたのは初めてのこころみであったが，ひじょうに楽しく仕事をすすめていた。 |
| 11 | ○いろいろなポスターの文字 | 3 | | ○ポスターの台紙を作り文字の大きさ，配字についてくふうさせたが，興味深く学習した。 |
| | | | 200 | ○実施計画がうまく立てられるようになった。 |

|  |  |  |  |  |
|---|---|---|---|---|
|  | ○防火に関する標語 | 2 | ┘ | ○模造紙を使って書き校舎内に掲示した。これは下学年のクラブ活動へのよびかけに役だったようである。 |
| 12 | ○詩 | 3 | (5) | ○各自の作った詩を，硬筆で原稿用紙に書いた。<br>○なお謄写印刷し，クラブ詩集としていきたい。 |

(図表15)　絵のクラブ年間指導計画

1　指導の重点
　○題材の選択，用具，用材の種類など，できるだけくふう研究させて，いろいろな表現への興味と関心をもつようにさせたい。
　○共同製作を前年度より多くしたい。

2　予想される活動
　○活動について話し合い，計画を立てる。
　○絵をかく。　(約20時間)
　○デザインをする。
　○展示，鑑賞をする。
　○反省をする。

3　材料および経費
　○画用紙，色紙，パス，インキ，墨，筆，ペン，はさみ，ナイフ，版画用具，絵の具など
　○約 300 円　(用紙代)

4　留意事項
　○できるだけ創意くふうするようにさせたい。
　○他人の仕事にも関心をもたせ，互いに助けあうようにさせたい。
　○鑑賞の時の意見交換，作品交換などにより，いっそう親睦を深めるようにさせたい。
　○刃物などを使用する場合は，危険防止に注意させたい。

5　備　考
　○用具その他で，一括購入できるものは，指導者側で準備したい。

(図表16)　工作クラブ年間指導計画

1　指導の重点
　○個々の力の集積の上に生まれる共同製作を通して，責任を重んじ，協調する態度を養うとともに，大作を完成していく楽しさ，喜びを味わわせたい。
　○いろいろの用具，用材を経験させるとともに，題材もくふうするようにさせたい。

2　予想される活動
　○活動について話し合い，計画を立てる。





　○白色セメントの彫刻，壁面装飾，模型，自由題……共同製作（約23時間）
　○動くおもちゃ，模型飛行機……個人製作（約8時間）
　○展示鑑賞をする。
　○反省をする。

3　材料および経費
　○白色セメント，角棒，ひご，厚紙，ダンボール，細木，板，ベニヤ板，ゴム，くぎ，針金，セメダインなど
　○約 2,000 円（材料費）

4　留意事項
　○できるだけ多くの作業時間をとるようにし，能率的に仕事を進めるようにさせたい。
　○計画をしっかり立てさせ，自分たちが手がけた仕事は，しんぼう強く最後までやりとおすようにさせたい。
　○他人の仕事にも関心をもたせ，参考にしあったり，助けあったりさせたい。
　○作品の鑑賞，飛行機大会などを通し，クラブ員相互の親睦をよりいっそう深めるようにさせたい。
　○工具の正しい使用方法を身につけさせるとともに，危険防止に注意させたい。

5　備　考
　○材料で，一括購入できるものは，なるべく指導者側で準備したい。

(図表17)　歌唱クラブ年間指導計画

1　指導の重点
　○歌うことを主とするが簡単な器楽も加えていきたい。
　○愛唱歌をいっそう多く持たせ日々の生活を楽しく豊かにさせたい。

2　予想される活動
　○活動について話し合い，計画を立てる。
　○合唱をする。　(約15時間)
　○器楽を加えて歌う。(約13時間)
　○名曲を鑑賞する。
　○発表会をする。
　○反省をする。

3　材料および経費
　○歌集，わら半紙，模造紙，マジックインキ，原紙
　○約 600 円　(用紙代)

4　留意事項
　○歌うことだけでなく話し合いの機会を多くしたい。
　○計画は季節的なことも考えて，曲を選ばせたい。
　○お互いの歌を聞いて，よいところを認めあい，友情を深めるようにさせたい。

5　備　考
　○幅広く選曲するため歌集を使用したいが，歌集だけにとらわれないように注意しながら活用していきたい。

(図表18)　器楽クラブ年間指導計画

1　指導の重点
○個々の特技，特性を生かしながら演奏し合奏の楽しみを味わわせたい。
○お互いに演奏したり，鑑賞しあうことによりクラブ員相互の理解を深めさせる。

2　予想される活動
○活動について話し合い，計画を立てる。
○合奏する。（約25時間）
○個人演奏をする。
○鑑賞をする。
○反省をする。

3　材料および経費
○画用紙，ざら紙，原紙，模造紙
○約1,100円（表紙用500円，用紙代600円）

4　留意事項
○各楽器の音色，曲想を生かして演奏させる。
○名曲を鑑賞し，情操を豊かにする。
○いろいろな楽器も経験させる。
○ときには歌唱も取り入れたい。
○新曲の練習のみにはしらず既習曲をたいせつにさせたい。

5　備　考
○パートを決めることに時間をかけすぎないようにさせる。
○楽器をたいせつに扱う習慣をつけたい。

(図表19)　手芸クラブ（1班）年間指導計画

1　指導の重点
○各自のししゅうの技術や能力の向上を図りながら，協力して活動できるようにさせたい。
○各人の特性を生かしながら，楽しんで活動できるようにさせたい。

2　予想される活動
○活動について話し合い計画を立てる。
○製作をする。
袋物，実用品，身辺の美化に役だつものなどの個人製作（約15時間）
記念品の共同製作（約10時間）
○ししゅうについて調べる。
○反省をする。

3　材料および経費
○画用紙，模造紙，用布，ししゅう糸
○約1,700円

4　留意事項
○おざなりな製作でなく研究物に計画的に取り組むようにさせたい。
○共同の仕事をしながら，交友関係を密にするようにしむけていきたい。





○作品のできにとらわれず，能力に応じむりのない活動であるようにしたい。

5　備　考
○話し合いの時間をたいせつにし各自の意見をじゅうぶん尊重していきたい。
○記念品は大作でなくとも，じゅうぶん心のこもったものとしての製作をさせたい。

(図表20)　手芸クラブ（2班）年間指導計画

1　指導の重点
○編むことの技術を身につけながら，楽しく製作させたい。
○お互いの作品を鑑賞することにより，技術向上や共同研究の喜びを味わわせたい。

2　予想される活動
○活動について話し合い計画を立てる。
○編み物の基本研究をする。（約10時間）
○自由課題での製作や，共同しての製作などをする。（約20時間）
○展示，鑑賞，反省をする。

3　材料および経費
○毛糸，レース糸，模造紙，画用紙，マジックインキ
○約1,000円

4　留意事項
○製作することが多くなりやすいので，できるだけ話し合いの機会を多くもたせたい。
○個人材料がほとんどなので，あまり金額がはらないように製作するものを考えさせたい。

5　備　考
○製作のなかには，学校への記念として残すような共同製作のものも取り入れていきたい。

(図表21)　手芸クラブ（3班）年間指導計画

1　指導の重点
○各自のそめものの技術や能力の向上を図りながら，互いに協力しあって，活動できるようにしむけたい。
○前年度は，ししゅう，編み物を主とした個人製作が多かったが，今年度は，そめものを中心とした共同作品を多くやってみたい。

2　予想される活動
○活動についての話し合い，計画を立てる。
○そめものについて研究する。（約10時間）
○種類，材料，用具，方法について調べる。
○製作する。記念品になるよう，共同して実用的なものをつくる。小物を個人別につくる。（約15時間）
○作品の鑑賞，反省をする

3　材料および経費
　○画用紙，模造紙，渋紙，用布，糸，染剤，燃料など
　○約 2,500 円

4　留意事項
　○材料や配色についてくふうさせたい。
　○根気よく最後まで仕上げるようにさせたい。
　○共同製作をしながら，友情を深めたい。
　○火気に注意して事故の起こらないようにしたい。

5　備　考
　○共同製作では，話し合いをじゅうぶんもって，心のこもった作品になるようにさせたい。
　○日常生活の中でも手芸的なものに関心をもたせたい。

(図表22)　運動クラブ年間指導計画

1　指導の重点
　○チームプレー，グループ練習などをしながら，相互批判の機会をもたせる。
　○練習方法やルールを研究させ，個人の技能を伸ばせるように創意くふうさせたい。

2　予想される活動
　○活動についての話し合い，計画を立てる。
　○球技運動，陸上運動，器械運動をする。（約15時間）
　○その他の運動（徒手体操，リズム，すもう，なわとび）などをする。
　○スポーツの歴史を調べる。
　○反省会をする。

3　材料および経費
　○模造紙，ラシャ紙
　○約 700 円（主として発表会用）

4　留意事項
　○グループづくりの時，人数および学年のかたよりをなくしたい。
　○季節によって，取り上げる運動を考えさせる。
　○危険防止の意識を常にもたせたい。
　○球技班，陸上器械班の2班に分けてできたら実施していきたい。

5　備　考
　○使用した用具のあと始末を徹底させる。
　○運動に伴う衛生にも目を向けさせる。　（服装，汗など）

(図表23)　演劇クラブ年間指導計画

1　指導の重点
　○楽しく紙しばいをさせる。
　○脚本を見て，演出の方法をくふうさせる。

2　予想される活動
　○活動について話し合い，計画を立てる。





　○紙しばいをする。
　○自分たちで劇をやる。
　○自分たちで作った脚本を校内放送を通して放送する。
　○発表会をする。
　○反省をする。

3　材料および経費
　○模造紙，白ボール紙，ベニヤ板，ポスターカラー，マジックインキ，画用紙
　○約 2,000 円（主として材料費）

4　留意事項
　○バック小道具の製作にあまり時間をかけないようにする。
　○演出の結果についての意見交換をする。時間もできるだけとりたい。
　○音響効果もくふうさせる。
　○クラブ員の希望によっては人形劇などを加えてもよい。

5　備　考
　○新設のクラブであるため，できるだけ早くいろいろの用具を整えて活動ができるように配慮していきたい。

(図表24)　珠算クラブ年間指導計画

1　指導の重点
　○基礎技術を身につけさせる。
　○調査したり統計したものを表やグラフに表わして，完成の喜びを感じとらせる。

2　予想される活動
　○活動について話し合い，計画を立てる。
　○加法，減法の練習をする。
　○乗法，除法の練習をする。
　○いろいろな統計をする。　（約20時間）
　○反省をする。

3　材料および経費
　○ざら紙，原紙，模造紙，マジックインキ，紙テープ
　○約 500 円

4　留意事項
　○練習の方法やどんな統計をするかなどは，クラブ員どうしでじゅうぶんに話し合わせて決めさせたい。
　○技術の上のものをリーダーにして，やり方のわからない者には教えてやるようにさせる。
　○あまり高度の技能をねらわない。

5　備　考
　○リーダーが作成するプリントの問題は，珠算練習帳，初級用を参考にしたい。

## 3　他の教育活動との関係

クラブ活動は，他の教育活動と深いつながりをもっている。児童が

それぞれの学級で，進んで学級生活に参加したり，お互いに尊重しあい，協力しあっていると，クラブに参加してもおのずから積極的，協力的な活動が期待できる。またクラブ活動でつちかわれた自治的，自発的な面は，学級生活に好ましい影響を与え、学級をいきいきとした楽しいものにすることに役だつことができる。

また，クラブ活動で得た知識や経験が，各教科の学習に役だつことも見のがせないことである。生物クラブで顕微鏡の正しい扱いを知った児童が，理科学習の際にそれを生かして積極的に学習に取り組むことができるなどはその一例といえよう。道徳との関係も密接で，児童相互に協力しながら個性豊かな実践力のある人間形成に努めることはクラブ活動のねらいともいえるし，道徳のねらいともいえるものである。ただ，ここで注意しなければならないことは，クラブ活動はそれ自体の独自のねらいをもっているものであって，教科の補習的な位置を占めているものではないということである。

次にクラブ活動と学校行事等との関係はどうであろうか。たとえば学芸会における器楽クラブ，地理クラブ、歴史クラブなどの発表，運動会における運動クラブ，絵のクラブの協力，朝会時における歌唱クラブの発表などは学校行事等をより効果あるものとすると同時に，クラブ活動自身の伸展の上にきわめて望ましいことであるといえよう。

さらに，クラブ活動は，特別教育活動の他の分野である児童会活動，学級会活動とも，その特質こそちがっているが，根本的なねらいは同じであり，これらの三つの活動が密接な関係をもって運営されて，はじめてその効果を期待できるものであることはいうまでもない。

こう考えてみると，クラブ活動は，他の教育活動と深い関連をもちながら計画され，実施されなければならないものであることが明らかである。



# 第４章　クラブ活動の運営

クラブの種類が決まり，児童が希望するクラブに所属し，教師の担当するクラブが決定されていわゆるクラブ活動の組織が作られ，クラブ年間指導計画が準備されると，いよいよクラブの実際活動が展開されるのである。

本校では，実際活動に関するいろいろなこと，たとえば，児童の所属決定の際に役だてるための参加以前の指導，実際活動を円滑に進めるための実施計画の作成，その他，活動の成果の発表などのことを，すべてクラブ活動の運営上のことがらとして取り扱っている。

クラブ活動の運営は，前述したクラブ活動のねらいが達成されるよう行なわなければならないし，運営の上でじゅうぶん留意しなければならないことは，「児童が喜んで参加し，自発的に活動できる。」ということであろう。

本校では，クラブ活動の運営を活発に効果的に行なうために，次のような基本的方針を考えている。

(1)　参加以前の学年にできるだけ，それぞれのクラブの活動内容を知らせる。

クラブ活動は児童の自発的活動をねらい，実際活動の上で，児童の自主性を重んじなければならない。しかし参加してくる児童の興味や関心は，まだはっきりとせず，方法的，技術的に未熟である。このことを考えるとき，参加する以前にクラブ活動の内容や各クラブの具体的な活動について，はっきりした認識をもち，期待に満ちて参加できるよう指導する必要がある。このことは自分の興味・関心に合ったクラブを選択するということからもだいじなことである。

(2)　児童の特性や能力等がじゅうぶん生かせるような活動にする。

クラブ活動のねらいの一つに「同好の児童が共通の興味・関心を追求する活動の中でひとりひとりの個性を伸長する。」ということがあげられている。

実際活動を行なう際，共通の興味・関心の追求の中にも，児童がお互いに話し合う機会を多くもち，お互いの特性を認めあえるように配慮した実施計画を作ることが必要である。

(3)　児童と児童，児童と教師の人間関係をしっかり作り，楽しく活動できるふんい気を盛り上げる。

前項の「同好の児童が……」のねらいは，個性の育成を単独にねらうのではなく，それらを含み，それを生かしながら，共同的な生き方を育てようとするところに，クラブ活動のねらいの一つがおかれていることを示している。そこでクラブの実際活動の中に人間関係を深め，社会性を育成できるような計画を，おりこむことが強く望まれるわけである。

(4)　成果の発表の機会をできるだけ多く作る。

クラブ活動の成果および，活動の過程の一部である。未完成作品を発表することは，クラブ活動の充実発展を図っていく上からも，次年度，クラブ活動に参加する児童に対する事前指導の上からもきわめて効果のあることである。ただ，ここで注意しなければならないことは，よい成果を期待しすぎてはならないことである。クラブ活動の本旨は英才教育でもなく，教科の補習充実のためのものでもない。クラブ活動の成果を期待しすぎることは，かえってクラブ活動の順調な伸展を阻害することもありうることを忘れてはならない。

## 第1節　事　前　指　導

クラブ活動に参加する児童が，参加直前になっても，学校にどんなクラ





ブがあり，どのような活動をしているか知らないようでは，自主的に参加し自発的な活動を期待することはむずかしい。

本校において，参加以前の３，４年生を対象に行なった調査では，「クラブ活動とはどんな活動か。」を知っているものは，３年生で22%，４年生で57%にすぎず，他のものは，児童会活動の部活動と混同したり，教科の延長と考えている。また，本校にある11のクラブ（昭和37年度）の中で，「いくつのクラブ名を知っているか。」の調査では，４年生で平均二つのクラブを知っているだけで，クラブ活動についての認識の意外に低いことを示している。

さらに，昭和37年度の５年生に対する調査の結果，約11%の児童が，興味や関心の不安定のまま，友人の意向や親たちの意志，教師の勧めでクラブの選択を行なっている。このように，参加直前にあった５年生でも，興味・関心が未熟なものがいるのである。

以上のような児童の実態を見るとき，参加以前の指導を，計画的，効果的に行なって，児童の興味や関心を望ましい方向に導く事前指導の必要性が強く考えられる。そして，この事前指導を時期の面から考えると，大別して参加以前の学年の指導と，参加直前のクラブ選択の指導の二つが考えられよう。

### 1　参加以前の学年の指導

クラブ活動の事前指導のうち，参加以前の学年の指導には，クラブ実施場所の表示板や，クラブ活動の成果の発表，作品の展示とか，校内放送，校内新聞，上級生が下級生にクラブの話をするなどによって，下学年児童にクラブ活動のことを知らせる方法，クラブ活動を見学させたり，実際に経験させる方法，参加以前の学年において，学年あるいは学級内で，クラブ的な活動を行なってみる方法などがあげられよう。

(1)　クラブ活動の見学

クラブ活動に参加する以前の児童に，上級生のクラブ活動を見学させ，クラブ活動に対しての関心と理解を深めさせようとする方法である。このことは比較的簡単に行なえて，しかも大きな効果が見いだせるものと思われる。

また，下級生が上級生のクラブ活動を見学することは，見学される上級生にとっても，自分たちの活動を発表し，自分たちのクラブを理解してもらうための絶好の機会であり，自分たちのクラブへ，新しい人たちにおおぜい来てもらおうとする意欲にもえ，活発な活動を促すことにもなる。

しかし，効果が大きく，簡単に見学できるからといって，無秩序に，無策に見学したのでは効果も少なく，見学される側にとっても，自分たちの活動を阻害され迷惑なことである。

そこで，クラブ活動の見学も，あらかじめじゅうぶんな計画を立てて実施する必要がある。この計画の中には，どの学年をどんな時期に，どんな方法で見学させるか，その他学校の実情に応じた事項等を盛り込む必要があると思われる。

本校では，昭和36年度よりこの見学を実施しているが，36年度は４年生を３学期に見学させた。その方法は，４年生全員を半数に分け，クラブもまた半数に分けた。そして第１回目に前半の児童が前半のクラブを，後半の児童が後半のクラブを見学し，第２回目には前半の児童が後半のクラブを，後半の児童が前半のクラブを見学し，全児童が全クラブを１度は見学するという方法をとった。この際，４年担任の教師が引率し，混乱を引き起こさぬようじゅうぶん留意し，見学されるクラブ側においても，できるだけクラブ代表の児童が，そのクラブの内容の説明を行なうようにした。

なお，このクラブの見学を行なう際に，見学の前と見学の後にそれぞれ児童の所属希望をとり，希望の変わり方を比較したところ，見学前の児童の希望は見学後45％の変動を見せている。また，見学後の希望と所属の決





定を比較してみると，変わっているものはごくわずかである。したがって，見学前の希望と所属決定を比較すると，約半数の児童が変動していることになる。このことは，いろいろの条件が考えられるが，クラブ活動を見学することによって，見学前の考えを変えるようになったと見てもよい。また，見学前の希望と変わらない児童も，見学によって見学前の考えが確かめられ，さらにいっそうはっきりと希望できたものと思われる。

昭和37年度には，前年度の経験を生かし，同じく４年生全員を３学期に見学させた。最初の２回は，36年度と同様，半数ずつの児童が担任の引率でいっせいに見学し，さらに３回目は４年生を希望別に分け，希望するクラブだけの見学を実施した。

（図表25）　クラブ活動の見学をする４年生

なお，この見学に際しては，それぞれのクラブでは説明者を選び，４年生に活動の内容を説明し，４年生の質問に答えたりした。また，３回目の希望クラブ見学の際に，クラブによっては４年生にできる仕事を実施計画に盛り込み，４年生を実際に活動させてくれたものもある。この希望別によるクラブの見学は，いわゆるひととおりの見学ではなく，一歩深くはいった見学と考えられ，あるいは参加以前に１時間だけクラブ活動を経験したとも考えられ，事前指導のためにさらにきわめて効果のある方法のようである。

また，前年同様，見学前に希望するクラブを調査しておき，５年生になって所属したクラブと比較してみると，図表26のように45％の児童が変わっている。この45％の児童は見学後に演劇クラブの新設や，クラブ選択に

ついて，教師の助言指導があったにせよ，見学によって自分の進むべき方向を見いだし，自分の所属を決定したものと考えられる。

（図表26）　見学前に希望したクラブと所属したクラブのちがい
（昭和37年度4年生）

| 変わらない | 変わった |
|---|---|
| 0〜約55% | 約55〜100% |

0　10　20　30　40　50　60　70　80　90　100 %

さらに図表27によって「変わらないもの」に対して「他のクラブから移ったもの」の割合をみると，読書クラブ，習字クラブなどが比較的高い割合を示している。これは，ふだんの活動がじみで，いつも多くの4年生の目に触れることのないクラブについての認識が，見学によってはっきり整理されたものと思われる。

（図表27）　見学前に希望したクラブと所属したクラブのちがい
（昭和37年度4年生）

| クラブ名 | 見学前の希望 | 所属決定 | 変わらないもの | 変わったもの 他のクラブへ | 変わったもの 他のクラブから |
|---|---|---|---|---|---|
| 読書クラブ | 3 | 7 | 1 | 2 | 6 |
| 地理クラブ | 16 | 7 | 11 | 5 | 10 |
| 歴史クラブ | | 14 | | | |
| 生物クラブ | 12 | 7 | 3 | 9 | 4 |
| 電気クラブ | 35 | 17 | 14 | 21 | 3 |
| 習字クラブ | 10 | 15 | 4 | 6 | 11 |
| 絵クラブ | 19 | 11 | 10 | 9 | 11 |
| 工作クラブ | | 10 | | | |
| 器楽クラブ | 13 | 17 | 9 | 4 | 8 |
| 歌唱クラブ | 10 | 20 | 6 | 4 | 14 |





| クラブ名 | 見学前の希望 | 所属決定 | 変わらないもの | 変わったもの 他のクラブへ | 変わったもの 他のクラブから |
|---|---|---|---|---|---|
| 手芸クラブ　ししゅう | 60 | 10 | 32 | 28 | 8 |
| 手芸クラブ　あみもの | | 15 | | | |
| 手芸クラブ　そめもの | | 15 | | | |
| 運動クラブ | 28 | 31 | 22 | 6 | 9 |
| 演劇クラブ | | 9 | | | 9 |
| 珠算クラブ | 5 | 6 | 4 | 1 | 2 |
| 計 | 211 | 211 | 116 | 95 | 95 |

このように，36年度，37年度，2年間の見学による希望の変わり方を見ると，クラブ活動の見学が，児童のクラブ選択に際して影響を与えていることがうかがえ，事前指導の方法として効果あるものと思われる。

(2)　学年・学級内でのクラブ的な活動

クラブ活動参加以前の学年における事前指導の中で，学年や学級で，クラブ活動に似たグループ活動，あるいは趣味活動を行なうことも，効果的な方法であると言われる。

本校でも，クラブ活動の事前指導の一つとして，この方法を実験的に一部の学級で取り上げてみた。次にその事例をあげて考えてみたい。

ア．対象学年

実験の対象として，中学年の3，4年の学級を取り上げた。これは，中学年，特に4年生は，クラブ活動参加を目の前に控え，最も事前指導をする必要のある学年であるし，児童の発達段階から考えても，3，4年のころから実施することが妥当ではないかと思われたからである。

イ．実施の記録

(ア)　3年生の例

1)　発　足

中学年を受け持つ教師として，前々からクラブ活動の事前指導のことが問題となり，それに着手する機会を考えていた。3学期が始まって間もなくの学級会で，教師から「みんなは，5，6年生がやっているクラブ活動のことを，やってみたいとは思いませんか。」と提案したところ，取り上げられ，3年1組のクラブ活動のことが議題となって話し合いが始まった。その結果，学級内のクラブ活動を行なうことになった。

### 2) クラブの種類と所属の決定

最初に，5，6年生がやっているクラブ活動について話し合った。どんなクラブがあるか，そのクラブでどんなことをしているだろうかなど。児童は兄や姉の様子から，校舎内の展示から，校内放送のクラブ便りから，その他，折にふれて見たり聞いたりすることなどから，お互いに意見の交換をして，ある程度活動内容をつかむことができたようであった。そこで学級としてできそうなクラブはどんなものだろうかの話し合いに及んだ。電気クラブ，習字クラブ，図画クラブ，工作クラブ，歌唱クラブ，手芸クラブ，運動クラブの名まえがあげられた。そして，それが実際にできそうなクラブかどうか，検討することになった。その結果，ほとんどの男子が希望した運動クラブが，担任の目が届きかねること，したがって危険が予想されること，男子のみにかたよりがちであることなどの理由から除くこととなり，ついで電気クラブも経費のことを考えて除いた。そこで残るクラブのいずれかに所属することにして希望をとったが，図画クラブの希望が2名きりだったので，考えなおしてもらって，表のような人員構成で活動が始められた。

（図表28）　3年のクラブ種類と人員

| クラブ名 | 習字クラブ | 工作クラブ | 歌唱クラブ | 手芸クラブ |
|---|---|---|---|---|
| 人員 | 12 | 13 | 12 | 15 |





### 3) 実際の活動

#### ① 活動の時間と期間

1週の実施回数が問題となり，2回の意見が多かったが，はじめての経験であり，時間的余裕も少ないし，下校時刻もあわせ考えて，週1回，木曜日放課後（第6時限）に行なうことになった。期間については，児童は3月末までと承知しているらしかったが，持続性も少ない児童ではあるし，始まれば，おそらくいろいろな障害が出てくることも予想されるので，いつまでときらずに開始した。

はたして，1か月余りで所属変更の問題が起こった。自分で率先して発言し，計画を立て，中心となって活動していた児童でさえ，周囲のクラブの活動内容に心をひかれ，学級会ポストに「クラブをとりかえる相談」を投書する者もでてき，相当数の賛成を得て議題として取り上げられた。討議の結果は，変更希望者の意志の弱さも批判されたが，児童の発達段階から見た教師の助言指導もあって，所属変更と同時に，クラブの種類も再検討することになった。このような曲折を経て，クラブ的活動が継続された。

#### ② 実施場所

自分たちの教室を使うことはもちろんで，教室内で実施の場所を一定し，机を寄せて活動しやすい形をとった。歌唱クラブはピアノのある講堂を利用し，使用できない場合は音楽室か教室ということで実施した。このように教室より外へでるクラブもあり，いろいろの連絡，その他のことも考えて，世話係を2名おくこととし，話し合いで選んだ。

#### ③ 計画と記録

何をやるのかの計画は，先の見通しもつきにくいので，各クラブでとりあえず2題材ぐらい話し合って決め，活動にはいった。やるとなればすぐにでも着手したい気持ちの児童であるから，記録は軽く考えていった。毎時限活動の終わりに，その日やったことと反省を記入するだけにした。そのとき，次時の予定についても話し合い，それぞれ準備するものを手帳にメモすることにした。

各クラブの活動内容のおもなものは図表29に示すとおりである。

（図表29）　３年のクラブ活動内容

| クラブ名 | 習字クラブ | 工作クラブ | 歌唱クラブ | 手芸クラブ |
|---|---|---|---|---|
| 実施したこと | ○毛筆で自由なことばを書く。<br>○メモ用のカレンダー作り | ○動くおもちゃを作る。<br>○みんなで動物園を作る。 | ○うたをうたう<br>せい唱<br>輪唱<br>一部合唱<br>（適当に楽器使用もする） | ○ぞうきんをぬう<br>○小さな袋を作る。 |

クラブの種類，所属変更の話し合いをもってからは，前記四つのクラブに読書クラブ，社会科クラブ，図画クラブの三つを加えて７クラブとした。各クラブの人員，活動内容のおもなものは図表30のとおりである。

（図表30）　種類変更後のクラブ活動内容と人員

| クラブ名 | 読書クラブ | 社会科クラブ | 習字クラブ | 図画クラブ | 工作クラブ | 歌唱クラブ | 手芸クラブ |
|---|---|---|---|---|---|---|---|
| 人員 | 3 | 7 | 5 | 7 | 6 | 11 | 13 |
| 実施したこと | ○すきな本を読む<br>○感想を書く<br>○お話を作る | ○埼玉県の市を調べて書く<br>○埼玉県のおもな鉄道をかく | ○毛筆でひらがなを書く<br>○字の表を作る | ○動物園の絵をかく<br>○乗り物の国をかく<br>○写生する | ○動物園作り<br>○町の模型作り<br>○ロボットを作る | ○せい唱<br>○輪唱<br>○合奏 | ○ししゅうをした袋を作る<br>○お人形を作る |

④　発表と展示

一つの題材が終わったころ，児童のほうから「クラブの展覧会が





したい。」という声が出てきたので，学級会で具体的な話し合いをもった。

○どのようなことをするか。

習字クラブ…書いたものをはる。

工作クラブ…作品をならべたり，作り方の発表もする。

歌唱クラブ…展覧会にはできない。後で歌って聞いてもらう。

手芸クラブ…作品をならべる。

○いつするか

３月22日，父母の参観日，学級集会（おわかれ会）のとき，プログラムの中におりまぜて，工作クラブや歌唱クラブが発表したり，各クラブの感想発表をしたり，教室内に作品を展示し，ともだちどうし，母親たちにも見てもらい最後の仕事とした。

(ｲ)　４年生の例

1)　発　足

第２学期終了間ぎわに「グループで集まって何か仕事をしたい。」という声が児童から出たが，学期末のためその希望は実現しなかった。しかし，そのグループは，冬休み中に，共同ではり絵を作り，３学期に担任のもとに提出したので，担任はこれを材料に「クラブ内でのグループ研究をしてみてはどうか。」を学級全員にはかり，賛成を得た。そこで，組織や運営を高学年のクラブ活動にまねて，仕事を進めようということになった。

2)　クラブの種類と所属の決定

まず児童の研究したいものを調査した。そして，予想されるクラブを設定し，施設とか，用具，実施の場所，ひとりの指導者で指導できるかなどの条件から，実施の可能性を検討し，図表31のようにクラブを決定した。

次に，だれが，どのクラブに所属するかについては，次のような経過をたどった。

最初に児童の希望をとったところ，女子の「さいほう」「あみもの」への希望が集中し，他のクラブには女子がごくわずかという結果になってしまい，グループが大きすぎて，児童たちの手で，じゅうぶんの運営ができるかどうかあやぶまれてきた。そこで，「できるだけやりやすい人数のグループにしよう」ということで話し合い，表のような人員構成で，活動を始めることにした。

（図表31）　4年のクラブ種類と人員

| クラブ名 | 読書 | 電気工作 | 絵 | 工作 | 音楽 | さいほう | あみもの | ソフトボール |
|---|---|---|---|---|---|---|---|---|
| 人員 | 3 | 8 | 6 | 8 | 5 | 7 | 7 | 10 |

3）実際の活動

① 活動の時間と期間

児童との話し合いで，毎週火曜日の放課後，約45分を活動時間とし，その期間は，1月，2月の2か月間という計画を作った。

② 実施場所

実施の場所は，大部分のクラブが自分の教室で，クラブごとに机を寄せあって行なったが，音楽クラブは特に音楽室を使用させてもらった。ソフトボールクラブは，校庭を使用した。

③ 計画と記録

毎時限の計画や記録は例にあげたような様式で，クラブ員の話し合いにより記入したが，予定の欄は毎時限の終了後，次時の予定を記入することにした。

各クラブの記録の例と活動内容のおもなものは，図表32，33に示すとおりである。





（図表32）　4年のクラブ活動の記録例

| 2月5日（火） | 音楽クラブ記録 | | 4の2 |
|---|---|---|---|
| 予定 | じゅんび | したこと | 反省 |
| ○うたをうたう<br>○ハーモニカで合奏する | 音楽の本<br>どうよう絵本<br>ハーモニカ | ○うたをうたった。<br>夜汽車<br>ふれふれ雪<br>こじかのバンビ<br>かもめの赤ちゃん<br>○ハーモニカで合奏した。<br>村のかじや<br>○外がぬかっているので，ソフトボールクラブの人も3人きていっしょにやった。 | ○雨ふりだったので，ソフトボールクラブの男の子がはいったのは，とてもたのしかった。 |

（図表33）　4年のクラブのおもな活動内容

| クラブ名 | 読書 | 電気工作 | 絵 | 工作 | 音楽 | さいほう | あみもの | ソフトボール |
|---|---|---|---|---|---|---|---|---|
| 実施したこと | ○読書感想の話し合い<br>○紙しばいづくり | ○乾電池を使った工作<br>（とうだい　自動車　ベル　シグナル　かい中電燈　エアボート） | ○風景写生<br>○デザイン<br>○人物写生<br>○共同で絵をかく | ○すきなものを作る<br>（橋　ブロックの家　自動車　船） | ○合奏<br>○合唱<br>○せい唱<br>○独唱 | ○前かけ作りとししゅう | ○マフラーをあむ | ○キャッチボール<br>○バッティング |

④ 発表と展示

2か月のクラブ的活動の実施後，3月になり，作品の展示会を開いたり，学級集会「4年生おわかれ会」の席上，音楽クラブの合唱，読書クラブの紙しばい，ソフトボールクラブの感想発表を行ない，学級内クラブ活動のしめくくりをした。

ウ．考察

以上のようにして，いろいろのクラブ的活動を経験した児童は，5，6

年になっての実際のクラブ活動の下地が，むりなくつちかわれていくのではないかと思われる。

特に3年生にあっては，2回目の発展的な発足をして，児童たちは新しい気分で，喜んでクラブ的活動に参加した。続いて「クラブの日を多くしたい。」の意見も相当活発に出るようになった。

この活動を実験的に行なっている途中において，1学級のクラブ活動の様子を，他学級の児童たちが見たり，聞いたりするうちに，他学級でも，クラブ的活動をやりたい意向が児童から盛り上がって，それぞれの学級で自主的に行なわれはじめたことも，意義のあることと思われた。

上述のような実践の後，中学年児童の特性をおおまかに，いくつかの項目に分けてまとめてみたものが図表34である。

（図表34）　中学年児童の特性

| | 3　年 | 4　年 |
|---|---|---|
| 興味や関心 | ○外的な世界に対する興味が強くなる。<br>○関心の範囲が広まってくる。 | ○社会的なことがらや自然現象への興味が強くなる。<br>○いろいろなものの収集に関心をもつ。 |
| 持続性 | ○興味持続の期間は長くない。<br>○多くの新しい経験を用意する必要がある。<br>○ある程度の成功を経験できるよう動機づける必要がある。 | ○興味持続の期間も長くなる。<br>○自分で選んだ仕事にある程度長期間集中できる。 |
| 社会性 | ○集団意識がめばえ，グループを作ることができる。<br>○席が近い，いっしょに遊ぶという理由でグループを作る。 | ○いっしょになって仕事をやることができるようになる。<br>○グループの自主的な活動ができるようになる。 |
| 技術 | ○問題解決的思考や創造的思考が伸びはじめる。<br>○手先の運動などの技術がある程度発達してくる。 | ○問題解決的思考や創造的思考がある程度発達する。<br>○さいほう，ししゅう，工作などの細かい仕事ができる。 |





そして，この表よりクラブ活動実施の可能性を児童の側から考えてみると，クラブ的な活動は，そのつど適当な助言指導をじゅうぶん与えてやれば，可能であると思われる。

この可能性を教師の立場から考えてみると，まず指導力の点では，教科その他の学級の指導，高学年のクラブ活動，児童会活動の指導などのあい間に，学級内でのクラブ的活動の指導をするとなると，労力の負担はかなり重くなると思われる。次に施設や場所については，クラブの種類や数にもよるが，学級内で実施する場合には，何とかくふうもできようが，学年内で組織するとか，学年内で各学級が同時に行なう場合には，相当の困難が予想される。

次に，前述の実践の中で，児童の興味や関心の変わり方をみると，3年生の場合，他のグループの仕事を見て，次の機会にはそのグループに所属して新しい仕事をしてみたいといった傾向がみられる。4年生の場合では，はじめ興味や関心の定まらなかった児童は，友人の意見や何回かの教師の助言により，しだいに自分の興味・関心の方向を定めていく傾向がみられる。

また，4年生の学級のクラブと，高学年で実施しているクラブ活動との間には直接のつながりはないが，同じような活動内容をもつクラブについて，学級のクラブの所属と，「5年生になって，どのクラブを希望するか。」の調査との関連をみると，39％は学級のクラブで経験したものと同じ内容のクラブを希望している。これらのことは，学級でのクラブ的活動を行なうことが，事前指導のねらいをある程度満たしてくれるものと考えられる。

以上3，4年において，実験的に行なった学級内でのクラブ的な活動について述べた。そして，その実施にあたっては，いくつかの難点もあったが，季節や学校行事などとの関連を考えて行なえば，ある程度解消するように思われる。また，各学年の特性を考えて，3年生では期間を短く，何回もクラブ所属の変更を認め，いろいろの経験をさせ，4年生になってしだいに期間を長くするなど，実施の方法をくふうしたりするならば，学級内でのクラブ的活動も，事前指導の方法として効果があるものと思われる。さらに，前の項で述べた高学年のクラブ活動の見学なども，その間に取り入れると一段と効果が増すものと考えられる。

4) その他の方法

クラブ活動は学年・学級のわくをはずして行なう活動であるため，その実施場所は，いきおい特別教室や他学年，他学級の教室を使用することになるが，通常高学年の教室を使用する場合が多い。本校では，普通教室で行なわれるクラブは，主として3，4，5年の教室を使用している。このことは，本校の校舎配置の特性や，クラブ活動実施場所をできるだけ1箇所にまとめるという方針からではあるが，クラブ活動参加以前の児童に，クラブ活動を認識させるという点からいって，効果のある方法ではないかと思われる。図表34によれば3年，4年とも，約3分の1の児童は「自分の教室をクラブで使うから，クラブの名を知った。」と答えている。また図表35によっても，自分の教室を使っているクラブは高率を示し，中学年児童においては，自分の教室を使われることによって，クラブ活動についての見聞を広めていることを明らかにしている。

実施場所に表示板を明示することも，図表34によって明らかなように，多くの児童にクラブ活動についての認識を高める上に効果があるものと思われる。本校では，実施場所の学級表示の下にクラブ名を明記したものをかかげている。この場合，低・中学年児童にもクラブの名がわかり，クラブ活動に親しみをもたせることをねらうためには，わかりやすい文字で書く





などのこまかい配慮も望ましく，クラブの名称も活動の内容を端的にわからせるものが必要である。本校の調査によると，中学年児童は，各クラブまたは各クラブ内の班別の仕事の内容によって，地歴クラブは「歴史クラブ」「地理クラブ」，手芸クラブは「さいほうクラブ」「ししゅうクラブ」，美術クラブは「絵クラブ」「工作クラブ」，珠算クラブは「そろばんクラブ」などとかれらなりの名で呼んでいる。またクラブ実施場所の表示板を作ることは，事前指導の面だけでなく，そのクラブに属するクラブ員の意識を高める上からもぜひ必要である。

（図表34）　何でクラブの名を知ったか

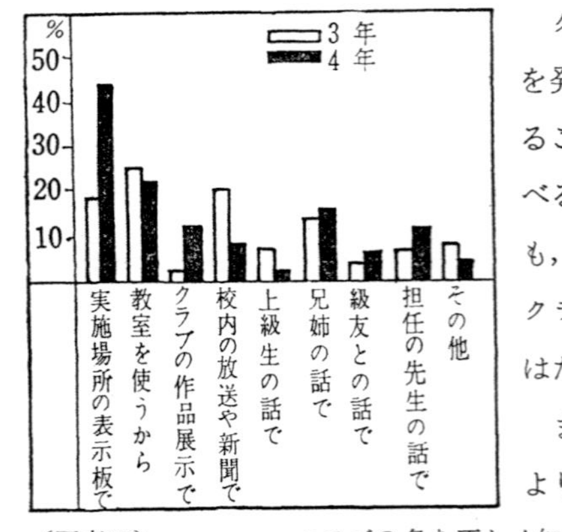


クラブ活動において，活動の成果を発表したり，作品を展示したりすることについては，あとで詳しく述べるが，事前指導の面から考えても，クラブの作品にふれさせて，各クラブの活動の内容を知らせることはたいせつである。

また，校内放送や校内新聞などにより，クラブ活動についての認識を深めさせることも，効果のある方法であると思われるが，中学年児童はこれらのことに意外に関心がうすい。図表34によっても，低い割合を示して

（図表35）　クラブの名を正しく知っているもの

| 学年＼クラブ名 | 読書 | 地歴 | 生物 | 電気 | 習字 | 美術 | 歌唱 | 器楽 | 手芸 | 運動 | 珠算 |
|---|---|---|---|---|---|---|---|---|---|---|---|
| 3　年 | 0.5 | 1 | 1 | 50 | 3 | 0.5 | 3 |  | 7 | 4 | 12 |
| 4　年 | 3 | 32 | 3 | 32 | 66 | 14 | 10 | 14 | 45 | 4 | 6 |
| 使用教室 |  | 4年 |  | 3年 | 4年 |  |  |  | 4年 |  | 3年 |

※数字は調査人員に対する百分率を示す。

いる。このことは，教師が折にふれ，機会をとらえて児童の関心を高めるよう示唆する必要のあることを教えるものである。

さらに，「上級生にクラブの話をしてもらう。」ことも一つの方法であり，中学年児童としてはそれを望んでいる。また，上級生においても，じゅうぶんその準備ができているように思われる。37年12月に行なった調査では，クラブ活動を行なっている5，6年72名のうち，70名は，下級生にクラブのことを話せるし，42名は，自分の属しているクラブを選ぶように勧誘できると答えている。これらの結果から，中・高学年の担任教師は，常に連絡を図り，上級生から下級生へクラブ活動のことが話し伝えられるよう考える必要がある。このような，上級生が下級生に自分のクラブの内容を紹介する機会は，本校の実態をみると，通学班編成による通学の途中が多いようであるが，その他，前述の校内放送の利用や，あるいはクラブ展示板へポスターをはるとか，発表会やクラブ見学の折にも行なえる方法である。このことはまた，そのクラブに所属する上級生に「自分たちのクラブ」としての意識を高めさせ，クラブの伝統を作り上げる上からもたいせつな条件になると思われる。

## 2　クラブ選択の指導

ひとりひとりの児童がどのクラブに所属するかを決めるには，児童の自発性を重んじ，児童の希望をじゅうぶん尊重しなければならない。そのためには，あらかじめ各クラブについて，その具体的な活動の内容をよく理解させる必要があることは，前に述べたとおりである。

そして，いよいよクラブ活動に参加する学年になり，所属したいクラブの希望をとり，参加するクラブの選択をさせるわけであるが，この時期の児童は，興味や関心が未熟であり，自分の特性や能力についても，はっきりと自覚しているわけではない。ここにクラブ選択に際しても，教師の助言指導が必要になってくる。





この，クラブ選択の指導にあたっては，次のような点に特に留意する必要があると思われる。

(1)　児童の自主性を重んずること。

児童の自由意志による希望を重視し，児童の自主的な判断によってクラブを選択するようにしむけることがたいせつで，かりにも強制的に所属させることのないようにしなければならない。また，用意されたクラブに機械的に児童を割りふったりするようなことも避けなければならない。

本校においても，クラブ活動実施の初期にあっては，児童の第2，第3希望まで調べ，人数の調整を行なったこともあった。昭和36年から，児童のクラブ所属は，全面的に児童の自主性を重んずるという基本的な考えに立ち，児童のクラブ選択を行なった。その結果，36年度前期は3.9％，37年度前期は2％の児童を調整したにすぎない。なお，この調整も決して強制でなく，児童とのじゅうぶんな話し合いの上で行なったことはもちろんである。

(2)　適切な助言を加えること。

児童はクラブ選択に際して，一時的な興味にひかれたり，友人の選ぶクラブに同調したりしやすい。また，自分の意志で選択しても，その関心がクラブ活動の本質からはずれている場合もあり，どのクラブを選んでよいかわからない児童もある。

本校で，昭和38年度の児童の所属を決定した際に，なぜそのクラブを選んだのか調査したところ，図表36のようになった。

（図表36）　クラブを選んだ理由

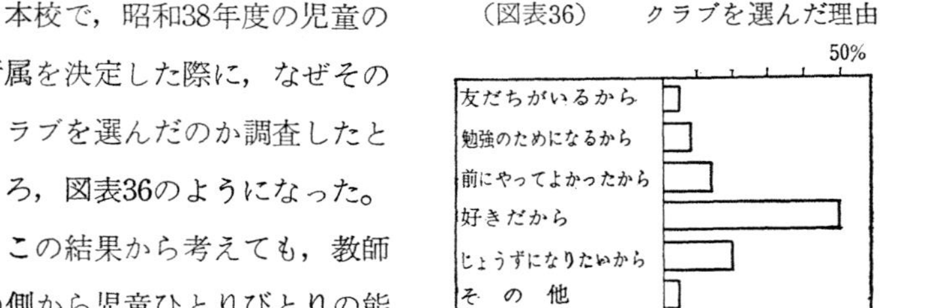


この結果から考えても，教師の側から児童ひとりびとりの能力や特性に応じたクラブを選択するような指導を，積極的に行なう必要が

ある。

(3) 父母の協力を求めること。

かなりの数の児童は，クラブ選択にあたって，父母と相談していることは，本校の調査（第6章第3節参照）でも明らかである。また，児童が父母の意見に従ってクラブを選択する場合もありうる。本校の実態をみても，毎年いくつかの例が見受けられる。

このような場合，クラブ活動の趣旨を理解している父母の意見であれば，じゅうぶんに取り上げてやらなければならないが，ややもすると，父母の間にはクラブ活動を教科の補習的なものと考えたり，クラブ活動にそのようなことを望んでいるむきもある。本校の調査をみても「クラブ活動でどんなことをしてもらいたいですか。」の質問に対して，「教科の力を伸ばすもの。」「後になって役だつ実用的なもの。」などを希望しているものが，約半数見受けられる。このようなふんい気が，児童の側に「勉強のためになるから。」「じょうずになりたいから。」という動機でクラブを選択させることになりはしないだろうか。また，上のようにクラブ活動について考えている父母ではあるが，クラブの選択について90％は「児童の希望にまかせる。」と答えている。

これらのことをあわせ考えるとき，クラブ活動の意義について父母の理解をじゅうぶん深めた上で，クラブ選択にあたっての協力を得ることが必要だと思われる。

## 第2節　実　施　計　画

じゅうぶんな事前指導を受けた児童が，自分の希望するクラブに所属が決まると，いよいよ実際活動をするわけである。実際活動をするためには，児童個々の希望，教師の助言指導など，いろいろなことがらに当面すると思われる。





教科学習の場合は，年間指導計画（カリキュラム）があれば指導できるわけである。クラブの場合も同様に，そのクラブの指導教師が立てた年間指導計画があれば，クラブ活動は可能なように思われるのであるが，クラブがねらう活動は，あくまで児童を主体とした自発的，自治的な活動であるから，教師が立てた計画による活動では，クラブのねらいを達成することができない。

クラブを実施するにあたっては，当然，児童のためになる実施計画がぜひとも必要になってくるわけである。また個人の興味や関心を追求する活動であるから，実施計画はいらないとする考えもあるだろう。しかしクラブ活動は同好の児童が集まるとはいっても，それぞれ個性のちがう者の集まりであるから，お互いどうしが協力しながら楽しく活動できるような計画を立てて実施していくことが必要であり，ここに実施計画の必要が生じてくるわけである。

### 1　実施計画の基本的な考え方

(1) 児童が主体となって作るものであること。

クラブ活動は，「児童自身が自分から進んでやる」ものであり，「児童にやらせる」ものでは決してない。したがって実際の活動が開始されれば，各クラブごとに，当然，児童の手による実施計画が立てられなければならない。年間指導計画と同じような立場に立って，教師側から一方的に押しつけたり，親切ていねいに計画を立ててやることは，とりもなおさず「児童にやらせる」活動になり，その結果は教師が先に立つ指導に陥ることになる。「児童がみずからの活動を自発的に計画に基づいて活動するところに，特別教育活動としてのクラブ活動の特質がある。」のである。このことは実施計画作成にあたって忘れてならないことである。しかし，実施計画を児童の手だけで立てることは困難である。したがって教師の立てた年間指導計画や，前年度までに実施した活動の記録等を参考にして作成することが必要となってくる。たとえ，児童の興味や関心から出た希望であっても，実施に要する経費，学校の用具や施設，時間配当などの関係から，実施不可能なものが出てくることも考えられるし，季節的な考慮が浅いため，実施する段階になって初めて困難に当面することなど，ままありうると考えられるので，クラブ活動を実施して年月が深い浅いにかかわらず，教師は児童にとってよい助言者でなければならない。

(2)　クラブ内の人間関係を深めるものであること。

クラブ活動の教育的価値を，お互いどうしが認めあい，協力しあいながら，生活を楽しく豊かにすることに求めるならば，その実施計画には当然，児童相互の人間関係を深める配慮がなければならないであろう。

とかくクラブ活動は，児童の個性の伸長を図るということにとらわれ，なんでも児童個人個人が好きなことをすればよいという活動が見られる。本校の場合もクラブ活動実施当初においては，そのようなことが反省されている。そこで実施計画を作る場合，後述の第3節の2，「活動の形態」にあるような，児童個々の活動が主となるクラブにおいても，1年に1回ないし2回は，所属クラブ全員で活動する題材を選び，お互いに批判しあう活動を計画し，能力の差や仕事の遅れを補いあうことなど，協力していくような配慮を加味するようにしている。

(3)　活動しやすいものであること。

児童が活動しやすい実施計画とはどんなものか，それには種々の条件が考えられよう。まず計画はあくまで計画であって決定ではないということである。また1題材の活動をする場合，その活動のしかたがどんなものであっても，計画に配当された時間内で仕上げなければならないということになると，仕事の遅れている者は，宿題となるようなことも予想される。これはクラブ活動の姿として望ましいことではないので，融通性のある計画を立てさせることがよいと思われる。1年間の計画を立てることは，見





通しとして立てるわけである。先にも述べたように，実施の段階になって思わぬ困難に当面することもあろう。こんなとき，むりにもその計画どおりやっていくと，児童の興味，関心も長続きせず，ひいてはクラブ活動に対する児童の興味は消えうせてしまう。計画に弾力性をもたせ，学校の施設，設備を最大限に活用して楽しく活動でき，少しでもこどもたちが進歩を認めあえるような活動にしていくのがよいと考えられる。

(4)　教科の補習的なものでないこと。

クラブの中には教科とひじょうに関連の深いものがあり，その活動が，教科の延長，補習となる可能性の強いものもある。珠算クラブ，習字クラブなどはこの例にはいると思われる。これらのクラブでは，ただ練習だけでなく，また技術の進歩だけを考えず，全員で，またはグループで，一つのものを作り上げてみるようなことも考えねばならない。たとえ児童がクラブ活動の望ましいあり方を意識していても，主として個人技とか成果ばかりを期待した題材を考えて計画した場合は，往々にして補習的なものになりやすい。このようなとき，児童から出された題材だけでなく，その題材の実施の方法なども考えさせ，各クラブの特色が生かされるように助言指導を行なうことによって，クラブの趣味活動としての意義を認めさせることができ，教師の側でも一方的な教科的指導にならずにすむと思われる。

### 2　実施計画の作り方

年間実施計画作成にあたっては，年間指導計画を先に持ち出すことは避け，児童の希望を中心に考えたい。

まず児童に，過去のクラブ活動に関する見聞や，自分の経験，前年度の記録等をもとにして，研究や作製などしてみたい活動についての希望を，思う存分発表させる。しかし，これら児童の発言の中には，クラブ活動実施の上で，適当でないことがらが種々出てくるであろう。そこで教師は，

年間指導計画を手がかりとして適切な助言指導を与える。次に児童は，それぞれの希望を取捨選択して，活動しやすいものへと話し合いを進めていく。

こうして

○どんなことを（おおまかな活動内容…以後題材という）

○いつごろ（月）

○何時間でやるか（時間配当）

○どんな方法でやるか，どんな材料，用具が必要か（備考）

の計画を立てて，1年間の活動予定がならべられ，1年間の見通しがたち，年間実施計画ができあがる。

この年間実施計画は，題材と，季節を配慮しながら，おおまかに配当したものであるから，やはり細かい題材ごとの実施計画を立てることが必要となってくる。年間実施計画にもられた題材を，どのように進めていくのがよいか，何時間でやるか，どんな準備や材料がいるのか，グループ活動か全体で行なうのかなど，活動内容，活動形態が具体的に計画されなければ，活動することは不可能である。

1題材に配当されている時間内において，毎時間毎時間の細かい実施の予定を立てる。

すなわち，

○月日

○その日にどんなことをするか。

○その日に何を準備するか。

○その日に材料として整えるものは何か。

などを児童が所属クラブ員全体で，またはグループごとに，時には個人個人で，題材に適応した活動形態をとりながら話し合って作成する。これを題材ごとの実施計画とよんでいる。





前述のことをまとめて図示すると図表37のようになる。

（図表37）　計画・実施の手順

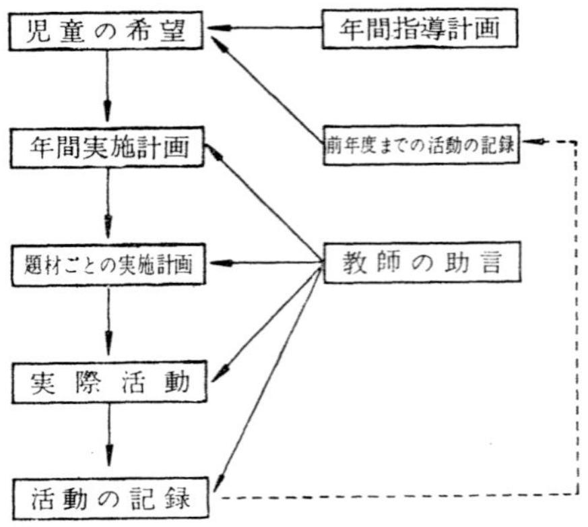

児童の希望
年間指導計画
年間実施計画
前年度までの活動の記録
題材ごとの実施計画
教師の助言
実際活動
活動の記録

題材ごとの実施計画だけによって，クラブ活動が実施できるように思われるが，題材ごとの実施計画では，そのつど，題材の決定をし，時間配当などを考えていくために，季節的配慮がうまくいかないし，時間配当も学期の区切りにうまく合わない。そして，児童個々の興味や関心が無視され，少数意見にひきずられてしまい，所属クラブ全員の希望が生かされなくなってしまうおそれがある。できるだけ，所属クラブ員全員の興味，関心が，1年間にうまく生かされるためには，1年間を見通した年間実施計画が必要である。したがって，本校では年間実施計画，題材ごとの実施計画の両方を作成して活動しやすいものとし，実際活動にはいっている。

これらの年間実施計画や題材ごとの実施計画を作るとき，クラブ設置当初は，児童は無経験の上に，手がかりとする前年度の記録もなく，先輩の話も聞けず，計画作成に困難をきたすことが多かった。しかし，クラブ活動を実施して数年を経た現在では，さほど困難も感じられず，教師の助言を得ながら児童が主体となって実施計画が作成されている。

このように，教師の適切な指導を得て児童の手で二つの実施計画が作られ，実際活動が進められ，何年かの経験を重ねたあとでは，前年度の活動の記録が参考となって，教師の助言指導をまたず児童たちだけで計画し実践していくようになると思われる。また，この実践の中で，児童は自分のクラブだという意識をいっそう深めて，上級生は下級生へ，さらに下級生へと指導するならば，おのずからクラブの伝統もつちかわれていくと考えられる。

### 3　実施計画の例

(1)　年間実施計画（習字クラブの例）

（図表38）　　習字クラブ年間実施計画

| 月 | 実施の予定 | 時間 | 備考 | 予定とのちがい |
|---|---|---|---|---|
| 4 (2) | ○習字クラブについて話し合い，実施計画を作る。 | 1 | | |
| | ○春らしいことばを書く。 | 1 | | |
| 5 (4) | ○学校や社会の行事に関係したことばを書く。 | 8 | ○作品を展示場にはる。 | ○5月には5時間活動できた。 |
| | | | ○校内のいろいろな所にはる。 | |
| 6 (4) | | | ○文字だけでなく簡単な絵もかく。 | |
| 7 (2) | ○夏らしいことばを書く。 | 2 | | |
| 9 (4) | ○秋のことばを書く。 | 4 | ○作品を展示場にはる。 | |
| 10 (4) | ○運動会の種目を書く。 | 4 | ○グループにわかれて書く。 | |
| 11 (4) | ○いろいろなポスターの文字を書く。 | 4 | ○いろいろなもので書いてみる。 | |
| | ○火の用心のことばを書く。 | 2 | | |
| 12 (3) | ○詩集を作る。 | 3 | ○ペンや鉛筆で書く。 | |
| | | | ○ガリ版ずりの詩集を作る。 | |
| 1 (3) | ○新年のよろこびを書く。 | 3 | ○作品を交換する。 | |
| 2 (3) | ○たんざくを作る。 | 3 | ○作品を展示場にはる | |
| | ○よせがきをする。 | 1 | ○1枚の紙に全員で書く | |
| 3 (2) | ○反省会をする。 | 1 | | |

※　37年度は前，後期の2期制であったので，この計画は前期分，後期分の実施計画をまとめたものである。





○項目の説明

ア．実施の予定

「年間指導計画」の予想される活動としてあげたもの，または，それよりやや具体的な活動の内容を月別に配当する。ここにもられることは「年間指導計画」にあげたものが，まったくそのまま移行して月別に配当されるものではなく，教師の助言指導，前年度の記録を手がかりにして，児童が所属クラブ員の興味・関心を合議の上で自主的に作成していくことや，季節的な面，安全に関すること，学校の実情および教科学習的にならないことに留意することは，前に述べたとおりである。またそれぞれの活動についての話し合い，反省などを予定しておくことも忘れてはならないことである。

イ．時間配当

年35時間としておさえている。これをさらに図表39のように月別に配当している。

（図表39）　　月別時間配当

| 月 | 4 | 5 | 6 | 7 | 9 | 10 | 11 | 12 | 1 | 2 | 3 | 計 |
|---|---|---|---|---|---|---|---|---|---|---|---|---|
| 時間数 | 2 | 4 | 4 | 2 | 4 | 4 | 4 | 3 | 3 | 3 | 2 | 35 |

しかし，毎週の実施時間をできるだけ確保するよう努力すれば，35時間以上活動することができるように思われる。

ウ．備考

活動の方法，作品の展示，発表，材料，クラブ所属員の人間関係を深めることがら，学校行事等への参加，児童会活動，学級会活動との関連等を記入する。

この項は「年間指導計画」の4留意事項とひじょうに深い関連をもっている。児童が無関心でいる場合は，努めて助言するようにし，クラブ活動の本質に合った活動をするようにすべきである。

エ．予定との違い

4月当初に立てられた年間実施計画は，あくまで予定であるから，実際活動との違いは当然予想される。その違いを，×印をつけて訂正したり，新しく書き加えたりしていく。また，その理由を簡単に記入し，来年度の参考にする。

(2) 題材ごとの実施計画（習字クラブの例）

（図表40）　習字クラブの題材別実施計画

| 月日 | 実施の予定 | 準備 |
|---|---|---|
| 題材（火の用心のことばを書く） | | |
| 11.21 | ○いろいろなことばを話し合う。<br>○長い紙に毛筆で書く。 | 毛筆用長半紙<br>（1枚をたて半分につないだもの） |
| 11.28 | ○清書をする。<br>○作品をみんなで見あう。<br>○放課後展示場にはる。<br>○次の題材を決め，計画を話し合う。 | 毛筆用具 |
| 題材（詩集を作ろう） | | |
| 12. 5 | ○みんなの考えた詩を発表する。<br>○原稿用紙に鉛筆やペンで書く。 | 原稿用紙<br>鉛筆<br>ペン |
| 12. 7 | ○原紙に鉄筆で書く。<br>（鉄筆で書いたことのある人は教えてやる。） | 原紙<br>ガリ版<br>鉄筆 |
| 12.19 | ○とうしゃばんで刷る。<br>○刷ったものをとじて本にする。<br>○でき上がった詩集の話し合いをする。 | とうしゃばん<br>わら半紙<br>ホッチキス |





○項目の説明

ア．月　日

年間実施計画で立てた時間を実施の過程に合わせて月，日に配当する。

イ．実施の予定

年間実施計画で立てた題材を，年間実施計画の備考に書かれていることを加味しながら，さらに細かく計画し，児童ひとりひとりが活動しやすいようにする。

ウ．準　備

材料や用具など，その題材を実施していくのに必要なものを，具体的にあげる。

エ．活動記録

第3節「実際活動」の中の「活動の記録」の項で取り上げてあるが，実施したその日その日に，活動の様子を実施の予定と対照して記入する。

以上，本校で考え，実施している，実施計画について述べてきたわけであるが，「実施計画は児童が立てるもの」であるから，その学校の児童個個の実情に応じた，適切な計画案が望ましいわけである。しかしながら，実際活動を行なうにあたって，

○4月当初に，年間を見通したおおよその計画を立てる。

○実際に活動していくには，題材ごとの具体的な計画を立てる。

の2点は，ぜひとも必要なことである。

## 第3節　実際活動

前節において，実施計画について具体的に述べたが，その実施計画にしたがって実際活動が行なわれるわけである。

そこで本節では，実際活動に関するいろいろなことがらについて考えてみることにする。

## 1　活動の実際

### (1)　活動しやすい環境

実際の活動が楽しい活動であるためには，活動の場所．施設，設備等が児童にとって活動しやすい状態にあることが望まれる。

このことは単にクラブ活動にだけいえることではなく，特別教育活動全般，各教科においてもじゅうぶん考えられなければならないことである。ただ，クラブ活動では，施設，設備等に関することがらは，直接活動内容にもつながってくることであるから，それらはじゅうぶんに児童が興味を追求することを満たしてくれるようなものでなければならない。

本校では，場所，施設，設備等満足な状態ではないが，次のような点を考慮している。

まず実施場所であるが，各クラブともそれぞれ専用の室が持てれば申し分ないのであるが，現状では普通教室を使用することが多い。いくつかのクラブのほかは普通教室を使用しているが，その教室はどうしてもクラブ員自身の教室でないという不安な心情で活動することになりとやすい。

（図表41）　クラブ実施場所の表示板

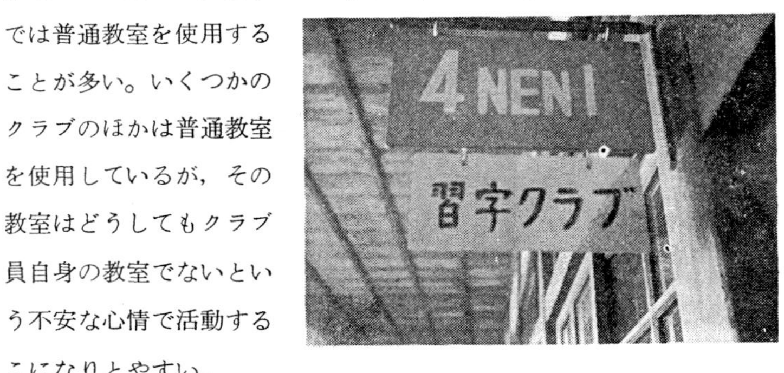


このような不安を取り除き，クラブの時間だけは，自分たちのクラブの専用の教室であるというふんい気を作る必要がある。





そのために本校では，学級名の表示板とともに明るい色調のクラブ名の表示板をかかげ，実施場所を明示している。このことは，クラブ成員に「自分たちのクラブである。」という意識を高めるためにも役だつ。このような見方からすれば，実施の場所がおもに屋外になる体育的クラブなどでも専用の部屋を定めておく必要がある。

また，それぞれのクラブの実施場所は，各クラブ相互間の連絡を図ることや，児童相互がお互いの活動を身近に感じあうことなどの利点を考えるとき，できるだけ集中させたほうがよい。さらに教室を使用する場合に，机，いすなどの高さの関係からして高学年の教室をあてることがよいことはいうまでもない。なお，備品，未完成品の保管場所や作品の展示場所なども，実施場所に近いほうがよい。

次に施設，設備の面であるが，児童の実際活動の中から出てくる施設，設備についての要求は，ひじょうに高いものがある。しかし，それをそのまま満たすことは不可能なことである。そこで既有の施設，設備をじゅうぶん活用していくよう，実施計画作成の上で考慮したり，教師が指導計画の評価をする際に，施設，設備が満足であるかどうかを評価し，どうしても必要であるものは漸次整えていくことがよい。さらに各活動の中で創意くふうをこらして，たりない施設，設備は作製していくことも必要である。

### (2)　クラブ内の係り

それぞれのクラブを児童が主体となって運営する上で，自分たちの活動であるという意識をもち，その活動を組織的，有機的に進めるためには，クラブの代表を決めて，他のクラブとの連絡や，他の活動（たとえば，児童会の代表委員会への出席）への参加をしたり，記録係を決めて活動の記録をとったりすることが必要である。

次に，係りの種類や，仕事の内容をいくつか考えてみることにする。

ア．クラブ代表

クラブを代表し，クラブ運営の中心となる。クラブ指導教師との連絡，代表委員会への参加，他のクラブとの連絡などがおもな仕事になる。クラブリーダーと呼ばれることもあり，正副2名のうち，正に6年生が選ばれ，副に5年生が選ばれているようである。

イ．話し合いの司会

クラブ内におけるいろいろな話し合いの司会をする。クラブ代表が兼ねて行なう場合が多いようである。

ウ．記録係

話し合いや作業の記録をする。

エ．準備係

クラブ指導教師との連絡，用具，材料などの準備やあと始末をする。

オ．整理係

作品や実施場所の整理整とんをする。

カ．出欠席の係り

クラブ員の出欠席をとる。

キ．その他の係り

クラブ内での発表会の司会，見学者への説明係など，必要に応じて作られる係り。

以上述べた係りは，クラブ活動にこれだけの係りが必要だというものではなく，クラブの実状に応じて，そのつど必要な係りを設けることでよい。

これらの係りにだれがなるかは，そのクラブの話し合いで決められるわけであるが，係りになる児童の能力を考えて負担過重にならないよう，全員で係りを分担するとか，交代で行なうとかの配慮が必要である。

(3) クラブ指導教師の態度





クラブ活動の運営にあたって，クラブ指導の教師はどのような態度で臨むべきかは，ひじょうにむずかしいことであり，運営の過程でその場に応じた態度をとらなければならないが，一般的には次のように考えられる。

クラブ活動は，児童の自主的活動であるというので，すべて児童にまかせきりでは，児童の興味・関心を正しく伸ばすことはできない。しかし，助言指導を多くすることも，児童の自主性を伸ばすためには役だたないであろう。

そこで，クラブ指導教師の助言指導は，児童の活動のための道すじを作ってやることでなく，児童自身が道すじを作るための素地を作ってやるのだということを，じゅうぶんに心得ておくべきである。

クラブ指導の教師は，常に，そのよい相談相手となって，助言することがたいせつである。しかしクラブ活動は，教科指導と異なるから，クラブ指導教師は，その活動に精通していなくてもよく，また，特定の技能にすぐれていなくても，そのクラブを楽しく活動のできるグループに育てあげることができる。

クラブ指導教師が，クラブの成果や技能の上達を期待して，自己の意図のままに導いていくことは，児童の自主性，興味・関心を伸ばしたとはいえない。

本校のクラブの活動内容やその形態を見ても，クラブ設置当初，児童の自主的活動を主体として考えてはいたが，どちらかといえば，実際的には教師の助言指導をまつということが多かったし，形態も個人的活動，いっせい的活動にかたよって，変化に欠けていたようであった。そこで，クラブ活動が，趣味的な活動であるから，個々別々の活動の形態をとることが多くなりやすいが，それだけでなく，共通の興味や関心を追求していく集団活動の形態もあわせ行なわれるように助言指導をする必要がある，などの反省の上に立って，事後の指導を続けてきた。

本校の児童が，どれほどの興味や関心をもってクラブ活動をしているかを知るために試みた調査の中の一つを取り上げてみる。

（図表42）　クラブ活動をしてどう思いますか。

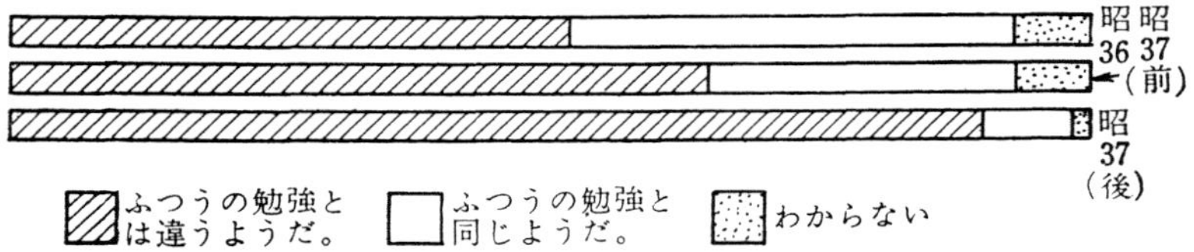

昭36
昭37（前）
昭37（後）

ふつうの勉強とは違うようだ。　ふつうの勉強と同じようだ。　わからない

図表42によれば，36年度はクラブ活動を「ふつうの勉強と同じようだ。」と半数近くの者が考えているのに対して，37年度には，約10分の1に減少している。これは，クラブ活動実施のための話し合いの中や実際活動の場において，よき助言者としての立場を理解して指導にあたった結果とも推測される。

クラブ指導教師としては，クラブ相互間の調節を図っていくことも忘れてはならない。各クラブが独自の立場で実施計画に基づいて活動した場合には，お互いに支障をきたすこともあると思われる。そしてまた，他のクラブとの活動の関連をとることによって，効果を上げうる場合もあることを念頭におかなければならない。

児童は，方法的にも，技術的にも，未熟な面を多分にもっているので，教師はそれらの児童の興味や関心を望ましい方向に位置づけていくための助言者となることがたいせつである。

(4)　1時限の活動

1時限の活動についてであるが，本校のクラブ活動の時間は，おおよそ次のように展開されている。

①　出欠の点検

②　話し合い（きょうの仕事の予定と打ち合わせ）

③　実際活動





④　話し合い（反省と次週の打ち合わせ）

⑤　個人カードの記入

⑥　あとかたづけ

これは，各クラブの特性や，同一クラブであっても，取り扱う題材や活動のしかたによってちがいのあることは当然である。

1例として，図表43に工作クラブの1時限の展開をあげてみることにする。

（図表43）　工作クラブの活動

| 計画 | 活動のようす |
|---|---|
| ○前時までの経過 | |
| ・活動計画を話し合う。 | ○ソフタイルの浮彫を共同製作することに話がまとまる。<br>○テーマを相談し「海の中」と決まる。 |
| ・浮彫の下絵を考える。 | ○全員の下絵からよいところを選び出し，床の上にチョークで拡大する。<br>○床の下絵に修正を加えながら，大きな紙にうつしとる。 |
| ○本時の経過 | |
| ・出欠の点検 | ○出席係が出欠をたしかめる。（クラブ出席簿に記入） |
| ・話し合い | ○本時の予定について話し合う。（司会係）<br>1　下絵の吟味，2　下絵の分割，3　タイルの彫刻 |
| ・実際活動 | ○下絵を吟味する。<br>・形を修正しておくところはないか。（助言）<br>・足らないところや余分なところはないか。（助言）<br>○下絵を分割する。<br>・タイルのならべ方をどのようにするか。<br>・したがって下絵をどのように全員で等分したらよいか。<br>・仕事の進めやすいように分割する。<br>○タイルの彫刻にとりかかる。<br>・共同製作しやすいように工作台を配置する。<br>・タイルに下絵をうつしとる。<br>・分割されているので絵の意味をよく考えてうつしとることがたいせつである。だいじな線をしっかり刻む。（助言）<br>・全体の形を大まかに彫り出す。<br>・となりどうしよく相談しあって仕事を進める。（助言） |

| | |
|---|---|
| ・話し合い | ・手ぎわよく仕事を進めるよう各自くふうしてみる。（助言）<br>・タイルがやわらかいので，欠かないように。刃物でけがをしないようにする。（助言）<br>○本時の反省と次週の予定について話し合う。<br>・全員のタイルを並べてできぐあいを見ながらどんなのができあがるか楽しみだ。<br>・思ったより彫るのに時間がかかりそうだ。<br>・粉でよごれるので前かけなどを用意したほうがよい。<br>・要領もわかったので次週はさらに能率よく彫りすすめたい。 |
| ・個人カードの記入 | ○個人カードへ記入する。 |
| ・あとかたづけ | ○あとかたづけをする。（整理係） |
| ○事後の発展<br>・タイルを彫り進め。<br>・わくぐみに入れ完成する。<br>・作品を展示する。 | |

※　この記録は教師の側で行なった記録である。

## 2　活動の形態

同好の児童をもって組織し，共通の興味・関心を追求する活動がクラブ活動であるから，全員が協力しあい，啓発しあっていくような活動の形態が取り上げられることが望ましい。しかし，各クラブの活動は，各クラブの特性や題材，およびクラブ成員各自からの各種各様の希望により，さまざまな形態で行なわれる。

ここで，クラブ活動の形態をおおまかに分けてみると，次のように分類することができよう。

○活動の内容から分けた形態

・共通の興味・関心の追求に打ち込んでいく活動

・クラブの計画や運営に関する話し合いの活動

・クラブの成果を発表したり，鑑賞したりする活動





○活動のしかたで分けた形態

・全員で行なう活動

・グループで行なう活動

・個別で行なう活動

これらの活動の形態は，実際活動の面でお互いに関連しあいながら，活動されるものである。

次に，本校で行なわれている活動の形態をまとめてみることにする。

(1)　活動の内容から分けた形態

クラブ活動の中で児童がどのような内容の活動をするかは，前述の1時限の流れをとってみても，いくつかの形態に分けることができる。

この項では，この活動の内容から分けられるいくつかの活動形態について考えてみたい。

ア．共通の興味・関心の追求に打ち込んでいく活動

児童の興味・関心をもとにした実施計画にしたがって行なわれる，いわゆる「…を作る。」「…をする。」「…を調べる。」といった活動である。クラブ活動のほとんどの時間はこの活動に使われるであろうし，児童は，ややもするとクラブの時間はこの活動のみに精力を費やしてしまう傾向が強く，この活動だけ行なえば，クラブの時間は終わりであると考えがちである。もちろんこの活動がクラブ活動の中心ではあろうが，この活動だけにとどめるべきではない。

イ．クラブの計画，運営に関する話し合いの活動

各クラブごとに全員が集まり，またクラブ内ではグループごとに集まって，所属するクラブや，グループについての計画，運営の話し合いを行なう活動であり，この活動もクラブ活動において，きわめて重要であり，決して軽視してはならない。

本校において，昭和35年，36年と特別教育活動の研究を続けているが，

その当初から，クラブ指導教師の問題点として，「クラブ活動実施の際に，児童に計画性，自主性等をもたせるには，どうしたらよいか。」「クラブ活動を実施することによって，クラブ員相互の人間的なつながりをより親密にさせるには，どんな方法が考えられるか。」などがあげられている。

35年2学期初めに「1学期実施したクラブ活動をどう思ったか。」を児童に調査したところ，

- 進んでやろうとしたが，あきてしまった。
- クラブ活動の時間は長いと思った。
- クラブ活動は思ったほど楽しくなかった。

等の意見が述べられている。いずれも3分の1に満たない数ではあるが，上記のクラブ指導教師の意見とあわせて考えてみたとき，クラブのための話し合いの面に考慮しなくてはならない点のあるのに気づき，特別教育活動指導書のクラブ活動の内容の中に，「クラブの計画，運営に関する話し合いの活動」が，クラブ活動のねらいを達成するために必要な活動としておさえられているのを，見落としてはならないことを痛感した。

37年12月，クラブ成員に関する調査を実施した。その中の1項目に「自分の所属するクラブ全員の名まえを知っているか。」とあるが，「知っている。」と答えた者が，5年生では0％，6年生では25%であった。その理由として，「出席をとるときに覚えた。」といっている。「知らない。」と答えた者が，5年生では100％，6年生では75%で，理由としては，「全員で話し合う機会が少ない。」といっている。その他の理由もあげられてはいるが，いずれにしても，クラブのための話し合いの重要さを裏書きしていると思われる。

次に，クラブ実施時間中における話し合いについて考えてみる。

年間実施計画を作るときの話し合いや，1題材ごとの細かな実施計画を作るときの話し合いは，最も重要だと思われる。しかし実際の場での児童





は，作る，かくなど作業的な活動のとりくみに積極的であって，話し合いの活動を軽視しがちである。その結果が前記，児童の調査に現われているように，楽しくなくて，しかも計画どおりに運ばないクラブ活動となってしまっていると考えることができる。こうした話し合い活動の司会には，代表児童があたることが多いが，上級生が交代したり，クラブ全員の順番制もとりいれるなどの方法が考えられる。このようにして，児童が中心となって話し合いを進めていくが，前項，指導教師の立場で述べたように，教師は常に助言者の位置に立って，よい相談相手となるべきである。

クラブ活動1時限内の話し合いの場としては，まず，代表児童がクラブ員の出席をとることから，その意義を認めてよいのではないかと思われる。学年を超越して，お互いの名まえを覚え，人間関係を深める一助ともなって，自由な意見交換をし，各自の特技，特性を発揮しながら，のびのびと活動できるようになる。次に代表児童は，実施計画の予定にしたがって，本時の活動を確認するための話し合いを行なう。終末には，本時の反省と実施計画の予定を参考にして，次週の予定を話し合う。

クラブの成果を発表する機会においても話し合い活動の重要性を忘れることはできない。各クラブ単独で行なう場合には，発表の方法を話し合ったり，質疑，討論，感想発表等を行なったりする。また，総合的なクラブの成果の発表や，学校行事，児童会等との関連をもって行なう発表の際にも，クラブ相互，その他関係部門との話し合いを密にすることが，たいせつである。

ウ．クラブの成果を発表したり鑑賞したりする活動

クラブ全体で，またはそのクラブ内で，それぞれの成果を発表したり，鑑賞したりする活動である。また学校行事等として行なわれる各種の行事に，クラブの立場から協力参加することも考えられる。

クラブに所属する児童は，この活動によって活動への意欲を高め，クラ

ブ活動をすることの楽しさ，よろこびを味わうことができる。なお，詳細については，第４節「発表の機会と場」で述べることにする。

(2) 児童の活動のしかたで分けた形態

前項で活動の内容によって分けた形態をあげたが，次にそれらの活動内容が，どのような活動のしかたで展開されるか，いいかえれば，一つの活動に児童がどのような形で参加するかの観点から，クラブの活動形態を考えてみたい。

ア．全員で行なう活動

同一クラブの全員が，同じ題材のもとに，共同して行なう共同制作，共同調査などとよばれる活動である。しかし，この活動の過程においては，全員共通の目標ではあるが，その分担を個々が受け持つ場合もある。そして，このとき個々の児童の活動は必ずしも同じ活動ではない場合が多くなる。

しかし，個々の児童の活動が同じでなくても，その目ざすところは共通の目標で一貫されているものは，全員で行なう活動であるといってさしつかえないと思う。

（図表44）　全員で行なう活動の実施計画と記録の例

題材　ソフタイルの浮彫をしよう

| 月日 | 実施の予定 | 準備 | 月日 | 実施したこと | 反省 |
|---|---|---|---|---|---|
| 5. 9 | ○活動計画について話し合う。 | | 5. 9 | ○実施の予定欄のような計画を立てた。 | |
| 5.16 | ○下絵をひとりひとり考え画用紙にかく。 | 画用紙 彫刻刀 くぎ | 5.16 | ○下絵をめいめいでかいた。 | |
| | | | 5.23 | ○みんなの下絵の中によいのがなかったのでもう一度考えなおした。 | |
| | ○ひとりひとりの絵の中から１枚を選ぶ。 | | 5.30 | ○１枚えらぶ予定だったがみんなのよいところをとって１枚にまとめた。 | |
| 5.23 | ○大きな紙に拡大してかく。<br>○下絵をわける。 | 模造紙 | | ○はじめ床にかいてみてから紙にうつした。<br>○話し合いでわけた。<br>○どういうふうにほるか話し合ってほり始めた。 | |
| 5.30 〜 6.13 | ○自分のソフタイルをほる。 | | 6.13 | ○ほる仕事を進めた。 | つくえをならべかえてやったのでよくできた。 |
| | ○みんなのタイルをならべてできぐあいを話し合う。 | | 6.20 | ○だいたいの形ができたのでみんなでよいところ，わるいところを話し合った。 | |
| | ○話し合いをもとにして自分のソフタイルをほる。 | | | ○みんなのものをみながら自分のソフタイルをほった。 | |
| | ○みんなでソフタイルをならべて仕上げをする。 | | | ○おくれている人の手伝いをした。<br>○ソフタイルをほりおわった。 | |
| 6.20 | ○タイルを入れるわくをつくる。 | 板 | 7. 4 | ○みんなで分担してつくった。 | |
| 6.27 | ○反省をする。<br>○作品を展示場にかざる。 | | 7.11 | ○できあがったものを，みんなでみて反省をした。 | |





イ．グループで行なう活動

クラブ内で，共通の目標をもつ者どうしグループを作り，グループ全員が一つの研究目標達成のために，共同して行なう活動である。さきにあげた共同製作，共同調査や，チームの基礎的練習などを行なうとき，この活動形態が能率的，効果的である。グループ活動においては，能力別グループも考えられるが，お互いに協力しあって行なう活動がより好ましいのであるから，あまり能力別グループの形をとることはよくないであろう。

（図表45）　グループで行なう活動の実施計画と記録の例

題材　人物年表を作ろう（美術についての人物を調べるグループ）

| 月日 | 実施の予定 | 準備 | 月日 | 実施したこと | 反省 |
|---|---|---|---|---|---|
| 1.16 | ○研究の題目をきめ研究のしかたをクラブのみんなで話 | | 1.16 | ○題目は「人物年表を作ろう」になった。<br>○研究のしかたはことがら | ・指名されずに |

| | | | | | |
|---|---|---|---|---|---|
| | し合う。 | | | 別に分けて年代順にならべる。<br>○ことがらは，政治，経済，社会，科学，美術，音楽になった。<br>○クラブ全体の計画を1月はグループのこまかい計画を立て資料をさがす。2月はグループで調べる。3月は仕上げをするというふうにきめた。<br>○ことがら別にグループにわかれた。 | しゃべる人がいた。<br>・美術を調べる人は3名だった。 |
| 1.23 | ○各グループのこまかい実施計画を立てる。<br>・参考書をみつけてノートしておく。 | | 1.23 | ・美術を調べるグループのこまかい実施計画を作った。<br>・図書室で参考書をさがした。 | ・参考書がなかなかみつからなかった。 |
| | | | 1.27 | ・参考書で調べた。<br>・学習発表会で父母がたくさんみにきた。 | ・参考書が少なかったのであまり進まなかった。 |
| 2. 6<br>〜<br>2.27 | ・参考書で調べる。<br>（年代順に分けてアイウエオ順にする。） | 参考書 | 1.30 | ・参考書で調べた。 | |
| | | | 2. 6 | ・参考書で調べた。<br>・4年生が見学に来た。 | ・美術に関係のある人の名まえはわかっても年代やどこの国の人かわからないのがあった。 |
| | | | 2.13 | ・クラブのみんなでまとめ方をきめた。（カードにかく。）<br>・来週用意するものを相談した。<br>・年代順にまとめた。 | |
| | ・調べたことを清書する。 | | 2.20 | ・カードを切ってそれにかいた。 | ・よそのグループより進んだ。 |
| | ・清書とまとめをする。<br>○3月はクラブのみんなで年表にはり，仕上げをする。 | 画用紙 | 2.27 | ・年代順に分けて表を作った。<br>・模造紙にわくをかいた。 | ・計画したよりクラブの時間が多かったので予定どおりおわった。 |

備考　グループの構成

| | | | |
|---|---|---|---|
| 政治グループ | 3名 | 科学グループ | 8名（2班に分かれている） |
| 経済グループ | 5名 | 美術グループ | 3名 |
| 社会グループ | 3名 | 音楽グループ | 3名 |





ウ．児童個々が行なう活動

全員がクラブとしては共通の目標をもって活動するのであるが，自由に応用創作をするために，個々の活動が基盤となる「自由製作」「個人研究」などと呼ばれる場合である。基礎技術や応用技術等の強く要求されるクラブでは，個別の活動が多く行なわれると思う。しかし，このように個人個人に還元してしまう活動のみにかたよることは，クラブを組織的活動，集団的活動としてとらえていこうとする考えからはずれてしまうことになると思われるので，この点考慮すべきである。

（図表46）　児童個々が行なう活動の実施計画と記録の例

題材　すきなものを作る　　　　手芸クラブ

| 月日 | 予定 | 実施 | 反省 |
|---|---|---|---|
| 11.21 | 自分の作るものをきめ計画を立てる。 | なんでも入れる袋を作ることにきめて計画を立てた。画用紙にできあがったときの絵をかいた。 | 4時間でしあげるので，作るものがなかなか考えつかなかった。 |
| 11.28 | 布をきってまわりをぬう。 | 布をきってへらでしるしをつけた。 | 仕事が進んだ。 |
| 12. 5 | 布にししゅうの絵をかく。 | まん中に花のししゅうをした。 | ししゅうが小さかった。 |
| 12. 5 | ししゅうをする。 | | |
| 12.19 | しあげをする。 | | |
| | | | |

以上クラブ活動の形態をいくつか考えてみたが，各クラブにおける活動形態は，クラブの特性や題材により，適宜くふうされるべきであり，常に同一の形態のみに偏することは，クラブのねらいから考えても決して好ましいとはいえない。

3　活動の記録

クラブ活動は，児童が主体となって計画をし，実施していく活動であるから，その活動を常に反省していくことは，児童の自主性，計画性を高める上からも，おおいに役だつものであると考えられる。

児童にとって，自分たちの作った実施計画をよりどころにして，自分たちの活動がどんな姿で実践され，その過程でどんな問題がおこったかを記録し，さらに，よりよい活動をめざして次の実施計画を立てていく手がかりとすることは，クラブ活動をする上に欠くことのできないものである。

あすの活動を，より能率的，効果的に進めていくために，きょうの活動を反省して記録することは，きわめて重要である。

一方，クラブ指導教師の立場に立って考えたとき，活動の記録は，指導計画を立てる際の参考になるばかりでなく，クラブ活動の評価もできるという面をもっている。

(1) 記録のしかた

前述のように，記録は，児童が次の題材の実施計画や，次年度において，年間実施計画を立てる資料となり，クラブ指導教師が指導計画を作る参考となるものでなければならない。

そのためには，活動の成果を対象としての反省もよいであろうが，それよりも，活動の過程や，人間関係を中心とした反省が記録されることがよいと思われる。

また，記録のとり方としては，記録する内容からみて，ごくおおまかにする方法と，詳細にわたってする方法とがあり，だれが記録するかという見方からすれば，児童の行なう記録とクラブ指導教師の行なう記録とが考えられる。さらに，児童の側で行なう記録にも，クラブとしての活動を記録するものと，個人の活動を記録するものとがある。

したがって，記録の様式についても，記録する内容や，だれが記録するかなどによっていろいろなものが考えられるし，また，クラブの実情によっても種々の様式が考えられてくることになる。

しかし，主として今後の活動のための資料とする記録であるから，実施





計画の様式にくふうを加えて，実際の活動が記録できるようにしておくほうが利用しやすいのではないだろうか。

いずれにしても，要は，効果的に活用できる方法をとることが望ましいわけである。ただこの場合，記録はより具体的なものがよいと考えられるが，記録するものの負担過重にならないように留意しなければならない。楽しく活動したはずのクラブが活動の記録のために時間を費やして，かえってクラブを嫌悪することになり，逆効果を招くような結果にならないよう，じゅうぶん留意すべきである。

(2) 活動記録の例

次に，本校で行なっている記録の例を取り上げたいと思うが，クラブ指導教師の側でとった記録としては，第３章，第４節「年間指導計画」や本節の１(4)「１時限の活動」に例示してあるので，ここでは，児童の側で行なう記録について述べてみることにする。

ア．クラブ記録簿

各クラブが，クラブとしての活動を記録しておくもので，クラブにより，いくらかの違いは考えられるが，大半のクラブが，前項で述べた「活動の形態」の中の「実施計画と記録の例」のような様式で，実施するごとに記入している。

このように，毎時間，実際に実施したことを記録していくと，実施予定とのずれがわかり，次の時間の予定が円滑に立つこと，そのずれをもとにして，活動の過程の検討がなされ，クラブ員相互の協力のあり方など話し合われる長所があるわけである。

そして，各クラブとも，クラブ成員の中から選ばれた記録係が記入を受け持っている。

イ．個人カード

個人が，自分の毎時限の活動について，その予定と実践，反省を簡単に

記入するものである。

「クラブ記録簿」は，そのクラブとしての記録であるから，個人の活動についての記録はなされない。そこで，クラブ活動のねらう自治性，自発性や個性の伸長を求めるうえから，また，学級担任教師との連絡のうえからも，各個人が，自分がいかに実践したかを知る手段としても，この個人カードを作成する必要がある。

さらに，この個人カードに教師の評価の欄を加えることによって，クラブ指導教師は，児童個人に対する助言，指導および評価を適切に行なう手がかりとすることも考えられる。

なお，この個人カードは，児童が毎時限終了の時に記入している。

(図表47)　　運動クラブの個人カード

| 月日 | 予定 | 実施 | 反省 | 先生のことば |
|---|---|---|---|---|
| 10.24 | ベリーロールの練習 | 時間のと中でこの次の時間から実施する題材をきめ，グループにわかれた。 | まん中からベリーロールでうまく飛ぶことができた。 | |
| 10.31 | 細かい計画を立てる | ソフトはみんなが知っているので，試合を多くした計画になった。キャッチボールをした。 | おもしろくできた。 | |
| 11. 7 | 練習試合 | 2グループにわかれて練習試合をした。 | よその学校の先生がおおぜい見にこられたのではずかしかった。 | 打つことだけでなく守るほうも守備の位置や送球をくふうして，もっとよいプレーができるようにしよう。 |
| 11.14 | 2グループにわかれてバッティング守備の練習 | トスバッティングと守びの練習をした。 | 守びの練習はノックがへただったので，おもしろくなかった。 | |
| 11.21 | 練習試合 | 2グループにわかれて練習試合をした。 | 先生がはいったので同じぐらいのチームになりおもしろかった。 | |
| 11.28 | 計画を立てる | 今までどおり球技をやることになった。ソフトは寒くてやらなくなったのでバスケットをえらんだ。 | 意見を言う人が少なく，なかなかきまらなかった。 | |
| 12. 5 | 試合 | 雨がふったのでスポーツのことを本でしらべた。 | バスケットを調べたかったが，本がなかったので野球をしらべた。 | 進んでやっているのでたいへんよいと思います。今後もこの態度を続けてください。 |
| 12.12 | 試合 | ドリブルとパスの練習をしてから試合をした。 | きょうは調子よくでき試合も勝った。 | |
| 12.19 | 試合 | シュートの練習をしてから試合をした。 | まっ正面からはよくはいったが，ななめからの練習をもっとしたい。 | |
| 1. 9 | うごきの練習 | 4人でグループをつくってパスをしあった。 | 気のあった人とくんだのでよくできた。 | |
| 1.16 | 計画を立てる | 球技を続けることになった。こんどはサッカーをえらんだ。 | 体育の時間にやっているので，いろいろの意見が言えた。 | |
| 1.23 | 練習試合 | ほかの班も庭をつかうのでコートをせまくしてやった。 | 人数が少ないので思いきりできたがつかれた。 | サッカーは1人でやるのでなく，11人でやることをわすれないように。 |
| 1.27 | ヘッディングとキック | ヘッディングとキックをした。 | いろいろなキックの方法を5年に教えてやった。 | |
| 1.30 | せめと守り | 2グループにわかれてやった。 | せめるほうはパスがうまくいかなかった。 | |





## 第4節　発表の機会と場

「クラブ活動がある期間行なわれ，一応の成果を得たものについては，できるだけ，その発表の機会を与えることが望ましい。このような機会が与えられることは，児童の活動意欲を高揚し，クラブ活動の充実発展を図っていく上に，きわめて効果のあることである。」と，特別教育活動指導書に示されている。したがって，クラブの成果を発表する機会を計画し，場を設定することがたいせつである。各クラブ単独で，作品展示および掲示，発表会など，容易に行なうことができる。また，クラブの総合的発表会も考えられるが，あらかじめ，学校行事等の年間指導計画に位置づけたり，児童会活動に関連した計画化が必要となってくる。そこで，それぞれの特性を生かして，児童会活動や学級会活動，学校諸行事等に，積極的に参加することが望まれる。しかし，クラブ活動が，学校行事等のために，本来の目的を失わないように留意し，適切な助言指導を与えなければならない。

どんな機会に，どんなクラブの発表をしているか例示してみる。

### 1　展示および掲示

本校では，クラブ実施場所の近くに，展示できるような個所を設けて，クラブの特質を生かして，それぞれ展示および掲示をしている。（地理，歴史，電気，生物，手芸，絵，工作，読書，習字，珠算クラブ等）

（図表48）　クラブ作品の展示

例　○地理クラブ，歴史クラブ

地形模型，遺跡模型，遺物を復元したものなどを展示台の上にならべる。人口分布図，地形図，地理的統計図，自作の年表や紙しばい，歴史地図，石碑のスケッチなどを展示板にはる。

○読書クラブ

図書館内の掲示板に，自作の文学者年表，作者の作品調べ，読書感想画，自作の紙しばい等をはるが，時と物によっては，校内の掲示板を利用することもある。

### 2　クラブ内の発表会

各クラブごとに，発表会を適宜計画し実施している。

例　○歌唱クラブ

独唱や合唱等をして，簡単な感想を話し合っている。また，学期１回ぐらいの程度で，クラブ員の独唱や合唱等を録音したものや，世界の名曲を鑑賞している。

○生物クラブ

骨格について研究したときには，フナ，カレイ，タイの骨格を





研究するグループにわかれて，実際に解剖して調べたものを，それぞれ発表し，質問しあって研究を深めている。

### 3　総合発表会

前に述べたとおり，その効果はひじょうに大きいが，学校行事等の年間指導計画に位置づけること，および児童会活動の一環としての計画化等に種々支障が多い。読書クラブの感想文発表や紙しばい，脚本の上演，地理，歴史，生物，電気，手芸クラブ等の研究発表，歌唱，器楽，運動クラブ等の実演，習字，絵，工作クラブの会場や舞台のデザイン等，総合的に発表する機会をもつことも考えられる。

### 4　学校行事等の利用

また，次のように学校行事等や児童会活動，学級会活動などを利用して，クラブの発表の機会をもつことができる。

(1)　朝　会

歌唱クラブ，器楽クラブが，毎月１回行なわれる全校合唱や全校合奏で，伴奏や指揮をとったり，運動クラブ員は交代して，ラジオ体操のリーダーとなって，朝会に参加する。

(2)　展覧会

各学期末，校内図工展覧会を開き，図工科教育の一助として父母に参観してもらっている。その際，読書，地理，歴史，生物，電気，絵，工作，習字，手芸クラブ等も作品を展示して，クラブ活動についての父母の理解を深める。

(3)　運動会

秋季大運動会には，絵のクラブがポスターを描き，広報活動を分担し，当日掲上される入退場門を作製する。習字クラブが会場用のプログラムを書き，入場式には，器楽クラブの鼓笛隊を先頭に幕をあけ，運動クラブの演技も公開される。

#### (4) 学芸会

運動会とならんで，学校の大行事としての学芸会には，前記総合発表会で述べたような形で，各学年の演技の合間に計画的にそう入され，参加する。

### 5 校内放送の利用

放送部（児童会活動）の週間計画の中で，水曜日「お昼のおくりもの」のときに，読書クラブ員が童話を読んだり，歌唱クラブや器楽クラブの成果を発表したりする。木曜日には「マイクめぐり」で，クラブ活動状況を録音したものを発表し，金曜日の「みんなの時間」には，各クラブが自主的に発表することもできる。音楽科で設けてある土曜日の「レコード鑑賞」の機会に，歌唱クラブ，器楽クラブの演奏の録音を聞くこともある。

なお，最近の視聴覚施設の発達に伴い，校内テレビ放送の施設のあるような所では，テレビ放送を利用した発表も考えられよう。

### 6 校内新聞の利用

新聞部（児童会活動）が，毎月1，2回発行するかべ新聞で，クラブの紹介をし，学校新聞「ひがし」には，クラブ員のクラブに対する感想や作文を掲載している。

### 7 学級集会の利用

学級会活動としての学級集会では，各個人の所属するクラブの様子を話したり，クラブで実施したことを発表して，学級の場においても機会をもっている。

以上，クラブ活動の成果を発表する機会と場の例をあげてみたが，前記のいずれの方法による発表であっても，前に示したような発表の機会は，クラブ相互の理解を深め，交流を密にし，協力の実をあげることができる。クラブに参加している学年の児童に対しての発表だけでよいということでなく，次年度以降，新たに参加しようとする児童に対する事前指導





としての配慮も必要であることは，前にも述べたとおりである。こうした考え方からみれば，作品展示や発表会は，ただ単に成果の発表にとどまらず，自分たちのクラブの紹介をするという意味も含まれる。さらに，発表するものは完成されたものに限らず，未完成のものや，活動の過程を公開するといった形も考えられてくる。

また，これらの発表会や活動公開は，児童だけでなく，父母を対象にすることも考えられる。本校では，昭和38年1月，クラブ活動だけでなく，特別教育活動全体に関する父母の理解を図る意味で，従来の学芸会にかわり，「学習発表会」の名のもとに，特別教育活動の実際を公開した。

さらに，活動の成果を発表することは，クラブに参加している児童自身，「自分たちのクラブ」についての意識や，活動意欲を高め，クラブ活動のよりよい伝統を作る上にも，意義あるものと思われる。

## 第5節　問題児の指導

クラブ活動においては，問題児の指導も忘れることができない。問題児とは，問題をもつ児童のことであるが，特に知的能力において劣る者をまず考え，性格的に集団の中で同一行動をとることができない者のこともあわせ考えている。

このような問題児であっても，学校教育の中で，個人の能力に応じた活動の展開を考えたり，性格的な面に問題のある児童については，グループの作り方や，いろいろの指導のあり方等の研究によって，ある程度救われるのではないかと思われる。しかし，このような児童の個性に応じた指導は，教科学習においては，なかなかじゅうぶんにはできないことである。この点，クラブ活動では，クラブ活動のもつ本質的な性格から，児童の興味・関心を育て，個性に応じた指導がかなり期待できるものと考えられる。本校でもこのような観点に立って，クラブ活動における問題児の研究

を事例的に取り上げてみた。

例1　氏名　I.T.　6年生

○所属クラブ〔生物〕

○本人の様子

- 趣味…遊び（ベーゴマ）
- 特技…とび箱
- 学業成績…下
- 学習態度…1時限45分中，10分ともたない。いつも大きなあくびをしているか，まわりの人と話をしている。書写以外はまったくだめ。
- 交友関係…同じような程度の者と，よくない遊びをしていたが，最近はだれとでも，よく遊ぶようになった。（家庭では，近所の小さい子たちの大将になっている。前年度は登校せずに遊んでいて，出席日数が足りず，原級にとどめおかれたため，現在の学級においては，1年，年長である。）
- クラブ歴…5年前期　郷土クラブ
  5年後期　郷土クラブ
  6年前期　生物クラブ
  6年後期　生物クラブ

○現在のクラブを選んだ理由

- やるものがなかったから。
- 友だちがはいったから。

○クラブ所属を決める際の学級担任の観察

- 6年前期は，途中から通学をはじめたので，現在あるクラブの中で，児童の希望や趣味とを加味しながら，学級担任が生物クラブを





勧めた。

後期は，上記の「現在のクラブを選んだ理由」にしるしてあるとおりであるが，生物クラブか，運動クラブ以外に，自分の所属したいクラブはないようである。学級内に，クラブの友を得たようである。

○クラブ実施時間中の活動の様子

○実施計画を立てる話し合いをしているときの様子

- 骨格を調べる計画を立てる時には，進んで発言し，ひじょうに楽しそうであった。その発言は，多く取り上げられた。

○実際活動をしている時の様子

- ○月○日　犬の骨格を調べることとなり，進んで骨みがきをやっていた。
- ○月○日　犬の骨格を乾燥するために干しておいたところ，骨がなくなっていたのに気づき，がっかりしていた。
- ○月○日　魚の骨格を調べることになり，他の者がいやがって，なかなか手を出さなかったが，魚を煮たり，肉取りを進んでやっていた。

○クラブ指導教師のとった態度，対策

よくやるので，ほめた。この次にも，続けてやるよう指示した。グループの人たちに，I.T君の存在を認めるように助言した。

○上記対策を実施した後の変化ならびに反省

乱暴なところがあるので，骨をいくつかなくしたが，グループの協力によって，まとめることができた。

材料や用具を進んで準備するようになった。

例2　氏名　E.T.　6年生

○所属クラブ〔読書〕

○本人の様子

- 知能偏差値…26
- 学業成績…下
- 学習態度…国語の時間は熱心にやる。家庭学習，発表等も国語に関する限り良好。学習中は，ノートをとることがきらいという程度。
- 交友関係…行動，知能ともに同じ程度の者と交わる。年齢が1年上で，言動にませたところがある。人のあげあしとりをするので，一部の児童にはきらわれている。（身体発育不良のため，就学を1年延期した。）
- クラブ歴…5年前期　工作クラブ<br>5年後期　陸上運動クラブ<br>6年前期　読書クラブ<br>6年後期　読売クラブ

○現在のクラブを選んだ理由

- このクラブが，好きだから自分で決めた。

○クラブ所属を決める際の学級担任の指導

- 前期も読書クラブで他の児童から「うるさいので迷惑である。」との話があったので，注意をしておいた。

○クラブ実施時間中の活動の様子

○実施計画を立てる話し合いをしているときの様子

- クラブの世話係を選出するときに，5年生をそそのかして，自分たちの仲間に投票させた。その結果，多数票で選出された世話係が，話し合いの司会も記録も何もできない児童であるため，クラブ運営上，ひじょうに支障をきたした。実施計画立案のときに，自分かってな行動が多く，野卑なことばで横やりを入れるため，他の児童が





発言を控えてしまうような状況であった。

○実際活動をしているときの様子

- ○月○日　記録ノートも何も持たずにクラブ活動に来て，窓から運動クラブの活動をながめたり，読書している児童のじゃまをしたりして，1時限を過ごした。
- ○月○日　クラブ活動公開の日で参観人がおおぜいいるのを承知で，まわりの友だちをからかったり，わかりきったことを質問したりした。他の児童の迷惑になるので注意をした。
- ○月○日　現在，グループで脚本作りをしているのだが，同じグループの友だちとどうにかいっしょに仕事をするようになってきた。しかし，修正液を持ち歩いて，他のグループの世話やきも行なうなど，あきやすい点もまだ見られる。原紙切りの番がまわってくると，真剣に取り組んでいる。

○クラブ指導教師のとった態度，対策

悪ふざけが多いのは，同じ学級の知能，行動ともに同じ程度の児童とグループを作っているためと思われたので，他のグループに入れてみたが，うまくいかなかった。グループで研究のときにも，仲間3人と何もわからないといって遊んでいたので，その中にクラブ指導教師がはいり，同じ仲間となって，「おもな作者の作品しらべ」を3時限がかりで行ない，表に書き表わすことができた。

発表会には，3人でどうにか発表することもできた。いっしょに研究してみれば，横やりばかり押すこどもでもなく，何かと話し合って，りっぱなものではないが，一つの仕事をやり通すことができた。

以後，自由読書のときにも，できるだけ席を近くにとるようにした

り，話し合いの機会を多くもつように努めた。

○上記対策を実施した後の変化ならびに反省

6年の前・後期通して読書クラブに所属しているが，前期および後期前半までは，好ましくない行動が多かった。以後は話し合い活動のとき，発言こそしないが，他の人の発表を聞き，どうにか皆と同じように活動をすることができるようになった。その後，グループごとに脚本作りを行なったときにはやや落ち着きの足りない点はあるが，割合に協力をして活動していた。

以上二つの事例について考えてみるとき，例1の場合は，学級にあっては知能が低いために，教科学習や教科以外の活動の仲間入りができず，自分から努力して向上しようとする意欲がない。家庭においても，放任されているために，学校で意図する教育が積み上げられないばかりか，本人は解放感を強くして行動している。

このような児童は，自主的にクラブ活動に参加することができない。おざなりにクラブを選択して，活動にはいったとすれば学級における姿と同様になってしまうであろう。そこで学級担任教師は，本人の希望を尊重しながら，本人の能力を考えて適切な助言指導を与え，クラブを選ばせることが何よりたいせつであることを示している。

クラブ指導教師は，上記のような児童を受け入れて，無為無策であっては，学級担任教師のクラブ選択の指導における努力に応ずることができない。児童に対しても所属クラブへの興味・関心の芽ばえを摘みとってしまう結果となってしまう。

この例の場合には，クラブ指導教師は本人の発言しやすいふんい気を作り，発言させることに努め，その発言を，クラブ成員にもたいせつにするようにしむけたところ，幸いに，発言をよくし，取り上げられる内容もあって，しだいにクラブ成員から認められるようになってきた。さらに，仕





事の面でも，他の者がいやがるようなことに進んで取りかかるような活動意欲を見せはじめたので，機会をのがさずにほめ，今後の活動に希望をもたせることに留意した。

例2の場合は，身体的理由で1年就学がおくれた上に，知能が低く，わがままな行動が目だつ。学級内においては，6年生であるためか，このわがままな行動も，級友や学級担任教師には知りつくされて通用しなかった。交友関係は，知能，行動ともに同程度の者である。本人は，教科学習においては，いずれも低調であるが，国語に関する学習に限り，比較的熱心であって，クラブを選ぶときに，好きだからという理由で読書クラブにはいった。この児童が，学級を解体した組織であるクラブに所属すると，学級の友だちや担任教師から解放され，反発的な行動が現われてくる。ませた言語，動作，人のあげあしとりなど，他人の迷惑になるようなことをする。

ここにおいて，クラブ指導教師は，クラブ内のグループ作りを反省しくふうした。活動の際にも，クラブ指導教師が仲間にはいり，共に活動した。このようにして努力しているうちに，窓から校庭ばかり見ていた児童が，りっぱなものではないが，仕事をやり通すようになり，他人の発表も聞けるようになって，皆と同じような活動をするようになった。

取り上げた問題児2名について，現在の段階においては，以上のような結果を得ることができた。学級担任教師やクラブ指導教師の本人および本人を取りまくクラブ員への配慮が，長い期間のうちには実を結んで，クラブ活動を通してこそ，学校教育に希望をつなぐことができるのではないかと思うとき，クラブ活動のもつ意義の大きいことを痛感する。しかし問題児とは，種々な形において問題が現われてくるものであるから，事例にあげた以外のケースもあると思われる。クラブ指導教師としては，今後なお，いろいろな障害に当面することはもちろんであって，学級担任教師と

密接な連絡をとりつつ，それぞれに応じた適切な指導を行なわなければならないことはいうまでもないが，今後，継続してこの種の研究に取り組んでいかなければならないと考えている。



# 第5章　クラブ活動の評価

学校における教育活動で，その目標，ねらいの達成を期待しないものはない。そのためには，常に教師，児童ともども教育実践の中において反省し評価して，さらによりよいものを求めることを怠ってはならない。

クラブ活動も教育課程に位置づけられている以上，児童がどの程度目標を達成できたか，教師の計画，指導が適切であるかどうかの評価が当然考えられなければならない。

この評価は，実践の過程でそのつど行なう必要がある。各教科においても，指導の過程での評価は重視しなければならないが，クラブ活動での評価は，そのねらいから考えても特に重視する必要がある。児童の実態や発達の度合などが，活動を始める際にすでに理解されていなければならない。実施計画を立てる際にも，その計画は児童の実態に即したものでなければならないであろう。計画が立てられると，その計画の検討や評価も必要であり，さらに，計画にしたがって実施していく過程において，どの程度その計画のねらいが達成できたか，この計画は妥当かどうかなどの反省がなされなければならない。そこから，次の計画をどのように展開したらよいかの手がかりをつかみ，計画に改善が加えられるし，充実した指導もできることになる。

また，クラブ活動の評価は児童，教師ともども行なわなければならない。

クラブ活動の評価は，児童のためには，クラブ活動をする中で，自分や自分の属するクラブの進歩する過程を知って喜び，そのよろこびを動機として，さらに進歩しようとする意欲を起こさせるものでなければならないから，そのためには，児童自身，自分および自分の所属するクラブを反省していかなければならない。

クラブ指導教師のためには，よりよい指導計画，指導法を見いだすための手がかりとなるものでなければならない。そのためには，

〇教師の評価する態度にかたよりがないこと。

〇教師は，評価に対して謙虚な反省をくり返し，よりよい効果をあげるために努力すべきであること。

などに留意しなければならない。

さらに，評価の対象となるものを考えてみると，クラブ活動のねらう児童ひとりひとりの人間形成のために役だつ実践活動が行なわれるにふさわしい指導計画，運営，施設などであるかどうか評価する必要がある。もし，これらの点に児童，教師の向上しようとする意欲をくじいたり，はばんだりするような不適切な面がある場合は，改善するための対策を考えなければならないからである。

しかしながら，クラブ活動が「児童ひとりひとりの個性の伸長」をねらう以上，評価の中心となるものは，児童の活動についてであり，児童個々がどのような実践をし，どのように伸びたかを知ることである。

なお，クラブ活動の評価においては，クラブが，学年・学級を解体した集団であるため，クラブ指導教師が，児童の実態をなかなかつかむことができないことや，クラブ活動が，全人的な発達をめざしての指導であるため，人格や行動などの評価の技術の上でいろいろ問題がある。このため，決定的な方法ははっきりしていない。

本校でも，この点，なやみながら，クラブ活動の評価を次のように行なっている。

## 第1節　評価の観点

クラブ活動の評価は，各教科などの評価と異なり，おもに，児童の態度





や行動について総合的に行なわれることになる。そして，その評価に，信頼性，妥当性をもたせるためには，ねらいに基づく評価の観点を定めておく必要がある。この評価の観点には，定まったものがあるわけではないが，本校では，以下に述べる3項を定め，この3項をクラブ指導教師全員がしっかりふまえて評価にあたっている。

### 1　指導計画，指導方法などを評価する観点

〇児童が，喜んで参加できる活動であるか。

〇児童の希望や意志が生かされる指導計画であるか。

〇全員が，積極的に活動できる指導計画であるか。

〇施設，設備は適当であるか。

〇クラブ指導教師の助言指導は適切であるか。

### 2　児童個々を評価する観点

〇自発性……自発的に創造したり，くふうしたりする。
- 自分で，くふうしたり，研究したりして解決していく。
- 自分で計画を作り，進んで実行する。

〇積極性……積極的に活動する。
- 自分の特徴を知って，自分で自分の長所を伸ばそうとする。

〇計画性……自分で計画する。
- 全体の仕事の運営を考える。
- 仕事の順序だてを合理的に考える。
- 自分の計画を反省する。

〇実践性……自分でやりとげる。
- 自分の仕事は，能率的に最後まで仕上げる。
- クラブ内の係りや分担は責任をもってやりとげる。

○協力性……協力的に活動する。

- 共同の仕事などは，協力してなかよくする。
- だれにも親切にし，他人のあやまちを許す。
- グループ活動で，リーダーに協力できる。

### 3　クラブ集団を評価する観点

○クラブが，成員ひとりひとりの個性を生かすための配慮をしているか。

○クラブが，成員の個々にとって魅力的であるか。

## 第2節　評価の方法と利用

クラブ活動においては，計画，実施の過程において，常に評価がなされ，反省が加えられなければならない。

評価の方法は，前述の評価の観点によって種々試みられるであろうが，教師自身は，偏見や誤解を混入しないように，公平な態度で評価を行ない，その評価によって，謙虚な反省をくり返し，よりよい指導の効果をあげるために努力しなければならない。

本校においては，次のような方法によって，試みている。

### 1　話し合いによる方法

クラブ活動の全般的な考え方や，共通の問題等について，クラブ指導教師全員，同一クラブの指導教師たちの話し合い，各学年の代表からなる特別教育活動委員会の中で，じゅうぶん意見交換をして原案が作成される。この原案をもとに，全職員が審議し，クラブ活動の計画，運営がどうであったかの話し合いをもっている。

児童たちは，実際活動の中で，1時限，1題材，全期間等の終了時に，反省会というような場において，実施計画はどうであったか，クラブ内のふんい気はどうであったかなど話し合いがなされる。





### 2　観察による方法

教師は，クラブ活動が行なわれる際には，クラブ活動記録手帳のようなものを準備し，あらかじめ，観察に必要な評価事項を記入しておき，その項目について観察し記録していく。

個人についての評価を1時限内に，自発性，積極性……など，すべての評価事項について，しかも，所属クラブ員全員にわたって行なうことは，その1時限内は評価の時間としなければならないであろう。このような場合，その時限内は，児童もクラブ指導教師も，ややもすると，個々人を監視するということになりやすく，お互いに協力しあいながら個性を伸長するというクラブ活動のねらいからはずれることになる。この点児童の活動意欲を低下させることになると思われる。また，クラブ指導教師にとっても，それを行なうことは不可能ではなかろうか。したがって，随時随所で観察した事項を具体的に記録しておく。そして，ある期間内に，全項目，全児童にわたって観察，記入し終わるように配慮すべきである。

このようにして記録した何回分かのものが累積されて，はじめて，より客観的な，より有効な評価となるのである。

クラブそのものについての評価も，長い間の観察により評価していくことができる。

### 3　記録による方法

記録による評価の方法としてあげられるものは，各クラブの記録簿，個人カード等である。

各クラブの記録簿には，実施したその日その日の実際活動の様子を実施の予定と対照して記入するが，反省の欄に児童が評価的内容をもったことがらを記入する。クラブ指導教師は，それを評価の参考にすることができる。

個人カードについては，第4章，第3節3「活動の記録」の中の「2

記録の例」でもふれたように，児童の反省，クラブ指導教師のことばなどの欄で，児童自身の評価，その児童に対するクラブ指導教師の評価，各クラブ，1クラブ内のグループの評価等を行なう手がかりとすることができる。あわせて，1時限内における活動，1題材における活動をも評価することができる。

これは，前記観察による方法のところで述べた，教師が持っているクラブ活動記録手帳のようなものに覚え書きされたものを参考にして，記入することができる。

このような方法による評価も，一時にクラブ全員に行なうことは不可能であるから，1か月ぐらいの間に，1度は評価を記入して児童に知らせることも忘れてはならない。

なお，児童の作文の中には，クラブ活動を内容として記述する場合もあると思われる。その作文も評価の1資料として取り上げることができる。児童が自分の所属するクラブ内で，どのような人間関係を保っているか，クラブの活動をどのように受けとめているかなど，各方面からの評価を行なう参考として役だたせていきたいものである。

そのほか，クラブにより，クラブ指導教師により，独自の立場で，独自な方法で，多種多様に評価を試みることができるのではないかと思われる。

### 4　調査による方法

特別教育活動指導書に「特別教育活動の過程において，時々，児童への質問を試みて，これらを整理してみると，よい評価の資料が得られる。」と示されている。

質問の方法として，面接質問法，質問紙法，いずれの方法も取り上げることができるが，クラブ実施学年が高学年のため，質問紙法としての調査が多く用いられる。たとえば，クラブ活動における計画がどうであった





か，運営がどうであったかの調査をとおして，児童自身の評価や，相互評価，クラブそのものについての集団評価の手がかりをつかむことができる。

本校で行なった児童の関心調査(第6章　クラブ活動に関する調査参照)においては，活動内容，実施計画，クラブ成員の人間関係，クラブ指導教師の助言や指導について質問をし，それに対して記入されたことがらを分析することによって，指導計画や指導方法，児童自身，教師自身，クラブそのものについての評価を行なうことができる。

なお，前記「記録による方法」の中で取り上げた記録簿や個人カードによって，クラブ活動の形態や予定とのずれなどの評価はできるが，それに対する教師の反省，意見等はみられず，教師側の指導計画や運営がどうであったかの評価としては不足を感ずる。そこで，たとえば

- 指導者数はどうか。
- 1クラブの人員はどうか。
- 1時限45分はどうか。
- 施設，用具，経費はどうか。
- 年間実施計画どおりにいったかどうか。
- 発表と機会の場はどうか。
- 個人カードはどうか。利用はどうだったか。

などの意見，反省を内容とした調査を試みることも考えられる。このような教師側の調査も欠くことはできないであろう。

調査を無計画に行なったのでは，望ましい評価の資料として利用しえないこともある。調査を行なう際には，ねらいをしっかりおさえ，はっきりした結果が得られるような形式，方法をもって行なうことがたいせつである。

以上のような，いろいろな方法によって評価されたものは，それだけに

とどめておかず，利用の方法もあわせて考え，活用しなければならない。

まず，クラブ指導教師は，反省の資料として，よりよいクラブ活動運営のために役だてる。次に，クラブ成員は，学級，学年を解体して構成されているものであるから，学級担任への連絡をし，交流を密にし，児童のクラブ活動へのよりよい参加ができるようにする。なお，必要があれば，家族との連絡を図ることもたいせつである。

以上，クラブ活動の評価について述べてきたが，評価は，観点，方法等，たとえ，それがりっぱな理論によって作られたものであっても，あまり細かすぎたりして，評価するものの負担過重となるようでは長続きはしない。クラブ指導教師が取り扱いやすく，しかも利用効果のある形式や方法のものであることが重要である。



# 第6章　クラブ活動に関する調査

児童は，クラブ活動の実践の中で，個々の興味・関心の追求にうちこみながら，クラブ集団の一員として，楽しく，充実したクラブ活動ができるように願っている。また，自分たちのクラブ活動が，より自治的，より自発的な活動でありたいと要求している。

この願いや要求の程度をさぐり，それを手がかりとして，さらによりよいクラブ活動の実践をおし進める必要がある。そのためにも，また，教師の側での適切な指導を図るためにも，児童の実態や意識，教師の考え，その他について調査をする必要がある。

また，これらの調査は，クラブ活動についての評価を行なう上からも重要な手がかりとなることは，前章で述べたとおりである。この章では，本校で行なった調査のうち，いままでに各章の資料として使われなかったものをまとめてみたい。

## 第1節　児童の関心調査

現在，クラブ活動を実施中の児童が，1年間活動をした結果，クラブ活動についてどのような関心を示しているか。クラブの実際の運営についてどう受けとめているか，そのクラブが児童個々に対してどうだったかなど，評価の資料を得るために、次のような調査を試みた。

○調査対象　　5，6年児童508名

○調査年月日　昭和38年2月26日

○調査項目　（図表49）

(図表49)　　児童の関心についての調査

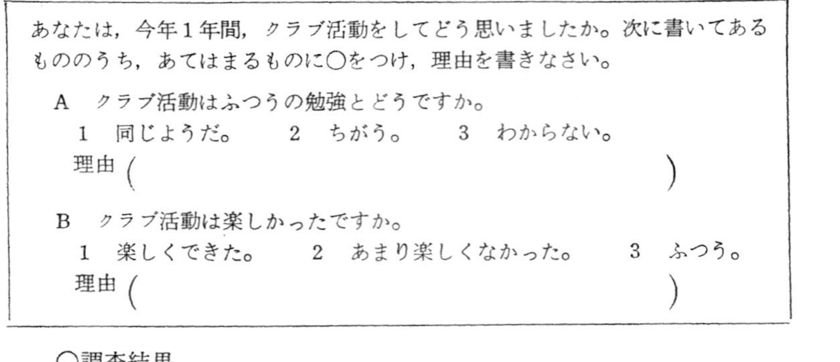

あなたは，今年1年間，クラブ活動をしてどう思いましたか。次に書いてあるもののうち，あてはまるものに○をつけ，理由を書きなさい。

A　クラブ活動はふつうの勉強とどうですか。
　1　同じようだ。　　2　ちがう。　　3　わからない。
　理由(　　　　　　　　　　)

B　クラブ活動は楽しかったですか。
　1　楽しくできた。　　2　あまり楽しくなかった。　　3　ふつう。
　理由(　　　　　　　　　　)

○調査結果

(図表50)　A項の結果

(ア)クラブ活動はふつうの勉強とどうですか，(%)

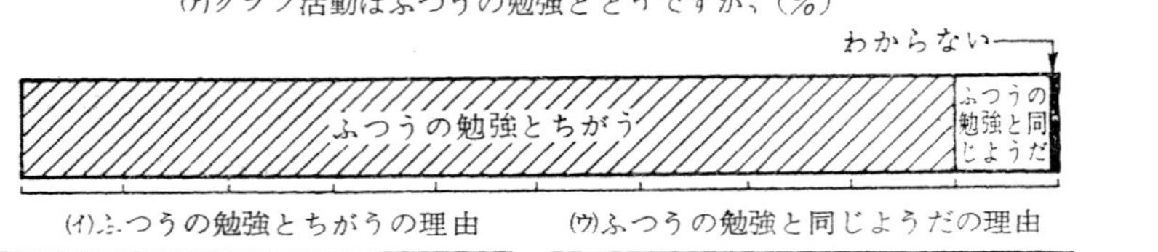






A項については，図表50(ア)のようになり、ほとんどの児童は、はっきりと，教科や道徳の時間と区別している。

また，同図表の(イ)を見ると，「ふつうの勉強とちがうようだ。」の理由として，まず，「活動の計画を自分たちで作るから。」をあげ，次いで，活動内容の面，人員構成の面，クラブ指導教師の態度などが異なるからとしている。

これらのことは，児童が，クラブ活動は自分たちで進める研究活動だというクラブ活動の意味を，はっきりつかんでいることのあらわれだと考えられる。

また，クラブ指導教師の側に立ってみれば，本年度1年間のクラブの指導が本筋からはずれない，クラブ活動にふさわしい指導であったと考えてもさしつかえないものと思われる。しかし，約10%の児童が答えている「ふつうの勉強と同じようだ。」の意見を無視するわけにはいかない。たとえ，少数意見であってもその意味をじゅうぶん考慮し，それを手がかりに，よりよい指導を考えていかなければならないことはいうまでもない。

B項は，「クラブ活動は楽しかったか。」という質問と，それに付け加えられた理由の中で，児童が個々の実際活動について，どう受けとめているか，また，クラブ集団のものが，児童個々に対してどうだったかを示している。

図表51(ア)によれば，全体的には，楽しくできたものが72%を示しており，クラブ運営が，児童にとって満足できるものであったと考えられ，各クラブとも，児童にとって魅力のある実践を続けてきたことがうかがえる。

(イ)によると，楽しかった理由のうち，「自分のやりたいものができたから」というのが，楽しかったと答えたものの半数を占め，活動の中で取り上げた題材が，児童の興味・関心を満足させるものであり，児童の希望をじゅうぶんに生かすことのできたものであったと思われる。

また，「クラブ全員が協力して，なかよくできたから。」と答えたものが，楽しくできたもののうち約40%になり，クラブ内の人間関係も，望ましい方向に進み，クラブの成員が，お互いに心をふれあいながら，研究活動に打ち込んできたことがみられる。

一方，(ウ)によって，あまり楽しくなかった理由を考えてみると，(イ)と反

(図表51)　B項の結果　(ア)クラブ活動は楽しかったですか。

クラブ名　1 読書　2 地歴一班　地歴二班　3 生物　4 電気　5 習字　6 美術(絵)　美術(工作)　7 歌唱　8 器楽　9 手芸一班　手芸二班　手芸三班　手芸四班　10 運動　11 珠算　合計

% 10 20 30 40 50 60 70 80 90 %

■楽しくできた　□ふつう　▨あまり楽しくなかった





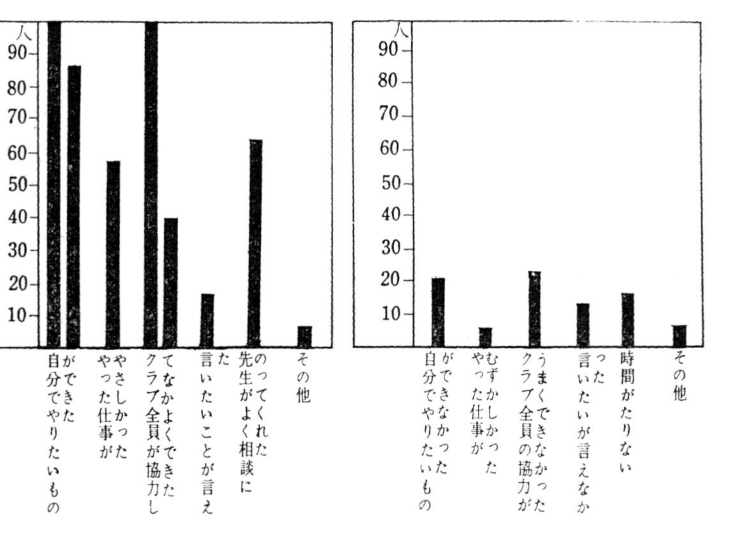


対の意見が多くでている。このことは，児童が，個人の興味・関心を主張しすぎたり，協調性を欠いたためであるのか，そのクラブのもつ成員の個性を生かすための自由性，寛容性の幅が，狭すぎたためであるのか，その原因をさらにつきつめて考えてみることの必要さを教えてくれるものだと思われる。

なお，(ウ)で「時間が足りなかった。」というものが，あまり楽しくなかったと答えたものの約25%みられるが，これは，研究活動に熱中するあまり，1時限の45分では足りないと言っているものと考えられる。（この点の取り扱い方については，第3章，第2節を参照されたい。）

以上，調査したものについて，全体的にながめてみたが，最も必要なことは，各クラブで，それぞれのクラブの実情と照らし合わせながら，いろいろな考察を行ない，クラブ成員の願いや要求をじゅうぶん取り上げ，よりよい活動にするための手がかりを得ることだと思う。

なお，この調査と同じ項目で調査した結果を，年をおって，その変わり方を見ると，図表のようになる。

（図表52）　　年度別の結果

(ア)　クラブ活動はふつうの勉強とどうですか。

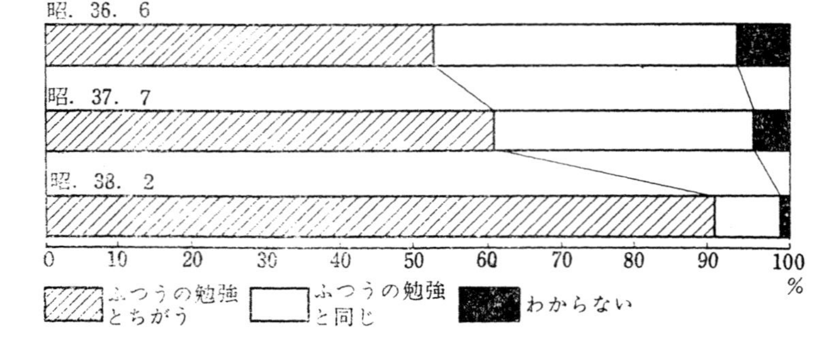


(イ)　クラブ活動は楽しかったですか。

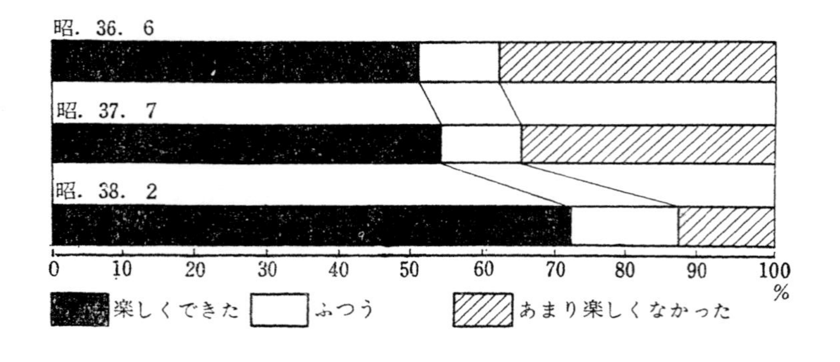


## 第2節　教師の反省

児童の関心調査が，クラブ活動の評価の一方法となるように，クラブ指導教師の意見を調査し，それをまとめてみることも，評価の方法として取り上げられることは，「クラブ活動の評価」の章で述べた。





本校においても，年度末になると，クラブ指導教師に対する調査を行ない，次年度の指導についての資料としているが，その1例をあげてみる。

○調査対象　　クラブ指導教師全員29名

○調査年月日　昭和38年3月6日

○調査項目

(1)　組織について　　(2)　時間について

(3)　経費について　　(4)　施設について

(5)　その他

○調査結果　　（図表53）

（図表53）　　教師に対する調査結果

| 項目 / クラブ名 | | 指導者数 | | 児童数 | | 週1回の実施は | | 1時限45分は | | 個人負担の経費は | | 学校から出る経費は | |
|---|---|---|---|---|---|---|---|---|---|---|---|---|---|
| | | 適 | 否 | 適 | 否 | 適 | 否 | 適 | 否 | 適 | 否 | 適 | 否 |
| 読書 | | ○ | | ○ | | ○ | | ○ | | ○ | | ○ | |
| 地歴 | 1班 | ○ | | ○ | | ○ | | ○ | | ○ | | ○ | |
| | 2班 | ○ | | ○ | | ○ | | | ○ | ○ | | ○ | |
| 生物 | | ○ | | ○ | | ○ | | | ○ | ○ | | ○ | |
| 電気 | | ○ | | | ○ | ○ | | ○ | | ○ | | ○ | |
| 習字 | | | ○ | ○ | | ○ | | ○ | | ○ | | ○ | |
| 美術 | 絵 | ○ | | ○ | | ○ | | | ○ | ○ | | | |
| | 工作 | ○ | | ○ | | ○ | | | ○ | ○ | | ○ | |
| 歌唱 | | ○ | | | ○ | ○ | | ○ | | ○ | | ○ | |
| 器楽 | | ○ | | | ○ | ○ | | | ○ | ○ | | ○ | |
| 手芸 | 1班 | ○ | | ○ | | ○ | | ○ | | ○ | | ○ | |
| | 2班 | ○ | | ○ | | ○ | | ○ | | ○ | | ○ | |
| | 3班 | | ○ | ○ | | ○ | | ○ | | ○ | | | |
| | 4班 | | ○ | ○ | | ○ | | | ○ | ○ | | ○ | |
| 運動 | | ○ | | ○ | | ○ | | ○ | | | | ○ | |
| 珠算 | | ○ | | ○ | | ○ | | ○ | | ○ | | ○ | |

備考　1　調査項目のうち施設についての調査は各クラブより具体的に希望するものがでているので，この表から除いた。

2　空欄は該当する経費を必要としなかったものである。

この図表53によって，調査結果をおおまかにみると，組織，時間，経費などクラブ活動の全体的な指導計画は，クラブ指導教師の側からみて妥当であったと考えられる。

しかし，各項目について細かく検討してみると，いくつか反省しなければならない点も出てくる。

○指導者の数については，適当でないと答えたクラブは，いずれも指導者1名であり，2名程度の指導者がほしいと要求している。

しかし，クラブ指導教師の数においては1クラブ1名でも，じゅうぶんに目的を達することができ，かえって1名のほうが，クラブの自主性も，クラブ内の人間関係も好ましい方向に育つという考え方も一部にあることも付言しておきたい。

○児童数の項で，否と答えたもののうち，電気，歌唱の2クラブは，人員の多すぎることを，器楽クラブでは，男女のバランスを考慮したいと述べている。

○時間については，週1回の実施は，各クラブとも適当と答えているが，時には時間外にやると，児童の興味・関心をより以上引き出すことができるだろうとの意見もある。1時限45分については，6クラブが短いと答えている。このことは第3章で述べたように必要に応じて時間の延長をしても支障のない体制を，しっかりと作ることを要求するものであろう。

○経費についての項では，個人の負担する経費は，各クラブとも適当だったと答えているが，模型セットを購入して製作に当たるといった傾向にある電気クラブでは，そのような傾向を排除していくような計画を立案したいと言っている。学校から出る経費についても，大半のクラブが適当と答えている。しかし，できるだけ多くの経費を出してほしいとの声もあり，また，各クラブの予算のわくをはっきり作り，わく内である程度の自由な操作を望んでいる。

○その他の項においては，児童の人員の調整について，男女数の調整を





望む声と，どうしても調整の要があるときには，慎重な調整を望む声とがあった。慎重な調整を望む理由として，第2希望で所属したとか，学級担任教師の簡単な助言などで所属した児童は，何かにつけて不満をもち，活動していても身がはいらないことをあげている。さらに，同じくその他の意見で，職員間のクラブ活動に関する共通な理解を深めるために，全職員のクラブ研修会や，各クラブ内の指導教師の研修会を望む声もあった。このような会は，クラブ活動の円満な運営を図る上に重要なことであり，数多くもたれなければならないと考えられる。

## 第3節　父母の関心調査

「クラブ活動の組織」の項でも述べたのであるが，クラブの種類を決定していく場合，地域社会の正しい要望も加味し，生かしていかなければならない。

また，一方，児童がクラブを選ぶとき，父母の意見で，教科の補習的な考えでクラブを選ぶことのないよう，クラブの意義について，父母の正しい理解を得ておくことも，たいせつである。そのためには，父母の意見や要求を知っておくことが必要となる。

本校でも，このような必要性を認め，2回にわたって父母の関心調査を試みた。

### 1　調査の方法

第1回の調査は，教師が父母に面接し，質問法によって行なった。

これは，質問紙を送って調査したのでは，児童から聞いたり，父母どうしの話し合いなどで記入されるおそれがあり，それでは正しい父母の意見や要求を得ることができないと考えたからである。

第2回の調査は，第1回の調査の結果クラブ活動を見学したいとの要望

が87％あったことから，特別教育活動の学習発表会を開いて，クラブ活動の公開を終わった後，第１回に調査したのと同じ家庭に調査用紙を配布し，記入して回収するという方法によって行なった。

## 2　調査の対象

調査の家庭数は図表54のとおりである。

（図表54）　調　査　家　庭　数

| 学　年 | | 1 | 2 | 3 | 4 | 5 | 6 | 計 |
|---|---|---|---|---|---|---|---|---|
| 調査家庭数 | 男 | 12 | 14 | 12 | 26 | 25 | 25 | 114 |
| | 女 | 13 | 11 | 13 | 24 | 25 | 25 | 111 |
| | 計 | 15 | 25 | 25 | 50 | 50 | 50 | 225 |

４，５，６年生の家庭数を多くしたのは，４年は，次年度，クラブ活動に参加するということ，５，６年は，現在クラブ活動に参加しているということから考えた数である。

対象の抽出にあたっては，各学年とも，ランダムスタート・システィマテック・サンプリングの方法をとった。

## 3　調査年月日

第１回　昭和37年12月下旬～昭和38年１月上旬（冬季休業期間を利用）

第２回　昭和38年１月29日

## 4　調査項目

初の試みとしての第１回の調査では，

- 父母は，８教科，道徳と同じように，特別教育活動が教育の１分野として位置づけられていること，および，特別教育活動の中に，クラブ活動のあることを理解しているか。
- クラブ活動は，何を目的として行なうのか。クラブ活動に何を望むか。
- クラブ活動に参加しているこどもの親として，こどもにどのような態度で接しているか。





などを，おもな内容とした項目とし，クラブ活動についてどの程度の認識をもち，こどもたちに助言をしているかを調査してみた。

第２回は，大部分の父母のクラブ活動を見学したいとの希望から計画された特別教育活動学習発表会見学後，その見学によって，

- クラブ活動をどのようにとらえたか。
- クラブ活動をどのような組織で実施してもらいたいか。

について意見を求めた。

次にあげる図表55は，第１回と第２回の調査項目である。

（図表55）　父母に対する調査項目

| 第　１　回　調　査　項　目 | 第　２　回　調　査　項　目 |
|---|---|
| 1　特別教育活動の中にクラブ活動があるのを知っていますか。 | 1　学習発表会をごらんになりましたか。 |
| 2　どんな方法で知りましたか。 | 2　学習発表会でクラブ活動をごらんになりましたか。 |
| 3　クラブ活動は，どういうことをする時間だと思いますか。 | 3　どんなクラブ活動をごらんになりましたか。 |
| 4　どんなクラブがあるか知っていますか。 | 4　クラブ活動を見てどんな感じがしましたか。 |
| 5　あなたのお子さんはどのクラブにはいっているか知っていますか。 | 5　クラブ活動を見てどう思いましたか。 |
| 6　クラブにはいるとき相談をうけましたか。 | 6　クラブ活動はどんなことをする時間だと思いましたか。 |
| 7　クラブ入部について相談をうけたときどう答えましたか。また今後相談されたらどう答えますか。 | 7　クラブにはいるとき相談されたらどう答えますか。 |
| 8　あなたのお子さんはクラブ活動のことを話しますか。 | 8　クラブ活動の時間にどんなことをしてもらいたいですか。 |
| 9　クラブ活動の経費をどう考えていますか。 | 9　お宅のお子さんは，どんなことをしてもらいたいですか。 |
| 10　クラブ活動でどういうことをしてもらいたいですか。 | 10　今のクラブのほかにどんなクラブがあればよいと思いますか。 |

11　お子さんはクラブ活動をするようになってどのように変わりましたか。

12　クラブ活動の勉強を見たことがありますか。

13　クラブ活動の勉強を参観したいと思いますか。

14　クラブ活動について，このほか何かあったら話してください。

11　クラブ活動は何年からしてもらいたいですか。

12　クラブ活動はどのくらい続けてやってもらいたいですか。

13　そのほかにクラブ活動について気づいたことを書いてください。

## 5　調査の結果と考察

前記のとおり，２回にわたって行なった調査であるが，ここでは，前半で１回目と２回目の調査を対比しながら，後半では，主として第２回目の調査の結果について考えてみたい。

(1)　特別教育活動の中にクラブ活動があるのを知っていますか。

(図表56)　特別教育活動の中にクラブ活動があるのを知っていますか。

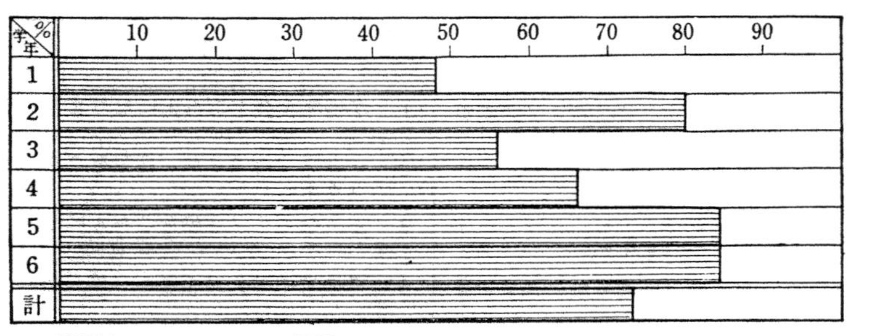


知らないと答えたものが，クラブ活動参加以前の児童をもつ家庭に多いのはよいとして，参加している学年においても５，６年各々16%いるということについては，今後配慮していかなければならないと思う。

クラブ活動のあるのを知っていると答えた家庭の75%は，「こどもの話から」と答えている。これは，家庭において，クラブ活動が話題にのぼるということから考えれば，よい傾向だと思われる。





こどもの話に続いて「他人の話」「ＰＴＡの会合」となっている。「ＰＴＡ新聞」や「時間表」によって知ったと答えたものが８%と意外に少なかった。

この結果から言えることは，あらゆる機会を通じて，もっとクラブ活動について理解してもらうようにつとめなければならないということである。

(2)　クラブ活動はどういうことをする時間だと思いますか。

(図表57)　クラブ活動はどういうことをする時間だと思いますか。

| 項目＼学年 | 1 | 2 | 3 | 4 | 5 | 6 | 計 | 調査総数に対する割合 50 % |
|---|---|---|---|---|---|---|---|---|
| 不得意教科の力を伸ばす | 0 | 1 | 2 | 0 | 5 | 2 | 10 | |
| 得意教科の力を伸ばす | 6 | 4 | 4 | 4 | 5 | 8 | 31 | |
| 選手を作るためにやる | 0 | 1 | 0 | 0 | 0 | 0 | 1 | |
| 同好の者が集まって研究する | 11 | 11 | 4 | 26 | 17 | 22 | 91 | |
| 好きなことをじょうずにする | 1 | 3 | 1 | 2 | 17 | 14 | 38 | |
| 自分かってに好きなことをする | 0 | 0 | 0 | 1 | 0 | 1 | 2 | |
| わからない | 7 | 5 | 14 | 18 | 6 | 3 | 53 | |

教科の力を伸ばすための時間だと考えている者が，４年を除いた１年から６年まで20%前後ある。これは，第２回の調査でも，ほとんど変わっていない。クラブ活動の時間に教科を伸ばすようなものをやってもらいたいとの希望20%と考え合わせると，この人たちは，学校教育は知識の注入にあるとする考えに立っているのではないかと思われる。このことから，前の項目と合わせて，正しい理解をしてもらわなければという感を強くしたわけである。

なお，特別教育活動学習発表会をもった後の第２回の調査では，「わからない。」と答えたものが１名もなく，「同好の者が集まって研究する。」という正しい知識をもつようになったものが，50%と多くなったことからしても，このような会をもつことが，父母の理解を得る上におおいに役だつと言える。

(3) クラブ選択について相談されたとき，どう答えましたか。また，今後相談されたらどう答えますか。

選択するとき，相談をうけた父母が，6年生より5年生のほうが多いということは，1年間の経験や発達段階から考えて当然であろう。相談をうけたとき「こどもの希望にまかせる。」が250名中203名と多く，それが，1年から6年まで変わりなく，次年度参加の4年の父母においては50名中49名とひじょうに好ましい結果が出ている。ただ，この結果が「何でもこどものやるとおりにしておけばよい。」という教育に対する無関心から出たものではなく，クラブ活動に対する正しい認識の上に立ったものであることが，より望ましいわけである。

(図表58)　入部の相談

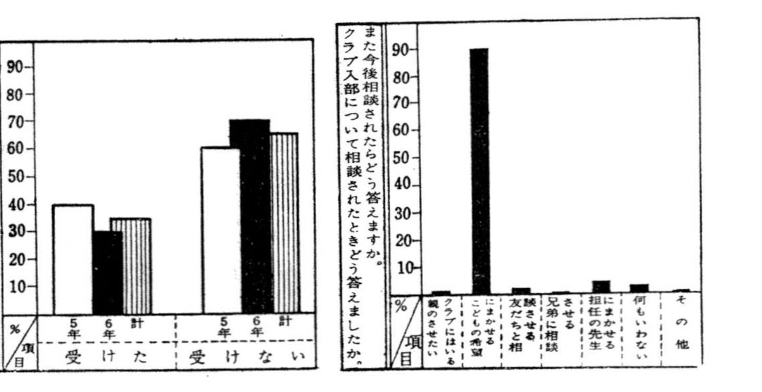


文書によって解答してくれたものの中に，「わたし自身は体育的クラブに所属することを希望しておりましたが，こどもは科学的クラブにはいっています。」「こどもの希望や個性をじゅうぶん考え，親も相談にのってこ





どもが決めるようにさせたい。」という意見が見られたが，これが正しい父母の態度であろう。

(4) クラブ活動の経費をどう考えていますか。

(図表59)　クラブ活動の経費をどう考えていますか。

「かかりすぎる」「もっと出してもよい」等に対する答えは，家庭の経済状態や教育に対する関心の度合によって異なると思われるし，児童の所属するクラブによっても異なるであろうが，一応義務教育においてかかる経費としてはどうかということで考えてみたい。

「かかりすぎる」というのが6年生に多いのは見ばえのする作品を完成しようとして題材を選ぶことと，技術的に手のこんだものを作ろうとすることからだと思える。

学校で，クラブ活動に対する予算を考えていくと同時に，クラブ活動で廃物を利用したり，身近にあるものを利用したりして作るよう，くふうさせていくようにしなければならないことを示唆していると思われる。

(5) クラブ活動でどういうことをしてもらいたいですか。

(図表60)　クラブ活動でどういうことをしてもらいたいですか。

| 項目 ＼ 学年 | 1 | 2 | 3 | 4 | 5 | 6 | 計 | % |
|---|---|---|---|---|---|---|---|---|
| 教科の力を伸ばすもの | 4 | 7 | 3 | 8 | 14 | 8 | 44 | 20 |
| こどもの趣味，興味を伸ばすもの | 16 | 8 | 14 | 28 | 24 | 31 | 121 | 54 |
| あとになって役にたつもの〔実用的〕 | 4 | 9 | 3 | 12 | 7 | 10 | 45 | 20 |
| おけいこごと | 0 | 0 | 1 | 0 | 0 | 1 | 2 | 1 |
| その他 | 1 | 0 | 0 | 0 | 2 | 0 | 3 | 1 |
| わからない | 0 | 1 | 4 | 2 | 3 | 0 | 10 | 4 |
| 計 | 25 | 25 | 25 | 50 | 50 | 50 | 225 | 100 |

選択に際しては，「こどもの希望にまかせる。」が圧倒的に多いわけであるが，クラブ活動においてやってもらいたいことは，「教科の力を伸ばすもの。」「あとになって役にたつ実用的なもの。」を望んでいるものを含めると44％と意外に多い。この傾向は第２回目の調査においても大きな変動はみられない。

第１回の調査項目14の「クラブ活動について話してください。」の中の，

- 教科の補習をしてもらいたい。
- 学力本位にやってほしい。
- 英語になじむようなことをやってほしい。

などの意見からみても，世相の反映であろうと思われる。

しかし，特別教育活動学習発表会の後の意見では，

- 自分の趣味を伸ばすために各自が熱心にやっているのをみて感心しました。
- クラブ活動の本位は，基礎学力以外の社会生活に必要な教養を助成するにあると思うから，こどもの趣味，興味を伸ばしていくのはたいへんよいことだ。
- やはりこどもの好きなことはやらせるべきだと思います。
- 教科の学習とクラブ活動の違いがはっきりした。
- 各児童が自分の特技を生かしてやっているのを見て感心した。

などがあり，学力を伸ばすことを記入する父母が少なくなっていく傾向にあった。このことは，父母がクラブ活動の意義をしっかりみつめてくれるようになったからだと思われる。

(6)　クラブ活動をしてどのように変わりましたか。

クラブ活動を実施することによって，自発性や協力性が養われるならば，クラブ活動を実施することは，教育的にみても大きな意義があるということになる。しかし，児童が自発的に活動するようになったとか，または協





調性が伸びたとかいうようなことはきわめて測定が困難であり，また，仮りにそのように変わったとしても，それがはたして，教育諸要因のもたらしたものではなく，クラブ活動のみの効果であると判定することは困難であるが，この点に関係あると思われる父母の意見を，第２回の調査で項目の13「その他，クラブ活動について気づいたことを書いてください。」の中からいくつかあげてみると，次のようになる。

- 交友関係が深まってきた。
- こどもたちに計画性がでてきてたいへんよい。
- クラブのある日は喜んで学校へ行く。

(7)　クラブ活動をみてどう感じましたか。

この項からは225の家庭調査のうち，特別教育活動学習発表会に参加し，クラブ活動を参観した父母を対象としたものである。

（図表61）

参観後の感想

○クラブ活動を見てどんな感じがしましたか

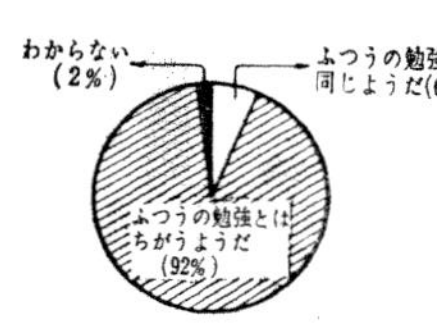


○クラブ活動を見てどう思いましたか

わからない（1％）
他の学科の勉強をやったほうがよい（5％）
おおいにやってもらいたいと思った（94％）

実際にクラブ活動に参加している児童の調査と同じように，「ふつうの勉強と違う。」と答えたものが，92％と圧倒的に多いことは，こどもたちの活動している様子を参観した父母の間に，クラブ活動は他の教科と違った使命をもった教育活動であることが認識されてきていることを現わしている。

そして，

- 義務教育は基礎知識と思考力を養えばよいので，個人の才能を伸ばす活動は小学校では必要ない。
- 児童に欲が出てくれば，その希望にそって親の考えで修正していく考えだから，小学校においては必要なし。

とする。５％の父母を除いて，大部分の父母は，クラブ活動の姿を認識し

た上で，クラブ活動を行なうことを望んでいるといえるであろう。

しかし，前にしるした１回目の調査「クラブ活動の時間にどんなことをしてもらいたいか。」との質問に，「教科の力を伸ばす。」「あとになって役だつ実用的なもの。」をしてもらいたいと答えたものが44%あったことを考えるとき，父母はクラブ活動の内容を，知識を得られるもの，思考を伸ばせるものを中心としたものに変えることを望んでいると思われてくるわけである。このへんに，「学校でやることは何でもよいことなのだからやらせたいが，学力を伸ばすことを重点的にしてもらいたい。」という意見にも現われてくるように，何かわりきれない矛盾を感ずるわけである。

参考までに，「いまのクラブの他に，どんなクラブがあればよいと思うか。」の項に記入されたクラブ名をしるしてみると，

演劇クラブ，工学クラブ，英語クラブ，道徳クラブ，社会クラブ，新聞クラブ，会話・作文クラブ，礼儀・作法クラブ，調査統計クラブ

など，やはり「学力や実用的」なクラブ名を多くあげている。

(図表62)　クラブ活動は何年からしてもらいたいですか。

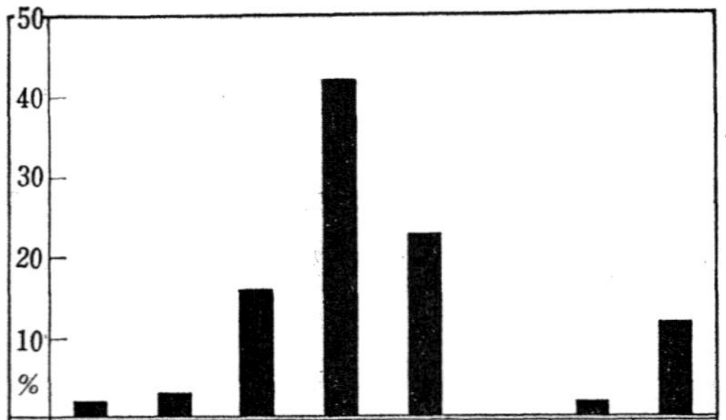

| 学年＼% | 一年から | 二年から | 三年から | 四年から | 五年から | 六年から | 希望者だけ | わからない |
|---|---|---|---|---|---|---|---|---|
| 計 | 5 | 6 | 36 | 94 | 52 | 0 | 4 | 25 |
| 6 | 0 | 0 | 7 | 29 | 8 | 0 | 1 | 5 |
| 5 | 2 | 0 | 6 | 20 | 15 | 0 | 2 | 5 |
| 4 | 0 | 1 | 4 | 15 | 17 | 0 | 0 | 12 |
| 3 | 1 | 0 | 2 | 17 | 4 | 0 | 0 | 0 |
| 2 | 0 | 0 | 8 | 10 | 4 | 0 | 0 | 3 |
| 1 | 2 | 5 | 9 | 3 | 4 | 0 | 1 | 0 |

※各らんの数字は解答者の実数である。

(8)　クラブ活動は，何年からしてもらいたいですか。





４年から参加させたいが42%とひじょうに多いが，

- 低学年は，希望者だけでも参加させてください。
- ３年生も参加させたい。

の意見もみられた。これは，今後クラブを組織する際の参加学年の範囲でじゅうぶん討議しなければならない資料であろう。

(9)　クラブ活動は，どれくらい続けてやったらよいですか。

(図表63)　クラブ活動はどのくらい続けてやったらよいですか。

項目：学期ごとに所属を変える／半年ごとに所属を変える／１年間は同じクラブに所属する／２年間は同じクラブに所属する／その他
学年：計，6，5，4，3，2，1

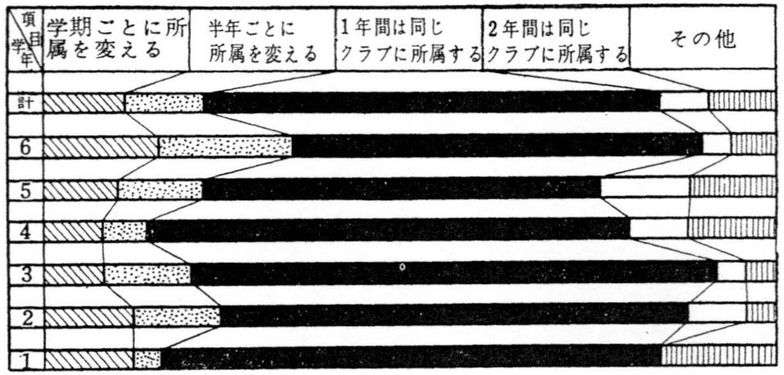

38年度より，１年を通して実施するという学校の方針に一致した解答62%をみて，意を強くしたわけである。

父母の間にも

- 多くのクラブを経験させたい。
- 好きなことだから続けて長くやってもらいたい。

と，二つの意見があるが，２年間続けたいもの７%と考え合わせ，しばらくは，１年間通して実施することが，本校クラブ活動歴からも妥当であると思われる。

(10)　その他に，クラブ活動について気づいたことがあったらぜひ書いてください。

いままでの考察にだいぶ引用してあるが，ここではどんな意見がしるされていたか，その概略を述べてみると，

- クラブ活動の必要性……必要である。必要でない。
- 参加学年の範囲……低学年より参加。
- 実施時間について……週2時間ぐらいがよい。
- クラブの所属決定について……児童の希望中心。調整必要。
- クラブ選択の指導について……教師の指導を望む。
- クラブ指導教師の指導について……もっと指導してよい（助言でなく）。
- クラブ活動の形態について……個人個人の活動よりもグループ活動がよい。
- クラブ成果の発表について……できるだけやってもらいたい。

などとなり，全体的に本校の考えに近いものが多かった。

父母にとっては，特別教育活動は，きわめて新しい教育の1分野であること，大部分の父母が初めての参観であることなどを考えると，以上の関心調査にみられる意見は，比較的協力を得やすい傾向にあると思われる。

MEJ 3035
初等教育実験学校報告書5
小学校
クラブ活動の効果的な運営

昭和38年7月5日初版発行
昭和39年1月1日印　刷
昭和39年1月5日再版発行

著作権所有　文部省

東京都新宿区市ケ谷船河原町6
発行者　教育図書株式会社
代表者　久本弥吉

東京都千代田区飯田町1の23
印刷者　大和綜合印刷株式会社
代表者　木全繁一

東京都新宿区市ケ谷船河原町6
発行所　教育図書株式会社
電話（268）5141—5
振替口座　東京12565

定価　75円

## 小学校指導資料等一覧

| 書 | | 名 | 定価 | 発行所 |
|---|---|---|---|---|
| 国語 | 1 | 読むことの学習指導 | 125円 | 光風出版 |
| 〃 | | 作文の指導 I | | 東洋館 |
| 社会 | I | 社会科学習指導法-低・中学年中心- | 113円 | 光風出版 |
| 〃 | II | 〃 -高学年中心- | 108円 | 教育図書 |
| 算数 | I | 数と計算の指導 I | 95円 | 大日本図書 |
| 〃 | II | 〃 II | 75円 | 教育図書 |
| 理科 | I | 低学年の指導 | 92円 | 大日本図書 |
| 〃 | II | 低学年の理科施設・設備とその活用 | 94円 | 〃 |
| 音楽 | I | 器楽の指導 | 600円 | 東洋館 |
| 〃 | II | 鑑賞の指導 | 220円 | 〃 |
| 図画工作 | I | デザイン学習の手びき | 215円 | 日本文教出版 |
| 〃 | II | 彫塑学習の手びき | 139円 | 学校図書 |
| 家庭 | I | 第5学年の家庭科の学習指導 | 55円 | 開隆堂 |
| 〃 | II | 第6学年の家庭科の学習指導 | 108円 | 〃 |
| 道徳 | I | 道徳指導計画の事例と研究 | 120円 | 光風出版 |
| 〃 | II | 道徳指導方法の事例と研究 | 190円 | 〃 |
| 〃 | 3 | 道徳についての評価 | 40円 | 日本文教出版 |
| 〃 | 4 | 読み物利用の指導 I（低学年） | 74円 | 東洋館 |
| 〃 | 5 | 読み物利用の指導 II（中学年） | 81円 | 〃 |
| 〃 | 6 | 読み物利用の指導 III（高学年） | 89円 | 〃 |
| 特別教育活動 | I | 特別教育活動の指導計画作成と運営 | 65円 | 光風出版 |
| 〃 | II | 児童会活動の事例と研究 | | |
| 学校行事等 | I | 学校行事等実施上の諸問題の研究 | 70円 | 光風出版 |
| 〃 | II | 儀式の事例と研究 | | |
| 学校図書館 | | 小・中学における学校図書館利用の手びき | 185円 | 東洋館 |
| 〃 | | 学校図書館の管理と運用 | 229円 | 〃 |
| 実験学校報告書 | I | 道徳の評価 | 110円 | 〃 |
| 〃 | 2 | 特別教育活動指導計画のあり方 | 130円 | 教育図書 |
| 〃 | 3 | 音楽の指導法に関する二つの実験研究 | | 音楽教育図書 |
| 〃 | 4 | 道徳指導計画改善の観点 | 115円 | 教育図書 |
| 〃 | 5 | クラブ活動の効果的な運営 | 75円 | 〃 |

教育図書株式会社 発行

¥75

初等教育実験学校報告書 6

小 学 校

# 音楽の指導法に関する実験研究

創作の指導法

1964

文 部 省

初等教育実験学校報告書 6

小 学 校

音楽の指導法に関する実験研究

創作の指導法

1964

文 部 省

# まえがき

文部省では，昭和36，37の両年度，東京学芸大学付属小金井小学校に，「創作の指導法」についての実験研究を委嘱したが，本書はその研究成果をまとめたものである。

小学校学習指導要領には，創作の指導目標として，「即興的に音楽表現をすることに興味をもたせ，創造的に表現する能力の素地を養う」段階（第１学年）から，「即興的，創造的な学習活動を通して，創造的表現の能力をいっそう伸ばし，一部形式の旋律を作って書けるようにする」段階（第６学年）まで，各学年に応じたねらいがそれぞれ示されているが，本書の内容は，これらを具体的に展開した実験研究であるから，本書を一つの手がかりとして，今後この方面の研究をいっそう進められることを期待してやまない。

終わりに，本実験研究に心からの協力をいただいた東京学芸大学付属小金井小学校の職員のかたがたに対して，深く感謝する次第である。

昭和39年５月

文部省　初等中等教育局

初等教育課長　西　村　勝　巳

# 目　次

## 創作学習の実際（写真集）

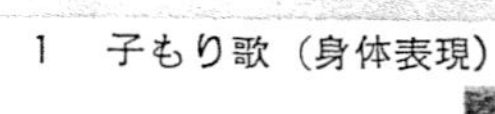

1　子もり歌（身体表現）

2　動物園（動物の鳴き声）

3　売り屋さん（物売りの声）

4　山のぼり（呼び声）

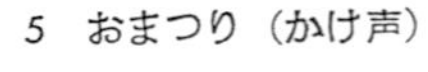

5　おまつり（かけ声）

6　かじやさん（物音のリズム）

7　お坊さん（物音のリズム）

8　肩たたき（歌問答）

9　ままごと（歌問答）

10　まりつき遊び（歌問答）

11　お客さまごっこ（歌問答）

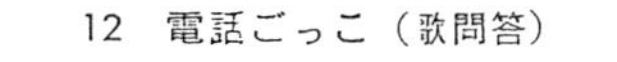

12　電話ごっこ（歌問答）

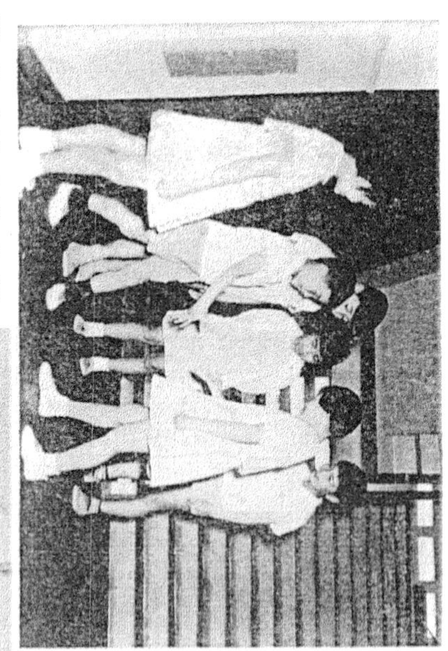

13　チャンピョンごっこ（リズム問答）

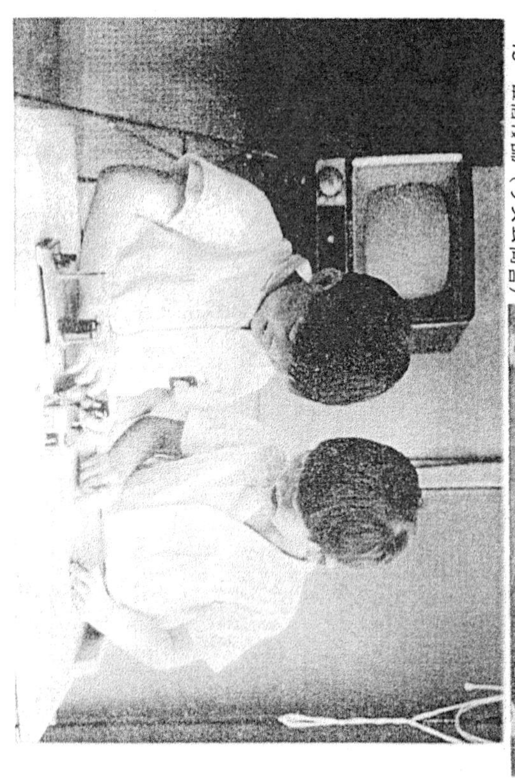

14　応援あそび（リズム問答）

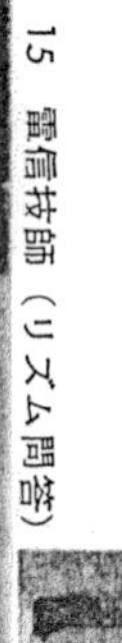

15　電信技師（リズム問答）

16　ブランコ（しりとり遊び）

17　記譜（旋律線）

18　記譜（リズム）

19　記譜

20　写譜

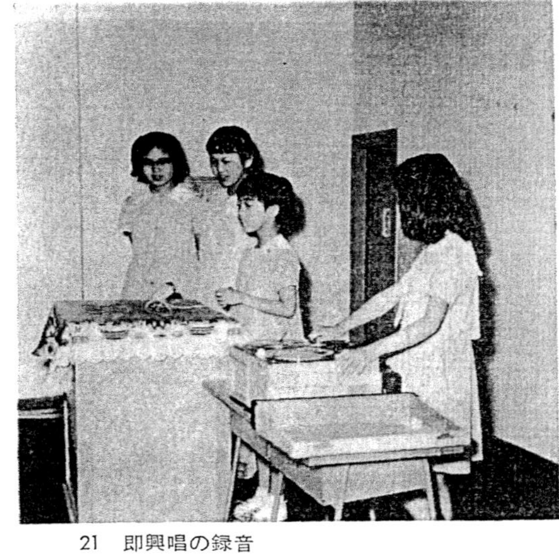
21　即興唱の録音

22 楽器によるふしづけ

23 和音聴音

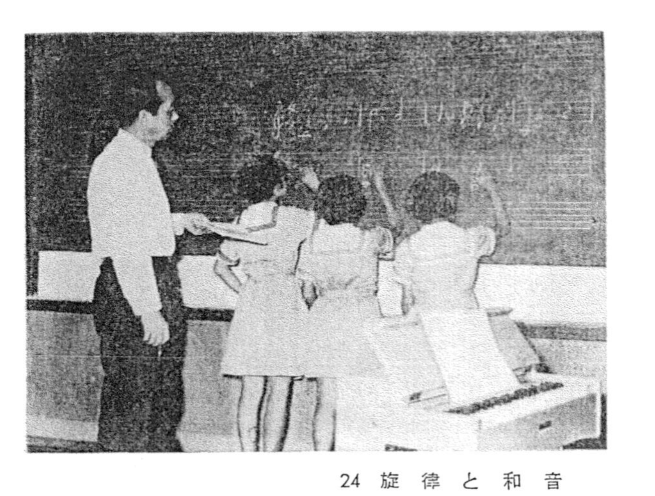

24 旋 律 と 和 音

25 作 品 の 添 削

26 合 奏 の く ふ う

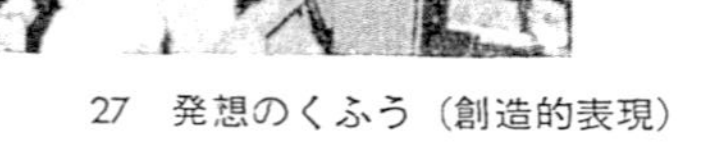

27　発想のくふう（創造的表現）

28　作品の発表（創造的表現）

# Ⅰ 研究の主題

## 1 研究の主題

**「創作の指導法」**

## 2 主題に対する基本的な考え方

**（1） 主題研究の前提**

主題研究のため実験授業における指導のささえとして次のような仮説を設定した。

「創作の指導は，まず他の領域での学習経験（たとえば，音楽語い・音楽感覚・音楽知識など）の累積・発展・応用として，また，それらとの関連の上に考えられるべきである。」

**（2） 主題の分析と受け止め方**

指導の内容と計画との面に着眼して，その実験研究の中に指導法を帰納的に見いだそうとする実践的な観点から分析を考え，これを次のようにした。

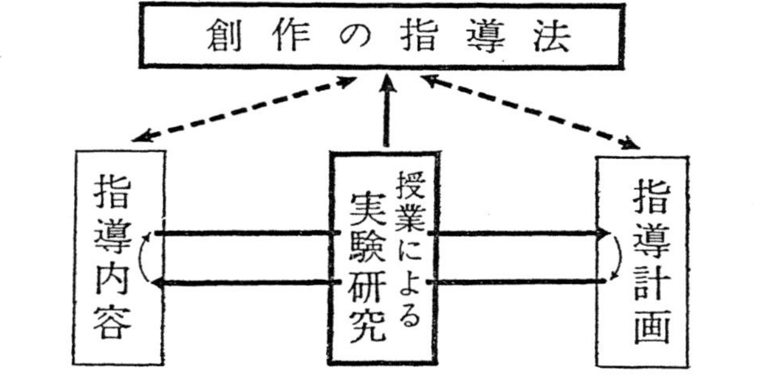


なお，上の場合←⋯⋯⋯→で示された両者（指導法と指導内容，指導法と指導計画）は互いに含み合う関係にあるという考え方である。

# Ⅱ 研究の計画

**第 1 年 度**

## 1 研究のための基礎調査

(1) 本校の一般的な教育環境と児童の実態

(2) 音楽の面から見た環境と児童の実態

2 創作指導における「感動」と「形式」の問題——その実践的な考察

3 実験・調査による「即興的表現」の研究

(1) 具体的な指導内容のおさえ方
(2) 具体的な指導内容の系列の取り方
(3) 「実験・調査を基礎とした指導体系（試案）」

### 第 2 年 度

第1年度の反省（中間発表における批判・反省を含む。）をもとにして。

1 再実験・再調査による「即興的表現」の研究（その1）

(1) 具体的な内容のおさえ方……特に児童の発達段階との関連に留意して。
(2) 具体的な指導内容の系列の取り方……特に，個々の指導内容の前後関係に留意して。
(3) 「実験・調査を基礎とした指導体系（改訂案）」
(4) 指導内容に関するまとめ

2 再実験・再調査による「即興的表現」の研究（その2）

(1) 具体的な指導内容に合わせた教材系列（例）
(2) 具体的な指導内容ごとの指導法の参考
(3) 「実験・調査を基礎とした学年別指導（一覧表）」
(4) 指導法に関するまとめ

3 実験・調査による「分担奏や合奏のくふうの内容と指導」の研究

4 実践から生まれた問題点別の指導の法考察





## Ⅲ 研 究 の 方 法

当校は，研究のための基礎調査「本校の一般的な教育環境と児童の実態」（内容省略）にも明らかであるように，現在なお建設の途上にある学校である。

したがって，研究にあたっては，人的な構成と能力の限界とをにらみ合わせて，実験の処理が独断にわたるのを警戒し，特に次のことに留意した。

○ 研究会は，常に学校をあげて全教官（学級担任）参加のもとに行なわれるようにした。

○ 次のような立場のかたがたからの指導助言をいただく機会を数多くもつように努めた。

・文部省係官，当大学教官，当大学付属学校教官，現場教官

○ 実験学級，実験児童としては特にこれを設けないで，能力と時間のわく内において広く資料を集めての比較研究であるようにした。

○ なお，実験・調査の集計処理，その他については，当大学音楽科学生（5名）の協力を得てその能率化を図った。

〔付〕
音楽研究部教官
飯田秀一，三毛迪子，大野敬子，柄沢渥子
実験・調査への協力学生
荒瀬みち子，山口汎子，武田道子，石井幸子，中井素子

## Ⅳ 研 究 の 概 要

1 実験・調査を基礎とした「即興的表現の指導体系」に関する研究

(1) **「実験・調査を基礎とした即興的表現の内容（改訂案）」**

# 実験・調査を基礎とした即興的表現の内容（改訂案）

| | 指導内容の類型 | 分析・系統 | 具体的な指導内容 | 第1学年 | 第2学年 | 第3学年 | 第4学年 | 第5学年 | 第6学年 | 関連 |
|---|---|---|---|---|---|---|---|---|---|---|
| 即興的表現の能力 | Ⓐ 動物の鳴き声・物売りの声や呼び声の模倣とふしづけ | 模倣からふしづけへ | ⓐ リズムに注意した模倣 | ○ | | | | | | (Ac)(Ba)(Bc)(Cc)(Cd) |
| | | | ⓑ 表情的な模倣 | ○ | | | | | | (Bb)(Ca)(Cb) |
| | | | ⓒ 音楽的なリズムのくふう | | ○ | | | | | (Aa)(Ba)(Bc)(Cc)(Cd) |
| | | | ⓓ 単独のふしづけ（2小節程度） | | ○ | | | | | (Bd)(Da) |
| | Ⓑ 物音のリズムの模倣とその音楽的な表現 | | ⓐ リズムに注意した模倣 | ○◎ | | | | | | (Aa)(Ac)(Bc)(Cc)(Cd) |
| | | | ⓑ 表情的な模倣 | ○◎ | | | | | | (Ab)(Ca)(Cb) |
| | | | ⓒ 音楽的なリズムのくふう | | ○◎ | | | | | (Aa)(Ac)(Ba)(Cc)(Cd) |
| | | | ⓓ 単独のふしづけ（2小節程度） | | ○◎ | | | | | (Ad)(Da) |
| | Ⓒ 歌問答・リズム問答・しりとり遊び | ふしづけのための細かい技能 | ⓐ 表情的な歌問答（一問一答） | ○ | | | | | | (Ab)(Bb)(Cb)(Cc) |
| | | | ⓑ 表情的な歌問答 （続く問答） | ○ | | | | | | (Ab)(Bb)(Ca)(Cc) |
| | | | ⓒ ことばのリズムや抑揚を音楽的に誇張した歌問答（続く問答） | | ○ | ○ | | | | (Aa)(Ac)(Ba)(Bc)(Ca)(Cb) |
| | | | ⓓ リズム問答 | | ○◎ | ○◎ | | | | (Aa)(Ac)(Ba)(Bc) |
| | | | ⓔ しりとり遊び（1音とり） | | | ○ | | | | (Cf)(Cg) |
| | | | ⓕ しりとり遊び（1～2音とり） | | | | ○ | | | (Ce)(Cg) |
| | | | ⓖ しりとり遊び(2音以上のしりとりを含む自由なもの) | | | | | ○ | ○ | (Ce)(Cf) |
| | Ⓓ ことばのふしづけ | まとまったふしの創作へ | ⓐ ごく短いことばのふしづけ(2小節程度) | | ○ | | | | | (Ad)(Bd) |
| | | | ⓑ 短いことばのふしづけ(4小節程度) | | | ○ | ○ | | | (Ea)(Eb) |
| | | | ⓒ まとまったことばのふしづけ(8小節程度) | | | | | ○ | ○ | (Ec)(Ed) |
| | Ⓔ 旋律の創作 | | ⓐ 短い旋律(歌うふし)の創作(4小節程度) | | | ○ | ○ | | | (Db)(Eb) |
| | | | ⓑ 短い旋律(器楽のふし)の創作(4小節程度) | | | | ◎ | ◎ | | (Db)(Ea) |
| | | | ⓒ まとまった旋律(歌うふし)の創作(8小節程度) | | | | | ○ | ○ | (Dc)(Ed) |
| | | | ⓓ まとまった旋律(器楽のふし)の創作(8小節程度) | | | | | | ◎ | (Dc)(Ec) |

分析・系統の欄の系統：歌系統、器楽系統、う、節、の、系、統（実線・点線による）

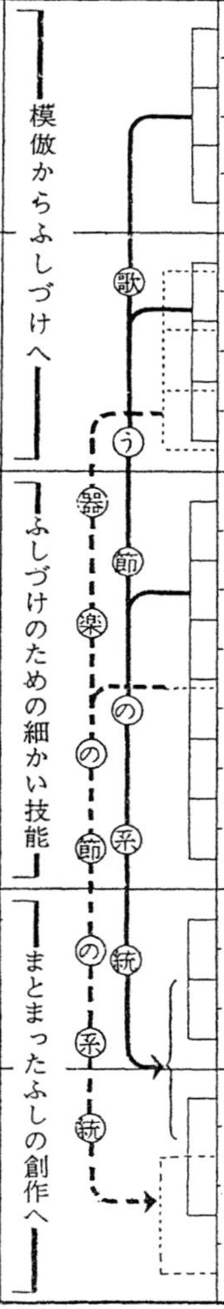

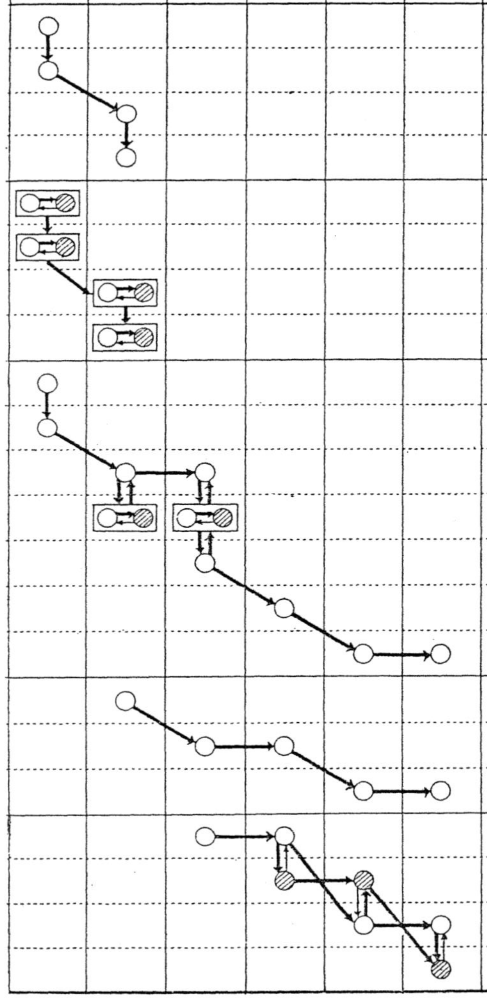

**備考**

- Ⓐ・Ⓑ…は指導内容の類型を示す。
- 分析・系統の欄は、指導の内容と系統および方法に対する基本的な考え方を示す。また、実線は即興唱、点線は即興奏を示す。
- ⓐ・ⓑ…は類型ごとの具体的な指導内容を示す。
- ○は即興唱◎は即興奏を示す。また、4年以上の◎は同時に器楽のふしの関係を示す。

## 付　中間発表の際の試案

| 指導内容の類型 | 具体的な指導内容 | 学年配当 1 | 2 | 3 | 4 | 5 | 6 |
|---|---|---|---|---|---|---|---|
| Ⓐ動物の鳴き声・物売りの声や呼び声の模倣とふしづけ | ※ⓐリズムに注意した単なる模倣 | ○ | | | | | |
| | ⓑ表情的な模倣 | ○ | | | | | |
| | ⓒ音楽的なリズムのくふう | | ○ | | | | |
| | ※ⓓ単独のふしづけ | | ○ | (○) | | | |
| | ※（ⓔ短いことばの中でのふしづけ（4小節程度）） | | (○) | (○) | (○) | | |
| | ※（ⓕまとまったことばの中でのふしづけ（8小節程度）） | | | | | (○) | (○) |
| Ⓑ物音のリズムの模倣とその音楽的な表現 | ※ⓐリズムに注意した単なる模倣（即興唱） | ○ | | | | | |
| | ※ⓑリズムに注意した単なる模倣（リズム楽器） | ◍ | | | | | |
| | ※ⓒ表情的な模倣（即興唱） | ○ | | | | | |
| | ※ⓓ表情的な模倣（リズム楽器） | ◍ | | | | | |
| | ※ⓔ音楽的なリズムのくふう（即興唱） | | ○ | | | | |
| | ※ⓕ音楽的なリズムのくふう（リズム楽器） | | ◍ | | | | |
| | ※ⓖ単独のふしづけ（即興唱） | | ○ | | | | |
| | ※ⓗ単独のふし（旋律楽器）） | | ◍ | | | | |
| | ※（ⓘ物音のリズムを含んだ短い旋律の創作（4小節程度）） | | | (○)(◍) | (○)(◍) | | |
| | ※（ⓙ物音のリズムを含んだまとまった旋律の創作（8小節程度）） | | | | | (○)(◍) | (○)(◍) |

| 指導内容の類型 | 具体的な指導内容 | 1 | 2 | 3 | 4 | 5 | 6 |
|---|---|---|---|---|---|---|---|
| Ⓒ歌問答・リズム問答・しりとり遊び | ※ⓐ歌問答（一問一答） | ○ | | | | | |
| | ※ⓑ歌問答（続く問答） | ○ | | | | | |
| | ※ⓒ歌問答（続く問答，ことばのリズムや抑揚の音楽的な誇張） | | ○ | (○) | | | |
| | ※ⓓリズム問答（リズム唱） | | ○ | (○) | | | |
| | ※ⓔリズム問答（リズム楽器） | | ◍ | (○) | | | |
| | ⓕしりとり遊び（1音とり） | | | ○ | | | |
| | ⓖしりとり遊び（1～2音とり） | | | | ○ | | |
| | ⓗしりとり遊び（2音以上を含む自由なしりとり） | | | | | ○ | ○ |
| Ⓓことばのふしづけ | ※ⓐごく短いことばのふしづけ（2小節程度） | (○) | ○ | | | | |
| | ⓑ短いことばのふしづけ（4小節程度） | | | ○ | ○ | | |
| | ⓒまとまったことばの節づけ（8小節程度） | | | | | ○ | ○ |
| Ⓔ旋律の創作 | ※ⓐ短い旋律の創作（階名唱，4小節程度） | | | ○ | ○ | ○ | |
| | ※ⓑ短い旋律の創作（旋律楽器，4小節程度） | | | ◍ | ◍ | ◍ | |
| | ※ⓒまとまった旋律の創作（階名唱，8小節程度） | | | | | | ○ |
| | ⓓまとまった旋律の創作（旋律楽器，8小節程度） | | | | | | ◍ |

（注）　※印は，本年度改訂をみた部分を示す。

**（2） 指導内容に関するまとめ**

本校としては，指導内容に関して，基本的に次のような考え方を取ることにした。

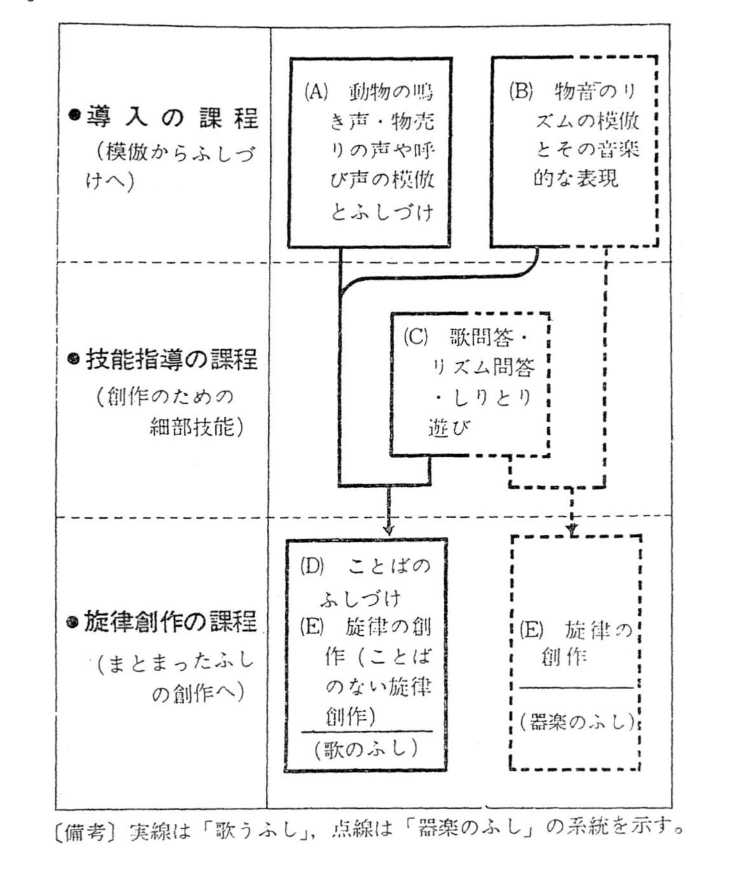


〔備考〕実線は「歌うふし」，点線は「器楽のふし」の系統を示す。

2 実験・調査を基礎とした「即興的表現の指導法」に関する研究

**（1） 「実験・調査を基礎とした学年別指導法」**

# 即興的表現の学年別指導

第１学年

| 内容の類型 | 具体内容 | 表現の手段 | 作例による指導計画 |
|---|---|---|---|
| Ⓐ　動物の鳴き声・物売りの声や呼び声の模倣とふしづけ | ⓐ　リズムに注意した模倣 | 擬声による即興唱 | ①　「和雄君のうちのポチはなんて鳴く？　さあ、げんきよくまねしてごらん。」<br>2/4　わん くん　わん くん　わん くん |
| | ⓑ　表情的な模倣 | 擬声による即興唱 | ②　「うれしいとき，かなしいとき，おこったとき，いたいとき，…ポチはなんて鳴く？」 |
| Ⓑ　物音のリズムの模倣とその音楽的な表現 | ⓐ　リズムに注意した模倣 | 擬音による即興唱・擬音による即興奏 | ①　「この音なあに？　そう，とけいだね。…さあ，なんてきこえる?」<br>2/4　カッチン　カッチン　カッチン　チン |
| | ⓑ　表情的な模倣 | 擬音による即興唱・擬音による即興奏 | ②　「さあ，柱どけいの音だよ。じょうずにまねしてごらん。」<br>ウッドブロック　シンバル（ふち打ち）<br>2/4　チク タク チク タク ピン ペン ポン |
| Ⓒ　歌問答・リズム問答・しりとり遊び | ⓐ　表情的な歌問答（一問い一答え） | ことばによる即興唱 | ①′「歌でお話ししましょうね。」<br>(問)　(答)<br>2/4　こんにち は　は ー い |
| | ⓑ　表情的な歌問答（続く問答） | ことばによる即興唱 | ②′「歌でお話しましょうね。」<br>(問)　(答)　(問)　(答)<br>2/4　みちこちゃん　はーい　あそびましょ　すぐいくわ |

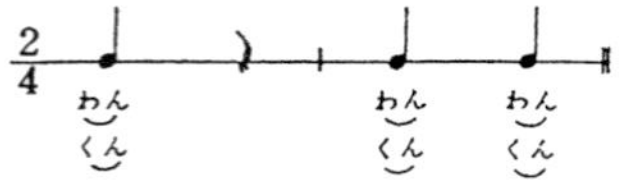

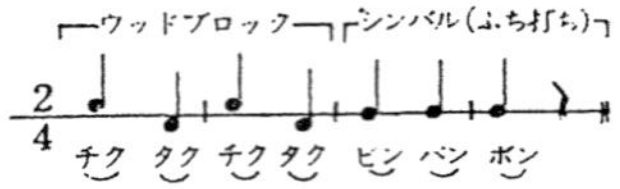

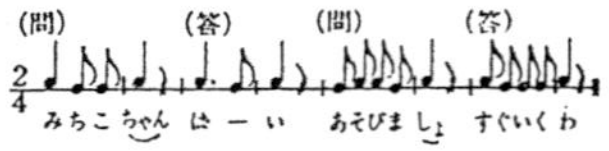

| 指導上の参考 |
|---|
| ○　ばく然とした犬ではなく，実在のポチになったつもりで発表させる。<br>○　擬声的な表現のしかたをいろいろにくふうさせる。<br>○　ある程度，連続した表現を求める。<br>○　拍子の波にのったリズム表現と豊かな感情表現とがねらい。<br>教師は，必要に応じてリズム楽器などの拍子打ちで誘導する。<br>○　児童の顔の表情に注意する。<br>○　身体反応やリズム唱に結ぶ。<br>○　題材の選択は，生活経験との関連やリズム・高低の変化の状態を観点として行なう。 |
| 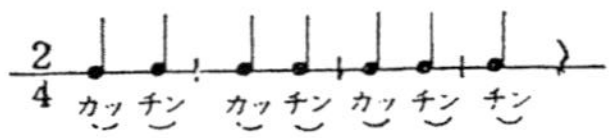 ○　自分をとけいにおき換えて，感情を移入した表現を求める。<br>○　即興唱の場合，ことばの表現をいろいろにくふうさせる。<br>○　ある程度，連続した表現（フレーズとしてまとまる４小節程度を期待）を求める。<br>○　拍子感豊かな表現，感情豊かな表現がねらいとなる。教師は，必要に応じて拍手などで助勢する。<br>○　身体的な反応を重視する。<br>○　リズム唱におき換えた指導に発展させる。<br>○　楽器による学習を重視する。<br>○　楽器による擬音的な表現を求める場合は，その音色と効果との関連を観点とした楽器を選ぶ。<br>○　題材と児童の生活経験との関連に留意する。 |
| 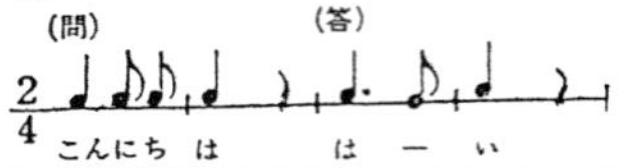 ○　遊びを中心とした生活の中の会話がおもな題材となる。<br>○　ことばのリズムや抑揚を誇張した日本音階的な即興唱に注目する。<br>○　問いの句に対して答えの句を即興的反射的につけることの意義（フレーズ感・形式感）を重視する。<br>○　日旋による歌問答における男女差（女子がすぐれていることに留意して指導する。） |

第２学年

# 即興的表現の学年別指導

| 内容の類型 | 具体内容 | 表現の手段 | 作例による指導計画 |
|---|---|---|---|
| Ⓐ 動物の鳴き声・物売りの声や呼び声の模倣とふしづけ | ⓒ 音楽的なリズムのくふう | 擬声による即興唱 | ① 「“わん わん”の鳴き方はいろいろあるでしょう。さあ自由に鳴いてごらん。」<br>わん わん　わん |
| | ⓓ 単独のふしづけ（２小節程度） | 擬声による即興唱 | ② 「さあ，おやつです。ポチになって鳴いてください。」<br>教師　児童<br>おやつが ほしい わんわんわんわん |
| Ⓑ 物音のリズムの模倣とその音楽的な表現 | ⓒ 音楽的なリズムのくふう | 擬音唱やリズム楽器による即興表現 | ①' 「とけいやさんのお店です。さあどんな音が聞こえる？」<br>カッチンカッチン チ チ チ チ　チ |
| | ⓓ 単独のふしづけ（２小節程度） | 擬音唱や旋律楽器による即興表現 | ②' 「さあ，小さいとけいになってください。」<br>教師　児童<br>カッチンカッチン チ チ チ チ　チ |
| Ⓒ 歌問答・リズム問答・しりとり遊び | ⓒ ことばのリズムや抑揚を音楽的に誇張した歌問答（続く問答） | ことばによる即興唱 | ①' 「歌でお話しましょうね。」<br>(問)　(答) |
| | ⓓ リズム問答 | リズム唱やリズム楽器による即興表現 | ①' 「リズム問答しましょうね。」<br>(問)　(答)<br>(問)　(答) |
| Ⓓ ことばのふしづけ | ⓐ ごく短いことばのふしづけ（２小節程度） | 歌詞による即興唱 | ③ 「さあ，先生に続いて歌いましょう。」<br>教師　児童<br>しろいくも　たかいな |

| 指導上の参考 | |
|---|---|
| ○ 題材には，うちのポチ，きのう来た花やさんのように具体性をもたせる。<br>○ 擬声的な表現のしかたをいろいろにくふうさせる。<br>○ 擬声的な模倣表現を音楽的に誇張させるのがねらい。<br>ⓒ……リズム的なおもしろさ | ⓓ……さらに，旋律線の面のおもしろさ<br>○ ⓓにおいては，課題の２小節だけの独立した扱いを避ける。（教材例参照）<br>○ 身体反応やリズム唱，または階名唱などに結ぶ。<br>◎ その他，第１学年に準ずる。 |
| ○ 自己の感情をそのものに移入した即興表現を期待する。<br>○ 即興唱の場合，擬音そのものをいろいろにくふうさせる。<br>また，フレーズとしてまとまる４小節程度の表現を期待する。<br>○ 擬音的な模倣表現を音楽的に誇張させるのがねらい。<br>ⓒ……リズム的なおもしろさ | ⓓ……さらに，旋律線の面のおもしろさ<br>○ ⓓにおいては，課題の２小節だけの独立した扱いを避ける。<br>○ 身体反応やリズム唱，また階名唱などに結ぶ。<br>○ 楽器による学習を重視する。<br>◎ その他，第１学年に準ずる。 |
| ○ 遊びを中心とした生活の会話がおもな題材となる。<br>○ 日旋による歌問答を重視する。<br>なお，この場合の男女差に注意する。 | ○ 必要に応じ，調性を保つためにピアノで音階を与える。<br>○ フレーズ感・形式感への意義を重視して，第３学年でも引き続いて扱われるのがよい。 |
| ○ 歌唱や器楽のリズム形の系統に合わせた指導をくふうする。<br>○ 楽器による場合は，細かいリズムの明確な表現に適した楽器（たとえばカスタネット）を選ぶようにする。 | ○ 楽器による場合，問いと答えは楽器を変えるとおもしろい。<br>○ リズムの種類を適切にして第３学年でも扱うことが望ましい。 |
| ○ 歌詞のリズム・アクセント・抑揚をふしづけの手がかりとする。<br>○ 与えられた動機のリズム・旋律線・ふんい気などとの関連において即興的に自由に作らせる。 | ○ 指導が各旋法にわたるよう配慮する。<br>○ 楽器によるふしづけにも発展させる。 |

# 第 3 学年　即興的表現の学年別指導

| 内容の類型 | 具体内容 | 表現の手段 | 作例による指導計画 | 指導上の参考 | |
|---|---|---|---|---|---|
| Ⓒ 歌問答・リズム問答・しりとり遊び | ⓒ ことばのリズムや抑揚を音楽的に誇張した歌問答（続く問答）） | ことばによる即興唱 | ① 「歌でお話しましょうね。」 <br>もしもし　はいはいはい<br>あしたのにちようあそばない<br>はいはいかならずまいります | ○ 第2学年に引き続き，旋律の構成力（旋律としてまとめる力）の啓培をねらいとして指導する。形式そのものをあらわに出さないようにする。<br>○ 遊びを中心とした生活の会話がおもな題材となる。 | ○ 日本のことばの抑揚を生かした日旋の歌問答を重視する。<br>○ 日旋・長調・短調の各旋法，および各拍子にわたった指導とする。必要に応じて，ふんい気の醸成のために，ピアノで音階を与える。 |
| | ⓓ リズム問答 | リズム唱やリズム楽器による即興表現 | ① 「リズム問答しましょうね。」 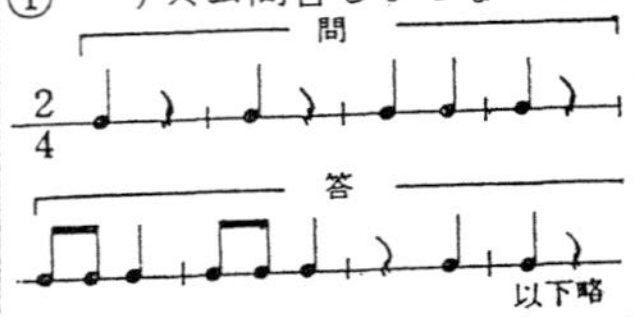<br>問<br>答<br>以下略 | ○ 第2学年に引き続いて，各拍子にわたって扱う。<br>○ 学年の段階と使用のリズム形との関連に注意する。<br>○ リズムフレーズとしての問答の | 学習を重視する。<br>○ 楽器による場合は，明確なリズム表現に適したものを選ぶ。<br>○ 楽器による場合，問いと答えは楽器の音色を対比させるとよい。 |
| | ⓔ しりとり遊び(1音とり) | 階名唱などによる即興唱 | ①′ 「しりとり遊びをしましょうね。」  | ○ いろいろな旋法で行なう。<br>○ 各拍子にわたって扱う。<br>○ ラララなどでも行なう。<br>○ 拍子感・リズム感・音程感など他領域での学習が強く作用する活動であるから注意する。 | ○ 単に機械的なしりとりに終わることなく，対応楽句との音楽的な対照を観点として評価する。<br>○ 適当な旋律楽器による学習にも発展させる。 |
| Ⓓ ことばのふしづけ | ⓑ 短いことばのふしづけ(4小節程度) | 歌詞による即興唱 | ② 「さあ，ことばにふしをつけましょうね。」 <br>あしたはにちようれしいな | ○ 表情的な詞の朗読を重視する。<br>○ 詞の気分を味わわせる。<br>○ 必ずしも充分完全終止をとらなくてよい。 | ○ 指導が各旋法，各拍子にわたるよう配慮する。<br>○ 児童によっては，楽器によるふしづけにも発展させる。 |
| Ⓔ 旋律の創作 | ⓐ 短い旋律（歌うふし）の創作（4小節程度） | 階名唱などによる即興唱 | ③ 「さあ，自由に歌い出しましょう。」 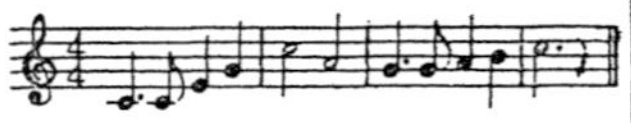 | ○ 表現しようとする気分を明確にして発唱する。<br>○ 詞からの条件がないわけであるからまったく自由な立場で表現させる。 | ○ ラララ，リズム唱でも扱う。<br>○ 慣れた旋律楽器によるふしづけにも発展させる。 |

# 第 4 学 年 即興的表現の学年別指導

| 内容の類型 | 具体内容 | 表現の手段 | 作例による指導計画 | 指導上の参考 |
|---|---|---|---|---|
| Ⓒ 歌問答・リズム問答・しりとり遊び | ⓕ しりとり遊び（1〜2音とり） | 階名などによる即興唱 | ① 「さあ，しりとり遊びをしましょう。きょうは一つの音また二つの音……どっちでもいいですよ。」 <br>(問) (答)<br>(問) (答) | ○ 各旋法，ならびに各拍子にわたって指導する。<br>○ ラララなどでも行なう。<br>○ 拍子感・リズム感・音程感，さらに形式感など他領域での学習の成果が現われてくることに注意する。<br>○ 単に機械的なしりとりに終わることなく，対応楽句との音楽的な対照からしりとりの音型がくふうされなければならない。特に，2音のしりとりは，この点に強く影響され，機を得て現われるものであることを頭におくことがたいせつである。<br>○ 旋律楽器にも発展させる。 |
| Ⓓ ことばのふしづけ | ⓑ 短いことばのふしづけ(4小節程度) | 歌詞による即興唱 | ① 「さあ，ことばにふしをつけましょうね。」 <br>わたしも なりたい シンデレラー | ○ 詞の気分を味わわせる。<br>○ 表情的な朗読をくふうさせる。<br>○ 朗読から旋律線を描かせる。<br>○ いろいろな終止の感じを理解させる。<br>○ 各旋法・各拍子で扱う。<br>○ 楽器によるふしづけへの発展を考慮する。 |
| Ⓔ 旋律の創作 | ⓐ 短い旋律（歌うふし）の創作（4小節程度） | 階名唱などによる即興唱 | ② 「さあ，自由に歌い出しましょうね。」  | ○ どんな気分の旋律を表現しようとするのか頭に描く。その動機づけを具体的にくふうさせる。<br>○ 自由にのびのびと歌わせる。<br>○ ラララやリズム唱でも扱う。<br>○ 終止のいろいろとその感じの違いを理解させる。<br>○ 楽器によるふしづけも扱う。 |
| | ⓑ 短い旋律（器楽の節）の創作（4小節程度） | 旋律楽器による即興奏 | ③ 「さあ，木琴で踊りの曲を作りましょう。続きのふしですよ。」 <br>教師<br>児童 | ○ 歌う節と器楽の節の感じの違いを話し合い，理解を深める。<br>○ 慣れた楽器，曲想に合う楽器の2点から適当なものを選ばせる。<br>○ 与えられた前楽節を演奏し，これから生まれる曲の気分を具体的に印象づける。そして，場面や情景をいろいろに想像させる。<br>○ 階名唱で扱う。<br>○ リズム唱でも扱う。<br>○ 前楽節に引き続いて，後楽節を即興奏させる。<br>○ 器楽のふし，ふしのまとめ方を観点として検討する。<br>○ 旋律の形式についても触れる。<br>○ ラララや階名唱によるふしづけにも発展させる。 |

# 第5学年 即興的表現の学年別指導

| 内容の類型 | 具体内容 | 表現の手段 | 作例による指導計画 | 指導上の考参 | |
|---|---|---|---|---|---|
| Ⓒ 歌問答・リズム問答・しりとり遊び | ⓖ しりとり遊び（2音以上のしりとりを含む自由なもの） | 階名などによる即興唱 | ① 「さあ，しりとり遊びをしましょう。きょうは，一つの音，また二つの音，あるいはそれ以上のもの……自分の自由ですよ。おもしろいのをくふうしましょうね。」<br>1音<br>2音　3音 | ○ 児童は，なんとかして2音をとろう，それ以上をとろうとする意識が先に立つ。そして，その結果，前との対照・統一を乱したり，または，問答に失敗する場合が多い。すなわち，あくまでも音楽的な活動であることを第一義と考えるよう指導が徹底されなければならない。<br>○ 各旋法，ならびに各拍子にわたって指導する。 | ○ ラララなどでも扱う。<br>○ 拍子感・リズム感・形式感，そしてさらにしりとりを取り入れて，旋律的にまとめあげる能力（構成力）などを観点とした指導と評価を重視する。<br>○ 手慣れた旋律楽器によるしりとり遊びにも発展させる。（この場合も楽器をいろいろ組み合わせたほうがよい。） |
| Ⓓ ことばのふしづけ | ⓒ まとまったことばのふしづけ（8小節程度） | 歌詞による即興唱 | ① 「さあ，ことばにふしをつけましょうね。」<br>♩=92<br>しろい こいぬは かわいい な<br>ミルク ほしいと わんわんわん | ○ 表情たっぷりな朗読をくふうさせ，歌詞の気分を味わわせる。<br>○ 旋法を決めさせる。<br>○ 歌詞と拍子・リズムの関係について考えさせる。<br>○ 「ふしのやま」の位置を予想させる。 | ○ a・a′，a・bの形の両方について扱う。<br>○ 手慣れた楽器の中から，予想される曲想に合わせて楽器を選び，ふしづけをさせる学習にも発展させる。 |
| Ⓔ 旋律の創作 | ⓑ 短い旋律（器楽のふし）の創作（4小節程度） | 旋律楽器による即興奏 | ③ 「さあ，木琴で踊りの曲を作りましょう。」 | ○ 器楽のふしの感じについて話し合い，理解を深める。<br>○ 曲の気分を表わすテーマを明確にして楽器を選ばせる。最初のうちは，木琴などが適当である。 | ○ 場面や情景を想像させる。<br>○ おもなリズム形を頭に描かせる。<br>○ はじめの音（主和音中の音。弱起の場合，属和音の根音のこともある。）を決める。<br>○ リズム唱や階名唱に結ぶ。 |
| | ⓒ まとまった旋律（歌うふし）の創作（8小節程度） | 階名唱などによる即興唱 | ② 「さあ，自由に歌い出しましょうね。」<br>♩=108 | ○ 具体的な動機づけから，作ろうとする旋律の気分をつかませる。<br>○ 長調・短調・日旋のいずれで歌い出すかを決める。<br>○ 気持ちに合ったはじめの動機（2小節）をくふうする。 | ○ 歌い出しのリズムにのって，8小節程度の即興唱をする。<br>○ 「旋律のやま」について検討する。<br>○ a・a′，a・bの両方を扱う。<br>○ 旋律楽器によるふしづけにも発展させる。 |

# 第6学年 即興的表現の学年別指導

| 内容の類型 | 具体内容 | 表現の手段 | 作例による指導計画 | 指導上の参考 | |
|---|---|---|---|---|---|
| Ⓒ 歌問答・リズム問答・しりとり遊び | ⓩ しりとり遊び（2音以上のしりとりを含む自由なもの） | 階名などによる即興唱 | ① 「さあ，1音とり，2音とり，またそれ以上のもの……自由な形でしりとり遊びをしましょう。」<br>3音　3音　1音 | ◎ 前学年(Ⓒのⓩ)に述べたところに準じて指導を深める。<br>○ 特に，注意しなければならない点は，評価の観点であって，およそ，次のようにまとめることができる。 | ・前の楽句との関連において，統一や変化の状態から，その対照の構成がどの程度音楽的であるか。<br>(旋律のまとめ方――構成力の面)<br>・その具体的な観点として，次のような基本的要素を頭に置く。拍子・リズム・フレーズ・形式など。 |
| Ⓓ ことばのふしづけ | ⓒ まとまったことばのふしづけ（8小節程度） | 歌詞による即興唱 | ① 「さあ，ことばにふしをつけましょうね。」<br>♩=120<br>かぜは のをこえやまをこえ<br>うみの むこうへ ふいていく | ◎ 前学年（Ⓓのⓒ）に述べたところに準じて指導を深める。<br>○ 「ことばのふしづけ」の模式的な手順としての次に留意する。<br>・歌詞の朗読を重視し，その中に | ことばの内容と形式を表現させる。<br>・朗読を通して，次のことがらを発見させる。旋法・拍子・リズム・強弱・ふしのやま，旋律線など。<br>・模倣と即興で発表させる。 |
| Ⓔ 旋律の創作 | ⓒ まとまった旋律（歌うふし）の創作(8小節程度) | 階名唱などによる即興唱 | ② 「さあ，自由に歌い出しましょう。」<br>♩=84 | ◎ 前学年（Ⓔのⓒ）に準ずる。<br>○ 「旋律（歌うふし）の創作」の模式的な手順として次のことに留意する。<br>・標題やテーマに対する豊かな想像から生まれ出る曲の内容や構成・形式を頭に描かせる。 | ・想像を通して，次のことがらを発見させ，くふうさせる。<br>旋法・拍子・リズム・強弱・ふしのやま，旋律線など。<br>・模倣と即興で発表させる。 |
| | ⓓ まとまった旋律（器楽のふし）の創作(8小節程度) | 旋律楽器による即興奏 | ③ 「さあ，自由に器楽のふしを作りましょう。」<br>♩=120 | ◎ 前学年Ⓔのⓑ，ならびにこの学年のⒺのⓒで述べたところに準じて指導を深める。<br>○ なお，器楽の旋律がもつ次のような特質を生かした指導であるよう配慮する。<br>「器楽のふしは，歌うふしに比べて，より合理的・知的に整った形 | において構成される。」<br>すなわち，この意味において関連する基本要素のひろがり，およびその統合的な指導法に注意が払われなければならない。<br>○ また，この楽器のふしの特質から，考えて作るという次の段階への発展は非常に容易である。 |

（2） **指導法に関するまとめ**

本校としては，指導法に関して，基本的に次のような考え方を取ることにした。

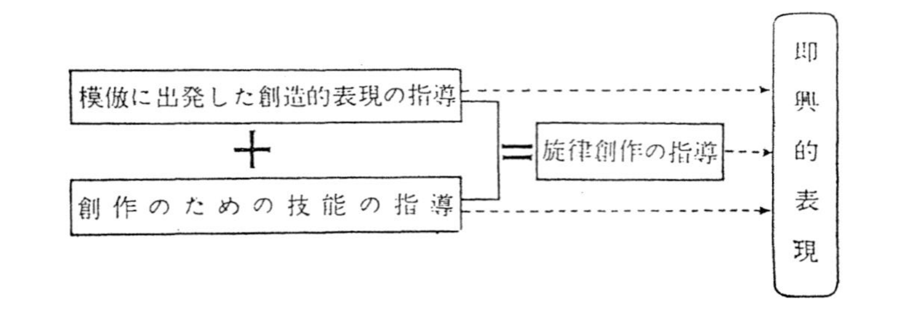


3　即興的表現の指導の内容と方法とに関する実験研究

ここにあげられた実験調査例は，次の四つのための実験なり調査なりをその内容としている。

○　具体的な指導内容のおさえ方
○　具体的な指導内容の系列の取り方
○　具体的な指導内容に合わせた教材系列の例
○　具体的な指導内容ごとの指導法の参考

すなわち，前二者は「実験・調査を基礎とした即興的表現の内容」の母体となったものであり，後者は「実験・調査を基礎とした学年別指導法」のための基礎資料ということになる。

<実験調査例１>

1　ねらい

動物の鳴き声に対する生活経験の実態

2　対象

○　第１学年……７月
○　男 22名，女 22名，計 44名





3　課題

自分で見たことのある動物，自分の耳でその鳴き声を聞いたことのある動物は？またその鳴き声は？

| 種 | 類 | 人数 | 百分率 | 鳴き方のいろいろ | 共通教材としての適否 |
|---|---|---|---|---|---|
| けもの | 犬 | 44 | 100 % | ワンワン，ウーワンワン，キャンキャン，クーンクーン，ウォー，クンクン | 適 |
| | ねこ | 44 | 100 % | ニャーオー，ニャーニャ，ギャア | 適 |
| | ライオン | 40 | 90.9% | ウォー，ワォー | 適 |
| | うま | 42 | 95.4% | ヒヒーン，ヒーンヒン，クンクン | 適 |
| | うし | 27 | 61.3% | モー，モオー，モォアー | 否 |
| | さる | 44 | 100 % | キキキ，キャッキャッ，キー | 適 |
| | やぎ | 31 | 70.4% | メェー，メェェェ | 否 |
| | ねずみ | 36 | 81.8% | チューチュー，キーキー | 適 |
| とり | からす | 42 | 95.4% | カーカー，カーア | 適 |
| | すずめ | 44 | 100 % | チュン，チュン，チッチッチッチッ | 適 |
| | にわとり | 44 | 100 % | ココココケッコッコ，コケコッコー コッコッコッ，コケコッコッコッ | 適 |
| | ひよこ | 44 | 100 % | ピヨピヨ，ピーピー | 適 |
| | はと | 44 | 100 % | クークークー，クックックッ，ポッポッポッ | 適 |
| | あひる | 44 | 100 % | ガーガー，グワー | 適 |
| | じゅうしまつ | 32 | 72.7% | ピーピピピ | 否 |
| | ふくろう | 27 | 61.3% | ホーホー | 否 |
| | 九官鳥 | 29 | 65.9% | パパパ，ピーピー，おたけさん…… | 否 |
| | ひばり | 29 | 65.9% | ピーピー，チチチチチ，ピーチク | 否 |
| むし | こおろぎ | 43 | 97.7% | コロコロ，コロロロ | 適 |
| | せみ | 44 | 100 % | ミーンミンミン，ジージー，ツクツクボーシ，オーシンツクツク，ニイニイニイ，カナカナ | 適 |
| | うまおい | 22 | 50.0% | チー | 否 |
| | すずむし | 21 | 47.7% | リンリン，リーンリーン，リー | 否 |
| | くつわむし | 9 | 20.4% | ガチャガチャ | 否 |
| | きりぎりす | 14 | 31.8% | ギーギー，ギッチョン | 否 |
| | きちきちばった | 14 | 31.8% | キチチキチキチキ | 否 |
| その他 | かえる | 10 | 22.7% | ケロケロ，ゲロゲロ，コロコロ | 否 |

4　方法

○　自由発表の形式

5　結果（23ページの表を参照）

〔備考〕「共通教材としての適否」では80%以上を一応「適」とした。

<実験調査例2>

1　ねらい

物売りの声に対する生活経験の実態

2　対象

○　第1学年……7月

○　男 22名，女 22名，計 44名

| 種　　類 | 人数 | 百万率 | 呼び声のいろいろ | 共通教材としての適否 |
|---|---|---|---|---|
| きんぎょや | 40 | 90.9% | きんぎょー　きんぎょ　きんぎょ | 適 |
| やきいもや | 44 | 100 % | やきいも　いしやきいも | 適 |
| おでんや | 34 | 77.2% | おでんー　おでんー | 否 |
| くずや | 44 | 100 % | くずいー　おはらい | 適 |
| たけや | 41 | 93.1% | たけやー　さおだけさおだけやー　さおだけやー | 適 |
| ざっかや | 31 | 70.4% | ざっかー　ざっかはいかが | 否 |
| ほうきや | 28 | 63.6% | ほうきー　たけぼうき | 否 |
| 花や | 27 | 61.3% | 花　花はいかがお花　花　きれいな花はいかが | 否 |
| あさりや | 34 | 77.2% | あさり　しじみ　しじみ しじみ あさり | 否 |
| なっとうや | 29 | 65.9% | なっと　なっと　なっとー | 否 |
| えきべん | 44 | 100 % | べんと　べんと　べんとうー | 適 |
| えいがかんの売り子① | 44 | 100 % | アイスクリー　アイスクリー | 適 |
| えいがかんの売り子② | 33 | 75.0% | えー　おせんに　キャラメル | 否 |
| いなかやさん | 10 | 22.7% | やさい　しんせんなやさいはいかが | 否 |
| シューマイ売り | 20 | 45.4% | シューマイ　シューマイ | 否 |
| キャンディーや | 29 | 65.9% | キャンデー　アイスキャンディー | 否 |





3　課題

自分で見たことのある物売り，自分の耳で聞いたことのあるその呼び声は？

4　方法

○　自由発表の形式

5　結果（24ページの表を参照）

〔備考〕「共通教材としての適否」では80%以上を一応「適」とした。

<実験調査例3>

1　ねらい

動物の鳴き声の模倣における具体的な指導内容のおさえ方

2　対象

○　第1学年……9月

○　男 40名，女 40名，計 80名

3　課題

犬の鳴き声の自由な模倣

うれしいときは？

かなしいときは？

おこったときは？

おや犬は？

小犬は？

：

：

（以上）自由選択

4　方法

○　何回かの連続した鳴き声であることが条件

○　3人の合議による評価

5　結果

| 具体的な指導内容 | 男 | 女 | 計 |
|---|---|---|---|
| 自然のリズム・表情に欠けるもの | 6名 | 4名 | 10名 |
| リズムに注意した単なる模倣 | 8名 | 9名 | 17名 |
| リズムに注意し，なんらかの感情表現をしていると思われるもの | 26名 | 27名 | 53名 |

<実験調査例4>

1　ねらい

動物の鳴き声の模倣におけるリズムの面の実態

2　対象

○　第1学年……2月

○　男 39名，女 39名，計 78名

3　課題

犬がおやつをほしがるときの鳴き声の模倣

4　方法

○　何回かの連続した鳴き声であることが条件

○　3人の合議による評価

・リズムに欠けるもの………………1

・リズムに難点のあるもの…………2

・拍子のリズムにのっているもの…3

・おもしろいリズムを含むもの……4，5

5　結果

| 評点 | 1 | 2 | 3 | 4 | 5 |
|---|---|---|---|---|---|
| 男 | 0名 | 4名 | 21名 | 9名 | 5名 |
| 女 | 0名 | 6名 | 21名 | 11名 | 1名 |
| 計 | 0名 | 10名 | 42名 | 20名 | 6名 |





<実験調査例5>

1　ねらい

動物の鳴き声の模倣における表情の面の実態

2　対象

○　第1学年……2月

○　男 39名，女 39名，計 78名

3　課題

犬がおやつをほしがるときの鳴き声の模倣

4　方法

○　何回かの連続した鳴き声であることが条件

○　3人の合議による評価

・表情に欠けるもの……………………1

・表情にふじゅうぶんなもの…………2

・一応表情的な表現をしているもの…3

・豊かな表現をしているもの…………4，5

5　結果

| 評点 | 1 | 2 | 3 | 4 | 5 |
|---|---|---|---|---|---|
| 男 | 2名 | 11名 | 18名 | 7名 | 1名 |
| 女 | 1名 | 14名 | 17名 | 7名 | 0名 |
| 計 | 3名 | 25名 | 35名 | 14名 | 1名 |

## ＜実験調査例６＞

1　ねらい

動物の鳴き声の模倣における音楽的なリズムのくふうの実態

2　対象

○　第２学年……12月

○　男 39名，女 39名，計 78名

3　課題

教師のタンブリンに合わせてする犬の鳴き声のいろいろなくふう

（例）

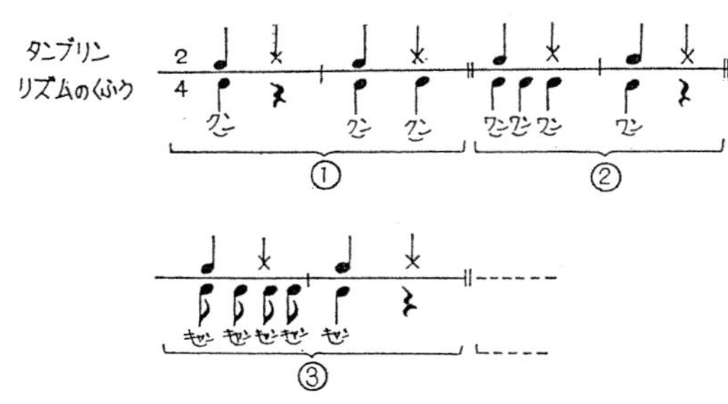


4　方法

○　だいたい２小節程度のリズムのくふう

○　約３秒ごとに次のくふうを発表

○　評価

- 全然くふうのできないもの…………1
- １題くふうできたもの………………2





- ２題くふうできたもの………………3
- ３題くふうできたもの………………4
- ４題くふうできたもの………………5
- ３題くふうできたうち，リズム的に特におもしろいものを含むもの…………5

5　結果

| 評　　点 | 1 | 2 | 3 | 4 | 5 |
|---|---|---|---|---|---|
| 男 | 1名 | 12名 | 8名 | 10名 | 8名 |
| 女 | 0名 | 5名 | 11名 | 11名 | 12名 |
| 計 | 1名 | 17名 | 19名 | 21名 | 20名 |

## ＜実験調査例７＞

1　ねらい

類型Ⓐの「鳴き声単独のふしづけ」における実態

2　対象

○　第２学年……９月

○　男 39名，女 39名，計 78名

3　課題

自分の好きな鳴き方でする犬の鳴き声のふしづけ

（例）

4　方法

○ 自由な即興唱

○ 教師と児童の1対1

5 結果

| 評点 | 階名に翻訳できないもの | | 階名に翻訳できるもので，しかも自然でまとまりのあるもの | | |
|---|---|---|---|---|---|
| | 1 | 2 | 3 | 4 | 5 |
| 男 | 6名 | 13名 | 7名 | 12名 | 1名 |
| 女 | 0名 | 7名 | 15名 | 9名 | 8名 |
| 計 | 6名 | 20名 | 22名 | 21名 | 9名 |

<実験調査例8>

1 ねらい

試案の類型Ⓐの「短いことばの中でのふしづけ」における実態

2 対象

○ 第2学年……9月

○ 男 39名，女 39名，計 78名

3 課題

歌詞「ぼっちゃんおかえり　ワンワンワン」のふしづけ

4 方法

○ 自由な即興唱

○ 個室におけるテープ録音

5 結果

| 評点 | 階名に翻訳できないもの | | 階名に翻訳できるもので，しかも自然でまとまりのあるもの | | |
|---|---|---|---|---|---|
| | 1 | 2 | 3 | 4 | 5 |
| 男 | 2名 | 8名 | 12名 | 14名 | 3名 |
| 女 | 0名 | 2名 | 18名 | 12名 | 7名 |
| 計 | 2名 | 10名 | 30名 | 26名 | 10名 |

<実験調査例9>





1 ねらい

物音に対する生活経験の実態

2 対象

| 種類 | | 人数 | 百分率 | 擬声的表現のいろいろ | 共通教材としての適否 |
|---|---|---|---|---|---|
| 乗り物 | 自動車 | 40 | 100% | ブー，ブルルン，プー，プップー，キー，ヒュー | 適 |
| | 電車 | 40 | 100% | ガタンガタン，ガタンゴトン，チンチン，ピー，ダンダン，ゴーゴットン | 適 |
| | 汽車 | 40 | 100% | シュッシュッ，ポー，シュッポッポ，ガッタンゴットン，ゴトゴトゴトゴトゴットンゴットン | 適 |
| | 自転車 | 40 | 100% | チリリン，チンチン，チリンチリン | 適 |
| | 飛行機 | 40 | 100% | ゴーン，キーン，ブーン，ブルンブルン | 適 |
| 自然 | 風 | 40 | 100% | ヒュー，ゴー，ピュー，ガサガサ，ザー | 適 |
| | 雨 | 40 | 100% | ザー，ポツポツ，ザザザザ，ピチャピチャ，ピチピチ | 適 |
| | 雨だれ | 40 | 100% | ポットン，ポッタン，ピチッ，ポチャン，ポトポト | 適 |
| | 波 | 40 | 100% | ピチャピチャ，チャプチャプ，ザブザブ，ザー，ザザザザ，バッチャン，ドブーン，ザブーン，ザンブリ，ザンブリコ，ドンブリコ，ドンブリ | 適 |
| 生活 | 水車 | 4 | 10% | ガッタンコットン，ギーゴットン | 否 |
| | 風車 | 12 | 30% | カラカラカラカラ | 否 |
| | のこぎり | 40 | 100% | ギーギー，ギシギシ，ゴリゴリ，ギーコギーコ，ジー，ガリガリ，ゴシゴシ | 適 |
| | とけい | 40 | 100% | カッチンカッチン，チクタクチクタク，カチカチ，コチコチボーンボン，ポッポー | 適 |
| | かなづち | 40 | 100% | トントン，キンキン，カンカン，ドンドンカチンカチン | 適 |
| | かんな | 40 | 100% | シュッシュッ，ピー，ブーン | 適 |
| | シーソー | 40 | 100% | ギッタンバッタン，ギッコンギッコン，ガッタンガッタン | 適 |
| | たき火 | 40 | 100% | パチパチ，ボー，ゴー，バリバリ | 適 |

○　第４学年……７月

○　男 20名，女 20名，計 40名

3　課題

実際に自分の耳で聞いたことのある物音は？

4　方法

○　自由発表の形式

5　結果（31ページの表を参照）

〔備考〕「共通教材としての適否」では，80%以上を一応「適」とした。

<実験調査例10>

1　ねらい

物音のリズムの模倣における具体的な指導内容のおさえ方……実験その１（即興唱による擬声的な表現）

2　対象

○　第１学年……７月

○　男 20名，女 22名，計 42名

3　課題

とけいの音の自由な模倣

4　方法

○　何回か連続した物音の模倣であることが条件

○　擬声的表現のくふうは自由

○　ふたりの合議による評価

5　結果（33ページの表を参照）

<実験調査例11>

1　ねらい

物音のリズムの模倣における具体的な指導内容のおさえ方……実験そ





| 具体的な指導内容 | 男 | 女 | 計 |
|---|---|---|---|
| 自然のリズムに欠けるもの | 0名 | 0名 | 0名 |
| リズムに注意した単なる模倣 | 11名 | 17名 | 28名 |
| 表情的な模倣 | 9名 | 5名 | 14名 |

の２（リズム楽器による擬音的な表現）

2　対象

○　第１学年……７月

○　男 20名，女 22名，計 42名

3　課題

とけいの音の自由な模倣

4　方法

○　何回か連続した物音の模倣であることが条件

○　擬音的表現のくふう楽器の選択は自由

○　ふたりの合議による評価

5　結果

| 具体的な指導内容 | 男 | 女 | 計 |
|---|---|---|---|
| 自然のリズムに欠けるもの | 0名 | 0名 | 0名 |
| リズムに注意した単なる模倣 | 16名 | 19名 | 35名 |
| 表情的な模倣 | 4名 | 3名 | 7名 |

<実験調査例12>

1　ねらい

物音の模倣における音楽的なリズムのくふうの実態……実験その１（即興唱による擬声的な表現）

2　対象

○　第２学年……10月

○　男 20名，女 17名，計 37名

3　課題

教師のタンブリンに合わせてする汽車の汽笛のいろいろなくふう

（例）

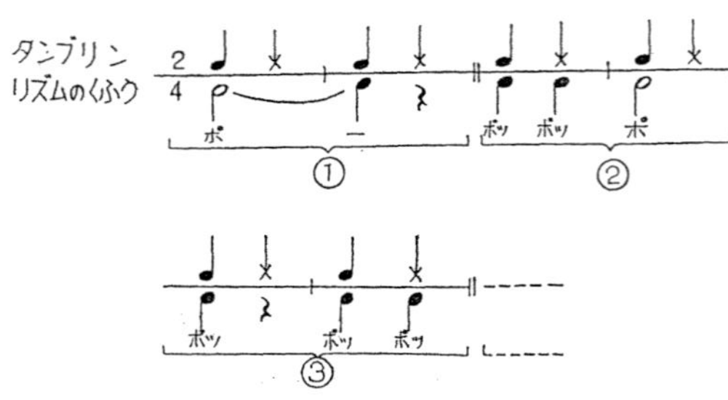


4　方法

○　だいたい２小節程度のリズムのくふう

○　約３秒ごとに次のくふうを発表

○　評価

- ぜんぜんくふうのできないもの……1
- １題くふうできたもの………………2
- ２題くふうできたもの………………3
- ３題くふうできたもの………………4
- ４題くふうできたもの………………5
- ３題くふうできたうち，リズム的に特におもしろいものを含むもの…………5

5　結果





| 評　点 | 1 | 2 | 3 | 4 | 5 |
|---|---|---|---|---|---|
| 男 | 0名 | 6名 | 7名 | 6名 | 1名 |
| 女 | 0名 | 2名 | 6名 | 5名 | 4名 |
| 計 | 0名 | 8名 | 13名 | 11名 | 5名 |

<実験調査例13>

1　ねらい

物音の模倣になおける音楽的なリズムのくふうの実態……実験その２

（擬音楽器による表現）

2　対象

○　第２学年……10月

○　男 20名，女 17名，計 37名

3　課題

教師のタンブリンに合わせてする汽車の汽笛のいろいろなくふう

（例）

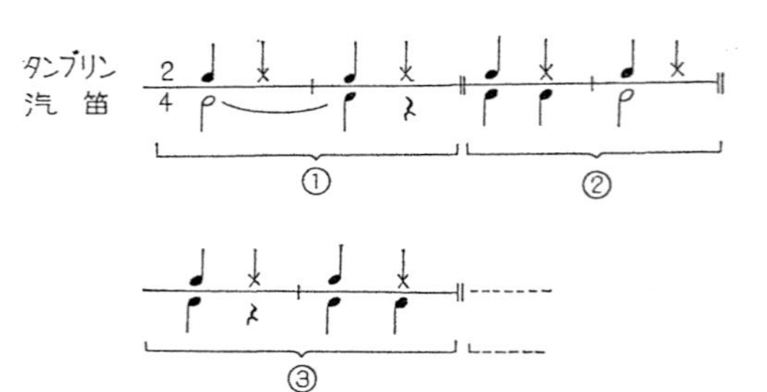


4　方法

○　だいたい２小節程度のリズムのくふう

○　約３秒ごとに次のくふうを発表

○　評価

- ぜんぜんくふうのできないもの……1
- 1題くふうできたもの………………2
- 2題くふうできたもの………………3
- 3題くふうできたもの………………4
- 4題くふうできたもの………………5
- 3題くふうできたうち，リズム的に特に
  おもしろいものを含むもの…………5

5　結果

| 評　点 | 1 | 2 | 3 | 4 | 5 |
|---|---|---|---|---|---|
| 男 | 0名 | 0名 | 1名 | 11名 | 8名 |
| 女 | 0名 | 0名 | 3名 | 5名 | 9名 |
| 計 | 0名 | 0名 | 4名 | 16名 | 17名 |

<実験調査例14>

1　ねらい

類型Ⓑの「物音単独のふしづけ」における実態……実験その1（即興唱によるふしづけ）

2　対象

第2学年……9月

男 21名，女 21名，計 42名

3　課題

自分の好きな擬声的表現でする飛行機のふしづけ

（例）

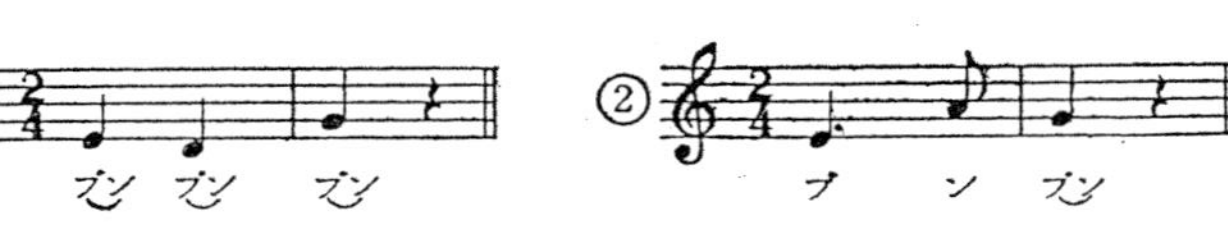

4　方法

○　自由な即興唱

○　教師と児童の1対1

5　結果

| 評　点 | 階名に翻訳できないもの | | 階名に翻訳できるもので，しかも自然でまとまりのあるもの | | |
|---|---|---|---|---|---|
| | 1 | 2 | 3 | 4 | 5 |
| 男 | 1名 | 3名 | 7名 | 6名 | 4名 |
| 女 | 0名 | 3名 | 9名 | 6名 | 3名 |
| 計 | 1名 | 6名 | 16名 | 12名 | 7名 |

<実験調査例15>

1　ねらい

類型Ⓑの「物音単独のふしづけ」における実態……実験その2（旋律楽器によるふしづけ）

2　対象

○　第2学年……9月

○　男 21名，女 21名，計 42名

3　課題

自分の好きな旋律楽器でする飛行機のふしづけ

（例）

4　方法

○　自由な即興奏

○　教師と児童の1対1

5　結果

| 評点 | 不自然でまとまりのないもの | | 自然でまとまりのあるもの | | |
|---|---|---|---|---|---|
| | 1 | 2 | 3 | 4 | 5 |
| 男 | 1名 | 6名 | 4名 | 5名 | 5名 |
| 女 | 0名 | 4名 | 8名 | 6名 | 3名 |
| 計 | 1名 | 10名 | 12名 | 11名 | 8名 |

<実験調査例16>

1　ねらい

試案の類型Ⓑの「短い旋律の創作」における実態……実験その1（短いことばの中でのふしづけ――即興唱）

2　対象

○　第3学年……9月

○　男 22名，女 20名，計 42名

3　課題

歌詞「ゆかいだ　ゆかいだ　チリリリンリン」のふしづけ

4　方法

○　自由な即興唱

○　個室におけるテープ録音

5　結果（39ページの表を参照）

<実験調査例17>

1　ねらい

試案の類型Ⓑの「短い旋律の創作」における実態……実験その2（短





| 評点 | 階名に翻訳できないもの | | 階名に翻訳できるもので，しかも自然でまとまりのあるもの | | |
|---|---|---|---|---|---|
| | 1 | 2 | 3 | 4 | 5 |
| 男 | 1名 | 2名 | 8名 | 7名 | 4名 |
| 女 | 1名 | 3名 | 6名 | 6名 | 4名 |
| 計 | 2名 | 5名 | 14名 | 13名 | 8名 |

い旋律の中でのふしづけ――旋律楽器）

2　対象

○　第3学年……9月

○　男 22名，女 20名，計 42名

3　課題

「チリリンリン」のふしづけを含んだ短い旋律の創作

4　方法

○　自由な即興奏

○　個室におけるテープ録音

5　結果

| 評点 | 不自然でまとまりのないもの | | 自然でまとまりのあるもの | | |
|---|---|---|---|---|---|
| | 1 | 2 | 3 | 4 | 5 |
| 男 | 2名 | 4名 | 8名 | 7名 | 1名 |
| 女 | 0名 | 2名 | 6名 | 6名 | 6名 |
| 計 | 2名 | 6名 | 14名 | 13名 | 7名 |

<実験調査例18>

1　ねらい

物音のリズムの組み合わせをくふうしてする旋律創作の実態……実験その1（擬声的な即興唱）

2　対象

○　第4学年……4月

○　男 22名，女 22名，計 44名

3　課題

飛行機の音をいろいろに組み合わせてする旋律創作

(例)

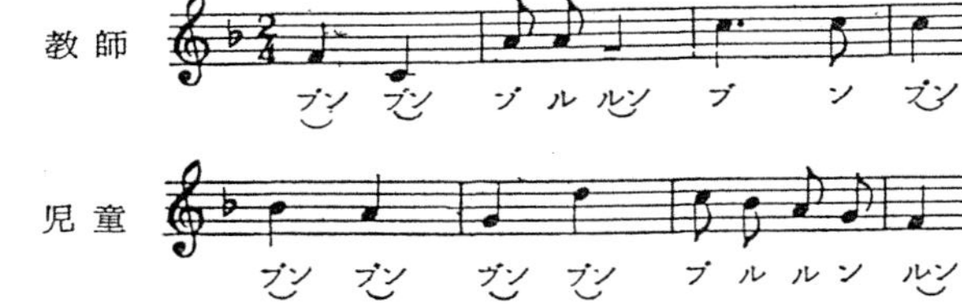


4　方法

○　まず，擬声のくふう

○　次に即興唱によるふしづけのくふう

○　個室におけるテープの録音

5　結果

| 評点 | 階名に翻訳できないもの | | 階名に翻訳できるもので，しかも自然でまとまりのあるもの | | |
|---|---|---|---|---|---|
| | 1 | 2 | 3 | 4 | 5 |
| 男 | 3名 | 2名 | 9名 | 5名 | 3名 |
| 女 | 2名 | 3名 | 9名 | 7名 | 1名 |
| 計 | 5名 | 5名 | 18名 | 12名 | 4名 |

<実験調査例19>

1　ねらい

物音のリズムの組み合わせをくふうしてする旋律創作の実態……実験その2（擬音的な即興奏）

2　対象





○　第4学年……4月

○　男 22名，女 22名，計 44名

3　課題

飛行機の音をいろいろに組み合わせてする旋律創作

(例)

4　方法

○　まず，擬声のくふう

○　次に自由な楽器によるふしづけのくふう

○　個室におけるテープ録音

5　結果

| 評点 | 不自然でまとまりのないもの | | 自然でまとまりのあるもの | | |
|---|---|---|---|---|---|
| | 1 | 2 | 3 | 4 | 5 |
| 男 | 3名 | 4名 | 7名 | 5名 | 3名 |
| 女 | 1名 | 4名 | 7名 | 8名 | 2名 |
| 計 | 4名 | 8名 | 14名 | 13名 | 5名 |

<実験調査例20>

1　ねらい

歌問答における具体的な指導内容のおさえ方

2　対象

○　第1学年……9月

○ 男 21名，女 19名，計 40名

3 課題

（問い）みちこちんゃ（よしあきくん）（答え）はーい（問い）あそびましょう。（答え）すぐいくわ（すぐいくよ）

4 方法

○ 問いは教師

・初めの問い

（例）

・２回目の問い……初めの答えに応じて

○実験児童の名まえで出題

5 結果

| 分類 | 男 | 女 | 計 | |
|---|---|---|---|---|
| ○ことばのリズムや抑揚，および表情などを観点としたとき，問いまたは答えとして体をなさないもの | 5 | 3 | 8 | 26 |
| ○一問い一答えの程度において可能なもの | 10 | 8 | 18 | |
| ○続く問答において可能なもの | 6 | 6 | 12 | |
| ○続く問答で，ことばのリズムや抑揚の音楽的な誇張が可能なもの（階名に翻訳できるもの） | 0 | 2 | 2 | |

<実験調査例21>

1 ねらい

歌問答におけるいろいろな作法（日本旋法（陽）・長旋法・短旋法）による結果の比較





2 対象

○ 第２学年……３月

○ 男 22名，女 22名，計 44名

3 課題

実験調査例20に同じ

4 方法

○ 問いは教師

・初めの問い

（例）日本旋法……実験調査例20に同じ

・２回目の問い……初めの答えに応じて

○ 実験児童の名まえで出題

○ 旋法ごとの実験の３種は時間を違えて（機会を改めて）実施

5 結果

| | 日旋 | 短旋 | 長旋 |
|---|---|---|---|
| 男 | 17 | 12 | 6 |
| 女 | 21 | 14 | 9 |
| 計 | 38 | 26 | 15 |

（注） 数字は，その旋法において一応のまとまりをみせたと判断されるものの数

＜実験調査例22＞

1　ねらい

日本旋法による旋律創作における男女差

2　対象

○　第３学年……４月

○　男 22名，女 20名，計 42名

3　課題

実験調査例20に同じ

4　方法

実験調査例20に同じ

5　結果

| 男 | 13名 | 女 | 19名 |
|---|---|---|---|

（注）　数字は，作例に一応のまとまりをみせたと判断されるものの数

＜実験調査例23＞

1　ねらい

リズム問答における手段（リズム唱・リズム楽器）の比較

2　対象

○　第２学年……10月

○　男 21名，女 21名，計 42名

3　課題

次のリズム唱ならびにリズム打ち（カスタネット）（45ページのリズム譜参照）

4　方法

○　リズム譜を見てするリズム唱およびリズム打ち

○　１題１点（８点満点）で採点





①$\frac{2}{4}$ ♩ ♩ | ♩ 𝄽 ‖　②$\frac{2}{4}$ 𝄽 ♫ | ♩ 𝄽 ‖　③$\frac{2}{4}$ ♫ ♩ | ♩ 𝄽 ‖

④$\frac{2}{4}$ 𝄽 ♩ | ♩ 𝄽 ‖　⑤$\frac{2}{4}$ ♩ ♫ | ♩ 𝄽 ‖　⑥$\frac{2}{4}$ ♩. ♪ | ♩ 𝄽 ‖

⑦$\frac{2}{4}$ ♩ 𝄽 | ♩ 𝄽 ‖　⑧$\frac{2}{4}$ ♫ ♫ | ♩ 𝄽 ‖

○　実験の２種は時間を違えて実施

5　結果

| 得点 | リズム唱 | | | リズム打ち | | |
|---|---|---|---|---|---|---|
| | 男 | 女 | 計 | 男 | 女 | 計 |
| 8 点 | 9人 | 9人 | 18人 | 7人 | 14人 | 21人 |
| 7 点 | 7 | 7 | 14 | 4 | 6 | 10 |
| 6 点 | 2 | 3 | 5 | 6 | 0 | 6 |
| 5 点 | 0 | 1 | 1 | 1 | 1 | 2 |
| 4 点 | 1 | 0 | 1 | 2 | 0 | 2 |
| 3 点 | 1 | 0 | 1 | 0 | 0 | 0 |
| 2 点 | 0 | 0 | 0 | 0 | 0 | 0 |
| 1 点 | 1 | 1 | 2 | 1 | 0 | 1 |
| 0 点 | 0 | 0 | 0 | 0 | 0 | 0 |
| 得点合計 | 141点 | 145点 | 286点 | 134点 | 159点 | 293点 |

＜実験調査例24＞

1　ねらい

リズム問答によく使われるリズム形の難易の問題……実験その１（二拍子の場合，表現の技能面から）

2　対象

○　第３学年……２月

○　男 22名，女 20名，計 42名

3　課題

カスタネットによる次のリズム打ち

①2/4 ♩ ♩ | ♩ 𝄽 ‖　②2/4 𝄽 ♫ | ♩ 𝄽 ‖　③2/4 ♪♩ ♪ | ♩ 𝄽 ‖

④2/4 ♫ ♩ | ♩ 𝄽 ‖　⑤2/4 𝄽 ♩ | ♩ 𝄽 ‖　⑥2/4 𝄾 ♪♪♪ | ♩ 𝄽 ‖

⑦2/4 ♩ ♫ | ♩ 𝄽 ‖　⑧2/4 ♩. ♪ | ♩ 𝄽 ‖　⑨2/4 ♩ 𝄽 | ♩ 𝄽 ‖

⑩2/4 ♫ ♫ | ♩ 𝄽 ‖　⑪2/4 𝄾 ♩ ♪ | ♩ 𝄽 ‖　⑫2/4 ♫ 𝄽 | ♩ 𝄽 ‖

4　方法

○　リズム譜を見てするリズム打ち

5　結果

| 易から難への順序 | リズム打ちができた人数 | 易から難への順序 | リズム打ちができた人数 |
|---|---|---|---|
| 1 2/4 ♩ 𝄽 \| ♩ 𝄽 ‖ | 42 | 7 2/4 ♫ 𝄽 \| ♩ 𝄽 ‖ | 36 |
| 2 2/4 ♩ ♩ \| ♩ 𝄽 ‖ | 42 | 8 2/4 𝄽 ♫ \| ♩ 𝄽 ‖ | 35 |
| 3 2/4 ♫ ♩ \| ♩ 𝄽 ‖ | 42 | 9 2/4 ♪♩ ♪ \| ♩ 𝄽 ‖ | 32 |
| 4 2/4 ♫ ♫ \| ♩ 𝄽 ‖ | 41 | 10 2/4 ♩. ♪ \| ♩ 𝄽 ‖ | 28 |
| 5 2/4 𝄽 ♩ \| ♩ 𝄽 ‖ | 41 | 11 2/4 𝄾 ♪♪♪ \| ♩ 𝄽 ‖ | 27 |
| 6 2/4 ♩ ♫ \| ♩ 𝄽 ‖ | 40 | 12 2/4 𝄾 ♩ ♪ \| ♩ 𝄽 ‖ | 12 |

○　第3位のリズムに対する第6位のリズムの位置に注意

○　第9位のリズムと第10位のリズムの位置関係に注意

<実験調査例25>

1　ねらい

リズム問答によく使われるリズム形の難易の問題……実験その2（二





拍子の場合，実際に使用される頻度の面から）

2　対象

○　第3学年……2月

○　男 22名，女 20名，計 42名

3　課題

いろいろなリズムを使ったリズム問答

4　方法

○　ひとりが1問あるいは1答で次々に交替

○　問いあるいは答えを600例で打ち切り

5　結果

| リズム形 | 使用の頻度 | リズム形 | 使用の頻度 |
|---|---|---|---|
| 2/4 ♩ ♩ \| ♩ 𝄽 ‖ | 180 | 2/4 ♫ 𝄽 \| ♩ 𝄽 ‖ | 19 |
| 2/4 ♩ 𝄽 \| ♩ 𝄽 ‖ | 53 | 2/4 ♩ ♫ \| ♩ 𝄽 ‖ | 131 |
| 2/4 ♫ ♩ \| ♩ 𝄽 ‖ | 60 | 2/4 ♩. ♪ \| ♩ 𝄽 ‖ | 35 |
| 2/4 ♫ ♫ \| ♩ 𝄽 ‖ | 51 | 2/4 𝄽 ♫ \| ♩ 𝄽 ‖ | 19 |
| 2/4 𝄽 ♩ \| ♩ 𝄽 ‖ | 31 | 2/4 ♪♩ ♪ \| ♩ 𝄽 ‖ | 21 |

<実験調査例26>

1　ねらい

しりとり遊びにおける具体的な指導内容のおさえ方……実験その1

（2音以上を含む自由なしりとり遊びの実態）

2　対象

○　第4学年……4月

○　男 20名，女 20名，計 40名

3　課題

次の問いに続いてする自由なしりとり（8回の答えの中に2音および それ以上のしりとりを含ませることを条件とする。）

4　方法

○　問いは教師

○　教師対実験児童の1対1

5　結果

| | 男 | 女 | 計 | |
|---|---|---|---|---|
| 1音とりに不徹底 | 2名 | 0名 | 2名 | 48名 |
| 1音とりが可能 | 18名 | 20名 | 38名 | |
| 2音とりが可能 | 18名 | 19名 | 37名 | |
| 2音以上を含む自由なしりとりが可能 | 6名 | 6名 | 12名 | |

（注）数字は，その課題が一応できたと判断されるものの数

<実験調査例27>

1　ねらい

しりとり遊びにおける具体的な指導内容のおさえ方……実験その2（しりとり遊びにおける抵抗に関する実態）

2　対象

○　第3学年……2月～3月

○　男 20名，女 20名，計 40名

3　課題

○　1音とり

・主和音または属和音内の音（※）をしりとりする場合





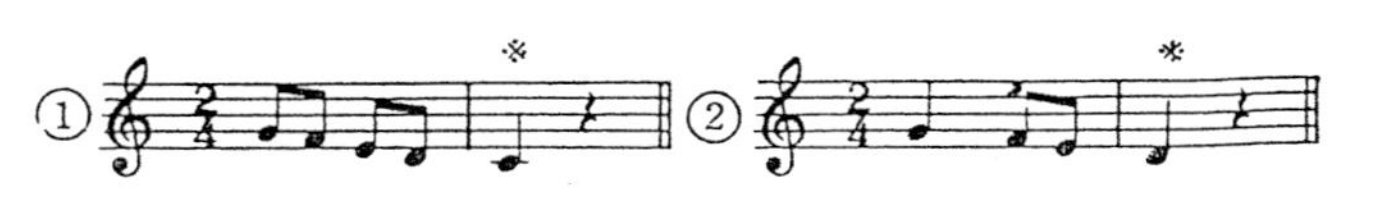


・主和音または属和音以外の音（※）をしりとりする場合

○2　音とり

・リズムに着目した場合

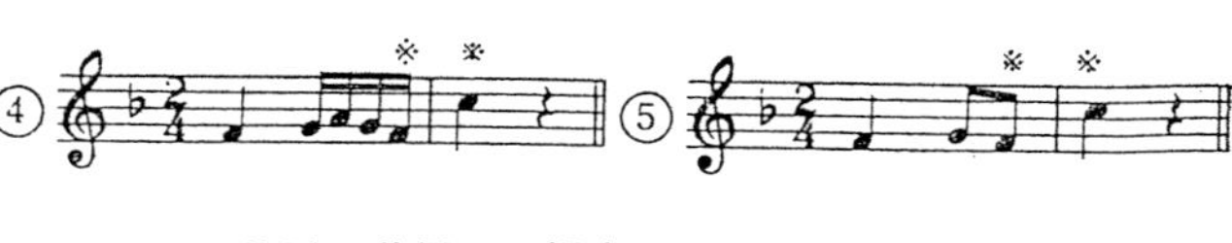


・拍子における位置に着目した場合

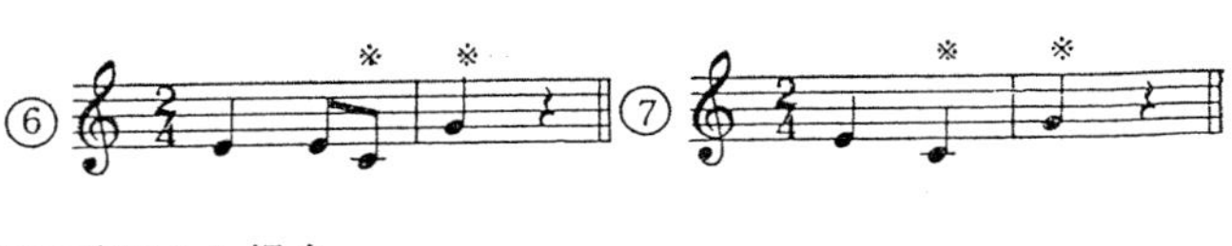


○音程に着目した場合

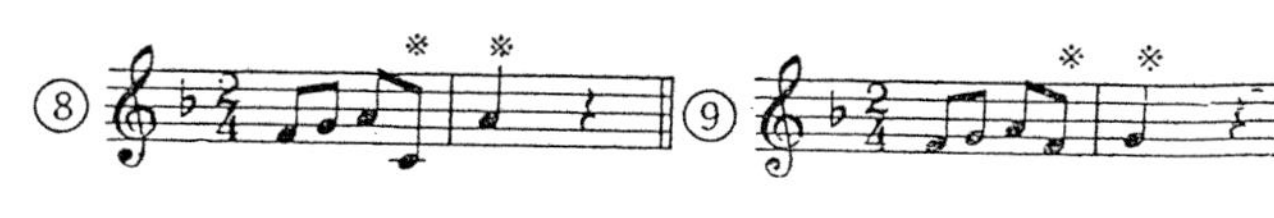


○　2音以上の自由なしりとり

（注）※はしりとりする音の表示

**4**　方法

○　問いは教師

○　「1音とり」・「2音とり」・「2音以上の自由なしりとり」の別に集計

5　結果

○　1音とり

| | 男 | 女 | 計 |
|---|---|---|---|
| 課　　題　① | 15 | 20 | 35 |
| 課　　題　② | 16 | 18 | 34 |
| 課　　題　③ | 12 | 15 | 27 |

○　2音とり

| | 男 | 女 | 計 |
|---|---|---|---|
| 課題④（複雑なリズムの場合） | 7 | 14 | 21 |
| 課題⑤（簡易なリズムの場合） | 15 | 16 | 31 |

| | 男 | 女 | 計 |
|---|---|---|---|
| 課題⑥ 2/4 ♪ \| ♩ をしりとりする場合 | 12 | 18 | 30 |
| 課題⑦ 2/4 ♩ \| ♩ をしりとりする場合 | 17 | 20 | 37 |

| | 男 | 女 | 計 |
|---|---|---|---|
| 課課⑧（大きな跳躍進行） | 11 | 12 | 23 |
| 課題⑨（順次進行） | 16 | 18 | 34 |

○　2音以上の自由なしとり

| | 男 | 女 | 計 |
|---|---|---|---|
| 2音とりをした児童 | 13 | 9 | 22 |
| 3音とりをした児童 | 0 | 9 | 1 |
| 5音とりをした児童 | 6 | 7 | 13 |

（注）　数字は，その課題が一応できたと判断されたものの数





<実験調査例28>

1　ねらい

しりとり遊びにおける音楽的なくふうの実態

2　対象

○　第4学年……4月

○　男 21名，女 21名，計 42名

3　課題

次の問いに続いてする自由なしりとり（連続した4回のしりとり）

4　方法

○　問いは教師

○　教師対実験児童の1対1

○　対応楽句との関連におけるリズム・旋律線のくふうを観点として評価

5　結果

| | 男 | 女 | 計 | |
|---|---|---|---|---|
| くふうのあとが見られないもの | 7 | 7 | 14 | |
| くふうのあとを認めることができるもの | 11 | 9 | 20 | 28 |
| くふうにすぐれたもの | 3 | 5 | 8 | |

<実験調査例29>

1　ねらい

試案の類型Ⓐのⓓ「単独のふしづけ」に対して次の点を観点とした調査

○　児童の発達段階に適合しているか。

○　段階的な系列におけるひとつの活動として位置づけられているか。

○　他の類型の関連項目との調整はどうか。

| 指導内容の類型 | 具体的な指導内容 | 学年配当 | | | | | |
|---|---|---|---|---|---|---|---|
| | | 1 | 2 | 3 | 4 | 5 | 6 |
| Ⓐ動物の鳴き声・物売りの声や呼び声の模倣とふしづけ | ⓒ音楽的なリズムのくふう | | | | | | |
| | ⓓ単独のふしづけ | | | | | | |
| | （ⓔ 短いことばの中でのふしづけ（4小節程度）） | | | | | | |

2　対象

○　第2学年（84名）……7月

○　第3学年（86名）……7月

3　課題

教師に続く犬の鳴き声単独のふしづけ

4　方法

○　「さあ，おやつです。ポチになって鳴いてください。先生に続いて歌い出しますよ。」｝録音テープ使用

○　教師――発唱（最初の2小節）

○　児童――即興的に鳴き声でふしづけ……テープに録音

〔備考〕　試案作成の際は，「自分の好きな鳴き方で犬の鳴き声をふしづけする」ということで，今回のように教師による最初の2小節の動機を伴わない方法を取って実験した。

5　結果

| 評点／学年 | 階名に翻訳できないもの | | 階名に翻訳できるもので，しかも自然でまとまりのあるもの | | |
|---|---|---|---|---|---|
| | 1 | 2 | 3 | 4 | 5 |
| 2 | 5名＋2※名 | 18名 | 26名 | 22名 | 11名 |
| 3 | 2名＋1※名 | 3名 | 24名 | 22名 | 34名 |

※……フレーズとしてまとまらぬもの

6　考察

○　4の方法およびその備考に現われた教材化の線は妥当である。

その根拠　1　実験例7と8の同時考察から

2　原則としてフレーズ以上を単位に扱うという音楽的な立場から

○　結果欄の数字は，これが7月の実施であるから，第2学年の内容として適当である。

○　第3学年への継続配当（○印）をやめ，改訂案のⒷのⓓ，Ⓓのⓐに関連して指導を深める。

○　「段階的な系列」の観点からは次のように判断できる。

ⓒ～ⓓは，実験例6との関連において適切である。

ⓓ～ⓔは，実験例8，16，18との関連において適切である。

○　ⓔは，これを計画からはずし，改訂案のⒹのⓑに含める。

## 4　実験・調査を基礎とした「分担奏や合奏のくふうの内容と指導」に関する研究

**Ⓐ　音色を主にした各楽器の性能（楽器法）**

○音色，およびその表情について
○音域，およびそれと奏法技術の難易との関係について
○音量の関係について
○音型に照らした場合の適・不適について
○奏法の種類とその表現力について
○他の楽器との接合，あるいは融和の関係について
○特殊な記譜法について

**Ⓑ　ふしの形を生かした配色のしかた**

○旋律にみられる統一について
○旋律にみられる変化について
○統一と変化の調和からくる対照の美しさについて
○ふしのやまについて
○その他，細部の形式・構造について
○ふしの形を生かした配色について
○２種以上の音色の混合について

**Ⓒ　楽器の編成のしかた**

○演奏者の学年から
○演奏者の奏法技能の面から
○原曲のもつ気分や内容の面から
○強拍担当・弱拍担当の面から（リズム楽器）
○楽器の種類について
○楽器ごとの数について





**Ⓓ　リズム楽器のくふう**

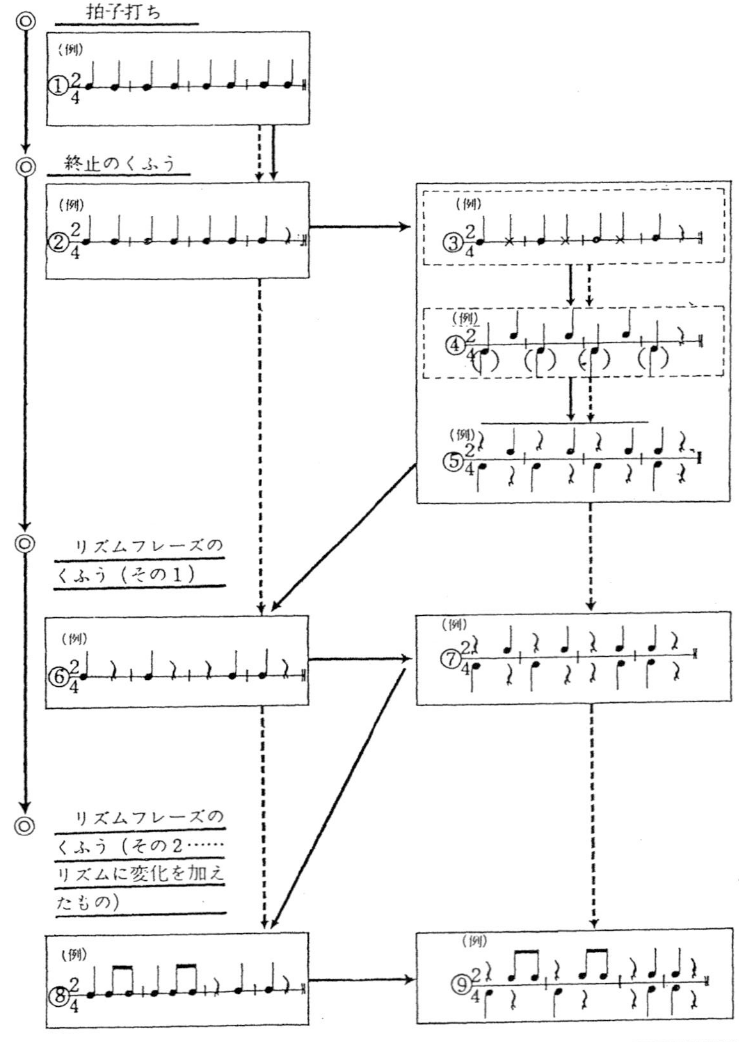

◎ 拍子打ち
（例）①

◎ 終止のくふう
（例）②
（例）③
（例）④
（例）⑤

◎ リズムフレーズのくふう（その１）
（例）⑥
（例）⑦

◎ リズムフレーズのくふう（その２……リズムに変化を加えたもの）
（例）⑧
（例）⑨

以上は，「分担奏や合奏のくふうの内容と指導」の主部を示したものである。なお，この案が生まれるまでの要点として次のことがあげられる。

○ 中間発表の際の試案の内容は，実験の結果，相当部分が改められた。

- 指導は，楽器法，配色法，編成法が平行してらせん状の深まり方を示しながら推進されるものである。
  ただし，その内容は，そのときどきの発達段階に即したものでなければならない。
- そして，これらは主として演奏表現の学習を場として感覚的に深められる。
- なお，楽器法，配色法の関係のうち，「リズム楽器のくふう」については，その模式的な系統を実験的な裏づけを得て示すことができた。これがⒹ項である。
- Ⓓのリズムのくふうは，学習指導要領の基本リズムの系列に即して指導されるのがよい。
- Ⓓの指導の順序は，原則として，実際的には実線で示したコース（数字順）が妥当である。
  そして，第2学年あたりからは，題材ごとに下図のようにして指導を深める。

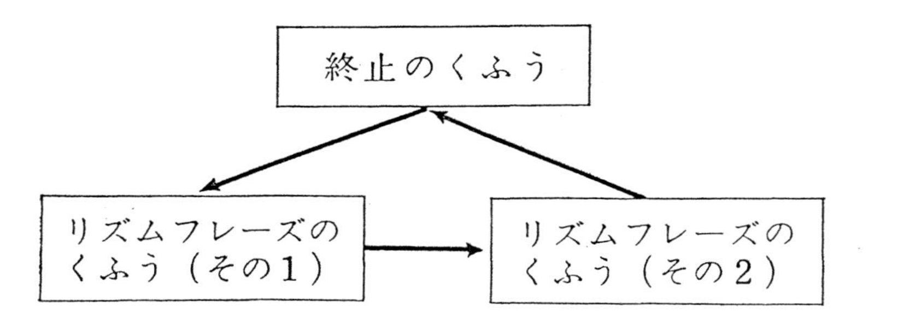






○ 即興的な旋律創作の喜びを味わわせる。

○ 歌詞の内容，形式（アクセント・抑揚・リズム・高低線）を考えて

- 点線のコースは，1種の楽器による分担奏(左側コース)，2種以上の楽器の複合による合奏（右側コース）の系統を示している。

○ なお，実践から得られた一般的な指導上の留意点としては次の7項がある。

- 低学年における「楽器による即興的表現」の活動を重視する。
- 「リズムフレーズのくふう」の活動を重視する。
- 分担奏の指導が合奏の指導に優先する。
- 「拍子のリズム」の指導が「旋律のリズム」の指導に優先する。
- グループ活動によるくふうを重視する。
- 相互評価の活動を重視する。
- くふうは，必ず演奏に結びつけて，相互に鑑賞する。

## 5 創作指導の問題点に関する実践的な考察

### （1） 模式的な「旋律（歌うふし）作法の手順」の考察

数次の実験授業ならびに2年間の経験から，次のような判断を得た。

歌詞はふしづけの基盤である。したがってそのふしづけは，歌詞の朗読を手がかりとして行なわれるものである。いいかえれば，朗読の音譜化が旋律創作であるということができそうである。（58ページの表を参照）

そこで，模式的な旋律（歌うふし）作法，その指導の手順として，およそ次のようにまとめてみた。

なお，方法上の留意点として，個人の発表を素材としてのグループワーク，またはクラス全体の活動であるようにしくむことを忘れないようにしたい。したがって，児童相互による鑑賞や評価の活動が重要であることはいうまでもない。

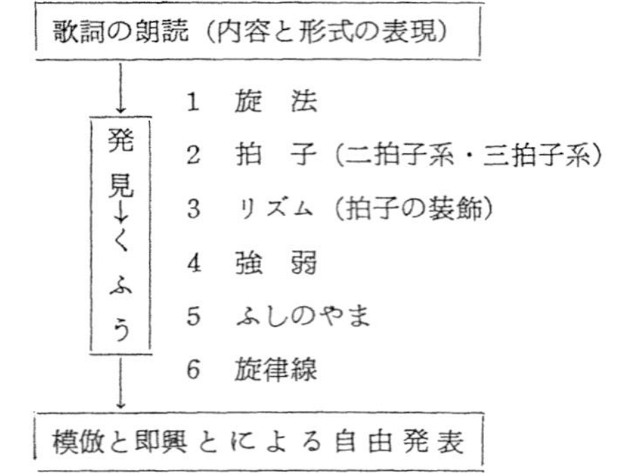


<実験調査例30>

1 ねらい

指導としての旋律作法の手順（その1）

2 対象

○ 第3学年……10月

○ 男 22名，女 20名，計 42名

3 課題

題材「きしゃ」（後掲）の指導法

4 実験授業のあらまし

第3学年音楽科（創作）学習指導案

(1) 題材「きしゃ」（歌詞へ付曲，一部形式の後半）

きてきが なるよ ポ ー

しずかな よるです きしゃがいく

(2) 目標





旋律をくふうする能力を伸ばす。

○ 旋律の頂点，終止（じゅうぶん？完全終止，半終止）について感覚的な理解を得させる。

○ 形式（a・bの形の一部形式）について感覚的な理解を得させる。

○ 作例を歌唱と器楽合奏の2面から発展的に扱い，領域統合の楽しさに触れさせる。また，歌唱と器楽の表現技能を高める。

(3) 計画

○ 1時限扱い

(4) 展開

a 領域統合の様相

| | | 第1次 | | | 第2次 | | | | | | | 第3次 | | |
|---|---|---|---|---|---|---|---|---|---|---|---|---|---|---|
| 鑑賞 | | ① | ② | ○ | ① | ② | | | ○ | ○ | ⑦ | | ○ | |
| 表現 | 歌唱 | | | ③ | | | ③ | ○ | | ○ | | ① | ② | |
| | 器楽 | | | ③ | | | | | | | | ① | ② | |
| | 創作 | ○ | ○ | ○ | ○ | ② | ○ | ④ | ⑤ | ⑥ | ○ | ○ | ○ | ③ |

b 学習の展開

| | 学習活動 | 指導上の留意点 | 備考 |
|---|---|---|---|
| 第1次 作品鑑賞（導入） | ①全国の友だちの作品を聞く。<br>②感じたことがらについていろいろ話し合う。<br>③好きな1曲を演奏してみる。 | ○曲想に注意して聞かせる。<br>○旋律創作への興味と意欲とを期待する。<br>○日本の友だちの作品であることを頭において，味わいながら演奏させる。 | ○5曲を準備範唱による発表<br>○曲によって，歌唱・器楽のいずれかで表現する。また時間のつごうでは，この活動を省略する。 |

| | | | |
|---|---|---|---|
| 第２次<br>旋律創作（中心学習） | ①課題「きしゃ」の歌詞について調べる。 | ○歌詞にこめられた情景，全体的な感じについて話し合いをさせる。 | ○情景を写した絵（板書）の準備 |
| | ②前楽節をいろいろ聞いて，よいふしをさがす。 | ○歌詞と旋律の関係に留意させる。 | ○参考欄参照 |
| | ③定旋律を歌う。<br>○リズム唱<br>○階名唱<br>○歌詞唱 | ○階名唱を重視して，しっかり旋律をとらえさせる。 | ○時間に余裕があれば個唱を含める。 |
| | ④定旋律（前楽節）を歌い，拍子感豊かに後続楽節の部分を朗読する。 | ○定旋律との関連において，後楽節の自然なリズムを印象づける。さらに，音程面への反射的なひらめきを期待する。 | ○タンブリンの拍子打ち |
| | ⑤後続旋律を頭に描く。 | ○小さな声で……周囲の友だちの創作活動を乱さないように配慮する。 | ○タンブリンの拍子打ち |
| | ⑥即興創作を発表する。 | ○個唱による発表とし，音程面の個人差に特に留意し，記録しておく。 | ○テープレコーダーによる録音 |
| | ⑦友だちの作品につき感じたことがらをいろいろ話し合う。 | ○次を指導の内容とする。<br>・曲　想<br>・アクセント・抑揚・リズム<br>　・高低線<br>・続くふし，終わるふし<br>・全体的なまとまり | ○高低線に関する板書 |
| 第３次<br>作品演奏（発展学習・終末） | ①好きな作品，よい作品の中から１曲を選び，みんなで歌い，また器楽合奏で演奏してみる<br>○味わって歌う。<br>○パートの分担をする。<br>○自由練習をする。<br>○合奏をする。 | ○好きな作品，よい作品ということのほかに，児童の演奏技能からくる条件を考慮に入れて選曲する。また，奏法の技術面から，気づいた点をいっせいに，あるいは個別に指導する。 | ○他の参考作品は，テープ録音で本時以後に生かすようにする。 |
| | ②歌と合奏とを合わせる。 | ○クラスの友だちの作品であることを頭において，味わいながら演奏させる。 | ○時間があれば，班別の演奏を相互に評価させる。 |
| | ③　創作学習の喜びについて話し合う。 | ○即興唱に不得意な児童に対する助言を忘れないようにする | |





〔参考〕　第２次②の課題

＜実験調査例31＞

1　ねらい

指導としての旋律作法の手順（その２）

2　対象

○　第３学年……３月

○　男 22名，女 20名，計 42名

3　課題

題材「はとどけい」（後掲）の指導法

4　実験授業のあらまし

第３学年音楽科（創作）学習指導案

(1)　題材「はとどけい」（歌詞のふしづけ）

チクタク　チクタク　カッチン　チン　ポッポ　ポッポ　はとどけい

(2)　目標

○　即興的な旋律創作の喜びを味わわせる。

○　「歌詞の読みからそのふしづけへ」……旋律作法の一つの手順について理解を深める。

・歌詞の内容（形式・アクセント・抑揚・リズム・高低線）の旋律化

・記譜のための準備的な基礎指導

○ 旋律の頂点，終止の作り方について感覚的に理解を得させる。

○ 作例を歌唱と器楽合奏の２面から発展的に扱い，領域統合の楽しさに触れさせる。

(3) 計画

○ １時限扱い

(4) 展開

| 学習活動 | | 指導上の留意点 | 備考 |
|---|---|---|---|
| 第１次 作品の鑑賞(導入) | ①音楽会の種目「わたくしたちの作曲」の中から友だちの作品「はと」を聞く。<br>②感じたことがらについて話し合う。 | ○全体的な曲の感じ，および「はじめのふし」と「それによく似た終わりのふし」の二つでできている点に注意して聞かせる。<br>○簡単に扱って，本時の題材へ誘導する。 | ○準備……「はと」の録音テープ |
| 第２次「はとどけいの」ふしづけ(中心学習) 読みのくふう | ①題材「はとどけい」について話し合う。<br>②自由に，歌詞の朗読をくふうする。<br>③歌詞の朗読を発表する。<br>④みんなでいっしょに朗読する。 | ○歌詞を板書する。<br>○「はとどけい」のはとの鳴き方……そのリズムに気をつけさせる。<br>○「強いところ，弱いところなども考えて，調子よく」のことばで誘導する。<br>○感じた点については，随時話し合わせるようにする。<br>○ことばのアクセント・抑揚・特にリズムの表現に留意する。 | ○はとどけいの絵を前もって板書しておく。また，はとどけいに経験のない児童のために実物も用意しておく。 |
| 拍子の発見 | ⑤手拍子に合わせて朗読する。<br>⑥朗読をメトロノームに合わせて，拍子を確かめる。<br>⑦朗読，メトロノームの拍節，身体反応などの結びつきから歌詞を二拍子にくぎる。 | ○拍子の発見への導入として，自由に手拍子をとらえさせる。<br>○軽い身体的な反応にうったえさせることも忘れないようにする。<br>○左の三つの進行に合わせて小節のくぎりを板書する。<br>○四分の二拍子の拍子記号を入れる。 | ○準備……メトロノーム |
| リズムのくふう | ⑧朗読に合わせてリズム打ちをする。<br>⑨リズム打ちで得たことばのリズムをリズム唱になおす。<br>⑩ことばのリズムに合わせてリズム譜をつくる。<br>⑪リズム正しく，歌詞の朗読をする。 | ○児童には手を打たせる。教師はカスタネットのリズム打ちとする。<br>○「さあ，いまのこのリズム(カスタのリズム打ちで示す)はリズム唱に直すとどうなりますか。」で誘導する。<br>○前半・後半に分けて扱う。<br>○リズム唱をなかだちとして誘導する。<br>○歌詞と同時にリズム譜にも注意して読ませる。 | ○準備……カスタネット |
| 旋律線のくふう | ⑫ふしのやまになる部分について考える。<br>⑬「チクタク」・「カッチン」および「はとどけい」の相互の高低関係に気をつける。<br>⑭旋律線に関するいままでの話し合いを，簡易な絵譜の形にまとめてみる。 | ○「いちばん強く読みたいところは？」で「ポッポポッポ」に導く。<br>○「いちばん強く読みたいところは高い音で」の理解にまで学習を進める。<br>○いずれも実際の朗読を通して理解させる。<br>○実際の朗読を通して理解させる。<br>○高低線その他を話し合いの進行のつど図表化する。 | |
| 即興 | ⑮いままでの学習をもとにして，即興唱で歌詞の前半を創作し発表する。 | ○この時間は，ヘ調「ド」からの即興唱とする。<br>○模式的なものができるまで，またできるだけ多数の児童に発表させる。<br>○楽器による発表は，この際は | ○準備…… |

| | | | |
|---|---|---|---|
| 旋律の発表 | | 認めないことにするが，オルガン（アコーディオン）による即興唱の伴奏（児童自身の演奏）を希望するものについては，これを認める。 | オルガン<br>アコーディオン |
| | ⑯共同のくふうによる前4小節を，歌詞や階名で歌う。 | ○話し合いで選んだ前4小節の作例について，その楽譜を板書する。<br>○歌詞唱，階名唱を全員に徹底する。 | |
| | ⑰前半に続く後半をくふうする。 | ○「ポッポ，ポッポ」のところのリズム表現，曲のやまのくふう，全体としてみた旋律線，および終止の部分などに特に留意する。 | |
| | ⑱話し合いで共同のくふうになる1曲を決める。<br>⑲ここまでの学習についてまとめる。 | ○「朗読のくふう」における学習内容に照らして判断させる。<br>○「歌詞の旋律化」……その一つの手順として，いままでの学習をまとめさせる。<br>○他の音（ヘ調のミ・ソ，あるいは他の調）で作ると，また変わったものがいろいろ生まれることに触れる。 | ○他の参考作品は，テープ録音で本時以後の学習に生かすようにする。 |
| 第3次<br>できた作品の演奏（発展・終末学習） | ①でき上がった作品をみんなで歌い，また器楽合奏で演奏してみる。<br>・味わって歌う。<br>・パートの分担をする。<br>・自由練習をする。<br>・合奏をする。 | ○約12～13分の程度でまとまるごく簡易な合奏の編曲を，選んで与える。<br>○奏法の技術面で気づいた点は，いっせいにあるいは個別に指導する。 | ○準備……合奏用楽器<br>○時間に余裕があれば班別の演奏を相互に鑑賞評価させる。 |
| | ②歌と合奏とを合わせる。 | ○クラス全体による共同の作品であることを頭において，味わいながら演奏させる。 | |
| | ③創作学習の喜びについて話し合う。<br>④次の時間の学習について話し合う。 | ○即興創作に不得手な児童に対する助言を，忘れないようにする。<br>○この時間の学習をもとにして次の旋律創作を課題する。<br>ルンルンブルルンブーンブン<br>ジェットきはやいなブンブンブン | ○準備……課題歌詞の板書 |





<実験調査例32>

1 主題……旋律創作における「ふしのやま」の指導法に関する考察

2 対象……第4学年（2組……男 22名，女 20名，計 42名）

3 時期……昭和37年11月

4 課題……題材「おちば」における「ふしのやま」の扱い

5 方法……実験授業の結果に対する反省と討議

6 授業の概要

(1) 題材「おちば」（歌詞へ付曲，一部形式の後半）

(2) 目標 ○ 歌詞にふしづけする喜びを味わわせる。

○ 「ふしのやま」をくふうする能力を伸ばす。

(3) 計画 1時限扱い

(4) 展開

| 学習活動 | 指導上の留意点 |
|---|---|
| ① 曲想表現のくふうに気をつけて，いままとめの段階にある器楽合奏「越天楽」を演奏する。 | ○ 曲想表現のくふうに対する意欲的な演奏を期待する。 |
| ② 曲想表現のくふうを観点として感じたことがらをいろいろ話し合う。 | ○ いろいろな観点から発表されるであろうが，その中の適当な発言 |

| | |
|---|---|
| | から，話し合いをきょうの学習主題に結ぶよう誘導する。<br>（8分） |
| ③ 「ふしのやま」についていろいろ調べる。<br>・「ふしのやま」とはどういうものか，またなぜたいせつかということについて話し合う。<br>・「ふしのやま」の数について調べる。<br>・「ふしのやま」の位置について調べる。 | ○ いずれの場合も，既習の数多くの具体的な曲例を通して，感覚的に理解させるよう配慮する。<br>○ 特に「ふしのやま」の位置の指導に重点をおく。<br>（15分） |
| ④ 「ふしのやま」をくふうして「おちば」のふしづけをする。<br>・題材について話し合う。<br>・朗読を通して，拍子・リズム・旋律線などについて話し合う。<br>・与えられた前半の旋律を歌う。<br>階名唱で　歌詞唱で<br>・「ふしのやま」に気をつけて後続部分を頭に描く。<br>・思い思いのふしづけを発表する。<br>⑤ 友だちの作品について，おもに「ふしのやま」を中心にして感じたことがらをいろいろ話し合う。 | ○ 「ふしのやま」に関係した活動以外については簡単に扱う。<br>○ 旋律線に関する話し合いを生かしてくふうするよう示唆する。<br>○ 児童によって楽器による発表も認める。<br>○ いつも作品全体のできばえという立場からの「ふしのやま」の評価であるように留意する。<br>（15分） |
| ⑥ 好きな作品・よい作品の中から1曲を選び，みんなで歌ったり楽器で演奏したりして味わう。<br>⑦ 「ふしのやま」についてまとめをする。 | ○ 時間の関係により，適当な形で指導の意図を達するよう児童の活動をくふうする。<br>（7分） |

7　考察（反省と討議）

(1)　内容の面で

○　指導のひろがり（「ふしのやま」とは？その意義は？その数は？





その位置は？）のとらえ方はこの程度でよいか。

・一般的な扱いとして，この程度におさえてよい。

○　そのそれぞれについて授業に現われた程度の深さの扱いでよいか。

・「ふしのやま」はなぜたいせつかという点を，具体的なものの比較によって，もう少し深めたい。

(2)　指導の面で

○　分析された個々の内容について，指導の順序はどうか。

・一般的な扱いとして，この順序でよい。

○　分析された個々の内容について，それぞれの扱い方はどうか。

・分析された個々の内容の理解については，原則として既習の歌唱教材・器楽教材，また場合によっては鑑賞教材から感覚的に発見させていくような方法がよい。

・「ふしのやま」について，次のわく内のような表現にとどまる指導は危険である。たとえば，「海」（文部省唱歌）の場合にも思い合わせて正しい理解を得させることがたいせつである。

| ◎ 高い<br>◎ 強い | 気持ちをこめて歌うところ |
|---|---|

○　「『ふしのやま』の指導は，まず歌唱学習，器楽学習において行ない，その後創作面で扱うのがよい。」という考え方はどうか。

・一般的に，次のように扱う。

まず，歌唱・器楽・鑑賞の場で扱う。次に，創作の立場から感覚的に，また知的に理解を深める。

ふしづけの実際に生かす。

作品の演奏に生かす。

(3) その他

○ 当日，指導の先生から

・主題と歌詞との関連からくる指導面を忘れてはならない。

〔備考〕 旋法・拍子（二拍子系・三拍子系），リズム・強弱・旋律線については，記載を省略する。

**（2） 基礎指導の考察**

創作の基礎を，「創作の前提をなすものとはいったい何であろうか。」という観点から，心にわき上がる感動に姿・形を与えるための手段となる基本的な能力と解して，次の3点にこれを要約した。

歌う力（ソルフェージュの力），楽器をひく力………………表現の能力

聞く力………………聴音の能力

書く力………………記譜の能力

さて，指導上の要点としては，だいたい次のようなことがとらえられた。すなわち，

◎ 三つの基礎能力を比較した場合，本校の実態は次のようである。したがって，指導はこの認識の上に進められることが必要である。

<実験調査例33>

1 ねらい

創作の基礎としての「歌う力」・「聞く力」・「書く力」の実態調査による指導のための一般的な診断

2 対象

第3学年（85名）……2

3 課題

❶のフレーズに近似の例題を②・③……⑬のように作り，次のように配列（❶は共通）して三とおりの問題を作った。

問題 a……②③④❶⑤

問題 b……⑥❶⑦⑧⑨

問題 c……⑩⑪⑫⑬❶

歌う力の調査を a，聞く力の調査を b，書く力の調査を c とした。

4 方法

❶ が共通であることに気づかせないように1週おきのテストとした。

第1回……さあ，楽譜を見て階名で歌いましょう。……(個別)

第2回……さあ，ピアノのふしを階名になおしてください。……(いっせい)

第3回……さあ，ピアノのふしを書き取りましょうね。……(調だけを指定)……(いっせい)

5 評価

共通問題❶についてだけ評価

第3回の記譜では，$\frac{2}{4}$のように記譜したものも一応「できた」ものとして認めた。

6 結果

○ 難易の実態については，次のようである。

| 歌う力 | 聞く力 | 書く力 |
|---|---|---|
| 50% | 70% | 20% |

（注） 数字は一応「できた」と判定された者の百分率を示す。

○ 第4学年の第2学期の修了時という発達段階にあるにしても，「書く力」が極度に不足している。

○ 「聞く力（階名翻訳）」の課題が一応「できた」と判断され，同時に「書く力」の課題が「できなかった」と判断された者について，「書く力」の調査の結果を詳細に検討したとき，次の実態がある。

| 拍子の決定に問題のあるもの | 35% |
|---|---|
| リズムの面に問題のあるもの | 85% |

○　「歌う力」の調査では，課題の階名唱に失敗した者の実態は次のようである。

| リズムの面に問題のあるもの | 50% |
|---|---|
| 音程の面に問題のあるもの | 70% |

〔補遺〕 別の調査によると「聞く力」については次のような実態がある。

| 階名の翻訳に問題のあるもの | 50% |
|---|---|
| リズムの聞き取りに問題のあるもの | 70% |

7　考察

○　「書く力」の指導に重点をおく。

○　「書く力」の指導では，リズムの記譜に重点をおく。

○　「聞く力」の指導は，そのまま「書く力」の指導に相通ずる。したがって「聞く力」の指導では，リズムの聞き取りを重視する。

◎ 本校における指導を，内容と方法上の留意点ということで具体化するとだいたい次のようになる。

「歌う力」の指導

○　重点となる学習活動

・特徴あるメロディーパターンを中心とした音楽語いのための歌唱活動

・音程感・拍子感・リズム感・フレーズ感のための音階遊び（二度の順次進行・単純なリズムのものから，順次拡大された音程のもの・いろいろなリズム形のものに発展させる。）

・階名（暗）唱





・リズム唱

・リズム打ち

・視唱練習

・ふしの終わり方調べ

・ふしの形調べ

○　指導上の留意点

・歌唱（器楽）に結んだ指導を重視する。

・歌唱技能上の問題である。したがって，創作のための特別の系統案ということではなく，歌唱（器楽）の指導に結んだ活動の系列によることを原則とする。

「聞く力」の指導

○　重点となる学習活動

・リズム打ちによるリズム聴音

・リズムカードによるリズム聴音

・リズム唱によるリズム聴音

・拍子あて

・音楽語いを中心とした「階名翻訳の力」のための，階名唱による旋律聴音

・旋律楽器の模奏による旋律聴音

・和音の機能および和音色に対する感覚のための和音聴音

○　指導上の留意点

・鑑賞・歌唱・器楽の学習に結んだ指導，つまり間接学習としての聴音指導を重視する。

・リズム聴音では，基本リズムから発展した旋律的なリズムの聴音を重視する。

・和音聴音では，学習が孤立化しないよう特に方法のくふうに注意す

る。

・この場合も，他の領域に結んだ活動の系列を考えた指導が本体であるが，リズムの面については一応次を目安にすることができる。

「基本リズムについては，器楽における系統に準拠する。」

「書く力」の指導

○　重点となる学習活動

・音符遊び（絵音符や音符カードを並べる。リズム唱のことばで書く。旋律線を書く。１線～３線譜に書く。……導入）

・音符・休符・いろいろな記号の書き方

・特徴のあるリズムパターンを中心としたリズム書き取り

・記譜の技術のための既習曲の写譜

・階名暗唱後の既習曲の暗写

・拍子あて，小節区画の練習

・拍子変え・リズム変えの練習

・移調の練習

・特徴ある旋律パターンを中心とした旋律書き取り

・児童自身の即興旋律の書き取り

・和音書き取り

○　指導上の留意点

・急ぎすぎてはならないが，低学年からの継続的な導入を重視する。

・創作学習の時だけでなしに，鑑賞・歌唱・器楽の学習にも結んで扱うのがよい。

・旋律書き取りであっても，そのリズム面の記譜技術に注目して扱うようにする。

・リズム面の記譜では，リズム唱を媒介とする方法を重視する。

◎　重点となる目標内容について，その指導の系統を模式的に図式化する





と次のようになる。

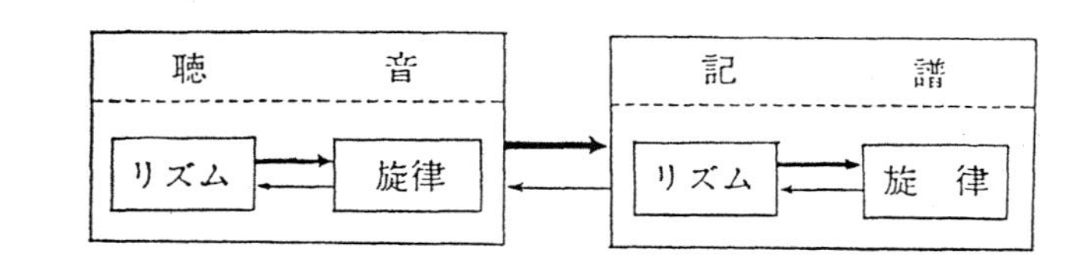


### （３）「日旋による旋律創作」——その実態の考察

<実験調査例34>

1　ねらい

児童の実態にみる「日旋による旋律創作」の難易（その①）

2　対象

第３学年（88名）……４月

3　課題と方法

与えられたふしに続く自由な即興創作

個別に実施する。

4　結果

その１

| まとまりのないもの | | まとまりのあるもる | | |
|---|---|---|---|---|
| 1 | 2 | 3 | 4 | 5 |
| 0名 | 5名 | 49名 | 19名 | 15名 |

その2

| 4小節にまとめたもの | 70名 |
|---|---|
| 2小節にまとめたもの | 12名 |
| 3小節にまとめたもの | 1名 |
| 終止に失敗したもの | 4名 |
| 他の旋法に変移したもの | 1名 |

5　考察

○　学習がいきいきとしたふんい気の中で興味深く展開される。

結果の「その1」から

○　ふしとしてまとまらない児童はきわめて少ない。つまり，旋律構成がきわめて容易である。

○　評点「3」に児童が集中する傾向がある。そして，このことは，同時に次の例にみるような旋律形に固定されやすいという傾向をも示している。

（例）

結果の「その2」から

○　「わになってあそぼう」を4小節にまとめた児童が圧倒的に多かった。このことは，「みんなであそぼう　なかよくあそぼう」の前楽節に対応させて，「無意識のうちに形式感をはたらかせることのできる児童が多い。」という喜ばしい実態とみなすことができそうである。

○　終止に失敗し，旋律としてのまとまりを得られなかった4名は，創作の他の学習においても遅れた児童である。また，他の旋法に変移した1名（N）は，「みんなであそぼう　なかよくあそぼう」をほとんど





棒読みの状態に歌い，「わになってあそぼう」にいたって長調のふしをつけたものである。

次に，3小節で表現した1名（1）は，平常上位の成績を示す児童である。

（注）　結果の「その2」の考察は，「日旋による創作」に特有のものではない。（次の実験調査例と比較対照して）

<実験調査例35>

1　ねらい

児童の実態にみる「日旋による旋律創作」の難易（その②）

2　対象

第3学年（88名）……4月

3　課題と方法

与えられたふしに続く自由な即興創作

個別に実施する。

4　結果

その1

| まとまりのないもの | | まとまりのあるもの | | |
|---|---|---|---|---|
| 1 | 2 | 3 | 4 | 5 |
| 2名 | 9名 | 33名 | 26名 | 18名 |

その２

| | |
|---|---|
| ４小節にまとめたもの | 72名 |
| ２小節にまとめたもの | 13名 |
| ３小節にまとめたもの | 3名 |

## 5　考察

○　日旋の場合に比べて，「なんとかして……」・「がんばって……」といった気分が濃く，「やさしい」・「楽しい」のふんい気は少ない。

○　評点の分布の状態は，前の実験例に比較して右のグラフに現われたようにみることができる。

これによって，前の実験調査の考察が裏付けされた形になる。

○　結果の「その２」に対する考察は前の実験調査例に準ずることができる。

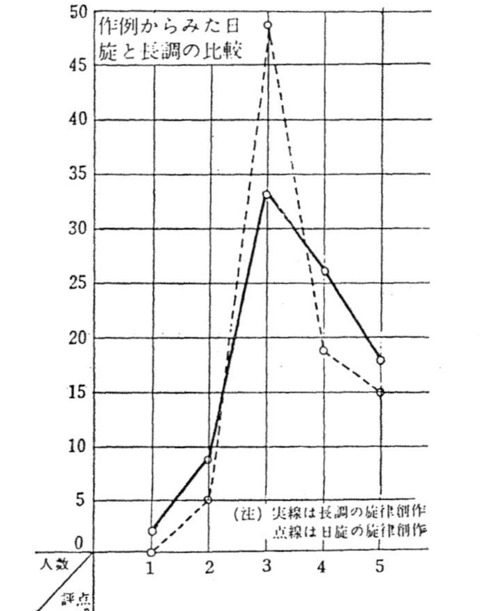






### （４）　創作指導における「感動」と「形式」の問題――その実践的な考察

これは，創作（作曲）における本質的かつ根本的な問題であって，音楽美学に包含される学問的な原理である。すなわち，最後まで実験実証することの非常に困難な問題であると考えられる。

したがって，本校においてはあえてこれを主要問題として取り上げようとしたものではない。ただ，この「感動」と「形式」の問題およびその理論は，現実には指導法の上で指導者自身の理念という形で目の前の児童の学習経過を左右するものである。

この項は，その意味で設けられた。

そして，指導法の観点からこの問題をながめたとき，指導者自身においていつの日にか固まるであろう理念は，創作指導の実際の場では，「感動」と「形式」とのかねあいをどうするかという姿で現われる。

以下，前にも述べているように科学的に実験実証の不可能に近いこの問題を，本校における創作指導の態度あるいはいき方の紹介という意味で，いままでの実践から生まれた考察を一応まとめておくことにする。

すなわち

- 感動は種子であり，創作作品は種子から生まれた花である。
- 主観的であって測ることのできない感動は，創作作品としての姿・形を得てはじめて人に訴えることができる。これが音楽の内容である。
- さて，種子を開花にまで導く手順，これを形式の指導と呼ぶことはできないであろうか。
- 創作は「感動を歌いあげること」であると考えたとき，これを「感動の形式化」ということばに置き換えていいような気がする。

ただし，指導法的には

形式化のテンポと方法とが問題である。

この意味において感動と形式とのかねあいを誤ると，旋律を整えようとあせるあまり，結果的には魂のない積み木細工のような指導に終わるからである。

形式化は，教えるという方法ではなく，むしろ帰納的に児童自身で気づき，教師はそれを整理づけてやるといういき方でありたい。

さて，この問題の考察上の参考として実際授業の中からその１例の記録を示すと次のようである。

<実験調査例36>

第３学年音楽科（創作）学習指導案

指導者　教諭　飯田　秀一
指導学級　第３学年２組（男 22名，女 20名，計 42名）
日　時　12月12日(火)第５時（後1.30～2.15）
場　所　第１音楽室

1　題材「こいぬ」（動物の鳴き声のふしづけ）……※1

2　目標

○　自由な，そして即興的なふしづけの喜びを味わわせる。

○　感覚的に，初歩的な旋律をくふうする能力を伸ばす。……※2

・ことばの内容や感じを生かしたくふう。

・終止（じゅうぶん完全終止）に注意したくふう。





・いろいろなリズムのくふう。

○　作例を歌唱と器楽の両面から発展的に扱い。また鑑賞の活動にも結んで領域統合の楽しさに触れさせる。

3　計画……１時限扱い

第１次　友だちの作品の鑑賞……（７分）
第２次　鳴き声のふしづけ……（25分）
第３次　できた作品の演奏……（13分）

4　展開

| | 学習活動 | 指導上の留意点 | 備考 |
|---|---|---|---|
| 第１次 友だちの作品の鑑賞（導入） | ①東京学芸大学付属竹早小学校の友だちの作品を聞く。<br>②感じたことがらについていろいろ話し合う。<br>③好きな１曲を演奏してみる。 | ○全体的な曲の感じ，および動物の鳴き声の部分のくふうに注意して聞かせる。<br>○上の観点を中心に自由に活発に話し合いを進める……※3<br>○竹早の友だちの作品であることを頭において，味わいながら演奏させる。曲によって，歌唱か器楽（オルガン・たて笛・ハーモニカ）のいずれかで表現させる。<br>◎創作学習への興味と意欲とを期待する。………………※4 | ○テープ録音で曲を準備する。<br>○児童の状態また時間のつごうではこの活動を省略する。 |
| 第２次 「小犬」の鳴き声 | ①小犬の鳴きまねを録音テープで聞いて，そのふしづけのくふうについて話う合う。<br>②課題「小犬」の歌詞について調べ，空白部分の鳴き方をいろいろにくふうする。 | ○鳴き方のいろいろ，およびその表情に気をつけて，楽しく録音を聞かせる。<br>○歌詞に現われたかわいらしい情景，ぜんたい的な感じに合わせて，鳴き声の部分をくふうさせる。<br>・鳴き声の選択<br>・リズミカルな鳴き方のくふう<br>…………………………※6 | ○１年生による録音テープを準備する……※5<br>○情景を写した絵(板書)を準備する。 |

| | | | |
|---|---|---|---|
| のふしづけ（中心学習） | ③与えられた旋律の部分を歌う。<br>・リズム唱<br>・階名唱<br>・歌詞唱 | ○階名唱を重視して，しっかり旋律をとらえさせる。また，歌詞唱にも力を注いで曲想のはあくをじゅうぶんにさせる。 | ○時間に余裕があれば，個唱を含める……※7 |
| | ④与えられた旋律の部分をハーモニカ・たて笛・オルガンなど，好きな楽器で演奏し，後続の創作部分を自由に頭に描いてみる。 | ○即興唱によるふしづけを希望する児童には，それを認める。<br>○与えられた旋律部分との関連において，自由でおもしろいリズム・旋律線が反射的に生まれるように細かく配慮する。…………※8<br>○できるだけ音量をおさえて，周囲の友だちの創作活動を乱さないよう気をつけさせる（特に，オルガンに注意させる）。 | ○楽器を忘れた児童は，オルガンまたは歌唱による学習にふり向ける。 |
| | ⑤即興的なくふうを発表する。 | ○個別に行なう。<br>○進んで発表しようとする態度を期待する。<br>○即興唱による発表の場合，音程面の個人差に特に留意し，次のことを混同することなく，その詳細を記録にとどめておく。<br>・いわゆる音ちと呼ばれる種類のこども<br>・そうではないが，調感その他の原因で，旋律としてまとめあげるまでの能力に至っていないこども | ○テープに録音する※9 |
| | ⑥友だちの作品について感じたことがらをいろいろ話し合う。 | ○次の点をおもな観点とした簡単な相互評価を忘れないようにする。<br>・曲想<br>・アクセント・抑揚・リズム・旋律線<br>・続くふし，終わるふし | ○要すれば，旋律線に関する模式図を板書する………※10 |





| | | | |
|---|---|---|---|
| | | ・全体的なまとまり | |
| 第3次　できた作品の演奏（発展・終末学習） | ①好きな作品，よい作品の中から1，2曲を選び，みんなで歌い，また器楽合奏で演奏してみる。<br>・味わって歌う。<br>・パートの分担をする。<br>・自由練習をする。<br>・合奏をする。 | ○児童の演奏技能の程度に即した編曲を与える。<br>また，奏法の技術面で気づいた点はいっせいに，あるいは個別に指導する。 | ○他の参考作品は，テープ録音で，本時以後の学習にこれを生かすようにする。…………※11 |
| | ②歌と合奏とを合わせる。 | ○クラスの友だちの作品であることを頭において，味わいながら演奏させる。 | ○時間があれば，班別の演奏を相互に評価させる。 |
| | ③創作学習の喜びについて話し合う。 | ○即興創作に不得意な児童に対する助言を忘れないようにする。 | |
| | ④次の時間の学習について話し合う。 | ○次時の学習「応援団長」に興味をもたせる。 | |

5　考察

※1……題材そのものに自由なくふうを求める余地が少なかった。したがって，目標の最初の項を満足させることができなかった。

※2……形式化のねらい（終止のくふう，リズムのくふう）が多すぎた。また，その程度が児童の能力の限界を越えて高すぎた。したがって，ことばの内容や感じを念頭においての即興唱は不可能であった。

※3……「自由に活発に」という点でいまだしの感が深かった。

授業後，反省したことであるが，あとに続く個人別の発表のこと（「教師を満足させる程度に形式的に整えねばならない。」）を心に重荷として感じたためと考察される。

※4……感動ないしは曲の内容をたいせつに――この意味において妥当な導入法であったように反省される。

※5……「鳴き声そのものの模倣がただちにふしづけに直結する。」とい

うことの飛躍を指導後痛切に感じた。

すなわち，「模倣——（形式化）——ふしづけ」のいき方，さらに途中形式化のためのいくつかの段階に深く注意しなければならない。

※6……ふしづけへの一つの段階として適切であったように思う。

※7……時間の関係で早く本時の核心となる学習「即興的なくふうの発表」へと急ぐあまり，この活動を簡単に扱いすぎた。

すなわち，味わわせるところまでいかなかった。そのため，だいじな「即興的なくふうの発表」にあたって，それが感動無視という形で致命的影響を与えたように思われる。

※8……「与えられた旋律部分との関連において，自由でおもしろいリズム・旋律線が反射的に生まれるように……」——この条件があまりに強く押し出されたため，※3において述べたような方法上の欠陥が現われた。

※9……次のような作例を得た。

○　リズムのくふうでは以上の8種類を数えることができた。この意味では，まず成功であったと考えることができる。

○　他にも作例は多かったのであるが，終止の面でじゅうぶん完全終止をとらなかったのは，作例⑤ただ一つである。

ふしの歌い終わりについては，他の領域での学習が基盤になって，感





覚的に歌いあげることが非常に容易になっている。

○　作例③・⑦はリズムのくふうにおいて特におもしろく，作例⑧は③のリズムを拡大した形になっている。

○　感動の発現は，作品ならびに発表時の様子（歌いぶり・態度）の観察から，作例③・④・⑥・⑦にそれを認めることができた。

しかし，これも前に述べたように，形式化の条件が災いして，多分に発想的な歌いあげが阻害されていたようである。

○　楽器によるふしづけでありながら，旋律線の面で極端に不自然なものは少なかった。これは予想に反した結果である。

親しみやすい歌詞の内容が常に頭から離れなかったためかと思われる。

次に，「進んで発表しよう」とする態度は，これもじゅうぶんではなかった。多数の参観者の前ではあったが，指導法上のくふうがこらされなければならない。

※10……この場合の話し合いは，導入の場合に比べてきわめて活発であった。※3の反省をさらにだめ押しされた感じである。

※11……学習活動①・②ともきわめて楽しく，児童の喜びを目のあたりに見ることができた。大好きな音楽の学習！……児童とともにまことに喜ばしい限りである。

しかし，学習活動③ではどうであったろうか。児童の表情からまことに寒心に堪えないものが読みとられたのである。

1時間の学習をなんとか済ますことができてほっとした様子なのである。ここにおいて指導法の上で何か根本的に反省しなければならないものがあるにちがいない。口に「創作は感動の形式化である。」とはいっても，その方法手順において今後の研究のいかに重大であるかということを痛感したわけである。

# V 補 遺・参 考

## 1 創作作品例（自由作品）

### クリスマス

作詞・作曲 3年 新 藤 直 子

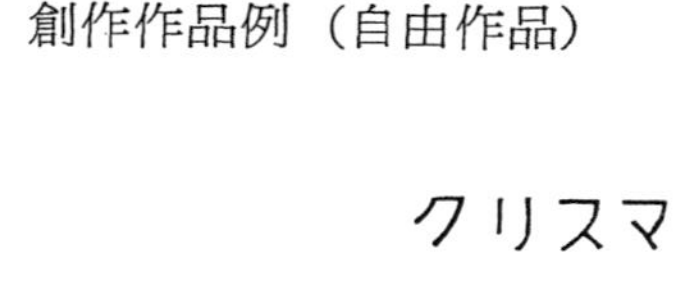

### こ ね こ

作詞・作曲 3年 佐藤千草

1 おひさま てってる えんがーわ でー
2 みどりに はえる にわさーき でー
こねこが す やすや ねむって るー
こねこが こ ろころ あそんで るー



### なでしこのきしょう

作詞・作曲 3年 音羽 卓

### つ ば め

作詞・作曲 3年 髙橋宏明

1 はるに なるーから とんでこい
2 すいすい すーーいと ちゅうがえり
みなみの そらから とんでこい
おやねに とーまり ひとやすみ

### 星

作詞・作曲 3年 石川栄子

お星さま
作詞・作曲 3年 島田久美子
よるの おそらに きらきら と
きれいな ほしが ひかって る
お月さま
作詞・作曲 3年 新藤直子
たーかい おやまに おつき さ ま
まーるい おかおで わらって いるよ
お星さま
作詞・作曲 3年 茶谷美和子
そらが きれいだ きれいだ な
そらに ひーかる おほしさ ま
— 86 —

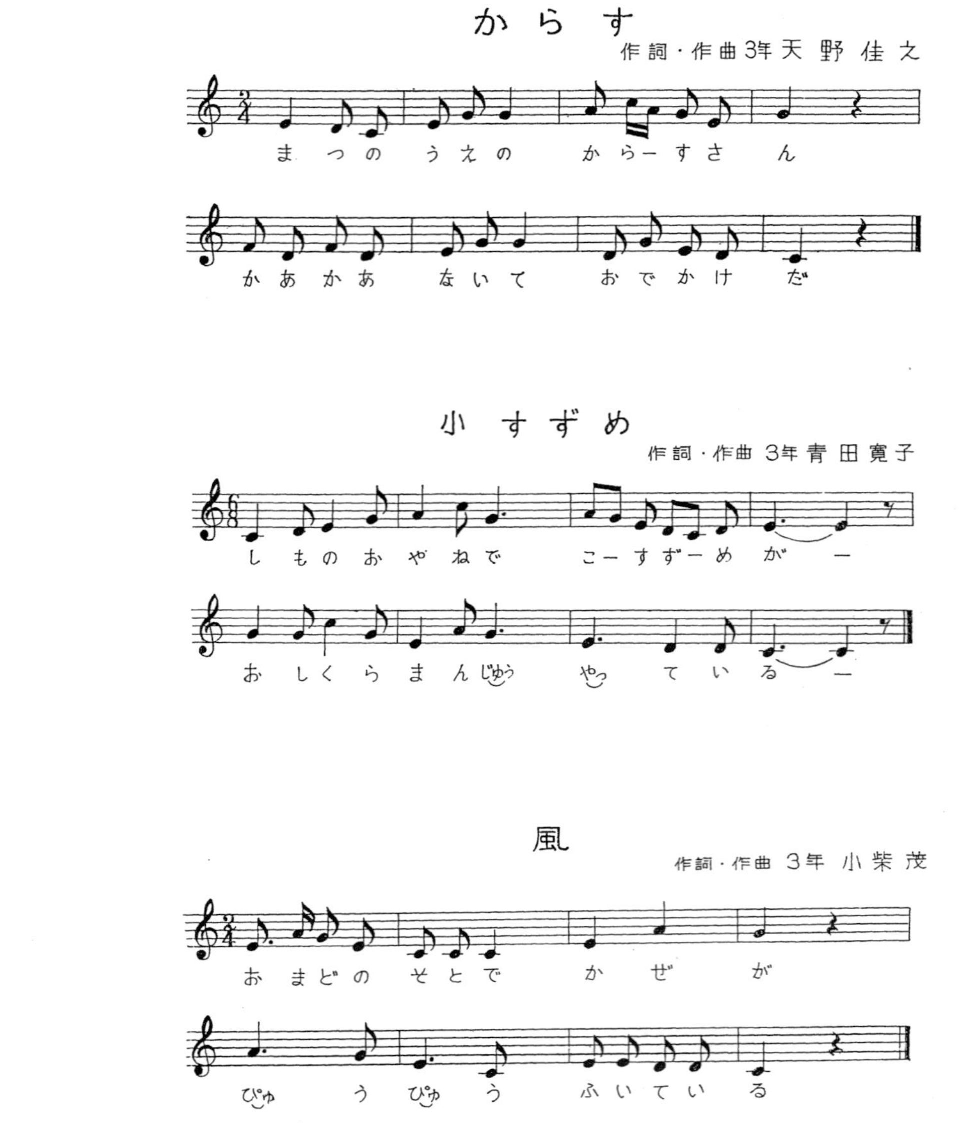
からす
作詞・作曲3年 天野佳之
まつの うえの からーすさ ん
かあかあ ないて おでかけ だ
小すずめ
作詞・作曲 3年 青田寛子
しものおやねで こーすずーめ がー
おしくらまんじゅう やって いるー
風
作詞・作曲 3年 小柴茂
おまどの そとで かぜ が
ぴゅう ぴゅう ふいている
— 87 —

お星さま
作詞・作曲 3年 榎田郁代
よるのおそらに きらきらと ー
きれいにそめて くださいな ー
まいごの小犬
作詞・作曲 3年 秋山洋子
まいごの こいぬが クンクン
くらい こみちで ふるえてる
夕 日
作詞・作曲 3年 長島裕子
ゆうひが しずむ ふじのかた
だんだん みえなく なっていく
— 88 —

花
作詞・作曲 3年 白山みどり
みどりの はっぱに あかいはな
きれいな きれいな シクラメン
春 風
作詞・作曲 3年 平手久子
はるかぜ やさしく ふいてきて
おやまに さくらが さきました
バ ス
作詞・作曲 3年 吉川晶子
バスがはしる ブーとね
おきゃくをのせて はしります
— 89 —

## 春

作詞・作曲　3年　村井富美子

## 川の流れ

作詞・作曲 3年　筒井勇夫

## 森

作詞・作曲 3年　岩井信夫

## ぼくのなまえ

作詞・作曲　3年　三上昌子

ぼくの　なまえは　ごーんちゃん

かわいい　なまえだろ　ー

みんなが　かわいと　いってくれる

わたしの弟
作詞・作曲　3年　佐藤順子
1 わたしの　おとうと　はっけよい　はっけよい
2 わたしの　おとうと　ワンツー　スリー
おすもう　ごっこが　だいすき　さ
プロレス　ごっこが　だいすき　さ
汽車
作詞・作曲　3年　横内孝典
きしゃが　はしるよ　ぐんぐんと
のをこえ　やまこえ　しゅっぽっぽっ
飛行機
作詞・作曲　3年　高木　俊
ひこうき　ぶんぶん　そらのうえ
プロペラまわし　とんでいく
あおい　きれいな　そらのうえ
— 92 —

雪
作詞・作曲　3年　伊崎純子
ちらちら　こゆき
まーい　おちる　ー
ゆきひめさまから
おつかーい　だ　ー
夕日
作詞・作曲　3年　島村　隆
みんな　かえろよ　ひがくれる　ぎんぎら
おひさま　また　あした　ー
— 93 —

## 春がきた

作詞・作曲 4年 田原 高

## こがらし

作詞・作曲 4年 辻 潤

1 こがらし ふーくよ ふゆのよ る
2 おみやの まつのき ゆれてい る
かれはも たーーかく まいあが る
おかしや さーーんも みせじま い
ほーおに つめたい かぜーがくー る
あかりを けーして ねむーろうー よ

## 北 風

作詞・作曲 4年 高杉哲也

## こ だ ま

作詞・作曲 4年 福田日奈子

## クロツカス

作詞・作曲 4年 吉田美智子

## ゆきがっせん

作詞・作曲 4年 上田治男

## こたつ

作詞・作曲 4年 秋山洋子

## 春よこい

作詞・作曲 4年 篠原みのる

## 雪

作詞・作曲 4年 本木佳世子

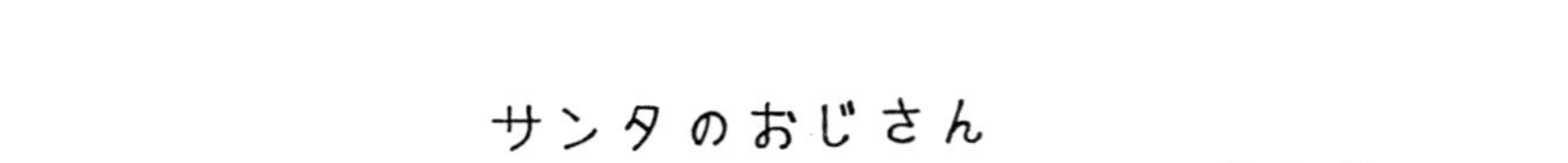

## サンタのおじさん

作詞・作曲 4年 久世佳代

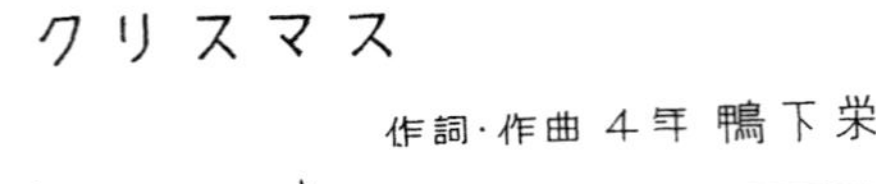

## クリスマス

作詞・作曲 4年 鴨下栄子

## 霜柱

作詞・作曲 4年 牛山みどり

## 春だ春だ

作詞・作曲 4年 大滝ひろし

## ゆきがっせん

作詞・作曲 4年 伊藤清美

はねつき
作詞・作曲4年森安宏子
ぽん ぽん ぽん と おとたてた きれいな
そらだなはねつきしよう うれしいな
サンタクロースのおじいさん
作詞・作曲4年青木いずみ
サンタクロースの おじいさん
となかいのひく そりにのり
よいこの ところに くるよ
—100—

はち
作詞・作曲4年星野伸枝
はちは ぶんぶん とぶ
はなから はなへー
ぶん ぶん ぶん ぶん ぶん ぶん ぶん ぶん
ぶん ぶん ぶ ん
スキー
作詞・作曲4年渡井かおる
たのしいスキーだ すべろうよ
みんながすべる やまのうえ
—101—

雪
作曲 4年 斉藤久子
たんぽぽ
作詞・作曲 4年 小野久美子
はるが やてきた ー
のにも やまにも ー
たんー ぽぽ すみれ
さいた ー
—102—

春
作詞・作曲 4年 横山祥子
はるが きたきた うれしいな ちっちっちっ
ぴぃちくぴぃ ことりも たのしく うたう

雪
作詞・作曲 4年 加藤曲美子
ちらちら ちらり ちらちら り
ゆきの こどもが ふって きた
のはらも やーまも ぎんせかい
おうちの やねにも ゆきがふる
—103—

## 秋

作詞・作曲 4年 奥 千恵子

## そよかぜ

作詞・作曲 4年 犬丸淑恵



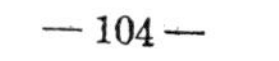



## うぐいす

作詞・作曲 4年 伊東和賀子

## 豊年節

作詞・作曲 5年 辻 潤

## 2 自由作品（352例）を通してみた実態

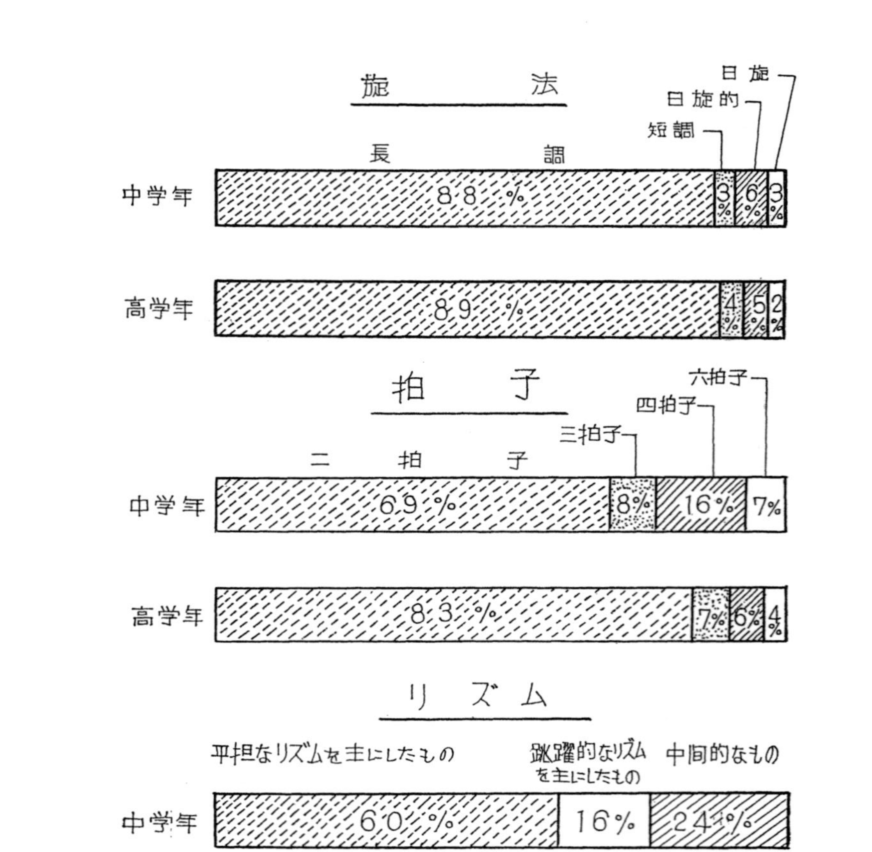

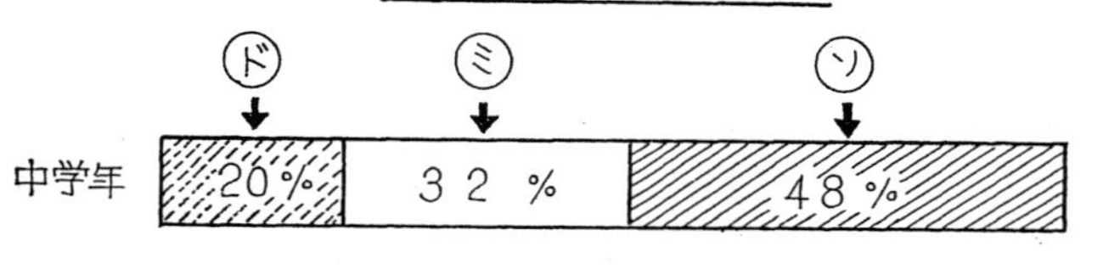


即興唱に現われた旋律の二つのタイプ

| | 主音と主音の間を中心にして動く旋律 | 主音を中心にして上下の属音の間を中心にして動く旋律 |
|---|---|---|
| 中学年 | 78 % | 22% |
| 高学年 | 71% | 29% |

（長調の作品についての調査）

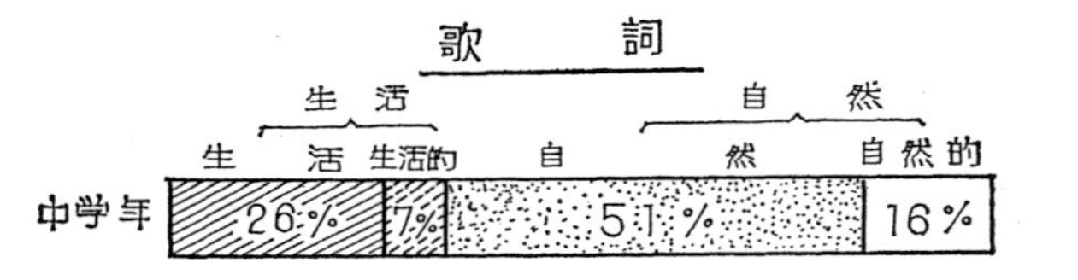






## Ⅳ　残された問題点

長かったようで短かかった2か年が過ぎた。

「いま，自分の前に1年生のこどもたちがいる。指導は，創作の喜びがこの子に与えられるようにしくまれなければならない。けっして，将来の必要のためにということの犠牲にしてはならない。

しかし，指導と名のつく以上，これは単なるドリーム（夢）の連続ではないはずである。

一つの考え方・いき方にとらわれないで，白紙の状態から出発して，指導の方法……この計画化ができないものか。」

本校における実験の2か年は，このようにして費やされた。

しかし，このたびの発表にみるように，結果の未熟はまことに汗顔に堪えない。研究の全分野が，あげて今後にまつべき要素を含んでいそうである。

特に，近時ようやく論議が盛んになりつつある「民族的な基盤の上に立ついき方」，また「現代音楽的ないき方」など，今後継続的な実験の結果をまって効果的な創作指導のために生かされなければならない命題も多い。

この意味で，今後も変わらないご指導とご助言とを特にお願い申しあげて筆をおきたい。

初等教育実験学校報告書

（小学校音楽の指導法に関する実験研究）

昭和 39 年 6 月 15 日 発 行　**定 価 160円**

編 集　文 部 省

発 行　大 蔵 省 印 刷 局
東京都港区赤坂葵町２番地
(582) 4 4 1 1

（販 売 所 裏 面）　落丁，乱丁はおとりかえします。




# 政府刊行物普及販売所一覧

政府刊行物についての御相談，御注文は，下記普及機関にお申出で下さい。

**⦿政府刊行物サービスセンター**（印刷局直営）

| | | |
|---|---|---|
| 東京・霞ケ関 | 東京都千代田区霞ケ関２の１ | 電話 東京(591)1924.1925 |
| 東京・大手町 | 東京都千代田区大手町(国際電電ビル内) | 電話 東京(211)5570.7095 |
| 名古屋 | 名古屋市中区南外堀町６の１ | 電話名古屋 (97)9205・9341 |
| 大阪 | 大阪市東区大手前之町大阪合同庁舎１階 | 電話 大阪(941) 3091(直) |
| 福岡 | 福岡市長浜町３の25 | 電話 福岡 (76)6201 |

**⦿政府刊行物サービスステーション**（印刷局指定常備委託店）

| (名 称) | (所 在 地) | | (電 話) | (振替番号) |
|---|---|---|---|---|
| 札幌 | 札幌市北三条西７丁目１番地 | | 札幌(23) 4646 | 小樽 13395 |
| 青森 | 青森市大字米町119 | 今泉書店 | 青森(２) 3611 | 仙台 31390 |
| 盛岡 | 盛岡市南大通１丁目16の２号 | | 盛岡(２) 2984 | 盛岡 255 |
| 仙台 | 仙台市東一番丁90番地 | | 仙台(22) 9322 | 仙台 9475 |
| 秋田 | 秋田市大町２の17 | 石川書店 | 秋田(２) 2129 | 秋田 300 |
| 山形 | 山形市本町２丁目４の11号 | 八文字屋 | 山形(２) 2150 | 山形 150 |
| 福島 | 福島市大町56 | 西沢書店 | 福島(２) 0161～2 | 郡山 249 |
| 水戸 | 水戸市泉町1030 | 川又書店 | 水戸(２) 2047 | 東京 5411 |
| 宇都宮 | 宇都宮市鉄砲町3234 | 集英堂書店 | 宇都宮(２) 3606 | 宇都宮 558 |
| 前橋 | 前橋市曲輪町２ | 煥乎堂 | 前橋(２) 6216 | 東京134340 |
| 熊谷 | 熊谷市本町２の2866 | | 熊谷 400 | 東京 25745 |
| 横浜 | 横浜市中区北仲通１の７ | 横浜日経社内 | 横浜(20) 3857～9 | 横浜 12493 |
| 東京 | 東京都千代田区神田錦町１の２ | | 東京(291)2016(代) | 東京 87035 |
| 渋谷 | 東京都渋谷区神宮通り１の４ | 大盛堂書店内 | 東京(461) 2725～6 | ―― |
| 池袋 | 東京都豊島区池袋２の1157 | 芳林堂書店内 | 東京(971) 4080 | 東京 95618 |
| 新潟 | 新潟市古町通六番町 | 万松堂書店内 | 新潟(２) 2440 | 新潟 993 |
| 富山 | 富山市東四十物町35 | 中田書店 | 富山(２) 4938 | 金沢 6001 |
| 金沢 | 金沢市片町56の２ | 宇都宮書店 | 金沢(２) 6136 | 金沢 31 |
| 福井 | 福井市佐佳枝町３の220 | 品川書店 | 福井(２) 0112 | 金沢 7848 |
| 甲府 | 甲府市柳町96 | 柳正堂 | 甲府(３) 2831 | 甲府 333 |
| 長野 | 長野市大門町66の１ | 長野西沢書店 | 長野(２) 5549 | 長野 124 |
| 岐阜 | 岐阜市笹土居町25 | | 岐阜(２) 2767 | 名古屋 25651 |
| 静岡 | 静岡市追手町229 | | 静岡(53) 2661 | 東京 96449 |
| 名古屋 | 名古屋市中区下長者町４の９ | 川瀬書店 | 名古屋(23)3703・4705 | 名古屋 563 |
| 名古屋駅前 | 名古屋市中村区堀内町２の23 | | 名古屋(55) 0127～8 | 名古屋 1 |
| 津 | 津市京口町1211 | 別所書店 | 津(８) 3366 | 東京 13149 |
| 京都 | 京都市中京区河原町通六角下ル東入 | | 京都(22) 4444 | 京都 20028 |
| 大阪 | 大阪市西区土佐堀船町６(肥後橋前) | | 大阪(443) 2171～3 | 大阪 57561 |
| 天満 | 大阪市北区信保町１の10 | | 大阪(351) 8818 | 大阪 63148 |
| 神戸 | 神戸市生田区北長狭通５丁目13の９ | | 神戸(４) 0637 | 神戸 9470 |
| 奈良 | 奈良市橋本町36 | 奈良明新社 | 奈良(２) 6236～7 | 大阪 91807 |
| 和歌山 | 和歌山市本町１の７ | 宮井平安堂 | 和歌山(２) 7116 | 大阪 62 |
| 松江 | 松江市殿町63 | 今井書店 | 松江(２)2230・3267 | 松江 185 |
| 岡山 | 岡山市駅前地下商店街 | 山田書房 | 岡山(３) 7948 | 岡山 286 |
| 広島 | 広島市上流川町64の５(女学院前) | | 広島(28) 2868 | 広島 5854 |
| 山口 | 山口市円政寺42 | | 山口(２) 0582 | 下関 1047 |
| 高松 | 高松市五番町３の５ | | 高松(２) 8945 | 徳島 15399 |
| 松山 | 松山市三番町45 | | 松山(２) 7879 | 大阪 1678 |
| 福岡 | 福岡市渡辺通５丁目16街区３号 | | 福岡(76) 1151 | 福岡 1177 |
| 佐賀 | 佐賀市白山町63 | | 佐賀(３) 3722 | 福岡 25088 |
| 熊本 | 熊本市上通町４の57 | 長崎書店 | 熊本(２)0055・0432 | 熊本 68 |
| 大分 | 大分市都町４丁目１の24号 | | 大分(２) 4308 | 下関 9230 |
| 鹿児島 | 鹿児島市仲町９(西本願寺前) | | 鹿児島(２) 1691 | 鹿児島 311 |

**⦿官報販売所**

| | | | | |
|---|---|---|---|---|
| 千葉県 | 船橋市本町２の1667 | | 船橋(22) 2228 | 東京196171 |
| 滋賀県 | 大津市丸屋町12 | | 大津 2683 | 京都 18033 |
| 鳥取県 | 鳥取市若桜町39 | ロゴス書店 | 鳥取 2158 | 大阪 9035 |
| 徳島県 | 徳島市紙屋町３の18 | 小山助学館 | 徳島(２) 6359 | 徳島 595 |
| 高知県 | 高知市帯屋町107の6 | 堀新聞店 | 高知(２) 5866 | 徳島 8791 |
| 長崎県 | 長崎市出島町５番17号 | | 長崎(２) 1413 | 長崎 1619 |
| 宮崎県 | 宮崎市広島通３の12 | | 宮崎(２) 2284 | 鹿児島 7580 |

39. 3

初等教育実験学校報告書 7

小学校家庭科

# すまいの領域を中心にした学習指導法の研究

1964

文部省

初等教育実験学校報告書 7

小学校家庭科

すまいの領域を中心にした学習指導法の研究

1964

文部省

# まえがき

小学校の新しい教育課程が実施されて以来，家庭科の研究が年ごとに進み，その成果の発表が多く見られるようになったことは，まことに喜ばしいことである。

ところが，すまいの領域に関する研究は，一般的にその着手も遅れ，指導計画の作成や指導方法についての問題点が少なくなく，今後の研究にまたなければならない面が多いのである。

本書は，文部省が昭和37,38年度の2か年にわたって，「すまいの領域を中心にした学習指導法の研究」という主題で，東京都目黒区立東根小学校に実験研究を委嘱して得た研究の成果をまとめたものである。本書を一つの手がかりとして，この方面の研究がいっそう進められることを期待してやまない。

終わりに，本実験研究に心からの協力をいただいた東根小学校の校長はじめ全職員のかたがたに深く感謝する次第である。

昭和39年5月

文部省初等中等教育局

初等教育課長　西　村　勝　巳

# はじめに

小学校家庭科が，昭和22年に設けられた新しい教科であることは，いまさら述べるまでもないことでありますが，この教科の歩みをふりかえってみますと必ずしも平穏なものであったとはいえません。

今回の改訂によって小学校教育課程の中に明確な位置づけをもち，定着の姿をみるようになった家庭科を思うとき，感無量のものがあります。

最近，あらゆる家庭科研究集会において検討される問題が，指導内容や指導法の研究に向けられるようになり，現場の指導に明るい指針が与えられるようになったことは，喜ばしいことと思います。

とくに，被服領域や食物領域に関しては，比較的研究が深められ，あらゆる角度から究明されつつあるように思います。

しかしながら，すまい領域に関しては，多くの問題を内在している領域にもかかわらず，未開拓の分野が数多く残されていて，実際指導にたずさわっているものにとっては，至難な領域でありました。

たまたま，昭和37年度の当初，文部省実験学校として，「すまいの領域を中心にした学習指導法の研究」について主題が与えられました。本校としても，当面している問題の一つでありましたので，地域の実状に即した具体的な研究をはじめることにいたしました。

本校では，家庭科の専任をあてていますが，研究成果をあげるためには，全体体制としての研究組織を構成して，それぞれの部署が，家庭科研究部と絶えず有機的な関連を保ちながら，職員の全意識を家庭科に集中して，2か年の研究を積み重ねてまいりました。

この間，特に留意してきた点は，とかく，一つの研究に没頭すると，他の面の力がそがれてしまって，いびつな学校経営に陥りがちであるので，その点，意を用いてきたつもりであります。また，昭和38年度に東京都研究協力校と目黒区研究協力校の指定を受けたため，文部省の研究体制をそこねることをおそれました。

しかし，幸いにして，文部省教科調査官鹿内先生の周到な指導助言のたまものと，全職員の熱意ある研究体制とあいまって，ここに，ささやかながら２か年の研究をまとめることができました。当初から終始，わたしどものために，手をとるようにしてあたたかくご指導いただきました鹿内先生に，全職員心からの感謝を申し上げる次第であります。

昭和39年5月

東京都目黒区立東根小学校

前校長　打越　秀

現校長　原　義徳

# 目　次

# 第１ 研究の概略

## 1 研究主題の受け止め方

本校が「すまいの領域を中心にした学習指導法の研究」の主題によって実験学校をお引き受けした昭和37年は，改訂学習指導要領の実施後２年めにあたり，移行期間を経て家庭科の研究が年ごとに盛んになりつつあったときである。

しかしながら他の領域に比べてすまいの領域については，まだ，じゅうぶん研究されず，未開拓の領域として，指導上の問題点を数多くもっていた。したがって，本校でも特にすまいに関する題材の指導については，意を用いてきたのであったが，とかく話し合いの学習にとどまり，興味のともなわない学習になりがちであった。

たまたま，すまいの領域を中心とした学習指導法の研究という主題をうけて，当面していた切実な問題であったので，誠意この主題に取り組み，次の研究の経過に述べるすじ道をとって２年間鋭意研究に努めることにした。

しかし，すまいの領域の研究を主体に取り組むことではあっても，この領域だけを切り離して，研究の対象とするわけにはいかない。家庭科全般についての理解を手始めとして，他の領域の内容も研究する必要があったので，まず，主題の正しい解釈をするための，家庭科への共通理解に努めることにした。

次に，主題を受け止める心構えとして努めたことは，すまい領域の内容はあくとその中に内在している問題の分析ということであった。

一つの教科の一つの領域を対象とする研究であっても，学習指導法の研究はすべての教科に通じるので，直接，家庭科を担当していない教師も，身近な問題の究明として，意欲的に取り組むことを，はじめに予想したのであるが，この2か年の研究の歩みは，予想を裏切ることなく，全職員の意識を集めて研究を進めることができたと思う。

## 2 研究の経過

昭和37年の学年当初に，文部省から家庭科の実験学校として2か年継続研究の依頼を受けた。

当時の本校の家庭科は，特別に施設もなく，設備もふじゅうぶんで，実験学校をお引き受けするにはいささか不安もないわけではなかった。しかし，家庭科に関心をもって勉強するには，よい機会でもあるからという職員の自主的な協力によって，実験学校としての研究に取り組むことになった。早速文部省から家庭科の教科調査官をお招きし，実験学校の性格，研究テーマ，今後の研究の進め方などについての指導を受けて，その心構えをつくった。本校に与えられた研究テーマは「すまいの領域を中心とした学習指導法の研究」ということであった。そこで第1年度の研究の重点はすまいの領域を中心とした指導計画の改善と指導法の研究に主力を注ぐことにした。

まず児童が家庭生活をどのように過ごしているか，その実態を正しくはあくすることの必要性を考え，その実態を調査してみることにした。この地域のだいたいの様子はわかってはいたものの，この調査結果を科学的に分析し，さらに小学校学習指導要領の第7章家庭科を熟読した結果とをあわせて考えたとき，あまりにも多くの問題点が山積していることに気づき，家庭科学習を強力に推進していかなければならないことを深く反省させられた。そこで全職員の共通理解の上に立って，本校に与えられたテーマの研究に取り組むことにした。そして学校としての研究体制のあり方を熟考して整えることを考えた。





そこで全職員を調査研究部，資料研究部，授業研究部，記録研究部の4部に分け，各部の部長には，家庭科研究部員を当て，毎週月曜日を定例分科会の日と定め，次のような各分科会に与えられた仕事を進めていくことにした。調査研究部は地域の実態や児童についての事前事後の調査統計を分担し，資料研究部は指導上必要な資料，たとえば図表，統計，写真，スライドなどの整備作製を行ない，授業研究部はいろいろの角度から授業の分析研究を行ない，記録研究部はすべての記録を刻明にとって研究の資料を提供することにした。

いつも家庭科研究主任を中心とする家庭科研究部がこの中核となって，全体が有機的に活動することによって，効果的な深みのある学習指導の研究ができるように意図した。また，これらの分科会の研究とあいまって常に児童が楽しく，学習しやすい家庭科室の整備を研究し，効果的に能率的に，身についた学習が進められるように努めてきた。幸い実験学校を引き受けることになって区当局の理解あるご協力により，現在のような家庭科室および設備が整い，施設面においてまったくその面目を一新するに至った。研究を進めていくため，第5,6学年各一クラスを実験クラスと定め，研究部では家庭環境の調査や児童の実態，題材に即した事前調査に基づいて指導法の研究を行ない，これらの実験クラスによる授業を通して，指導後さらに事後調査を行ない比較検討して指導計画改善や指導法の研究を深めてきた。指導計画については実態に即し実際指導に役だつものをという考えのもとに，研究部で何回も研究協議を重ね，修正を加えて作成してきた。特に家庭科は他教科での学習が基礎となって，さらに発展的，応用的に扱われることが多いので，すまいの領域についてもどこでどのような学習を経て現在に至っているかをよく調査し，その学習が効果的に進められるように努力してきた。

全職員による授業研究は毎月1回行ない指導計画の立て方はよいか，指導の流れ，時間の配分はこれでよいか，資料の活用は適切であったか。児童の反応および実践的態度が身についたかなど，授業研究部員がそれぞれに分担して，いろいろの角度からみて記録を詳細にとって研究資料とした。用意した調査や資料についても常に授業を通して検討し目標を達するため全職員で研究を続けてきた。そして第1年度の研究について，昭和38年6月に次のような中間発表を行なった。

- 地域の実態と家庭科の年間計画
- すまいの領域を中心とした題材の指導計画
- 題材「身のまわりの整理整とん」を中心にした学習指導の実際
- 実演授業を通しての指導法の研究

次いで，第2年度においては，前年度の研究について反省を行ない，その反省の上に立って，第1年度に引き続いて，全職員による研究体制で毎週月曜日に分科会，火曜日に家庭科研究会を行ない，研究を進めることにした。

まず第1年度に作成したすまいの領域を中心にした指導計画について，題材設定の理由，題材の目標，指導過程，資料の活用等について検討を加えた。そしてこれに基づいて，各題材の学習指導を行なううえの事前調査の方法を検討して，これを実際指導に生かすような研究に努めた。

すまいの領域を中心とした題材の実際指導では，できるだけ研究授業体制をとり指導記録をとって指導法の研究を行なった。また学習後調査を行ない，児童がどのように学習を受け止め，身につけているかを確かめ研究を行なった。

特に第5学年の清掃，第6学年の採光，照明，調和のあるすまい方などにおいては視覚教材の研究を進めた。第5学年の身のまわりの整理整とんは，事前事後の評価を通して，問題点の解明を図るための指導法の研究を進めた。





第6学年の涼しいすまい方は，全職員の授業研究によって学習の流れをどのようにしたら，この内容の効果的な学習が行なえるかの検討を試みた。

第6学年の題材「冬のすまい」では指導案の検討と教師の発問と児童の話し合いの傾向をとらえ，また2学級の学習指導の進め方の比較，事後評価による比較検討を行なったのである。

この間の研究は第3章以下に詳述してあるが，本校の実態については，調査だけをられつするのではなく，調査の意図と調査した結果から読みとられることがらをできるだけ明らかにしようとした。

児童の経験的背景については，家庭科の学習指導では特に重要視しなければならない問題である。そこで，第1年度に研究したすまいの学習を中心にした各題材の内容と関係する学習経験の一覧を，第2年度では，さらに関連づける方向と，これに対する見解とを考えた。

なお38年度においては，東京都および目黒区の家庭科研究協力校の指定を受け，「家庭科の環境構成」という研究主題をかかげ，文部省の実験学校の研究とあいまって研究を進めてきたので，相互に研究はいっそう深められたように思われた。

# 第2　本校の実態と児童の経験的背景

## 1　本校の実態

### (1)　本校の学区について

本校は目黒区のほぼ南西部最端で，世田谷区と隣接する場所である。創立が14年前であることから，およそ察知できると思われるが，当学校区の発展史はきわめて新しい年代にその端を発している。すなわち都立大学創立以後建てられた一部住宅を除けば，ほとんどが戦後開発され，住宅化されたといっても過言ではない。したがって数少ない土着の家庭と，新しく土地を求めて住宅を建てたか，または新しいアパートを求めて居住した家庭とで構成されている。

東京の山の手の典型で，おおむね住宅で，店舗がきわめて少なく，生活必需品の購入は遠く学区域外で，それをみたさなければならない。さらにこの地の特殊性を裏づけるかのように，ふろ屋が1軒もないことがあげられる。幸い商店街や，その付近で生じやすい社会的な問題および教育上の問題がきわめて少ない。

なお詳細に述べるなら，当学校区は柿の木坂，衾町の一部，大原町，芳窪町の4地域からなっている。柿の木坂や衾町は，大原町や芳窪町よりやや速く住宅化された所で，石べいや生けがきで囲まれ，いろいろな庭木が植え込まれている住宅がほとんどである。住人のひとりは「地域的結束がほとんど不可能に近い」と，語っていたが，うなずけるような気がする。これに比べて，大原町や芳窪町は，アパート群と，割合密集した住宅群とからなっている。

この学校区全体として樹木が多く，いまだに空地も点在していることか





ら，季節感を味わうのに苦にならない所である。

以上によって，本校の地域社会が学校教育上たいして問題のない地域のように思えるかもしれないが，必ずしもそうとはいえない。

下記実験調査の結果をみればわかるように，教育上配慮しなければならないいくつかの問題を含んでいる。

### (2)　家庭の職業について

表(1)のような分類によって，本校児童全体の家庭の職業を調査した結果は，次頁の円グラフのようである。

表 (1)

|  |  |
|---|---|
| 事務的管理的俸給生活者 | 支配人，幹部社員，重役，農業経営者 |
| 公務員 | 教員，警察官，区吏員，保母等 |
| 会社事務員 | 会社員，学校事務員，秘書，保険外交員，店員，銀行員 |
| 中小商工業者 | 販売人，洋服仕立て業，やお屋，肉屋，菓子屋，洗たく業，依託加工，質店，不動産紹介業，土木建築請負，鉱山業，商店，製造工場経営 |
| サービス業 | 料理飲食業，旅館，キャバレー，ダンスホール，芸能人，映画支配人，碁会所，玉突き，パチンコ，理髪店 |
| 技術者 | 写真屋，タイピスト，運転手，調理人，表具師，技術師，技手，消防手，調律師，機関手，印刷工，職工，くつ屋，印刷製本工，理容師，庭師，大工，左官，建築人夫，塗工，石工 |
| 一般労務者 | 農夫，行商人，家事使用人，用務員，警備員，守衛，給事，作業員，雑役夫 |
| その他 | 社会事業家，宗教家，団体役員，不明のもの |
| 無職 | |

職業状況はこのグラフのとおりであるが，一見して言えることは，勤め人がほとんどで，家庭が職業の場となる中小工業や，商店が少ないことである。

さらに生活の基盤となる経済的な面を考えると，いわゆる給料生活者が63％で過半数を占め，月々一定した収入の上に生活が築かれている。それ

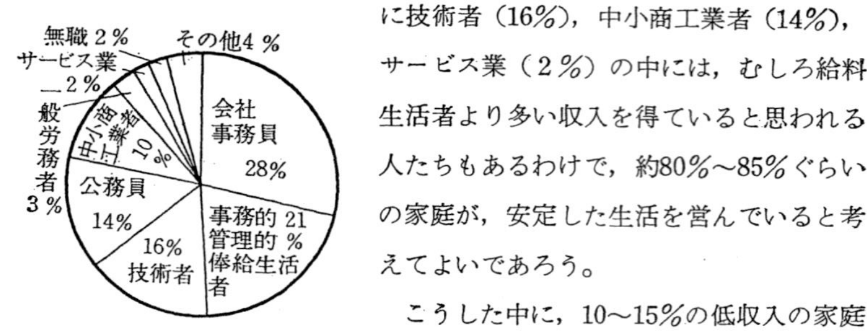


調査人員（１～６年）701名
38．5．1　現在

に技術者（16％），中小商工業者（14％），サービス業（２％）の中には，むしろ給料生活者より多い収入を得ていると思われる人たちもあるわけで，約80％～85％ぐらいの家庭が，安定した生活を営んでいると考えてよいであろう。

こうした中に，10～15％の低収入の家庭のあることは，特に実生活の問題と取り組む家庭科にとっては，配慮しなければならない面が多い。

### （3）　児童の家庭環境について

児童が養育されている家庭環境，生活内容について，いくつかの角度から調査を行なった結果を次にあげてみよう。

①　住宅の状況

ア　住　　居

| 自　宅 | 社宅 | 借家 | アパート | 間借り | その他 |
|---|---|---|---|---|---|
| 52.9% | 18% | 14.9% | 5.6% | 3.6% | 5% |

調査人員（４～６年）469名

右表のように自宅に住んでいるものが半数以上を示している。また自宅でないにせよ，１軒独立した家屋で生活しているものを加えると約85％を示している。これらの家族は他人から，なんら干渉されないで独自の生活を営んでいると思われる。しかしながら間借り生活を余儀なくされている児童たちも，わずかながらあるので，この点の教育的配慮を考えておかなければならない。

イ　へやの数

へやの数は家族構成人数との関係から考えなければならないが，都会の住宅事情から考えると，この地域は比較的恵まれているといえる。し





| へやの数 | 3 | 4 | 2 | 5 | 6 | 1 | 7 | 8 | 9 | 10 |
|---|---|---|---|---|---|---|---|---|---|---|
| 百分率（％） | 21 | 19 | 15 | 12 | 10 | 8 | 7 | 4 | 2 | 2 |

調査人員（４～６年）446名

かし，一間の家庭が８％あることに対して，指導上に配慮する点を考えておかなければならない。

ウ　勉　強　室

| 兄第共同 | ひとり用 | なし | その他 |
|---|---|---|---|
| 45.5% | 30.7% | 21.5% | 2.3% |

調査人員（４～６年）446名

勉強室をもっている児童が76.2％となっているが，たいへん恵まれている。

エ　勉　強　机

| ひとり用 | 兄弟共同 | なし | その他 |
|---|---|---|---|
| 79.7% | 16.7% | 2.7% | 0.9% |

調査人員（４～６年）446名

勉強室がなくても，勉強机を用意してある家庭が，上記（ウ）と比較すると約20％である。机のない児童は３％足らずで，きわめて家庭での学習環境が恵まれているという結果である。

②　家　族　数

| 家族数 | 4人 | 5人 | 6人 | 3人 | 7人 |
|---|---|---|---|---|---|
| 百分率 | 35.9% | 28.9% | 14% | 8.5% | 5.8% |

2人，8人，9人，10人以上：0.6％，1.3％，1.3％，3.3％

調査　152　世帯

比較的少ない家族構成であることは，近年の傾向の現われといえよう。兄弟が２人か３人という家庭が多く，職業の傾向とを合わせ考えると，こどもに対する世話もじゅうぶん行き届いている家庭が多いといえよう。

③　児童を世話する人

| 母 | 祖母 | 父 | 姉 | その他 |
|---|---|---|---|---|
| 89.7% | 4.2％ | 2.9％ | 1.7％ | 1.5％ |

調査人員（４～６年）409名

### ④ 児童に対する親の考え

#### ア 児童のこづかい

こづかいをどのような方法で，どのくらいの金額を与えているか調査したものである。その結果では，ほとんどの家庭で月々一定した金額を与えている。月ぎめの場合についてグラフにしてみよう。社会的にもいろいろ話題となったことではある。この結果でははほどよい金額であるように思えるし，ほとんどが月ぎめを実行していることは，きわめて興味深いものがある。

| こづかい | 300円以内 | 200円以内 | 400円以内 | 500円以内 | 100円以内 | まったくやらない |
|---|---|---|---|---|---|---|
| 百分率 | 38.0% | 20.6% | 10.5% | 9.9% | 9.6% | 7.8% |

調査人員（4～6年）334 名

#### イ 児童に対する態度

「こどもに対する態度は，次のどれにあたるでしょうか。げんかく―ふつう―寛大―あまやかしている」という，非常に抽象的な問いであったが，右上のような結果を得た。

| ふつう | げんかく | 寛大 | あまやかしている |
|---|---|---|---|
| 72.3% | 13.4% | 9% | 5.3% |

調査人員（4～6年）434名

#### ウ 親の願う児童像

「どんなこどもにしたいと思いますか。」という問いに対して，次のように答えている。

| 記述内容 | 数 | 記述内容 | 数 |
|---|---|---|---|
| 明るく，快活 | 200 | 積極性（よいと思うことは進んで行なう。）実行力，打ちこむ熱意 | 32 |
| すなお | 142 | 正しさを見きわめ，弱気に負けず行なう。 | 27 |
| 健康 | 63 | 友と仲よく（兄弟とも），だれにも好かれる。 | 24 |
| 意志の強さ，努力，忍耐 | 50 | 心の広さ，線の太いものごとにこだわらない。 | 24 |
| 自分の考えをもって行動する。軽々しく人から左右されない。 | 45 | 家庭的，よい家庭をつくりあげようとする。 | 24 |
| 正直，誠実，まじめ | 36 | | |
| 思いやり，心のあたたかさ，やさしさ。 | 23 | 社会的良識のある人，公徳心 | 6 |
| 深く考えて行動する，落ち着きがある。 | 18 | 親切 | 4 |
| 責任感 | 17 | 情緒，人間性の豊かさ。 | 3 |
| 人に迷惑をかけない。自分でできることは自分で。（独立，自主性） | 13 | 自分の感情や利害にとらわれずに公平で公正な態度。 | 2 |
| 心身ともに健全 | 12 | 整理整とん | 1 |
| 社会に役だつ，人のために働ける人 | 7 | | |





調査人員（4～6年） 434名（記述内容の分類は道徳教育の項目に従がった）

明朗で快活，素直な性格，そして健康であってほしい。根気強く着実に努力していくことができ，軽々しく人の言動に左右されない意志強固な人間であることを望んでいるように考えられる。

#### エ 親のみるこどもの性格

親がこどもをどのようにとらえているか，その調査結果を右にあげてみよう。

| | | | |
|---|---|---|---|
| 明るい感じ | 38% | 勝ち気 | 22% |
| ふつう | 49% | ふつう | 40% |
| 暗い感じ | 6% | 気よわ | 19% |
| 積極的 | 14% | 物をたいせつにする | 22% |
| ふつう | 52% | ふつう | 47% |
| 消極的 | 19% | 物をたいせつにしない | 17% |
| 活発 | 20% | 打ちこんでやる | 17% |
| ふつう | 50% | ふつう | 39% |
| のろい | 12% | 気が散りやすい | 29% |
| ことばづかいがていねい | 3% | だれとでも遊ぶ | 47% |
| 〃 ふつう | 77% | ふつう | 37% |
| 〃 悪い | 10% | 友だちにすききらいがある | 7% |
| おしゃべりのほう | 17% | おこりやすい | 33% |
| ふつう | 58% | ふつう | 34% |
| 無口 | 9% | 気なが | 3% |

調査人員（4～6年） 473名（各無答の項を省略）

#### オ 学校教育に対する関心

(ア) 次に学校教育に対して，どれほどの関心をいだいているかを示してみよう。

「父兄懇談会のおり，どんなことをいちばんお聞きになりたいと思いますか。」というアンケートを全学年に実施し，まずその回答率をもって，学校教育に対する関心度を察知しようというのである。

もちろん回答率即関心度と結論することは無理であろうが，およその傾向は知ることができよう。

下のグラフのように，過半数の回答を得たのである。こどもの向上を願わない親はないにしても，その方法の何らかを先生と相談し，光明を見いだしたい気持ちが多いといえるのではないだろうか。

| 回答あり63% | 回答なし37% |
|---|---|

調査人員（1～6年） 835名

(イ) いったいどんな内容を聞きたいと思っているのであろうか。

次ページの表のように成績，学習のしかた，授業中の態度についての質問を読んで感ずることは，児童が着実にわかり，覚え，向上するかという知識の育成にいかに苦慮しているかということである。これが異口同音に，国語，算数，社会，理科の４教科の質問であり，家庭科をはじめ図画工作科，体育，音楽などの教科に対しては皆無であることは問題である。またなかには正常な人間関係を願っての質疑，近代社会における理想的な生活態度のあり方を問う質疑などのあることは注目に値する。

進学の問題が４年生ごろから端を発し，６年生で34%に増加していることは，この地域の一特性であろうと思われる。

⑤ 児童の家庭生活への協力

前述したように，比較的恵まれた環境で，親のあたたかい愛情につつまれて成長している児童たちであるが，家庭生活への協力はきわめて消極的で，進んで協力して

| 言われたらする52.7% | ときどきする 26.0% | 進んでする 10.2% | 毎日する 9.8% | しない 1.3% |
|---|---|---|---|---|

調査人員（4～6年） 467名





いると答えた数はわずか10%にすぎない。しかし自主的ではないかもしれないが，過半数の児童が手伝いをしていることが次の調査で明かである。

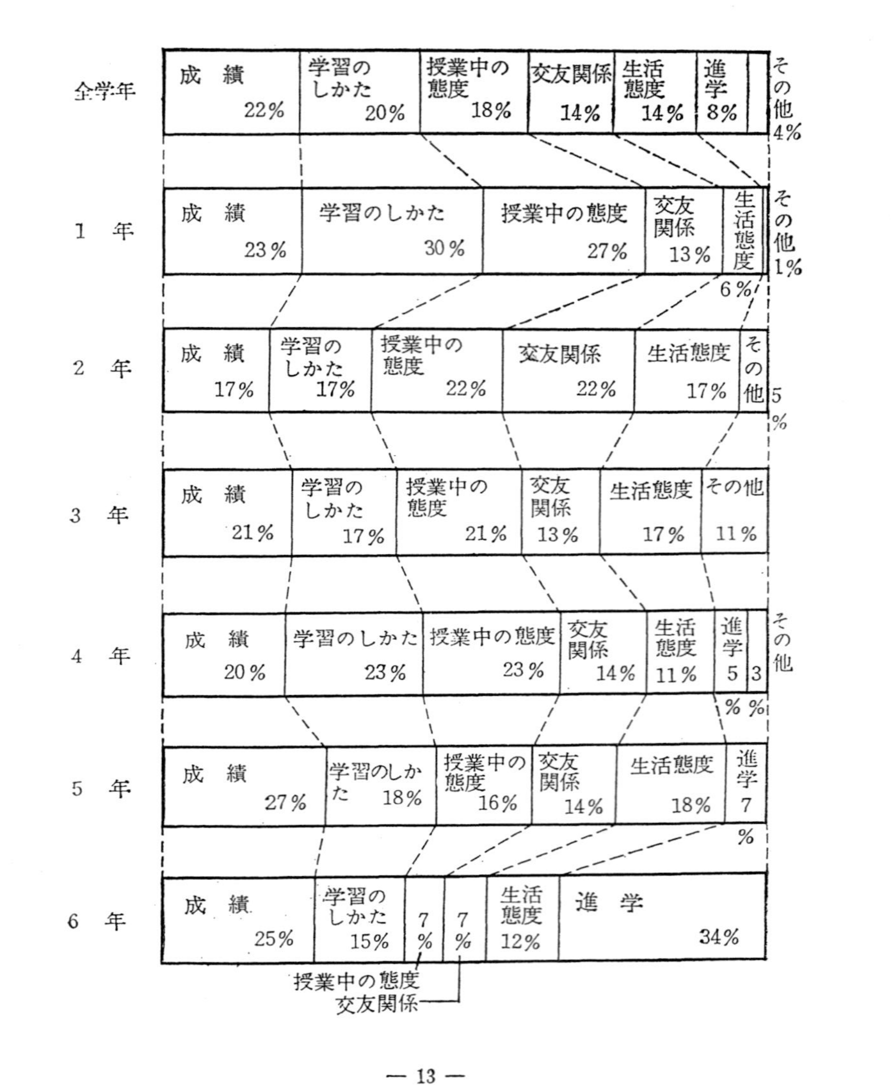

問い１　きのう（３月11日），あなたは学校から帰っておてつだいをしましたか。

問い１の結果

(ア)　おてつだいした児童の割合　　　(イ)　おてつだいの学年別グラフ

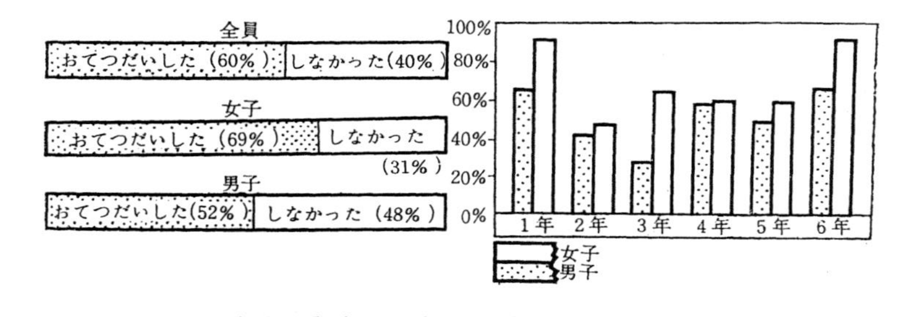


調査人員（１～６年の１学級ずつ）　249名

３学期の学期末であり，また平日（水曜日）家に帰ってからの手伝いであるから部分的であるが，過半数が手伝いをしている。特に女子の場合は良好といえる。

学年別のグラフでは，中学年が低くなっている。この頃の児童は行動範囲が一段に広まって遊びがおもしろく，家庭内にいる時間がやや少なくなる。したがってお手伝いも少なくなるのではないかと考える。

問い２　おてつだいできた人は，どんなおてつだいをしたのですか。したおてつだいをみんな書いてください。

問い２の結果

この結果は，学年別に１学級ずつ調査したものであるが，調査人員が一定していないし，またひとりで何項目も書いたものもあるので，その多い順に次ページに実数で示してみる。

次ページのように，児童が学校から家に帰った手伝いとしては，「夕食の手伝い」と，それに伴う「お使い」が多い。夕食の手伝いについては，





| 学年／性別／項目 | 1 | | 2 | | 3 | | 4 | | 5 | | 6 | | 計 |
|---|---|---|---|---|---|---|---|---|---|---|---|---|---|
| | 男 | 女 | 男 | 女 | 男 | 女 | 男 | 女 | 男 | 女 | 男 | 女 | |
| 夕食の手伝い | 1 | 6 | 2 | 3 | 2 | 9 | 3 | 6 | 1 | 5 | 6 | 11 | 55 |
| お使い | 3 | 2 | 4 | 1 | 2 | 3 | 6 | 4 | 6 | 4 | 8 | 3 | 46 |
| そうじ | 2 | 11 | | 2 | | 2 | | 5 | 1 | 1 | 1 | 4 | 29 |
| 雨戸をしめた | | 2 | 1 | 1 | 1 | 1 | 2 | 4 | 3 | 2 | 5 | 9 | 26 |
| ふとんしき | | | 1 | 1 | 1 | 1 | 1 | 1 | 1 | 2 | 1 | 2 | 12 |
| るすばん | 1 | 1 | 2 | 1 | 1 | | 1 | 1 | 2 | | 2 | | 11 |
| へやのかたづけ | | | 1 | 2 | | 1 | 2 | 2 | | 1 | | 2 | 11 |
| その他 | 7 | 7 | 3 | 3 | 1 | 3 | 4 | 2 | 4 | 5 | 13 | 10 | 62 |

１年では「茶碗を運ぶ，茶碗をふいた。」が大部分を占め，「茶碗を洗う。」という項は女子にわずかあり，中学年にかたまっている。高学年では「料理の手伝い，夕食の用意，あとかたづけ。」と質が高まっている。また，表以外に，高学年だけにみられるものとして，「コーヒー，紅茶，お茶をいれた。リンゴをむいた。」などがある。

被服に関するものとして，しいていえば，「ふとんしき」があげられようが，その他については５人だけが回答しているにすぎない。時間的・時期的にせんたくも少なく，被服のしまつなどは手伝いと考えなかったであろう。あげたものは「アイロンかけ，父母への服の出し入れ」などであった。

すまいに関係するものは「そうじ」が比較的多く，特に１年に多いのは学習指導との関係とも思われる。「雨戸をしめる」ことが，次に多くしだいに高学年に数を増している。特に６年で多いのは「冬のすまい」の学習の発展として自主的に実践しているようであった。６学年だけに出てきたのは「花をいけた，花の水をかえた，本の整理をした，いすのカバーをつけた，ガレージをしめた，自転車をみがいた，ゴルフのクラブをみがいてあげた，ふろをわかした，たんすの移動を手伝った。」などがあって，学

習との関係を考えさせられた。

その他，「弟妹の世話，父母の肩たたき，新聞の切り抜き，犬の散歩，背中を流してあげた。」ものが１～３人ずつ散発的にあった。

## 2　児童の経験的背景

児童の経験的背景については，文部省の指導資料「第５学年の家庭科の学習指導」に述べられているので，これに基づくなら，児童の学習による経験的背景と日常の家庭生活やその他の経験的背景が考えられるが，日常の家庭生活やその他の経験的背景については，前記の家庭環境調査や後述の各題材に即した事前調査でだいたいがつかめるので，ここでは学習の経験的背景について述べてみる。

### （1）　児童の学習による経験的背景

もともと，それぞれの教科は相互に関連しあっていて，一つの事象や知識を教科の特性という角度から学習していると考えてよいと思う。とりわけ家庭科は総合的な教科ともいえる特性をもつもので，他の教科との関連が，他教科に比べて特に深いといえる。たとえば，すまいの領域について，１年からどの教科でどのような学習がなされているか，５～６年のすまいに関する学習の背景や基盤となる学習が，どこでどのようになされてきたかを研究してみると，特に理科・社会・図画工作・道徳などが学習的背景となっていることがわかる。次に各題材について記述してみよう。

①　５年題材　　すまいのそうじ

すまいのそうじは幼児のころから，意識的に無意識的に見たり行なったりしていることではあるが，すまいのそうじを学習として取り上げられたのは５年になってはじめてである。教室そうじは３年から学校行事の一部として，実践し指導も受けてきている。教室がきれいであるほうが気持ちがよいと感じるのは学校生活にも慣れてきた２年生のころからであろう。





そうじの必要性，方法などの学習の背景となるものに，道徳２年の「きれいな教室」３年の「きれいな教室」４年の「そうじ」などで，学年に応じ，必要に応じて，そうじに関係して起こる問題が取り上げられてきた。２年の「きれいな教室」では，ひとりひとりが教室をよごさないよう気をつけ，みんなで協力して教室をきれいにするよう学習している。３年の「きれいな教室」では，みんなで使うものは順序よく使い，あと始末もきちんとし，他人に迷惑をかけないようにすることを知る。同時にそうじの実態を反省し，早くきれいにすることを思考し，勤労を喜んで自主的にする態度を身につける。なお４年の「そうじ」では，そうじ当番の役割をよく理解し，協力し，責任をもって仕事をする態度を養成しようとするものである。そして実践するにあたりじょうずな道具の使い方を学習してきたのである。

題材　　すまいのそうじ

| 題　　目 | おもな学習内容 | 背景となる各教科等の学習内容 | | | |
|---|---|---|---|---|---|
| | | １　年 | ２　年 | ３　年 | ４　年 |
| すまいの清けつ | ・すまいの清掃の必要性についてまとめる。 | （社）わたしの家<br>・おてつだい<br>・家の人々の仕事の役割を知る。 | （道）きれいな教室<br>・教室をきれいにするには，みんなで協力することを話し合う。 | | |
| ・そうじのしかた | ・へやや，場所に適したそうじのしかたを研究する。 | | | （道）きれいな教室<br>・そうじの実態を反省し，改善への努力を話し合う。 | （道）そうじ当番<br>・道具のじょうずな使い方を考える。 |
| ・そうじ用品修理製作 | ・自分たちで作れる用具を考え，製作する。 | | | （図）箱づくり<br>・厚紙の切り方，まげ方，接合のしかたを知る。<br>工作用具の使用法を覚える | （図）デザイン |

「すまいのそうじ」のまとめの題目である「そうじ用品の手入れ・修理製作」のところでは，低学年のころからの図画工作科での製作技能が背景となっている。はたきの製作の場合にも，竹の扱い方，ひもの結び方など既習内容が，じゅうぶん役だつと考えられる。

「くず入れの製作」になると，既製の箱などを利用するにしても，幼稚園，1，2年のころから学習し経験し会得したはり紙の知識・技能が生かされ，さらに3年の「箱作り」で学習した小刀を使っての，厚紙の切り方，まげ方，接合のしかたなどの学習が基礎となり，穴のあけ方，穴のまわりの紙のはり方，および箱のまわりの紙のはり方などを研究させることが可能であろう。

② 5年題材　　身のまわりの整理整とん

物をたいせつに扱ったり，自分のものは自分で始末させる指導は，小学校入学と同時に始まることはいうまでもない。また学校に慣れてからも，いろいろな教科や生活指導のなかで学習しているが，特に道徳の時間では，1年（もちものしらべ・自分でできること），2年（身のまわりを見よう），3年（きれいな身のまわり）で取り扱った。

これらの学習は，きちんと整理することは便利である上に，清潔感を感じて良いことであるとし，乱雑にしておくと，不潔感を感じさせ良くないということを示し，これを心情に訴えて，内面化させようというのがねらいである。そしてあくまでも自分の持ち物や服装などに限ったせまい範囲の学習であった。これに比べて5年の家庭科学習では，家庭の一員であるという自覚の上に立っての学習であるため必然的に広範囲となる。そして整理整とんの必要性を科学的に分析し，積極的によりよい生活への知識理解，態度の養成がねらいである。この学習が，効果的に行なわれるためには，やはり低学年からの積み重ねと家庭科ですでに学習した食事のあとかたづけ，被服の始末などが基盤となっていることを忘れてはならない。





製作活動については，図画工作科の技能，色彩およびデザイン等の学習経験がじゅうぶんに活用されるはずである。すなわち技能方面のバックボーンとしては，紙をちぎること（1年から）紙を切ること（2年から）紙をはりつけること（1年から）木を切ること（4年から）木を彫刻したり，けずったりすること（4年から）くぎを打つこと（4年から）竹を切ったり，けずったりすること（4年から）木や竹を接着させること（3年から）などがあげられる。

色彩学習については4年から本格的になされている。

扱った材料も種々様々で，経験は豊かである。たとえば紙・木・竹・鉄

題材　　身のまわりの整理整とん

| 題目 | おもな学習内容 | 背景となる各教科等の学習内容 1年 | 2年 | 3年 | 4年 | 5年 |
|---|---|---|---|---|---|---|
| ・持ち物の整理整とん | ・分類のしかたや整理整とんのしかたを考える。 | (道)持ち物しらべ<br>・物の扱い方や学用品の置き場所，置き方を考える。 | | (道)きれいな身なり<br>・机の中やへや教室の整とんについて考える。 | | |
| ・室内や家のまわりの整理整とん | ・整理整とんのよいしかたを考える。 | | (道)身のまわりをみよう。<br>・身のまわりの整とんをしておくとつごうのよいことを話し合う。 | | | |
| ・整理箱，整理袋の製作 | ・実用的な整理箱，整理袋を考えて作る。 | | (図)はり紙<br>・紙のはり方を知る。 | (図)状さしふで立て<br>・厚紙工作の技法を覚える。<br>箱づくり<br>・厚紙工作に慣れる。<br>・おもしろい着想のそうしょくをする。 | (図)<br>デザイン | (図)<br>デザイン<br>はがき入れ<br>・機能と形，色，そうしょくの関係について知る。 |

線・布地・毛糸・うすい金属の板などである。また使用目的と材料の関係，物の機能と形や色との関係（5年）の学習経験は，直接に関連すると思われるのである。

見取り図や展開図をえがくことは算数（4年）の学習が，背景となっている。

③　6年題材　　健康なすまい

梅雨期になると，戸，障子など湿気であけたてが困難になったり，戸だなにかびが発生したりする事実は見ているであろう。

教科では，1年の理科，「天気観察」で各自が天気を判別したり，天気を継続観察して天気にはいろいろあることに気づいたり，社会科で母親が，つゆのころに食物の衛生にどのように気を配っているかを考えさせたりして梅雨期の天気と健康なくらし方を学習した。

2年3年と学年が進むにつれて，四季の特徴に気づいたり，春分，げし，秋分，冬至の時の太陽の高さが移り変わることなども身につけている。またしめりけやかびについても実験観察した経験をもっている。

家族の健康はよい家庭生活の建設のための重要な要素なので，すまいも常にそれを第一に考えて，衛生的な環境を実現するため，努力しなければならないことを理解させるのがねらいである。4年の理科の「虫の一生」でか・はえの一生と駆除の方法を考え，簡単な消毒の方法や伝染病の予防方法，かかりやすい病気の症状や原因について理科の5，6年で学習している。また社会科の3年で「伝染病の予防や町の衛生」「わたくしたちで協力できることがら」なども背景となっている。5年体育「健康な生活」は，終極的なねらいは違うにせよ，きわめて関係深く，重要な基盤である。

また，東京の夏は高温多湿で，たいへんしのぎにくい状態であり，涼しく住むくふうが必要となってくる。これは理科1年の「かげふみ」，2年の太陽の動き，6年の太陽の角度を調べる学習から，直射日光を避けるた





題材　健康なすまい

| 題目 | おもな学習内容 | 背景となる各教科等の学習内容 1年 | 2年 | 3年 | 4年 | 5年 | 6年 |
|---|---|---|---|---|---|---|---|
| ・わたしたちのすまい | ・梅雨時に，すまいの変化はないか考えて話し合う。 | (理)てんき<br>・てんきの観察をする。<br>(社)つゆのころ<br>・保健衛生の関心を深めよい習慣をつける。 | (理)てんきしらべ<br>・毎日の天気の様子を調べて，晴れ，曇り，雨などにも，それぞれ程度の違いがあることを知る。 | (理)夏の季節<br>・夏の天気の特徴を知る。<br>(理)季節のまとめ<br>・季節ごとの天気調べ，温度調べに基づいて季節の特徴を知らせる。 | (理)気温しらべ<br>・毎日の気温の変化を調べ，季節によっても変化することに気づく。 | | (理)太陽の動き<br>・太陽の高度を知る。<br>・春分，げし，秋分，冬至の日の出，日の入り，時刻，南中時の高度等を調べ季節による移り変わりを知る。<br>(理)空気のしめりけ<br>・しめりけについて理解し，日常生活にも関係があることに気づく。<br>(理)かび<br>・養分と適当な水や温度でかびが育つことを知る。 |
| ・清潔なすまい方 | ・季節と家の清潔について話し合う。 | | | (理)夏の季節<br>(理)季節のまとめ（同上）<br>(社)保健所の仕事 | (理)気温しらべ（同上）<br>(理)虫の一生・か・はえの一生の変化や様子を観察して，これ | (体)健康な生活<br>・身のまわりの清潔について考える。春秋の大そうじの時，どのようにするか | (理)空気のしめりけ（同上） |

| | | | | | | | |
|---|---|---|---|---|---|---|---|
| | | | | ・町や家ではえやかをたいじしている様子を調べる。<br>・家のまわり，家の中の清潔について考える。 | をもとにして，駆除する方法を考える。 | 話し合う。 | |
| | ・消毒，殺虫について話し合う。 | | | (社)保健所の仕事<br>・伝染病の予防<br>・町の衛生<br>・わたくしたちの協力 | | (理)伝染病と寄生虫<br>・病原体によって伝染すること，ならびに経路を知る。<br>・伝染病の予防法を知る。 | (体)じょうぶなからだ<br>・かかりやすい病気の症状，原因，予防法について理解する。 |
| ・涼しいすまい方 | 暑さについて考える。 | | (理)太陽<br>・影の動きに興味をもつ，太陽が刻々動くことに気づく。 | (理)夏の季節<br>(同上) | (理)気温しらべ<br>(同上) | (理)風<br>・風の向きや強さをはかり，季節や場所による風の変化特徴に気づくとともに，これが日常生活に関係のあることを知る。 | (理)空気のしめりけ<br>(同上) |
| | 日本の各地の月別気温を見る。 | | | (算)グラフ<br>・グラフを読みとる。 | | | |
| | 暑さを防ぐ方法を考える。 | (理)かげふみとかげえ<br>・光源の反対側に影ができることに気づく。 | | | | (理)風<br>(同上) | (理)太陽の動き<br>(同上) |





めのくふうが考え出されるであろう。また5年の風向き，風速の学習から，風が日常生活と深い関係をもつことや，通風をよくする考察を助けることになるであろう。

④　6年題材　　冬のすまい

冬の季節の特徴は，理科学習において，1年から各学年にわたって扱われ，しだいに広く深く科学的に考慮してきている。したがって日光の利用方法に話し合う基盤は整っているといえるであろう。

保温や暖房のしかたについては，5年の「ねん料とほのお」，「酸素と二酸化炭素」，「物のあたたまり方」の学習が背景となる。いろいろな燃料の燃え方，また燃えるために何が必要条件となるか，へやはどのように暖まり，そして冷えるか，という家庭科学習の土台となり，骨骼（かく）となる問題が，おおむね解決されているわけである。

わたくしたちの家庭をより安全にし，災害におびやかされないような配慮が肝要である。この学習を推進させるのに背景となるものは，次のような教科学習であろう。2年社会科の「わたしたちを守ってくれる人たち」で，各家庭や地域社会では，盗難予防，火災予防のため，どのようなことをしているかを話し合った。5年の理科「風」で風水害について考察し，6年体育「安全な生活」で，家庭がより安全に生活できる方法を，いろいろ考えあったのである。

題材　冬のすまい

| 題目 | おもな学習内容 | 背景となる各教科等の学習内容 1年 | 2年 | 3年 | 4年 | 5年 | 6年 |
|---|---|---|---|---|---|---|---|
| ・暖かいすまい方 | ・日光の利用法を考えたり，保温のくふうをする。 | (理)ひなたとひかげ<br>・日なたと日かげの明るさや暖かさを比べ，その違いに気づく。<br>(理)ふゆのてんき<br>・天気にいろいろあることに気づく。 | (理)冬のてんき<br>・風の向きや強さが変わることに気づく。<br>・日によって，暑さ寒さが違うことに気づく。 | (理)冬のきせつ<br>・冬の天気の様子を観察して季節による特徴のある気象現象や日ざしの違いに気づく。 | (理)冬の気温しらべ<br>・気温を測り，それが一日のうちでもまた，季節によって変化することに気づく。 | (理)ねん料とほのお<br>・燃料にはいろいろな種類があって，燃え方にも違いのあることに気づく。<br>・一酸化炭素は有害であり，燃えた時に発生するものであることを知る。<br>(理)酸素と二酸化炭素<br>・こんろで火をおこし，物がよく燃えるには，空気が必要なことに気づき，じょうずな火のおこし方をくふうする。<br>(理)物のあたたまり方<br>・伝導，対流，放射によって熱が伝わることに気づく。日常の生活には，熱の移り方をうまく利用しているもののあることに気づく。 | (理)太陽のうごき<br>・冬至の日の出日の入り，方位，太陽の高さなどを調べ，これらの違いに気づき，季節による移り変わりを知る。 |
| ・すまいの安全 | ・起こりやすい災害について理解を深め，わたしたちにできる予防を考える。 | | (社)わたしたちを守ってくれる人たち<br>・盗難予防や火の用心について，家ではどのように気をつけているか話し合う。 | | | (理)風<br>・局地風の起こるわけを理解する。<br>・風力について知り，風の災害について話し合う。 | (体)安全な生活<br>・家庭で安全な生活をするには，どうしたらよいか話し合う。<br>・暖房設備によるやけどの手当。 |

⑤　6年題材　　すまいのくふう

明るいすまい方を学習するには，家庭科のすまいの領域の系統的な学習背景から，採光については「冬のすまい」と深い関連がある。他教科で背景となる最も重要なものは理科であろう。1年で光源の太陽や電燈などの光を物でさえぎると，反対側に影ができること，影の形や大きさは電燈との距離や物の置き方によって変わることを知り，3・4年では電気の初歩的知識を身につけている。

5年では，光は水や空気中で直進すること，光を出さないものが見えるのは他からきた光を反射しているからであるなど，光の反射，屈折について学習している。さらに6年では「電気のはたらき」の単元で，電熱器や電燈のしくみ，電気器具を安全に扱えるようにする学習があったのである。

この題材の「たのしいすまい方および製作」指導には，「5年身のまわりの整理整とん」の学習や「6年調和のある着方」の学習が基盤となる。次に製作活動であるため図画工作科がおもな背景であろう。すなわち1年で「へやのかざり」と題し，色紙を使ってへやを装飾し，4年で「かべかけ・がくぶち」を製作している。また5年で「状さし・たな」を完成させ，木工技能を高めたり，設計図から完成まで計画を立て，製作物と材料の関係を理解し，6年で目的や用途に応じた美しい色の使い方を学んできた。

染色指導には，版画の技能（初歩的なものは1年から）がじゅうぶん生かされるはずである。





題材　すまいのくふう

| 題目 | おもな学習内容 | 背景となる各教科等の学習内容<br>1年 | 2年 | 3年 | 4年 | 5年 | 6年 |
|---|---|---|---|---|---|---|---|
| ・明るいすまい方 | ・へやの採光や照明のしかたを知る。 | (理)かげふみとかげえ<br>・光源の反対側に影ができることに気づく。 | | (理)豆電球のつけ方<br>・豆電球をつける。 | (理)かん電池とまめ電球<br>・まめでん球の明るさの違いを調べる。 | (理)光<br>・光は水や空気中では直進することや，光の反射，屈折のしかたについて実験し理解する。<br>・光を出さないものが見えるわけを考える。 | (理)電気のはたらき<br>・スイッチ，コード，ソケットなどのしくみやはたらきを知る。<br>・屋内配線のしかたを知る。<br>・家庭の電気器具を安全に扱えるようにする。 |
| ・たのしいすまい方 | ・室内の家具道具の配置を考え調和のとれたものにする。 | (図)へやかざり<br>・色紙を切り抜いて教室を飾る。<br>・飾り方をくふうする。<br>(図)版画<br>・もようを作る。 | (図)版画<br>・紙はんが<br>・もようを作る。 | (図)版画<br>・いも版画を刷る。 | (図)かべかけ，がくぶち<br>・自由なアイディアで役だつものを作る。<br>・道具や材料の正しい使い方に慣れる。 | (図)状さし，たな<br>・木工技能を高める。<br>(図)計画を立てて作る。<br>・設計図から一貫した製作をし，その能力を養う。<br>・用と美の関係を知る。<br>・工具の技術を高める。 | (図)色の利用<br>・目的や用途に応じて色の使い方をくふうする。<br>・色の性質や機能について知り，これを考えて学習や生活に効果的に使う。 |

# 第３「すまい」の領域の指導計画作成について

## 1　すまいの領域の指導のねらい

小学校家庭科の学習指導要領には，四つの目標が掲げられてある。その中から「すまい」の領域の目標をとらえてみると「家庭生活の意義を理解させ家族の一員として家庭生活をよりよくしようとする実践的な態度を育成しょうとする」ことを基盤とし，「すまいに関する初歩的な知識，技能を習得させ，日常生活に役だたせる」こと。また「すまいの仕事を通して生活をいっそう合理的に処理する能力や態度を養うとともに，健康でうるおいのある家庭生活にするために，すまいについて創意くふうする態度や能力を養う。」ということになる。

この目標を分析して考えてみると家庭科は児童に家庭生活の意義をじゅうぶんに理解させてよりよい家族の一員として家庭生活を処理することのできるようにすることを根底のねらいとして「すまいに関する初歩的，基礎的な知識・技能を習得させる」ことであるが，これには小学校５・６年の児童の発達段階および児童の学習や生活の経験に即して，何を内容としてとらえ，どのように指導したらよいかを研究してかからなければならない。しかもただ知識や技能を習得させるにとどまるのではなくて日常生活に役だたせるところに重要なポイントがあることを考えなければならない。

次に「仕事を通してすまいの生活を合理的に処理する」ことは第５・６学年の児童の段階では，どの程度のことを要求したらよいかじゅうぶん研究すべきことである。すまいを合理的に処理することは，児童側からの受け取り方は「住みよくする」「気持ちよく住まう」ということになるかと思う。創意くふうする態度・能力は，第５・６学年の教材に即して児童な





りにくふうする程度を要求していると思う。

## 2　各学年のすまいに関する目標について

第５学年の目標から考えると，第４学年までの家庭生活に関する理解の上に立って家族の一員としての自分を自覚させ，自分の果たすべき役割を知り，進んで家庭の仕事に協力させることが大きなねらいである。六つの項目の中からすまいの領域の目標として考えられることは，すまいの清掃や整理整とんに関する初歩的な知識や技能を身につけさせ気持ちよく住まおうとする態度を養うことである。

第４学年までの家庭生活に関する理解を確認する意味で，まず家庭について家族構成や仕事の分担のようすを発表させ，自分も家族の一員としてどんなことをしなければならないかを考えさせると，ほとんどの「児童は自分のことは自分でしよう。」とか「お手伝いをよくしよう。」と考える。そこで第５学年の児童として自分のことといえば身のまわりの整理整とんをよくすることであり，お手伝いのうちでは，「そうじ」が多く取り上げられている。第５学年の「すまい」の領域の指導として，生活経験に基づいて，さらにこれを高めていくうえの適切なねらいと考えられた。

第６学年は第５学年の学習の上に立って，さらに「健康で合理的なすまい方のくふうをし，すまいの美化やすまい方の改善に関心をもたせこれを実行する態度を養う」というねらいがうち出されている。

第５学年では，清掃や身のまわりの整理整とんという児童の身近な直接的実践的な学習であったが，さらに発展し高められ合理的なすまい方をくふうしたり，すまいの美化やすまい方の改善に関心をもって実行するようにしなければならない。そのためには，理科や図画工作科，社会科など他教科や道徳などとの関連を考慮し，また他の領域の内容との関連において学習を位置づけることもたいせつである。

児童の実態としては，第5学年のころに比べ第6学年になると急に心身ともに発育し，学校においても最高学年として児童会活動や学習にも意欲をもち活発になってくる。

また，第5学年の自分の身のまわりのことを中心にした学習を基礎として，視野も広まり家庭のことにも関心をもち，創意くふうをしようとする態度や実践しようとする意欲も現われ，また実践化の能力がつくようになっている。

## 3　すまいの領域の指導上の問題点

これまで家庭科の研究で，食物・被服の領域の研究は比較的深められていたようであるが，すまいに関する研究はあまりされていないように思われる。

すまいは，われわれの生活の根拠であり，家族の生活を営む場であるので，家庭生活の指導を行なう上には重要な内容として目標や内容があげられているわけである。しかし，これを指導するについては，いくつかの問題点があげられると思う。すなわち，その一つとしては，すまいの指導の対象となる住生活の現実があまりにも開きが大きく,「指導上の焦点をどこに合わせたらよいか」という点である。たとえば東京と北海道という地域の違いはともかくとして同じ東京であっても工場地帯と住宅地があったり，同じ学区域内であっても,家屋の実態や家庭の生活様式が違ったりする。そこで生活している児童のすまい方はおのずから異なってくるわけである。

食物や被服に関しては多小の違いはあるにしても，児童の日常生活の経験や実践はまず大差がないといってもよいと思う。しかし住に関してはいろいろな角度から考えてみてもその違いが多いことに気づくのである。

次に食物や被服の指導の場合であると，学習の導入となり，話のきっかけとなるような具体的なものが容易に得られると思う。たとえば，ボタン,





スナップつけを指導する場合には，自分の着ている衣服のボタンやスナップのつけ方を観察させることによって，つける場所，つけ方を考えさせ，学習を進めていくことができる。また，食物の指導においても給食という具体的な場を利用すれば比較的児童の意欲が盛り上がってくると思う。

ところがすまいの領域の指導の場合を考えてみると，被服や食物の場合のように容易に具体的なものが得られにくい。たとえば題材「健康なすまい」において「すまいの各場所のはたらきを理解させ」と出ているけれども，すまいの各場所の具体的なものは教室では得られにくい。また照明の指導において「照明器具の種類，特徴，使い方を指導する。」とあるけれども，それらの具体物を学校に用意することは現段階としては容易なことではない。

このようにすまいの領域の指導においては，ややもすると単なる話し合いに終わるか，抽象的なことですましてしまいがちであり，そのために興味のない盛り上がりの少ない学習に終わるおそれがある。ここにもすまいの領域の指導の困難点があり，指導法のくふうを要するところである。

## 4　題材設定の基本的な考え方

題材設定の理由の基本的な考え方としては次のような点をおさえてみた。

(1)　児童の家庭生活経験を「すまい」の面から見る。

第5・6学年の児童の経験としては，どんなことだろうかと考えてみると，すまいのことは主としておとなの仕事の範ちゅうにあるので，児童の経験は範囲が限られてくる。けっきょく身のまわりを清潔にし，住みよくしたり楽しく住むという経験にとどまるであろう。

(2)　第5・6学年の特性を明確にとらえる。

この時期の児童は，家庭生活に対する関心がしだいに高まってくる。図

画工作などで習得した技能を生かして物を作ったり構成したりする意欲をもつようになってくる。また家庭生活に関心をもち，協力しようとする反面，自分のすまいや家庭生活を批判する力もでてくる。

(3)　すまいの領域の時数を予定する。

内容をほぼ予想して題材を設定する場合に考えなければならないことは，どれくらいの時数を確保することができるかということである。すまいの題材設定の場合，第５学年では20〜25％であるから約14時間〜18時間を確保し，第６学年では25〜30％であるから，約18時間〜21時間を確保できることになる。この時間数とにらみ合わせて題材設定と内容構成を考えたのである。

(4)　生活的なまとまりをもった題材を決める。

題材設定をする場合に，次に考えられることは児童の家庭生活の経験を考えて相互に有機的関連をもって指導ができるように生活的なまとまりをもたせて，題材を設定する。この場合に時数を考えることを忘れてはならないと思う。

題材名の設定にはいろいろあろうが，本校としての考え方としては，内容が題材名でおおよそはあくできるようなものにした。たとえば「きれいなすまい」といえば，物を飾りつけてきれいにする意味も含まれるおそれがあるので，内容がはっきりとわかるように「すまいのそうじ」とした。また，「梅雨とすまい」の題材名を考えたけれども，内容が部分的に考えられるおそれがあるので，予定される内容が包含されやすい「健康なすまい」とした。

(5)　題材の位置づけを考える。

題材ができ，実際指導にあたる場合に，季節や児童の生活を基本として位置づけることがたいせつである。また他の領域や他の教科などの関連において配列を考えることもたいせつである。たとえば，暖かいすまい方を





学習させたい場合には，寒い冬を目前にし，暖かく住む必要を感じて学習に望んでこそ，児童の学習活動は活発に行なわれ，効果的な指導もできるのである。また，実践化のために製作をとりあげる場合など，技能の系統を考えて位置づけることなどである。

以上のような考え方で各題材を設定し，学習を主体的に取り組ませるための指導計画を次のように立てた。

（他教科などとの関連については16〜27ページを参照されたい。）

## 5　家庭科の年間計画とすまいの内容を中心にした題材の指導計画

**(1)　家庭科の年間計画**

（34〜35ページ参照）

**(2)　すまいの内容を中心にした題材の指導計画**

**第５学年**

題　材　　すまいのそうじ　　6時間　　（台ふき作り6時間は略す）

題材設定の理由

わたしたちが，すまいによって生活を営む以上，清潔を保つということは，きわめてたいせつなことである。児童はこれまでも清掃についての経験はもっているが，そうじの正しい知識や方法をはあくして自主的に行なっているとは思われない。

第５学年になり，学校でも多くのそうじを分担することになり，また前題材で学習した家庭の仕事の分担としてもそうじのことが多く取り上げられているので，この時期にすまいのそうじについて指導することは適切であると考えた。

また針と糸とを用いる製作技能の習得には相当の時間を要するので，できるだけ早い時期に設定することが望ましいと考え，台ふき作りをこ

5 学 年　　家 庭 科 年 間 計 画 表

| 学期 | 月週 | 題材 | 題目 | 時数 |
|---|---|---|---|---|
| 1学期 | 4月第2週〜第3週 | 1 わたしたちの家庭生活 | (1)わたしたちの家庭<br>(2)家族の人々の立場と役割<br>(3)家庭の仕事<br>(4)わたしたちの仕事 | 4<br>(1)(2) 2<br>(3)(4) 2 |
| | 4月第4週〜6月第1週 | 2 すまいのそうじ | (1)すまいの清潔<br>(2)そうじのしかた<br>(3)そうじ用品の手入れ，修理，製作（くず入れ作り）<br>(4)台ふき作り | 12<br>1<br>2<br>3<br>6 |
| | 6月第2週〜第3週 | 3 日常着の着方と手入れ | (1)日常着の着方<br>(2)ふだんの手入れと始末 | 4<br>2<br>2 |
| | 6月第4週〜7月第3週 | 4 食事の手伝い | (1)おぜんだてと，あとかたづけ<br>(2)野菜サラダ作り | 6<br>3<br>3 |
| | | | | 26 |

| 学期 | 月週 | 題材 | 題目 | 時数 |
|---|---|---|---|---|
| 2学期 | 9月第1週〜10月第2週 | 5 下着と洗たく | (1)下着の選び方<br>(2)下着の洗たく<br>(3)ほころびなおし<br>(4)ボタン，スナップつけ | 8<br>1<br>3<br>2<br>2 |
| | 10月第3週〜11月第3週 | 6 ふくろ作り | (1)袋の役め<br>(2)裁縫箱入れ作り | 9<br>1<br>8 |
| | 11月第3週〜11月第2週 | 7 わたしたちの食事 | (1)食物と栄養<br>(2)ゆでたまごと，ほうれん草の油いため | 6<br>2<br>4 |
| | 12月第1週〜第3週 | 8 応接と訪問 | (1)応接のしかた<br>(2)訪問のしかた<br>(3)お茶，おかし，くだもののいただき方と，すすめ方 | 5<br>(1)(2) 2<br>3 |
| | | | | 28 |

| 学期 | 月週 | 題材 | 題目 | 時数 |
|---|---|---|---|---|
| 3学期 | 1月第3週〜2月第3週 | 9 ミシンの練習 | (1)ミシンの扱い方<br>(2)ミシンの踏み方<br>(3)縫い方<br>(4)調子の整え方 | 9<br>1<br>1<br>(3)(4) 7 |
| | 2月第4週〜3月第4週 | 10 身のまわりの整理整とん | (1)持ち物の整理，整とん<br>(2)室内や家のまわりの整理整とん<br>(3)製作（整理箱，整理袋） | 9<br>2<br>1<br>6 |
| | | | | 18 |

合計 72





6 学 年　　家 庭 科 年 間 計 画 表

| 学期 | 月週 | 題材 | 題目 | 時数 |
|---|---|---|---|---|
| 1学期 | 4月第2週〜第3週 | 1 家庭生活のくふう | (1)家庭の生活<br>(2)仕事のくふう<br>(3)時間の使い方 | 3<br>(1)(2) 1<br>2 |
| | 4月第4週〜5月第2週 | 2 衣服の着方の計画 | (1)よい着方<br>(2)衣生活の計画 | 6<br>4<br>2 |
| | 5月第3週〜6月第1週 | 3 衣服の手入れと保存 | (1)日常の手入れ<br>・しみやよごれのとり方<br>・つくろい<br>(4)衣服の保存 | 6<br>5<br>1 |
| | 6月第1週〜6月第3週 | 4 健康なすまい | (1)わたしたちのすまい<br>(2)清潔なすまい方<br>(3)涼しいすまい方 | 5<br>1<br>2<br>2 |
| | 6月第4週〜7月第3週 | 5 洗たくと仕上げ | (1)上着の洗たく<br>(2)アイロン仕上げ | 6<br>4<br>2 |
| | | | | 26 |

| 学期 | 月週 | 題材 | 題目 | 時数 |
|---|---|---|---|---|
| 2学期 | 9月第1週〜10月第4週 | 6 よい食事 | (1)こんだて作り<br>(2)ごはん，みそしる作り<br>(3)よい台所<br>(4)目玉やき，こふきいも作り | 15<br>6<br>5<br>1<br>3 |
| | 10月第5週〜11月第3週 | 7 カバー類の製作 | (1)カバー類の役め<br>(2)洋服カバー作り | 8<br>1<br>7 |
| | 11月第4週〜12月第2週 | 8 冬のすまい | (1)暖かいすまい方<br>(2)すまいの安全 | 5<br>4<br>1 |
| | | | | 28 |

| 学期 | 月週 | 題材 | 題目 | 時数 |
|---|---|---|---|---|
| 3学期 | 1月第3週〜2月第3週 | 9 すまいのくふう | (1)明るいすまい方<br>(2)楽しいすまい方<br>(3)製作<br>・のれん<br>・雑誌入れ<br>・テーブルかけ | 10<br>2<br>2<br>6 |
| | 2月第4週〜3月第3週 | 10 たのしい会食 | (1)会食の計画<br>(2)買い物と金銭<br>(3)サンドイッチと紅茶作り<br>(4)会食<br>(5)反省 | 8<br>2<br>2<br>2<br>(4)(5) 2 |
| | | | | 18 |

合計 72

の題材の内容に構成した。

この題材を学習することにより，そうじの必要を理解した上で，合理的なそうじのしかたを考えさせ，そうじ用品の取り扱いや簡単な手入れ，修理ができ，簡単なそうじ用品として，くず入れや台ふきを作り，これを日常生活に活用し，家族の一員として家庭生活に協力する態度を養いたい。

目　　標

- ｏすまいを清潔にしておくことの必要を考えさせ，気持ちよく住まおうとする態度を養う。
- ｏすまいの清掃のしかたを理解させ，進んで清掃を実行するようにさせるとともに簡単な清掃用品を作ったり，修理加工したりして家庭生活に役だたせるとともに，手縫いの基礎を習得させる。

| 学期 | 月 | 題目 | 時間 | 具体目標 | 学習活動 | 指導上の留意点 | 準備・資料 |
|---|---|---|---|---|---|---|---|
| 1学期 | 4月第4週～5月第3週 | ｏすまいの清潔 | 1 | ｏすまいを清掃することの必要について理解させる。 | ｏ家庭の仕事の分担について話し合う。 | ｏ前時の学習の実践として，どんな仕事を分担し，実行しているかを調べ，そうじについて分担した者が多数のところからそうじの学習を取り上げる目的をはっきりさせる。 | ｏ仕事の実行表 |
| | | | | | ｏすまいを清掃する目的について考える。<br>・なぜしなければならないか。<br>・よごれている原因はなにか。 | ｏごみがあったり，よごれていると感じが悪く，仕事や勉強が気持ちよくできないことや，ごみの中には，恐ろしい病源体がひそんでいることなど精神上，衛生上から理解させる。 | |





| 学期 | 月 | 題目 | 時間 | 具体目標 | 学習活動 | 指導上の留意点 | 準備・資料 |
|---|---|---|---|---|---|---|---|
| | | | | | ｏごみを調べる。<br>・バケツの水の面を見る。<br>・けんび鏡でごみを見る。 | ｏ日常生活にどんなごみが多いか，またどんなごみがあるかを知らせるために，電気そうじ機でそうじしたごみを調べたり，３日を過ぎたバケツの水のよごれを観察させる。 | ｏバケツの水<br>ｏ顕微鏡<br>ｏ電気そうじ機 |
| | | | | | ・ごみ調べの表を見る。<br>・ほこり調べの表を見る。 | ｏ一般家庭のごみの成分表を資料とする。（指導資料5年117ページ。） | ｏほこり調べの表<br>ｏごみの成分表 |
| | | | | | ｏごみ，ほこりの出るのを少なくするにはどうすればよいか考える。 | ｏ日常生活の中でどうしたらよいか考えさせ話し合わせる。 | ｏノート |
| | | | | | ｏすまいの清掃の必要についてまとめる。 | | |
| | | ｏそうじのしかた | 2 | ｏすまいの各部のそうじのしかたや，そうじ用品の扱い方，しまい方を知り，実践させる。 | ｏ家のそうじのしかたの経験を発表する。<br>・そうじをする前の準備<br>・そうじの順序<br>・そうじのしかた<br>・あと始末 | ｏ児童自身または家人の経験を発表させる。<br>・経験発表の中で身じたくの必要や，窓あけ，かたづけなどそうじをする前にしなければならないことを理解させ，はたく，はく，ごみをとる，ふくという仕事の順序，しかたに関心をもたせる。 | ｏ掛け図 |
| | | | | | ｏへやや場所に適したそうじのしかたを研究する。<br>・自分のへや<br>・居間 | ｏグループごとに合理的なそうじのしかたについて考えさせる。時間のつごうで， | ｏそうじ用品実物各種 |

| 学期 | 月 | 題目 | 時間 | 具体目標 | 学習活動 | 指導上の留意点 | 準備・資料 |
|---|---|---|---|---|---|---|---|
| | | | | | ・玄関<br>・廊下<br>・家のまわり | いくつかあるへや場所を各グループが分担して研究させる方法をとってもよい。<br>・そうじに適した用具<br>・よいしかた<br>・あと始末 | |
| | | | | | ○グループでの研究のまとめを発表し，全体で検討する。 | ○グループの研究発表をよく聞かせる。 | |
| | | | | | ○電気そうじ機の扱い方を実験する。 | ○経験のない児童に扱い方を指導したい。 | |
| | | | | | ○学習のまとめをする。 | ○教科書を読み，ノート整理をさせる。 | ○教科書<br>○ノート |
| | | | | | ○家庭のそうじ調べの記入について説明を聞く。 | ○プリントを渡し記入のしかたを説明する。 | ○プリント |
| | | ○そうじ用品の手入れ，修理，製作 | 3 | ○そうじ用品の簡単な手入れや，修理のしかたを知り，実践に努めさせる。<br>○くず入れを作り活用させる。 | ○こわれたそうじ用具を見て反省する。<br>・ほうき<br>・はたき | ○先の曲がったほうき，竹の折れたちりはらいなどを見せ，手入れや修理のしかたを考えさせる資料とする。 | ○こわれたほうき，はたき<br>○先の曲がったほうき |
| | | | | | ○ほうきの手入れのしかたを知る。 | ○先の曲がったものの手入れ，ひものとれたものの修理をさせる。 | ○湯 |
| | | | | | ○はたきの作り方を知る。 | ○はたき作りの方法，順序を図によって説明し，その作り方をわからせる。 | ○はたき作りの説明図 |
| | | | | | ○自分たちで作れる用品を考える。<br>・作れるもの | ○そうじ用品を作り，それを活用する意欲をもたせる。 | |





| 学期 | 月 | 題目 | 時間 | 具体目標 | 学習活動 | 指導上の留意点 | 準備・資料 |
|---|---|---|---|---|---|---|---|
| | | | | | ・作りたいもの | | |
| | | | | | ○くず入れ作りを計画する。<br>・参考品を見る。<br>・材料や用具を考える。 | ○２時間の予定でへやに置くくず入れを作る計画を話し合い，材料の準備を考えさせる。 | ○くず入れの参考品<br>○くず入れの製作過程標本 |
| | | | | | ○材料の用意を話し合う。 | ○家庭にあるものを利用させるようにする。 | |
| | | | | | ○材料，用具の準備を調べる。 | ○適当な材料，用具の用意ができているかどうか作業を始める前に確かめておく。 | ○紙，布，のり，はさみ，はけ，ナイフ，箱 |
| | | | | | ○作り方順序や，技術について考える。<br>・穴のあけ方<br>・穴のまわりのしまつ<br>・紙のはり方 | ○既習学習の経験を生かし，製作させるが，じょうぶで見た目に美しい穴のあけ方，紙のはり方を一応指導する。 | |
| | | | | | ○くふうしてくず入れを作る。 | | |
| | | | | | ○あと始末。 | | |
| | | | | | ○作品について話し合う。<br>・できばえはどうか | ○美しさ，便利さや利用価値について反省させる。 | |
| | | | | | ○活用について約束する。 | ○日常生活に役だたせる。 | |

題　材　　身のまわりの整理整とん　　9時間

題材設定の理由

児童は，低学年から家庭でも学校でも身のまわりの整理整とんについて，あらゆる場を通して指導され実践もしているが，いまだにそのしかたを考えて，自主的に実践化しているとはいえない。

高学年になって身のまわりの物も多くなり，整理整とんの必要性にせまられているであろうし，物事を論理的に追求したり，知的に判断することができるようになっているので，この時期にこの題材を取り上げ整理整とんのしかたを理解させ，日常生活に実践できるようにさせることはきわめてたいせつなことである。

すでに児童は「すまいのそうじ」「日常着のしまつ」「食事のあとかたづけ」などの学習をしているので，これらのうえにたって効果的に身のまわりの整理整とんをさせることは重要である。

また，整理整とんするための整理箱や整理袋の必要性から，既習の基礎技能を活用して，自分に必要なものを創作して利用することにより，一段と住みよくした喜びを味わわせたい。

目　標

- ｏすまいや自分の持ち物の整理整とんの必要と，そのよいしかたを理解させ，進んで実践する態度を身につけさせる。
- ｏ身のまわりの整理整とんのしかたをくふうさせ，既習の技能を生かして，整理整とんに必要な整理箱や整理袋を作り，活用させる。

| 学期 | 月 | 題目 | 時間 | 具体目標 | 学習活動 | 指導上の留意点 | 準備・資料 |
|---|---|---|---|---|---|---|---|
| 3学期 | 2月第4週〜3月第4週 | ｏ持ち物の整理整とん<br>・整理整とんの必要 | 1 | ｏ身のまわりの経理整とんの必要を理解させる。 | ｏ整理整とんの経験を話し合う。<br>・整理整とんをしなかったため困ったこと。<br>・経理整とんしていてよかったこと。 | ｏ学習意欲をもたせるために，日常の経験を発表させて，自分たちの生活を改めて見直させる。 | |
| | | | | | ｏ実態調査のまとめの表を見て考える。<br>・整理整とんを実行しているか。<br>・整理整とんのしかたはよいか。 | ｏ事前調査をもとにして，日常の生活を整理整とんの面から反省させ，問題意識をもたせる。<br>ｏ進んで実践している児童に | ｏ事前調査のまとめ（勉強場の整理整とん） |





| 学期 | 月 | 題目 | 時間 | 具体目標 | 学習活動 | 指導上の留意点 | 準備・資料 |
|---|---|---|---|---|---|---|---|
| | | | | | ・なぜ整理整とんできないか。 | はその方法を発表させ，また人にやってもらっている児童には，その理由などをきく。 | |
| | | | | | ｏ整理整とんの必要を考える。<br>・なぜ整理整とんするのか。 | ｏ経済，労力，時間，精神面などから整理整とんの必要を考えさせる。 | |
| | | | | | ｏ整理整とんの必要についてまとめる。 | | |
| | | | | | ｏ自分の持ち物で整理整とんしにくいものについて話し合う。<br>・教科書や本<br>・学用品<br>・遊び道具<br>・衣類<br>・はきもの | ｏ自分の身のまわりの持ち物で，日常整理整とんしにくいものは何かを発表させ整理整とんのよい方法を考えさせる糸口とする。 | |
| | | ・整理整とんのしかた | 1 | | ｏ学習目標をとらえる。 | ｏ前時の学習に続いて本時は何を学習するのか明確にさせる。 | |
| | | | | | ｏ設定された勉強場を見て，自分の勉強場と比較し，よい点を話し合う。<br>・どこがよいか<br>・なぜか | ｏ思考の場を身近にもたせ，整理整とんの良いしかたを具体的に考えさせるために，机を中心とした勉強場の実際を前もって設定しておく。 | ｏ勉強場の実際を作っておく |
| | | | | | ｏよいしかたを考えて実演する。<br>・どこが悪いか。<br>・何をどのようにしたらよいか。<br>・その理由。 | ｏ勉強場が全児童によく見えるように配慮する。<br>ｏ児童に実際に物を移動させ，それがよいしかたかどうか確かめさせる。 | |
| | | | | | ｏ整理整とんの | ｏ実演を通して | |

| 学期 | 月 | 題目 | 時間 | 具体目標 | 学習活動 | 指導上の留意点 | 準備・資料 |
|---|---|---|---|---|---|---|---|
| | | | | | よいしかたとしてどんなことを考えてするのがよいかまとめる。 | 思考したことがらを板書によってまとめる。<br>・分類<br>・置き方 | |
| | | | | | ○整理整とんされたスライドを見て思考したことを確かめる。 | ○ラベルをはったタンス，整理整とんされたたな，机の中などの場面をスライドで見せる。 | ○スライド<br>○幻燈機 |
| | | | | | ○教科書を読む。<br>○ノートにまとめる。 | ○学習したことをまとめさせる。 | ○教科書<br>○ノート |
| | | | | | ○自分の勉強場について反省し，実践しようと思っていることを話し合う。 | ○実践意欲を喚起するように，発表する児童の計画をよく取り上げてやる。<br>○次時どんな実践をしたかを発表することの約束をする。 | |
| | | ○室内や家のまわりの整理整とん | 1 | ○室内や家のまわりの整理整とんのしかたをくふうし，適当な処理ができるようにさせる。 | ○勉強場の整理整とんをどのように実践したか発表する。 | ○前時の学習の効果を知るために発表させる。<br>○学習のふんい気を作るように努める。 | |
| | | | | | ○室内の整理整とんについて表を見る。<br>・乱雑になる所<br>・乱雑になる物<br>・乱雑になる原因<br>○整理整とんのよいしかたをグループで考える。 | ○事前調査したものを表にまとめ見せる。<br>○乱雑になる所といえば居間，台所，玄関，押入れなどがあげられるのでそれらについて乱雑になる物をあげ，その整理整とんのしかたを具体的に | ○事前調査のまとめ（室内や家のまわりで乱雑になるところ） |





| 学期 | 月 | 題目 | 時間 | 具体目標 | 学習活動 | 指導上の留意点 | 準備・資料 |
|---|---|---|---|---|---|---|---|
| | | | | | ○グループでまとめたことを発表し，全体で検討する。 | グループで考えたり，教科書を参考にしたりして，よいしかたをくふうさせる。 | |
| | | | | | ○家のまわりや庭などの整理整とんについて話し合う。<br>・乱雑になる物<br>・整理整とんのしかた | ○家のまわりや庭について，何を対象として，どのようにさせるかを教師はとらえておくことが肝要である。<br>○家庭ではどのようにしているかを発表させ話し合いをさせる。 | |
| | | | | | ○実践の方法を話し合う。<br>・自分たちでできることはないか。<br>・整理整とんのために作りたいものはどんなものか。 | ○家庭の実状によっていろいろ違うので児童にできる範囲を実践させるようにする。<br>○次の学習製作への意欲をもつようにみちびく。 | |
| | | ○製　作 | 6 | ○整理整とんのために必要な整理箱，整理袋を作って活用させる。 | ○自分の考えている整理袋，整理箱の計画を発表する。<br>・目的<br>・置き場所<br>・形や大きさ | ○自分の身のまわりで整理整とんに必要な物を作るように，目的と活用をはっきりさせる。 | ○整理袋，整理箱の参考品<br>○スライド |
| | | | | | ○製作について研究する。<br>・予定時間<br>・作り方をきく。<br>・参考品を見る。<br>・スライドを見る。 | ○予定時間内でできる必要な箱や袋を作るように説明する。<br>・袋<br>(1)ポケット口の三つ折り縫い<br>(2)ししゅう，アップリケ<br>(3)ポケットつけ<br>(4)両わきの三つ折り縫い<br>(5)竹通しの三つ折り縫い | |

| 学期 | 月 | 題　目 | 時間 | 具体目標 | 学習活動 | 指導上の留意点 | 準備・資料 |
|---|---|---|---|---|---|---|---|
| | | | | | | ・箱（紙をはる。）<br>(1)箱の悪い所を直す。<br>(2)たな，しきりをつける<br>(3)下ばり<br>(4)上ばり<br>・箱（エナメルをぬる。）<br>(1)箱の悪い所を直す。<br>(2)ざらざらしている板の面をみがく<br>(3)たな，しきりをつける<br>(4)エナメルをぬる。<br>・ダンボール<br>(1)形を整える<br>(2)しきりをつける。<br>(3)紙をはる。 | |
| | | | | | ○グループに分かれて作り方を研究する。 | ○教師の説明をもとに，参考品，スライドで見たことを参考にして各自の作り方を考えさせる。 | |
| | | | | | ○計画表に記入する。<br>・何を入れるか。<br>・どこにおくか。<br>・形や大きさ<br>・作り方順序<br>・材料，用具 | ○机間巡視をして，児童の計画の相談にのってやり，無理な計画を立てないように指導する。 | ○計画表 |
| | | | | | ○計画表を検討する。 | ○悪い点を指導し改めさせる。 | |
| | | | | | ○材料用具の準備について話し合う。 | ○家庭で選んで準備してくるようにする。 | ○各自に必要な材料用具 |
| | | | | | ○材料，用具の準備を確かめる。 | | |
| | | | | | ○製作する。 | ○各自の計画により仕事を進 | ○ミシン |





| 学期 | 月 | 題　目 | 時間 | 具体目標 | 学習活動 | 指導上の留意点 | 準備・資料 |
|---|---|---|---|---|---|---|---|
| | | | | | ○計画表に反省，感想を記入する。 | めさせるが，作る物によってグループを作り，お互に研究し，くふうして作るようにする。 | |
| | | | | | | ○計画どおりできなかった場合，その原因，理由をはっきりさせ，自分の計画について反省させる。 | |
| | | | | | ○作品の評価をする。 | ○グループごとに使用目的を考慮して評価させる。 | |
| | | | | | ○活用について話し合う。 | ○家庭に持ち帰りどのように活用するかを発表させる。 | |

**第6学年**

題　材　　健康なすまい　　5時間

題材設定の理由

家庭生活を営むうえから家族が健康であることは幸福の要素であり，すまいを健康的なものにし，家族が楽しく生活できるようにくふうすることは最もたいせつである。

第5学年では清掃のしかたと身のまわりの整理整とんという身近な直接的な学習をしてきた。特に身のまわりの整理整とんの学習をし，自分に必要な整理箱や整理袋を作って活用したことからすまいについての関心も高まってきている。

夏をむかえ，この時期に第5学年よりもさらに高められたすまいの学習として，また，理科で学習した空気の湿りけやかびの学習と関連させてこの題材を設定し，清潔なすまい方や涼しいすまい方を学習させることは意義のあることである。

この題材を学習することによって，簡単な消毒や殺虫のしかた，大そうじの時期，方法，効果や梅雨期の処置を理解させ，また気温と湿度の関係を考えて涼しいすまい方のくふうをし，自分の住むすまいを健康的ですみよいものにするように努めさせたい。

目　標

○わたしたちの生活の根拠であるすまいの各場所，へやのはたらきを知り，健康なすまい方として，清潔なすまい方，涼しいすまい方について理解させ，これらについてくふうさせ実践させる。

| 学期 | 月 | 題目 | 時間 | 具体目標 | 学習活動 | 指導上の留意点 | 準備・資料 |
|---|---|---|---|---|---|---|---|
| 1学期 | 6月第1週～6月第3週 | ○わたしたちのすまい | 1 | ○家庭生活に必要なすまいのへやや，各場所の役めを理解させる。 | ○自分たちの家に，どんなへや，場所があるか話し合う。<br>○簡単な間取り図を見て，各場所のあり方を考える。<br>○考えたことを発表する。<br>○すまいの各場所の役めについてまとめる。<br>○各自の家について，どんな問題点があるか調べる。 | ○事前にじぶんの家の各場所を調べさせておくと，意欲的な話し合いになろう。<br>1日の生活内容を考えて，最低必要なへやと場所を考えさせる。この場合，生活水準や生活内容によって必要な場所もいくらか違ってくる。特にこの扱いは微妙なものがあるので細かな配慮が必要である。<br>○生活に必要なすまいの条件<br>1 食事を作る所<br>2 食事をする所<br>3 寝る所<br>4 排せつする所<br>5 出入り口<br>6 家族がだんらんする所<br>7 物をしまう所<br>8 勉強する所<br>○現実は，さまざまの事情から，一つの場所がいくつもの役めを果たしていることに気づかせる。<br>○次の点を問題点としてあげる。<br>• 客間を主体とした考え方があって，家族が落ち着くへやのないこと。<br>• 居間が寝室を兼ねたり，寝室と食事の場所を兼ねたりすること。 | ○掛け図（間取り図）<br>○事前調査（どんな場所，へやが必要か。） |
| | | ○清潔なすまい方 | 2 | ○清潔なすまいにするために，消毒，殺虫のしかた，大そうじのしかた，梅雨時の処置などについて理解させ，実践させる。 | ○すまいが清潔でなければならないことについて話し合う。<br>○どんなところが清潔さを欠きやすいか話し合う。<br>○これらの場所がなぜ不潔になりやすいか考える。<br>○清潔に住むために各場所に応じてどんな注意が必要か話し合いまとめる。<br>○すまいの各場所の消毒，殺虫のしかたについて調べる。<br>• 害虫の種類<br>• 消毒，殺虫剤の種類や扱い方<br>○自分たちでで | ○この時期の害虫は蚊，はえ，のみ，だに，ごきぶり，などで，その成育状態を知っておくことは予防の上からもたいせつなことである。<br>○理科や体育と関連して取り扱う。<br>○実物の薬品を用意してそれらの効能を理解させ扱い方 | ○掛図<br>•（害虫の成育状況と駆除法）<br>•（伝染病感染経路）<br>○消毒．殺虫薬品の実物数種 |

| 学期 | 月 | 題目 | 時間 | 具体目標 | 学習活動 | 指導上の留意点 | 準備・資料 |
|---|---|---|---|---|---|---|---|
| | | | | | きる家庭での実践について話し合う。 | の上で注意すべきことを知らせる。 | |
| | | | | | ○前時の学習をいかに実践したかを発表する。 | ○大そうじは，国の清掃法によって決められていることを理解させ，地域の人々と協力して地域全体の衛生状態をよくすることがたいせつであることを知らせる。 | |
| | | | | | ○大そうじの目的，時期について話し合う。 | | |
| | | | | | | ○5月頃全国的に実施しているのは高温多湿の夏季を前にして衛生状態をよくするためである。 | |
| | | | | | ○大そうじのしかたをグループで考える。 | ○グループで話し合いをさせた後，みんなでまとめていくと話し合いに高まりができてよい。 | |
| | | | | | ○グループで考えたことを発表し全体でまとめる。 | ○戸，障子，ガラス戸など湿気であけたてがわるくなる。かびがはえる。たたみがべたつくなどが答の予想である。 | |
| | | | | | ○つゆ時の変化について話し合う。 | | |
| | | | | | ○つゆ時の注意について考える。 | | |
| | | | | | ○学習したことをまとめる。 | | |
| | | | | | ○自分たちにできる家庭での実践について話し合う。 | ○へやを乾燥させることが第一，陽ざしが見えたらへやをあけはなして，家の中を乾かすことを理解させる。 | |
| | | ○涼しいすまい方 | 2 | ○気温と湿度の関係によって，夏の季節が暮らしにくくなることを | ○学習の目標をはっきりとらえる。 | ○涼しいすまい方の学習目標をはっきりとらえさせる。 | ○温度計<br>○湿度計 |





| 学期 | 月 | 題目 | 時間 | 具体目標 | 学習活動 | 指導上の留意点 | 準備・資料 |
|---|---|---|---|---|---|---|---|
| | | | | 理解させ，自分のすまいをくふうして，涼しい健康的なすまいにしようとする態度を養う。 | ○資料によって，気温，気温と湿度の関係を調べる。<br>・教室の気温と湿度調べの表を見る。 | ○理科の学習と関連づけ「健康なすまい」の学習にはいってから2週間の間，教室の気温と湿度を児童に調べさせたので，学習の資料として用いることにした。 | ○図表<br>・教室の気温と湿度調べの表 |
| | | | | | | ○夏の暑い理由として，気温が高いことと，その上湿度が高いことが大きな理由であることを理解させる。 | |
| | | | | | ・世界各地の月別気温と湿度の表を見る。 | ○日本の夏の気候の特徴をはっきりとらえさせるために，この表を生かしたい。 | ○世界各地の月別気温と湿度の表 |
| | | | | | ○夏暑いわけについてまとめる。 | | |
| | | | | | ○暑さを防ぐにはどうしたらよいか考える。 | ○暑さを防ぐ条件として，次の3点を理解させる。<br>・通風<br>・直射日光をさける。<br>・器具の利用 | |
| | | | | | ○風通しについて考える。 | ○風通しをよくするためには，窓の位置，面積や家具の配置が関係することを理解させる。 | ○図表（窓と風の方向） |
| | | | | | ○通風実験の説明を聞く。 | ○実験の観点を示し（窓のとり方と煙の流れ）風の送り方，せんこうの取り扱いの要領を指導する。 | ○通風実験用具<br>・実験箱<br>・マッチ<br>・棒せんこう<br>・うちわ<br>・灰皿 |
| | | | | | ○実験をして確 | ○四つのグルー | |

| 学期 | 月 | 題目 | 時間 | 具体目標 | 学習活動 | 指導上の留意点 | 準備・資料 |
|---|---|---|---|---|---|---|---|
| | | | | | かめる。 | プで実験し，通風と窓の関係を実証させる。 | |
| | | | | | ○実験の結果をまとめる。 | ○確かめたことを全体でまとめて，知識の整理をする。 | |
| | | | | | ○涼しいすまい方のくふうをグループで話し合う。 | | ○教科書 |
| | | | | | ○話し合ったことを中心に全体でまとめる。 | ○直射日光や，地面からの照り返しを防ぐために日よけのくふうが必要であることを理解させる。 | |
| | | | | | | ○家具のくふうや見た感じを涼しくするくふうがあることについて，家庭の実態や経験を発表させる。 | ○図表（日よけ） |
| | | | | | | ○掛け図，写真，教科書などによって涼しく住むためにどうしたらよいかをわからせる。 | ○掛け図<br>○写真<br>○ブラインド<br>○扇風機 |
| | | | | | ○実践できることを話し合う。 | ○自分たちにできることを発表させ，実践させるようにする。 | |
| | | | | | ○まとめ | ○ノートの整理と簡単なテストをする。 | ○ノート<br>○プリント |

題　材　　冬のすまい　　5時間

題材設定の理由





すまいについての学習は，第6学年の「健康なすまい」の題材ですでに，清潔なすまい方や涼しいすまい方の学習をしてきた。寒い冬を迎えて，家庭では暖かく住むために，いろいろくふうされてきている時期であるが，調査の結果では暖房器具の利用に関心が集まり，日光の利用，保温のくふうなどは，あまり留意されているとは思われなかった。

この時期に，暖かく住むためのくふうや，暖房のしかた，換気の必要など，合理的なすまい方を考えさせ，実践できるようにし，また，それにともなう日常の災害予防に関心をもち，安全に住まおうとする態度を養うことは必要なことである。

目　標

○へやの適温を知り，暖かく住むために，日光の利用，保温のくふう，換気，暖房用具の種類，特徴，扱い方などを理解させ，日常の生活に役だたせる。

○災害予防の簡単な方法を理解させるとともに，安全に住まおうとする態度を養う。

| 学期 | 月 | 題目 | 時間 | 具体目標 | 学習活動 | 指導上の留意点 | 準備・資料 |
|---|---|---|---|---|---|---|---|
| 2学期 | 11月第4週〜12月第2週 | ○暖かいすまい方<br>・日光の利用 | 4<br>(1) | ○寒い季節を迎えて，わたしたちの生活のしかたが，どのように変わってきたかを考え，日常暖かく住むことの必要を知らせるとともに，適温と日光の利用のしかたを理解させる。 | ○このころの寒さと生活について話し合う。 | ○寒さに向かって，日常生活の変化など気づいていることを発表させ，学習のふんい気を作る。 | |
| | | | | | ○教室や，廊下の温度を調べる。 | ○体感と実際を確かめる。また，場所によって温度の違いがあることに気づかせる。 | ○温度計 |
| | | | | | ○適温について考える。 | ○涼しいすまい方と関連し，同温でも時により感じが違 | ○図表（適温についての一例） |

| 学期 | 月 | 題目 | 時間 | 具体目標 | 学習活動 | 指導上の留意点 | 準備・資料 |
|---|---|---|---|---|---|---|---|
| | | | | | | ったり，年齢，作業などによって適温の違うことを理解させる。 | |
| | | | | | ○暖かく住まうためにどうしたらよいか考える。<br>・日光の利用<br>・保温のくふう<br>・暖房のしかた | ○適温に近づけるためにどうしたらよいか考えさせる。 | |
| | | | | | ○建物と日光の利用について話し合う。 | ○事前に教室（日当たりのよい教室，悪い教室）の温度を調べ，これをグラフに作り資料とする。<br>○建物の条件と日光について考えさせる。 | ○教室の温度調べ<br>○学校平面図 |
| | | | | | ○日光の利用をどのようにくふうしたらよいか考える。<br>○考えたことを話し合う。 | ○暖かく住まうためにはまず日光の利用がよいことを理解したうえで，どのように利用したらよいかくふうさせる。 | |
| | | | | | ○話し合ったことをまとめる。 | ○ノート整理させる。 | ○ノート<br>○教科書 |
| | | ○保温のくふう | (1) | ○暖かく生活するために保温の必要を理解させ，日常の生活に実践させる。 | ○学習目標をとらえる。 | ○保温の意味をはっきりわからせる。<br>・あたたまった空気を逃がさない。<br>・つめたい空気を入れない。 | |
| | | | | | ○各自の家の保温の様子について話し合う。 | ○家庭の保温の実態の中から問題点をとらえさせる。 | |





| 学期 | 月 | 題目 | 時間 | 具体目標 | 学習活動 | 指導上の留意点 | 準備・資料 |
|---|---|---|---|---|---|---|---|
| | | | | | | ・雨戸<br>・カーテン<br>・目張り<br>・敷き物<br>・その他 | |
| | | | | | ○保温のくふうについて考える。<br>・雨戸，カーテンの開閉の時期<br>・カーテンの地質，大きさ，色<br>・目張りの場所方法<br>・敷き物の種類<br>・その他 | ○合理的な保温の方法についてグループで考えさせる。 | ○家の模型<br>○カーテンの種類<br>○障子 |
| | | | | | ○グループで話し合ったことを発表し，まとめる。 | ○どの家庭にも共通した保温のくふうになるようにまとめたい。 | |
| | | | | | ○実践できることを話し合う。<br>・雨戸，カーテンの開閉その他 | ○自分たちにできる保温のくふうには，どんなことがあるかを考え，実践するように導く。 | |
| | | | | | ○学習のまとめをする。 | ○まとめの意味でノート整理をさせる。 | |
| | | ・暖房のしかた | (2) | ○暖かく暮らすために，よい暖房のしかたを理解させる。 | ○自分の家の暖房について話し合う。 | ○日光の利用，保温のくふうをしても室内が暖かくならないときは，暖房の必要が生じることを理解させる。 | ○図表（暖房器具のいろいろ） |
| | | | | | ○暖房器具調べの表をみて話し合う。<br>・暖房器具の種類<br>・暖房用燃料について | ○事前調査として家庭の実態を調べ表に作っておく。<br>○児童の生活に親しまれていない暖房器具は図を示して理解させる。 | ○家庭の暖房器具調べのまとめの表<br>○燃料と発熱量の比較 |
| | | | | | ○暖房器具の特徴と扱い方に | ○電気ストーブ，ガススト | |

| 学期 | 月 | 題目 | 時間 | 具体目標 | 学習活動 | 指導上の留意点 | 準備・資料 |
|---|---|---|---|---|---|---|---|
| | | | | | ついて調べる。 | ーブ，石油ストーブ，木炭火ばちなど家庭で使用している代表的な器具について調べさせ，扱い方を理解させる。 | |
| | | | | | ○暖房器具の選び方をまとめる。<br>・安全<br>・衛生<br>・便利<br>・費用 | ○へやの構造とも関係するので，実際にはむずかしい問題がからんでくるので，選ぶ条件を理解させるにとどめる。 | ○教科書<br>○ノート |
| | | ○換気 | | ○へやの換気の必要を理解させ，換気の方法を考えて実践するようにしむける。 | ○へやの空気のよごれについて話し合う。<br>・燃料の影響<br>・空気のよごれ | ○一酸化炭素，二酸化炭素によって空気がよごれること，からだに害のあることを事例をあげて理解させる。 | |
| | | | | | ○換気の必要と，その方法について考える。<br>・教室の換気はどうか。<br>・空気抜き穴と下窓のあること。<br>・家の換気はどうか。 | ○児童の日常生活では，換気窓のあることや，果たしている役割については，きわめて関心がうすい。この学習で具体的な換気の方法を理解させ関心を深めたい。 | ○掛け図（換気窓） |
| | | | | | ○スライドを見て話し合う。 | | ○スライド（採光と換気） |
| | | | | | ○自分でできることを話し合う。 | ○児童相互で話し合っているうちに，生活の反省もできて実践への意欲も盛り上がってくると思う。 | |
| | | ○すまいの安全 | 1 | ○不時の災害がすまいの安全をおびやかす | ○すまいについて心配になることは，どん | ○不時の災害がすまいの安全をおびやかす | ○新聞の切り抜き |





| 学期 | 月 | 題目 | 時間 | 具体目標 | 学習活動 | 指導上の留意点 | 準備・資料 |
|---|---|---|---|---|---|---|---|
| | | | | ことを知り，災害に備える心構えをもたせる。 | なことか話し合う。<br>・火災，風水害，地震(つなみ)，盗難 | ことを思い出させる。<br>○事前に新聞などの切り抜きをとっておく。 | |
| | | | | | ○火災の原因調べの表を見る。 | ○本時の場合は，火災を中心に取り扱い他の場合は自分たちにできる程度のことを考えさせる。 | |
| | | | | | ○火災の予防として，家庭や学校でしていることを話し合う。 | ○家庭のことを思い浮かべるように，まず学校のことを取り扱う。 | |
| | | | | | ○わたしたちにできる火災予防として，どんなことがあるか考える。 | ○日ごろの火に対する注意，また衣類をきちんとたたんで寝るとか，手ぬぐい1本用意しておくとよいことなどに気づかせる。 | |
| | | | | | ○災害にそなえることに，どんなことがあるかグループで話し合う。<br>○グループの話し合いを発表し，まとめる。 | ○火災のほかの災害について考えさせる。<br>・風水害<br>・地震<br>・盗難 | |
| | | | | | ○教科書を読む。 | ○教科書を2，3人に読ませる。 | ○教科書 |
| | | | | | ○実践について話し合う。 | ○自分たちのふだんの心がけなど実践するように導く。 | |

題　材　　すまいのくふう　　10時間

題材設定の理由

第6学年も終わりに近づき，児童は心身ともに発達してきている。

家庭生活においても自分の身のまわりのことに相当関心をもち，家庭のしごとにも積極的に実践するようになってきた。

前題材「冬のすまい」を学習したことによって，すまいについての関心も深まってきているので，さらに明るいすまい方を理解させるとともに調和のあるすまい方をくふうさせ，家庭をいっそう美しく便利なものにしようとする意欲と態度を養う。

また，今までに習得した技能を活用して，家庭に適した実用品や装飾品を作り，製作の喜びを味わわせ，家庭生活に役だたせたい。

目　標

○必要な明るさが得られるように，採光や照明のしかたをくふうし，また照明器具の種類・特徴・使い方などを知らせる。

○調和や能率を考えて，物の配置や飾りつけをくふうし，楽しく住まおうとする態度を養うとともに簡単な実用品や装飾品を製作して活用させる。

| 学期 | 月 | 題目 | 時間 | 具体目標 | 学習活動 | 指導上の留意点 | 準備・資料 |
|---|---|---|---|---|---|---|---|
| 3学期 | 1月第3週～2月第3週 | ○明るいすまい方 | 2 | ○明るいすまいが，わたしたちの生活に必要であることに気づかせ，へやの採光のしかたをくふうさせる。 | ○教室の明るさについて話し合う。<br>・螢光燈のついているときと，いないときの違い。<br>・天候による<br>○明るさの違い<br>・場所による違い。<br>○問題点を整理する。<br>・窓側と廊下側<br>・机上と床の面<br>・晴れの日と，曇り，雨の日<br>・照明をつけたとき | ○前題材「冬のすまい」と関連しこの題材を取り扱いたい。<br>○日常の生活に，太陽の光が非常にたいせつであることを改めて気づかせる。<br>○小学校でルクスを取り上げることは，高度という考えもあろうが，明るさを表わすのに照度計を用いてはかり，ルクスで表わすことを簡単に説明するにとどめ | ○教室の各所の照度をはかりルクスで示しておく。 |





| 学期 | 月 | 題目 | 時間 | 具体目標 | 学習活動 | 指導上の留意点 | 準備・資料 |
|---|---|---|---|---|---|---|---|
| | | | | | | る。 | |
| | | | | | ○自分の家の勉強場はどうか話し合う。<br>・明るさはどうか。<br>・どのように配慮しているか。 | ○目にちょうどよい明るさはどれくらいかを示して自分の勉強場と比較させる。 | |
| | | | | | ○明るくするよい方法をグループで考えて話し合う。<br>・太陽の光の利用。<br>・室内の色のくふう。 | ○前題材冬のすまいの学習と関連のあることに気づかせ，採光についてくふうさせる。<br>・光のはいる所<br>・家の向き<br>・窓ガラス | |
| | | | | | ○話し合ったことを発表しまとめる。 | ○直射日光は視力を害することを理解させ，カーテンの処理を実演させる。 | |
| | | | | ○照明の必要について理解させ，照明器具の種類，特徴，使い方などを知らせる。 | ○適当な明るさについて話し合う。<br>・どれくらいがよい明るさか。<br>・作業による明るさの違いはないか。 | ○必要な明るさの表をもとに周囲の明るさに関心をもたせる。<br>○照度計を取り扱うことは小学校では高度とする考えもあるが，基準を数的にとらえさせておく必要があると思う。 | |
| | | | | | ○照明の必要について話し合う。 | ○採光がふじゅうぶんなとき，夜間の明るさを保つのに照明が必要であること，昼間でも，時と場所によっては照明の必要のあることを理解し家の照明について反省させる。 | ○適当な照度表 |
| | | | | | ○家の照明について反省する。<br>・照明調べと適当な照明表を比較する。 | ○事前に家庭学習として調べさせたものをもとにして実態を見直させる。 | ○家の照明調べ |

| 学期 | 月 | 題　目 | 時間 | 具体目標 | 学習活動 | 指導上の留意点 | 準備・資料 |
|---|---|---|---|---|---|---|---|
| | | | | | ○電燈のかさの種類の違いによって明るさが違うことを実験する。 | ○タップカウンターによって明るさの違いを実際に理解させる。<br>・はだか電球<br>・円グローブ<br>・深わん型<br>・浅わん型<br>・たらい型<br>・だ円形グローブ<br>・平かさ<br>○条件を同じにし照度計で明るさをはかり，ルクスを児童に知らせる。 | ○電燈のかさ<br>○照度計<br>○電燈のかさと照明表 |
| | | | | | ○明視スタンドとふつうのスタンドの違いを確かめる。<br>○照明器具の種類，特徴をまとめる。<br>○照明器具の使い方について話し合う。<br>○学習したことをまとめる。<br>・教科書を読む。<br>・ノート整理 | ○実物によって，明るさの違いをわからせる。<br>○よりよい照明のくふうへ関心を高めさせ実践への意欲をもたせるために，日常生活に適した具体的な学習をさせたい。 | ○スタンド<br>・明視スタンド<br>・ふつうのスタンド<br>○教科書<br>○ノート |
| | | ○楽しいすまい方 | 2 | ○調和や能率を考えて，物の配置や飾りつけをくふうし，楽しく住まおうとする態度を養う。 | ○家庭科教室と，ふつう教室の違いについて気づいたことを話し合う。<br>○学習目標をとらえる。<br>○家庭においては楽しいすまい方として，どのようなくふうがなされているか発表 | ○学習目標をとらえさせるために導入として，教室の感じについて発表させる。<br>○楽しく住むために，すまいをどのようにしたらよいかを学習することをはっきりわからせる。（児童は楽しいすまい方を生活のしかたと混同している場合が多い。） | |





| 学期 | 月 | 題　目 | 時間 | 具体目標 | 学習活動 | 指導上の留意点 | 準備・資料 |
|---|---|---|---|---|---|---|---|
| | | | | | する。<br>○楽しく住むためにどのようにくふうしたらよいか考える。 | ○5年生で学習した整理整とんを想起させ，それをさらに高めたものにするようにしたい。 | |
| | | | | | ○スライドを見て考える。 | ○玄関，勉強場，洋間，日本間，花の生け方，花びんの置き方のスライド11枚を写して考えさせる。 | ○スライド |
| | | | | | ○学習のまとめをする。<br>・調和のあるすまい方。<br>・物の配置や飾りつけ。 | ○スライドを見て話し合ったことをまとめる。<br>○色の調和についてはそれぞれの好み，またときと場合によっても違うので，よい悪いをはっきりと決めないほうがよい。 | ○色の組み合わせ<br>○色彩の調和の一般的条件の図 |
| | | | | | ○具体の場を見て考える。 | | |
| | | | | | ○自分の家について反省する。<br>・どのようにしたらよいか。 | ○学習したことを生かすために家庭の反省をさせ自分でできることを発表させる。 | |
| | | ○製作 | 6 | ○楽しく住まうために，簡単な実用品や装飾品を製作し活用させる。<br>○染色の技能を習得させる。 | ○調和のよい楽しいすまいにするため何か製作したいものはないか話し合う。<br>○製作の計画について聞く。<br>・製作目標<br>・予定時間 | ○各自のすまいを反省したうえで製作への意欲を高めたい。<br>○簡単な染色の技能を習得する学習目標があることを，はっきりさせ，計画を含めて6時間の予定時間内でできるものを計画するように指導する。 | ○製作参考品<br>・のれん<br>・雑誌入れ<br>・テーブルかけ<br>・カーテン<br>・その他 |
| | | | | | ○参考品を見る<br>・のれん・雑誌入れ・テーブルかけ・かがみかけ・テレビかけ・カーテン | ○参考となる実物を見せ，各自の製作品についての研究資料とさせる | |
| | | | | | ○グループに分 | ○同じ種類の製 | ○計画表 |

| 学期 | 月 | 題目 | 時間 | 具体目標 | 学習活動 | 指導上の留意点 | 準備・資料 |
|---|---|---|---|---|---|---|---|
| | | | | | かれて製作の計画を立てる。<br>・活用の場所<br>・計画した理由<br>・材料，用具<br>・作り方順序 | 作希望によってグループをつくり研究させる。各グループごとに教師は計画の相談に加わってやるようぅにする。 | |
| | | | | | ・計画した理由<br>・材料，用具<br>・作り方順序 | ○各自の計画に従って，材料や用具の準備を考えさせる<br>○縫う作業を先にしてでき上がってから染色をしたほうがよい場合と逆の場合とがあるので，作り方順序はよく指導する。 | |
| | | | | | ○染色のしかたについて説明を聞く。 | ○版染め，かき染め，霧吹き染めについて指導する。図表に説明図をかいて展示しておくとよい | ○染色のしかた説明図表 |
| | | | | | ○各自の計画によって製作する。 | ○グループごとに研究しあって製作させるが常に児童の作業について気をつけ適切な指導をする | ○ミシン<br>○染料<br>○布<br>○参考品 |
| | | | | | ○作品を展示してみんなで評価する。<br>・できばえはどうか。<br>・くふうされているか。<br>・もっとよくすることはできないか | ○作品のこきおろしにならないように注意し，よりよくするための意見を述べるように指導する | |
| | | | | | ○活用について約束する。 | ○作品も目的に基づいて活用しなければ役に立たないことを理解させ各自の活用について発表させる。 | |



# 第 4　題材「身のまわりの整理整とん」(第５学年)の指導法について

## 1　研 究 の 目 的

（1）「身のまわりの整理整とん」については，低学年・中学年において，すでに道徳や生活指導など学校生活全般にわたって習慣化をはかってきたのであるが，児童の日常生活を見ると必ずしも成果をあげているとはいえない現状である。そこで家庭科でこの問題を取り上げても児童は興味をもたず，なかなか意欲的な学習へともっていけない。

この内容は児童の家庭を中心とした整理整とんが学習されるのであるが，これについては，具体的な場が教室に持ちこまれないので興味がうすく，また実践的な態度を育成する上にも問題がある。以上のことから，この内容についての指導法の研究が必要であることを痛感された。

（2） この題材の学習指導が整理箱・整理袋作りに重点が置かれがちになり，“整理整とんの必要，よいしかた”についての学習と遊離したり，またその面の学習がおろそかになったりする。このような点にメスをあてて指導法の研究に切り込むことにした。

## 2　研 究 の 経 過

**第１年度**

(1)　学習指導要領の目標と内容の確認

(2)　指導計画の検討

(3)　学習指導の研究

①　学級の実態調査

② 事前調査(1)昭和37年7月（対象5年1組児童）

③ 〃 (2)昭和38年2月（対象同上）

④ 〃 (3)昭和38年2月（対象5年1組児童の父兄）

⑤ 学習の実際

⑥ 中間における調査(4)昭和38年2月（対象同上児童個人別面接）

⑦ 事後調査(5)昭和38年3月（対象同上児童事前調査②と同じ問題）

⑧ 〃 (6)昭和38年3月（対象同上父兄）

⑨ 活用状況に関する調査

⑩ 3月の休みにおける実践

**第2年度**

(1) 指導計画および指導法の再検討

(2) 学習指導の研究

① 学級の実態

② 事前調査(1)昭和39年2月（対象新5年1組個人別面接）

③ 〃 (2) 〃 （対象新5年1組児童）

④ 指導法の研究

⑤ 事後調査(3)昭和39年3月（対象同上児童）

⑥ 反省

## 3 研究方法と結果の考察

研究方法として次のような経過をとって研究を進めた。

**<第1年度>**

**（1） 学習指導要領のねらいと内容の確認**

この問題を研究するにあたって，まず学習指導要領にあげられる目標と内容を再確認し，その意義の正しいはあくの下に研究調査を進める事にした。第5学年すまいの領域の学習についてはすでに述べたとおりであって，





この目標達成のために内容はすまいの清掃と整理整とんに分かれて示されているので，これらについて研究した結果，本校では二つの題材を設定し，第1学期に清掃に関すること，第3学期に整理整とんを学習するように年間計画を立てた。

すまいの整理整とんに関する内容を吟味した結果，この学年の児童の心身の発達段階や生活状況からこの内容は次のようなことが痛感された。

① 低学年・中学年から道徳・生活指導などと結びつけていろいろな場を通して身のまわりの整理整とんを習慣づけるよう指導が行なわれているが，はたしてそれが身につき習慣づけられているであろうか。

② 5年ごろになると物事の判断を論理的に考えるようになるので，整理整とんの必要性を考えさせたり科学的なよいしかたを考えさせたりして，自発的な態度を促し，実践に移す方法をとることが効果的であろう。

③ このごろの児童は，学習においても生活においても範囲が広がり物心両面とも時には整理されない点も見受けられるので，すまいの整理整とんの学習を通して生活を反省させるのに好適な時期である。

④ この時期になると自分のすまいを見つめてそこに問題を見つけるということがしだいにできる段階である。そこで住まうために必要となる物を考え，くふうし，計画し，製作して実際に役だてるという一連の学習が進められるが，これが生活を処理していく能力をつちかうのに大きな意義があると考えられる。

このように，学習指導要領をじゅうぶんに研究した結果，先にあげた問題点は理論的に解明したともいえるが，これをどのように指導するかによって，このねらいを達成しうるかどうか問題であるので，次のような事前・事後・過程中の評価を通して児童の変化を観察して指導法の研究を行ってみたのである。

**（2） 指 導 計 画**

学習指導要領を研究し児童，学校，地域などの実態に即し，指導計画を立てた。

## （3） 学習指導の実際

① 学級の実態

ア 在籍児童 男子22名 女子25名 計47名

イ 知能検査から見た傾向

| 名称＼性別＼偏差値 | | 最劣 (24以下) | 劣 (25～34) | 中の下 (35～44) | 中 (45～54) | 中の上 (55～64) | 優 (65～74) | 最優 (75以上) |
|---|---|---|---|---|---|---|---|---|
| 東大 | 男人 | 0 | 1 | 1 | 5 | 9 | 5 | 1 |
| AS | 女人 | 0 | 0 | 0 | 5 | 12 | 7 | 0 |

知能の低い児童は学業も不振である。また家庭環境もよくないし，教育に関心がうすい。

ウ 家庭環境からみた傾向

(ア) 保護者の職業

| 職種 | 人数 | 備考 |
|---|---|---|
| 俸給生活者で管理的職業に従事する者 | 2 | |
| 俸給生活者で公務に従事する者 | 3 | |
| 俸給生活者で公務以外に従事する者 | 18 | |
| 中小企業の経営者 | 7 | |
| 技術を要する労務者 | 12 | |
| その他 | 4 | 守衛・日雇い |
| 無職 | 1 | |

(イ) 家族構成

児童の家庭は平均5人（家族最低3人家族，最高10人家族）である。





| 父なし | 母なし | 祖父母あり | 祖父あり | 祖母あり | ひとりっ子 | 長男 |
|---|---|---|---|---|---|---|
| 1 | 1 | 3 | 1 | 5 | 女 2 | 13 |

| 長女 | 末子 | 兄弟姉妹数 | | | | | |
|---|---|---|---|---|---|---|---|
| | | 2人 | 3人 | 4人 | 5人 | 6人 | 8人 |
| 13 | 男14女13 | 20 | 12 | 7 | 4 | 1 | 1 |

(ウ) 住居

| 自宅 | 借家 | 社宅 | アパート | 間借り | 住宅街 | 商店街 |
|---|---|---|---|---|---|---|
| 27 | 6 | 6 | 6 | 2 | 43 | 4 |

| へや数 | 1 | 2 | 3 | 4 | 5 | 6 | 7 | 8 | 9 | 10以上 |
|---|---|---|---|---|---|---|---|---|---|---|
| 児童数 | 1 | 10 | 10 | 12 | 6 | 3 | 2 | 2 | | 1 |

| 学習室 | 1人用 | 兄弟用 | ない | 学習机 | 1人用 | 兄弟用 | ない |
|---|---|---|---|---|---|---|---|
| | 14 | 15 | 18 | | 35 | 11 | 1 |

エ 学級の特徴

児童はまじめですなおで，決められたことはたいへんよく守り，こどもらしさがある。第5学年の当初から自主的，積極的に行動するようになり，発表力もついてきた。成績は男子より女子のほうがよく，学習意欲もおう盛になってきた。時々2名のわがままな男子が乱暴して団体行動を破ることがあるが，最近は男女仲がよい。

そうじ当番などのような働らくことをあまり好まなかったが，最近は全員身じたくを整えてそうじをしている。

② 事前調査(1) 昭和37年7月10日対象児童

ア ねらい

「身のまわりの整理整とん」について，児童はどの程度の関心をもち，どのように実行しているか。

また，どんな問題をもっているか，について第５学年の児童は１学期にどのような実態であるかを知るために調査した。

イ　調査内容

① あなたのへやがちらかった時，いつもどのようにしていますか。○をつけてください。
（　　）人にいわれてから，かたづける。
（　　）自分で進んでかたづける。
（　　）だれかに手伝ってもらってかたづける。
（　　）おかあさんか家の人にたのんでかたづけてもらう。
（　　）そのほかのことだったらそのことを下に書いてください。

② 自分の持ち物で整理しにくい物は何ですか。

③ 学校に着ていった洋服のしまつはどうしますか。○をつけてください。
そのまま着ている。
ブラッシをかける。
洋服かけにかけてくぎにかけておく。
洋服ダンスにかける。
くぎにかけておく。
たたんでおく。
家の人にわたしてしまつしてもらう。
ぬぎすてておく。

④ あなたの勉強する場所を整理整とんするのはなんのためですか。
（　　　　　　　　　　　　　　　　）

⑤ あなたは学用品や遊び道具その他持ち物を整理整とんする時，よいしかたを考えていますか○をつけてください。
います。　　　　いません。
それはどんなことですか。書きなさい。
（　　　　　　　　　　　　　　　　）

⑥ 家で勉強べやいがいのへやを整とんしたことがありますか。どこをやったか書きなさい。
（　　　　　　　　　　　　　　　　）

⑦ 今までに自分の持ち物を整理するために何か考えたり作ったことがありますか。あったらくわしく書きなさい。絵でもいいです。
（　　　　　　　　　　　　　　　　）





ウ　調査結果の考察

問題①では整理整とんについての児童の実践に対するかまえ，言いかえれば関心の度合いをみようとした。その結果は次表のとおりである。

（調査人員　男子21　女子25　計46名以下同じ）

| 内　　容 | 男 | 女 | 計 |
|---|---|---|---|
| 自分で進んでかたづける。 | 11 | 20 | 31 |
| 人に言われてかたづける。 | 14 | 12 | 26 |
| 誰かに手伝ってもらってかたづける。 | 2 | 3 | 5 |
| 家の者にたのんでかたづけてもらう。 | 1 | 0 | 1 |
| 家の者がかたづけてしまう。 | 0 | 0 | 0 |

これによれば，児童は自分のへやがちらかった時，自分から進んでかたづける者が46名中31名であって，自発的にする者の数は相当多く，かたづけてもらう者１名以外は人に言われたらともかくもかたづける児童たちであった。

この問題は選択肢に○をつけなさい。とだけ記したので２つ以上に○をつけた者があるが，その場合自発的にやる場合か，人に言われてするかの両方につけている。児童の生活の実態としてそのどちらの場合もあると考えられる。しかしまた個人別に調べてみると児童はみずから進んですることの価値をとらえて，両者に○をつけたとみられるふしもあるように思われた。

この時期の児童の傾向は，整理整とんを進んでしようとする意欲をもっていることが感じられ，そのためには，さらによいしかたを学習することの必要と，人に言われてかたづけるという点からは，整理整とんの必要性を理解させ，そこから自主的な活動への橋渡しが必要と考えられた。またなぜ自主的にできないかの問題を分析してその解明のてだてをはかることも考えなければならないと思った。

問題②は整理整とんについての児童の経験をみようとした。

調査人員46名中，無答は男９名，女13名，計33名で，持ち物の整理整とんを意識的に計画的に行なう者が少ないようである。しかし次表のようにしるした者は経験を通して答えている。

| 整理しにくい物 | 男 | 女 | 計 |
|---|---|---|---|
| 学用品 | 5 | 5 | 10 |
| 遊び道具やおもちゃ | 5 | 4 | 9 |
| 教科書・本 | 3 | 4 | 7 |
| 衣類 | 1 | 4 | 5 |
| 学習用具（習字・図画・音楽・家庭） | 3 | 1 | 4 |
| 本箱 | 0 | 4 | 4 |
| はんかち | 1 | 2 | 3 |
| もけい | 2 | 0 | 2 |
| 成績物 | 1 | 0 | 1 |
| かばん | 1 | 0 | 1 |
| 細かいもの | 0 | 1 | 1 |
| 新聞紙 | 0 | 1 | 1 |

問題③は自分の着る洋服のあと始末についての調査である。

これは，すでに「日常着の着方と手入れ」の題材で学習している内容である。ところが，学校から帰って着替えをしない児童は36名で級の78％を占め，着替える児童は10名であるという実態を知ることができた。着替える児童については表のように１人だけ家の人があと始末をするが，あと９人は自分で始末をしている。

着替える児童は，





| 内容 | 男 | 女 | 計 |
|---|---|---|---|
| 洋服ダンスにかける。 | 3 | 2 | 5 |
| 洋服かけにかけてくぎにかける。 | 1 | 2 | 3 |
| くぎにかける。 | 1 | 0 | 1 |
| 家の人にたのんでしまってもらう。 | 0 | 1 | 1 |

問題④からは家庭科で学習する内容が，それ以前にどのような形でつかまれているかをみようとするものである。勉強する場所の整理整とんの必要をどの程度考えているかをみると，表のように勉強しやすくするためというのが半数以上で，児童の表現としては自然に出てくる必要観であろう。また女子の中には，ちらかっていると気持ちが悪いと，感覚的にとらえている者が多かった。学習では，この勉強しやすくを分析し，よいしかたに発展することが考えられる。

| 理由 | 男 | 女 | 計 |
|---|---|---|---|
| 勉強しやすくなる。 | 14 | 11 | 25 |
| ちらかっていると気持ちが悪い。 | 1 | 7 | 8 |
| 人がきた時困る。 | 3 | 2 | 5 |
| 能率があがらない。 | 3 | 1 | 4 |
| 住みよくする。 | 0 | 3 | 3 |
| 何かさがす時困る。 | 1 | 1 | 2 |
| あつくるしい。 | 1 | 1 | 2 |

問題⑤に対して，考えたことがある児童は63％で，級の約⅔を占めている。しかし，それはどんなことかについて書いた者は35％で下表のようである。「箱を決めて入れる。」「分類して入れる。」などのしかたが最も人数が多く，置き方について考えた児童はいなかった。

| よいしかた | 男 | 女 | 計 |
|---|---|---|---|
| 箱を決めてそこへ入れる。 | 3 | 2 | 5 |
| 分類して入れる。 | 2 | 3 | 5 |
| 本箱に入れる。 | 1 | 2 | 3 |
| 本をせいとんする。 | 2 | 0 | 2 |
| タンスに入れる。 | 1 | 0 | 1 |

問題⑥で勉強する場所以外のところを整理整とんした経験を調べると，台所，茶の間，玄関，げた箱，おもちゃ箱，洋間など一応家庭内でちらかりそうな場所を整理整とんした経験を，延べ43名の児童がもっていることがわかった。

問題⑦は整理整とんするために考えたものと作ったものについての調査である。考えたものは46名中，男子7名，女子11名であった。

作った経験のあるものは，男子8名，女子12名，計20名で表のとおりである。

| 品物 | 考えた人数 | | | 作った人数 | | |
|---|---|---|---|---|---|---|
| | 男 | 女 | 計 | 男 | 女 | 計 |
| 戸だな・たな | 3 | 1 | 4 | | | |
| 本箱・本立て | 1 | 2 | 3 | 2 | | 2 |
| 整理箱 | | 3 | 3 | 2 | 3 | 5 |
| 鉛筆入れ | 1 | 1 | 2 | | | |
| 手紙入れ | | 2 | 2 | 1 | 3 | 4 |
| 整理袋 | | 2 | 2 | 1 | 3 | 4 |
| くず入れ | 1 | | 1 | 1 | 3 | 4 |
| おもちゃ入れ | 1 | | 1 | | | |

以上の調査から整理整とんに対する児童の関心や経験の実態を知った。





③　事前調査(2)　昭和38年2月8日対象児童

ア　ねらい

学習の直前に調査を行ない，指導後の変化を知ることを目的とし，あわせて1学期の調査からどの程度児童は心の動き，関心の度合い，経験が変化したかを知ろうとして行なった。

イ　調査内容

第1回目とほぼ同一問題であるが，調査の結果次のように問題を改訂して行なった。

①　あなたの勉強場所がちらかった時，いつもどのようにしていますか。おもにしていることを一つだけえらんで○をつけなさい。

（　）自分から進んでかたづける。
（　）家の人にたのんでかたづけてもらう。
（　）人に言われてかたづける。
（　）そのままほおっておく。
（　）だれかに手伝ってもらってかたづける。
（　）家の人がかたづけてしまう。
（　）ちらかした人をよんでかたづけさせる。（兄弟，姉妹共用の時）

②　あなたは学校から帰ってきたら次のものをどのようにしまつしますか。○をつけなさい。（　）の中は適当なことばを○でかこみなさい。

ランドセルまたはかばん
（　）きめられた場所におく。（机の上におく，かべにかける，本だなに入れる，机の下に入れる，押し入れに入れる。）
（　）ほおっておく。（えんがわ，ざしき，げんかん，台所）
（　）家の人にかたづけてもらう。（父，母，祖父，祖母，姉，兄，使用人）

ハーモニカ，ふえなどの楽器
（　）きめられた場所におく。
（　）ほおっておく。
（　）家の人にかたづけてもらう。

家庭科の道具
（　）きめられた場所におく。
（　）ほおっておく。

(　　)家の人にかたづけてもらう。

⑧　自分の持ち物で整理しにくいものは何ですか。
それぞれについてかきなさい。

学用品(　　　　　)　遊び道具(　　　　　)
図書雑誌(　　　　　)　衣　類(　　　　　)
その他(　　　　　)

④　あなたの勉強する場所を整理整とんするのは何のためですか。
(　　　　　　　　)

⑤　あなたは，学用品や遊び道具その他持ち物を整理する時よいしかたを考えてしていますか。○でかこみなさい。

はい。　いいえ。

何を，どのように整理整とんしていますか。

⑥　家で勉強場所以外の所を整とんしたことがありますか。した所に○をつけなさい。

茶の間，居間，台所，玄関，客間，廊下，庭，物置，その他(　　　)

⑦　学校で作ったもの以外で今までに自分の持ち物を整理するため，何か作ったことがありますか。あったらくわしくかきなさい。
(　　　　　　　　)

⑧　整理整とんのため作ったらよいと考えたものがあったらかきなさい。
(　　　　　　　　)

ウ　調査の結果の考察

問題①については，女子は1回目より2回目のほうがみずから進んでかたづける人数がふえて，手伝ってもらってかたづける人数が減っている。また，男子は自分から進んでする，いわれてするの児童はかわりがなく，手伝ってもらってかたづける人数が減って，そのままほおっておいたり，家の人がかたづける人数がいくらかふえている状態である。

問題②は，1回目のときの学校に着ていった洋服のしまつの調査を省いて，学用品などのしまつを聞くことにした。

問題③の自分の持ち物で整理しにくい物の記入については，1回目と出題方法が違ったので，比較することは無理があろう。

問題④については，1回目と異なった点は清潔上，能率上から行なうという必要性が出てきたことである。





問題⑤は，質問のしかたが違ったために比較が困難であった。

問題⑥の経験調査は1回目とあまり変化はない。

問題⑦⑧については，1回目より人数がふえている。

全般的に半年すぎても家庭での生活態度はあまり変化はなかったといえよう。

以上の事前調査から，児童は整理整とんすることがよいことはわかっているが，その必要をいろいろな面から考えるまでにいたっていず，そぼくな答えをしている。そしてまた生活の中で自分から進んで実践するうえにいろいろな問題がある。やってみて困ることもある。そうしたことを解決することと，もっとよいしかたをわかって実践させることが学習目標と一致していると思われた。

④　事前調査(3)　昭和38年2月7日対象5年1組の児童の父母

ア　ねらい

「身のまわりの整理整とん」を学習するにあたって，父母はこどもの身のまわりの整理整とんをどう見つめ，何を望んでいるかを知るために調査した。

イ　調査内容

今学期の家庭科の最後の学習は，すまいの整理整とんについて勉強します。つきましては次の各項目について，実態調査をしたいと思いますので，各ご家庭でご記入の上2月9日までに担任へご提出ください。

①　現在お子さんは，自分の勉強場所を中心にして，よく整理整とんしていますか。次のどれにあたるか(　)の中に○印を一つつけてください。

ア　学校の勉強道具は
(　　)いつもきちんと整理整とんしている。
(　　)あまりきちんとしていない。
(　　)乱雑である。

イ　勉強道具の整理整とんは，
(　　)自分から進んでする。
(　　)人に言われてする。

(　　) 言われてもしない。

② 時々学用品が見つからなくて大さわぎすることがありますか。どちらかに○をつけてください。

ア　ある。　　イ　ない。

ウ　学用品が見つからなくて大さわぎをする人は，おもにどんなものですか。書いてください。

(　　　　　　　　　　)

③ 遊び道具を使って遊ぶ場合その始末はどうしていますか。次のどれにあたるか（　）の中に○を一つつけてください。

(　　) もとあった所へ必ずしまう。

(　　) 言われてかたづける。

(　　) あとしまつをしないでほおっておく。

(　　) 言われてもかたづけない。

④ 次の整理整とんの学習にお子さんの日常を通して，このようなことを注意してほしいということがありましたら，書いてください。その他これに関するお考えがありましたらお書きください。

(　　　　　　　　　　)

ウ　調査結果の考察（父母44名に対して）

問題①については，アとイの表でわかるように,「いつもきちんと整理整とんしている児童」と「自分から進んでする児童」がほぼ一致している。

ア　学校の勉強道具は

| | 男 | 女 | 計 |
|---|---|---|---|
| いつもきちんと整理整とんしている。 | 4 | 13 | 17 |
| あまりきちんとしていない。 | 11 | 12 | 23 |
| 乱雑である。 | 4 | 0 | 4 |

イ　勉強道具の整理整とんは

| | 男 | 女 | 計 |
|---|---|---|---|
| 自分から進んでする。 | 5 | 15 | 20 |
| 人に言われてする。 | 14 | 9 | 23 |
| 言われてもしない。 | 0 | 1 | 1 |





勉強道具が乱雑である児童は，人に言われれば整理整とんするようである。

問題②について調べると，下表のような人数で，大さわぎをする者のほうがいくらか多い。

| | 男 | 女 | 計 |
|---|---|---|---|
| ある | 12 | 11 | 23 |
| ない | 7 | 14 | 21 |

また見つからなくてさわぐ品物は右表のように学用品全体にわたっている。

| 学用品名 | 男 | 女 | 計 |
|---|---|---|---|
| ノート | 3 | 2 | 5 |
| 笛 | 2 | 2 | 4 |
| コンパス，定規 | 2 | 1 | 3 |
| 図工道具 | 2 | 0 | 2 |
| 消しゴム・鉛筆 | 2 | 0 | 2 |
| 体操服 | 0 | 2 | 2 |
| 小物 | 0 | 2 | 2 |
| 教科書 | 0 | 1 | 1 |
| 下じき | 1 | 0 | 1 |
| 家庭科道具 | 1 | 0 | 1 |

問題③は，次表のように遊び道具の始末については，学用品の整理整とんに比べ，もとあった所へ必ずしまう人数は少なく，言われてかたづける児童が⅔もいる。このことから，学用品よりも遊び道具のあと始末はよくできていないことがわかった。

| | 男 | 女 | 計 |
|---|---|---|---|
| もとあった所へ必ずしまう。 | 7 | 7 | 14 |
| 言われてから片づける。 | 11 | 16 | 27 |
| 後しまつをしないでほおっておく。 | 1 | 2 | 3 |

以上の調査の結果，この級の父母は，わが子を教師の前をつくろうということがなく，ありのままの姿を回答している。また，整理整とんがよくできない児童の父母は次のことを望んでいる。

| | |
|---|---|
| 男子 | •本だなに整理できるようにしてほしい。<br>•自分でできることは自分でするようにしてほしい。<br>•進んで整理するようにしてほしい。<br>•三日ぼうずで困る。<br>•仕事がおそいので早くできるようにしてほしい。<br>•遊び道具と学用品を区別するように注意してほしい。 |
| 女子 | •あまりきちんとしないので注意してほしい。<br>•日曜ぐらい自分でそうじするようにしてほしい。<br>•自分のものに名まえをつけるようにしてほしい。<br>•自分のこと以外にも手伝ってほしい。 |

これらは，教師が指導しようとする意図や内容と一致するのであった。

以上の調査から児童の実態をつかみ，問題点を解明するために次のように学習を展開した。

⑥　学習指導の実際

題材『身のまわりの整理整とん』

ア　第１次学習「持ち物の整理整とん」（２時間）

(ア)　経験を発表する。

整理整とんしていないために困った事や整理整とんしてあってよかったことなどについて話し合い，学習意欲を喚起させた。

(イ)　実態調査の表を見て考える。（児童対象２回目の問題①の表）

「勉強場所が散らかった時あなたはどうしますか。」

実態調査の表を見て気づいた事を話し合う。

C　男の人は整理整とんが悪い。（Cは児童 Tは教師の略号）

C　男の人は女の人よりめんどうがってやらない人が多い。

などの話し合いがでた。家の人がかたづける３人（男子）については，なぜやらないのか理由を聞くと「めんどうくさい。忘れる。遊ぶのに忙しい。」と答えた。そこで，どうしたらやるようになるか，みんなで話し合





った。「自分でできることは自分でやればよい。場所をかえて勉強をするから忘れるので，勉強べやですればよい。おかあさんにかたづけないように頼んでおけばよい。」というような話し合いの中でやれなかった児童は，何とかやってみようと言いだした。

(ウ)　整理整とんの必要を考える。

整理整とんの必要については

C　さがしやすくするため。

C　気持ちがよいから。

C　やりにくいから。

C　仕事をするとき不便だから。

C　なくなりやすいから。

などを話し合い，教師は便利さ，能率，気持ちの上から，外見上からなどにまとめた。

(エ)　自分の持ち物で整理しにくい物について話し合う。

T　持ち物の中で何がいちばん整理整とんしにくいですか。

C　使い古したノートや教科書

C　小さな鉛筆

C　学校で作った図画工作の作品

C　遊び道具

というようなぐあいに急に活気を帯び，どんどん答えた。これは身近な問題であったので関心も強かったように感じられた。教師は整理整とんしにくい持ち物を分類しながら板書した。

(オ)　整理整とんの方法をグループで考える。

整理しにくい持ち物の実態調査の表をはり，〔大きさ・使う回数・種類〕などによる分類のしかたや置き方のくふうなどについてグループで話し合った。

C　種類別に分類しておく。

C　あまり使わない物と絶えず使う物との置く場所を決めて使いやすいように置く。

C　いらない物は処分する。

C　見た目に感じいいように置く。

C　細かい物は小さい箱に入れてから大きな箱に入れる。

C　使わない本は箱に入れて机の下にしまい上から布をかぶせておく。

C　本の背が見えるように本を並べる。

C　大きさを分けて分類する。

意欲を高めるために教科書を読んだ。このような形態で2時限続きの学習をしたが，この展開中に「身のまわりの整理整とん」のスライドを使用してみることを意図していたが，市販品がまにあわなかった。あとで，試写して検討した結果，児童の実践への意欲はもっと盛り上げるうえに，学習段階に適切に生かす自作スライドを作ることにした。

イ　第2次の学習

「室内や家のまわりの整理整とん」(1時間)

(ア)　家に帰って持ち物の整理整とんやその他を実践したことについて話し合いをする。

T　家に帰ってどんなことを実践しましたか。

C　本とノートを分類した。

C　本箱に本やノートを入れるようになった。

などで，ほとんどの児童は家で実践していなかった。中にはだいたいできているのでやらなかったという児童もいたが，まだ実践する段階までに意欲が高まっていないように感じられた。

(イ)　教室の整理整とんについて反省する。教室が整理整とんされてい





たために活発な意見は出なかった。整理整とんの必要性を考えるには不適当な場の設定であった。この場合に話し合いで授業を進めるのでなく教室の四すみに品物を無造作に置き，これをグループ別に整理整とんさせるという展開のしかたも考えられた。

(ウ)　実態調査の表を見て考える。

| 場所 | 男 | 女 | 計 |
|---|---|---|---|
| 庭 | 8 | 7 | 15 |
| 茶の間 | 3 | 11 | 14 |
| 玄関 | 3 | 9 | 12 |
| 台所 | 2 | 6 | 8 |
| 居間 | 6 | 1 | 7 |
| 客間 | 3 | 3 | 6 |
| 廊下 | 3 | 1 | 4 |
| 物置き | 3 | 0 | 3 |
| その他 | 0 | 3 | 3 |

実態調査の表から乱雑になりやすいへやや場所について話し合い，乱雑になる原因について話し合った。

C　雑誌など見たらそのままにして置くから。

C　何かを使って使いっぱなしでもとへ返さないから。

この程度の意見しか出なかった。これは児童の身辺から離れたことで関心が薄かったためではないだろうか。

(エ)　整理整とんのよいしかたをくふうする。

T　乱雑になりやすい場所の整理整とんのよいしかたはどうしますか。

C　玄関のはじで土を落としてはいる。

T　まずよごさない注意ですね。

C　くず箱を流しのそばに置き，ふたをしておく。

C　本や雑誌を読んだ人はもとへ返す。

C　新聞は決まった所へ入れる。

C　整理箱を作って普段使わない物をきちんと入れておく。

など細かなことまでよいしかたについて考えていた。

(オ) 家のまわりや庭などの整理整とんについて話し合う。

枯れた花の始末のしかたに困る。ほうきやシャベルの整理のしかたがむずかしいなどの意見が出た。

(カ) 実践の方法を話し合う。

T　自分たちでできることはないか。

C　小さな鉛筆を整理するために箱を作る。

C　本を入れる整理箱。

C　ハンカチを入れる袋。

C　古いノートや教科書をしまう箱。

など次々に作りたい物を発表し，考えられない児童に刺激を与え，一段と実践意欲を高めた。

(キ) 結果の考察

この時間は前２時間と比べて授業に対して興味が薄く感じられた。これは，前２時間の学習において次時の学習への配慮がじゅうぶんでなかったように思われる。持ち物の整理整とんの学習から，家庭生活を営むうえには整理整とんが必要であることを考えさせ，事前に学習の方向をつけておくような心くばりが必要であった。

身のまわりの整理整とんの学習の次に室内や家のまわりの整理整とんの学習を展開するように指導計画を考えた際に，室内や家のまわりの整理整とんを先にして，次に身のまわりの整理整とんを学習し製作にうつるという意見もあった。が，２時間続きの授業形態でするため，あとの１時間は製作品に対する話し合いを行ない，家で準備させるつごう上，前１時間を室内や家のまわりの整理整とんの学習にもっていき，その進め方でまず持ち物の整理整とんについて学習し，各自家庭生活について問題をみつけ，さらに問題を解決する上で製作するという流れにしてみたのである。この方がまた身近な問題からはいるので効果的であると思う。





ウ　第３次の学習「製作」（６時間）

(ア) 計　画

T　整理整とんに必要なものを製作するには，置き場所，使い方などについて家のかたとよく相談してみることがたいせつですから，何か話し合いましたか。作る物の目的を考えましたか。作る物の大きさ，形，色，材料についてそれぞれ考えてきましたか。

などについて話し合った。

後述するように個人面接の時と本時と製作する物が変更したのは，整理箱から整理袋へ（男１，女６）整理袋から整理箱へ（男１）で，整理箱26名，整理袋19名に分かれて下記のような計画表を立てはじめた。

(イ) 整理箱作りの計画ときろく

5年１組　　T子の例

目的　短い鉛筆を整理したり，教科書を整理する立め。

おき場所　自分の勉強机の上

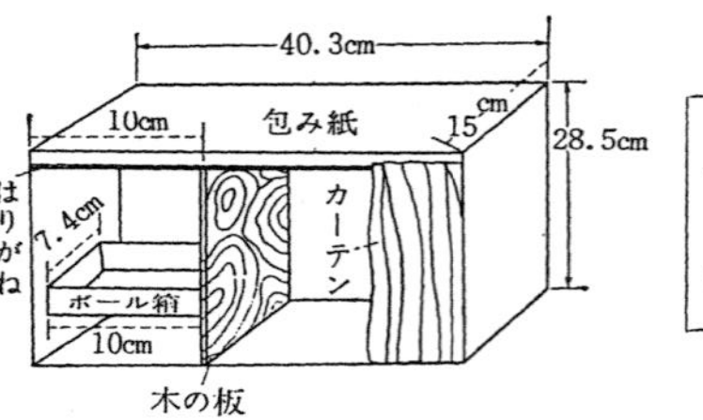


| 用具 | | |
|---|---|---|
| | ① セメダイン | ④ ものさし |
| | ② ペンチ | ⑤ はけ |
| | ③ はさみ | ⑥ のり |

| 材料（大きさや数もかく） | | | |
|---|---|---|---|
| ① 木の箱 | 1 | たて　28.5cm | 横　40.3cm |
| ② 木の板 | 1 | たて　28.5cm | 厚さ　0.4cm |
| ③ 包み紙 | | たて　70.4cm | 横　58.5cm |
| ④ カーテン用布 | | たて　32　cm | 横　60　cm |
| ⑤ くぎ | 2 | 長さ　3　cm | |
| ⑥ ボール箱 | 1 | たて　10　cm | 横　7.4cm |
| ⑦ はりがね | 1 | 長さ　41　cm | |
| ⑧ 新聞紙 | | | |

| 予定 | | じっさい | |
|---|---|---|---|
| 始める日 | 3月5日 | 始めた日 | 3月12日 |
| 仕上げの日 | 3月19日 | 仕上げ | 3月19日 |
| 予定時間 | 6時間 | かかった時間 | 6時間　分 |

製　作

| 月日 | 予定 | じっさい |
|---|---|---|
| 3. 12 | 木の箱と木の板を新聞紙で下ばりをする。包み紙で上ばりをする。木の板とボール箱をセメダインで木の箱にはりつける。 | 木の箱と木の板を新聞紙で下ばりする。包み紙で上ばりをする。 |
| 3. 19 | 箱にくぎをうってはりがねをとおす。カーテンをミシンでぬう。カーテンをはりがねにとおす。 | セメダインで木の箱に木の板とボール箱をはる。手ぬいでカーテンをぬう。（おくれた所）カーテンをはりがねにとおす。 |

| | よくできたところ | | むずかしかったところ |
|---|---|---|---|
| はんせい | カーテンの三つおりの1か所がよくできた。 | | 紙の下ばりが，うまくピッタリつかなかった。 |
| かそんう | もっと包み紙がうまくはれるとおもったらなかなかうまくはれなくてへんなふうになってしまった。 | | |
| 家の人のことば | いい本箱ができたので，机の上も整理されるでしょう。 | 先生のことば | きれいな箱ができましたね。カーテンも手ぬいでなかなかよくできました。ミシンの練習もして，次に何かを作るときはミシンでぬってごらんなさい。 |

この時，たなをどんなふうにつけたらよいかくふうさせたり，カーテンをつけるならばどう作ったらよいか作り方の注意をしたり，袋のデザインはどんなふうにするか，など話し合いをしながらくふう考案させて，計画表に記入させた。計画した後提出させ，用具材料製作予定などを個々に検討し，無理な計画を立てている所や製作順序の違っている児童には指導をして計画をなおさせた。

(ウ) 製　作

• 整理箱の作り方順序（箱の悪い所をなおす。しきりをつける。下張り





をする。上張りをする。）について話し合い，すぐに製作にとりかかった。机間巡視をしながら個々に箱の下張り・上張りの張り方指導をした。

• 整理袋の作り方順序（布にしるしをつけて切る。ししゅう・かざり・アップリケをする。まわりを縫う。ポケット口の三つ折り縫い。ポケット付け）について話し合い，特にポケット口の止め方についてしっかり縫うよう注意をし，机間巡視の際に個人別指導を行なった。

(エ) 考　察

○材料について話し合う。

準備する材料について話し合いをした際，布の場合はどのような布が縫いよいか，箱の場合はどんな箱が作るのに適当か，の話し合いが不じゅう分であったので，準備した材料の中に，絹布・人絹・モスリン・オーバー地などがあった。製作中もへらがつかないで困ったり，くにゃくにゃして縫いにくく，苦労をしながら仕上げた児童がいた。また袋の裏うちに皮を持ってきた児童は，張りつけるのに困っていた。

○張り方

整理箱の紙の張り方については，5年当初の清掃用品作成の際，くずかご作りで下張り上張りののりの濃さ，のりの付け方，ふちどりのしかたの指導がなされていると思い，全員に指導をしなかったため，下張りの張り方が不じゅう分で紙がぶわぶわしている箱ができたり，ふちどりと箱の角の始末やすみのやり方がきちんとできていないため，上張りのすきまから箱が見える作品が多かった。そこで，張り方の要領を指導する図表や張り方の標本を作って，指導の際使用することにした。

○ダンボール

箱を作る材料として，最近手に入りやすい物にダンボールがあり，これを持ってきた児童が割合に多くいた。が，この児童たちにダンボールの張

り方について指導をじゅう分しなかったため木箱と同様にはったので，でき上ってからボール紙がでこぼこに曲ってしまった。

○エナメル

本箱にエナメルをぬる指導をじゅう分に行なわなかったので，ザラザラの板の上にじかにエナメルをぬってしまい，ぬりにくかったようであった。

○たなのつけ方

たなの付け方はじゅう分に話し合いをしたので，釘をつかえないボール箱などは，空かんを利用してたなを作ったり，小箱を積み重ねてたなを作るなど，材料に適したくふうをしていた児童が多かった。

(オ) 作品の評価

次のような評価の観点によって，計画表と作品とを照し合わせながら評価した。

○製作する目的は，果たされているか。
○計画図どおり作品はできているか。
○計画した材料を使っているか。
○製作時間は6時間の予定通りでき上ったか。
○作品のでき具合はどうか。
○作品についてよく反省しているか。
○製作の目的については，ほとんど全員が目的を果していたが，男子3名は目的が作品とあっていなかった。これは計画を立てた時の助言を聞かずに書きなおさない児童であった。
○計画図どおりできたか，については，級の50%が計画どおりでき上ったが，あとの50%は計画どおりできなかった。その中の7%は予定時間より早くでき上ったので，カーテンやたなをあとから付けたした児童で，全部整理箱を作った男子であった。また43%の児童は予定した





| | | 男 | 女 | 計 |
|---|---|---|---|---|
| 計画どおり | | 9 | 13 | 22 |
| ちがった | 少 | 8 | 11 | 19 |
| | 多 | 2 | 1 | 3 |

所までできなかった児童であった。これは袋のポケットにむずかしいアップリケやししゅうを計画したので時間がかかったため，ししゅうを簡単にしたり，ポケット数を少なくしたりして，製作の途中で計画変更をした児童であった。

○計画した材料を使っているかについては，男子1名，女子1名を除いては，全員計画した材料で作成した。材料が変った男子は，製作するたびに袋を持ってきたり箱を持ってきたりした。また女子はアップリケをするのに適当な布がないのでししゅうに変更した程度であった。

| 時間 | | 男 | 女 | 計 |
|---|---|---|---|---|
| 予定どおり | | 12 | 17 | 29 |
| ちがった | 少 | 5 | 7 | 12 |
| | 多 | 2 | 1 | 3 |

○製作時間については，予定時間どおりにでき上った児童は66%で級の⅔であり，27%は，途中で計画変更をしても，まだ時間がたりなかった児童であった。

| でき具合 | 男 | 女 | 計 |
|---|---|---|---|
| 上 | 8 | 8 | 16 |
| 中 | 9 | 14 | 33 |
| 下 | 2 | 3 | 5 |

○作品のできぐあいについては左表のような結果であった。

作品についての反省は，反省していない児童男子1名，女子1名を除いて，みんな細かく反省していた。

一斉指導上不じゅう分な点はあったが，個人指導を行なったので，ほとんどの児童はよくできていた。

⑥　中間における調査(4)　昭和38年2月対象児童個人別面接

ア　ねらい

持ちものの整理整とん，室内や家のまわりの整理整とんの3時間の学習

を，上記のような話し合いや，児童の発表とその話し合いなどの学習形態をとって進めたが，個々の児童にどの程度関心が高まり，意欲をもって実践しているか，を調べるために，学習後5日を経て次のような内容で個人面接をした。

イ　質問内容

①　すまいの整理整とんを学習して家に帰って何かしましたか。
　ア　どういう事をしましたか（した児童）。
　イ　なぜできなかったのですか（しなかった児童）。

②　すまいの整理整とんでしようと思ったが困った事がありましたか。
　ア　どんな事でしたか（あった児童）。

③　あなたはすまいの整理整とんのために何を作ることにしましたか。

④　それは何のために何を整理するのですか。

⑤　前からきちんとしている児童には，いつ頃からどのようにしましたか。

ウ　結果の考察

質問①に対しては下表のように，しない女子が12名いるが，この中の9名は前からきちんとしているのでしなかった児童である。しかし，一応整とんされていても，学習によって見直してみるという意欲が高まらなかったところに問題があろう。すなわち便利さという面で整理整とんのしかたを学習した際に，話し合わせて，それに関するいろいろの条件がでてきても，教師がさらにこれをまとめて，そのたいせつさを胸にうったえるような学習に乏しかったゆえではなかったかと反省させられた。

| | 男 | 女 | 計 |
|---|---|---|---|
| し　　た | 12 | 13 | 25 |
| し　な　い | 5 | 12 | 17 |

整理整とんをしたという子の内容は，机上の整とんや机中の整理がほとんどであった。しなかった児童8名は，忘れた3名，面倒くさい2名，気がつかなかった3名である。

質問②については，困った事があった児童は男子3名，女子11名で，困った内容は児童対象調査の整理しにくい物を整理するのに困ったと答えた





者が多かった。

質問③については，表のような結果であるが，「整理整とんするのに何を作るか」という目的をはっきりつかまず，ただ箱や袋を作ると答えた児童は男1名，女1名で，あとの児童は自分の身のまわりをよく見ていて答えていた。

| | 男 | 女 | 計 |
|---|---|---|---|
| 整　理　箱 | 12 | 14 | 26 |
| 整　理　袋 | 1 | 8 | 9 |
| 考えちゅう | 2 | 2 | 4 |
| 考えていない | 2 | 1 | 3 |

質問⑤のどのようにしているかについては，自分で気がついた時する児童が7名で家の者とするのが2名であった。

また，個人別に聞いたので，学習目標がはっきりと認識され，以後，身のまわりの整理整とんをする児童が男子にふえた。また学習しても実践しなかった児童は恥ずかしくなり実践するようになった。製作品に対して考えていなかった児童や考え中の児童は，身のまわりをよくみつめて次時の時には，全員が製作目標をしっかりつかんで学習に望んだようであった。

⑦　事後調査(5)　昭和38年3月対象児童

ア　調査のねらい

身のまわりの整理整とんの学習を9時間して，その後の児童の生活態度や関心について，児童はどのように変化したか調査した。

イ　調査内容　調査人員（男21名，女25名）

事前調査(2)と同一問題で行なった。

ウ　調査結果の考察

①　あなたの勉強場所がちらかった時，いつもどのようにしますか。

| | 事前 | | | 事後 | | |
|---|---|---|---|---|---|---|
| | 男 | 女 | 計 | 男 | 女 | 計 |
| ①自分から進んでかたづける。 | 5 | 14 | 19 | 11 | 16 | 27 |
| ②人に言われてかたづける。 | 10 | 10 | 20 | 6 | 9 | 15 |
| ③誰かに手伝ってもらって片付ける。 | 1 | 0 | 1 | 1 | 0 | 1 |
| ④家の人がかたづけてしまう。 | 3 | 1 | 4 | 1 | 0 | 1 |

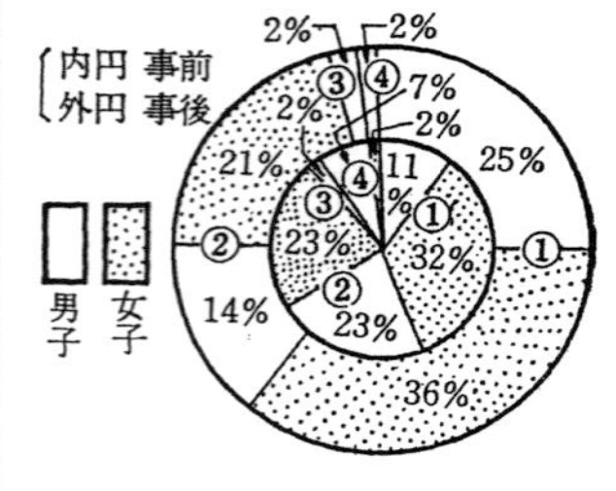


上記のグラフでわかるように，自分から進んでする者が（61%）で学級の⅔となり，あとは人に言われて片付けるようになった。ただO男D男の2名は自分で整理整とんはまだできない。

② あなたは学校から帰ったら次の品物はどのように始末しますか。

| | 事前 | | | 事後 | | |
|---|---|---|---|---|---|---|
| | 男 | 女 | 計 | 男 | 女 | 計 |
| ①きまった場所におく。 | 15 | 20 | 35 | 16 | 25 | 41 |
| ②ほおっておく。 | 6 | 3 | 9 | 5 | 0 | 5 |
| ③家の人に片付けてもらう。 | 0 | 2 | 2 | 0 | 0 | 0 |

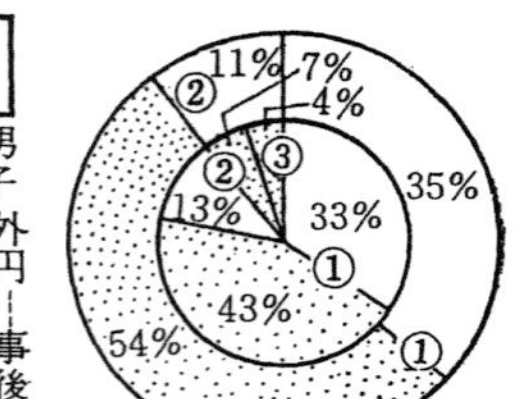


ランドセル，カバンの始末のしかたについて，学習の前とあとと比較して見ると，グラフのように，ほおっておいたり，家の人に片付けてもらう女子が1名もいなくなり，女子は全員決められた場所におくようになった。他の自分の持ち物（ハーモニカ・笛・絵の具・習字道具・珠算・家庭科道具）の始末のしかたについても，ランドセルとほぼ同様な結果がわかった。

③ 自分の持ち物で整理しにくい物は何ですか。

学用品，図書，雑誌，遊び道具，衣類について調べると，次表のような結果となった。





学用品

| 品物 | 事前 | | | 事後 | | |
|---|---|---|---|---|---|---|
| | 男 | 女 | 計 | 男 | 女 | 計 |
| ノート | 1 | 2 | 3 | 3 | 2 | 5 |
| えのぐ | 2 | 3 | 5 | 0 | 1 | 1 |
| 画用紙 | 1 | 1 | 2 | 0 | 0 | 0 |
| 画板 | 1 | 0 | 1 | 1 | 0 | 1 |
| 小さい鉛筆 | 0 | 1 | 1 | 5 | 5 | 10 |
| クレパス | 0 | 2 | 2 | 0 | 0 | 0 |
| けしゴム | 0 | 0 | 0 | 3 | 0 | 3 |
| 参考書 | 0 | 0 | 0 | 1 | 2 | 3 |
| コンパス分度器 | 0 | 0 | 0 | 0 | 2 | 2 |
| 成績物 | 2 | 0 | 2 | 2 | 0 | 2 |

衣類

| 品物 | 事前 | | | 事後 | | |
|---|---|---|---|---|---|---|
| | 男 | 女 | 計 | 男 | 女 | 計 |
| オーバー | 1 | 1 | 2 | 0 | 0 | 0 |
| ズボン | 1 | 0 | 1 | 0 | 0 | 0 |
| 上着 | 0 | 1 | 1 | 0 | 0 | 0 |
| スカート | 0 | 1 | 1 | 0 | 1 | 1 |
| 体操服 | 0 | 0 | 0 | 0 | 2 | 2 |
| くつ下 | 0 | 0 | 0 | 0 | 1 | 1 |
| 下着 | 0 | 0 | 0 | 0 | 1 | 1 |

図書雑誌

| 種類 | 事前 | | | 事後 | | |
|---|---|---|---|---|---|---|
| | 男 | 女 | 計 | 男 | 女 | 計 |
| 週刊紙 | 2 | 0 | 2 | 2 | 0 | 2 |
| 雑誌 | 1 | 1 | 2 | 1 | 3 | 4 |
| まんが | 0 | 1 | 1 | 0 | 0 | 0 |
| 地図帳 | 0 | 0 | 0 | 0 | 1 | 1 |
| 大きい本 | 0 | 0 | 0 | 1 | 0 | 1 |

遊び道具

| 品物 | 事前 | | | 事後 | | |
|---|---|---|---|---|---|---|
| | 男 | 女 | 計 | 男 | 女 | 計 |
| ボール | 2 | 0 | 2 | 3 | 2 | 5 |
| こまかい物 | 0 | 2 | 2 | 0 | 1 | 1 |
| 人形の着物 | 0 | 2 | 2 | 0 | 0 | 0 |
| ヘルメット | 1 | 0 | 1 | 0 | 0 | 0 |
| おもちゃ | 1 | 0 | 1 | 0 | 0 | 0 |
| ビー玉 | 1 | 0 | 1 | 1 | 0 | 1 |
| 飛行機 | 1 | 0 | 1 | 0 | 0 | 0 |
| グローブ | 1 | 0 | 1 | 3 | 0 | 3 |
| プラモデル | 1 | 0 | 1 | 1 | 0 | 1 |
| トランプ | 0 | 1 | 1 | 0 | 1 | 1 |
| なわとびのなわ | 0 | 1 | 1 | 1 | 1 | 1 |

表でわかるように，指導前より指導後の方が整理しにくい物の人数がふえている。この事は整理整とんのよいしかたを理解したので，整理しにくい物がはっきりとわかったためと，実践するようになったので整理しにく

い物が何であるかが，はっきりわかったためであろうと思われる。

④ あなたの勉強する場所を整理整とんするのは何のためですか。

| 理由 | 事前 男 | 事前 女 | 事前 計 | 事後 男 | 事後 女 | 事後 計 |
|---|---|---|---|---|---|---|
| 勉強しやすい | 14 | 12 | 26 | 0 | 11 | 11 |
| きれいにするために | 4 | 2 | 6 | 0 | 5 | 5 |
| 人がくるから | 1 | 2 | 3 | 0 | 0 | 0 |
| きもちがちらないで勉強する | 1 | 2 | 3 | 0 | 0 | 0 |
| せいけつにするため | 4 | 0 | 4 | 18 | 3 | 21 |
| 気持がいいから | 0 | 4 | 4 | 15 | 12 | 27 |
| 母にいわれるから | 1 | 0 | 1 | 0 | 0 | 0 |
| 能率をあげるため | 0 | 0 | 0 | 4 | 2 | 6 |
| 健康によいため | 0 | 0 | 0 | 3 | 4 | 7 |
| 見た目がよい | 0 | 0 | 0 | 0 | 7 | 7 |
| 人に見られて恥ずかしい | 0 | 0 | 0 | 8 | 12 | 20 |
| 物を見つけやすい | 0 | 0 | 0 | 11 | 12 | 23 |

右の表のように，指導前は無答者14名，延べ解答47に対し，指導後は無答者0名，延べ解答127である。また各児童が，便利さ・能率上・気持の上から・外見など多方面から必要性を理解し，意識が高まった事がわかった。

⑤ 家で勉強場所以外の所を整とんした事がありますか。

右の表でわかるように，勉強場所以外の所の整とんをした延べ人数が事前72から，事後107になった事で実践化されてきたことがうかがわれた。

| 場所 | 事前 男 | 事前 女 | 事前 計 | 事後 男 | 事後 女 | 事後 計 |
|---|---|---|---|---|---|---|
| 庭 | 8 | 7 | 15 | 12 | 10 | 22 |
| 茶の間 | 3 | 11 | 14 | 11 | 10 | 21 |
| 玄関 | 3 | 9 | 12 | 8 | 9 | 17 |
| 台所 | 2 | 6 | 8 | 2 | 15 | 17 |
| 居間 | 6 | 1 | 7 | 1 | 3 | 4 |
| 客間 | 3 | 3 | 6 | 1 | 2 | 3 |
| 廊下 | 3 | 1 | 4 | 3 | 5 | 8 |
| 物置 | 3 | 0 | 3 | 8 | 5 | 13 |
| その他 | 0 | 3 | 3 | 0 | 2 | 2 |

⑧ 事後調査　昭和38年3月対象　父母

ア 調査のねらい

児童対象の事後調査によって児童





の学習による変化を知る事ができたので，父母からもどの程度児童が変化したかを聞くため調査を行なった。

イ 調査内容　事前調査と同一問題にした。調査人員（44名）

ウ 調査結果の考察

① 自分の勉強場所を中心にしてよく整理整とんしていますか。

| | 事前 男 | 事前 女 | 事前 計 | 事後 男 | 事後 女 | 事後 計 |
|---|---|---|---|---|---|---|
| いつもきちんと整とんしている。 | 4 | 13 | 17 | 11 | 18 | 29 |
| 余りきちんとしていない。 | 11 | 12 | 23 | 8 | 7 | 15 |
| 乱雑である。 | 4 | 0 | 4 | 0 | 0 | 0 |

棒グラフでわかるように余りきちんとしていない児童と乱雑である児童がへって，いつもきちんと整とんしている児童が多くなってきた。

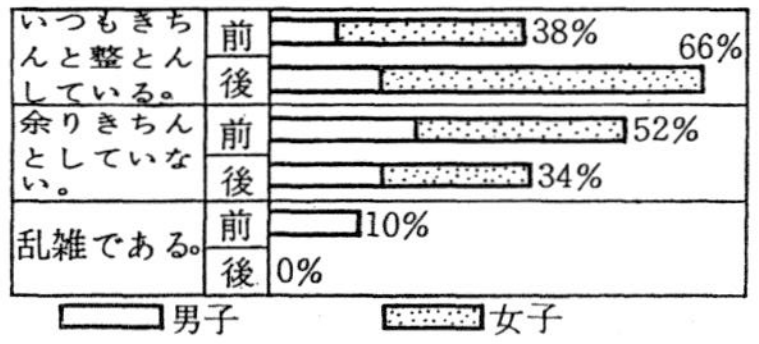

| | | |
|---|---|---|
| いつもきちんと整とんしている。 | 前 | 38% |
| | 後 | 66% |
| 余りきちんとしていない。 | 前 | 52% |
| | 後 | 34% |
| 乱雑である。 | 前 | 10% |
| | 後 | 0% |

男子　女子

② 勉強道具の整理整とんはどうしていますか。

| | 事前 男 | 事前 女 | 事前 計 | 事後 男 | 事後 女 | 事後 計 |
|---|---|---|---|---|---|---|
| 自分から進んでする。 | 5 | 15 | 20 | 10 | 15 | 29 |
| 人に言われてする。 | 14 | 9 | 23 | 9 | 10 | 19 |
| 人に言われてもしない。 | 0 | 1 | 1 | 0 | 1 | 0 |

整理整とんをする場合，言われてしない。という児童がいなくなり，自分から進んでするようになってきた。

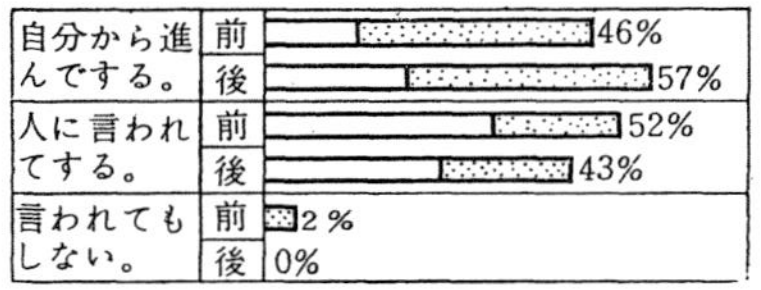

| | | |
|---|---|---|
| 自分から進んでする。 | 前 | 46% |
| | 後 | 57% |
| 人に言われてする。 | 前 | 52% |
| | 後 | 43% |
| 言われてもしない。 | 前 | 2% |
| | 後 | 0% |

③ 学用品が見つからないで大さわぎ

をする事がありますか。

| | 事前 | | | 事後 | | |
|---|---|---|---|---|---|---|
| | 男 | 女 | 計 | 男 | 女 | 計 |
| な い | 7 | 14 | 21 | 14 | 15 | 29 |
| あ る | 12 | 11 | 23 | 5 | 10 | 15 |

女子にはあまり変化がないが，男子は大さわぎをする人数が女子より多かったのが，少なくなってきた事から，持ち物を整理整とんするようになったのであろうと思われる。

④ 遊び道具の始末については，グラフのようである。

| | 事前 | | | 事後 | | |
|---|---|---|---|---|---|---|
| | 男 | 女 | 計 | 男 | 女 | 計 |
| もとあった所へ必ずしまう。 | 7 | 7 | 14 | 8 | 9 | 17 |
| 言われてからかたづける。 | 11 | 16 | 27 | 11 | 16 | 27 |
| あと始末しないではおっておく。 | 1 | 2 | 3 | 0 | 0 | 0 |

| | | |
|---|---|---|
| もとあった所へ必ずしまう。 | 前 | 32% |
| | 後 | 39% |
| 言われてからかたづける。 | 前 | 61% |
| | 後 | 61% |
| あと始末しないではおっておく。 | 前 | 7% |
| | 後 | 0% |

遊び道具のあと始末のしかたも学用品のように整理整とんしようとする心構えがよく現われている。

また，学習後の父母の目に映じた児童の変化をまとめると，

| その後のようす | 男 | 女 | 計 |
|---|---|---|---|
| 前よりもよく整理するようになった。 | 7 | 8 | 15 |
| 分類して進んで整理するようになった。 | 2 | 5 | 7 |
| 整理袋をよく利用している。 | 0 | 1 | 1 |
| 本立てをよく利用している。 | 0 | 1 | 1 |
| 最高学年の自覚が出てきた。 | 1 | 0 | 1 |
| 手伝いがよくできるようになった。 | 0 | 1 | 1 |
| 学用品を定位置に置くようになった。 | 1 | 0 | 1 |
| 習慣化されてきた。 | 0 | 1 | 1 |
| 最後まできちんとかたづけるようになった。 | 1 | 0 | 1 |
| 自ら進んで雨戸をしめるようになった。 | 0 | 1 | 1 |
| 勉強をするようになった。 | 0 | 1 | 1 |
| 変化がない。 | 0 | 2 | 2 |





以上のように児童は変ってきた。そして，学習後も習慣化して行くであろうと思われる。

以上の調査統計は学級の全般的な傾向を述べたのであるが，個人別にどのように変化しているかを調べる事がたいせつな事であるので，全項目にわたって個人別に傾向を調べ，父兄対象の調査もすべて各児童と照会して傾向を調べた。

その結果は，全児童が全面的によい方向に変化しつつあることがわかった。これは学級担任が教室で継続的に観察した結果からも各個人の生活が変化してきたことが認められた。（個人別調査一覧表省略）

エ　その他

• スライド視聴

整理整とんの必要を考える時に，スライドを使用すればよかったが，スライドが授業に間に合わず，終末になって届いたので，まとめおよび実践の強化として，「すまいを楽しく」（市販品）のスライドを使用した。すると，

C　正子さんのようにくふうした整理箱を春休みに作りたい。

C　正子さんのように，整理整とんするよい方法はないだろうか。

という感想がほとんどで，学習時よりくふう計画して実践しようという意欲の高まりがひしひしと感じられた。

６年当初に「春休みに整理整とんするためのものを何か作りましたか。」と聞いてみると，次のような物を作り，毎日活用しているという答えであった。

| 作品 | 人数 | 作品 | 人数 | 作品 | 人数 |
|---|---|---|---|---|---|
| 笛を入れる袋 | 2 | 給食ふきん入れ袋 | 3 | 本箱 | 3 |
| テーブルかけ | 1 | ハガキ入れ袋 | 2 | おもちゃ箱 | 2 |
| 定規いれ袋 | 1 | 手帳入れ袋 | 1 | 小物入れ箱 | 1 |
| ハンカチ入れ袋 | 1 | — | — | — | — |

・製作品の活用状況

38年5月7日調べ

| 活用状況 | 人数 | | |
|---|---|---|---|
| | 男 | 女 | 計 |
| たいへん役に立っている | 6 | 18 | 24 |
| あまり役に立っていない | 10 | 7 | 17 |
| 使用していない | 3 | 0 | 3 |

学校で製作した物をその後どのように活用しているか5月に児童に聞いて見た。すると，左表のような状態で学級の½は役だっているようであった。

※あまり役だっていないわけ

- 持ち物を整理整とんした時，予想していた物を処分したので入れる物が少なくなった。
- 本を整理するため本箱を作ったら，父母が本箱を購入したため，入れる物がなくなり，置き場所に困っている。
- 作った本箱が小さすぎて，小さな本しかはいらない。
- 整理袋にたくさん入れると，片方によってしまうので，たくさんはいらない。

などの理由であった。その後，じゃまだからと家人に言われて使用していない児童が2名でたが，これは児童の作品に対しての扱いをＰＴＡでじゅう分話し合うことが必要であると考えた。

※使用していないわけ

- こけしだなを作ったがこけしがひとつもない。
- 本箱を作ったが，何を入れたらよいかわからないので使っていない。





- スリッパ入れを作ったが，スリッパを入れると反対側にスリッパが落ちてしまうので使用できない。

使用していない３名はいずれも男子で，この児童は個人面接の際，何のために何を作ってよいのか，はっきりと目的を考えていなかった児童もあり，身のまわりの整理整とんの考え方が不じゅう分のまま製作に取り組んでしまったのではないかと思われた。

しかし，その後，使い方を指導したのでこけしだなもスリッパ入れも使用して，役だたせることになった。24名の児童は，整理するのに大変役だっていると共に，作品を見ると自然と整理整とんに気づき整とんをしてしまうという実態である。

終わりに

学習指導上の問題点を解明するためにいろいろと取り組んだ。結局この題材の目標を到達させるために以上述べた指導を行い，学習指導直後の調査では一応目標が到達されたように感じた。しかし，それが習慣づけられているかを知るため，５月の定期家庭訪問の際，児童のその後の生活態度や関心の程度を父母に聞くと，児童は整理整とんの必要性に気づき，合理的な整理整とんのしかたをくふうして，自発的に実践しているという声が多かったが，中には，言われなければ片づけない。という声が６名もあった。が，この児童は前には手伝ってもらってしたり，家の人がかたづけるいう児童であった。なかには家庭生活環境に問題がある児童もいるが，この家庭訪問における事後指導によって，その後よくなったとの報告を父兄

児童が整理箱や整理袋を活用しているところ（家庭で撮影）

から受けた。このように指導者が継続的に見守ってやることのたいせつさを痛感した。

＜第２年度＞

（１） 指導計画や指導法の再検討

第１年度の「身のまわりの整理整とん」を指導した結果を反省してみると，まず，児童の実態調査を行ない，これに基づいて，どのように効果的に指導するかのつっ込みが足りなかった。特に持ち物の整理整とん，室内や家のまわりの整理整とんの学習指導のあとで，中間において個人面接の調査を行なった際には，それほど意識的な高まりをきたしていたとは思われなかった。しかも，この面接調査によって意欲的なものが児童に見られたので，きめ細かい指導をもっとくふうしなければならないことが痛感された。

ことに，この学習のあとの整理箱または整理袋つくりは，それの製作のみが目的ではなく，自分の身のまわりを整理整とんしてみて，もっとも必要なものを作ることに意味があるので，この３時限の学習は，そうした意味においても重要な意義をなすものと考えられた。

「持ち物の整理整とん」の学習を指導するのに，第１年度は話し合いが中心となり，準備が間に合わなかったスライドの使用を取り入れて効果的な指導を行うことを，まず第一に考えた。また，今年度の５年の児童は，昨年に比して，どのような関心を持っているかを調査し，それによって，児童に学習前になんらかの関心を得させようとした。

本年度は第１年度と共通のペーパーテストのほかに，事前に個人面接を行ってより児童の実態をつかむことに努力した。

その結果40ページ参照の指導計画を再編成した。題材設定の理由については，従来は児童の学習経験（主として他教科や道徳）や日常生活経験の関連のみを考えていたが，家庭科で学習した「食事の手伝い」のあとか





たづけ，「日常着の着方と手入れ」の日常着のしまつが基礎であることを考えなければならないことがわかった。

持ち物の整理整とんは，２時限をとり，児童の実態調査から問題をみつけ，自分たちの問題として，問題点を掘り下げて解決をはかるとともに，解決の方法の１つとしてよいしかたの学習へと進めることにした。

このよいしかたを考えさせるために，はじめスライド使用を考えたが，教室のコーナーを利用した簡単な勉強場のセットを利用し，児童によいしかたを考えさせつつ行動にうつして体得させる方法をとることにした。スライドはこの場合まとめの段階で用いることにしてみた。

「室内や家のまわりの整理整とん」は，第１年度に問題のあったところであるが，上記の２時限で学習意欲が高まったところで，家の勉強場の整理整とんの実践を奨励するとともに，その他家の内外にも注意することを指導するように考えてみた。

整理箱，整理袋作りにおいては，家庭での実践から考えさせるとともに，できるだけ参考品を用意し，また活用している場面のスライドを用意して，製作意欲を高めるとともに計画表を点検して製作以前にじゅう分児童と話し合いを持つように考えた。また，製作の要点を初めに一斉指導してから個別指導の徹底をはかるようにした。

また，製作後，反省の時間と相互評価の時間をもち，家庭で活用するようにすすめることにし，事後継続的な指導をはかるように考えた。

（２） 学習指導の研究

① 新５年１組学級の実態

ア 在籍児童　男子22名　女子18名　計40名

イ 知能検査より見た傾向

家庭環境のよくない児童は知能も低い。

両親の教育に対する関心もうすいのは，第１年度の組と同じである。

| 名称 ＼ 性別 ＼ 偏差値 | | 中の下 (35～44) | 中 (45～54) | 中の上 (55～64) | 優 (65～74) | 最優 (75以上) |
|---|---|---|---|---|---|---|
| 田中B式 | 男　名 | 2 | 6 | 8 | 5 | 1 |
| 第一テスト | 女　名 | 2 | 4 | 6 | 4 | 2 |

ウ　家庭環境からみた傾向

(ア)　保護者の職業

| | 人　数 | 備　考 |
|---|---|---|
| 俸給生活者で管理的職業に従事する者 | 3 | |
| 俸給生活者で公務に従事する者 | 8 | |
| 俸給生活者で公務以外に従事する者 | 14 | |
| 中小企業の経営者 | 8 | |
| 技術を要する職業に従事する者 | 5 | 著述業，彫刻家を含む |
| そ　の　他 | 2 | |

(イ)　家族構成

児童の家庭は平均5人家族（最低2人，最高9人家族）

| 父なし | 母なし | 継　母 | 祖父母有 | 祖父有 | 祖母有 |
|---|---|---|---|---|---|
| 2 | 1 | 3 | 1 | 1 | 4 |

| 一人子 | 長男 | 長女 | 末子 | 兄弟姉妹数 | | | | | |
|---|---|---|---|---|---|---|---|---|---|
| | | | | 2人 | 3人 | 4人 | 5人 | 6人 | 7人 |
| 男　4 | 16 | 5 | 男 12<br>女 8 | 12 | 15 | 6 | 1 | 1 | 1 |

(ウ)　住　居

| 自宅 | 借家 | 社宅 | アパート | 官舎 | 借間 | 住宅街 | 商店街 |
|---|---|---|---|---|---|---|---|
| 19 | 8 | 4 | 2 | 5 | 2 | 39 | 1 |





| 性別 ＼ へや数 | 1 | 2 | 3 | 4 | 5 | 6 | 7 | 8 | 9 |
|---|---|---|---|---|---|---|---|---|---|
| 児　童　数 | 4 | 13 | 7 | 5 | 3 | 2 | 2 | 1 | 3 |

| 学習室 | 一人用 | 兄弟用 | なし | 学習机 | 一人用 | 兄弟用 | なし |
|---|---|---|---|---|---|---|---|
| | 7 | 21 | 12 | | 29 | 11 | 0 |

エ　学級の特徴

40人のクラスであるが，複雑な家庭事情の児童が多い。しかし明朗活発で伸び伸びしている。素直な環境に恵まれた児童がリーダー格となっているので，楽しいふんい気があり，思いやりもでてきている。

学習では女子の方が熱心で，よく努力する者が多く，成績もよいが，発表力は男子の方が勝れている。5年の3学期ごろから学習意欲が高まり学習に活気がでてきた。2名の暴力をふるう男子のために，時折り団体行動を乱されるが，他の児童が協力して，それを反省させようとする気分が見られるようになった。

また給食当番，そうじ当番などの場合，男子の一部になまける者があったが，最近では最高学年になるという自覚から大分少なくなって男女協力してやっている。

② 事前調査(1)　昭和39年1月（対象5年1組児童個人別）

新しく学習する5年1組にミシンの学習が終わったところで，個人面接で次のことを尋ねた。

質問①　あなたの内で勉強する場所は整理整とんをしていますか。自分から進んでしますか。いわれてしますか。しない場合はなぜしないのですか。

これに対して，児童はきわめて正直にありのままを答えた。その結果は右表のようであった。

| 項　目 | 男 | 女 | 計 |
|---|---|---|---|
| 自分でやっている。 | 10 | 10 | 20 |
| 言われたらする。 | 7 | 6 | 13 |
| 自分でやるときと言われたらすると両方である。 | 5 | 2 | 7 |

この面接の結果は，次のペーパーテスト，101ページ参照のように，整理整とんに対する意欲が高

まって，自分でやるときと言われたらする両方の場合の児童が自発的にするようになった。

質問② 勉強する場所を整理整とんするのは何のためですか。

この質問に対しては，気持ちがよいためとみた目に感じよくするためが男女ともに比較的多く18名である。気持ちがよくて便利よくするためと2つの条件をあげたのは5名で，他は勉強しやすいため，清潔だから，衛生的だから，母がいやがるなど。合計8名であった比較的優秀と思われる児童が，気持ちがよくて便利よくするためと頭で考えていったが，「よく考えないでしていました。」とつけ加えたのが真実の声であったろうと思われた。

質問③ あなたは学用品や遊び道具を整理するとき，よいしかたを考えてしていますか。それはどんなことですか。

この質問で無答が10名いた。他は1項目づつ具体的に述べていて，分類してみても具体的な項目に2～3票が集まる程度である。しかし，それはつづまるところ便利さという点から考えられたことである。すなわち細いものは箱とか袋にいれる。分類する。必要なものはすぐとれるところに，不必要なものはかたづける。置き場所を考え，ラベルをはる。本は背をみせる整理箱をつくって整理するなどである。

質問④ 自分の持ち物で整理しにくいのは何ですか。

これについては約半数の児童の答えしか得られなかった。週刊雑誌がたまって困るが3名，みじかい鉛筆の始末，クレヨンがばらばらになる。細かいもの，テスト用紙，計算用紙が散らかりやすい。また物置きがいっぱいで不必要なものを片づけようと思ったら困った。花びんをわった。全部を出したら片づけるのに困ったなどと実感をもって，こもごも発表した。

以上では持ち物の整理整とんに関する児童の卒直な回答であって，こうした実態がはあくされたので，その上に立った学習指導をくふうすることとした。





③ 事前調査(2)　昭和39年2月　対象児童

ア　ね　ら　い　第1年度と同じ71ページ参照

イ　調 査 内 容　第1年度71ページの①③④⑤⑥⑦⑧結果は事後調査106ページ参照

学習前の調査

場所がちらかったときいつもどのようにしていますか（いつもしていることを一つえらんで○をつけよ）

| | 5.1 | 5.2 | 5.3 | 5.4 | 合計 |
|---|---|---|---|---|---|
| 家の人がかたづけてしまう | 0 | 0 | 2 | 1 | 3 |
| 自分から進んでかたづける | 25 | 14 | 8 | 14 | 61 |
| だれかに手伝ってもらってかたづける | 1 | 4 | 3 | 1 | 9 |
| 人にいわれてかたづける | 14 | 18 | 22 | 22 | 76 |
| そのままほうっておく | 0 | 2 | 1 | 1 | 4 |
| 家の人にたのんでかたづけてもらう | 0 | 0 | 2 | 0 | 2 |
| ちらかした人をよんでかたづけさせる | 1 | 2 | 1 | 0 | 4 |

④ 学習活動の展開

ア　持ち物の整理整とん（指導案略）

(ア) 経験を発表する

整理整とんしてよかったこと，困ったことについて話し合わせたが，児童は個人面接などで意識化していたので，活発な話し合いがもてた。

(イ) 実態調査の表を見て考える。

上の表から，児童は「自分から進んでかたづける」が他のクラスより，大勢であることに誇りを持ったようである。しかし，「人に言われてかたづける」ものもかなりいるし，人に頼んでかたづけてもらう人もいるので，なぜできないか，反省させたり友人の意見を話し合わせた。中には自分で進んですると書いた子も，ときどきは言われてすることもあると述べたりした。正直に話したことを賞めるとともに，自主的にすることを進めた。

(ウ) 整理整とんの必要を考える。

前の話し合いから，散らかっていると気持ちがわるいので，かたづけてしまうという発言などを生かして，整理整とんの必要を考えさせ，その外，能率上，便利さ，外見などにまとめた。

(エ) 自分の持ち物で整理しにくい物について話し合わせる。

今までの話し合いから，整理しようとしても整理しにくいものがあるらしいので，よいしかたへの橋渡しとして，話し合わせた。

(オ) 整理整とんの方法について考える。

身のまわりの整理整とんのためのセット

教室の一隅に次のようにセットして整理整とんを実演しつつ考えさせた。

○セット　児童用勉強づくえ

机上に鉛筆けずり，右側に螢光燈スタンド，前左に本立て(雑誌・単行本）を置く。腰掛，背中に上衣をかけておく。本箱，（カーテンつき３段間隔）上に地球儀，花びんなど，本箱の中は縦や横に入れた本，立てかけた本など雑然とし，ペンキの道具のあき缶，食器，ぞうきん，細かい学用品などがある。

（T教師　C児童）

T　この場所を見てよいと感じたことは何ですか。

C　勉強しやすいようで，本箱も近くにあってよい。

C　鉛筆けずりがあってよい。

C　カバンも机の近くでよい。

C　花が置いてあってよい。

T　いろいろよい所が言えましたが，よくない所はないでしょうか。

C　上衣を腰掛に掛けて置くとしわになるので，洋服ダンスに掛ける。

C　ぼくの家では洋服ダンスは父用，ぼくはハンガーに掛ける。

C　わたしはハケではいてから，ハンガーに掛ける。

C　ほこりがたつので洋服カバーを掛けるとよい。

T　１学期の勉強したことをよく実行していますね。

C　本箱を机とならべないで，机との間を少し明けて直角に置いた方が便利だ。

（２人の児童がでてやってみる。）

C　それでは奥が取りにくい。





C　斜めにしたらどうか。

C　それではおかしい。（もとにもどす。）

C　夜，勉強するためスタンドを左に置いた方がよい。（児童が出てスタンドを左にするため，左の本立てを右に移す。）

C　ランドセルを机に置いて置くのはよくない。机の右側にくぎを打って掛けるとよい。

C　ペンキのあき缶が目ざわりできたない。

T　だれか，これを始末してごらんなさい。

（本箱のあいたたなに入れる。必要でないものを奥に入れ，使いそうなものを前にだす。ていさいよくする。）

C　本の向きがおかしい。

（横になっている辞典はどの段にも縦にならない。それで気づいて，本立てのところに置く。）

（本箱の本を大きさによって並べ変え，背もじを出す。表紙だけの不用のもの，低学年用のものはまとめて戸だなに入れる。）

（本箱にあるセロテープ，のり，筆，ぞうきん，ゆのみ茶碗など，置き場所に置くことが話し合われた。）

T　セロテープ，のり，などは机の引き出しに入れるとよいが，ひき出しはどうでしょうか。

C　分類して小さい箱などに分ける。（児童でて整理整とんする，指導者はそのしかたの理由をきいて，見えない児童に伝える。）

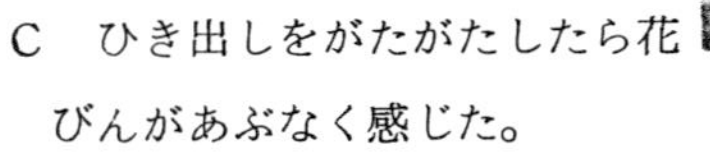

C　ひき出しをがたがたしたら花びんがあぶなく感じた。

児童が整とんしたところ

（花びんはどこにおくか，児童がでていろいろ場所を考え，安定した場所に置くとよいことになった。）

(カ) 整理整とんのよいしかたをまとめる。

児童の実演したことから，よいしかたを次のようにまとめた。

便利さ
- 分類　大小
  - 種類別
  - 必要なものと不必要なもの
- 使い易さ
  - ラベル　色別などにする

みた感じ

安　定

―置き方
　必要の度合
　置き場所を考える
　もとあったところにおく習慣

そして，家の事情によって，くふうすることがたいせつであるとまとまった。

(キ) スライドを見る。

。整理整とんされた勉強場所。（みた感じのよいもの）

。安定を考えた場面。

。便利さを考えた場所。（ラベルなどはってわかりやすくした。）

。くふうして整理整とんしたへや。

画面の１例

整理整とんのよいしかたをまとめたものを印象づけ理解を深める上で用いたが，児童は強く心をうったようである。

(ク) 家での実践を話し合う。

家にかえったら，何かしようと思うことがありますかとの指導者の発問に，児童は次々に今の実演と比べて自分の勉強場所の不つごうのところを直したいと話し合って実践を約束して終わった。

(ケ) 考　察

この学習が終わって児童は「ああ面白かった。」といいながら家庭科室





をでていった。

第１年度では，このあと面接をしたが，あまり意欲的でなかったが，この学級ではその後，感想を書かせてみると，全体がその日帰って整理整とんを実行していた。その数例をあげると次のようである。

。男子　ぼくはおもちゃ（ゲームなど）はおもちゃ，辞典は辞典というようにした。つくえの中はいらない物は捨てて整とんした。細かい（小さな鉛筆やサックなど）物はビニールのふくろにいれて，ゴムわでしばってきちんとした。

。男子　つくえを見ると，いろいろな本や新聞が散らかっていた。ぼくはまず，本からかたづけた。ことし父がぼくのへやにたなを作ってくれた。本はそこにならべ，新聞は別のたなにのせた。それでつくえの上はかたづいた。こんどは戸だなをやった。おもちゃがでてきた。ねじやはぐるまだけとってあとは捨てた。整理した戸だなやつくえなど，きれいになってとても気持がよかった。おかあさんは「上級生らしくなってきたね。」と言った。

。女子　つくえの中や整理ダンスの中，それに洋服ダンスの中が乱れていた。整理をして見て，つくえの中には小さな箱を入れて整理した。（中略）今までせまくて暗かった私のへやが，とてもきれいに明るくなって広びろとした感じだった。

。女子　母がまあめずらしいこと何がはじまるのかしらといった。くふうしてやったところはえんぴつ，クレヨンの小さくなったのを小箱に入れてしまった。とてもきれいになった。整理してよかったと思うことは片方だけなくなった手ぶくろやふえのふくろがでてきたことだ。これからは一週間に一ぺんくらいは整理をするようにしよう。

以上のような例からみても，児童は整理整とんのしかたがじゅうぶんわかっていなかったのが，学習によって理解が深まったので，わき出る気持

をおさえかねて実践に突進したようであった。それゆえ整理箱または整理袋つくりについても，自分の必要から選択して製作にはげんだ。

製作の一例をあげると右のようである。

⑤ 事後調査(3) 昭和39年4月（対象児童）

ア ねらい 事前調査と同じ内容でどう変化したかを見る。

イ 調査結果の考察

① あなたの勉強場所がちらかった時，いつもどのようにしますか。

| | 事前 | | | 事後 | | |
|---|---|---|---|---|---|---|
| | 男 | 女 | 計 | 男 | 女 | 計 |
| 自分から進んでかたづける。 | 10 | 14 | 24 | 12 | 16 | 28 |
| 人に言われてかたづける。 | 9 | 5 | 14 | 8 | 4 | 12 |
| 誰かに手伝ってもらってかたづける。 | 1 | | 1 | | | |
| ちらかした人を呼んでかたづけさせる。 | | 1 | 1 | | | |

左記のように事前の調査よりも事後の方が「自分から進んでかたづける。」が増してきたことは非常に好ましい学習の成果と言える。そして「誰かに手伝ってもらってかたづける。」，「ちらかした人をよんでかたづけさせる。」児童が，自分から進んで1人でやるようになったことも，児童に実践力がついたものと思われる。

② 自分の持ち物で整理整とんしにくい物は何ですか。それぞれについて書きなさい。

学用品，遊び道具，図書雑誌，その他

だいたい同じ傾向なので学用品のみをあげると，次のようである。

表でわかるように，指導前より指導後の方が整理しにくい物の人数がふ





| | 事前 | | | 事後 | | | | 事前 | | | 事後 | | |
|---|---|---|---|---|---|---|---|---|---|---|---|---|---|
| | 男 | 女 | 計 | 男 | 女 | 計 | | 男 | 女 | 計 | 男 | 女 | 計 |
| えんぴつ | 3 | 3 | 6 | 8 | 7 | 15 | ランドセル | 1 | | 1 | | | |
| えの具入れ | 3 | 3 | 6 | | | | コンパス | 1 | | 1 | | | |
| 参考書 | 2 | 1 | 3 | | | | ものさし | | 1 | 1 | 2 | 2 | 4 |
| 本 | 2 | 1 | 3 | | | | 道徳のプリント | | 1 | 1 | | | |
| 画用紙，半紙 | 2 | | 2 | | | | ノート | | 1 | 1 | | | |
| ふでばこ | 1 | 1 | 2 | | | | ふえ | | | | 1 | 2 | 3 |
| けしゴム | 1 | 1 | 2 | 6 | 4 | 10 | クレパス | | | | 2 | 1 | 3 |
| 習字用具 | 1 | 1 | 2 | | | | こまかいもの | | | | 1 | 1 | 2 |
| クレヨン | 1 | 1 | 2 | | | | テスト用紙 | | | | 4 | 2 | 6 |

えている。また実演して整理のしかたの理解を深めた参考書，本，ノートの項目が消えている。これらのことは，整理整とんのしかたを学習して実践して得たものであろうと考えられた。

③ あなたの勉強する場を整理整とんするのは何のためですか。

| | 事前 | | | 事後 | | |
|---|---|---|---|---|---|---|
| | 男 | 女 | 計 | 男 | 女 | 計 |
| 出しよいため。 | 11 | 8 | 19 | 8 | 9 | 17 |
| 気持ちがわるいから。 | 7 | 6 | 13 | 2 | 1 | 3 |
| 見た目にきれいだから。 | 3 | 8 | 11 | | | |
| 勉強しやすく。 | 4 | 4 | 8 | 7 | 8 | 15 |
| 見た感じもよく気持ちよい。 | 4 | 3 | 7 | 16 | 17 | 33 |
| 落ち着かないから。 | 4 | | 4 | 2 | | 2 |
| きれいにするため。 | 1 | 2 | 3 | | | |
| 物がなくならない。 | 1 | 2 | 3 | | | |

| | | | | | | |
|---|---|---|---|---|---|---|
| 便　　利 | 1 | 2 | 3 | 4 | 2 | 6 |
| わかりやすい。 | 1 | 1 | 2 | | | |
| 能率が上る。 | 1 | 1 | 2 | 10 | 9 | 19 |
| 病気になるから。 | 1 | | 1 | | | |

上の表のように，指導前は解答数が76で，前年度の児童が無答14名，のべ数47に対して，よく答えられている。これは調査以前に個人面接で同様のテストを行なったことにも影響したと思われる。学習以後はさらに高まっていることは理解が定着したように思う。

④　家で勉強場所以外の所を整とんしたことがありますか。

| | 事前 | | | 事後 | | | | 事前 | | | 事後 | | |
|---|---|---|---|---|---|---|---|---|---|---|---|---|---|
| | 男 | 女 | 計 | 男 | 女 | 計 | | 男 | 女 | 計 | 男 | 女 | 計 |
| 玄　関 | 12 | 17 | 29 | 11 | 15 | 26 | おし入れ | 2 | 1 | 3 | 2 | 2 | 4 |
| 台　所 | 7 | 11 | 18 | 7 | 13 | 20 | ベッド | 1 | | 1 | | | |
| 庭 | 7 | 10 | 17 | 8 | 11 | 20 | ふろば | 1 | | 1 | 1 | | 1 |
| 茶の間 | 6 | 9 | 15 | 8 | 12 | 19 | 女中べや | | 1 | 1 | | | |
| 居　間 | 5 | 6 | 11 | 7 | 8 | 15 | お　店 | 1 | | 1 | 1 | | 1 |
| 客　間 | 4 | 4 | 8 | 5 | 6 | 11 | たんすの中 | 1 | | 1 | | | |
| 廊　下 | 3 | 2 | 5 | 6 | 9 | 15 | 犬小屋 | 1 | | 1 | 1 | 1 | 2 |
| 物　置 | 4 | | 4 | 2 | 2 | 4 | 縁の下 | | 1 | 1 | 2 | 2 | 4 |
| 階　段 | 1 | 2 | 3 | | | | | | | | | | |

以上の結果は，事前においても児童は相当他の場所の整理整とんを行なっている。学習後ののべ数は事前の120に対して142となっている。また質の高まりも考えてよいであろう。

⑥　反　省

第2年度は，第1年度の指導法を反省して，指導法のくふうをして，実





演によって行動を通して思考を深めてゆき，そのあとで整理整とんのしかたをまとめていく方法をとったことは効果的であった。とともに個人面接をしたり，また一斉指導を行ないつつも，個人個人に対して細かい配慮を行なったことも効果があがったと思う。また第1年度，第2年度を通して学級担任とよく話し合って，連絡を保ちつつ児童を観察して効果があがるようにはかったこともよかったと思う。また，家庭との連絡をはかって親のあたたかい見守りによって児童は実践を高めたことと思われた。

# 第 5 「涼しいすまい方」(第6学年) の指導法の研究

## 1 研究の意図

涼しいすまい方の学習は，日本の夏季の気候の特色からいって，家庭生活をよりよく営む上に必要な学習内容であり，また児童に涼しく住むという身近な問題から，家庭生活上基本的な条件であるすまいについて，関心を深めさせようとするたいせつな内容である。本校では45ページのように，この内容を私たちのすまい，清潔なすまいと合わせて題材「健康なすまい」に構成している。

しかし，従来この内容は常識的に簡単に取り扱ったり，またのれん作りなどを意味づける上で取り扱ったりしていた。その上，授業時間数も1単位時間ぐらいですませることもあった。

しかし，学習指導要領に示してある「涼しく住むために，気温と湿度との関係，通風，日よけ，必要な家具，用具などを知り，くふうする。」の内容を指導する上には，指導時数は少なくも2単位時間は必要であるし，この内容を理解させ，実践性を高めさせる上に，どのように指導するかは大きな研究課題であると考えた。そこで中間発表の授業研究には，この問題を取り上げて研究することにした。そしてまず，他教科（特に理科，社会）との学習経験を生かして，児童に自主的な学習態度で科学的に思考させるには，どのような学習の流れをとり，その間の学習形態，教授資料はどのように作成し，活用したらよいかについて主として検討してみたのである。

## 2 研究の経過

**(1) 指導計画の検討**（45ページ参照）





**(2) 学習指導の研究**

① 学級の実態調査
② 事前調査　（昭和38年6月10日）
③ 事前指導
④ 第1次指導案を改訂し第2次指導案作成
⑤ 第2次指導案で実演授業
⑥ 授業研究をして，第2次指導案を改訂し，第3次指導案作成
⑦ 第3次指導案で実演授業
⑧ 授業研究をして，第3次指導案を改訂し，第4次指導案作成
⑨ 公開授業をし，授業研究
⑩ 授業直後に事後調査　（6月21日）
⑪ 4週間後に事後調査　（7月18日）
⑫ 夏休み後に事後調査　（9月17日）

## 3 学習指導の研究

**(1) 学級の実態調査**

知能検査から見た傾向および家庭環境からみた傾向は，身のまわりの整理整とん64ページ参照。

学級の特徴としては，素直で明朗で純真でことばづかいは正しくからだは大きいが気持は子どもである。また6年になってから自主的積極的に行動するようになり，放課後の各係りの活動を責任もってなしとげるようになった。また小さな声で発表し，発表力が劣っていたが，現在では大きな声ではっきり発表するようになった。給食当番・そうじ当番などの作業や遊ぶ時まで男女がいっしょに行動し，男女の区別なく大変仲がよい。身のまわりの整理整とんの学習をしてから，教室の環境設営にも各係り別に気をくばり美しい教室づくりにいそしんでいる。

（2） **事前調査**

① ねらい「涼しいすまい方」について，児童はどの程度の関心をもち理解されているか。児童の実態を知るために調査してみた。

② 調査問題　梅雨がすぎると暑い日が続くものと思われます。さてあなたはすずしくすまうには，どんなくふうが必要だと思いますか。考えられることを書いてごらんなさい。

③ 結果の考察（調査　6年1組　男22名　女25名　計47名）

「涼しく住まうためのくふう」について児童の実態を事前調査した結果，涼しく住まうということばの住まうという意味がまだよくわかっていないため，“くらす”“生活する”というように広くとっていたのと，前の題材“季節にあった着方”の学習をした直後なので，すまいのくふうとともに衣服のくふうについて書いた児童は，男22名中18名，女25名中17名計35名というほど多数で，中には衣服のことのみ書いた児童もいた。また全般的に成績の上位の児童はすまいのくふうのみを書いていた。

すまいに関するものには，通風，器具の利用，直射日光をさける，感じを出すなどいろいろの面から書かれていた。

また衣服に関するものには，

- 白いものをきる（14名）
- うす地をきる（12名）
- あつぎをしない（8名）
- 半袖の風通しのよいもの（7名）
- 帽子をかぶる（6名）
- 袖口が広い（6名）
- 衿ぐりの大きいもの（5名）

| 器具の利用 | 43 |
|---|---|
| 涼しい感じを出す | 41 |
| 通風について | 38 |
| 直射日光をさける | 29 |

すまいに関するものは，左の表のように，せんぷう機などの器具を利用するが一番多く，次が涼しい感じを出すのが多い。児童は目にみえるものが素朴に頭にうかんできたように思う。次の通風について，直射日光をさけるの





は，目にふれていても，それが通風のことか，直射日光をさけるためであるかということがわかっていないということも考えられよう。その内訳を示すと次のようである。

ア　器具の利用（のべ数）

| せん風機を使う。 | 22 |
|---|---|
| ルームクーラーを使う。 | 11 |
| せんすやうちわを使う。 | 7 |
| 冷房器具を使う。 | 3 |

イ　涼しい感じを出す。

| 夏向きのカーテンにかえる。 | 8 |
|---|---|
| 涼しい感じのカーテンをつける。 | 7 |
| カーテンを白にする。 | 6 |
| 風鈴をつるす。 | 5 |
| 整とんをする。 | 5 |
| 清潔にする。 | 4 |
| 花壇をつくり気持よくする。 | 1 |
| その他 | 5 |

ウ　通風について

| 風通しのため窓を開ける。 | 15 |
|---|---|
| あみ戸を入れる。 | 12 |
| 風通しをよくする。 | 10 |
| 下に窓をつける。 | 1 |

エ　直射日光をさける。

| 日があたるところにすだれをかける。 | 13 |
|---|---|
| 家のそばに木を植える。 | 4 |
| 日ざしよけののれんをかける。 | 4 |
| カーテンをかける。 | 3 |
| 木かげに台をつくる。 | 2 |

この調査は題材「健康なすまい」にはいる以前に調査したものであるが，児童がすまいに対して，どのような概念をもっているかについて，その一つの答えを得たようにも感じた。

すなわち5学年では，住んでいるところを気持ちよくそうじし整理整とんするということは理解し実行しつつあるが，「すまい方をくふうする。」という点では抵抗があったように思われる。そして住まうところにしぼって考えられず，生活一般があわせてでてきている。表にまとめていないその他には，「ふろにはいる，水浴する，プールにいく，アイスクリームを食べる，冷蔵庫で水をひやす，水を飲みすぎないように，朝のうちに勉

強する。など」とちえをしぼって答えている。以上から常識を整理し涼しくすまうことについて児童が自主的に自分の問題として思考を深めていくように指導案を検討することがたいせつと考えた。

（3）　**事前指導**

気温の測定や変化については，今までに理科で学習しているが，一ヵ月前から室温の変化や百葉箱の中の気温と湿度を全員が順番に観測し，それとなく皮膚で感ずる感覚と寒暖計の目盛りとの関係に注意を向けておくようにした。

（4）　**学習の展開**

第1次指導案では，話し合いとスライドを使う学習形態でまだじゅう分な検討がなされないで，第1年度は学習指導を行なったが，常識的な授業に終ってしまった。そこでもっと児童に問題意識をもたせて，思考を深めさせながら進めていくために検討した。そこで内容の要素分析を行なってこれをどのような学習形態によって指導するかを検討し，グループの話し合いや実験などを学習の中心として，2時間続きで学習するように第2次指導案が作られた。

①　授業研究による指導案の改善の全貌

涼しいすまい方の研究

ア　涼しいすまい方の目標

夏の季節がくらしにくくなることを気温と湿度の関係などにより理解させ，自分のすまいをくふうして，涼しい健康的なすまいにしようとする態度を養う。

（時間の単位：分）

| 第1次案 | 時間 | 第2次案 | 時間 | 第3次案 | 時間 | 第4次案 |
|---|---|---|---|---|---|---|
| ○夏暑いわけを考える。 | 2 | ○学習の目標を確認する。 | 2 | ○学習の目標をはっきりとらえる。 | 2 | ○学習の目あてについて確かめる |
| | 5 | ○暑さについて考える。<br>・高温<br>・むし暑さ（多湿）<br>・その他（風が通らない） | | | 20 | ○夏，暑いわけについて考える。<br>・夏の暑さについて児童の経験を話し合う<br>・教室の気温と湿度調べの表を見て調べる。<br>・世界各地の月別気温と湿度の表を見て調べる。 |
| | 25 | ○資料によって気温，気温と湿度との関係を調べる。<br>・10日間の気温と湿度調べの表をみる。<br>・日本の各地の月別気温と湿度の表をみる | 25 | ○資料によって気温，気温と湿度との関係を調べる。<br>・教室の気温と湿度調べ表を見る。<br>・世界各地の月別気温と湿度の表を見る。 | | |
| ○夏を涼しく住むためにどんなことをしているか発表する。 | 5 | ○暑さを防ぐには，どうしたらよいか，まとめる。 | 5 | ○夏暑いわけについてまとめる。 | 5 | ○夏暑いわけについてまとめる。 |
| ○涼しく住むためにどんなくふうをしたらよいかまとめる。 | 8 | ○風通しについてまとめる。（窓と風の方向図表） | 8 | ○暑さを防ぐには，どうしたらよいか考える。 | 8 | ○暑さを防ぐには，どうしたらよいか考える。 |
| | | | 5 | ○風通しについて考える。（窓と風の方向図表） | 5 | ○風通しについて考える。 |
| | | | | | 5 | ○通風実験の説明を聞く。 |
| ○涼しく住むため用具について調べる。 | 10 | ○通風の実験を確かめる。 | 15 | ○通風実験の説明をきく。 | 10 | ○通風実験をして考える。 |
| | | | | ○実験をして確かめる。 | 5 | ○風通しについてまとめる。 |
| ○スライドを見る。 | | | | ○実験の結果をまとめる。 | | |
| | 30 | ○涼しいすまい方のくふうをグループで話し合う。 | 20 | ○涼しいすまい方のくふうをグループで話し合う。 | 25 | ○涼しいすまい方のくふうをグループで話し合う。 |
| ○自分たちでできることについて話し合う。 | | | | | | |
| | | ○話し合ったことを発表し全体でまとめる。 | 5 | ○話し合ったことを中心に全体でまとめる。 | | ○話し合ったことを中心に全体でまとめる。 |
| | | ○教科書・写真・掛け図をみる。 | | | | |
| ○実践するように話し合う。 | 5 | ○実践できることを話し合う。 | 5 | ○実践できることを話し合う。 | 5 | ○実践できることを話し合いまとめる。 |
| | | | | ○まとめ | | |

### ② 第２次指導案による学習指導とその考察（６年２組　６月12日）

| 時間（分） | 指　導　案 | 学　習　指　導　と　そ　の　考　察 |
|---|---|---|
| 2 | ○学習の目標を確認する。 | ○清潔なすまい方を前時に学習し，その際に本時について予告してあるので，本時では涼しいすまい方を学習する。と問題を確認する。 |
| 5 | ○暑さについて考える<br>・高　温<br>・むし暑さ（多湿）<br>・その他（風が通らない） | ○どうして暑いか，について，児童は“汗が出ても蒸発しない”“しっ気が多いから”“風が通らないから”など理科，社会の学習でならった知識が背景となった話し合いが多かった。 |
| 25 | ○資料によって気温と湿度との関係を調べる。<br>・教室の気温と湿度調べの表をみる。（学習前10日間） | ○資料に，児童が10日間観測した気温と湿度のグラフを使用する。<br>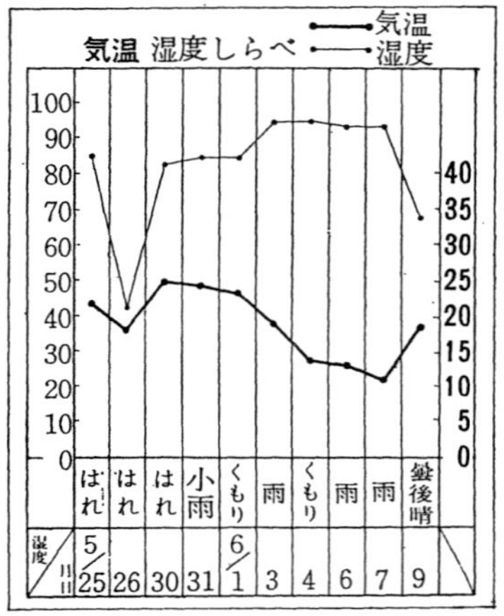<br>気温 湿度しらべ<br>気温<br>湿度<br>100 90 80 70 60 50 40 30 20 10 0<br>40 35 30 25 20 15 10 5 0<br>はれ　はれ　はれ　小雨　くもり　雨　くもり　雨　雨　雨後晴<br>5/25　26　30　31　6/1　3　4　6　7　9<br>○自分たちで観測したものの方が興味もあると考え，上記のグラフを児童に掲示させて気づいた点について話し合わせた。この中で問題となったのは「５月26日の湿度に比べ気温がぐっと下がっているのはなぜか。」ということであった。ところが，天気のらんが晴と書いてあるだけで，天候の様子がくわしく書いてないため理由をはっきりと答えることができなかった。<br>○またグラフについての説明もせずすぐに読みとらせたため，読みとることができない児童もいた。授業研究で風の役割も大きいのであるから，風の様子や体感などについて，その時の状態をくわしくグラフに書いておく指導が必要であるとまとまった。<br>○また全般的にいって，効果的に使えなかったことは，グラフについての説明や読み取らせ方がじゅう分でなかったためであろう。 |





| | | |
|---|---|---|
| | ・日本の各地の月別気温と湿度の表を見る。 | ○下記の各地の月別気温と湿度のグラフを見て話し合う。<br>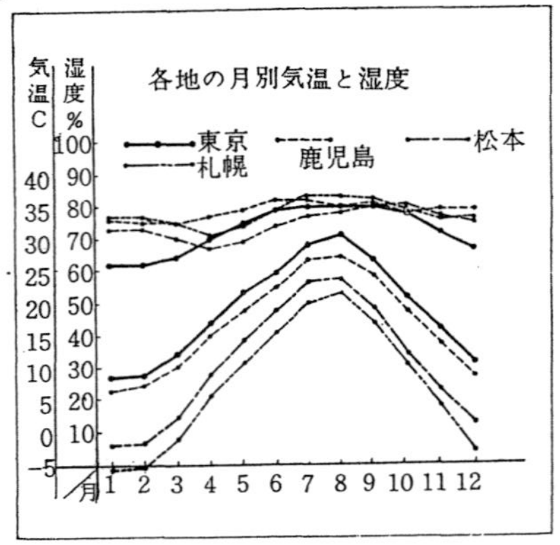<br>各地の月別気温と湿度<br>気温 C<br>湿度 %<br>東京<br>札幌<br>鹿児島<br>松本<br>月 1 2 3 4 5 6 7 8 9 10 11 12<br>・日本の気候の特色をつかませるためと東京の夏は気温も湿度も高いのでむし暑い，ということをつかませるために，このグラフを使用したのである。気温は特徴がはっきりわかるが，湿度についての特徴は他府県と比較して東京を浮彫りにすることができにくいため，このグラフは，資料として適当でないということになった。<br>・またグラフの書き方も，片側に気温と湿度とがとられてあるので，児童には，読み取とりにくかったようであった。 |
| 5 | ○暑さを防ぐにはどうしたらよいか。まとめる。 | ○暑くないようにするにはどうしたらよいか，話し合うと，“通風をよくする。直射日光をさけるためにすだれへちまだなを作る。へやの色を涼しい色にする”など常識的なことの発表であった。 |
| 8 | ○風通しについて考える。 | ○窓と風の方向の下記図表を使用する。<br>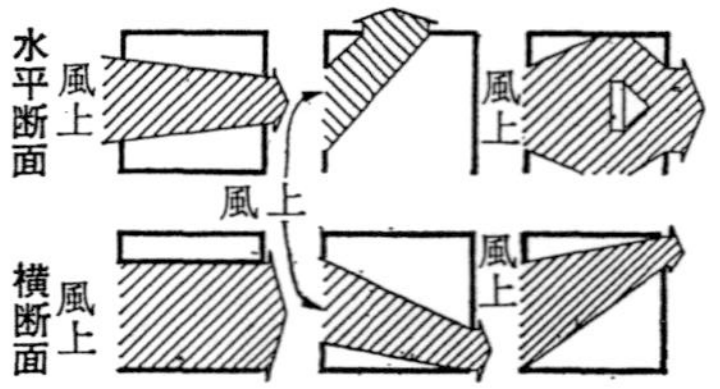<br>水平断面<br>横断面<br>風上<br>風上<br>風上<br>風上<br>風上<br>風上<br>・水平断面や横断面というむずかしいことばをつかっている点，児童には理解しにくかったようであった。 |

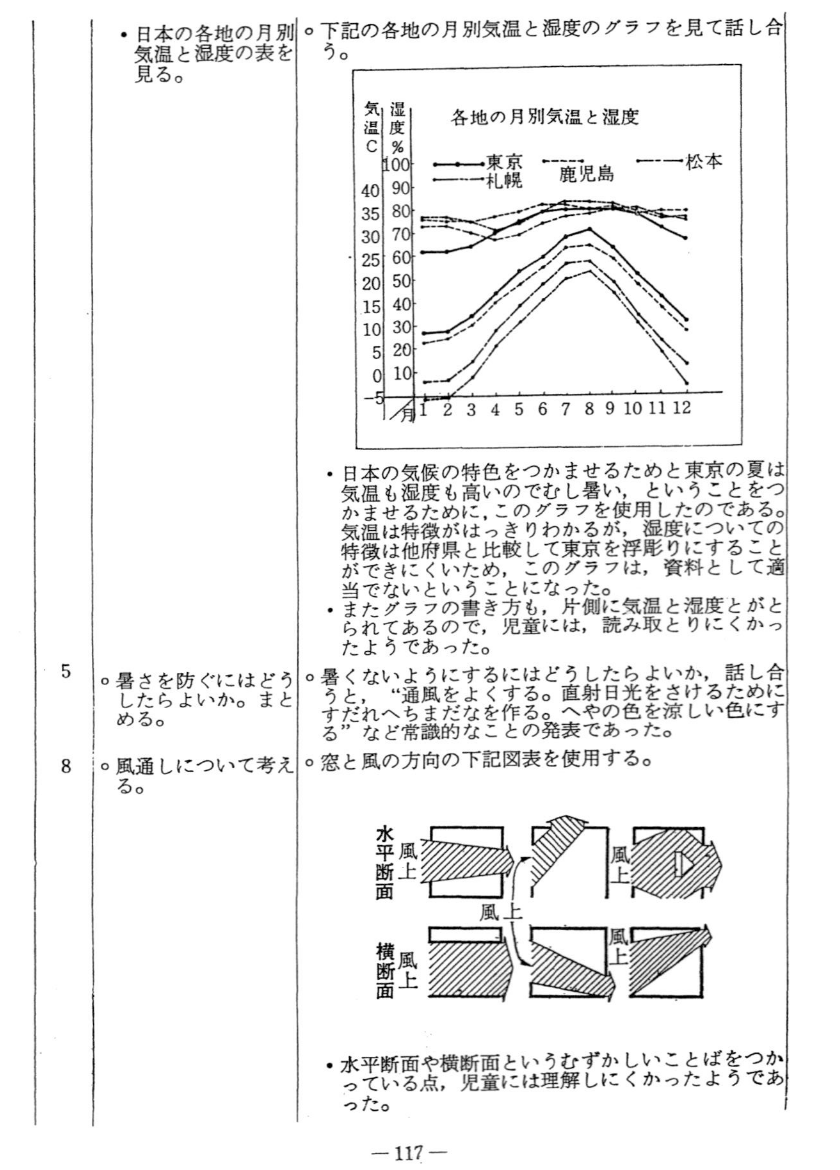

| 時間(分) | 指導案 | 学習指導とその考察 |
|---|---|---|
| | | ・また風の流れの矢印の斜線が風の吹く方向に書いてないことも理解しにくい原因のようであった。<br>こうした理解しにくい点があったので直すとともに，この資料は通風実験を行なって，通風のまとめの段階に使用した方が適当であるということになった。<br>・また，この話し合いの時に参観者が折よく窓をあけて風を通した所を，指導者が取り上げ，児童にその実感について話し合せた点がよかったので，方法として取り上げることがよいということになった。 |
| 10 | ○通風の実験を確かめる。 | ○通風実験の用具下記を使用する。 <br>ダンボール箱に，たて 14 cm，横 15 cm の窓を三方にあけ，箱の中の煙の動きがよく見えるようにするため，上面前面を切り抜いてセロファン紙をはりつけた。<br>・実験箱，線香，うちわの準備を2時間続きの中間休みにしたため，児童たちは教師が説明する時間を与えず，どんどん次の実験をはじめてしまった。<br>（実　験） 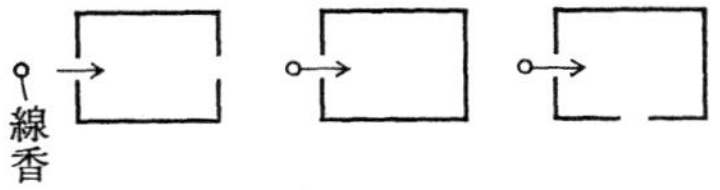<br>線香<br>○実験箱の窓を上図のようにあけた場合，○の方から風を送ると線香の煙はどうなるか。<br>すると，グループによって煙の動きがまちまちで，はっきりした煙の動きをつかむことができなかった。<br>・この場合，実験のさせ方に問題があった。すなわち実験の目的をはっきり知らせ，観察のしかたやあおぎ方のポイントなどの実験方法を説明する。安全の注意を払う。などの点について指導がなされず，図の如く三通り実験してごらんなさい，と |





| 時間(分) | 指導案 | 学習指導とその考察 |
|---|---|---|
| | | いっただけであった。そこで実験は，使用した線香の本数がグループで違う，教室の窓があいていたので，自然の風にわざわいされる。あおぎ方の強弱により煙の流れが異る。という結果になってしまった。<br>・また，実験箱のセロファンが乾燥したためしわができて，煙の流れがしわのためよく観察できなかった。 |
| 30 | ○涼しいすまい方のくふうをグループで話し合う。<br>○話し合ったことを発表し，全体でまとめる。 | ○グループで話し合い，グループ別に発表して，“感じ，直射日光をさける，家具建具の配置のくふう，風通しをよくする，水をまく”などが話しあわされた。この場合，1時間目からの学習との関連において，考える条件をだし，発表したことがらをまとめて，さらにポイントをおさえるようにすることの必要が感じられた。このための時間を要するならば，次をカットしてもくふうについての理解を深める必要があった。 |
| | ○教科書・写真・掛け図をみる。 | ○掛け図（下図へちまだな）を使用する。 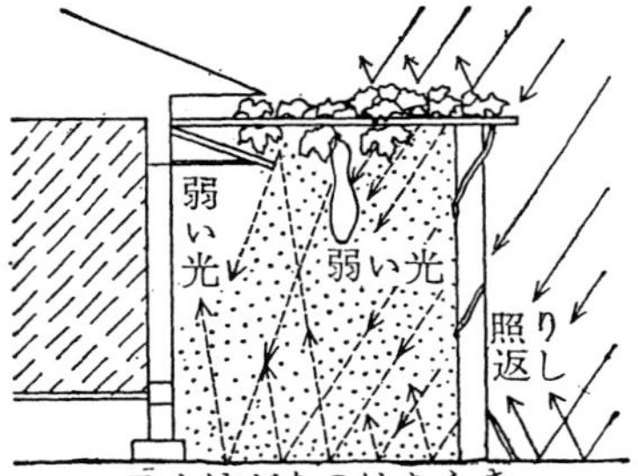<br>弱い光　弱い光　照り返し<br>日よけだなのはたらき<br>○涼しいすまい方に必要な家具器具など，新聞の切り抜きをはりつけた写真表を見せたが，一つ一つの切り抜きが小さくほとんどの児童にはわからなかった。<br>○実物としては，おもちゃのデッキチェアーや扇風機，ブラインドも用意して児童に見せた。以上は資料が過剰すぎた感じで児童が一つ一つを理解したかどうか疑問だった。写真などはいちいち見せなくても前時頃から壁面にしばらくはっておけばよいということになった。 |
| 5 | ○実践できることを話し合う。 | ○“まき水をする。窓をあける。のれんをつくる。花をさす。朝顔を植える。”などが散発的にでて学習したことによる深まりからの話し合いとならなかった。 |

※この日の研究協議会で，上記以外に次のことが話し合われた。

- 実験に使う模型のセロファンをガラスにした方がよい。
- 授業が観念的であるから，もっと生活に結びつくようにした方がよい。
- すまいを中心にして，自分のすまいを涼しくするにはどうするか，という高まりが授業中感ぜられなかった。
- 実験の線香の扱い方の指導が問題であった。
- 資料の活用方法をさらによく考える。

③ 研究協議の結果，第三次案が作られ，6年の3組の授業を行なった。

（6月18日）

| 時間 | 指導案 | 学習指導とその考察 |
|---|---|---|
| 2(分) | ◦学習の目標をはっきりとらえる。 | ◦二次案と同じ。 |
| 25 | ◦資料によって気温，気温と湿度との関係を調べる。<br>・教室の気温と湿度調べの表を見る。 | ◦目標をとらえたら，2次案は“暑さについて考える。”という経験の話し合いから授業を進めたが，3次案は，科学的に切りこんでみた。そこで目標の確認後すぐに気温と湿度の表（児童観測による。）を使用して，気温，気温と湿度との関係を調べてみた。しかし，あまり発言がなく，意欲的でなかった。学級の性格もあろうが，児童の思考過程からいえば，身近な経験を考えて資料を用いる方が前時と比較して自然なように感じられた。<br>◦資料としては，前時に使用した児童観測グラフをそのまま使用したため，他のクラスの観測データーを借りて話し合いをしたため，質問されても説明ができず困っていた。やはり自分たちで観測経験するという事前の調査が自主的な学習に結びつくと思われた。 |
|  | ・家の気温と湿度調べを見る。 | ◦家の気温と湿度調べは，児童の調査の測定時が一定していないため適当な資料にならないので使用しなかった。 |
|  | ・世界各地の月別気温と湿度の表を見る。 | ◦日本の各地の月別気温と湿度グラフでは，東京の気候の特色を読みとりにくいので，次のグラフを資料として使用した。<br>このグラフによると，他国と比較して，東京は気温も湿度も高いということがよくわかり，高いのでむし暑いということも考えられるので，夏暑いわけを考えさせるのには前時に使用した日本のグラフよりは特色もつかめるので適当な資料であった。 |





各地の月別の湿度と温度

-----ベルリン　—·—ニューヨーク　——ロンドン　——東京

温度(C)　湿度%　100　40 90　35 80　30 70　25 60　20 50　15 40　10 30　5 20　0 10　−5　月　1 2 3 4 5 6 7 8 9 10 11 12

| 時間 | 指導案 | 学習指導とその考察 |
|---|---|---|
| 5 | ◦夏暑いわけについてまとめる。 | ◦2次案では，グラフを使用して日本の夏の気候の特色を考えさせて話し合っただけであるが，3次案では話しあった結果，暑いわけについてまとめ，児童にはっきりと“なぜ暑いのか”はあくさせて，その暑さを防ぐ方法へと授業を進めた。 |
| 8 | ◦暑さを防ぐには，どうしたらよいか。 | ◦前時と同じ傾向であった。 |
|  | ◦風通しについて考える。 | ◦前時使用した窓と風の方向の表を次の表に改訂して使用した。<br>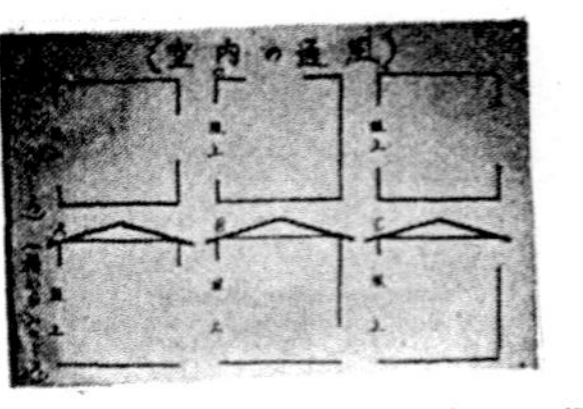<br>図表がむずかしかったのであろうか，児童は活発な発言をしなかった。時間の関係で，この位置で扱ったが，やはり通風の実験のまとめとして使用することを痛感した。 |
| 15 | ◦通風実験の説明をきく。<br>・実験をして確かめる | ◦2次案の時は，児童が実験道具を持っていきグループ別に思い思いの実験をしたが，3次案では，まず実験の観点（窓のとり方と煙の流れ方，風の送り方，線香の取り扱い方）や要領の説明をし，実験の目的をはっきりと児童につかませた。<br>・実験箱は，セロファン紙を取り除き透明ガラスをセロテープではりつけ改良した。 |

| 時間 | 指　導　案 | 学習指導とその考察 |
|---|---|---|
| | | ・線香の本数を一定にし，1グループ8本ずつを束にして使用した。<br>・教室の窓は全部しめて人工的に風を送ることにして，うちわを斜め上から軽くあおぐことを示範してから実験に移った。<br>・実験は前時と同じ三つの方法で煙の流れを調べた。 |
| | ・実験の結果をまとめる。 | ○実験の結果は，煙の流れ方を児童に図解させながらまとめた。<br>・実験の結果，通風は，窓の位置や広さ，家具の配置が関係することがよく理解できたようであった。 |
| 20 | ○涼しいすまい方のくふうをグループで話し合う。<br>・話し合ったことを中心に全体でまとめる。 | ○話し合う時に条件を決めて話し合い，まとめる時は下表のようにまとめさせた。 |
| 5 | ○実践できることを話し合う。 | ○この話し合いは，前時と同じ傾向でやはり常識化してしまった。 |
| 5 | ○まとめ | ○時間が不足してまとめはできなかった。 |

| 直射日光をさける | 感　じ | 家　具 | 器　具 |
|---|---|---|---|
| ・へちまだなをつくる。<br>・スダレをかける。<br>・木を植える。 | ・金魚をかう。<br>・白いカーテンをつける。<br>・カベを白くする。<br>・風鈴をつるす。 | ・置き方に注意する。 | ・扇風機<br>・ルームクーラー |

※授業研究の協議をした結果次のことが話し合われた。

- 世界の気温・湿度グラフについて，気温と湿度を同時に盛り込んだグラフで考えさせるのは無理ではないか。またグラフの示し方にくふうが必要ではないだろうか。
- 夏のあついわけは，気温が高いということを理解させた上で湿度を理解させることが必要である。
- 写真は小さいので児童に見せるのには問題である。
- この題材は，他教科との関係が深いので，指導者はじゅう分に関連を考える必要がある。

以上の話し合いの結果，第4次案が作成された。





④　第4次案による公開授業とその考察（6年1組　6月21日）

| 時間 | 指　導　案 | 学習指導とその考察 |
|---|---|---|
| 2(分) | ○学習の目あてについて確かめる。 | ○前時の学習の終りに予告したものを想起させ確認させる。 |
| 20 | ○夏暑いわけについて考える。 | |
| | ・夏の暑さについて児童の経験を話し合う。 | ○この頃の感じについて経験を話し合い児童の経験から授業を切り込んだ。 |
| | ・教室の気温と湿度調べの表をみて調べる。 | ○2次案・3次案のグラフと異り，児童が全員で観測したものをグラフに表わし，しかもその日の風の様子や体感などを書いた下記資料を使用した。<br>すると，児童は，自分たちで観測したものであるので，活発な意見がでた。 |
| | ・世界各地の月別気温と湿度の表を見て調べる。 | ○3次案と同じ資料を使用したが，扱い方を次のように変更した。まず湿度の部分をかくし気温について，東京は世界各地と比較してどうであるか。次に気温をかくして湿度では，東京はどうであるか。それでは，東京の夏の気温と湿度の関係はどうだろうか。という形態をとって，東京の夏は，気温が高く湿度も高いという日本の夏の特徴をとらえることができたようであった。 |
| 5 | ○夏暑いわけについてまとめる。 | ○直射日光で気温が高く，しめり気は多い。風がないと暑いということなど常識的なことは知っているようであった。 |
| 8 | ○暑さを防ぐにはどうしたらよいか考える。 | ○3次案では暑さを防ぐにはどうしたらよいか。知っていることを言わせたのであるが，4次案の時は，指導者は窓をしめてその感じを言わせ，次に窓を開けた。児童の中から思わず"涼しい。気持よい"などの声がもれ，涼しくするには風通しの点に気をつけることに体感によって理解したようであった。そのため，「涼しくするにはどうしたらよいか」の発問には，"水をまく。風通しをよくする。落葉樹を植える。直射日光を入れないように。家具器具の置 |

| 時間 | 指　導　案 | 学　習　指　導　と　そ　の　考　察 |
|---|---|---|
| | | き方をくふうする。”などいろいろの面から答えられていたがやはり常識的な答え方であった。 |
| 5 | ｏ風通しについて考える。 | ｏ室内の通風の図表を使わず話し合いだけにすると，窓を一つでなく二つにする。夏の風の吹く方向に窓をあける。直射日光のさす窓には，すだれをかける。屋根裏，床下も風通しよくするなどの意見がでた。 |
| 5 | ｏ通風実験の説明を聞く。 | ｏよい風通しについて，実験観察するのである。という目標をはっきりさせて，通風実験の説明をした。<br>・実験箱は２グループで１箱。<br>・窓のとり方は，下図の如く三通りとして，煙の流れをみる。<br>①　②　③<br>・束にした線香を安全に扱う。<br>・教室の窓をしめてする。<br>・うちわのあおぎ方（斜め上から）<br>・みんなはどこから観察したらよいのか。 |
| 10 | ・通風実験をして考える。 | ｏ実験の結果，次のようなことがわかった。<br>①の場合は，あおいだら煙は中にはいるが，あおがないと煙ははいらない。<br>②の場合は，あおがなくても煙ははいる。<br>③の場合は，あおがなくても煙ははいるが②より少しであった。 |
| 5 | ・風通しについてまとめる。 | 以上の結果から，風通しをよくするためには，窓の位置をどこにしたらよいか。ということはよく理解されたようであった。しかし，児童の間では，かならずしも，この条件で窓がない場合があるが，冬のこと，土地の状況などいろいろの理由のあることにも軽くふれた。 |
| 25 | ｏ涼しいすまいのくふうをグループで話し合う。<br>ｏ全体でまとめる。 | ｏ通風・直射日光を防ぐ，家具器具の利用・感じの面からグループで話し合った。そして，話し合ったことを中心に表に全体でまとめた。 |

| 通　風 | 直射日光 | 家具・器具 | 感　じ |
|---|---|---|---|
| ・家具の位置をかえる。<br>・窓の開閉を考える。 | ・へちまたな。<br>・すだれをかける。<br>・朝顔 | ・せん風機<br>・デッキチェアー<br>・ルームクーラー | ・水をまく。<br>・風鈴をかける。<br>・のきしのぶをつる<br>・金魚を飼う。 |

涼しいすまいの方のくふうを話し合ったのであるが，くふうではなくて，直射日光をさけるにはカー





| | | |
|---|---|---|
| | | テンをかける。というようなまとめになってしまった。また，家具や器具の使い方にもふれずに授業は進んでしまった。<br>・この時間に，掛け図・写真・教科書などにより涼しくすむには，○○○する。という扱い方をせずに，家具器具であったならば，児童の家庭生活に実践できるそれぞれのしかたの留意点などにふれることが必要であった。 |
| 5 | ｏ実践できることを話し合いまとめる。 | ｏ実践の話し合いを延長して行ったが，単にできそうなことをいわせるだけでなく，今日の学習が生活に生きるように教師の助言が必要であった。 |

※４次案まで研究授業を通して指導案を改訂して授業を行なったのであるが，上記各学習活動に即して考察した通り，いろいろ問題は残ったが，児童に学習目標を達成させる上で苦心をはらった経過は，文字に現わすことのできない部面で貴重な体験をしたように思う。指導法は一つの望ましいものが考えられるが，これがどの学校でもどの学級でも同様に行なえるものではなく，児童の実態，学校の状況に即してじゅう分検討されるべきであろう。しかしこの目標を達成する上にいろいろの条件の上に立ってくふうしていってこそ指導法が深まっていくことを痛感した。

⑥　授業直後の実態調査（６年１組　男22名　女25名　計47名）

授業直後，児童はどの程度理解し実践意欲が高まったかを調べるために下記問題で調査した。

①　これからむし暑い日がつづきますが，すずしくくらしよい生活をするには，どうしたらよいでしょう。

ア　つぎの３つのうちから，１ばん考えなければいけないことを１つえらんで，記号を○でかこみなさい。

イ，温　度　　ロ，しめり気　　ハ，風通し

イ　あなたが，自分の家で，考えたいことやりたいことで左から３つえらび，えらんだものを右の文とむすびなさい。

ふすまやしょうじをはずす。　・　　　　・　すずしい気分を作る
ルームクーラー　・
家具の整とん　・　　　　・　器具を使う

窓を大きく作りかえる。 •
ペンキをぬる。 • • 風とおしをよくする
窓ぎわに朝顔をうえる。 •
ひさしを長くする。 • • 直射日光・照りかえしを防ぐ

ウ 風とおしをよくするためには，どちらの窓をあけたらよいか□でかこみなさい。またどちらの窓を大きくするとよいか，大きくする方を○でかこみなさい。

南と北　北と東　南と西　北と西　東と西

アを見ると，風通しに○をつけた者は40名で，しめり気に○をつけた者は7名であった。これは，風通しについて実験や図表や体験などによって児童によく理解されたと考えられる。

イについては，自分で考えたいこと，やりたいことは，左表の人数であり，児童が実践できることには人数が多くなっているが，質問の意図は，前提に書いてある「すずしくくらしよい生活をするにはどうしたらよいか。」ということで，自分たちでできること①③④を期待していたが，「考えたいこと，やりたいこと。」としたため願望的な要素が答えにあらわれたとみるべきであろう。

| | 人数 |
|---|---|
| ①家具の整とん | 26 |
| ②ルームクーラー | 23 |
| ③ふすまやしょうじをはずす。 | 19 |
| ④窓ぎわに朝顔をうえる。 | 19 |
| ⑤ひさしを長くする。 | 16 |
| ⑥窓を大きく作りかえる。 | 8 |
| ⑦ペンキをぬる。 | 4 |

ウについては，南と北が42名で不明3名意味のとりちがえた者2名で，ほとんどの児童は風通しをよくするための窓の方向を理解していた。

⑥ 1カ月後の実態調査（6年1組　男22名　女26名　計48名）

① すまいを涼しくするためにくふうしなければならないことを三つえらんで○印をつけなさい。

ア つめたいものを食べる。
イ 風とおしをよくする。
ウ うす着をする。





エ 用具を利用する。
オ 気温と湿度をはかる。
カ 室内の色彩を考える。
キ 直射日光をさける。

上記問題で調べると「風とおしをよくする。直射日光をさける。」は48名ずつ全員が理解しているようであったが，「用具を利用する。室内の色彩を考える。」は人数が½ないし⅓の人数であった。これは学習する時に通風，直射日光，用具の利用，感じの四条件で指導したのに，問題は三つ選びなさい。としたために，表のような結果となったと思う。また用具ということばが理解しにくかったとも考えられる。

| ① 項目 | 1組 男 | 1組 女 | 計 |
|---|---|---|---|
| 風とおしをよくする。 | 25 | 26 | 48 |
| 直射日光をさける。 | 22 | 26 | 48 |
| 用具を利用する。 | 10 | 11 | 21 |
| 室内の色彩を考える。 | 7 | 10 | 17 |
| うす着をする。 | 8 | 6 | 14 |
| 気温と湿度をはかる。 | 1 | 1 | 2 |

② 次の□の中のことがらを通風・直射日光をさける。用具の利用の三つにわけて記号をかき入れなさい。

① 家具のおき方をかえた。　② ブラインドをつけた。
③ せんぷう機をつけた。　④ へちまだなを作った。
⑤ うちわを使った。　⑥ 日よけをつけた。
⑦ 南と北の窓をあけた。　⑧ とういすを出した。
⑨ ふすまをはずした。　⑩ 窓の所に落葉樹がうえてある。
⑪ ルームクーラーをつけた。　⑫ あみ戸にした。

上記の問題で調査すると，アロ通風については次表の結果となった。「せんぷう機をつけた。うちわを使った。ルームクーラーをつけた。」など涼しく住まうために利用する器具や家具を使用することを，通風と考えている答がのべ44もあった。そのため「あみ戸にした。家具のおき方をかえた。」の人数がやく½ずつであった。

イ 直射日光をさけるについては次表の人数となった。「日よけをつけ

| ア　通風について | 1組 男 | 1組 女 | 計 |
|---|---|---|---|
| 南と北の窓をあけた。 | 19 | 24 | 43 |
| ふすまをはずした。 | 17 | 23 | 40 |
| あみ戸にした。 | 13 | 12 | 25 |
| 家具の置き方をかえた。 | 10 | 16 | 26 |
| せんぷう機をつけた。 | 7 | 6 | 13 |
| うちわを使った。 | 6 | 6 | 12 |
| ルームクーラーをつけた。 | 4 | 5 | 9 |
| ブラインドをつけた。 | 5 | 5 | 10 |
| とういすを出した。 | 4 | 4 | 8 |
| へちまだなを作った。 | 2 | 0 | 2 |
| 窓の所に落葉樹がうえてある。 | 0 | 3 | 3 |
| 日よけをつけた。 | 0 | 1 | 1 |

| イ　直射日光をさける | 1組 男 | 1組 女 | 計 |
|---|---|---|---|
| 日よけをつけた。 | 21 | 26 | 47 |
| 窓の所に落葉樹を植えた。 | 20 | 22 | 42 |
| へちまたなをつくった。 | 16 | 26 | 42 |
| ブラインドをつけた。 | 17 | 11 | 28 |
| あみ戸にした。 | 5 | 10 | 15 |
| とのいすを出した。 | 3 | 6 | 9 |
| 南と北の窓をあけた。 | 4 | 2 | 6 |
| 家具のおき方をかえた。 | 2 | 0 | 2 |

た。窓の所に落葉樹を植えた。へちまだなをつくった。」は，ほとんどの児童が解答していたが，「ブラインドをつけた。」は人数が少なかった。ブラインドについては，学習時間に取り扱った学級はよくできていたが，この組では実物を前に用意しただけで時間がなくて説明をしなかったので，ブラインドを質問項目にするのが適当でなかった。このために答は通風と用具の利用に割れてしまった。

ウ　用具の利用については，次ページのような結果となった。「せんぷう機をつけた。うちわを使った。」の人数は，用具の利用の中では一番多いが，他の２項と比較すると解答数が少ないのは，「用具」という意味が，児童にはよく理解されていなかった，ためではないだろうか。また「とういすを出す。ルームクーラーをつけた。」は通風と混同している児童がいるためと思われた。

この問題は第４次案後半の「涼しいすまい方のくふうをグループ





| ウ　用具の利用 | 1組 男 | 1組 女 | 計 |
|---|---|---|---|
| せんぷう機をつけた。 | 16 | 20 | 36 |
| うちわを使った。 | 15 | 19 | 34 |
| とういすを出した。 | 13 | 16 | 29 |
| ルームクーラーをつけた。 | 17 | 6 | 23 |
| 家具のおき方をかえた。 | 11 | 11 | 22 |
| あみ戸にした。 | 4 | 5 | 9 |
| ふすまをはずした。 | 4 | 3 | 7 |
| ブラインドをつけた。 | 3 | 7 | 10 |
| へちまだなを作った。 | 3 | 0 | 3 |
| 窓の所に落葉樹をうえた。 | 1 | 0 | 1 |
| 日よけをつけた。 | 1 | 0 | 1 |
| 南と北の窓をあけた。 | 0 | 0 | 0 |

で話し合う。」以下の指導法にくふうを要することがはっきりした。

⑦　夏休みの実践化

夏休みにはいる前に「すまいを涼しくするくふうをできるだけしてごらんなさい。」と児童に事後指導もかね実践を促して夏休みになった。９月17日に夏休みにしたことを調査したところ，３名ほど何もしない児童があったが，ひとりで，いろいろ実践したものもあり，通風について気をつけたこと，水まきをしたこと，涼しい感じを出すのにくふうしたこと，すだれ，よしずをかけたなどは半数以上の児童が実行していて，全体的には，学習を生かすように努力していたことがわかった。

# 第６　題材「冬のすまい」(第6学年) の指導法の研究

## 1　研 究 の 意 図

冬のすまいの内容の学習指導については，第１年度において児童の家庭における実態調査，関心度などに関する事前調査を行ないまたどのような点がどのように実践化され，またくふうがなされたかについての学習後の事後調査を行なって，学習指導の方法を反省し研究してきた。第２年度は，なお深く事前調査および指導案の研究を行ない，特に問題点の多いと思われる暖かいすまい方について，分析的に深まりのある研究が必要であると思われたので，この題材の指導法をより深めるために，取り上げることにした。

## 2　研 究 の 経 過

第１年度は，

① 指導計画の検討

② 事前，事後の調査

③ 事前調査に基づく指導案

④ 授業からの問題点を取り上げる。

以上について主として研究を進め，第２年度に継続した。

第２年度では，

① 実態はあくのため，事前調査を行なう。（第１年度問題のあるものを中心に行なう。）

② 指導案の展開を分析し，検討した。

③ 研究授業を通し，各分野からの問題点を中心に分析的な見方，考え方を深める研究を進めた。学習成果を知るために事後調査を行う。





## 3　学 習 指 導 の 研 究

### (1)　題材設定の理由および目標

50ページ参照

### (2)　題材の時間配当

第１次　暖かいすまい方…………４時間

　第１時　日光の利用と適温

　第２時　保温のくふう

　第３時 }
　第４時 } 暖房のしかたとへやの換気

第２次　すまいの安全……………１時間

この題材の扱い方は，ふつう暖かいすまい方に３時間を配当するのが多く，東京都の38年度の研究員の案でも同様であったが，題材を深めるためには，４時間で扱った方が適当であると考え，４時間配当とした。次にあげたものは38年度東京都の研究員の案と本校の案である。

東京都研究員の案

題材　あたたかいすまい方

(1) あたたかくすむことの必要
　　日光の利用………………………１

(2) 保温のくふう暖房用具の種類…１

(3) 暖房用具の特ちょう，扱い方…１

(4) へやの換気すまいの安全………１

本 校 の 案

題材　冬のすまい

(1) あたたかく住むことの必要…について }
(2) 適温と日光の利用…………… } １

(3) 保温のくふう……………………１

(4) 暖房用具の種類，特徴，扱い方 }
(5) へやの換気……………………… } ２

(6) すまいの安全……………………１

### (3)　事 前 調 査

① ね ら い

地域の家庭の暖房の実態と，暖かいすまい方に関する児童の関心，実践の程度を調べた上で適切な学習指導がなされるべきであると考え，事前調査を行なった。

② 対象及び調査人員

6年1組　男子21名，女子24名

6年2組　男子18名，女子20名

6年3組　男子26名，女子22名

合計　131名

③ 実施日

昭和38年11月16日

④ 調査内容

ア　家庭で使用されている暖房器具について，18項目に ○ をつけさせた。

問い① あなたの家の暖房用具にはどんなものがありますか。あるものに○をつけてください。

| 分類別 | 器具 | 数 | 分類別 | 器具 | 数 |
|---|---|---|---|---|---|
| 火ばち (139) | 木炭ひばち | 86 | ストーブ (182) | 石油ストーブ | 76 |
| | れんたんひばち | 48 | | ガスストーブ | 64 |
| | 電気ひばち | 5 | | 電気ストーブ | 38 |
| こたつ (154) | 電気やぐらこたつ | 96 | | 石炭ストーブ | 2 |
| | 木炭やぐらこたつ | 27 | | まきストーブ | 2 |
| | 電気堀りごたつ | 25 | 足温器 (17) | 電気足温器 | 12 |
| | 木炭堀りごたつ | 19 | | 豆炭足温器 | 5 |
| | れんたん堀りごたつ | 14 | その他 (52) | ゆたんぽ | 42 |
| あんか (93) | 電気あんか | 55 | | 電気ざぶとん | 7 |
| | たどんあんか | 22 | | 電気しきふ | 2 |
| | 木炭あんか | 16 | | かいろ | 1 |

この地域は比較的文化的な生活を送っているようであるが，調査の結果では，木炭ひばちが大変多く，木炭，れん炭を使ったこたつも，割合多く使われていることがわかった。それにつづいて，石油ストーブ，電気やぐらこたつ，ガスストーブが多くなっている。

イ　換気について，どのくらいしっているのか，家庭の実態，児童の関心について調査した。





問い② 換気はなぜ必要なのでしょう。

| 解答事項 | 6の1 | | 6の2 | | 6の3 | | 合計 | | 計 |
|---|---|---|---|---|---|---|---|---|---|
| | 男 | 女 | 男 | 女 | 男 | 女 | 男 | 女 | |
| からだによくないガスを出すため。 | 15 | 20 | 13 | 15 | 16 | 15 | 44 | 50 | 94 |
| 一酸化炭素，二酸化炭素の中毒になるから。 | 6 | 3 | 4 | 5 | 10 | 6 | 20 | 14 | 34 |
| いやなにおいを出すため。 | 0 | 0 | 1 | 0 | 0 | 1 | 1 | 1 | 2 |
| 無答 | 0 | 1 | 0 | 0 | 0 | 0 | 0 | 1 | 1 |

換気をしないと健康上よくない。中毒をおこすガスが出るので換気は必要であるということも，ほとんどの児童が概念としておよそつかんでいることがわかる。

問い③ あなたの家では気をつけて換気をしていますか。

| 解答項目 | 6の1 | | 6の2 | | 6の3 | | 合計 | | 計 |
|---|---|---|---|---|---|---|---|---|---|
| | 男 | 女 | 男 | 女 | 男 | 女 | 男 | 女 | |
| している。 | 14 | 21 | 9 | 16 | 17 | 18 | 40 | 55 | 95 |
| していない。 | 5 | 3 | 4 | 4 | 9 | 4 | 18 | 11 | 29 |
| ストーブを使う時だけ。 | 2 | 0 | 1 | 0 | 0 | 0 | 3 | 0 | 3 |

各自の家庭で，ほとんど換気がなされている。していないと答えている児童について調査すると，家庭で実際にしていないものもあったが，無関心のため，なされている事に気がつかないというものが多かった。

問い④ あなたの家で換気をしているとすればどんな方法でしていますか。

| 解答項目 | 6の1 | | 6の2 | | 6の3 | | 合計 | | 計 |
|---|---|---|---|---|---|---|---|---|---|
| | 男 | 女 | 男 | 女 | 男 | 女 | 男 | 女 | |
| 窓の開放 | 13 | 20 | 7 | 17 | 15 | 21 | 35 | 58 | 93 |
| 換気せん | 2 | 5 | 5 | 6 | 4 | 3 | 11 | 14 | 25 |
| 小窓をあける。 | 2 | 0 | 0 | 0 | 0 | 2 | 2 | 2 | 4 |
| ラン間の開放 | 0 | 0 | 2 | 2 | 0 | 0 | 2 | 2 | 4 |
| あみ戸をつける。 | 0 | 0 | 0 | 1 | 0 | 0 | 0 | 1 | 1 |
| 無答 | 5 | 3 | 4 | 2 | 9 | 1 | 18 | 6 | 24 |

窓の開放が非常に多い。これは見て気がつきやすく一番簡単に誰にでもできる事であり，学校などでもよくなされている。換気せんもこの地域の家庭では使用しているものが増加の傾向にあるからであろう。回答なしは無関心のせいと思われる。

ウ　暖かくすむということについての児童の関心と家庭の実態を調査した。

問い⑤　あなたはあたたかく住むために，自分でできる仕事にどんなものがあると思いますか。

| 分類 | 解答項目 | 数 男 | 数 女 |
|---|---|---|---|
| 暖房器具について | ストーブをつける。 | 30 | 19 |
| | こたつのスイッチを入れる。 | 15 | 6 |
| | ストーブに石油を入れる。 | 9 | 11 |
| | こたつを出す。 | 9 | 11 |
| | こたつの火をおこす。 | 6 | 13 |
| | こたつ，ゆたんぽを入れる。 | 4 | 5 |
| | 火ばちの灰をすてる。 | 0 | 4 |
| | 暖房器具の手入れ。 | 0 | 3 |
| | 火ばちに火を入れる。 | 2 | 1 |
| | ストーブのそうじ。 | 1 | 0 |
| | 炭に火をつける。 | 1 | 0 |
| | 暖房器具のおき方をくふうする。 | 1 | 0 |
| 日光の利用 | 戸をあけ日光を入れる。 | 2 | 8 |
| | 庭の木をきる。 | 1 | 0 |
| 換気 | 換気に注意する。 | 0 | 1 |
| 保温について | 雨戸をしめる。 | 31 | 29 |
| | カーテンをしめる。 | 4 | 10 |
| | ふすまをしめる。 | 4 | 7 |
| | しょうじの穴をふさぐ。 | 5 | 6 |
| | 厚手のカーテンをかける | 1 | 8 |
| | カーテンをつける。 | 5 | 3 |
| | 窓や戸のすきまをなくす | 4 | 2 |
| | じゅうたんをしく。 | 0 | 4 |
| 冬じたくの手伝い | ざぶとんを作る。 | 1 | 3 |
| | カーテンを作る。 | 1 | 3 |
| | 毛糸のえりまきをあむ。 | 0 | 2 |
| | 冬ものを出す。 | 0 | 1 |
| | 冬じたくの手伝いをする | 1 | 0 |
| | その他 | 7 | 11 |

暖房について児童のする仕事の解答数が大へん多い。男女によってその内容はいくらか違っているようである。また雨戸をしめるというのも多くなっている。したがって，暖かく住まうというのは，戸をしめて暖房をするという事ばかりが非常に多く考えられるといえる。またその他につい





ては，運動をするとかふろをわかすとか，着物をたくさん着るとか，直接すまいに関係のない事をあげている。しかし，その全体的な割合は，涼しいすまい方の事前調査の際に住まうという点があいまいであったのに比べると読み取り方が正しくなっている。

問い⑥　あたたかくすむためにあなたの家ではどんなことをしていますか。

| 分類 | 解答項目 | 数 |
|---|---|---|
| 暖房 | 暖房器具の使用。 | 122 |
| 保温 | 早く戸をしめる。 | 46 |
| | カーテンを厚地にする。 | 33 |
| | すきま風をなくす。 | 22 |
| | まじきりをする。 | 20 |
| | じゅうたんをしく。 | 16 |
| 保温 | カーテンをつける。 | 14 |
| | 戸を取りかえる。 | 2 |
| | 二重戸にする。 | 1 |
| | しょうじの穴をふさぐ。 | 1 |
| 日光の利用 | 日光を多く取りいれる。 | 11 |
| | その他 | 23 |

家庭においてなされていることも，ほとんどが暖房と保温に集中し，保温についても，戸をしめることカーテンの利用が主である。その他については，直接住まうという事に関係のないものや，暖かい色，感じなどについてあげられていた。以上のような家庭及び児童の実態をよく考えて，その上に立って適切な指導がなされるよう指導案を立てた。

⑤　学習指導　　38年11月27日

ア　第1次　　日光の利用

特に児童の実態調査の結果，暖かく住まうということに対する児童の概念は，暖房器具に結びつくものが多く，日光の利用は，あんがい気づかれていないことがわかった。この点から特に資料の活用を重視，児童に身近な共通性のある，教室，家庭科室などを用いて，学習指導を行なうよう試みた。

○教師　・児童

| 学習内容 | 学習活動 | 実　施　例 | 資　料 |
| --- | --- | --- | --- |
| | 学習目標をとらえる。 | | |
| この頃の気温のようすと生活上の変化 | この頃の寒さと生活について話し合う。 | ○気温が低くなってきたが，この頃の日常生活で変ってきたことはないでしょうか。<br>・雨戸をしめるように母に言われた。<br>・こたつをいれた。<br>・今まで涼しくする事を考えていたが，今は暖くするようになってきた。<br>○このへやをどう感じますか。<br>・寒いと思います。<br>○このへやを寒いと感じたようですが何度ぐらいあるでしょう。<br>・15°C　・16°C　・13°C | |
| | 教室の温度が何度ぐらいあるか温度計によって見る。 | ○温度計を見てください。三カ所の温度計を見る。<br>・入り口……………………11°C<br>・廊　下……………………11.5°C<br>・教室の中央より南の柱…13°C<br>○なぜ温度に違いがあるか気づいたことはないでしょうか。<br>・人のいる所は温度が高い。<br>・戸をあけしめする所は，空気が出入りするので低い。<br>・日あたりのよい所は温度が高い。<br>○先生が先にきた時，教室は11°C くらいで入り口は9°C くらいでしたこれからもいろいろな事が考えられます。 | 温度計をかけておく。教室の入口，廊下教室中央南よりの柱 |
| 適　温 | 適温について考える。 | ○涼しいすまい方で学習した適温は何度くらいだったでしょう。<br>・18°C　・16°C～19°C<br>○適温よりは室内の温度が低いが，どう感じましたか。<br>・寒　い…………大部分<br>・寒くない…………2名<br>○適温は人によって違います。<br>・体質　・性格　・好ききらい｛夏が好き／冬が好き<br>○体の弱い人・赤ちゃん・年令によっても違いますね。<br>・住んでいた地域によって，からだがなれるので，場所が違うと感じ方が違う。<br>・教室は19°C で家庭科室が13°C なので寒く感じた。<br>○場所によっても違いますね。 | 板書<br>18°C　16°C～19°C<br><br>板書<br>暖かい教室<br>→家庭科室→理科室<br>寒い |





| 学習内容 | 学習活動 | 実　施　例 | 資　料 |
| --- | --- | --- | --- |
| | | ○健康の状態によって感じ方が違いますね。<br>・運動している時としていない時で違う。<br>○年令によっても感じ方は違いますね。<br>○家庭科室の温度をもう一度調べましょう。教室の中央南よりの柱の温度計を見る。<br>・14°C<br>○なぜでしょうか。<br>・人が大ぜいはいったからです。<br>○適温について資料がありますから調べてみましょう。学校の教室の適温と実際のこの教室の温度と比較しましょう。<br>適温についての一例<br>○大分低いですね。この温度にするにはどうしますか。<br>・ストーブをたく。<br>・運動をする。<br>・セーターを着る。<br>○おうちでは，それぞれどんなくふうをしていますか。<br>・こたつをする。<br>・はんてんを着る。<br>・足ぶくろをする。<br>・ストーブをたく。 | 適温についての資料 |
| 暖かく住まうためのくふう。 | 暖かく住まうためにどうしたらいいか考える。 | ○暖かく住まうためにはどうしたらいいでしょうか。<br>・開けたり閉めたりして空気の調節を利用する。<br>・暖かい空気をにがさないようにする。<br>・暖房器具をつかう。<br>・すきま風をなくす。<br>・日本の家はすきま風はなくせないから少くするという事しかできない。<br>・着物をたくさん着る。<br>○住むということですよ。<br>・窓を広くして日光を取り入れる。<br>・落葉樹を取り入れる。<br>・あついカーテンにしたり雨戸をしめたりする。<br>教室の温度しらべ | 板書<br>暖かく住まうために<br><br>板書<br>だんぼう<br><br>板書<br>日光の利用<br>保温のくふう<br>だんぼうのしかた |
| 気温が上がるための条件 | 温度調べの表を見て話し合う。 | ○この表を見て考えつくことばがありませんか。 | 温度調べの表 |

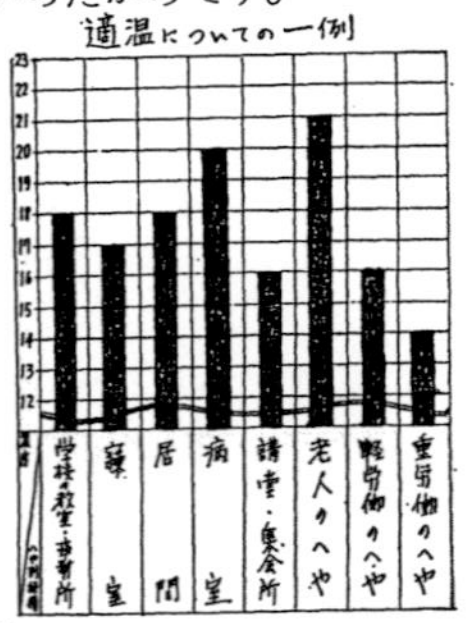

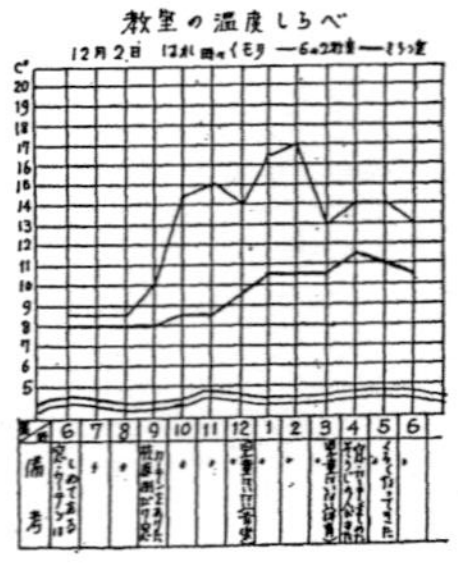

| 学習内容 | 学習活動 | 実　　施　　例 | 資　料 |
|---|---|---|---|
| | | （表の見方の説明をする）<br>・教室は人がいる時は高かったが音楽室へ移動したため下がった。<br>・天気もくもりはじめてから下がった。<br>○教室は午前中日光があたったので気温が上がり教室があいたのとくもったのとで下がり4時頃，戸，カーテンをしめたら少し上がり，しだいにあと下がったのです。<br>○ミシン室は教室に比べあまり日があたらないので上がり方が少ないが人がはいったのでやや上がりました。<br>○校舎の向きを考えてみましょう。<br>N　6の2教室　6の1教室　家庭科室　S<br>・南向きの校舎にある教室とミシン室とでは日光の入りかたが違う。<br>○夜まで気温調べをしたらどうなるでしょう<br>・両方の差はあまりないと考えられる。<br>・日光は気温に大へん影響がある。 | 板書<br>だんぼう<br>日光の利用<br>保温のくふう<br>だんぼうのしかた<br>学校の平面図 |
| 日光の利用 | 建物と日光の利用について話し合う。日光の利用をどのようにしたらよいか考える。 | ○日光を利用するにはどうしたらいいでしょう。<br>・光をさえぎるものを除く。<br>・木をうつしかえる。<br>・家具を移動する。<br>・すきとおるガラスをはめる。<br>・南に窓を多くつける。<br>・窓を大きくあける。<br>・窓を高い所につける。<br>・家の向きを考える。<br>・南向きに建てても後で高いビルが立ってさえぎられると困る。<br>・広い庭を作る。<br>・土地の高い所に家を作る。 | |
| まとめる | | ○窓ガラスはすきとおったものがいいですね<br>○木は落葉樹がいいですね。<br>○茂った枝は切りおとすのですね。<br>○家具の置き方をくふうして日光がよくはいるようにするのもいいですね。 | |





日光の利用の学習では，児童の身近な教室や家庭科室をもとにした資料がよく使われ，児童たちの話し合いの中から大事な内容がひき出され，日光は大いに気温に関係があるという事の理解が深まったようであった。しかしその利用をどうしたらよいかという点，自分たちのへやを中心に考えさせるような発問が必要であった。そして各自が可能な範囲で各自にできる事を考えさせるべきであろう。

イ　第2次　保温のくふう

指導法を深めるために，二つの学級に異った指導法を試み，その結果を比較することにした。1組は児童中心にグループの話し合いを主とし，グループの発表から出たものをまとめとして要点を教師が流した。2組は，教師が考える条件を与えその中で自主的に話し合わせ，出てきた要点を整理し教師がひとつひとつおさえながらすすめるようにした。

その実施例は次のページ以下のとおりであるが，1組の学習では，雨戸カーテンの開閉の時刻についていろいろ意見が出た。気温調べの表を正面に置いたままでもっと利用して考えさせるとよかったと思う。あける時間については，あまりあける時間が早ければ寒く，おそいと新鮮な空気も取り入れられず，明るさ，換気の上からもよくない。いろいろな条件があるので，時刻としてきめる事はちょっと無理なようにも思う。児童の発表，意見をあまりにも聞きすぎたため，内容的にはじゅう分おさえきれなかった点があった。

2組の学習では，はじめに話し合う内容条件を，ある程度決めて，時間を制限し，児童の発表もまとめた発表にきりつめた。そして内容をひとつひとつ，おさえていったので1組より内容の要点をおさえることができたように思われた。

6年の1組　　◦教師　・児童の答　　6年の2組

| 学習内容 | 学習活動 | 実施例(6年の1組) | 資料 | 実施例(6年の2組) | 資料 |
|---|---|---|---|---|---|
| 保温のくふう | 各自の家の保温のようすについて話し合う。 | ◦保温とはどういうことでしょう。<br>・温度を保つこと。<br>・あたたかい空気がにげないように。<br>・つめたい空気がはいらないように。 | 板書<br>保温のくふう表が前の黒板にはってある(日光の利用で使った表) | ◦保温とはどういう事でしょう。<br>・温度を保つこと。<br>・あたたかい空気がにげないようにする。<br>・暖めるという事。<br>・それは暖房にはいる。<br>◦暖かい空気をにがさないというだけでいいのだろうか。<br>・冷たい空気がはいらないようにする。 | |
| | | ◦家庭ではどんなくふうがされているでしょうか。<br>・カーテンを厚地にかえた。<br>・ストーブの上にやかんをのせて湯気を立てた。<br>・カーテンの色を黒っぽくした。<br>・毛布をかける。<br>・夏はずしておいた障子をいれた。<br>・使わない窓をビニールでふさぎカーテンをかけた。<br>・夕方にならないうちに雨戸をしめる。<br>・こたつをいれる。<br>・すきま風をふせぐくふうをする。<br>・障子の破れをつくろう。 | | ◦家庭ではどんなくふうがされているでしょう<br>・夕方雨戸を早くしめる。<br>・カーテンを厚地にする。<br>・破れをつくろった。<br>・大そうじの時たたみの下に新聞紙をしいた。<br>・ふすまを入れた。<br>・すきま風を防ぐ。<br>◦穴をふさぐのをめばりといいます<br>◦カーテンは厚地だけでいいでしょうか。(もけいについての説明) | 板書<br>戸のしめ方<br>カーテン<br>しきもの<br>めばり<br>その他<br>家のもけいを出す(172ページ参照) |
| | 保温のくふうについて考える。<br>・雨戸,カーテンの開閉の期時<br>・カーテンの地質大きさ<br>・色<br>・めばりの場所,方法<br>・しきもの種類<br>・その他<br>グループで話し合ったことを発表する。 | ◦まとめとして雨戸カーテンの開閉の時期,カーテンの色,地質,大きさすきま風を防ぐくふうについてグループで話し合いましょう。<br>(10分間話し合い)<br>◦各グループで話し合ったことを発表してもらいましょう。 | 日光の利用で使った前にあった表を横に移動させ,まとめの板書ができるようにした。<br>1班から8班の発表することを下表のように板書してまとめた | ◦グループで保温のくふうについてカーテン,雨戸のあけしめ,めばり,カーテンについてだいたいこういうことを話し合いましょう。<br>(グループの話し合い　10分)<br>(この間,1グループがカーテンの見本を見に行った。それから,カーテンをグループへ順に廻した。)<br>◦1班にカーテンについて言ってもらいましょう。後の班は,同じ事は言わないで違っている事だけ言いましょう。<br>・すきま風がはいらぬように窓より大きくする。<br>・地質は厚く目の細かいもの色は暖かそうな色。<br>・床につくぐらいがよい。空気を含むから。<br>・地味な色。<br>・赤けいとうの地味な色。<br>・高窓の時はどうするのか。<br>・出入り口はどうするのか。<br>◦ふつうの窓と考えていいですね。<br>・毛おりものがよい。<br>・2重のがよい。<br>・へやにあった色のがよい。<br>◦家具なども冬の暖かい感じを出すことが考えられますね。この教室だとカーテンはクリーム色などがいいですね。<br>◦次はめばりについて話し合ったことをまとめましょう。<br>・見た感じを考えてする。<br>・障子,ガラス,天井,雨戸についてする。<br>・めだたないようにする。<br>・天井は屋根裏からするとよい。(児童おどろく)<br>◦ていさいがよければ裏からでなくてもいいでしょう。目だたないようにするのが一番いいですね。<br>◦雨戸のあけしめについてまとめた | 日光の利用で使った表を利用させるために真中に置いた。<br>板書<br>雨戸 }あけ<br>カーテン} しめ<br>カーテン {大きさ 質地 色<br>めばり {場所 方法<br>その他<br>カーテン大きさ<br>・窓より大きくく床につくくらい<br>・地質は厚く<br>・色はあたたかそうなもの<br>標本<br>(カーテン5種地質,大きさの違うものひだのあるもの2重のもの)を見ながら<br>板書<br>めばり<br>場所　障子,ガラス戸,天井,雨戸など<br>方法　見た感じを考えてする。目だたないようにする。 |

| | 雨戸・カーテンをあける | 雨戸・カーテンをしめる | カーテンの色布地,大きさ | すきま風 | その他 |
|---|---|---|---|---|---|
| 1 | 午前7時 | 午後6時 | 黒っぽいもの厚い,窓より大きくする | 窓のすきまに紙,布をはさむ,二重窓 | |
| 2 | 人によって違う | 〃　5〃 | 〃 | | じゅうたん,ざぶとんの色,厚さに気をつける |
| 3 | 7〃 | 5〃 | 〃 | たたみの下に紙をしく | |
| 4 | 6.5～7〃 | 5〃 | 〃 | 障子の破れを修理 | |
| 5 | 同　上 | 5.5～6〃 | 〃 | 〃 | |
| 6 | 6〃 | 6〃 | 〃大きさはゆったりとする | 戸をきちんとしめる | |
| 7 | おきたらすぐ。 | 5.5～5〃 | 〃 | 壁のすきまに家具をおく | |
| 8 | まとまらなかった | まとまらない | 〃 | たてつけをなおす | |

・たてつけとは何ですか。
◦戸などがきちんとしまらずすき間ができたりしていることです。
まとめ(各班ごとにいわせたので残る時間が少くなった。

| 学習内容 | 学習活動 | 実施例 | 資料 | 実施例 | 資料 |
|---|---|---|---|---|---|
| | | ○雨戸をあける時期について考えてみましょう。<br>（開けることは，保温のことばかりでなく光を入れる。換気を考えることで児童はいろいろと意見を主張した。）<br>○雨戸とカーテンは目的や使途も違うのであける時期はもっとよく考えた方がいいですね。<br>○カーテンの色，地質，大きさについては，色は目で暖かそうだという感じのためですね。<br>・地質は厚地のものがよい。<br>・２重の方が空気がこもってよい<br>・カーテンは大きい方がよい。<br>・大きいと風にとばされバアバアする。<br>・ひだをとると空気のそうができていい。<br>○すきま風を防ぐには，障子やガラスの破れている所をふさぎ，ふしあななどもふさいでおくといいですね。<br>・ていさいをよくする。<br>・絵をはって，穴をかくす。 | 資料<br>家庭のもけいをおき窓にカーテンをかけて見た | ことをいってもらいましょう。<br>日がさしている中にしめる。<br>○これでいいですか。<br>・早くしめないと冷たい空気がはいる。<br>○何時ごろがいいですか。<br>・４時ごろガラス戸，５時ごろカーテン，６時頃雨戸。<br>・６時ごろ雨戸をしめるとそのため窓をあけるから冷たい空気がはいる。<br>○温度調べの表をみて，考えましたか。<br>・３時半ごろ。<br>・あけるのは日がさしてくるごろ<br>・あたたかくなってから。<br>・10時ごろではおそすぎる。<br>・７時ごろがよい。<br>・６時から７時ごろ。<br>○ひとつには，光を入れる，また空気のいれかえという事も考えにいれなければなりません。（教科書を読む。） | 表を見る。<br>板書<br>雨戸をしめる。<br>４時半ごろ。<br>雨戸をあける。<br>いろいろの事を考えてする |
| | 実践できる事を話し合う。<br>雨戸，カーテンの開閉その他 | ○自分でできる仕事を見つけましょう。<br>・戸をきちんとしめる。<br>・穴ふさぎをする。<br>・カーテンをかける。<br>・父や母に話して家具の置き換えをする。<br>・ざぶとんを作って敷く。<br>・板の間にじゅうたんを敷く。 | | ○自分たちでできることはどんな事でしょう。<br>・お母さんの忙しさをたすけ早めに雨戸をしめる。<br>・障子の破れをなおす。<br>・破いた人がなおすとよい。<br>・カーテンをつくろう。<br>・ドアーをあけたらすぐしめる。 | |
| | 学習のまとめをする。 | ノート整理（５分延長） | | ○では何を実行したか，次にきくことにしましょう。（ノート整理） | |



ウ　第３次　暖房のしかた

暖房器具は，種類の相違はあっても，どの家庭でも暖かく住まうため必ず用いられているものである。しかしその特徴を捉え，よりよい扱い方がなされているかどうかは疑問である。この内容では児童なりに種類とその扱い方をくふうする学習であったが，１組は，従来の指導計画のまま暖房器具の特徴と運び方という内容項目で学習を進め，２組は特徴と扱い方に主をおいた指導を試みた。そして内容の要点のはあくと実践への結びつきについて比較することにした。

もっとも，その結果，扱い方の学習がじゅう分でなかった学級には，あとで補習をした。

その実施例は次ページ以下のとおりであるが，１組では，暖房器具の特徴，運び方に主がおかれた学習であった。石油ストーブの危険について，一児童から話は出るには出たが，全体の児童の動きが，器具によって違うとか，性能によって異るというように，器具そのものを安全度の高いもの，よい製品を選べばよいのだという傾向に進んで行き，特徴を調べる事により，使いやすい便利なそして性能のよい器具を選ぼうという学習の流れであった。

２組の場合は，特徴を調べ，それによって，どのように扱って行けばよいかという事が学習の主になっていった。もっとも多く家庭で使用されているものについて，その使い方の注意にまで学習が深まっていった。この内容では，前述の通り児童に多く使われているものの特徴をはあくし，それをどのようによりよく，使えるかという方が大事な点になってくると思う。従って，幅広く広げていくより，一応いろいろなものがあることは知らせても扱い方については，しぼって，深めて，実践に役だつ学習指導をすることがたいせつであると考えた。

6年の1組　　○教師　・児童　　　　6年の2組

| 学習内容 | 学習活動例 | 実施例（6年の1組） | 資料 | 実施例（6年の2組） | 資料 |
|---|---|---|---|---|---|
| 寒さをよそにえる暖房のしかたを理解する | 自分の家の暖房のしかたを話し合う。 | ○家でどんな暖房をしていますか。<br>○みなさんおうちのものを調べたものです。 | 図表<br>家庭の暖房器具しらべ | ○前に学習したことは実行していますか。<br>・入り口の戸のあけしめがなかなか実行できない。<br>（その他2，3実行したことをいう。）<br>・このころ家で暖房器具が使用されていると思うが，どんなものが使われていますか。<br>・石油ストーブ<br>・電気ごたつ<br>○朝，昼，晩ではどんな使い方をしていますか。<br>・夕方電気コタツおばあさんは電気ざぶどんを使っている。<br>・朝はしない，昼こたつ，夜は石油ストーブを使う。 | |

家庭の暖房器具しらべ　昭38.11.16　6年生全体

| 器具名＼組 | 1組 | 2組 | 3組 | 計131人 | 器具名 | 1組 | 2組 | 3組 | 計 |
|---|---|---|---|---|---|---|---|---|---|
| 木炭火ばち | 35 | 22 | 29 | 86 | 電気ストーブ | 11 | 12 | 15 | 38 |
| 電気火ばち | 3 | 0 | 2 | 5 | 石油ストーブ | 22 | 23 | 25 | 70 |
| れんたん火ばち | 21 | 8 | 19 | 48 | ガスストーブ | 16 | 20 | 28 | 64 |
| 木炭掘ごたつ | 5 | 5 | 9 | 19 | まきストーブ | 0 | 0 | 2 | 2 |
| 電気掘ごたつ | 6 | 7 | 12 | 25 | 石炭ストーブ | 0 | 2 | 0 | 2 |
| れんたん掘ごたつ | 4 | 3 | 7 | 14 | スチーム | 0 | 1 | 0 | 1 |
| 木炭やぐらごたつ | 10 | 9 | 8 | 27 | ゆたんぽ | 34 | 1 | 7 | 42 |
| 電気やぐらごたつ | 26 | 19 | 24 | 69 | 足温器(電気) | 4 | 2 | 6 | 12 |
| 木炭あんか | 2 | 6 | 8 | 16 | 足温器(豆たん) | 2 | 1 | 2 | 5 |
| 電気あんか | 18 | 18 | 19 | 55 | 電気しき布 | 1 | 0 | 1 | 2 |
| たどんあんか | 10 | 4 | 8 | 22 | 電気ざぶとん | 2 | 2 | 4 | 8 |
| | | | | | かいろ | 0 | 0 | 1 | 1 |

| 学習内容 | 学習活動例 | 実施例（6年の1組） | 資料 | 実施例（6年の2組） | 資料 |
|---|---|---|---|---|---|
| | | ・木炭あんかとはどんなものか。<br>○図をかいて説明<br>・足温器とはどんなものですか。<br>・金属製でできていて中に炭を入れ足をのせてあたためるものや電気のもある。<br>○多く使われている暖房器具はなんですが。<br>・持ち運びの便利なものが多く使われている。<br>・木炭火鉢は重いが用いられている。<br>・持ち運びだけではない。<br>・木炭火ばちはおいておくだけで | 板書<br><br>板書<br>暖房器具の種類 | ・朝石油ストーブで家を出る時消す。<br>（その他数例を話す。）<br>○皆さんの家の状態や年令などによって違いますね。<br>○この表はみなさんのうちのものを調べた表です。<br>・合計の多いのを見ると手先足先をあたためるものが多い。木炭火ばち，電気やぐらごたつ。へや全体をあたためる石油ストーブも多い。<br>・扱い方が簡単なものが多い。 | 図表家庭の暖房器具調べ<br>（左表） |





| 学習内容 | 学習活動例 | 実施例（6年の1組） | 資料 | 実施例（6年の2組） | 資料 |
|---|---|---|---|---|---|
| | | よい。<br>・火事が多いのになぜ石油ストーブが使われるか。<br>・気をつければよい。<br>○どんなものがよいかではなくて，資料からもっとほかに気がつかないでしょうか。<br>・石油ストーブ，掘りごたつ，湯たんぽ，電気あんかが多い。<br>・へや全体をあたためるものが多い。<br>・お金があまりかからないものと，すぐあたたまるものが使ってある。<br>・多少費用がかかっても安全なものがよい。 | | ・燃料費が安い石油，木炭のものが多い。<br>（その他スチームと書いた児童について質問し，スチームについて説明をする。）<br>（手のあがらないものを注意）  | 左の資料は壁面にはってある。 |
| 器具の種類について | 暖房器の特徴と扱い方について調べる。 | ○暖房器具の種類をわけるとどうなるでしょう。<br>・自分ひとりであたたまるものと全体であたたまるもの。<br>・一カ所と全体をあたためるもの<br>○一カ所とはどういうことでしょう<br>・手とか足とか<br>○まとめ<br>部分をあたためるかへや全体をあたためるか<br>使っている燃料によって<br>○よく使われている暖房器具についてグループで特徴を話し合ってみましょう。 | 板書<br>部分／へや全体 ｝目的による分類<br>電気，ガス，石油，木炭，石炭 ｝燃料による分類 | ○暖房器具のわけ方はどうしたらよいでしょうか。<br>・手さきをあたためる。<br>・スチームのような全体をあたためる。<br>・燃料で石油，ガス，電気，石炭，木炭，豆炭などにわける。<br>○もっとも多く使われている木炭ひばち，ガス・石油ストーブ，れんたんひばち，電気ごたつについて | 板書<br>へや全体，部分<br>燃料<br>石油・ガス・電気・石炭・木炭・豆炭 |

| 学習内容 | 学習活動例 | 実施例 | 資料 | 実施例 | 資料 |
|---|---|---|---|---|---|
| | | 話し合い　7分　発表<br>○話し合ったことを発表しましょう | | 特ちょうと使い方をグループで話し合いましょう。<br>話し合い　6分　発表 | |
| 1 | 木炭ひばち | けいざい的，部分をあたためる，器具が安い，空気を悪くする，使い方になれている。 | | 1　木炭ひばち | ねん料が安い，火力が弱い，途中で消えることがある，かんそうする。 |
| 2 | ガスストーブ | 火をつけやすい，費用が高い，へや全体をあたためる，中毒をおこす。 | | 2　石油ストーブ | ねん料が安い，石油がこぼれると危い，すすが出る，便利，くさい |
| 3 | 石油ストーブ | 早くあたたまる，はじめくさい，ねん料が安い，危険。 | | 3　ガスストーブ | 持ち運びが便利，気をつけないと危険 |
| 4 | 電気ストーブ | 早くあたたまる，安全，持ち運びが便利，調節しやすい，悪い空気を出さない。 | | 4　電気ごたつ | 見た目がよい，ねん料が高い，持ち運びがよい，器具が高い，衛生的 |
| | | | | 5　れんたん火ばち | 気持が悪くなる，途中で消して使えない，においが出る，火がつきにくい，火力も強く長く火が持つ |
| | | ・石油ストーブはくさいし危険ではないか<br>・器具の種類，もやし方，使い方などでにおいのないのもあるし，危険性のないのもある。 | | ○みんなの話し合った事をまとめると，<br>安全・衛生的・費用・便利さ，保存ということから考えましたね。<br>・燃料はものによって買う時期がある。<br>○石油ストーブは火災の心配があるから注意しましょう。<br>○不完全燃焼するとまたあぶないですね。<br>○ガスはガス中毒を起すから取り扱いに注意しましょう。<br>・石油ストーブは手入れをしないとすすがたまる。<br>・れん炭火ばちは火力も強く豆など，煮るのによい。<br>・一酸化炭素が出る。 | |





| 学習内容 | 学習活動例 | 実施例 | 資料 | 実施例 | 資料 |
|---|---|---|---|---|---|
| | | | | ○消せないから買物に行く時は下の口をしめるといいですね。<br>・一日中使う時によい。<br>○木炭ひばちは常につぎ足さねばならないが，火消しつぼに入れられますね。<br>○今の話し合いの中に使い方の注意がでていましたがまとめてみましょう。 | |
| | 暖房器具の使い方 | ○暖房器具を選ぶ時どういう点から選んだらよいでしょうか。<br>・目的にあったもの，部分かへや全体をあたためるか。<br>ねん料器具が安いもの，安全。（けが，火災）<br>えい生的なもの，取り扱いが簡単なもの，見ためにていさいのよいもの，じょうぶで長持ちするもの，場所をとらないこともたいせつです。<br>（1人の児童が6項目をすらすらといったので，板書をし他の3項を次ぎ次ぎに3人が述べたので，教師は1項目づつ皆と確認させて，終わった。） | 板書<br>1 目的にあったもの<br>2 燃料器具の安いもの<br>3 安全（けが，火災）<br>4 衛生的<br>5 取り扱いが簡単<br>6 早くあたたまるもの<br>7 見た目にていさいのよいもの<br>8 じょうぶで長持ちするもの<br>9 場所を取らない | 木炭ひばち | 一酸化炭素のでるのに注意，かん気を考える。 |
| | | | | 石油ストーブ | 石油もれ，おき場所を考える。 |
| | | | | ガス　〃 | ガスもれ，かん気に注意。 |
| | | | | 電気ごたつ | かんそうするから注意。 |
| | | | | れん炭火鉢 | かん気に注意。 |
| | | | | ○どれもかん気が必要ですね。<br>・石油，ガスストーブは水じょう気を立てた方がよい。<br>・湿度が出るから考えなくてもよい。<br>・水をおかないといけない。<br>・石油ストーブに水はあぶない。<br>・つつ形のものは特に危い。<br>・ガスストーブは火力が強いからピアノのそばはいけない。<br>・石油，ガスは水じょう気について考えなくても牛乳3本分くらいの湿度が出る。 | |
| 整理 | 教科書を読んで | ・教科書を読む | | ○水じょう気を考えるものは電気で | |

| 学習内容 | 学習活動例 | 実施例 | 資料 | 実施例 | 資料 |
|---|---|---|---|---|---|
| まとめ | まとめる。<br>ノート整理をする。 | （教科書について，再度確認してノート整理にうつった。） | | すね。<br>○電気こたつのある場合はどうしますか。<br>・手ぬぐいをぬらしてかけておく。<br>・火ばちに湯をわかしておく。<br>・長時間つけずに調節する。<br>・水をくんでそなえる。<br>・使い方をよく研究する。<br>○新しく買う時はどうしますか。<br>・一長一短があるのでよく考えて選ぶ。<br>・家のようすを考えて選ぶ。<br>・ねだんと性能を考えて選ぶ。<br>学習のまとめをする。<br>ノート整理 | |





エ　換気については，暖房器具との関連において，前記の暖房器具のまとめのあとに位置づけた。これは通風とも関係があり，構造的なものは実際にわかりにくいので，資料として市販のスライド「換気と採光」の前半，換気の部分を利用して理解を深める指導をすることにした。

○学習活動の概要

暖房時にへやの空気がよごれているので，換気の必要を話し合った。

○換気について，みんなの家庭でやっていることはどんなことですか。

（事前調査にあげてあるように，児童は換気の意味をよくしっていて活発に答えた）

○スライドを見て研究してみましょう。

（窓のあけ方などの話題がでたのをきっかけにスライドを使用し研究することにした。）

換気についてのスライド

1　いろいろなすまい
2　木造家屋の構造
3　換気孔のあるコンクリートの建物
4　家の中の空気の流れの実験
5　木造建物の空気の流れを示す図
6　回転窓の効果を示す写真
7　炭火に広口びんをかざして炭酸ガスをとる
8　石灰水が二酸化炭素で白くにごる実験
9　一酸化炭素による中毒の説明図
10　二酸化炭素の実験呼気を氷のうにあつめる
11　炭酸ガスの実験呼気と空気の石灰水による変化の比較
12　必要なへやのひろさを示す図
13　開けられている教室の窓
14　換気装置

○自分たちでできる事はどんなことでしょう。

（窓の構造などでは児童にはどうにもならないが，児童はスライドで，その点もよく理解したし，できるだけ換気することに気をつけることが話し合われた。）

オ　第5次　安全なすまい方

暖房器具の取り扱いと関連して，特に冬季の暖房を考えるすまいにおける安全という事に主をおき，火災の防止と日常生活の心構えを身につけさせるように，身近かな資料を活用して，日常生活から問題を取りあげるよう指導した。それとあわせてその他の災害にもふれて指導した。

○学習活動の概要

○冬のすまいの安全のために換気について勉強しましたが，その他，安全に住むという点でどんなことがありますか。

（児童から火災，地震，台風，交通事故，盗難，雷，白ありなどがあがった。）

○火災の原因調べの表を見て考えましょう。

（廊下に新聞記事の災害の切り抜きをはってあるのが話題になった。また次の表を見て活発に話し合い，火災に注意しなければならないことを身にしみて考えたようで，学校のストーブや煙突のことやまた児童の体験についても話し合われた。）

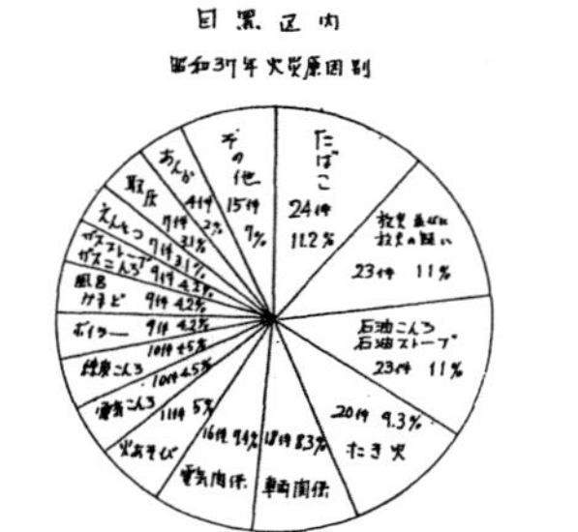

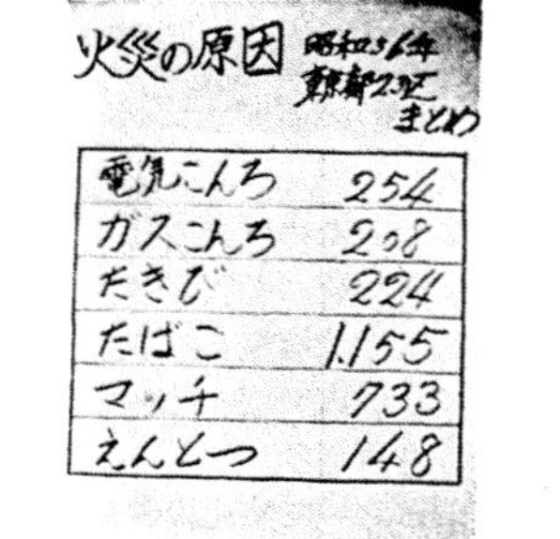

火災の原因 昭和36年 新聞記事 まとめ

| | |
|---|---|
| 電気こんろ | 254 |
| ガスこんろ | 208 |
| たきび | 224 |
| たばこ | 1,155 |
| マッチ | 733 |
| えんとつ | 148 |

○家庭で火事の予防対策をどうしているか話し合わせる。

（児童は時節がら，いろいろな事例をもっていて，全体的に火災予防についての理解が深まったように思われた。）

○その他の災害について話し合う。

（火災に中心がおかれて，その他については時間がなくなり，つっ





こんだ話し合いができなかった。教科書を読んで全般的にまとめた。）

○自分たちで実践できることは何ですか。

（話し合いは火災予防のことに終始した。教師はその他のことについても，ふだんからよく注意することがたいせつである，とまとめた。）

反省として資料を数字だけより棒グラフにし，件数の多い順にならべておいた方がよいと考えられた。学習としてはまとまっておさえられたが，火災だけにしぼりすぎてしまった。

（4）事後調査

① ねらい

事前調査によって，二つの学級の家庭の実態と児童の関心，日常経験状態を教師がよく理解した上に立って，指導計画を立て，実際に学習指導を行なった。指導計画の適切さを見出すために，二つの学級に意図的に異った学習指導も実施した。その上で学習の成果をみるために，指導後に調査を行なった。

② 対象および調査人員，6年男子21名，女子25名，計46名。6年2組，男子23名，女子23名，計46名，学級の実態6年1組64ページ参照，6年2組181ページ参照。

③ 調査内容

ア　学習後どの程度内容が理解されたか調べるため学習直後に行なった。

問い①　冬のすまいをだいたい5つに分けて勉強しましたね。それぞれ勉強したおもなことを書いてください。

昭和38．12．18日実施

| 内容 | 項目 | 6の1 男 | 6の1 女 | 6の2 男 | 6の2 女 | 計 | 内容 | 項目 | 6の1 男 | 6の1 女 | 6の2 男 | 6の2 女 | 計 |
|---|---|---|---|---|---|---|---|---|---|---|---|---|---|
| 日光の利用 (56) | 日光の利用 | 7 | 11 | 21 | 17 | 56 | 保温 (76) | 保温のくふう | 10 | 18 | 10 | 12 | 50 |
| | | | | | | | | 保温のしかた | | | 5 | 5 | 10 |

| 内容 | 項目 | 6の1 男 | 6の1 女 | 6の2 男 | 6の2 女 | 計 |
|---|---|---|---|---|---|---|
| 保温 (76) | 保温について | | | 4 | 3 | 7 |
| | すきま風 | 5 | 1 | | | 6 |
| | すきま風のふせぎかた | 0 | 3 | | | 3 |
| 換気 (77) | 換気 | 18 | 22 | 12 | 9 | 61 |
| | へやの換気 | | | 2 | 2 | 4 |
| | 換気のしかた | | | 3 | 6 | 9 |
| | 換気の利用 | | | 1 | 1 | 2 |
| | 換気の種類 | | | 1 | 0 | 1 |
| 暖房 (67) | 暖房器具の使用 | 0 | 5 | 1 | 0 | 6 |
| | 暖房器具の種類 | 0 | 4 | 1 | 1 | 6 |
| | 暖房について | | | 6 | 0 | 6 |

| 内容 | 項目 | 6の1 男 | 6の1 女 | 6の2 男 | 6の2 女 | 計 |
|---|---|---|---|---|---|---|
| | 暖房 | 3 | 4 | 0 | 5 | 12 |
| | 暖房器具について | 5 | 5 | 1 | 1 | 12 |
| | 暖房のしかた | 1 | 3 | 11 | 11 | 26 |
| 安全なすまい方 (80) | 火災 | 0 | 1 | | | 1 |
| | 安全なすまい方 | | | 0 | 1 | 1 |
| | 災害 | 1 | 1 | 6 | 8 | 16 |
| | 災害の防ぎ方 | 0 | 1 | 1 | 0 | 2 |
| | 安全 | 3 | 9 | | | 12 |
| | すまいの安全 | 12 | 13 | 12 | 10 | 47 |
| | 安全性 | 1 | 0 | | | 2 |
| その他 (23) | | 10 | 4 | 4 | 5 | 23 |

この結果でわかることは，「安全なすまい」という内容について学習したことが，一番理解されたようである。約87％の解答数で火災という一番身近に感じられる点であるからでもあろうが，学習の直後であったことも解答数の多いゆえんであろう。

日光の利用は，解答項目もひとつに集中され，学習の内容としては一応おさえられたと思うが，解答は約61％でまだその数においてはじゅう分といえない。暖房は約73％で全く関係のないものを書いたものが25％いたということになる。しかし5つの学習内容は理解し得たものといえよう。その他が2組より1組が多く，解答項目から考えてもやはり，指導の違いによる結果が考えられる。児童の話し合いを主にして授業を流さず，教師がもう一度，整理し内容をおさえるということはたいせつなことである。

イ　次に表現力の乏しいもの，頭の中で学習内容がうまくまとめられないものもあると考え，項目にわけて調査してみた。

38年12月20日実施

問い②　あたたかいすまい方をするために，日常心がけたり，なおしたりできる





ことがありますね。次のような場合どのようにしたらよいでしょう。

ア　家の南側に大きなかしの木がある。

イ　へやの南側にタンスがおいてある。

| ア どうしたらよいか | 6の1 男 | 6の1 女 | 6の2 男 | 6の2 女 | 合計 |
|---|---|---|---|---|---|
| 板や葉をおとす | 7 | 5 | 21 | 14 | 47 |
| 木を移動する | 7 | 12 | 1 | 2 | 22 |
| 木を切りたおす | 7 | 5 | 0 | 6 | 18 |
| 無答 | 1 | 0 | 1 | 0 | 2 |
| その他 | 1 | 0 | 0 | 1 | 2 |

| イ どうしたらよいか | 6の1 男 | 6の1 女 | 6の2 男 | 6の2 女 | 合計 |
|---|---|---|---|---|---|
| 移動する | 22 | 22 | 22 | 22 | 88 |
| 無答 | | | 1 | 1 | 2 |
| その他 | 1 | | | | 1 |

日当たりをよくするためというのがどちらの場合も97％その理由として答えている。

この結果でわかるように，ほとんど理解されたといえよう。

ウ　雨戸が古いので板のすき間がある。

| どうしたらよいか | 6の1 | 6の2 | 合計 |
|---|---|---|---|
| めばり，つめもので穴をふさぐ | 17 | 36 | 53 |
| 板をはってなおす | 18 | 0 | 18 |
| 新しい戸ととりかえる | 9 | 6 | 15 |
| その他 | 1 | 4 | 5 |

方法とともにその理由をきいたが，すきま風をなくすが76％，暖かい空気をにがさないためが19％，その他が5％である。両組を比較すると，2組の方が学習の要点と考えたものを，はっきりとらえている。

エ　窓はガラス戸である。

| どうしたらよいか | 6の1 | 6の2 | 合計 |
|---|---|---|---|
| カーテンをつける | 12 | 15 | 27 |
| 雨戸をつける | 8 | 6 | 6 |
| 透明ガラスにする | 5 | 2 | 7 |
| 二重ガラスにする | 3 | 1 | 4 |
| ガラスをよくみがく | 1 | 2 | 3 |

| どうしたらよいか | 6の1 | 6の2 | 合計 |
|---|---|---|---|
| 南側に窓をつける | 1 | 1 | 2 |
| 日のくれる前に窓をしめる | 0 | 1 | 1 |
| 夜カーテンをひく | 0 | 1 | 1 |

| | どうしたらよいか | 6の1 | 6の2 | 合計 | どうしたらよいか | 6の1 | 6の2 | 合計 |
|---|---|---|---|---|---|---|---|---|
| その他 | 木戸にする | 2 | 2 | 4 | ガラスをわらないように | 1 | 0 | 1 |
| | あみをはる | 2 | 1 | 3 | 小さいガラスととりかえる | 0 | 1 | 1 |
| | そのままでよい | 1 | 2 | 3 | | | | |
| | すきまをなくす | 2 | 0 | 2 | かん気口をつくる | 0 | 1 | 1 |
| | くもりガラスにする | 0 | 2 | 2 | 無答 | 6 | 5 | 11 |

この答えは20項目に割れて答えられ，その理由もすきま風がはいらないように29%，暖かい空気をにがさない24%，日当たりをよくする21%，その他が26%となっている。ウの質問は保温についての質問とわかるが，エの問題は児童が判断に苦しむ問題といえよう。そのため無答が11名，その他の17名は，暖かいすまい方の問題と関係のない事が答えられていた。

問い③　暖房器具の選び方について

ア　（暖房器具の選び方について書きなさい）

| 指導の要素 | 解答項目 | 1組 | 2組 |
|---|---|---|---|
| 目的を考えて選ぶ。 | 一部分かへや全体を暖めるか目的を考えて買う。 | 16 | 5 |
| 経済的である。 | 器具のねだんが安いもの。 | 22 | 31 |
| | 燃料の安いもの。 | 31 | 34 |
| 安全性がある。 | 中毒をおこす悪いガスを出さない安全なもの。 | 28 | 14 |
| 取り扱いが簡単で便利。 | 操作，調節の簡単なもの。 | 22 | 29 |
| | 場所により調節できるもの。 | 0 | 1 |
| | 自動的に調節できたり自動的に消えたりついたりするもの。 | 1 | 1 |
| | 軽くて持ち運びの便利なもの。 | 15 | 8 |
| 早くあたたまるもの。 | すぐあたたまるもの。 | 27 | 2 |

| 指導の要素 | 解答項目 | 1組 | 2組 |
|---|---|---|---|
| 場所をとらないもの。 | あまり大きすぎずへやに合ったもの。 | 18 | 18 |
| | 安定感のあるたおれにくいもの。 | 10 | 8 |
| | 火事の危険のないもの。 | 31 | 28 |
| 衛生的である。 | くさいにおいを出さないもの。 | 5 | 3 |
| 見た目のよいもの。 | 見た感じのよいもの。 | 14 | 11 |
| | 時代に合ったもの。 | 0 | 2 |
| 丈夫で長持ちするもの。 | 丈夫で長持ちするもの | 21 | 20 |
| | こしょうしにくいもの | 0 | 1 |
| | 質のいいもの。 | 9 | 10 |
| その他 | 保しょうつきのメーカー品にする。 | 3 | 6 |
| | へや全体があたたまるもの。 | 2 | 9 |
| | 保存のしかたの簡単なもの。 | 0 | 3 |
| | 評判のよいもの。 | 0 | 2 |





1組は前述の学習活動において，暖房器具の選び方という項目を置き，選び方の要素となるものをあげた。2組は暖房器具の特徴を1組で学習した選び方の要素でおさえ，それらを念頭にした取り扱い方について学習しまとめの中で選ぶときには，これらを注意することを指導した程度であった。

この両組の比較としては，目的を考えて選ぶ点に差があるが，1組では暖房器具の種類を分けるところで，児童側から全暖房と部分暖房との関連の問題が出て，話し合いがじゅうぶんなされたので，理解が深まっていた。2組の方は，この点のつっこみが学習上不足であった。またすぐあたたまるものの差がみられるが，その他については選び方として学習しないでも，このような要素で暖房器具を考えさせていけば選び方を考える際に，おし及ぼしていけることが2組の指導の上からいえよう。

問い④　次の暖房器具について，特徴をかき，使い方の注意をかきなさい。

児童が暖房器具の特徴を述べているものの中で，いくつかをあげると，次ページのような結果になる。使い方の注意は略す。

この学習の進め方として，前述のように6年1組では暖房器具の種類と特徴，選び方，6年2組では種類，特徴，取り扱い方について指導を試みた所，木炭火ばちで例が見られるように，1組では部分暖房，燃料費などに解答者が多く，2組では有毒ガス，持ち運びに便利などに解答者が多く，指導は児童にすなおに吸収されている姿が見られた。

石油ストーブについては，火事の危険などについて，じゅう分注意がなされなければならないが，この点のおさえが不足していた状態が見られる。

ガスストーブについても木炭ひばちと同じ傾向が見られる。

電気ストーブは，燃料が高いについて，2組では特にポイントをおさえたので，はっきりその数が出ている。また使用すると乾燥しやすい点はでて

ア　木 炭 ひ ば ち

| 項　　　目 | 6の1 | 6の2 | 合　計 |
|---|---|---|---|
| へや全体があたたまらない。 | 29 | 15 | 44 |
| 有毒ガスが出る。 | 16 | 23 | 39 |
| 燃料費が安い。 | 24 | 13 | 37 |
| 火がつくのに時間がかかる。 | 12 | 13 | 25 |
| 持ち運びが便利。 | 4 | 21 | 25 |
| 器具のねだんが安い。 | 8 | 1 | 9 |
| 火力が弱い。 | 0 | 6 | 6 |
| 火を消すのになかなか消せない。 | 0 | 4 | 4 |
| 燃料費が高い。 | 4 | 0 | 4 |

イ　石油ストーブ

| 項　　　目 | 6の1 | 6の2 | 合　計 |
|---|---|---|---|
| へや全体が早くあたたまる。 | 38 | 13 | 51 |
| 燃料が安い。 | 20 | 26 | 46 |
| 持ち運びが簡単。 | 5 | 19 | 24 |
| 調節や操作が簡単。 | 9 | 14 | 23 |
| においがある。 | 13 | 4 | 17 |
| ストーブのねだんが高い。 | 6 | 1 | 7 |
| 場所をとらない。 | 3 | 1 | 4 |

ウ　ガスストーブ

| 項　　　目 | 6の1 | 6の2 | 合　計 |
|---|---|---|---|
| へや全体がすぐあたたまる。 | 36 | 19 | 55 |
| ガスはもれると有毒（危険）である。 | 21 | 30 | 51 |
| 調節や操作は簡単である。 | 10 | 15 | 25 |
| 燃料が高い。 | 10 | 4 | 14 |
| 持ち運びできない。 | 0 | 10 | 10 |
| ガス設備がないと使えない。 | 3 | 3 | 6 |
| 燃料が安い。 | 1 | 5 | 6 |
| 器具のねだんが高い。 | 4 | 1 | 5 |
| ガス管がじゃまになることがある。 | 0 | 0 | 5 |

エ　電気ストーブ

| 項　　　目 | 6の1 | 6の2 | 合　計 |
|---|---|---|---|
| へや全体が早くあたたまる。 | 36 | 12 | 48 |
| 燃料が高い。 | 16 | 27 | 43 |
| 調節や操作が簡単。 | 19 | 21 | 40 |
| 衛生的であり灰も出ない。 | 16 | 5 | 21 |
| 持ち運びが便利。 | 9 | 6 | 15 |
| ストーブのねだんが高い。 | 7 | 2 | 9 |
| 持ち運びが不便。 | 2 | 5 | 7 |
| コードがじゃまになる。 | 0 | 5 | 5 |





オ　煉炭ひばち

| 項　　　目 | 6の1 | 6の2 | 合　計 |
|---|---|---|---|
| 部分をあたためへや全体あたためない。 | 29 | 10 | 39 |
| くさいにおいや有毒ガスが出る。 | 9 | 19 | 28 |
| 火をおこすのが大へんである。 | 10 | 15 | 25 |
| 火が長持ちする。 | 8 | 17 | 25 |
| 燃料が安い。 | 15 | 7 | 22 |
| 消してもう一回使うことができない。 | 2 | 16 | 18 |
| 器具のねだんが安い。 | 6 | 2 | 8 |
| 持ち運びが便利。 | 1 | 7 | 8 |
| 火力が強い。 | 0 | 5 | 5 |

きていない。後の⑤⑥のイのような問題の出し方をすると，その結果，2つの学級の差がはっきり見られる。

煉炭火ばちについては，全体の回答数が1組80，2組98で，1組では家庭で使用数の多いものとして取り出して学習しなかったので，こうした結果になったのであろう。

ウ　学習の総合的な理解力をみるために，次のような応用問題で調査を行なった。

問い⑤　みんなで，だんらんしている居間に，堀ごたつがあってガスストーブがついています。へやの温度は25°C です。廊下は15°C になっています。このような時あなたはどんな事に注意したらよいと思いますか。

次ページの結果から見ると，約半数が換気をあげている。つぎに多いのが温度の差に気づいているものである。しかもその差について，廊下側の低い温度に対して，どう処置するかについて述べている。みんなのだんらんしているへやの温度が高すぎることについて，その処置を述べているのは，これに次いで解答数25になっており，調査人員91名の約26％である。適温については，指導以前に涼しいすまい方の学習で理解したことが身に

| 分類 | 項目 | 6の1 | 6の2 | 計 | 分類 | 項目 | 6の1 | 6の2 | 計 |
|---|---|---|---|---|---|---|---|---|---|
| 換気(48) | 空気がよごれるから換気する。 | 18 | 14 | 32 | 室内の温度を下げる(25) | 適温になるよう，ストーブ堀りごたつのどちらか消す | 6 | 17 | 23 |
| | 空気が乾燥しないように。 | 6 | 9 | 15 | | へやの温度を下げる。(20°C～18°C) | 1 | 1 | 2 |
| | 窓をあけはなつ。 | 1 | 0 | 1 | 室内の温度を保つ(13) | 戸をあけはなさない。 | 3 | 8 | 11 |
| 温度の差に気づく(41) | 窓戸をあけ両方の温度を同じにする | 12 | 14 | 26 | | 用のない時は出入りしない。 | 1 | 0 | 1 |
| | 廊下に暖房器具をおく。 | 4 | 6 | 10 | | 戸，障子の破れをつくろう。 | 0 | 1 | 1 |
| | へやの外へ出る時何か着る。 | 3 | 0 | 3 | 安全(13) | 火事にならないよう気をつける。 | 5 | 2 | 7 |
| | 廊下とへやのさかいにカーテンをつける。 | 0 | 1 | 1 | | ガスもれに気をつける。 | 4 | 2 | 6 |
| | 廊下に出る時のどをいためないよう気をつける。 | 1 | 0 | 1 | その他(2) | 日光を利用する。 | 1 | 0 | 1 |
| | | | | | | 外の空気をすう。 | 0 | 1 | 1 |

ついているか調査したが，93％の高率であったが，これを生活に結びつけて応用する所までは，指導がじゅう分とはいえないと思われた。そして両組を比較すると，1組の7に対し2組の18と差が出ている。安全については，このような項目はこの質問の中心的な答ではないが，1組の9に対し2組の4となっているのも，やはり指導の結果によるものであろうか。調査の問題としては，堀りごたつだけでは，何の堀りごたつかはっきりしないし，日光はどのようになっているのか，はっきりしない。したがって問題をもっとくふうする必要があったと反省した。

問い⑥　しめきったへやの中に，まえから電気ストーブがあかあかとついていました。へやがだいぶあたたまって，のどがヒリヒリしてきました。それはどうしてでしょうか。そのわけを次から選んで○印をつけなさい。

1. 一酸化炭素が多くなった。
2. 二酸化炭素が多くなった。
3. 空気がかんそうした。
4. 酸素が少なくなった。

このようなことにならないように，どうしたらよいのでしょうか。





ア，水をのむ。イ，くすりをのむ。ウ，かん気をする。エ，ぬれたタオルをへやにかけておく。オ，戸をあけておく。

| 番号 | 解答項目 | 6の1 | 6の2 | 計 | 記号 | 解答項目 | 6の1 | 6の2 | 計 |
|---|---|---|---|---|---|---|---|---|---|
| 1 | 一酸化炭素が多くなった。 | 4 | 1 | 5 | ア | 水をのむ | 1 | 0 | 1 |
| 2 | 二酸化炭素が多くなった。 | 8 | 1 | 9 | イ | くすりをのむ | 0 | 0 | 0 |
| 3 | 空気が，乾燥した。 | 32 | 44 | 76 | ウ | 換気をする | 25 | 21 | 46 |
| 4 | 酸素が少なくなった。 | 5 | 1 | 6 | エ | ぬれたタオルをへやにかけておく | 14 | 33 | 47 |
| | | | | | オ | 戸をあけておく | 6 | 4 | 10 |

空気が乾燥したという事は約80％近い率であり，理解されたといえよう。両組を比較してみると2組の方は，3に集中し，他は1人ずつしかない。1組の方は，1と2に12，4の酸素不足に5，計17が3以外を答えている。方法としても，1組は換気の数が多く，2組は，ぬれたタオルをへやにかけておく，の方が多くなっている。これもやはり，指導の際，細かく使い方までなされたのと，そうでないのとの相違であろう。問題として，二つに○をつけたものもあり，調査人員より解答数がうわまっている。

問い⑦　お母さんは，木炭ひばちのあるへやでアイロンをかけ，ぼくは勉強べやで石油ストーブをつけて勉強していました。お父さんから電話で2人ともすぐ出かけることになり，いそいでしたくをしました。

家をるすにするのですが，すまいを災害から守るためにどのような事をして家を出たらいいと思いますか。5つ以上書いてください。

| 分類 | 解答項目 | 6の1 | 6の2 | 計 | 分類 | 解答項目 | 6の1 | 6の2 | 計 |
|---|---|---|---|---|---|---|---|---|---|
| 木炭火ばちについて(91) | 火を火消しつぼに入れて完全に消す | 13 | 32 | 45 | アイロン(88) | アイロンのコードをぬく。 | 41 | 37 | 78 |
| | 木炭火ばちに灰をかける。 | 28 | 8 | 36 | | 電源を切る。 | 2 | 8 | 10 |
| | 火ばちにやかんをかける。 | 7 | 3 | 10 | 安全について | 戸じまりをする。 | 30 | 36 | 66 |
| 石油ストーブについて(91) | 石油ストーブの火を消す。 | 42 | 45 | 87 | 関連のある | アイロンの余熱に気をつけ，置き場を考える。 | 16 | 13 | 29 |
| | 石油ストーブの火が安全に消えるのを待つ。 | 3 | 1 | 4 | その他(125) | 石油ストーブのまわりを片づける。 | 12 | 9 | 21 |

| 分類 | 解答項目 | 6の1 | 6の2 | 計 |
|---|---|---|---|---|
| | もう一度火の元を見回って確かめる。 | 10 | 10 | 20 |
| | 近所の家にたのんで行く。 | 6 | 8 | 14 |
| | ガスの元せんをしめる。 | 6 | 8 | 14 |
| | へやを片づける。 | 5 | 6 | 11 |
| | たいせつなものをわからない所へしまう。 | 0 | 8 | 8 |
| | 窓，カーテンをしめて外から見られないように。 | 1 | 3 | 4 |
| | 火ばちのそばに水を置く。 | 1 | 0 | 1 |
| | 石油ストーブのそばに灰をおく。 | 1 | 0 | 1 |
| | 便所の下窓をしめる。 | 0 | 1 | 1 |
| | 出かけるのが目だたないように。 | 0 | 1 | 1 |
| 無関係のその他(16) | 空気を入れかえる | 3 | 5 | 8 |
| | 水のしまつをする | 2 | 0 | 2 |
| | 家が，乾燥しないように。 | 1 | 1 | 2 |
| | 窓をあけておく。 | 0 | 1 | 1 |
| | 電話を切っておく | 0 | 1 | 1 |
| | 天井にもえないものをつける。 | 0 | 1 | 1 |
| | 水害に合わないようにする。 | 0 | 1 | 1 |

調査人員91人に対し，石油ストーブについては91解答。木炭ひばちについて91解答。アイロンについて88解答。安全戸じまりについて66解答。あとは関連のあるもの 125 解答，無関係のもの16解答である。安全の学習の際，火事に主がおかれたため，戸じまりが，石油ストーブ，木炭ひばち，アイロンに比べ児童の意識に強く上らず，解答が散ったと考えられる。また問題の出し方として，これは，5つ書かせる必要はなく4つでよかったと思う。5つ書かせたために児童は5つ目を迷って苦しみ，思いもかけないものが出てきたのであったと考えられる。

12月1日　はれ　勉強べや　居間

問い⑧　花子さんのしらべたへやの温度しらべです。あなたはあたたかく住むために，この表からどんな事に注意したらよいと思いますか。





| 分類 | 解答項目 | 6の1 | 6の2 | 計 |
|---|---|---|---|---|
| 朝について(34) | 朝ストーブをたく | 9 | 3 | 12 |
| | 居間の朝と昼の温度の差をなくす。 | 9 | 3 | 12 |
| | 居間だけ午前6時ごろからストーブをたく。 | 0 | 5 | 5 |
| | 朝早くおきてへやをあたためる。 | 2 | 1 | 3 |
| | 朝5時～7時にストーブをたく。 | 1 | 0 | 1 |
| | 雨戸を朝7時ごろあける。 | 1 | 0 | 1 |
| 昼について(57) | 昼は，あけはなして日当りよくする | 13 | 15 | 28 |
| | 勉強べやの温度を上げる。 | 12 | 7 | 19 |
| | 太陽が出たら雨戸をあけ日光を入れる。 | 0 | 6 | 6 |
| | 昼間は適温だから暖房はいらない。 | 2 | 2 | 4 |
| 夕方について(71) | 5時ごろ雨戸をしめる。 | 31 | 18 | 31 |
| | 夜どちらのへやもストーブをたく。 | 10 | 10 | 20 |
| | 雨戸をきちんとしめて，あたたまった空気をにがさないようにする。 | 0 | 10 | 10 |
| | 夕方4時以後カーテンをしめて保温する。 | 0 | 6 | 6 |
| | 午後3時ごろ窓をしめる。 | 0 | 2 | 2 |
| | 勉強べやの雨戸は4時半ごろしめる | 0 | 1 | 1 |
| | 居間は3時ごろから暖房する。 | 0 | 1 | 1 |
| 適当と思われるもの | 勉強べやを暖房する。 | 10 | 16 | 26 |
| | 勉強べやに日光を入れるくふうをする。 | 9 | 0 | 9 |

| 分類 | 解答項目 | 6の1 | 6の2 | 計 |
|---|---|---|---|---|
| (48) | 暖房器具をとりつるけ。 | 8 | 0 | 8 |
| | 居間と勉強べやの温度の差をなくす | 2 | 3 | 5 |
| 今後くふうされる点(10) | 勉強べやをかえる | 4 | 4 | 8 |
| | 家の建て方に気をつける。 | 0 | 1 | 1 |
| | 勉強べやを適温にする。 | 0 | 1 | 1 |
| その他(87) | 木をうつしかえる | 6 | 1 | 7 |
| | 勉強べやは適温である。 | 1 | 0 | 1 |
| | カーテンをつける | 1 | 0 | 1 |
| | 朝カーテン，窓をあける。 | 4 | 6 | 10 |
| | 窓をあける時間をかえる。 | 2 | 2 | 4 |
| | 温度を上げるためいつも人がいる。 | 2 | 6 | 8 |
| | 居間を昼ごろ換気する。 | 2 | 0 | 2 |
| | すきま風がはいらないように。 | 10 | 1 | 11 |
| | 居間を2°C下げる | 1 | 0 | 1 |
| | 換気をする。 | 5 | 3 | 8 |
| | 勉強べやの温度を平均にする。 | 3 | 0 | 3 |
| | 透明ガラスにし，みがく。 | 3 | 0 | 3 |
| | ストーブの上に水を入れたやかんを置く。 | 1 | 0 | 1 |
| | ストーブのそばを整理する。 | 4 | 0 | 4 |
| | ストーブのそばであばれない。 | 1 | 0 | 1 |
| | 水を用意する。 | 2 | 0 | 2 |
| | 窓を高くする。 | 0 | 1 | 1 |
| | 温度を朝夕平均に保つ。 | 0 | 2 | 2 |

| 分類 | 解答項目 | 6の1 | 6の2 | 計 | 分類 | 答解項目 | 6の1 | 6の2 | 計 |
|---|---|---|---|---|---|---|---|---|---|
| その他 | 1時～3時に勉強してしまう。 | 5 | 0 | 5 | その他 | 家具の配置をくふうする。 | 4 | 2 | 6 |
| | 窓を裏側に大きくつける。 | 1 | 1 | 2 | | 勉強べやは二重窓にする。 | 2 | 0 | 2 |
| | 午前中に用をすませる。 | 1 | 0 | 1 | | 床にしきものをしく。 | 0 | 1 | 1 |

この問題は，実際指導に使用した資料の南側の教室と北側の家庭科室とを比較して考えさせる学習指導が，どの程度，深めてとられたかを，自分たちの家に置き換えて，学習事項がどの程度転移できるか，理解したことが，理解力として身についたかをみようとした。

この結果が上表で，児童は分類したように，朝昼夕などにとらえて解答していないで，思いつくまま，ぼつぼつと述べている。

したがって，総合的にいうと，あまりよい成果が得られなかったといえよう。特に朝の雨戸，カーテンのあけ方などは，他の条件もはいって，学習ですっきりと整理されなかったところに，あまりよい結果は得られなかった。またその他に解答したものが比較的目だった。

しかし，その他にはいる解答をしたものが1組では68解答，2組では26解答である。学習の内容は2組の方が，じゅうぶん理解され，それを応用実践できるものと考えられ，2組の指導の方法が1組に比べて適切であったといえる。



# 第7　すまいの領域の指導における視聴覚教材のくふうと活用について

## 1　すまいの領域を効果的に指導するうえでの視聴覚教材の必要

効果的に学習指導を行なう上には，視聴覚教材をくふうし，活用することが必要であることはいうまでもないが，「すまい」の領域の指導においては，次の諸点から必要性の大きいことが考えられる。

小学校におけるすまいの学習においては，児童の家庭生活に立脚して，展開されるが，この場合，実際の場があるのが最も望ましいが，「すまい」を教室内に持ちこむことができないので，家庭のありさまを，思いうかべながら学習を進めるということになり，したがって切実感の乏しい学習になり易い。そこで一つには，家庭科室を設計する場合には，これを補うためのくふうをこらすことが，必要になってくるし，また，これに付属する設備などにも，同じことがいわれると思う。

コーナーを一般的すまいに造ったり，セットを用意したりして，家庭科室そのものが教材の一つとなるよう，ゆか，かべの色，カーテン，たな，戸だなの形，置き方，などにまで，学習目標に照して配慮することが必要であろう。

家具，器具類なども，一般の家庭生活に使用されているようなものを揃えて学習に用いるなら，それにこしたことはないが，それは不可能に近いことなので，実物の代りに，掛け図，スライド，写真，模型などを用いて学習効果を上げることになる。

また，すまいの領域はとかくすると従来学習が単なる常識的な話し合いに流れていたが，もっと科学的な扱いにより，児童に考えさせる学習を深めていく上からいっても，そうした観点から，視聴覚教材のくふうをすることが，たいせつである。

以上を考えるについては，常に，学習指導要領の目標や内容に基づき，各題材の目標を到達させるために，くふうし，作成することでなければならないし，また，既成のものについては，その点から活用のしかたを考えるのでなければならないと思う。

## 2　各題材の学習指導に用いる資料の一覧とその具体例

**（1）　資料の一覧**（次頁参照）

**（2）　資料の具体例**

①　すまいのそうじ

ア　図表　一ぱん家庭のごみの成分

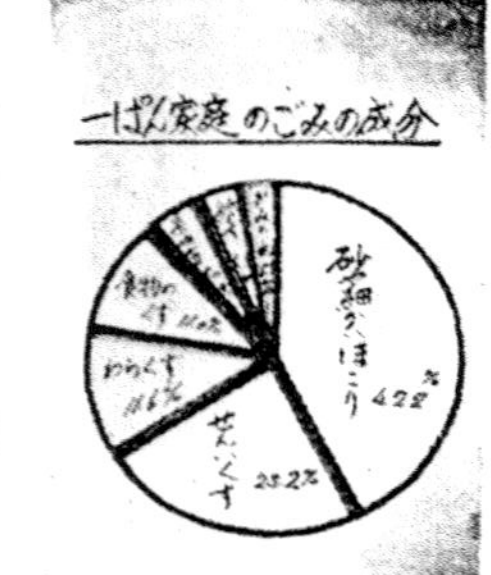


そうじの対象となる『ごみ』の実態が理解されたようで，効果のある資料と思う。ただ，児童の方から「なるほど，こんなに人体に害になる，不潔なものが私たちの生活のまわりにあるかな，これを除くことは，たいせつだ。」と，気づいてくれることを期待していたが，取り扱い不じゅう分なためか，予想通りいかなかった。

イ　図表　室内のそうじと，ほこりのしずまり方

「すまいのそうじ」の題材で，はたきを用いた場合のほこりの状態をあらわしたものである。この資料により，ほこりの舞あがったものもふたたびまた，舞おちること，窓をあけて空気の流れにのせて，ほこりをなるべく外へ出すようにつとめること，はたきのそうじより電気そうじ機の方が衛生的であることなどの理解を期待した。まず学習への導きができ





| 題材名 | 図表 | 実物 | 標本 | 模型 | スライド | 写真その他 |
|---|---|---|---|---|---|---|
| ◎すまいのそうじ | | | | | | |
| ・すまいの清潔 | ・一般家庭のごみの成分表<br>・ほこり調べの表 | ・電気そうじき<br>・顕微鏡 | | | | |
| ・そうじのしかた | | | | | | ・そうじ用品のしまつ（教室設備） |
| ・そうじ用品の修理と製作 | | ・ほうき<br>・はたき<br>・モップ<br>・ぞうきん<br>・台ふき<br>・ちりとり<br>・スポンジ（清掃用） | ・くず入れ参考品<br>・くず入れ製作過程標本（ふちばり，穴のしまつ）<br>・はたき作り方 | | | |
| ◎身のまわりの整理整とん | | | | | | |
| ・持ちものの整理整とん | ・学校から帰ってからの始末のしかた<br>・勉強場がちらかったときどうしますか。<br>・自分の持ち物で整理しにくいもの。<br>・ものの置き場所 | ・机<br>・本立て(大・小)<br>・花びん・本<br>・地球ギ<br>・ハンガー<br>・かばん<br>・おもちゃ<br>・くず入れ<br>・ボール(大・小)<br>・セーター<br>・洋服カバー | | | ・身のまわりの整理整とん(自作)<br>・整理整とんのくふう（自作） | ・勉強場のくふう<br>勉強場のセット<br>・教室の各戸だな<br>・そうじ用具始末 |
| ・室内や家のまわりの整理整 | ・うちで勉強場以外で整理整とん | | | | | 衣類の整理整とんされた場面 |

| 題材名 | 図表 | 実物 | 標本 | 模型 | スライド | 写真その他 |
|---|---|---|---|---|---|---|
| とん | したことがありますか。 | | | | | ・たなのくふう<br>・押入れの中の整理整とん<br>・くふうを要する押入れ<br>・はきものの整とん<br>・乱雑なはきもののぬぎ方 |
| ・整理箱や整理袋の製作 | ・紙のはり方（製作過程図）<br>・整理箱作り例<br>・整理袋作りの過程図 | ・整理箱の作り方説明箱（下ばり上ばりペンキぬりがわかるように） | ・整理箱各種<br>・整理箱製作過程標本<br>・整理袋各種 | | | |
| ◎健康なすまい | | | | | | |
| ・わたしたちのすまい | ・間取り図（平面図）<br>・梅雨時の気候（気温と湿度や雨量）<br>・各地の月別の気温と湿度<br>・天気調べ | ・乾湿計 | | | ・すまいの科学（市販） | |
| ・清けつなすまい方 | ・経口伝染病<br>・夏に多い病気（昭和37年東京都調査）<br>・殺虫剤の使い方説明図 | ・蚊とり線香<br>・殺虫剤（ワイパア，クレゾール石けん液）<br>・除虫菊乳剤<br>・ＤＤＴ乳剤<br>・クロール石灰 | | | ・消毒のいろいろ（市販）<br>・不潔な場所（自作） | |
| ・涼しいすまい方 | ・直しゃ日光<br>・屋内通風<br>・日よけだなのはたらき<br>・冬と夏の太陽の動きと日ざし | ・ブラインド<br>・線香<br>・ろうそく<br>・うちわ | | ・通風実験箱 | | ・涼しいすまい方切り抜き写真 |
| ◎冬のすまい | | | | | | |





| 題材名 | 図表 | 実物 | 標本 | 模型 | スライド | 写真その他 |
|---|---|---|---|---|---|---|
| ・暖かいすまい方 | ・適温調べ<br>・わたしたちの家の日当り調べ<br>・学校平面図<br>・日本家屋の保温状況<br>・わたしたちの家庭で使用している暖房器具<br>・教室の温度調べ<br>・換気状況の図<br>・燃料と発熱量の比較<br>・家庭で主に使う燃料 | ・石油ストーブ | | ・家の模型<br>・カーテンの種類 | ・換気と採光（市販） | ・暖房器具のいろいろ |
| ・すまいの安全 | | | | | | ・火災盗難，風水害地震の事故写真記事（新聞切り抜き） |
| ◎すまいのくふう | | | | | | |
| ・明るいすまい方 | ・へやの広さと明るさ<br>・すまいの照度 家庭で最も適当とされる明るさの標準<br>・螢光灯の特徴<br>・かさと明るさの比率<br>・住宅の照度<br>・教室の照度<br>・夜間照度の適当な照度 | ・電燈のかさ<br>浅わん<br>深わん<br>円グローブ<br>だ円グローブ<br>タライ型グローブ<br>平かさ<br>明視スタンド<br>螢光燈スタンド<br>ふつう電球スタンド | | | ・換気と採光（市販）<br>・照明（市販） | ・タップカウンター<br>・教室の照明（螢光燈） |
| ・楽しいすまい | ・色彩の一般的調 | | | | ・くらしのくふう | ・家庭コーナー |

| 題材名 | 図表 | 実物 | 標本 | 模型 | スライド | 写真その他 |
|---|---|---|---|---|---|---|
| 方 | 和条件 | | | | （市販）<br>• 生活の美化<br>• 調和のある楽しいすまい方（カラー）（市販）<br>• すまいを気持ちよく（市販）<br>• テーブルセンター，のれんの活用場面（自作）<br>• 調和を考えるためのスライド<br>玄関<br>洋間<br>日本間<br>勉強場<br>花のいけ方<br>花びんの置き方（自作） | • 教室の色彩<br>• 調理用具戸棚<br>• ユニットキッチン<br>• そうじ用具のしまつ（家庭科室の１角を利用してある） |
| • テーブルセンター などの製作 | | • はんぞめをしたテーブルかけ。<br>• かきぞめをしたテーブルかけ。<br>• クロスステッチをしたのれん。<br>• ニューアリテックスぞめをしたのれん。<br>• ししゅうをしたナフキン。<br>• ばんぞめをしたのれん。<br>• はんぞめをしたカーテン。<br>• かきぞめをしたのれん。<br>• ざっし入れ<br>• 色の調和と不調和 | | | | |





たように思う。

ウ　実物　電気そうじ機

そうじの必要性を理解させるために，電気そうじ機を用いてみた。電気そうじ機で教室の清掃をした後，そうじ機の中のほこりとごみを，白い紙の上に出して，細かく観察させてみた。そして，このような不潔なほこりやごみの中で生活していることに気づかせ，改めて清掃の必要性を考えさせてみた。

いままで，単に話し合いのみで済ましていた学習に比べて，活発な学習が行なわれ，清掃の必要性を，より強く感じたようである。

電気そうじ機は単に実物標本のみに止まらず，そうじの対象となっている「ほこり」の実態をとらえるのに，最も適した教具となっている。

ただ，価格が高価なものであるため，備品として，一般に購入することが容易でない。

しかし，備品としてでも用意してもよい時期に，到達しているのではあるまいか。

エ　実物　顕微鏡

目で見えるごみを，そうじすることが必要なことはわかっているが，目に見えないほこりを，そうじすることのたいせつさも理解させるためには顕微鏡で，細かいごみを見せることは必要なことであると考えて使った。顕微鏡の使い方は４年生の理科で学習してあるので児童は扱い方も理解している。プレパラートを教室の一定した場所におき朝５分，児童がきてから５分，そうじをする午後の５分とそれぞれ落ちたごみやほこりを学習時にみせた。児童は，その実態を拡大してみて，ほこり，ごみに対する理解をいっそう深めたように思われた。

オ　そうじ用具の始末

そうじ用具の始末をどのようにしたらよいかについて，話し合ったことを日常生活の実際にどのようにしたらよいかを実践化させるため，学校のそうじ用具のしまつの場所を教室の一隅にとり設定したわけである。学習の場となり，家庭での実践化の参考ともなってよいと思う。

カ　標本　くず入れ参考品

これはくず入れの参考品である。製作の計画のときに見せると製作意欲が高まりどんな箱の利用が適当であるかも，理解しやすく，また製作の途中で過程を理解するにも効果的であると考えられる。児童の製作品の代表的なものを，標本用にもらい受けておくと，学習する児童には身近なものとして効果が上がると思う。

キ　標本　くず入れ製作過程標本

（ふちばり）（穴のしまつ）

図画工作科と関連のある製作であるので，方法は理解されていると考えられがちであるが，実際は，どう始末してよいかわからない児童が多いのでこの過程標本を作成し製作途中見せるようにした。ふちばり穴の始末とともに製作には大変役に立ち効果的であったように思われる。

ク　標本　はたきの作り方

そうじ用品の手入れ，修理，製作の学習として３時間の時間配当では，そうじ用品の種類も多く，どれも，これも，取り扱うことはできないので，





はたきについては，作り方を一応説明し，理解させるためこの資料を活用した。

一見して製作過程がわかり，よい資料と思った。

③　健康なすまい

ア　実物　乾湿計

乾湿計の扱いは小学校６か年の間には，理科でも，扱わないことになっているが，最近繰出式湿度表器により湿度％が，わかるような便利な乾湿計ができている。5～6年の児童なら簡単に扱いこなせるので，生活指導の一部として湿度をはからせてみた。天気，気温の変化とともに扱っておいた方が，効果的であったように思う。クラスによっては，教室に置いて毎日観測させているため，気象に関心を持つ児童が多くなったところもあった。

イ　図表　経口伝染病

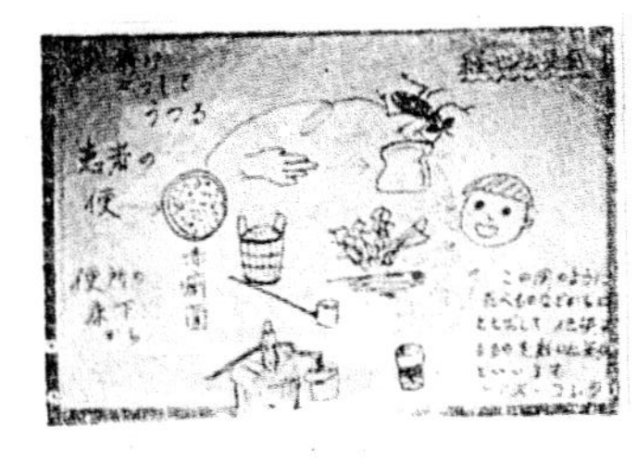

口から伝わる病気について，どんなことに気をつけたらよいか，については，すでに理解しているので，この表をことさら示さなくても話し合いですませることもできるであろう。

しかし視覚にうったえて，関心を深め，すまい，および周辺の清潔に気をつけさせる資料としては，役だつように思う。

ウ　図表　夏に多い病気

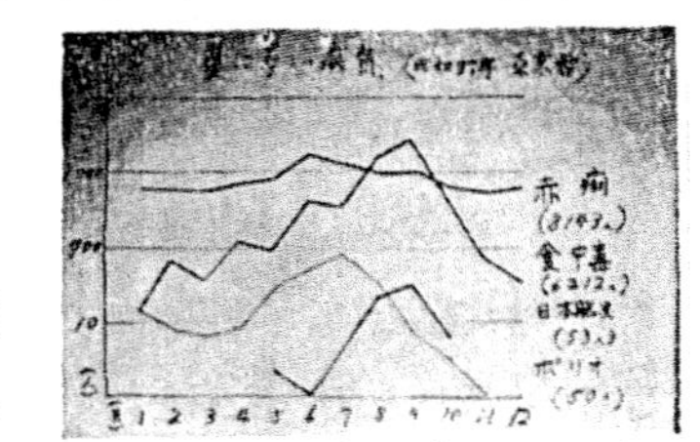


（昭和37年度，東京都）

時節がら関心の高い，赤痢などの病源をうつすのは，はえが多いことに気づかせ，またかもはえと同じく，これからの

時期にわたしたちを，なやます害虫であることを，視覚を通して，いっそう関心を深めさせる資料とした。はえや，かなどの害虫駆除をどうしたらよいかの，次の学習への発展のために，よい資料となった。

④　冬のすまい

模型　まどの模型とカーテン

（1）

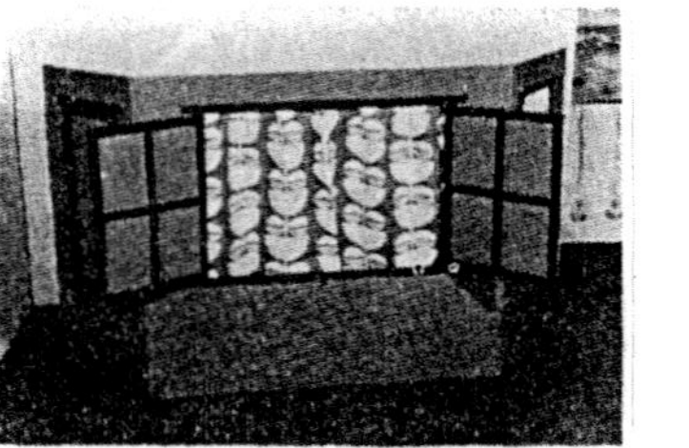

（2）

(1)の方はまだ使用していない模型であるが，ダンボール箱で作った家模型(2)では小さかったので二度目に作った資料である。

(1)の模型は実物の大きさよりやや小さいが，この大きさの模型であれば，児童に実感を与えることができ，日常生活に照し合わせて冬に適したカーテンを考えることができると思う。家全体の模型(2)より窓の模型(1)の方がカーテンのとりはずしに便利でよい。

⑤　すまいのくふう

ア　図表　教室の照度調べ

教室の照度しらべ

| | あかりをつけない | 電灯をつけた |
|---|---|---|
| こくばんから | 15 | 130 |
| 1 m | 10 | 160 |
| 2 m | 20 | 170 |
| 3 m | 30 | 200 |
| 4 m | 50 | 210 |
| 5 m | 100 | 250 |
| 6 m | 210 | 300 |
| 7 m | 400 | 400 |
| まど | 500 | 500 |

明るいすまい方の学習の導入としてまず教室の明るさについて考えさせる資料としてこれを使用した。

明るい暗いといっても目で感じたことを云っているだけではなく，照度計ではかったものによって，はっきりとその区別を知らせるためには大へん効果的であった。





窓側はあかりをつけてもつけなくても同じ明るさであることが実証できてよかった。

イ　図表　へやの広さと明るさ

| へやの広さ | （電灯） | （蛍光灯） |
|---|---|---|
| 3畳 | 40ワット1こ | 20ワット1本 |
| 4.5畳 | 60ワット1こ | 20ワット1~2本 |
| 6畳 | 75ワット1こ | 20ワット30ワット2本 |
| 8畳 | 100ワット1こ | 20ワット3~4本<br>40ワット2~3本 |
| 10畳以上 | 上記の割合で増します。<br>電球の場合は2倍以上にします。 | |

家庭ではどこのへやにどんな照明を，使用しているか，調べさせたものをこの表と比較して照明が適当であるかどうかを，考えさせるためにとりあげた。

照明の高さや，へやの役目によって多少のちがいはあろうが，およそどの広さのへやには，どれくらいの照明が必要かの目やすが得られ家庭の照明の反省をさせるのに効果的であった。

ウ　図表　すまいの照度

家庭で最も適当とされる明るさの標準

| 畳数 | ろうか便所浴室 | げんかん しん室 | 台所居間 | 勉強室 客間 |
|---|---|---|---|---|
| 2畳 | 10W | 20W | 30W | W |
| 3 | 20 | 30 | 40 | 40 |
| 4.5 | 20 | 30 | 40 | 60 |
| 6 | 30 | 40 | 60 | 60 |
| 8 | | 40 | 60 | 100 |
| 10 | | 60 | 100 | 100 |

家庭のそれぞれの場所に，どれくらいの電燈が適当かを示した表で，児童の調べてきた家庭の実態と比較して，家庭の照明を反省させる資料とした。これは電燈のW数であるが螢光燈のW数も同時に示した資料がほしかった。しかし適当なものがなかったので，「へやの広さ」と明るさの表を用いて考えさせた。これだけでは正確な明るさではなく，床上と光源の距離，そのほかいろいろな条件もあることに児童自身から気づいてきたようであった。上記の表と関連して取り扱かった。

エ　図表　螢光燈の特徴

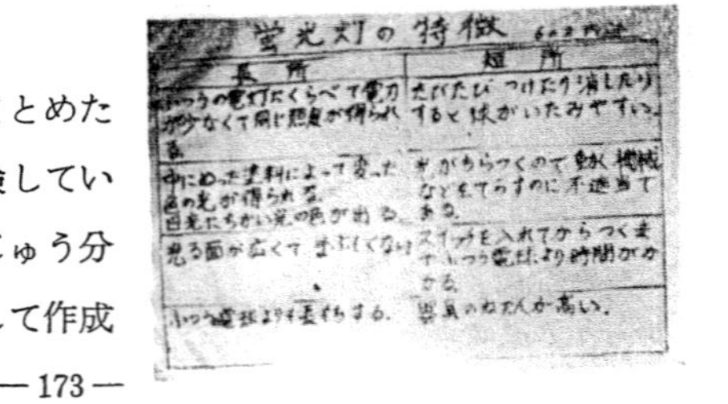

蛍光灯の特徴

| 長所 | 短所 |
|---|---|
| ふつうの電灯にくらべて電力が少なくて同じ照度が得られる。 | たびたびつけたり消したりすると球がいたみやすい。 |
| 中にぬった塗料によって違った色の光が得られる。日光にちかい光の色がある。 | 光がちらつくので動く機械などをてらすのに不適当である。 |
| 光る面が広くてまぶしくない | スイッチを入れてからつくまでふつう電球より時間がかかる。 |
| ふつう電球より長もちする。 | 器具のねだんが高い。 |

螢光燈の特徴・長所・欠点をまとめた表である。児童は日常生活で経験していることなので発表や話し合いでじゅう分だと思った。また児童の研究として作成

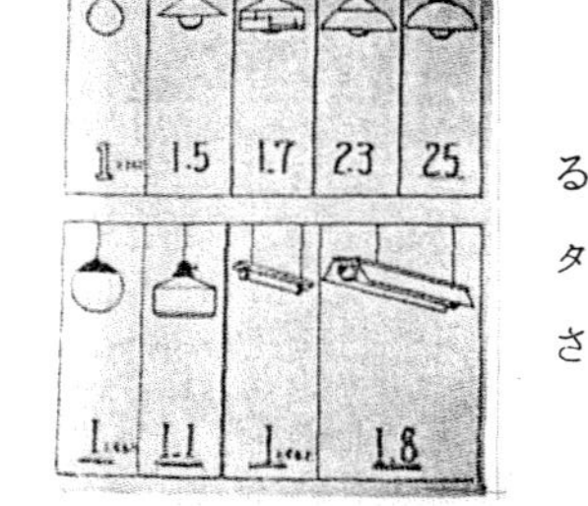


させた方が，よかったと思う。

オ　図表　かさと明るさの比率

この表によって，電燈のかさの種類によって明るさに違いがあることに気づかせ，そのあとで，タップカウンターによって条件を同じにし，明るさを実証した。

カ　実物タップカウンターと電燈のかさの種類

電燈のかさの違いによって，明るさが違うことを理解させるために，前図を示したのみでは児童には興味がないと思い，実物によって実証させることにより，理解させたいと思って用意した。

同じ条件で実証した結果，図表のような結果がはっきりとわかり，学習にも興味をもち，意欲的に学習し，理解もよくできた。

| 照度(ルクス) | 場所名 | 作業種別 |
|---|---|---|
| [illegible] | [illegible] | [illegible] |

キ　図表　住宅の照度

5～6年の段階で，ルクスを取り扱うことは，高度であると思うが，明るさの感じとり方は主観的にもなりやすく，むずかしいことである。

照明の指導にあたって学習指導要領に





「必要な明るさが得られるように」と示されているが基準を示すにはこのような表が必要になってきた。

夜間照明の適当な照度

| | | 照度 |
|---|---|---|
| 住宅 | 勉強室 さいほう | 300～150 |
| | 読書 | 150～75 |
| | 客間 [illegible] | 100～50 |
| | 玄関 [illegible] | 20～10 |
| 学校 | 図書室 [illegible] | 200～100 |
| | ふつう教室 | 100～50 |
| | [illegible] | 50～25 |
| 事務所 | 一般事務 | 150～75 |
| | 会議室 [illegible] | 100～50 |

ク　夜間照明の適当な照度

明るいすまい方を考えさせるためには，基準となる明るさを知らせる必要があると考えてこの表を作成した。

しかし，短時間に図表を多く使用すると，その場はわかるが，どの程度身についた理解となるか問題である。同時に児童に印刷して資料として与えるか，また資料を精選することも必要である。

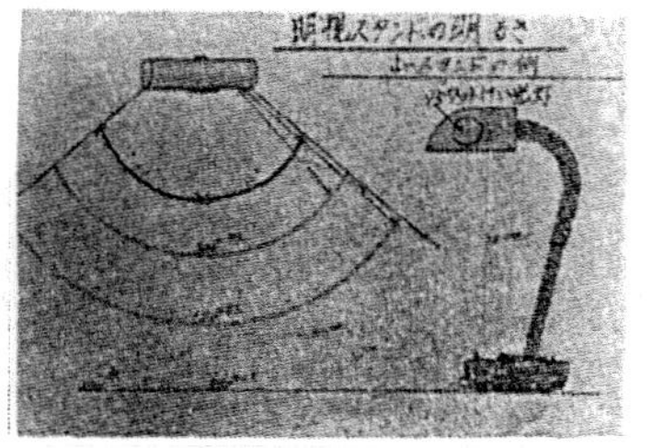

ケ　図表　明視スタンド

勉強する場合，左光線がよいことは，児童は知っているが，勉強するために最も目によい照明については理解していない。最近明視スタンドが売り出されているので，そのよい点を知らせることは必要であると考え，実物をそなえるとともにわかりやすく図によって説明したものを展示した。なぜこのスタンドがよいかよく理解したように思う。

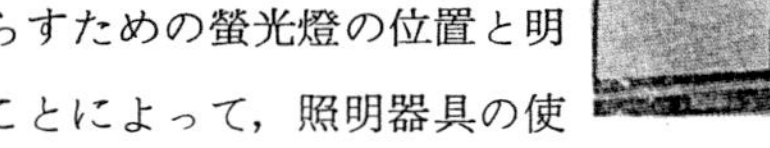

コ　教室の螢光燈

教室に照明用としてとりつけられた螢光燈を点燈したり消したりして学習に活用した。

黒板を照らすための螢光燈の位置と明るさを知ることによって，照明器具の使い方を考えさせる資料として教室の設備がそのまま学習に活用できた。

サ　家庭コーナー

応接と訪問を実演する場所と同時に調和のあるすまいの学習の場として，家庭コーナーは大へん役に立った。

具体的な学習の場として家庭のふんい気を出し，実生活に即した調和のあるすまい方を学習させるには，こうした設備が用意できることは児童にとって幸福である。

シ　調理用具戸だな

調理用具をしまう戸だなを作るについて，入れる物，置き場所と考えて設計した戸だなであるが，整理整とんのよいしかたの実例として，また調和のあるすまいの具体例としてこの戸だなを学習に活用することもできた。

一つの戸だなを作るについても入れる目的ばかりでなく，学習に活用できるようなことを考えて作ることは，設備，資料の効果的な活用としてたいせつなことである。

ス　ユニットキッチン

教室の１隅に応接室コーナーと隣り合わせてユニットキッチンを設けた。

よい食事の題材で学習するよい台所と関連し，楽しいすまい方を学習させる具体的な場として，この施設を活用した。この施設についていろいろ思考し，さらによい台所，調和のあるすまい方にするには，どうしたらよいかを考えさせることができ学習効果をあげることができた。





セ　教室の色

家庭科室(1)

全体的に緑系統で落着いて学習ができるふんい気になっている。

腰板，柱，枠，かまち，巾木などはうす緑色

壁はクリーム色

天井，うすいクリーム色

天井の回り，格子のさんはうす青色

建具はうすいベージュ色

机は腰板などよりさらにうすい緑色

腰掛が黄色

家庭科室(2)

全体的にクリームがかった茶系統で，明るい中に落ち着きがあり，ここに台所付き応接間がある。

腰板，柱，枠，かまち，巾木などはあずき色がかった茶色

壁はクリーム色

天井はうすいクリーム色

天井の回り，格子のさんはうす青色

建具はうすいベージュ色

家具は茶系統

その他色彩に関する資料があるが，割愛することにした。

## 3　スライドの研究

### (1)　スライドの必要と研究の方向

すまいの題材に視聴覚教材を取り入れることが効果的であることは，前にも述べたとおりである。

現在，理科，社会などではテレビの利用もかなり広くなっている。まだ

家庭科においては，ラジオも，テレビ番組もなく映画フィルムも，ほとんど利用することもできない状態である。しかしスライドは比較的利用度が高く，児童の興味関心を高めたり，日常生活の場を写し出すことができて，教材としての価値も高いと考えられた。

以上のことからすまいの学習指導を効果的に行なうための，スライドについての研究を進めてみた。

まず，市販のものについて調べてみた。第1年度では主として学習には，これらを用いたが，市販のものは，主として，題材の全般について取材しているために，これを用いる時期が，問題で，学習にじゅう分生かすことができなかったように思われた。

特に，この中から学習に必要なものを取り出して，取り扱おうと考えた場合に，一場面，一場面の突込みがもの足りないものが多かった。第1年度においては，自作スライドにおいても，この傾向があったので，第2年度においては，学習の目標と，指導の流れをじゅう分に検討して，最も適切な部分に，どのように生かして，使用するかを検討した。

**(2)　スライドの使用の方法**

スライド利用についていろいろ検討した結果は，先にあげた題材の全般を取材したスライドについても，使用の方法によっては，またじゅう分生かして効果をあらわすことができると考えられた。

たとえば，題材「身のまわりの整理整とん」の学習において，導入の段階で，これからの学習に対する意欲を高めるために，学習の展開の場面を見せるということも一つであろう。また，身のまわりの整理整とん，室内室外の整理整とんの学習を終わって，それらの学習のまとめとして扱い，それと同時に製作の意欲を高めるように活用することも一つの方法と考えられた。

また，102ページ参照のように，身のまわりの整理整とんのしかたについて実演を行ない，そのよいしかたをまとめ，これを，さらに深める上で整理整とんされた場面の数コマをみせるという方法，また整理袋，整理箱の製作に当って，実物以外にそれら数例，また家庭において活用している場面の何コマかをみせるという方法もよいと考えられる。





また，換気と採光については，理科のスライドを活用して，冬のすまいでは，換気の場面を，すまいのくふうで採光を活用するという方法もあろう。これもどの部分に取り上げるかのくふうがいろいろと考えられなければならないであろう。

先にあげた身のまわりの整とんの場合には，セットを利用して実際のしかたを演じさせることが，より望ましいと考えられるので，まとめの段階として扱ったが，調和のあるすまい方については，全体的な家庭の調和という点では，なかなか再現しにくいので，次に詳述するような方法で，スライドによって考えさせる方法をとって研究してみた。

また，スライドの画面については，その用いる場によってくふうすることが必要であろう。できるだけ児童の家庭生活に基づいて，あまり生活と遊離したものは問題があろう。しかし，これも取り扱い方によっては，児童に生活の夢をもたせるとか，比較検討させるというようなことによって，より生かされる場合もあろう。

**(3)　スライド利用の具体例**

①　題材　すまいのくふう

題材設定の理由，目標，時間配当，指導計画は55ページ参照。

ア　題目　調和のあるすまい方についてのスライド利用の研究

第1年度の反省

第1年度においては，次のような指導計画によって学習が行なわれた。

具体目標

調和や能率を考えて物の配置をくふうし，楽しく住まおうとする態度を養う。

学習活動

◦教室の中のようすを中心に話し合う。
- 感じはよいか悪いか。
- なぜだろうか。
- 道具のおき方，額や表の位置。

◦楽しい感じのよい教室にするためにどうしたらよいか話し合う。
- グループで考える。
- 条件として何を考えたらよいか，使いやすさ（じゅうぶん役割を果たすこと），便利さ，感じ（安定感）

◦スライドを見てまとめる。
- 見ながら調和のよいすまい方の条件を理解する。

◦じぶんの勉強場を反省して，どのようにしたらよいか考える。
- じぶんでできること。

この指導案の立て方は，できるだけ全体の児童が共通理解の上に立って，学習を進める方向をとるうえで，6年○組の普通教室での学習を進めたが，問題が多くて，1時間の大半を教室の整理整とん，美化に扱い，一見，学級会のような観を呈した。

スライドは市販のものを使用したが，教室の話し合いがすんでから，一連の全般的な画面を見せて，スライドに付いている解説を読んで学習をするという方法を用い，その後で，調和のあるすまい方のまとめ，色の調和について学習した。

この場合問題となる点は，教室についての話し合いは導入程度にとどむべきではなかったかという点と，スライドへ移る流れが不自然であったことと，スライドの構成が単純で，不調和，調和という繰り返しのものにすぎなかった点であって，調和のあるすまい方について，こどもの理解が





どの程度深まったかが問題であった。

以上のようなことから，第2年度においては，58ページのような指導案によって学習を進め，特にスライドは，考える材料を提供するという点で取り扱い，2学級を比較検討して研究を進めた。

使用スライドの場面

| | | |
|---|---|---|
| ① | 玄関の場面 | 2コマ |
| ② | 応接間の場合 | 2コマ |
| ③ | 机の上 | 2コマ |
| ④ | 花 | 2コマ |
| ⑤ | 日本間 | 2コマ |

だいたい同じ場で，状態を変えて比較させた。

これを，一つの組では幻燈機を1台にして，1こまずつみせて考えさせたが，他の組では，学校に幻燈機が2台以上あり，また配電もじゅう分でコンセントも多いので，幻燈機を2台使用して，同時に，同じ場の違う状態の場面をみせて，比較させてみた。

② 学習活動の実際

ア 学級の実態

＜2　組＞

(ア) 学級の児童数　男23名　女26名　計49名

(イ) 知能偏差値　　59.3

(ウ) 家庭科における学級の実態

2組は全体的に，学級のふんい気が落着いていてまとまりがあり，男子に比べ，女子の発言力が強いように思う。

全体的によく思考し，建設的な意見を発表し，学習に熱心であり全員まじめな態度で学習している。

＜3　組＞

(ア) 学級の児童数　男23名　女26名　計49名

(イ) 知能偏差値　　59.3

(ウ) 家庭科における学級の実態

3組は，元気旺盛で活動的であり，つねに学習は喜んで展開される。しかし，作業などの取り組み方について深く思考したり，努力したりすることに劣っている児童が数名いて，そのため学級全体のふんい気が乱れる場合がある。

イ　2学級の学習活動の比較検討

スライドの見せ方を変えたほかに3組は，前もって学習の予告を行なってみた。

<table>
<tr><th>2　組</th><th>3　組</th></tr>
<tr><td>（何もふれずに学習にはいった）</td><td>前日（明日は楽しいすまい方について学習しますので，みなさんの家でどんなくふうがされているかよく調べていらっしゃい。）</td></tr>
<tr><td colspan="2">どちらの組も学習時間になり，児童が家庭科室に落ち着いた頃をみて，「家庭科室と，自分たちの普通教室と比べて，違って感じたこと，気のついたことは，ありませんか」という発問をした。</td></tr>
<tr><td>（返答がなく，しばらく全員無言であった。そして，）<br>・家庭科室は教室に比べきれいである。<br>・机，いすの色が関係してくる。<br>・家庭科室は螢光燈なので全体的にやわらかである。<br>・家庭科室は教室に比べて冷たい感じがする。<br>・家庭科室より教室の方が作品がたくさんかざってあってにぎやかである。<br>・家庭科室の方が感じがいい。<br>（あまり発言がすくないので，かさねて「家庭科室に入ってきて気がついてもらいたいことがたくさんある」がと発問をする。<br>児童からは何の発言もなかった。）</td><td>（すぐに返答がでてきた。）<br>・家庭科室の方が電燈が螢光燈なので明るい。<br>・家庭科室の方が広くてよい。<br>・家庭科室の方が整とんできている。<br>・家庭科室の方は教室内に水道がきて室外に行かなくて，水が使えて便利である。<br>・家庭科室の方は，壁やまわりの色が明るくて勉強しやすい。<br>・家庭科室は教室に比べて壁，その他が目によい色にぬってある。<br>・家庭科室は床がタイルなので気分がよい。<br>・家庭科室の床は一定の色ではなく濃い淡いをじょうずに組みあわせてある。<br>・家庭科室の方が声の音響がよくていい。<br>・家庭科室の方が横に広いので話が聞きやすい。</td></tr>
<tr><td colspan="2">つぎは，どちらの組にも同じ「みなさんの家では，楽しくくらすことについてどんなくふうがしてあるか，気のついたことがありますか。」と発問した。</td></tr>
</table>





<table>
<tr><td>今までに学習してきた，身のまわりの整理整とんを頭の中でまとめたような，<br>・整理整とんに気をつける。<br>・整理整とんをしておくと便利である。<br>・整理袋を作ったが使用しなかったのでへやがちらかっている。<br>などの発言が多く，家庭の家態を発表することが少なかった。</td><td>整理整とんに関係のあることを述べた者も何人かはあったが<br>・花をかざる。<br>・額をかざる。<br>・物の置き方を考える。<br>・壁などにかける物を美しくかける。<br>・へやの感じを季節により変化させる。<br>などが述べられた。</td></tr>
</table>

二組を比較して，すまいの学習をさせる場合は，経験的背景となる家庭の実態に前もって，眼をむけさせておいてから，学習活動にはいった方が，効果的であるように考えられる。

## (4)　スライドの利用

①　玄関の場面

ア

イ

ア　げた箱の上に花びんが二つおいてある。一方には花がいけてある。他はからで後ろにおいてある場面。

イ　げた箱の戸があいていて，中のはきものがきちんと整理整とんされている場面。

| 2　組 | 3　組 |
|---|---|
| アの場面を映し先に見せ，つぎにイの場面を映して見せる。前に映った場面を覚えていて後の場面と比較する。（幻燈機1台使用） | アの場面を映ししばらくしてそれとならべてアを映し，比較させる。（幻燈機2台使用） |

発言の内容はあまり大きな差はないようであるが，２コマをならべて見せる方が発言がまとまっているように考えられた。このスライドは２つの違った玄関をうつしたものであるが，同じ玄関で状態の違った２コマを使った方がもっと効果的であったのではないかと反省している。

② 応接間

ウ

エ

ウ　応接間の長いすに丸型クッション２個が置いてある。１個はピンク１個は紫である。

エ　同じ応接間でクッションは３個ピンクと紫の間に角型のもの１個が置いてある。

| ２　組 | ３　組 |
|---|---|
| （幻燈機を１台使用し先ずウを見せつぎにエを見せる）（比較） | （幻燈機を台使用し２コマをならべて映す）（比較） |
| 発問　これはどんなところですか，どんな感じがしますか。 | |
| ・２個の方がよい<br>　（多くの子がうなずく）<br>・３個の方は中にあるのが長方形で両側のが丸型で形の上であわない。<br>・まん中のは此の応接間にむかない。<br>・クッション３個もおくと，ゆったりした感じが失われる。<br>・まわりが赤系統なのにまん中だけ青系統なのでマッチしない。<br>・本は本立てに立てるかどうか考えた方がよい。<br>・クッション２個の方がよい。３個置くなら赤系統でまるい形をしたのを置いた方がよい。<br>・置き方としては３個並べてある方がよい。<br>・ソファが３人用なのでクッションも３個置いてある。 | ・３個の方がきれい。<br>・２個同じで１個形がちがい，色の系統も３個とも違うので３つはおかしい。<br>・形の上でつりあわない。<br>・四角と丸形があるので形の上でつりあわない。<br>・３人掛けのいすだから形をそろえて３個ほしい。<br>・３個でもよいが色はまん中に紫を置き両側をピンクにした方がよい。<br>・同じ形のものの方がよい。<br>・同じものを置いた方がよい。 |





| | |
|---|---|
| ・もしあそこに持って行くなら色がないから色や図案が落ち着いていれば四角でもよい。<br>・３個置くなら，まん中を紫にして両側を赤にしたらよい。 | |

１台の幻燈機を使用し，２コマのフィルムを先に見せ他を後に見せる方法のは２組の方が発言は多かったが内容は繰り返しが多く，教師も比較するために何度かコマを映しかえたので全般的にまとまっていないように思う。３組の方は一応教師の意図したコマの比較について，まとめられたように思われた。

同じ場の状態の違った場を比べるような場合は，２コマ並べて見せる方が学習を進めて行く上に大変効果的であったように思われる。

③ 勉　強　場

ア

イ

ア　乱れている勉強場

イ　整たっ勉強場

| ２　組 | ３　組 |
|---|---|
| （幻燈機を１台使用し，先に乱れている勉強場を，あとで整った勉強場を見せ比較させながら学習させる。） | （幻燈機を２台使用し，先に乱れている場面，つぎに整った場面をならべて比較させて学習させる） |
| ２組も３組も先ず乱れている勉強場１コマを映し，それについて感じたこと，考えたことを発表させてみた。発言は次のようなことであった。 | |
| ・花が目だたないから，目だった所に置く。<br>・花びんの後に手さげがあるが，あそこに置かないで他へ持っていった方がよい。<br>・スタンドは左に置いた方がよい。 | ・左照明の方がよい。<br>・手さげをどけた方がよい。<br>・かばんがいすにかけてあって安定が悪い。<br>・地球儀をどけて机の上を広くした方がよい。 |

| 2　　　　組 | 3　　　　組 |
|---|---|
| • スタンドは左の方がよい。<br>• 手さげをあそこに置くと暗くなる。<br>• 前の窓がくもりガラスでは暗い。<br>• まわりに本箱か何か置いた方がよい。<br>• 前に窓があるより左に窓があるように机の向きをかえて置いたらよい。<br>• くもりガラスを透明にしカーテンをつけたらよい。<br>• 本立てとスタンドの位置を置きかえた方がよい。<br>• 色が分列している。<br>• 机に引出しがないので，あると便利ではないか。<br>• へやの感じが暗い。 | • 本を右横にする。<br>• 柱の方によせる。<br>• 花が目だたないから手さげをどける。<br>• 状差しを作るとよい。 |
| ここで乱れている勉強場を整った勉強場と取りかえる。<br>• スタンドが左側になり，ならび方がよくなった。<br>• 前に比べ置き方がよくなり，明るくなった。<br>• 全体的にスッキリした。<br>• 手さげがなくなりスッキリした。 | ここで整った勉強場を乱れている場と並べて映し勉強場はどうあった方がよいか考えさせる。<br>• いすの安定がよい。<br>• イの方が光線のとり方がよい。<br>• アは手さげがあるので悪い。イの方が明るくてよい。<br>• 本が取り易いからイの方がよい。<br>• イの照明は向きがよい。<br>• テーブルかけが前にたれすぎて悪い。<br>• 地球儀はイの方がよい。 |

以上２コマの勉強場のスライドを使用して，５年の題材，身のまわりの整理整とんに関連づけ，整理整とんしていることは便利であることと，同時に見た目も美しく，安定感もあることを学習させる目標であった。２組も３組も乱れている勉強場を先に見せ，よく考えさせた上，２組はアをイに取りかえ，３組はアとイをならべて比べさせてみた。２組の場合はアを思い出しながらイと比べなければならないが，３組の場合は２コマを同時に見比べて見ているので児童はよく理解ができたように考えられる。

どちらのクラスも，乱れた場面を先に見せ，ゆっくりと考えさせ気のついたこと，感じたことを発表させてから整った場面をみせたことは効果的であったように考えられる。３組の方が同時に映っているものを見て比較できるのでより効果的であると考えられた。

２コマの見せ方はこの方法でよかったように考えられるが，順序として





このコマは，玄関，応接間のスライドより先に見せ，機能的に整理整とんすることが，便利であり，安定感があること，整った美しさをもつことを理解させてからつぎのに進んだ方が効果的であったように思われる。

④　花びん

ア　　　イ　　　ウ

以上の三種のスライドを使用して，安定していることが落ち着きと美しさを感じさせることを理解させようと考えた。花びんだけを考えると実演の方がよいようにも考えられたが，教室でこういう場のふんいきを出すことはむずかしいので，スライドもあわせて使用してみた。

花びんと花の量，花の長さ，または，置き場所により適当なものと，そうでないものとは理解できたように考えられる。

⑤　日　本　間

ア

イ

ア　テーブルに小さいテーブルかけをかけたところ。

イ　同じテーブルに大きなテーブルかけをかけたところ。

以上のコマの場合は，比べるのではなく一つの参考として見せ感じたことを発表させてみた。児童にも落ち着いた渋さもよいと思う者もかなり多かった。そして家庭環境の影響が感じられた。

⑥　まとめ

事前に学習の導入となる家庭の実態について調べさせた３組は，何にもふれずに学習にはいった２組より学習の導入がスムースにでき，また「楽しいすまい方」という意味を理解させることが容易にできたが，２組は事前の予備知識を与える助言をしておかなかったので，楽しいすまい方の意味を，生活のしかたと混同している児童があり，まず，楽しいすまい方の意味をわからせるのに時間がかかった。

スライドの取り扱いについては，その題材，時期などにより違いはあるが，比較検討させるような場合は２台の幻燈機を使用し，同時に２コマを映した方が，児童にとっては思考しやすく，意見の発表もよくでき，設備がゆるせばこの方法をとることが，学習の能率をあげ効果的な指導ができるように考えられた。

自作スライドを作成する場合も市販スライドを使用する場合も，その題材の目標をよく検討し，場面，色彩などをよく研究し，その児童に最も適したものを使用しなければならない。本校使用のスライドにも，まだまだ多くの問題が残されていると考えられる。今後もいっそう研究を続け，よいスライド作成に努力し学習効果の向上に努めたいと考える。



# 8　終　わ　り　に

２か年間の実験学校として，この研究を終わるに当たって，わたくしどもは感慨無量である。

この実験研究によって本校の家庭科教育は前進し，職員のすべてが家庭科を理解し，研究に努力し，これとともに全般的にすべての教育が大きく向上してきた。

そして特にすまいの領域に関する学習指導については，従来他領域に付けたりのような感じですませていたものが，研究すればするほど，きわめてたいせつであり，また興味深い分野であることを発見した。

暗中模索から考えぬいて準備して学習指導し，児童とともに一つのよい方向を見出そうとしたことは，児童にもうったえるものがあって，児童は非常に熱心によく勉強にはげみ，向上がめざましかった。

すまいの学習指導法を研究して，わたくしどもの理解を深め得たことは，被服や食物の領域より，児童は関心がないといっていたことが，それはすまいに対する教師の構え方が問題であるということであり，研究不足であったということである。そして児童が毎日生活している，すまいに関する関心が低いのなら，どのようにして関心を高め，意欲的に学習をさせるかを研究することこそたいせつであると考えた。

次に目標にうたわれているのに５年では，そうじ，身のまわりの整理整とんのしかたを製作させることが手いっぱいで，すまいを気持よくして生活するという根本的なことを置き去りにしていたのではなかったかと反省された。

第６学年でも同じく，清潔なすまい方，涼しいすまい方，暖かいすまい方，明るいすまい方，安全なすまい方，調和のあるすまい方を，題材では

3つにくくっていたが，単にそれぞれのしかたを学習し，製作を1学期と3学期に時間をとり，しかたに関する学習は 1～2 時限程度にして，すまいの領域の時間配当を埋めていたことでは済まされなくなった。

学年目標の「健康で合理的なすまい方をくふうし，すまいの美化やすまい方の改善に関心をもたせ，これを実行する態度を養う。」を達成させるためには前記の年間計画が考えられたし，また教師の構えを改めて考え直した。そして各内容間は深いつながりを持ち，たとえば季節が来たから涼しいすまい方，暖かいすまい方をするのではなく，すまいは季節に応じていろいろくふうされている点で考えさせるに時期を選んで学習させるのであって，両者間の関連をじゅう分考えることでなければならないということなどが，研究をすすめている内にわかったことである。

また児童は学習する内容の各要素のうちのいくつかの部分を，他の教科で学習してきているので，それらを引き出し，すまい方として総合させて学習させることがたいせつで，教師は児童の経験的背景をじゅう分に調べることがたいせつであることがわかった。それと同時に，児童が住んでいる家庭環境をじゅう分つかんで，その上で考えさせ，くふうさせ，実践させるという学習が進められると思った。

こうした見地にたつと，上述の研究はまだまだ至らないものであるし，また本校の実態における学習指導の姿であるに過ぎなかった。そしてまだ，それぞれに研究しなければならない問題点が多く残っているのである。そうしたことを，ここにありのまま述べて，今後のこの方向の研究の資にしたいと考えるものである。



# 小学校指導資料等一覧

| 書 | | 名 | 定価 | 発行所 |
|---|---|---|---|---|
| 国語 | 1 | 読むことの学習指導 | 125円 | 光風出版 |
| 〃 | II | 作文の指導 I | 78円 | 東洋館 |
| 〃 | III | 書くことの学習指導 II | 79円 | 教育図書 |
| 社会 | I | 社会科学習指導法-低・中学年中心- | 113円 | 光風出版 |
| 〃 | II | 〃 -高学年中心- | 108円 | 教育図書 |
| 算数 | I | 数と計算の指導 I | 95円 | 大日本図書 |
| 〃 | II | 〃 II | 75円 | 教育図書 |
| 理科 | I | 低学年の指導 | 92円 | 大日本図書 |
| 〃 | II | 低学年の理科施設・設備とその活用 | 94円 | 〃 |
| 音楽 | I | 器楽の指導 | 600円 | 東洋館 |
| 〃 | II | 鑑賞の指導 | 220円 | 〃 |
| 図画工作 | I | デザイン学習の手びき | 215円 | 日本文教出版 |
| 〃 | II | 彫塑学習の手びき | 139円 | 学校図書 |
| 家庭 | I | 第5学年の家庭科の学習指導 | 55円 | 開隆堂 |
| 〃 | II | 第6学年の家庭科の学習指導 | 108円 | 〃 |
| 道徳 | I | 道徳指導計画の事例と研究 | 120円 | 光風出版 |
| 〃 | II | 道徳指導方法の事例と研究 | 190円 | 〃 |
| 〃 | 3 | 道徳についての評価 | 40円 | 日本文教出版 |
| 〃 | 4 | 読み物利用の指導 I（低学年） | 74円 | 東洋館 |
| 〃 | 5 | 読み物利用の指導 II（中学年） | 81円 | 〃 |
| 〃 | 6 | 読み物利用の指導 III（高学年） | 89円 | 〃 |
| 特別教育活動 | I | 特別教育活動の指導計画作成と運営 | 65円 | 光風出版 |
| 〃 | II | 児童会活動の事例と研究 | | |
| 学校行事等 | I | 学校行事等実施上の諸問題の研究 | 70円 | 光風出版 |
| 〃 | II | 儀式の事例と研究 | | |
| 学校図書館 | | 小・中学における学校図書館利用の手びき | 185円 | 東洋館 |
| 〃 | | 学校図書館の管理と運用 | 229円 | 〃 |
| 実験学校報告書 | I | 道徳の評価 | 110円 | 〃 |
| 〃 | 2 | 特別教育活動指導計画のあり方 | 130円 | 教育図書 |
| 〃 | 3 | 音楽の指導法に関する二つの実験研究 | 178円 | 音楽教育図書 |
| 〃 | 4 | 道徳指導計画改善の観点 | 115円 | 教育図書 |
| 〃 | 5 | クラブ活動の効果的な運営 | 75円 | 〃 |
| 〃 | 6 | 小学校音楽の指導法に関する実験研究 | | |
| 〃 | 7 | 小学校家庭科すまいの領域を中心にした学習指導法の研究 | 156円 | 教育図書 |
| 〃 | 8 | 学習に役立つ小学校図書館 | | 東洋館 |

初等教育実験学校報告書7

小学校家庭科

すまいの領域を中心にした

学習指導法の研究

昭和39年6月5日　印刷

昭和39年6月10日　発行

著作権所有　文　部　省

東京都新宿区市谷船河原町6

発行者　教育図書株式会社

代表者　久本弥吉

東京都千代田区飯田町1の23

印刷者　大和綜合印刷株式会社

代表者　木全繁一

東京都新宿区市谷船河原町6

発行所　教育図書株式会社

電話（268）5141～5

振替口座　東京12565

MEJ 3071　定価156円


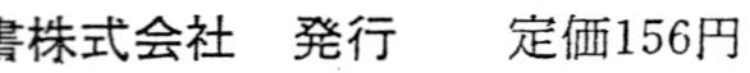

教育図書株式会社　発行　定価156円

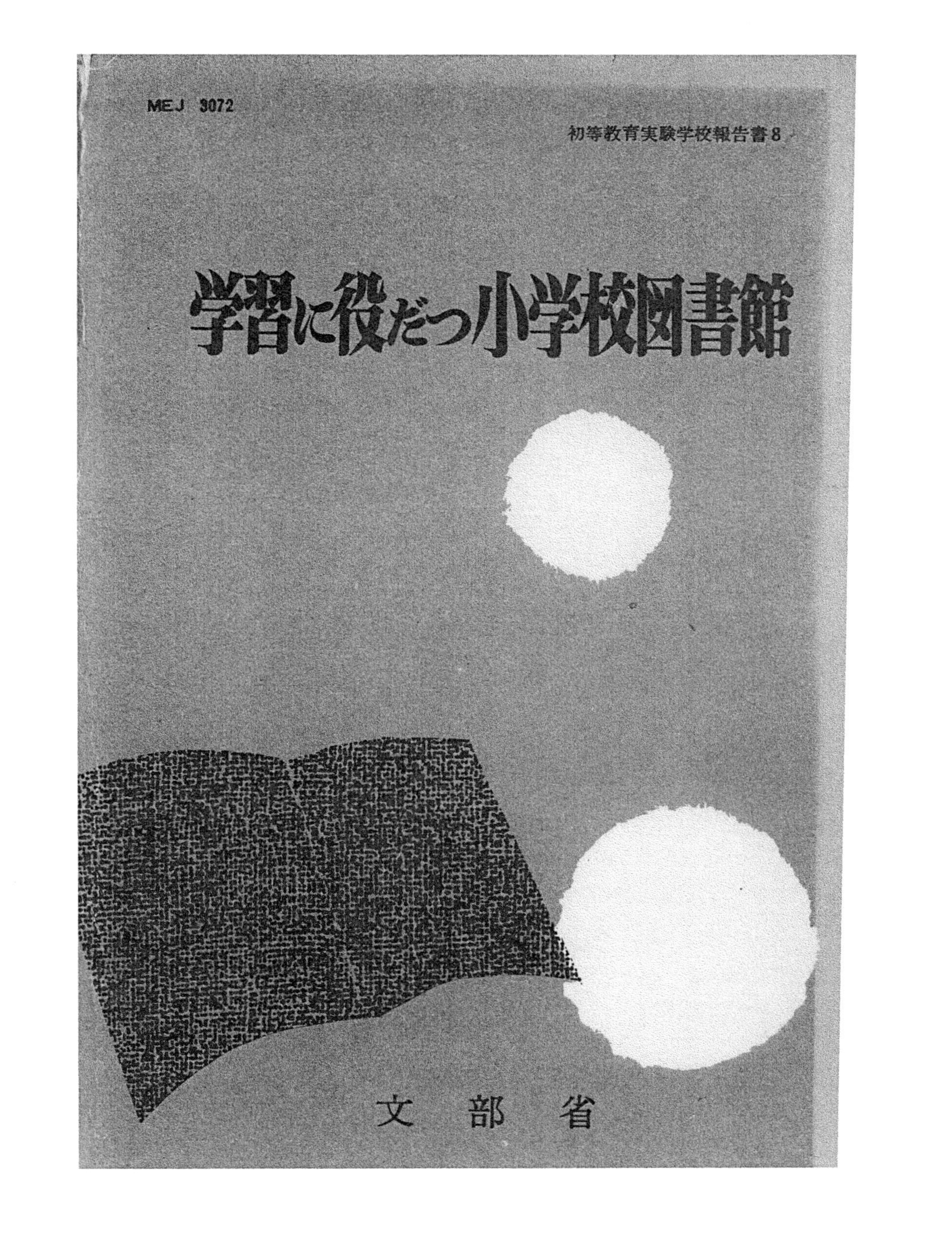


初等教育実験学校報告書 8

# 学習に役だつ小学校図書館

1964

文　部　省

# まえがき

昭和28年に学校図書館法が成立して以来，わが国における学校図書館の進展にはめざましいものがある。とくに，昭和33年の小学校学習指導要領の改訂に伴ない，真に学校教育において欠くことのできない教育的な施設，設備として学校図書館の意義を再確認しようとする動きが顕著となってきた。このような時点において，教育課程の実施に貢献する学校図書館のあり方について，いっそうの研究と実践を深めることが期待されるのである。

本書は学習に役だつ小学校図書館のあり方に関し，文部省が昭和37，38年度の2か年にわたって東京都大田区立田園調布小学校に実験研究を委嘱して得た結果をまとめたものである。本書を一つの手がかりとして，各学校における図書館運営の改善を図られるよう期待してやまない。

なお，本実験研究に心から御協力いただいた田園調布小学校の全職員のかたがたに対し，深く感謝の意を表するしだいである。

昭和39年5月

文部省初等中等教育局
初等教育課長　西村勝巳



# はじめに

戦後におけるわが国学校図書館の発展は，学校図書館法の成立とともに，その確固たる地歩を築くに至った。その反面，今日学校図書館は曲がりかどにあるとか，アクセサリー化しているとかの声もきかれる。このような時に，本校が実験学校の指定を受けたのである。われわれは学校図書館が真に学習に役だつものでなければ存在の意味はないものと考え，図書館に対する従来の固定観念にとらわれることなく，白紙の状態で，自由にきびしく本校図書館のあり方を検討することから研究を始めた。

本校は昭和24年，いち早く図書館をつくり，幾多の変せんを経ながら今日まで実践を積み重ね，資料利用による学習の効率化と読書による人格の育成をねらって，その充実と利用を図ってきた。すでに昭和27年には図書以外の資料の収集にも着手し，昭和30年に都の実験学校の指定を受け，「教育における効率を高めることをめざす学校経営」の主題ととりくむにあたっては，図書館の重要性を再確認して，その整備と利用に一段と力をそそいだのである。それにもかかわらず，本校図書館が真に学校に役だつ存在であるかどうかきびしく反省を加えると，残念ながら確信ある答えはでてこなかった。その理由としては，図書館が全職員の必要感にささえられていなかった点があげられるであろう。

われわれの教育活動は，日々の学習指導であり，その学習指導に不可欠なものは資料（教材）である。そこでまず，各教科・道徳等四領域にわたって指導計画の再検討を行ない，それに位置づけるべき資料を収集，自作し，さらにそれらを組織化して，いわゆる教材センターの体制を作りあげた。なお，児童の自主学習の対象となる一般的資料の充実をもはかり，資料センターとしての学校図書館の実現に努力したのである。

同時に，資料提供の問題，利用指導や読書指導の問題についても，全職員の協力のもとに研究を進めたが，その間，学校図書館が全体的に動いてこそ真に学校にとって欠くことのできない存在となるのだという確信をもつに至ったのである。

学習に直結する教材群の充実とともに，読書指導も力を入れた研究分野であった。国語科を中心とする各教科・領域における読書指導の全体像を想定した上で，本校の諸計画を作成し実践を重ねたが，とくに本校としては，今日の社会・文化の諸状況下における情操教育の必要性を痛感し，また本校の教育目標のひとつである「情操豊かな人間の育成」の達成のため，読書による情操教育を強くうちだしたのである。この指導のねらう目標が，学校教育の根幹にすえられることを期待してやまない。

以上略述したように，学習に役だつ学校図書館をねらって，資料利用による学習の効率化と読書による人間形成の二つに重点をおいて研究を進めたがこの間，研究の壁につきあたることも多かった。そのつど，文部省の井沢純先生や，都区の指導主事の先生をはじめ多くの先生がたの懇切なご指導をいただいた。ここに改めて感謝の意を表する次第である。

われわれはこの研究を通して，図書館の重要性を再認識したものであるが，なお今後に残された問題も多い。各位の率直な御批判をいただければ幸いである。

最後に，本研究にあたって終始真剣に努力された本校職員の氏名をしるし，心からなる敬意を表したいと思う。



| | | | | | |
|---|---|---|---|---|---|
| 教頭 | 加藤　文司 | | | | |
| 教諭 | 山内マサヲ | 教諭 | 原　令子 | 教諭 | 鈴田　慎 |
| 〃 | 内田　泰司 | 〃 | 堀内　勇遠 | 〃 | 小平　正久 |
| 〃 | 田中　敏子 | 〃 | 中嶋　吉郎 | 〃 | 池上　重司 |
| 〃 | 井野美智子 | 〃 | 北村　嘉郎 | 〃 | 松本　恒敏 |
| 〃 | 高石　章子 | 〃 | 藤井八恵子 | 〃 | 鈴木　忠 |
| 〃 | 前田　秀子 | 〃 | 岡田　明 | 〃 | 岡　秀四郎 |
| 〃 | 井原ツルヱ | 〃 | 日下　喜造 | 養護教諭 | 入江美千枝 |
| 〃 | 宮川　静江 | 〃 | 小沢雄樹男 | 事務主事 | 今井　正雄 |
| 〃 | 伊藤　照子 | 〃 | 米川　実 | 前教頭 | 人見　正雄 |
| 〃 | 笹井　昭二 | 〃 | 西嶋　節 | 〃 | 小淵　武 |
| 〃 | 野沢　等平 | 〃 | 保岡　孝之 | 前教諭 | 片村　正雄 |
| 〃 | 曽布川和子 | 〃 | 岩井寅太郎 | 〃 | 田中　章 |
| 〃 | 谷口　昭子 | 〃 | 加藤　保一 | 〃 | 岩崎　博 |
| 〃 | 馬場　武 | 〃 | 相良　玉城 | 〃 | 大岸　幸子 |

昭和39年 5 月

東京都大田区立田園調布小学校

校長　竹澤幸吉

# 目　次

# 第Ⅰ章　学校図書館の役割をどのように考えたか

## 1　本校における図書館の歩みと反省

### (1)　本校図書館の歩み

戦後，荒廃と混乱の中にあったわが国教育界に，その空白を埋めるように，新しい教育理念がとうとうとして流れこんできた。図書館教育もその一環として，新しい脚光をあびて登場した一つであった。

文部省の「学校図書館の手引」が発行されたのが昭和23年の暮れで，これに呼応するように，翌24年4月には，本校でも校舎の一ぐうに図書館を作り，300冊の蔵書をもって発足したのであった。以来内容的に変転を重ねながら今日に至ったのであるが，戦後のわが国の学校図書館と同じような歩みを続けてきたと思われるのが本校図書館である。本校図書館の歩みを顧みることは，わが国の学校図書館のそれにも通ずると思われるのである。つぎに本校図書館の歴史をふり返ってみたい。

昭和24年4月，校舎の一ぐうに図書館を開く。蔵書数300冊，図書係2名，教育環境の整備と児童の自主的自発的学習を進めることを，ねらいとして，貸し出しを主として読書の奨励をした。これは戦後のむなしく荒れた児童の心や生活にともしびを与えてきたのである。

昭和26年には独立図書館が新築落成した。図書館研究部もでき，区およびＰＴＡの予算もわずかながら確保され，図書館らしい体裁もほぼ整うようになった。経営の方針は学習指導のための図書を充実して，読書指導に力を注ぎ，個性を伸ばし高しょうな人格の形成を図り，あわせて図書館利用の能力と態度を養うことを方針とした。新しくできた図書館の充実と利用，さらに読書による人間形成を強くうちだしたのである。

昭和27年，視聴覚教育の研究校として都の指定を受けた。この時，図書館





においても視聴覚資料を備えて，豊かな効果的な学習ができるようにと図書館の多面的な経営にとりかかった。29年，従来の研究をまとめて「本校の図書館教育」を編集し発行した。

昭和30年，都の実験学校の指定を受け，「教育における効率を高めることをめざす学校経営」の主題と取組むにあたって，図書館の重要性を再確認した。そのために，①図書及び図書以外の資料の整備と利用，②学級文庫の設置とその運営，の研究の必要性を認め，図書館教育の充実を図った。32年に「効率教育をめざしての本校の図書館運営の実際」を編集し発行した。

本校の教育目標を達成するためには，図書館をいかに運営するかを述べ，

①読書による情操豊かな円満な人格の形成をはかる。

②図書および図書以外の資料の整備と活用により学習の効率化をはかる。

③図書および図書以外の資料の自主的自発的な活用をはかる態度を養う。

特に資料の整備については，図書および図書以外の資料を収集し，インフォメーションファイルも作成し，件名目録，著者目録，単元書目も整備して教育の効率化をはかったのである。以来この方針を受け継いで今日に至っている。

### (2)　本校図書館の反省と問題点

#### (ア)　資料について

学習のための図書および図書以外の資料の収集については，学習の効率化をはかるものとして，以前からその充実に努めてきた。特に効率教育における図書館の運営を考えるとき，資料センターの構想は当然であった。当時すでに件名目録をはじめ諸目録等も作成し，インフォメーションファイルもできていたことは前述のとおりである。

当時の学校図書館としては，水準をいっていたものと思われる。ふじゅうぶんながら資料センターと呼んでもよかったと思う。しかしながら，この図

書館が真に学習に生かされるよう，教師・児童が利用して，学校において欠くことのできない施設であったかと反省するとき，残念ながら否といわなければならない。これは多くの学校図書館が一応整備されながら，図書館としての機能をじゅうぶんに発揮できないでいるところが少なくないのと同様であろう。

問題は資料の構成があまりにも図書に偏していて，図書以外の資料が少なく，また，資料が一般的であって，児童の自主学習の対象にはなっても，学習指導には直接に役だたなかった。それは資料が教科と直接に結んでいなかったためで，このことは致命的なことであった。

われわれの日々の教育活動は，教科道徳等の指導そのものである。資料はそれらの指導に直結する資料でなければ役にたたない。あまり一般的な資料，ばく然と集められた資料では，すぐそのまま役にたたないのである。

以上は資料構成，資料収集の観点からみたのであるが，その他収集する人の問題，資料の組織化の問題等いくつかの問題が考えられたのである。

(イ)　利用指導について

図書館利用の指導については，週1時間，国語の時間として，特設して行なってきたのであるが，読書指導もこの中で行なわれていた。しかし，その指導内容の検討もじゅうぶんとはいえないし，その実施も各担任に任されていたのでおのずと学級によって扱いにも軽重の差が生じ，全体的にも不徹底であった。

(ウ)　読書指導について

図書館開設の当初から貸し出しによる利用をはかり，かなりよく利用された。固定時間等にも自由読書が多く行なわれたので，児童の読書活動は盛んであった。読書会・輪読会などの読書週間の行事や，読書感想文集の発行なども活発に行なわれていたが，目的がばく然としていて焦点化されていなかった。





すなわち，読書指導の全校的な精細な計画がたてられていなかったのである。

またその指導もきわめて未分化のものであったのである。

(エ)　自主学習のための利用状況

この点については当初から力を入れていながら，実際にはじゅうぶんとはいえなかった。それには学習指導法の問題や，入学試験等の問題も背後にはあり，ことはそれほど簡単でない。しかし，教師の指導法のくふうによって，現状を一歩でも前進させることは不可能でなかろう。学習課題の与え方のくふうが，さらに活発な利用を約束するであろう。

(オ)　管理運営について

このことについては，熱心な研究部員の精力的な活動によって行なわれてきた。図書部員の努力によらなければ，これだけの充実は見られなかったであろう。といっても，どこの学校でも学級担任に過重な仕事をになわせることはできないであろう。しかし，図書館への関心はただ単に部員にだけ必要なものでなく，全職員の問題である。図書部員と一般職員との間に調和連絡がなされなければ，いきおい一般職員との遊離を招くことは否定できない。いわゆる図書館係だけの管理運営であってはならない。

図書館の施設・設備については一応整っていた。研究室・資料室・視聴覚室兼低学年読書室等，今日の資料センター構想で考えられるような機能を学校としてもっていたのであるが，それらのものが別々に独立した存在で，図書館のもとに統一され，一元的に組織化されてはいなかった。したがってそれらが有機的なつながりのないものとなっていたことは残念であった。

以上，本校図書館が一応形式的には整備されてはいたが，資料構成の面でまず問題があり，日々の学習指導に欠くことのできない存在とはなっていなかった。このことは同時に，図書館が全職員のものとなっていなかったことにもなるのである。図書館が全職員の必要から生まれたというより，一部熱心な職員によってつくられたことに問題があると反省されるのである。

それならば，真に役にたつ学校図書館にするにはどうしたらよいであろうか。これが本校図書館の反省から生まれた課題であるといえよう。

## 2　教育課程と学校図書館

### (1)　教育課程と資料

ア　教育課程の編成，実施，改善のための資料

学校における教育課程の編成にあたっては，教育諸法令・学習指導要領・教育委員会規則等に基づき，さらに地域，学校，児童の実態を考慮して教育課程の編成をする。この場合それらの一つ一つを深く研究して編成にあたらなければならない。したがって数多くの参考資料を必要とする。このことは各教科・道徳・特活・学校行事等の４領域にわたるわけであるが，教科の一つをとっても問題は多い。その教科の専門の研究書，他校における実践記録等参考にすべき資料は無数といってもよい。よりよい教育課程を考えれば考えるほど，資料の必要性を痛感するであろう。さらに教育課程を実施するに際しては，各教師それぞれの立場で資料を求めて研究する。また実践の反省に基づいて，さらに改善を加えて教育課程の改善もなされるべきものである。この場合，教師の求めるものは必要な資料である。これらの資料は当然学校として収集整備しておいて，いつでもあらゆる教師の求めに応じられる体制を作っておく必要がある。これを怠って教師個人の資料にのみ依存することは，組織体である学校体制下では望ましいことではない。学校教育の前進をはなはだしく停滞させるものであろう。

イ　学習指導上の資料

(ア)　主として教師の使う資料（教材）





いわゆる指導計画にのっとり，教師が学習指導を行なう場合，日々使用する資料は，指導計画に位置づけられた資料である。この資料こそ学習指導の核になるものである。

戦後，教科指導のあり方などが盛んに論議され研究されてきたのであるが，今日どこの学校でも，それぞれりっぱな指導計画がつくられている。けれども不思議に思うことは，指導計画の資料欄もりっぱに充実されていながら，現実に資料のない場合が案外に多い。これではいかに検討された計画であっても単なる計画に終わることになろう。現実に資料の裏づけがあってこそ計画は生きるのである。

資料となるものは，図書をはじめ，図表・地図・スライド・テープ・写真その他，種類も多く，量的にもばく大なものとなる。またそれらの資料は市販のものだけでは満たされない。当然，自作資料も必要となろう。これら自作資料を加えて整備することは容易ではない。けれども欠くことのできぬ資料であれば，何か年にもわたる計画によってでも，組織的，計画的に整備しなければならない。

イ　主として児童の使う資料

教育にとって児童の自主的，自発的学習は大いに重視すべきものであることは論をまたない。児童が教室学習の発展として，意欲的に学習に取り組んだり，あるいは与えられた課題に立ち向かったり，あるいはまったく自分の希望する研究を進めようとするとき，それに応じられる資料がなければならない。これを満たしていくものが図書館である。図書や図書以外の資料の中から自分の求める知識や情報を検索し，そしゃくし，表出する等の仕事は，

豊かな資料群があってはじめてなされるのである。学習を自主的自発的なものにすればするほど，これら充実された資料，すなわち資料センターとしての図書館の必要を痛感することとなるのである。

ウ　人間形成のための資料

(ア)　教師のための資料

教師の仕事は単に知的な教科指導に終わるものではない。

教育は教師論につきるとまでいわれている。教師としての人間形成こそ教師たるものの常々心がけなければならないことであって，日々おのれ自身の人間的成長を念じて，自己修養に努めなければならない。おのれにきびしく求めるものであってこそ，はじめて児童に求めることもできるのである。

教師は単に専門的知識，技能の向上に心がけるにとどまらず，一般教養，人格の向上に精進すべきである。世上とかく教育の退廃の声をきき，教師の倫理観が問題とされるとき，いっそうその感を深くする。とかく教師は小さなからにとじこもり視野も狭く，一面に偏する傾きがある。そこで広く政治・経済はもちろん，古今東西のすぐれた文芸作品にふれたり，尊敬する人物や思想家・宗教家の言行に親しんで，これをおのれの血肉とすることは，教師として大事な心がけであろう。何よりも人間の生き方を真剣に求める人でなければならない。

これらの求めにこたえるべく，図書およびその他の資料を図書館に備えることは学校として当然のことであろう。

(イ)　児童のための資料

読書といった場合，一般にはなはだ広い意味に考えられる。たとえば知識や情報をうるための読書から，心情に訴えるような情操的な読書まで範囲は広い。

しかしここではわりきって，味わう読書，主として心情に訴え，人間形成に役だつと思われる読書をさすこととする。少年期に読んだ一冊の本が一生





がい心を支配するほどの感銘をあたえることもある。価値観のもととなる情操の育成は人間形成の基盤である。好ましい物語，伝記，すぐれた文学作品等を用意して，自由に児童の欲求にこたえることは，人間形成にどれだけ役だっていくかしれない。道徳の低下が問題になっている今日，徳性を養うのに大きな貢献をするであろう。

### (2)　資料センターとしての学校図書館の機能

なすことによって学び，また，いかに学ぶかという態度を修得させるために，児童の自発活動と豊かな資料を活用して学習を展開する今日の教育においては，学習資料は大きな意味をもつ，これらの資料を教育課程の展開に寄与できるよう収集し，整理し，教師・児童に提供するものが資料センターとしての図書館でなければならない。それでは資料センターとしての学校図書館は，どのような機能をもっているのであろうか。

ア　指導的機能

(ア)　教育課程の編成・実施・改善のための機能

すでに述べたように，図書その他の資料を教師に提供して，教育課程の編成・実施・改善のために役だつ機能を図書館に期待しなければならない。そのためには，それに必要な各種の資料を収集し，整理し，随時必要に応じて研究できるような研究室をもつべきである。できれば，教師が時にくつろぎ，教育談義を楽しく展開できるようなふんい気をも盛りこみたいものである。

(イ)　学習指導に寄与する機能

①　学習指導に直接に寄与する機能

教師が学習指導をする場合，教科別，学年別，単元別にファイルされた資料，あるいは領域別にファイルされた資料等があれば，そのまま教室に持ちこんで使用できる。これらの資料は，前もって収集し，自作し，更新を加え

ながら用意されているものであるが，学習指導には，最も直接的な最も重要な資料のひとつである。これらのものを収めた資料室（教材室）こそ図書館に欠くことのできぬ施設である。

② 学習指導に間接に寄与する機能

児童が教師から与えられた課題の解決のため，またみずからの興味によって学習を進めようとするときこれにこたえる機能である。手がかりとして，件名目録，著者目録，書名目録等が大いに役だつであろう。

(ウ) 人間形成（教養）のための機能

この場合，教師のためと，児童のためと二つある。しかしいずれも人間形成・教養のために役だてようとする機能である。教師のためのものは，一般教養書（文学，思想，宗教，伝記等）が教師の研究室に納められ，その機能を果たすであろうし，児童のためのものは，物語・文学作品・伝記等が一般図書の中に配架され，時には選定図書・推薦図書として別置されることもあるが，いずれにせよ，読むものに，感動，感銘を与え，共感をよび心情に訴え，やがて価値観をつちかう機能を果たすものである。

(エ) 自主的な活動を助長し，個性を伸長させる機能

児童が自分の趣味や好みに従って自由な活動を楽しみながら，それぞれの個性をじゅうぶんに伸長させようとする機能である。幻燈を見たいものは幻燈を見，レコードをききたいものはレコードをきき，自分の欲する活動を自由に楽しくさせようとするものである。そのためには児童が自由に使用できる視聴覚室や資料の提供，いこいのコーナーの設置などが考えられる。たとえば音楽準備室に設けられた鑑賞室は，児童が自由読書をすると同様に，その場所にいけば，好きなレコードを自由にとりだして，鑑賞することができるのである。

また，上記の活動とは多少性格を異にするが，児童の図書委員の活動も自主的活動を主体として個性の伸長を目ざす大事な活動である。





イ　奉仕的機能

(ア) 資料の組織化と提供の機能

児童，教師が求める資料を手ばやく入手するためには，資料の現物ならびに情報を組織化しておくことが必須な条件である。このことは資料の提供の基本となろう。

(イ) 資料自作の機能

資料センターの教材，資料は市販のものだけではじゅうぶんとはいえない。地域や児童に即した自作資料は不可欠のものである。これらの資料を作成する機能を図書館がもつことは，資料センターとしての図書館に必要なものである。自作に必要な諸資料はもちろん，用紙，用具，器材等を整備して研究室と有機的なつながりをもたせることが望まれよう。

(ウ) 児童を近づけ図書館を魅力的なものにさせる機能

図書館の機能をじゅうぶんに果たせるか否かは，図書館に近づきその機能を活用するか否かにかかる。進んで児童たちが図書館にきて，楽しく有効に図書館を使うようなくふうを怠ってはならない。新刊書の展示や案内，視聴覚室，音楽準備室等の整備や，楽しい読み物，レコード，スライド等の紹介とともに，落ち着いた自由なふんい気，楽しいいこいの場所の提供など，物心両面から図書館が児童にとって魅力のある存在になるようにくふうしなければならない。

(エ) 地域やＰＴＡのための機能

学校図書館はひとり学校の教育のため，教育課程の展開のためだけではなく，学校をとりまく地域やＰＴＡのための奉仕的機能を果たすべきである。これは児童教育に間接的な貢献ともなる。ＰＴＡ会員などのための一般教養書，児童教育に関するもの，文学書，雑誌等，希望をとりいれながら好ましい図書を備え，成人の教育娯楽に資することが必要である。

### (3) 資料と教材

図書館が収集する対象を一般に「資料」と称しているが，その場合の「資料」(materials) という語は，シンボルないしは価値をになう形態的なもので持続性をもつものをさしているようである。具体的には，図書・新聞・雑誌・レコード・スライド・フィルム・写真・掛け図など，分類，配架が可能なものが含まれよう。このような「価値の伝達材」の中から，学校の教育目標に照らして選択，収集されるものが学校図書館の資料であろう。

次に「教材」という用語であるが，一般にこの語は，抽象的にも具象的にも用いられている。しかし学校図書館の立場では，前述した「資料」の中から精選されたもの，学習の展開に不可欠なものをさすといってよかろう。つまり教材とは「合目的な資料」であり，「資料」から精選され，指導計画に位置づけられるものである。ないしは，「資料」を源として，新たに再資料化とか，自作という手順を経て指導計画に位置づけられるものといえる。このように見てくると，資料センターの収集すべき資料選択の観点は，いわば教育目的とか，児童の発達とか，文化的要請といった一般的な基準であるのに対し，教材群精選の基準は，めんみつな学習指導法の研究の結果生みだされるものと考えられる。本報告書では，以下このような概念規定に従って記述することにする。

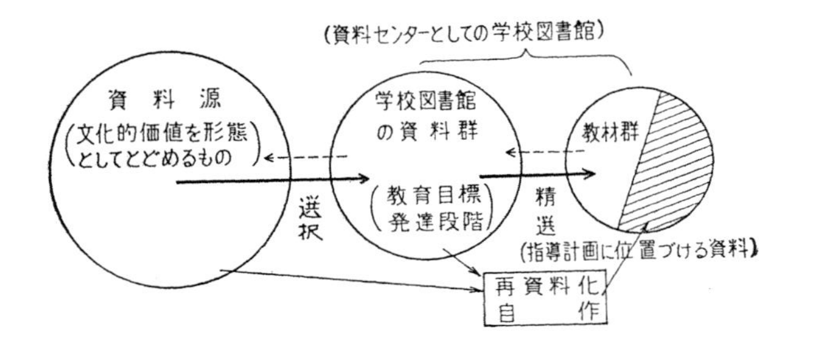






以上をまとめてみると．本校図書館は「資料」や「教材」をそれぞれの利用の目的に沿いうるように組織化し，提供することによって，「学校の教育課程の展開に寄与するとともに，児童または生徒の健全な教養を育成する。」（学校図書館法第２条）ことを使命としているといってよかろう。本校の場合，資料センターという概念のもとに，いわゆる教材センターの理念，機能を含めているのである。

# 第Ⅱ章　資料センターとしての学校図書館

# 1　資料センター体制への歩み

## ⑴　資料センターに対する要請

ア　新しい教育思潮

戦後の教育は，教師が教科書を中心教材として画一的に一方的に教え込む式の教育から一転して，児童みずからの学習活動によって展開していこうとする教育構造をもっている。すなわち教育の媒体となる図書および図書以外の資料を児童が利用してみずから学習し，自己の成長を図っていく面が重んじられる。教師は児童の背後にあって，媒体である資料をいかに学習に結びつけるかという教育的配慮を加えるのである。このためには，市販されている資料を収集するばかりでなく，それ以外にも必要とされる資料を作ったりする作業も必要になる。それらの資料を納め活用に供しようとするものが，学校図書館であろう。貧弱な資料では，その利用を進めても役にはたたないので，豊かに充実した図書館でなければならない。このような要請を背景として資料センターは生まれてきたのであろう。しかし今日経験主義のゆきすぎに対して，系統性が叫ばれてきていることも軽視できない。要は，経験主義と系統主義の融合調和が今後の課題であり，学校図書館そのもののあり方もこの方向で考えていくことがたいせつであろう。

イ　社会的背景

最近の科学の進歩は実にめざましいものがある。マスコミの発達の中で，活字メディア，映像メディアの発達，特に映像メディアの進歩は著しい。映画，テレビの普及発達は隔世の感がある。教育界がこのような社会の情勢と無縁であるはずはない。これらを積極的に取り入れようとする視聴覚教育は全国をふうびした。本校が27年に視聴覚教育の研究を行ない，視聴覚資料を





学習に積極的に取り入れ，図書館にもこれら資料を備えようとしたのもその現われであった。しかし，もともと視聴覚教育という教育があるわけではない。

小学校教育の立場からは，視聴覚教育とは，視聴覚的資料を使って学習を効果的に行なおうとする教育の手段，方法であって，それ自体最終の目的をもったものとして扱うのではないのであろう。しかし学習資料として視聴覚資料のもつ価値は大きい。図書館がこれらの資料を吸収して図書館づくりに進んでいったことは当然のことである。

以上主として視聴覚資料について述べたが，印刷技術の進歩も資料センターへの推進力となっていることはいうまでもない。このようなマスコミの媒体の異常なまでの発達が資料センターへの道へ拍車をかけたともいえるのである。

一方現代社会に生きる人々は，このように社会にはんらんするメディアの中から必要な知識，情報を選択し吸収して社会に生き抜く技能も要請されるのである。そこで資料センターとしての図書館において，必要な知識，情報を探索する技能を養うことによって，社会生活をする上の基礎的技能が養われる必要があるのである。

## ⑵　本校における資料センター構想の芽ばえ

昭和24年図書館開設当時は蔵書も少なく，ほとんど読み物類の貸し出しが主たる活動内容であった。

26年独立図書館ができ学習のための図書の充実に力を入れ，また読書による人間形成に努めてきたのであるが，その後学習指導に積極的に視聴覚教材・資料を取り入れようとする機運になり，図書館にもこれら資料を整えはじめた。さらに30年効率教育の研究を進める中で，図書館の価値を再確認し，効率教育の一環として学習に必要な図書および図書以外の資料を豊富に

備えて，効率教育の推進を図ろうとしたのであった。したがって図書をはじめ，写真・スライド・切り抜き・絵はがき・地図等を収集，整理して，その活用を図ったのである。その意味では，今日いわれる資料センターの方向に前進していたといってよい。

37年5月文部省実験学校を受けるにあたり，「学習に役だつ小学校図書館」の実現を目ざして，新しく「教材センター」の機能をも含めた資料センター構想のもとに図書館づくりの歩を進めてきたのである。

ア　効率教育と学校図書館

教育が「むり」「むら」「むだ」を省いて，真に効率的な教育が行なわれるためには，全体として調和がとれ，かつ組織された教育が日々行なわれなければならない。本校が図書館の充実と活用に力を入れてきたのも，資料の面から効率教育の効果をねらおうとするものであった。

学校図書館は学校における文化の中心であり，資料の面で学校教育をささえているものである。学校図書館が資料センターとして充実され，豊かな資料と，精選された教材が用意されているならば，効率教育への道が開けるであろうし，また，学校図書館という場と機能がじゅうぶんに生かされ，児童の自発学習が進められ，個性の伸長がなされるならば，このことがとりもなおさず効率教育への道であると考えたのである。

イ　経験の豊かさをねらう

学習指導にあたっては，教師はできるだけ豊かな経験を児童に与えなければならない。単にことばできくより，写真を見，音できくことによって，より確かに，より豊かな経験がえられることはいうまでもない。各種の多面的な資料を有効に提供することによって，児童の経験を豊かにすることが望まれる。資料センターはこの要請を満たすものである。

ウ　資料の特性を生かす

資料にはそれぞれ特色がある。海峡の説明に万言を費やすより，一葉の写





真資料はたちどころにその理解を与えてくれるであろう。このような場合に視聴覚資料のもつ価値は大きい。しかし視聴覚資料にも限界がある。文学作品を映画化しようとしても表現しきれないものが残るであろう。文章のもつ機能は，具象性をもつ映画にまさる一面がある。このように各種の資料もそれぞれ特性をもつ。同じ視聴覚資料にしても，それぞれの特色をもっている。要は指導目標や内容に即し，適切な資料の特性を生かしながら駆使することによって，効率的な学習を進めることができるのであろう。

エ　指導計画に位置づけられた教材の効用

従来本校図書館に欠けていたものは，日々の学習指導計画に位置づけられる精選された教材であった。一般資料はいくら豊富にあっても，それが直接に教室の学習に役だつわけではない。そこでもし，学習指導の目標・内容等に照らして精選された教材群を収集ないしは自作し，これを各教科・道徳・特活・学校行事等の学習に活用するならば，学習効率の高まりが大いに期待されよう。教材センターの機能の充実こそ効率教育への有力な方法の一つである。

オ　自主的自発的学習が進められる

教え込む教育だけでは，いかに熱心に指導しようとしても，学習の真の強化にはならない。効率教育は児童自身が学習の対象に対して主体的，積極的に取り組んだときに成立する。この自主性自発性の育成にとって，図書館は有効な場となるであろう。

カ　生活のすべてにかかわる指導の拠点

図書館は，直接児童の学習に役だつばかりではなく，生活のすべてにわたって役だつ。図書館は児童の限りない興味や関心にこたえてくれる。また個性伸長の場ともなる。図書委員などの奉仕的な仕事もこの場で行なわれるであろうし，生活面での指導の好機も与えられる。また読書による教養，人間形成の拠点でもある。図書館こそ，はば広い児童指導の拠点であるといって

よい。

## 2　体制をどのようにして作りあげたか

### (1)　解決を要する具体的諸問題

教材センターを含む資料センター構想を作りあげようとするとき，当然従来の体制を大幅に更新する必要にせまられた。すなわち人，組織，施設・設備，費用等の面でも飛躍的変革が必要になった。本校においては職員の積極的な努力によって比較的円滑に移行することができたが，しかし，いくつかの問題が横たわっていた。以下問題となった点を列記してみよう。

ア　図書館に対する理解を盛りあげるために

△　図書部員と一般職員との関心のずれ

職員として図書館の重要性を認めないものはいないが，部員とそれ以外の職員とではおのずと相違がある。積極的に図書館の仕事に協力しようというものは，図書館がなければよい教育はできないという信念のもとに図書館づくりに専念する。おのずと対照的な両者に分かれて，その開きが大きくなる。このような状態が過去において本校にも見られた現象であった。職員が図書館に関心が薄く敬遠するようであってはならないし，部員がひとり独走して自己満足に陥ってはならない。これを一本にして，図書館が職員ひとりひとりのもの，すなわち全職員のものとならなければならない。

○　学習指導の効率化から発足

研究にあたっては，従来の図書館のあり方にとらわれず，ゼロから出発した。われわれの日々の仕事は学習指導であるが，その立場から図書館に何を求めたらよいのかというはなはだそぼくな問題から出発したのである。指導計画はりっぱにできているが，資料らんの資料がすべて用意されているであ





ろうか。これがあればどの職員にも役にたつわけであるが，残念ながら整えられていない。これでは効率教育も期待できないし，指導計画も単なる計画に終わる危険さえある。この資料（教材）を用意することが急務である。市販のものもできるだけ利用するが，それだけでは間に合うまい。ないものは自作しなければなるまい。ともかく指導計画に直結した資料（教材）を整えることとした。このことは本校図書館の反省から出たものであるが，これによって図書館の整備充実が単に図書部員だけの問題でなく，全職員ひとりひとりの問題であり，かつ学習の効率化をねらうために必要なものと考えるに至ったのである。

○　全領域を対象とし，全職員が参加した。

学習指導の対象は各教科・道徳・特活・学校行事等の全領域にわたる。たとえ教科により，資料（教材）の必要度に差があり，軽重，多少の差があっても資料を必要とする点においてはいずれも同じである。一，二の教科だけの問題ではない。多少年月はかかろうとも，各教科等，全領域を対象として，教材センターをつくることを決定したのである。すなわち研究部を中心に全職員による全領域の教材の収集・自作に踏み切ることによって，全校的体制がつくられたのである。もちろんこのようにすると，各教科の配当人員は少なくなり，個人の負担は大きい。しかし，それぞれに責任をもつことになり案外スムーズに進めることができた。教材センターは一か年でほぼ整備を終わったのである。なお人員配当にあたっては，教科による仕事の量と質とを考えて，人数を考慮することとした。配当はひとり一教科の原則をできるだけ守った。研究部員は指導計画の再検討からはいって，教材の収集・自作へと精力的に仕事を進めていったのである。

○　全職員による図書館の運用

資料センターの運用は全職員によって行なわなければならない。もちろん研究段階では，全職員の理解と全職員の参加によって，仕事の軽減を図らな

ければならない。本校では当初，資料管理・資料選択・読書指導・利用指導の４部を設けて，それぞれの仕事を分担して研究を進めた。なお資料選択については，特設委員会をつくったので，後には３部となった。資料選択委員会は他の３部と研究内容が質的に違うからであり，その構成は各教科・道徳・特活・学校行事等の研究部主任をもって構成し，各部員がその実務を行なうこととした。

研究体制下でもあったので，全職員で上記３部の研究と運用を進め，その間全体会・部会という会のもち方をしたので，おのずと全職員が図書館の内容を理解し，現職教育が自然に行なわれることとなった。

○　学校長ならびに幹部の指導性

いずれの研究についてもいえることであるが，特に図書館では，幹部職員特に学校長の理解と指導がなければとうていその発展は望めない。職員の研究体制，事務分担，経費の問題等はいずれも学校の指導的立場にあるものの強力な指導力がなければ一歩も前進することはできない。学校の幹部級でない図書部員がいかに声を大にしても，校長が積極的に動かないかぎり，図書館の進展は期待できないであろう。図書館が不振であるとすれば大半の責任は校長にあるといっても過言ではあるまい。その点本校は前校長時代からの伝統が貴重な原動力となっていた。

イ　職員組織の問題とその対策

△　図書館部員と一般職員との関係

図書館の管理運営は従来図書部員がほとんどこれに当たっていたといってよい。図書館の事務的な管理面などは，専門的技術を必要とするために一般職員の参加を期待することがむずかしいが，このたびの研究体制では全職員の理解による全員参加体制をとり，できるだけ全職員と図書館を結びつけるよう配慮した。

△　教科研究部，学年と結びつける組織の必要





仕事の内容を通して図書館と結びつけることが自然であり有効と考える。

そこで，資料，教材の収集，自作，さらには資料の更新等の仕事は各教科研究部で行なった。各研究部主任は資料選択委員会のメンバーとなった。また組織化の基本線は全職員討議の上で立てた方針にそって，それぞれの研究部がこれに当たった。なお組織された資料教材の利用は，各学年で行ない，結果の報告は担任や学年から研究部にもたらされるという組織にした。なお教材の提供については係り職員が協力する体制をとっている。

なお資料利用指導部・読書指導部・管理部等も各学年や各研究部等と有機的なつながりをもてるよう考慮をはらった。

ウ　組織化をはばむ要因に対して

△　各教科研究部，視聴覚部との協力

各教科研究部・視聴覚部等はとかくセクト主義に陥りやすい。研究部所属の資料にしても，それぞれの研究部が保管をして，相互の連絡がない。視聴覚部などは過去の実績もあって保有する資料の量も多い。これらの資料が別個に管理されていたのでは，利用の手続きもめんどうになる。保管の方式もまちまちであるので，使用にも保管にも不便である。これでは資料センターの体制はできない。

以上のような問題点に対して，使いやすく保管しやすいという観点から全校一本化への方針をたてた。そこで各教科所属の資料はあげて図書館が管理することとしたのである。

この移行は容易に行なわれた。

エ　利用指導の再検討

○　狭義の利用指導内容の精選

従来行なわれている15項目の指導内容は，必ずしも体系的でない。読書衛生や作法等のように，常時指導の手を加えるべき性質のものもあれば，読書法の指導のように，いわゆる読書指導と関係の深いものも見いだされる。そ

こで本校としては，15項目のうちから，主として情報検索，資料利用に関する7項目を抽出し，学年発達による系統性を考慮して「資料利用指導計画」を作成した。この指導のための時間は学校行事等に位置づけている。

○　読書指導の推進

従来用いられている読書指導ということばの概念も多様である。国語科の「読むこと」の指導の一分野と考えるのが基本的立場であろうが，その目標・内容・方法等はかならずしも明確ではない。また，この領域に学校図書館独自の指導領域があると考える立場もあろう。そこで後述するように，国語科を中心とする各教科・領域における読書指導の全体像を想定した上で本校の基本図書を選定し，片寄りのない指導をすすめるよう考慮した。また，児童の発達や興味等に基づいて，学年別の推薦図書群を選定し，児童の発達に応じた読書の有効性を期待した。その他，長期休暇における指導計画や読書週間行事等，学校図書館の立場においてさまざまな指導を行なっている。このように，各教科，領域そのものの指導における読書指導とともに，学校図書館独自と思われる分野にも意を用いてきたが，とくに本校としては，今日われわれのおかれている社会，文化の諸状況下における情操教育の必要性を認め，「教養のための読書」「人間形成のための読書」への動機づけとなるよう特別な指導計画を作成し，その目標，内容，方法等を明確にしようと努力している。

現在，このための時間は，学校行事等に位置づけているが，この指導のねらう目標が，学校教育の根幹にすえられることを期待しているのである。

オ　時間のとり方について

△　従来は各学年を通じ週1時間を図書館利用の時間として，国語・社会等の時間にくり入れて扱っていた。けれども指導内容や時間配当が明確でなく，扱いも担任に任された形であった。そこで今回狭義の利用指導，読書指導の時間を特設し，各学年の配当時間を明確にし，これを学校行事等に位置





づけることとした。

カ　施設，設備の問題

△　場所の問題と施設，設備の不備

図書館に付随する当然の施設として，研究室・資料室・視聴覚室等を考えるべきである。ただ学校事情もあって必ずしも理想どおりにはいかないであろうが，本校ではこれらの各室を図書館を中心に集中的に配置した。これらの場所を専有することが，図書館体制確立の一つの要因ともなるであろう。設備等については費用の関係もあり長期計画で重要度の高いものから逐次充実する方針をたて，できるだけ，合理的，能率的であるように考慮をはらった。いたずらに広い空間を占有することがかならずしも近代的経営とはいえないであろう。

キ　経費の問題と対策

△　多くの経費を必要とすること

資料センターとしての図書館を充実しようとすれば，図書をはじめ，その他の資料，図書館内の備品，カウンター，机，いす，キャビネット，ケース等必要なものが多数ある。学校規模や目標の立て方によって相違もあろうが，けっして少額なものではない。

○　長期計画によって

一挙に図書館の充実をすることは困難である。本校には過去14年間の蓄積がある。理想を追えば限りがないが，最低必要なものは費用がかかろうとも計画的に充実していかなければならない。教育振興のためには消極的であってはならないと思う。数年の長期計画で逐次重要度を考えながら充実していけば，必ずある目標には達するであろう。本校でもそのような方針で進めている。

○　総合的・重点的行使

本校では従来，備品等の予算を各教科研究部にふり向けていたが，教科間

の不均衡が生じる心配もあった。教科の立場から離れ，資料センターという立場で総合的に見ていくと，重点的にどこに予算を充当すべきかが明らかになって，予算を有効に使用できたように思う。４領域指導の資料を図書館が管理するとすれば，学校の予算は重点的に図書館に向けられてよいはずである。

今日教育投資の問題が話題になっているが，前述したような図書館の意義や価値が認められるならば，図書館充実の予算は公費として増額されることが望まれる。地域やＰＴＡに依存するようでは，その充実は期待できないであろう。

物心両面にわたる国家あるいは公共団体の理解，協力を望みたい。

### (2) 資料センターへの体制づくりの経過

37年度１学期

○実験学校の指定をうける。（５月）

○研究主題の決定と研究体制づくり

- 文部省その他のかたがたから図書館についての話をきく。
- 本校図書館の反省をする。
- 「学習に役だつ学校図書館づくり」を研究主題にすることを決定。
- 資料収集の必要を認め，各教科，道徳，特活，学校行事等全領域にわたり資料収集することにする。
- 研究分担をきめ，それぞれの資料収集の観点をうちだす。（８月）

37年度２学期

○資料の収集，自作をそれぞれの研究部で始める。

３月末までに骨格となる資料を整えることとする。教科によっては指導計画の検討から始める。

○図書部員を中心に，資料利用指導の研究をはじめ，実地授業を行ないな





がら，その指導計画案を検討する。（11月）

37年度３学期

○資料の自作，収集を進めながら，並行して資料の組織化に手をつける。

○読書指導の検討を始める。（３月）

○図書館運営について，職員の研究組織を再検討する。

○資料収集の骨格づくりを終わり，あとは肉づけをすることとする。

38年度１学期

○校舎の改築で教室の余裕もできたので図書館の隣に，資料室・視聴覚室をとり，図書館を中心に体制がほぼできあがった。これによって資料の収集，整理，組織化が容易になる。視聴覚教材の利用も便利になる。

○研究室も図書館内に設け，常時職員の研究に活用する。

○図書館研究の新組織（４部門）（管理，読書指導，資料利用指導，選択部）による活動を開始する。後に選択部は資料選択委員会として４部から切り離す。（４月）

○資料の収集，自作は前年度に引き続き行ない，さらに充実を進める。

○週２日の研修日（放課後）の中，１日は４領域の各教科研究部等の資料収集，整理の日に当て，１日は４部門の研究日とし，全体会は主としてこの日を当てる。

○６月～７月には，資料，教材を活用しての実地授業の研究会を，各教科，道徳，資料利用指導，読書指導にわたって集中的に行なう。以後少しずつ毎月継続。

○教材センターの教材の整備ほぼ完了。（８月）

○資料利用指導計画完了。（８月）

○今までの研究を，それぞれの研究分担に従い執筆し一応まとまる。（８月）

○教科別件名目録，教材総合目録，基本図書目録の作成をする。（８月）

38年２学期

○教材の提供，調整等について，実際に教材を使用しつつ研究を始める。（９月）

○資料，教材の検討，組織化について引き続き研究を行なう。

○資料利用指導，読書指導の指導計画を研究授業を行ないつつ検討を進める。

38年度３学期

○教材センターの教材を毎週の指導計画に従い，各学年，学級でもれなく使用しはじめる。（１月）

○教材総合目録，教材一覧表が完成する。（１月）

## 3　資料センター運営体制の現状

○資料センター組織図に関連して（資料センターの位置づけ）

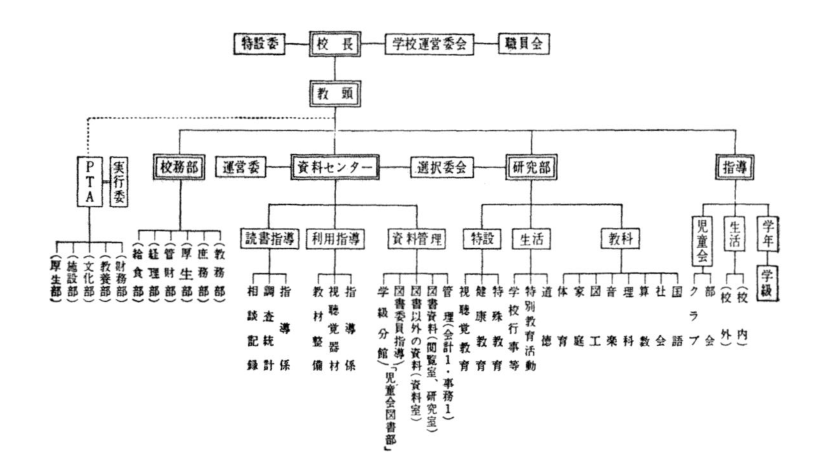






左の図は，本校の学校運営の機構図である。従来の図書館研究部は左の図の研究部の中の特設の一つとして，視聴覚研究部と並列であった。資料センター体制によって左の図にかわったのである。学校教育の活動には大別して研究，指導，事務があるといわれるが，資料センターは，そのいずれも含む機能をもったものであるといえる。４領域の研究を資料面でささえているのが，資料センターである。言い換えれば，４領域の研究の成果によってなりたつのが資料セタンーであるともいえよう。いずれにしても学校教育で欠くことのできないものであることは，明らかである。次に資料センターの各部の役割について列記してみよう。

(1)　資料センター運営委員会

ア　学校図書館運営の総合的計画の立案

イ　図書館資料の収集・作成の基本方針の決定

ウ　図書館各部研究の推進

エ　指導計画の立案

オ　図書館部員の組織と運営計画

カ　図書館研究計画の立案

(2)　資料管理部

ア　備品・用品および施設の整備と管理

イ　諸規則の立案検討

ウ　図書館資料の選択・収集・更新等資料の構成

エ　資料の装備，目録作業等

オ　資料の配架と目録，台帳の整備

カ　図書館行事の計画実施

キ　児童図書委員の育成

ク　学級分館の編成

ケ　図書館費の予算の編成と経理

### (3) 資料利用指導部

ア　図書館資料の利用指導計画の立案

イ　資料利用指導用教材の整備

ウ　視聴覚器材の整備とその操作

エ　諸調査の立案と計画

### (4) 読書指導部

ア　読書指導の全体計画の立案

イ　特設読書指導計画の立案と実施

ウ　読書相談

エ　読書記録類の指導

オ　図書館行事への協力

カ　諸調査の立案と計画

### (5) 資料選択委員会

ア　図書館資料の選択と構成

イ　資料の点検

ウ　図書館資料の収集・作成計画の立案

エ　図書館資料の更新計画

オ　その他必要な事項

### (6) 司書教諭について

ア　資料の収集と組織化

イ　児童教師の資料利用の指導・助言

ウ　教材の選択・整備とその利用の調整

エ　学校図書館の全体的利用指導計画の立案と実施

オ　学校図書館の管理・運営

### (7) 学校図書館事務職員

ア　学校図書館資料の発注・検収・諸帳簿記入





イ　簡単な分類作業

ウ　目録作業

エ　図書の整備・配架・点検

オ　図書以外の資料の整理

カ　修理・製本

キ　除籍事務

ク　経理事務

ケ　館内閲覧の事務

コ　貸し出しの事務

サ　学校図書館資料の利用案内

シ　視聴覚器材の保管・整備・操作

本校における「資料センターとしての学校図書館」——その施設と設備——

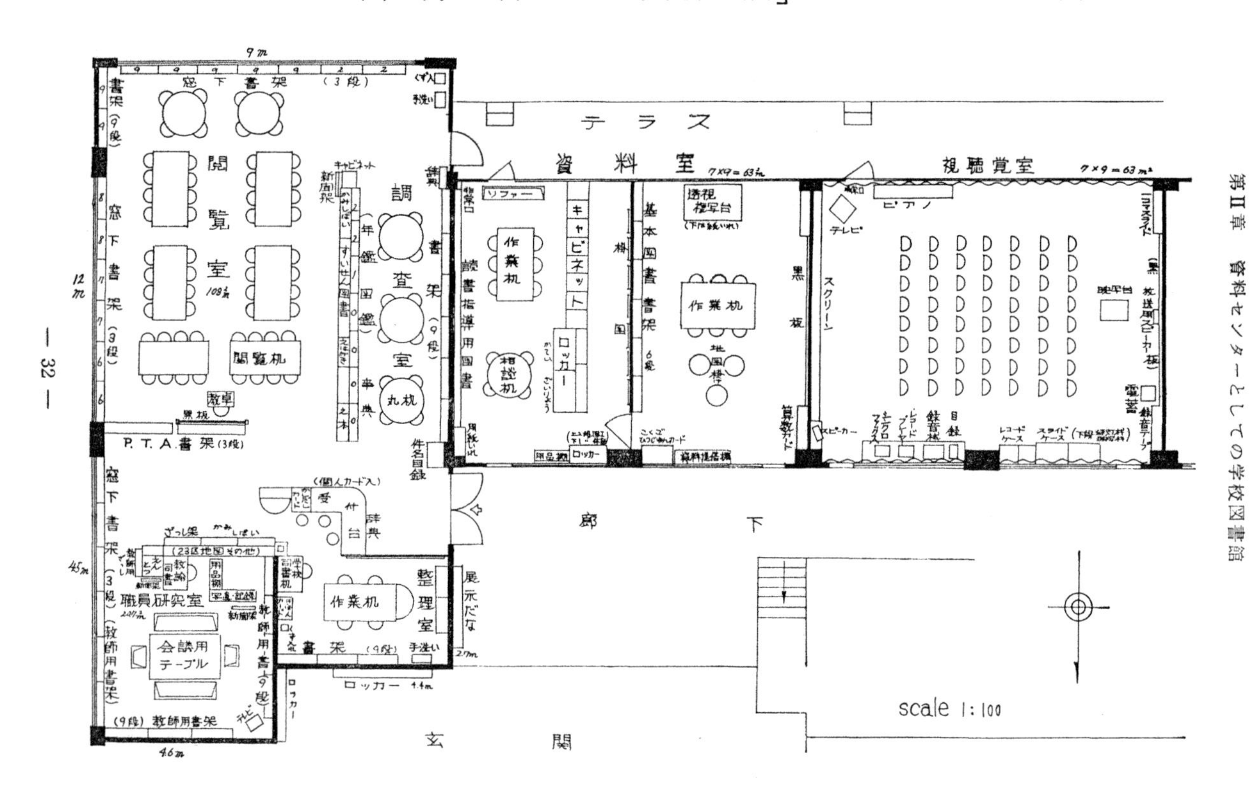

# 第Ⅲ章　学校図書館の資料をどのように収集・整備したか

## 1　資料の選択・収集についての基本的な考え方

### (1)　はじめに

本校では，学校図書館資料を第Ⅰ章の2で述べたように考えて，選択し収集を行なっている。従来の図書中心の考え方から図書以外の資料をも積極的に収集をしその利用も図っている。視聴覚研究部員が一体となって，選択・収集にあたっているわけである。選択にあたっては，特設の資料選択委員会で，その方針を定めて行なうわけであるが，委員は各教科研究部の主任，3領域の主任であるので，本校の教育課程に基づく指導計画に見合う資料を収集することができるわけである。

### (2)　児童用資料について

学校図書館の資料は主として児童を対象に行なわれるのが一般的である。図書および図書以外を含めて，精選された資料が豊富に収集される必要がある。選択にあたっては，児童の発達段階を考慮し，かつ，発達課題に応ずるものを考慮することが望ましい。さらに片寄りのない資料構成を考え，4領域にわたって選択しなければならない。選択は教師が中心であるが，児童の希望もききその条件の一つとすることを忘れないことが必要である。図書についてみると，児童のよく利用するものは，複本としてそろえることも読書指導上必要なこととなろう。また，多く利用される図鑑・年鑑なども数多くそろえたいものである。図書以外の資料にしても，児童の要求するもの，教育的に価値の高いものを，できるだけ豊富にそろえ，図書館が真に自主的な学習の場となり，学習指導がより効率的に行なわれることを期待するわけである。





### (3)　教師用資料について

教育を行なう教師が自己研修に励んでこそ日々の学習活動が生き生きとしたものとなる。その研修の場となるのが図書館であり，研修の素材が図書館の研究室資料である。本校の研究室資料は，教育課程の源泉といっても過言ではない。資料の選択は全職員であるが，特に教科等の研究主任は絶えず出版事情を知ることと新しい情報の入手に心がけたい。一方教養のための図書も今後選択し収集するようにしたい。また専科教員の担当教科である図工・音楽等については分館制も考慮する必要があろう。また新聞・雑誌等もできるだけ豊富にそろえ，広く研修ができるようにしている。

### (4)　ＰＴＡ文庫について

ＰＴＡの読書活動もしだいに活発となり，ＰＴＡ文庫も年々充実されてきた。従来は教育書や心理学書に片寄っていたが，最近では情操教育に強く関心をもち，この方面の図書の希望が多くなってきている。限られた経費で収集されることでもあるので，より価値の高いものをと考えている。なお，希望図書のアンケートもとって参考にしている。

## 2　資料の整備・充実状況

### (1)　はじめに

学校図書館資料が教育課程の展開に寄与するためには，どのように整備・充実されたらよいかは，学校教育を物の面からささえる絶対の条件である。本校が7年前，効率教育をねらいにして学校経営のあるべき姿を研究した時からの課題であった。現場の教育研究がともすると計画倒れになることは反省しなければならないが，本校とてもこの例にもれず，資料研究の点ではふじゅうぶんな状態であったことは否定できないことであった。資料の重要性は認めながらも，思うように整備されなかったのが実情であった。その原因はいったいなんであろうか。

ア　資料の全体構想の欠如

資料研究の不足していたことがその一因であった。

イ　学習指導法の研究不足

教科書を教えることから教科書で教える段階までは到達したが，さらに教科書を理解しのりこえるだけの指導法にまでは達し得なかった。

ウ　施設・設備のこと

図書館にあったが，資料室はじゅうぶんなものとはなっていなかった。放送室はあるが，視聴覚教室とはいえないものであった。

以上のような実態の中では，とうてい資料センターは望めなかったのである。われわれは実験学校の指定を機会に，過去の本校の教育を反省して，資料センター構想をうちたて，指導法のくふうを重ね，施設・設備の改善を図って，資料の整備充実を推進させたのである。

### (2)　資料の整備・充実の状況

本校の図書館資料の整備・充実の状況は以下のとおりである。

ア　図書資料

(ア)　児童用（11,156冊）

| 分類 | 現 在 数 | 払い出し冊数 | 基本図書冊数 |
|---|---|---|---|
| 0 | 1,491冊 | 580冊 | 179冊 |
| 1 | 206 | 80 | 19 |
| 2 | 1,316 | 571 | 203 |
| 3 | 408 | 186 | 56 |
| 4 | 1,759 | 667 | 112 |
| 5 | 336 | 220 | 69 |
| 6 | 395 | 82 | 49 |
| 7 | 600 | 253 | 128 |
| 8 | 1,082 | 197 | 36 |
| 9 | 2,723 | 1,289 | 417 |
| 絵 本 | 640 | 500 | 71 |
| 合 計 | 11,156 | 4,625 | 1,332 |





上記のとおりであるが，過去10年間の払い出し冊数をみても図書の消耗の激しいことは理解されよう。図書は備品であるという通念は一考を要するといえよう。図書の愛護ということと図書の保存とは，おのずから異なる問題であろう。図書が学習に役だつためには，また，その機能をじゅうぶんに生かすためには，消耗を恐れてはなるまい。図書は文化遺産ではあるが，単なる骨とう的な存在ではない。消耗を恐れずに，児童に活用されるようにしたいものである。

次に本校の基本図書についてであるが，日々の学習の展開に図書を活用することの諸要請を考えた時に，精選された図書群を選定する必要性を悟り，基本図書目録の作成に着手したのである。学校図書館が，学校教育をささえる基礎的な設備であることは知られながら，充実し得ない原因はどこにあるのだろうか。その点の解明はなされていないようである。本校で問題とした基本図書についても，このことはいえるのではなかろうか。たとえば，各種団体で出される基本図書目録が，図書選択収集の基本として，活用はされるが，学校教育の展開に役だたせるという視点からは，どのように考究されているかが問題であろう。

それでは本校の場合，どのような考えにたって基本図書を選定したか，その手続きを次に略述してみよう。

① 本校の蔵書構成から，教育課程の展開に欠くことのできない図書を選出した。

② 選定の基準は，教科・領域の目標におき，種別・冊数には制限を加えなかった。

③ 出版の現状にあわせるのではなく，本校の蔵書を第一に考えた。

④ 資料の複数整備の基本と考えた。

⑤ 教科・領域の指導計画に位置づけられる図書を優先的に選定した。

⑥ 児童の学習に直接役だつことを考えたが，広く人間形成という面も重視した。たとえば,「20」の図書が多いのはこの観点を生かしてのことである。

以上の考え方に立って，本校の基本図書群は構成されたのである。しかし，結果の実践的なたしかめは今後の課題である。

以上，図書を中心にして整備の充実状況をほぼ述べた。ほかにも幾多の問題があるが，ここでは割愛することとする。

(イ) 図書以外の資料

本校では資料センター構想のもとに，図書および図書以外の資料をできるだけ図書館に集中した。

フィルム・スライド・地図・掛け図・レコード等，すべてを可能なかぎり収集したのである。したがって，従来の視聴覚研究部が図書館研究部と一体化した。そこで，資料の選択にあたっても，教科等の指導計画にあたる各研究部からの希望をとるが，資料の情報は，図書館から提供して，その精選を行なった。

- 地図（108）……〔主として社会科〕
- 掛け図（63）……〔主として社会科・国語・理科・図工など〕
- フィルム・スライド（379）……〔主として社会科・理科・国語〕
- ひとこまスライド（58）……〔主として社会科・理科〕





- レコード｛ＳＰ(246)，ＬＰ（82），ＥＰ（33)｝……〔主として音楽・国語・一般用〕
- フィルム（28）……〔主として学校行事等記録保存用および教材用〕
- テープ（304）……〔国語（20）音楽（246）一般（38）〕３インチ（246），５インチ（58）

## 3　教材の整備と充実

### 国語科における場合

#### (1) 教材の特質

国語科では，児童の日常生活に必要な国語の能力を養い，国語の学習を通じて人間形成に努め，言語生活の向上を図ることをねらいとしている。そのため，国語の学習は児童の発達段階に応じた言語経験を内容とし，聞く・話す・読む・書くなどの一まとまりの単元を構成し，学習活動が行なわれる。この学習活動を効果的に，能率的に進めるための媒介物で，ことばの機能を担っているものが教材である。したがって国語の学習では，教科書の文章はもちろん，児童の言語経験を生きたもの，豊かなものとするさまざまな学習教材が考えられ，その種別は，形態上からも，活動領域からも，学習過程からも，その機能の上から考えても，実に多種多様であり，各教科・領域にわたる広範囲なものとして，これが活用されなくてはならない。

#### (2) 教材収集・作成上の観点

ア　学年別・単元別に教材を収集作成する

教科書を一覧すると，各学年にさまざまな単元が構成され，数時間から，十数時間にわたる学習が想定されているが，国語科では，単元名がそのまま学習の目標や内容を指示しない。たとえば「春」という題名は1年から6年までどの学年にあてはめても，学習の目標や内容を考え，学習活動を想定することができない。しかし社会科の「私たちの町」，理科の「病原体と寄生虫」という単元名は，明らかに学習の目標や内容を規定し，この学習活動を展開しうる学年は指定される。

いま「春」という単元を5年に設定し，読んだり，書いたりして，心情を豊かにし，表現力をみがくための詩教材とした場合，はじめて

- 春についての経験を話題からそれないように話すこと。話し手の気持ちをとらえて聞くこと。
- 春の詩の主題をとらえること。味わって読むため，詩のリズムを生かして朗読すること。
- 春についての経験を生かして，詩をつくること。

などの学習活動が考えられるのである。

すなわち，国語の学習は，学年の目標や内容をどのようにおさえて，単元として組織するかにかかっている。1年から6年までを縦に見わたしてはじめて，それぞれの学年の特性や位置づけがはっきりする。

したがって，その学年での指導のねらいは，前後の学年の目標・内容・指導上の留意事項など見比べてそれぞれの学年では，どの程度のことをねらっているのかを，はっきりさせておくことが必要になり，目標や内容に示された指導事項や活動は，全学年を通して調和がとれて，学年を追って発展的系統的に指導がなされるものでなくてはならない。教材もそうした計画の上に位置づけられ，学年としての目標や内容をになったものでなくてはならない。

また，国語の学習は，選定した題材をめぐって話す・聞く・読む・書くの





活動がひとまとまりの単元として，有機的，総合的に展開される。しかも，単元によっては，4つの言語活動はその比重やつながりをさまざまに変化させるものである。教材はそうした単元の性格や目標・指導の中心から考えて適切なものであり，単元の流れの中に効果的な役割を果たすものでなくてはならない。

さらに，ことばに関する事項などで，くり返して練習させる必要があるものや，各学年の内容に示されている事項や活動で，もしその先に初歩的指導が必要であったり，その後の学年で発展的な指導の望ましいものについては，教材使用の面でもそのような配慮をすることになろう。

イ　教材・教科書を検討する。

今まで，国語の教材は各担任が，必要に応じて自作したり，収集したりするものが多かった。したがってそれらは入手しやすい，自作の容易な，文字カードが，大部分を占め，五十音図表，筆順表，絵はがきなどであったので，第一の作業として使用教科書の体系と，それに必要な教材の見通しをつけることとした。そして，すでに調査ずみであった本校児童の言語生活の実態やその能力と，本校に現在用意されている教材・教具・施設・設備などをふまえて検討した。

(ア)　聞くこと話すことの指導の見通しの上から

聞くこと，話すことの指導に関して，教科書の文は学習の実践例をあげているので，この文を手がかりとして，どの程度の指導ができるかを考慮し，そのため，教科書以外にどんな教材を用意すべきかを明らかにした。

(イ)　読むことの指導の見通しの上から

各学年の指導の見通しに照らして，教科書の教材でじゅうぶん指導ができるかどうか，補うべき教材があるかどうかなどについて，おおよその見当をつけた。

また，読書指導に関連ある教材については，その発展的な指導のために

どんな教材を用意したらよいかを考慮した。

(ウ)　書くことの指導の見通しの上から

教科書で，書くことに発展する教材にはどんなものがあるか。教科書で予定されている作文の題材と，各教科・道徳・特別教育活動・学校行事等との関連はどうか，どんな教材を必要とするか調べた。

(エ)　ことばについての指導の見通しの上から

文字・語句・ことばのきまりなどの学習は，教科書では，聞く・話す・読む・書くの学習の中に関連づけてとりあげているので，そのとりあげ方の順序はどうか，補充することがらはないか，文字・語句・基本文型など練習を必要とするものはどうすべきか，などの問題をふまえて必要な教材を考えた。

ウ　教材一覧表をつくる

以上のような手続きを経て，学年別・単元別に教材一覧表をつくることになったのであるが，その場合，次の事項について特に考慮を払った。

(ア)　その単元で使用する教材が，どんな目あてのために使われるのであるかを明らかにしておくこと。

この検討を忘れ，いいかげんな見当で教材を使うと，教材に対する児童の反応を，国語の学習として，その時間の学習活動として整理することができなくなり，紀行文の読解に役だてようとして使用した絵はがきがわざわいして，ことばの学習から離れてしまうような場合もある。

(イ)　教材の持っている機能を明らかにしておくこと。

教材の機能を知らなくては，どの学習活動の領域で使用すべきか，また学習過程の導入・展開・終末のどこに位置づけてよいかも不明となるし，単元の流れのなかで，その教材の持つ比重もはっきりしないことになる。また，図表・スライド・フィルムなどの教材の種別によっても，その機能の異なることも知っておかなくてはならない。





(ウ)　学習指導の展開のしかたについて，どんな修正が必要かを考えておくこと。

新しい教材を使用したとき，いままで使用されていた，年間計画，単元計画にどんな変化が起きるであろうか。児童の活動，時間の経過，学習活動の領域などをよく考えて，あらかじめ知りうることには調整を図ることがたいせつである。

### (3)　教材の収集・整備・充実

教科書ならびに教材一覧表によって，単元に位置づけられた教材を，学習活動の聞く・話す・読む・書くことの領域に分類し，各学年，系統を追い，収集・整備に努めることにした。

ア　聞く・話すことの教材

音声言語の学習には録音教材が必要であるが，それらの教材には学校放送や自作のテープのほかに教科書会社で作成されたレコード，ＮＨＫ国語教室などがあり活用できる。

(ア)　録音テープ・レコードなどの教材

発音練習　母音・子音・五十音・よう音・幼児音のきょう正

アクセント，イントネーション

プロミネンス，

声やことばのくぎりかた，

ことばのつながり，間のとり方

あいさつ，尋ねる答える，話し合い・会議，発表，意見，会話

朗読（詩，童話，物語，劇など）

放送（ラジオ放送　校内放送など）

(イ)　入門期に児童に話題を提供するための絵・写真などの教材

イ　読むことの教材

読むことを大きく分類すると二つになる。「知識・情報を得るための読み」と「経験を広め，心情を豊かにするための読み」とである。

いままでの，読みの指導はともすれば教科書に載せられた文章をそのまま学習させていくことを主にしていた。しかしこれではほんとうの読みの指導とはならない。教科書も，その中の教材を契機として，児童が知識情報を得るため，楽しむため，何をどう読むべきかを指導することが，読みの指導であるという立場で編集されている。

したがって，教材を補充するため，図書館の蔵書の中から基本図書1332冊を選定し，教材として役だてている。また，副読本として，採択している以外の教科書２種を，１学級分各学年に準備し活用している。

また，第９号まで発行した学校文集「田園」は，かっこうの教材として使用されているほか，つぎのような教材を収集，利用している。

(ア)　読解を補うための教材

絵・写真・絵はがき・地図・スライド

市販されているものでそのまま教材となるもの，画報，写真集，雑誌などから収集したもの，教師や児童の自作になるもの，各家庭からの寄贈によるもの，などがある。主として他教科に用いられる教材でも活用できるものは大いに転用する。

(イ)　知識や情報を得るための教材

「指示文，説明文，解説文，報告文，記録文」文集，副読本の中で適当なものは教材とし，基本図書などで適切なものはこれをプリントした。

「新聞・雑誌の記事」小学生向きの新聞，雑誌の中から知識的記事でよいものは収集している。





「掲示」は学校学級内の掲示，駅などにある掲示

「広報」は学校・官庁・会社から出されるもの

「宣伝・広告・ポスター」は学校内，地域社会内のもの

「新聞」は小学生新聞・学校新聞・学級新聞・壁新聞など

「雑誌」は小学生向きの雑誌，学習雑誌など

(ウ)　経験を広め心情を豊かにする教材

「童話・物語・伝記・詩・脚本」などは図書館蔵書の中から，単元の学習内容の立場から教材を選定している。

教科書の物語教材などで，割愛されている部分が単元展開の上で必要と思われるものは，プリントして補助教材とした。また学習の発展としての読書指導のためには副読本を利用しているほか，関連読み物を，単元ごとに二，三編選定し，原典として必要なものはこれを備えている。基本図書の約３分の１にあたる417冊がこの分野に当てられている。

ウ　書くことの教材

生活を書いた文，手紙，感想や意見，さまざまな記録，説明や報告の文，文集などが収集されている。

文集「田園」は，年度初めに，作文題材を単元展開の中で月別にとらえ，計画したものの成果であって，文集も月別に単元順に配列した。

また，読書感想文集が，読書週間の行事のまとめとして編集されているがいずれも好個の教材として利用されている。

エ　文字，語句，ことばのきまりについての教材

(ア)　カード

新出漢字カード，筆順，画数，部首

音・訓・提出されるページなどを記入したものを作成し，単元ごとにまとめている。

ローマ字カード　語型をとらえ，読みをはやめるためのカードを作成している。

文型カード　ことばのきまりの学習と結んで，基本文型を練習するためのものをつくっている。

(イ)　図　表

校正記号と校正のしかたの図表，かなづかいについての図表

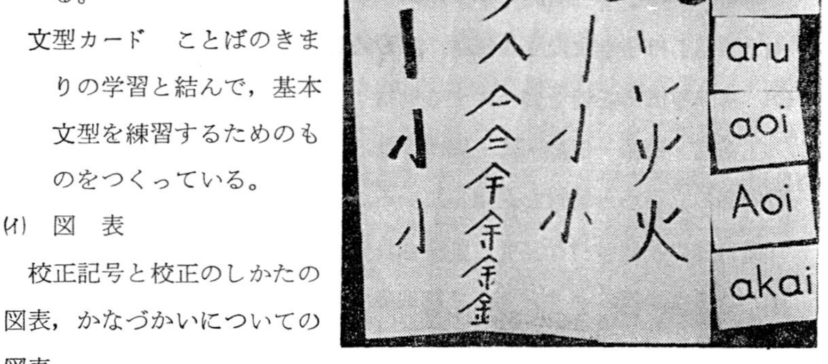


○　国語教材一覧　　39. 3. 31日現在

| 領域 | 教材 | | | |
|---|---|---|---|---|
| 聞く・話す | レコード | 20枚 | 絵 | 5枚 |
| | テープ | 9本 | 紙しばい | 5組 |
| | 図画 | 2枚 | | |
| | 図 | 2枚 | | |
| 読む | 表 | 71枚 | 写真 | 20枚 |
| | カード | 15組 | 絵はがき | 12組 |
| | 補充文 | 7組 | スライド | 13組 |
| | きりぬき | 5組 | | |
| 書く | 例文集 | 16冊 | 学級新聞 | 5枚 |
| | 例文例 | 14組 | | |
| | カルタ | 1組 | | |
| | 絵日記 | 5冊 | | |
| 文字 | 新出漢字カード | 881枚 | | |
| 語句 | 語法カード | 12組 | | |
| 語法 | 表 | 25枚 | | |





かたかな書きについての図表
句読点その他に関するもの
語法に関する図表
漢字とかなの使い分けに関する図表
漢字の字体に関するもの
漢字の音・訓についての図表
などを自作している。

### 社会科における場合

(1)　教材の特質

社会科は，児童に社会生活の正しい認識と理解を得させ，民主的な国家，社会の形成者を育てあげようとしている。よい社会人になり，よりよい社会をつくるために，社会のしくみを学びとらせる教科であるといえる。社会のしくみを知るためには，社会の事象をはあくすることから始まる。事象をはあくするとは，その事象のもつ社会的意味に気づいたり理解していく知的な受け取り方をすることである。この間，あるべき姿を求めて，そこに問題のあることを知り，その解決の方法を考え，民主的な態度を身につけることができる。一つの社会事象は，それ自体として孤立しては存在しえない。かならず他の事象と密接な関係をもっている。そこで事象相互の関係をつかむことがなされなければならない。このことを次々にとらえることによって，複雑な社会のしくみが解明されていく。そこに問題を解決する学習の本質があるといえる。もちろん児童にとって複雑な事象の関係はあくは困難であるから，比較的簡単な空間的，時間的な関係とか，それらの因果関係や，さらに直接的なものから，間接的なものへと学習を進めなければならない。

いずれにせよ，社会科の学習は社会事象の提出から始まる。社会事象はなんらかの形で，資料化されて提示されなければならない。つまり学年が進む

につれて，取り扱う社会の事象はきわめて広範囲となるのであるから，教材はじゅうぶん吟味されなければならない。以下，その留意すべき事項について述べる。

ア　教材は学習目標を達成するために構成され，学習内容を解き明かす手がかりとなるものでなければならない。すなわち，学習内容に即応できるような教材をもつことが必要となってくる。

イ　学習は関連的に，発展的に進められるので，教材自体，内容や表現が易より難へ，簡より繁への段階を踏まなければならない。

ウ　児童の発達段階にあったもの。すなわち児童が認識しやすく，思考が容易に進められるものでなければならない。

エ　個々の教材が正確であり，信頼できるものでなければ，社会のしくみの正しい追求はできがたい。

オ　教材の特性をじゅうぶんはあくしてかかること。1個の教材では満足すべき結果はなかなか得られないし，教材の限界をじゅうぶん見通して活用することが必要である。

基本的には上記のような立場にたって，教材を考えているのであるが，児童の学習する社会事象には，直接経験できるものと，間接経験によらなければならないものとがある。また，空間的にも時間的にも直接経験に訴えられないものが多く，この場合には，児童とのギャップはますます大きくなっていくのである。そこで，教材の選択とかその組織化，さらに学習指導そのものにも一段とくふうがいることになる。すなわち直接に経験できるものを土台にして間接経験への橋渡しをし，さらに認識や思考を容易にするような教材を用意しなければならない。

(2)　教材収集の観点

有効な教材となるための基本的な条件は上述のとおりであるが，教材を収集し，選択するとなると，「あれもこれも」の立場でなく，「あれかこれか」





の立場にたって選択されたものでなければ「はたらく教材」としての意味はうすれてくるといわなければならない。「はたらく」とは，学習過程の展開の中で，指導計画の目標や内容と密着し，教材そのものも独自の機能を発揮することである。その機能としては次のようなものが考えられる。

ア　学習への興味や関心をもたせ，学習意欲を誘発するもの。

イ　学習問題のはあくや学習の発展する契機となるもの。

ウ　問題を整理し，経験の拡大を図ったりするもの。

エ　理解や思考を深め，問題を多角的に考えさせるもの。

オ　学習した内容を整理し，確実におさえていくもの。

問題解決の学習を重視する社会科では，当然，学習の機能を重視していくが，そこに投入される教材も独自な形態や内容をそなえているので，それらの特性をじゅうぶん考えて，学習の機能を発揮させることが何よりもたいせつなことであるといえる。

(3)　教材の整備と充実

教材の種別はいろいろあるが，「言語的な表現によるもの」「視覚的な表現によるもの」「聴覚的な表現によるもの」の3分野で考えてみると，

ア　言語的な表現による教材

この中には，図書を主体に，雑誌・新聞・パンフレットなどが含まれる。図書館に納められている図書類の中から，本校の基本図書（第Ⅲ章2—(2)）が選定されているが，社会科に関係するものは，分類の20，30，50，60の分野にあるものから337冊の本が選ばれている。内容的にみると，概説的なもの，伝記・統計・年鑑類が多く選定されている。社会科で基本図書を活用する際には，次のような点を留意した。これらの留意点は他の文字メディアについても，ほぼ共通しているとみてさしつかえない。

たとえば，6年の「日本の歩み」に例をとると

・　日本史物語（朝日新聞社）

- 日本の歴史……ジュニア版（読売新聞社）
- 目でみる日本史物語（偕成社）
- 絵で見る日本の歴史（国民図書刊行会）
- 新しい日本の歩み（保育社）
- 日本史図録（吉川弘文館）

これらは難易の度合はあっても，歴史に関する一般的な概説書とみてよい。したがって教科書を内容的に補充するという立場で利用する。主として知識の整理の段階で役だてるとか，平易のものについては，導入の段階で教師のほうで指定したページの所を読ませ，問題はあくの契機をつかませるのに役だてるとよい。ただし，「日本史図録」は難解であるし，原文による資料が多くとりあげられているので，教師が原文の意味をそこなわない程度で平易な形にかきなおしてプリントにし，どの単元のどこで，どのように利用するかの案内を付けて，学級の $\frac{1}{2}$ の児童数に当たる枚数をファイルしておく。プリントは教材そのものであって，これによって歴史的な認識とか思考をねりあげていくようにしている。ややもすると安易に流れやすい歴史学習を，時代を動かす歴史的な事象を追求する学習としてとらえることが可能となってくる。

次に伝記の活用についてであるが，

たとえば，

- 聖徳太子（あかね書房）
- 紫　式部（金子書房）
- 親　鸞（講談社）
- 豊臣　秀吉（あかね書房）
- 徳川　家康（金子書房）
- 平賀　源内（国土社）
- 福沢　諭吉（金子書房）

などがある。もちろんこれらの伝記を指導計画の教材欄へ位置づけようとしているわけではないが，児童の課外読み物として重要な資料となるであろう。





社会科統計年鑑類の利用については，現在のマスコミの攻勢の中でその活用について最も積極的にならなければならないものの一つであろう。社会事象を感覚的にとらえやすい児童に，統計が示す客観的な教材をどう与え，それによって，何をどのように見せるかは，たいせつな問題であるといえよう。

※　ただその利用の中で，特に留意すべきことは〝統計〟という数の魔術にかからぬことである。統計数字を追うことによって，科学的な認識なり，思考が成立したとみるのは早計であろう。小学校の段階では，統計を実感としてささえるような写真とか切り抜きを示しながら，統計年鑑は使うべきである。

新聞・雑誌・パンフレット類も最新の情報を得るために必要欠くことのできないものである。新聞にも各種のものがあるが，特に業界紙とか各種の団体機関紙はそれぞれの方面の詳しい資料を得るために有効である。

「首都圏の構想を探る」とか「新しい日本」「東京都経済情報」「大田区報」など学習の場へ投入できる材料を含んでいるものは，㊋とマークしておき，後日拡大していく。朝日グラフとか毎日グラフ類も，現時点で社会の動きをとらえた写真記事が多いので，児童の学習を容易にするのに役だつ。しかし一度はプールしておき，学習の過程の中に位置づけ吟味してから，ファイルすべきであろう。

イ　視覚的表現による教材

映画フィルム，スライド，写真，絵はがき，図表，地図，掛け図，模型などは，文字による抵抗をできるだけ排除する上から多く用いられるが，学習を展開するにあたって，貴重な教材となる。視覚によるものは，他の感覚を通して提示するよりも，その内容が児童に伝達しやすく，理解や認識もいっそう容易で，確実になっていく。しかし，あくまで利用の目的と方法を教師が身につけていなければ効果は期待できない。これらの教材には，既製のものから選択したものと自作したものとがある。

○　写真・絵はがき類

写真には，新聞・雑誌などからとるものと，学習のねらいにあわせて自作したものとがあるが，低・中学年にあっては自作のものが多く，高学年にあっては，雑誌（朝日グラフ・毎日グラフ），新聞などからとったものが多い。その特性としては，まず事象の実際の姿を示し，見る者にその場に臨み，それに直面する思いを感じさせることができる。しかし空間的，時間的にある制約を受けるし，動きの要素が取り除かれるが，それは幾枚か組み合わせるとか，文字による説明を加えるとかして，その短を補うことができる。また，自作された写真の裏側には，その解説がつけてある。

上掲のものは農家の仕事の中で，「いねを作る仕事」を一連のものとしてとらえたものである。さらに昔と今のようすを対比させる組み方も考えられる。

大正末期の田園調布駅舎

――上は現在，下は大正末期――





たとえば，前ページ下の「田園調布駅舎の昔と今」（3年）

教材の位置づけがなされるためには，教材がばらばらに作られたのではなく，学習の目標に到達するための動的な位置づけがたいせつであろう。

○　地図・掛け図・図表類

地図については従来から収集してきたが，37年度から立体地図とか，模型類について整備してきた。読図力を高めるとか，空間意識を深めるとか，地図利用の能力を養うとかの目的によって収集する地図類にも違いがあってよいし，その利用のさせ方にも違いが生じてよいであろう。本校の力点をあげると次のようである。

①　空間意識を育て深めるために

「地図は現地ではない」ということがいわれているが，低学年のこどもたちは，現地を絵地図に表わすことですらむずかしい。したがって現地を実際に歩かせると同時に，写真などを併用して，事実の観察を助け，部分の観察を全体の中へ常に引き入れてやることがたいせつである。この意味で砂模型とか紙細工による立体模型などが有効である。

②　読図力を高めるために

各種の条件から社会事象を科学的に追求することが，読図力を高める大きな要素となる。たとえば，4年の「盆地のくらし」を学習する場合，甲府盆地の地図で，等高線をたどると，果樹栽培，米作，養蚕の地域が歴然としてくる。「各地のくらし」を学習するときには，そのとりあげてくる地方の5万分の1の地図なども1部用意しておくことが必要である。文字による観念的な受け取り方より，地図による半具体的な受け取り方がより有効であろう。

図表類については，グラフ化されたもの，図に表わされたもの，文字と併用されたものなど各種であるが，全体的に，ⓐ　平面的なものの中で，つとめて立体的な表現方法をくふうした。ⓑ　児童とともに作成するように意図したこと。ⓒ　部分的なものでなく，全体の中で部分をできるだけとらえようとした。

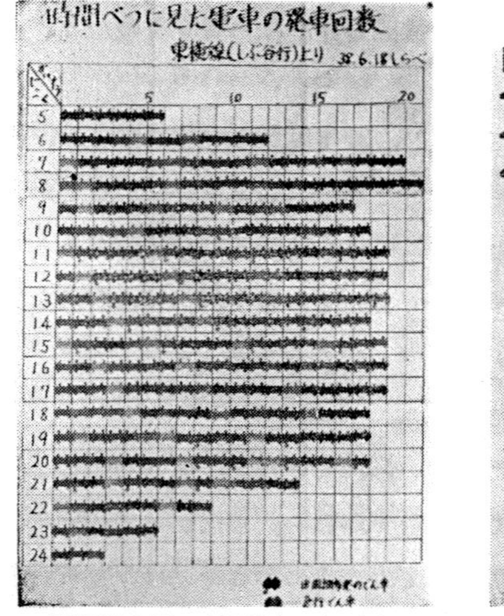

田園調布駅の利用状況（3年）

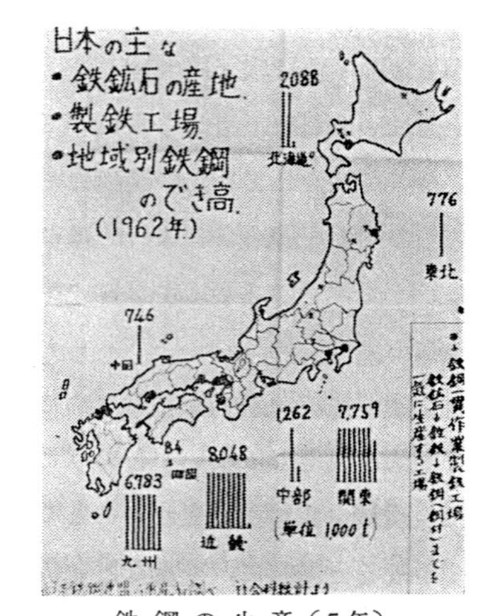

鉄鋼の生産（5年）

ウ　聴覚的表現による教材

録音テープとかシンクロファックスシートなどは，この分野で有効な教材となりうる。現地のなまの声をとることは，学習に生気を与え，児童の感動をよびさますのによい。たとえば「駅の人から聞いた話」「工場の多い町にいるこどもの声」「市場で働く人の話」「消防やけいさつの人からきいた話」「おじいさんやおとうさんのこどものころ」など，実際の声を集録してとっておくとよい。また図書の中にのせられているものや新聞に報道されたなまの声など教師がよんでやってもよいし，録音をとって保存し，随時学習の展開の中で活用することができよう。

社会科の教材は多岐にわたるので，あれもほしい，これもほしいと欲ばればきりのないことである。まず学習のねらいに即応できるような体制の中で





精選された教材こそ有効なものであろう。特に教材を系統的に発展してくんでいくことは，社会科の教材作成に与えられた課題の一つである。また，教材は一度収集されれば，いつまでもそれを使うという固定化されたものでなく，指導計画の改訂や，指導法のくふうに応じて，常に更新される必要があろう。

## 算数科における場合

### (1)　教材の特質

学習内容が理論的で系統的であるという点では，他のどの教科よりはっきりとしている教科である。したがって，すべての学習が，過去の学習の上にたって生まれ，過去の積み重ねがないと新しい内容を理解することはできない。また新しい内容は，過去の内容がじゅうぶん理解されていると，そこから生みだし，作りだしていくものである。他から教えられるものでなく，自分で発見し創造していくものである。こうして作りだしたものを，実際の場に適応していく態度もまたたいせつである。このような教科の特質から見た教材は，他の教科と違って系統をじゅうぶん考えたものでなければならない。児童の思考を助け，自学自習するようなものでなければならない。さらに，これに適応するためにドリルもたいせつであることを考える必要がある。しかし，図書館に収納することのできる教材となるとさらに制約を受け，実際に教材を収集作成するのにいちばん問題のある教科ではないかと考えられる。

算数科の教材を機能の面から考えてみると

- 概念の理解に役だつ教材
- 原理や法則の理解に役だつ教材
- 技能の習熟に役だてる教材

に分けることができる。

(2)　教材収集作成上の観点

一度に全部の教材を収集作成することは困難であるので，まず最初にどのようなものを収集作成したらよいか協議した。その観点をあげると，

・算数科の授業を行なう上で，教師が異なっても必ず用いられると思われる教材。

教師が異なると，指導法も異なり，それに伴なって使われる教材も異なるものである。しかし，指導内容によっては，だれが作成しても，同じような教材があるのではないかと考え，それらをまず作成することにした。

・各学級に常置したい教材

教師が必要に応じて，いつでも随時に指導しなければいけないものがある。それらの教材はどうしても，各教室に備えておかないと不便である。

・系統的に考え方を指導するのに必要な教材

教科の特質でも述べたように，算数科ほど系統を重んじる教科はない。しかし，小学校では各教師が全教科を担任しているので，ややもすると，教科の系統を忘れる場合がある。このような障害を取り除くためには，どの教師でも，系統性をじゅうぶん考えた指導が可能となるような教材を考えなければならない。

・教科書にはないが，算数科の指導でたいせつと思われる教材

教科書の内容が必ずしも最上の教材とはいえないと思われる。そこで補なうことが望ましい箇所を指導計画の上で明示するとともに，教材を作成しその手びきをも作る必要がある。

さらに，教材についての選択基準を考えた。その基準は次の6項目である。

○　指導のねらいに直接結びつくものであること。

○　考え方を一般化させるのに役だつものであること。





○　こどもに思考させたり，思考を助けたりするものであること。

○　機構が簡単で扱いが容易であること。

○　客観性，信頼性が高く，しかも真実感のあるものであること。

○　作成が容易で経費が安いこと。

(3)　整備充実の状況

ア　教材整備充実の手順

・指導計画の検討……これによって教材一覧表を作成する。

・一覧表から本校に現有するもの，現有しないものに分け，現有しないものについては自作・購入の別に分ける。

算数科で使用した調査用紙

| 月 | 小題目 | 図書以外の教材 | 学校にない教材 | 購入<br>自作の別 |
|---|---|---|---|---|
| | | | | |

・自作教材，購入教材の一覧表を作り，収集作成の観点によって順位をつける。

・自作教材の内容を具体的に各学年ごとに検討する。

イ　実際に作成した教材の一覧表

| 教　材　名 | 学　年 | 作成数 | 備　考 |
|---|---|---|---|
| 色カード | 1～4年 | 各　自<br>学校60組 | ・教科書にない教材<br>・系統的指導のための教材 |
| 数図カード | 1年 | 5組 | ・一般性のある教材<br>・ドリルのための教材 |
| 加法・減法・九九カード | 2年 | 〃 | |
| 乗法・除法・九九カード | 3年 | 〃 | |
| 仮商練習カード | 4年 | 〃 | |
| 三角定木の使い方 | 3年 | 1 | ・基礎操作の理解のための教材<br>・組み写真で使ったもの |
| コンパスの使い方 | 3年 | 1 | |
| メートル法の単位相互関係を示す図 | 1～6年 | 35 | ・系統的指導のための教材<br>・ドリルのための教材 |

| | | | |
|---|---|---|---|
| ○×グラフ　①　② | 1年 | 3 | ・系統的指導のための教材<br>・教科書にない教材 |
| 棒グラフ　①　② | 2・3年 | 3 | |
| 折れ線グラフ | 3・4年 | 3 | |
| 帯グラフ | 5・6年 | 3 | |
| 円グラフ | 5・6年 | 3 | |
| 式と公式のしおり | 1～6年 | 各180組 | ・自学自習のための教材 |
| 三角形，長方形，正方形の大きな模型 | 1・2年 | 各3組 | ・指導上の問題点を解明する教材 |
| 直方体・立方体の展開図 | 2・6年 | 各60組 | ・原理法則をつかむ教材 |
| 四角形の特殊一般の関係と　①　② | 5　年 | 各60組 | ・指導上の能率化を図る教材 |
| 平面図形構成板 | 1～6年 | 2 | 〃 |
| 角の指導板 | 4　年 | 60個 | ・原理法則をつかむ教材 |
| 長さの単位（1㎝） | 1・2年 | 6,000本 | 〃 |
| 面積の単位（1㎠） | 4　年 | 6,000個 | 〃 |
| 以　下　　省略 | | | |

ウ　教材の解説

数図カード（1年）

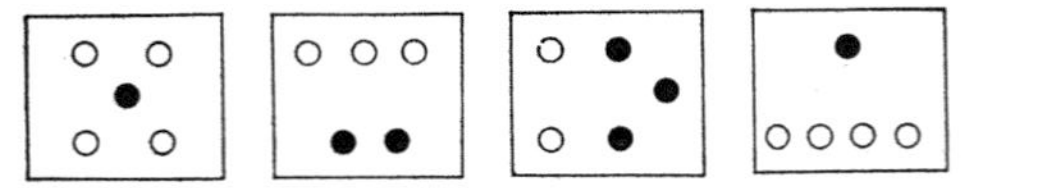

加法・減法・九九カード（2年）

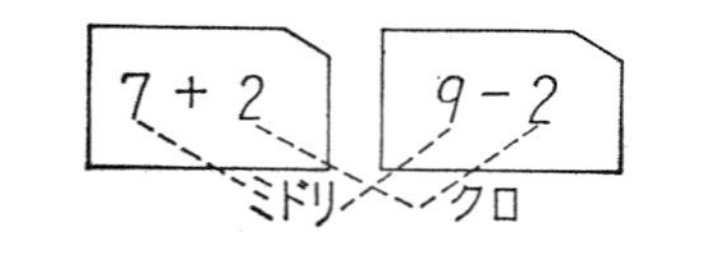






コンパスの使い方の例（3年）

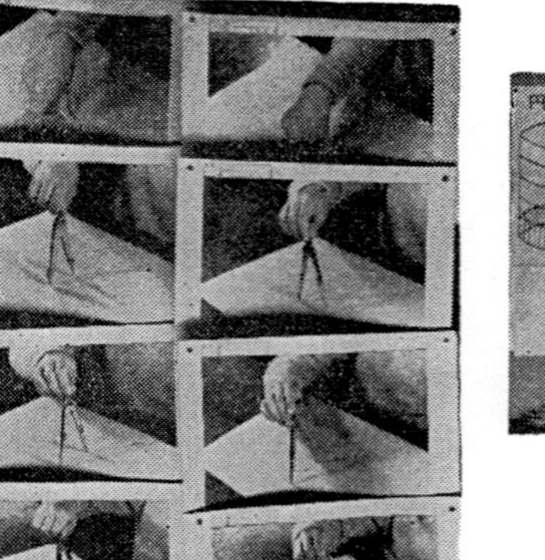

図形測定教材（4年）

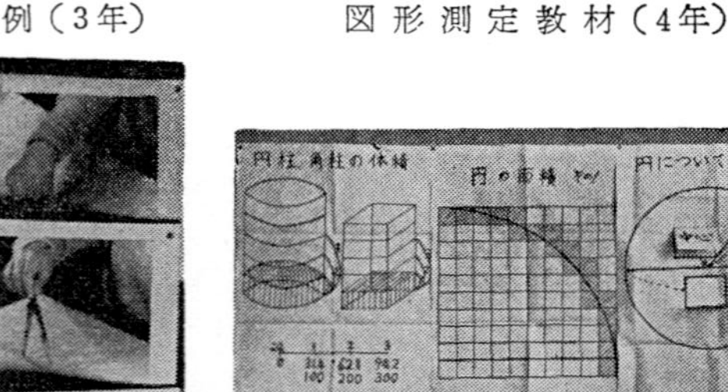


### 理科における場合

(1)　教材の特質

小学校における理科の目的として，理科学習は，①自然の事物や現象から問題をとらえさせること。②児童を直接，自然の事物や現象に触れさせて学ばせるということ，という二つの大きな柱によって貫かれている。

したがって，理科学習では，単に教科書だけでなく，野外の観察や採集，動植物の飼育や栽培，物理や化学の実験観察，天体や気象の観測など，相当活動的な学習が，中心になってくるのは当然である。

こうした教科の特質から，それぞれの単元の指導目標を達成するためには，その展開にあたって，どのような教材を，どのような授業の展開の場でまたどのような学習の効果を期待して利用したらよいかを，じゅうぶん研究して，これらの収集を考えなければならない。

次に掲げるものは，4年生の「池や小川の植物」の単元の指導を中心とした教材収集の具体的な経過である。

この学習の指導内容を分析してみると，その指導の中心は，水生植物の著しい形態的な特徴をとらえることと，これらの植物の環境適応の姿について理解させることがねらいである。

しかし，児童が，直接水生植物の自然の生態を観察することは，なかなか困難であり，したがって，学校の観察池や，教室にそれらの植物をもちこんで学習するという形をとるのである。

こうした学習では，どうしても，それらの植物の形態的な面の学習内容が中心となって，生態の特徴をとらえることはできないのである。

このような欠陥を補なうために，水生植物の生態を示す写真，あるいは，スライドなどは，非常に有効な教材であり，それを一見して，生育の自然の状態がわかってくるし，環境適応の姿にも思考を広げることが可能となってくる。

また，「ウキクサ」について，その形態的な内容の学習を展開していく場合，その浮きやすいしくみの一つとして，葉状体にある気体の存在に気づかせるのであるが，このことを実証し，理解を定着させるために，葉状体の断面を拡大した顕微鏡写真を用いることも，有効な手段として考えられるのである。

以上，二つの教材の例をあげて，学習に利用する教材収集の立場と，学習との関係を説明したが，これら二つの教材以外にも有効と思われるものを準備したのであるが省略する。

ここでたいせつなことは，一つの単元を展開する場合に，その学習内容を相当細かに分析して，具体的目標を抽出し，そこから有効な教材を精選していく研究過程に相当の時間と労力をかけることが必要である。

いたずらに教材が多すぎては，効果的な指導は望めず，かえって学習のねらいがぼけてしまう結果になってしまうであろう。

また労力と時間をかけて作成した教材も，それらを，学習のどの場でどの





ような提示のしかたをしたらよいか，などという実際指導の研究の中で精選されたものでなければならない。

(2)　教材収集作成の観点

収集する教材が，実際指導の，どのような場で，どのように利用され，どのような効果を期待するかという教材そのもの の もつ 機能の面から分類して，次に述べる三つの観点を設定して，収集の方針とした。

イ　自然の事象を抽象化して，理解を助長し，思考を伸ばすもの。

野外観察にでかけるときなど，ただばく然と自然に接するのではなく，観察の焦点をはっきりさせるために，事前の指導に利用できるもの，植物を中心とした四季の変化の時間的な推移が，同時に教室で対比できるようなフィルムスライドの作成も行なわれた。

また天体の学習では，月の形の変わりかたが，方角と時刻と関連して考えることのできる写真の撮影も計画している。

今後は，いま述べたような教材の収集が中心となってくる。

ロ　実験，観察，飼育，栽培などの 基礎的な 操作や 技術を 高めるためのもの。

理科学習において指導の盲点となっているものに，実験観察，飼育，栽培などの基礎的な操作や技術の不足をあげることができる。

ときには，高学年になっても，マッチで点火することができない児童がいたり，薬品の危険な扱い方をしていたり，顕微鏡の操作のできないもの，これらと似たいろいろな場面が見られるのである。

事物に即し，実際のものに接するといっても，その接し方に，科学としての方法があり，その操作のしかたに，一定の順序がある。

これらのことは，理科学習でねらう，合理性の追求にも大いに関連をもつものである。

各学年の指導段階にあうように，各単元を分析し，その中から，操作や技術

の指導の必要のあるものを抽出して，主として，組み写真の形態で作成した。

第１次の収集計画を，ここにかかげた観点によるものに中心をおいて，実際収集を行ない，大部分終わった。

ハ　問題解決に補助的な役割を果たし，また，学習の発展の場で，児童の興味や関心を助長するもの。

児童に新しい知識を提供し，問題解決の方法を児童なりに考えたり，発展の場において，興味や関心を助長する教材や資料は，図書写真，切りぬき，パンフレットなど，相当，広い範囲から収集でき，選択も容易である。

たとえば，水中プランクトンの各種写真の切りぬきは，この学習の興味への手がかりとなるだろうし，雲の美しい天然色の写真は，観測への関心を高めるに役だつであろう。

また，こん虫の生態を内容とする図書は，学習への関心と興味を深め，自然愛護の心情にも発展することを期待する。

これらの教材や資料は，具体的な指導の展開の流れの中に使われるとともに，一定期間の掲示も有効な機能を発揮するであろう。

(3)　教材，資料収集の状況

教材，資料の収集作成にあたって，次のような収集計画をたてて，作成活動を始めた。

イ　第１次収集計画として，収集の観点「ロ」の基礎的な操作や技術に関する教材を中心として，行なうことにした。これらは，主として自作によるものである。

ロ　第１次収集計画の作業と併行して，収集の観点「イ」の自然の事物を抽象化して，理解を助長させ，思考を伸ばすためのもののうち，季節的に時期をはずしてはならないものは，優先させて収集にあたった。

これらのうち，「季節だより」の教材として位置づけた自作スライドなどは，季節感をはっきり表現することと，地域的な親しみもねらって，天然色





フィルムとした。

また，同じ観点に属する他の教材については，個々の単元の指導内容を細かに分析し，実際指導を通して，相当の時間と労力を必要とする内容のものであるので，第１次の収集計画終了後に，具体的な研究計画をたてて，とりかかるつもりである。

ハ　収集の観点「ハ」問題解決に補助的な役割を果たし，また，学習の発展の場で，児童の興味や関心を助長するものを内容とする教材，あるいは資料は，第１次収集計画にくり入れ，随時収集活動を行なうこととした。

全体的に，既成，あるいは市販されている教材，または資料も検討を加え，指導の中に生かすことのできるものは，積極的に取り入れることにした。

ニ　第１次収集計画表

次に掲載する表①は，第１次収集計画表の形成と記載事項の内容を示すもので，これを各学年別に作成し，検討を加え，実際収集活動にはいったのである。

表①　第○学年　理科教材（資料）収集計画表　No.

| 単元配当月 | 単元または題材 | No. | 観点別記号 | 教材または資料の内容 | 形態または種別 | 規模 | その他 |
|---|---|---|---|---|---|---|---|
| （4月〜3月） | （指導計画の配当単元，または題材名） | （学年別に通し番号を記入） | （収集の観点別にA，B，Cに分類した記号） | （教材，資料のもつべき内容，またはもつ内容を記入） | （教材，資料の形態，例えばスライド，写真，切りぬきと，自作，市販の別を明らかにする） | （教材や資料の規格，数量，組数など） | （必要な経費の予算，作成の順位） |

さらに，上記の形式で作成された計画表をもとにして，表②に示すような教材個々の作成カードを作って，具体的に作成収集作業を始めた。

表②　　教材（資料）作成カード　　No.______

| 学　年 | 単元名または題材 | 配当月 |
|---|---|---|
| 種　別 | （形態を記入） | （　）枚のうち　No.______ |
| 記　号 | （収集の観点A，B，Cの記号） | |
| 規　模<br>要　項 | （具体的な撮影の構想，形式の図示） | |
| 内　容 | （教材，資料の内容，ねらいなど要点の記入） | |
| そ の 他 | （撮影メモ　　作成年月日など） | |

ホ　収集された教材

次の表③は，収集した教材のうち自作の一部である。

（記号などは該当項目参照）

表③　　（収集の観点　ロに属するもの）

| 領域別 | 作成No. | 形態 | 標　題 | 枚数 | 関連する学習内容と学年 |
|---|---|---|---|---|---|
| A | 1 | PH | さし木のしかた | 10 | 3年「さし木」 |
| | 2 | PH | 顕微鏡の扱い方（No.1） | 7 | 5年「花と虫」「水中のび生物」<br>6年「カビ」「キノコ」「せんい」「植物の根，茎，葉のしくみとはたらき」 |
| | 3 | PH | 顕微鏡の扱い方（No.2） | 16 | |
| | 4 | PH | ふなの解剖 | 35 | 5年「魚の生活」（観点イにも用いるものもある） |
| | 5 | PH | スライドグラス・カバーガラスの扱い方 | 8 | 5年「花と虫」「水中のび生物」<br>6年「カビ」「キノコ」「せんい」「植物の根，茎，葉のしくみとはたらき」 |
| | 6 | PH | 貝の解剖 | 10 | 4年「貝のからだ」 |
| B | 1 | PH | 温度計の扱い方 | 5 | 3年「温度しらべ」 |
| | 2 | PH | 温度計の使い方 | 4 | |
| D | 1 | PH | 虫めがねの使い方 | 9 | 3年「むしめがね」「あぶらなの花」<br>4年「エンドウ」「虫の一生」「生きものの冬ごし」 |
| | 2 | PH | 上皿天秤の扱い方 | 12 | 4年「てんびん」<br>6年「金属とさび，重さくらべ」「ハンダつくり」 |
| E | 1 | PH | アルコールランプの扱い方 | 20 | 3年「うがい水つくり」 |
| | 2 | PH | ガスバーナーの扱い方 | 8 | 4年「水，水じょう気，こおり」 |
| | 3 | PH | ろ過のしかた | 7 | 4年「しおつくり」 |
| | 4 | PH | 薬品の扱い方 | 8 | 5年「酸とアルカリ」 |





表④　　自作スライド（一コマ天然色）

| 作成No. | 形　態 | 標　題 | 枚　数 |
|---|---|---|---|
| 1 | SL | 田園調布の春 | 20 |
| 2 | SL | 田園調布の夏 | 37 |
| 3 | SL | 田園調布の秋 | 20 |
| 4 | SL | 田園調布の冬 | 20 |
| 5 | SL | 季節だより（春） | 24 |
| 6 | SL | 季節だより（夏） | 14 |
| 7 | SL | 季節だより（秋） | 15 |
| 8 | SL | やどりぎ | 9 |
| 9 | SL | 湿地の植物 | 14 |
| 10 | SL | あさがおの育ち方 | 13 |
| 11 | SL | 観音崎の生物 | 20 |

(4)　教材の精選と学習への位置づけが，今後に残された大きな課題である。

一つの単元の学習内容を分析して，細かな指導の段階をふまえ，どこに教材を投入するかという研究，それだけでも相当の研究問題である。

したがって，教材選択と併行して，学習指導法の研究がなされなければ，生きたものにはならない。

理科本来のねらいをしっかりとおさえ，教材のもつ意味，機能をじゅうぶんに生かすことが，これからの研究課題である。

### 音楽科における場合

#### (1) 教材（資料）の特質

児童の音楽的感覚を伸ばし，豊かな創造的経験を与え，音楽性を高めることを目標とする。音楽科の学習は，つぎの四つの活動によって展開される。

「聞く」「歌う」「ひく」「作る」という活動である。

これらの活動は，すべて「音」を中心としている。しかもその「音」は，時間的な流れの中で，とらえられなければならないものであるから，音楽科の学習では，どうしても，その質や内容とともに，それを感受する「聞く」という働きを最もたいせつにしなければならない。

たとえば，器楽学習に例をとってみよう。

3年生の「春の小川」を指導する過程で，「木琴の正しいひき方」を児童に体得させたいと考える。

この場合，その学習を，より効果的にするため，いくつかの教材が用意されるとする。

- 木琴を正しくひくための正しい姿勢
- バチのもち方
- けん盤に対するバチの位置（角度・高さなど）

など，写真や絵によって，木琴演奏の基本的なことを理解させるのである。これは一般的に考えられる普通の教材であるが，これらの教材はすべて視覚によって，理解させるものであり，「木琴の正しいひき方」の学習のね





らいである，児童自身が，それぞれ美しい音をだすことができるようになるためには，もっと別の面から考える必要がありはしないであろうか。

すなわち，視覚的なものより，聴覚的なものに重点をおくのである。

いわゆる，「木琴の音」そのものによって，児童に，「木琴の正しいひき方」を考えさせ，練習させる方法である。

たとえば，テープを利用して，

- 乱暴に打った時のいやな音
- 右手で強く打ち，左手はじゅうぶんに打たれてないときの音の乱れ
- バチを握りしめたときの響かない音

など，児童自身が常に経験する，木琴の音と，正しく美しく演奏しているときの木琴の音とを，実際の音を通して比べさせるのである。

こうすれば児童は，おのずから，自分の意志を中心に，より美しい音をだそうと努力するであろう。

このようなことは，鑑賞はもちろん，歌唱，創作の面でも，じゅうぶん考えられることであって，このような教材こそ，音楽科の特質に根ざした，よい教材といえるであろう。

#### (2) 教材（資料）収集，作成の観点

以上のような点から，本校では，音楽科の教材を，収集・作成していく場合，次のようなことに，重点をおくことにした。

ア　直接音のでるもので，ききながら学習のできるもの

（いわゆる，レコード，テープ，ソノシートなどである）

しかもそれらは，できるだけ再構成し，

(ア) 鑑賞にすぐ役だつようにする。

(イ) 歌唱，器楽，創作においても，実際の音を通して，指導できる系統的なものにする。

イ　音のでる教材を，側面から，より効果的にするもの

たとえば，鑑賞における，音のでる教材としての「ベートーベンのメヌエット」のテープがあるとする。その場合，このテープの内容の，補助的役割をする。

- ベートーベンの写真
- メヌエットの楽譜
- バイオリンの演奏図

などである。

しかもそれらは，本校の現状と，指導計画に即したものであること。

ウ　教師でも，児童でも，簡単に，そのままで利用できるもの

たとえば，歌唱指導のための教材として，「きくの花を歌いましょう」というテープがあるとする。

このテープをもっていって，テープレコーダーにかけさえすれば，ピアノがうまくひけない教師でも，歌がうまく歌えない教師でも，そのテープによって，楽しく歌唱指導ができるようなものである。

(3)　整備充実の状況

さきに述べたように，音楽科の資料のおもなものは，題材に即し，すぐ役だつよう再構成したもの，すなわち教材であり，しかも，その中心はテープである。

次に，今までに作成しているものの中から，二，三の例とその概要をあげてみよう。

ア　鑑賞教材の例

5年7月「いろいろな合唱曲」（テープ）E～26

この月の題材は，「合唱と合奏」である。

1か月間に指導する内容は

- 海　ヘ長調　2部合唱曲　が，できるようにする。
- ハーモニカを中心に，旋律楽器で，海がヘ長調で演奏できるようにする。





- ヘ長調の主要三和音と旋律の理解
- 合唱の種類についての理解を深めると同時に，美しい合唱曲を楽しく味わわせる。

などである。

このテープは，この中の「合唱の種類についての理解を深め，美しい合唱曲を味わわせる」ための教材である。

その内容は，

- 合唱ということについて，斉唱との違い，重唱との違い，などを話す
- 合唱の種類については，
  ①　児童の合唱の例として，今ならっている「海」の2部合唱
  ②　児童合唱の発展として，ウィーン少年合唱団の「菩提樹」
  ③　おとなの合唱の例として，女声合唱「カッコーワルツ」，男声合唱「オールド・ブラック・ジョー」，混声合唱「越天楽」（この曲はとくに本校と関係の深い，田園調布中学校演奏のもの）

などである。

しかもこれには，側面から，このことをいっそう明確に理解させるための

- 合唱の写真
- 合唱の種類を系統づけた掛け図

などが用意されている。

イ　歌唱教材の例

4年4月　「かすみか雲か」（テープ）B～10

この月の題材は，「春のおとずれ」である。

これも「合唱と合奏」のときと同様に，1か月間に指導する内容がある。

- かすみか雲か　ハ長調が，ピアノなしで歌えるようにする。

　しかもその中で，ハ長調の視唱力をのばし3部形式への導入を図るの

である。

- ハーモニカで，正しく，かすみか雲かの旋律奏ができるようにする。
- 写譜能力を向上させる。
- くるみ割り人形の中から，マーチ（チャイコフスキー作曲）を楽しくきかせる。

などである。

このテープは，この中の「かすみか雲か」が，正しく歌えるようになるための教材である。

その内容の概要は，

① かすみか雲かの範唱をきかせる。調，拍子，速度などについて話す。
② ピアノにあわせて，リズム（♩.♪♩♩｜♩♫♩）打ちをさせる。
③ リズムの聴音をする。
④ 本をみてリズム打ちをさせる。
⑤ ハ長調について話す，速度をゆるめて，ゆっくり視唱させる。
⑥ おもな旋律の聴音をさせる。
⑦ もう一度全体を階名唱させる。
⑧ 歌詞の内容について話し，歌詞で歌わせる。

などである

しかも，これには，そのテープをいっそう効果をあげさせるための，側面教材（資料）として，

- リズム譜
- 形式を表わす絵譜
- 視唱用の短いハ長調の楽譜

などが，用意されている。

この他，器楽，創作の面からも，その例をあげるといいのであるが，ここでは省略し，次に作成されている鑑賞テープの一覧表をかかげてみよう。





音楽科鑑賞テープ一覧表

| | 1 年 | | 2 年 | | 3 年 | |
|---|---|---|---|---|---|---|
| 月 | 請求番号 | 題　名 | 請求番号 | 題　名 | 請求番号 | 題　名 |
| 4 | E～82<br>E～21 | よくしっている歌<br>楽しいマーチ<br>その他 | E～76 | さくらさくら | E～93 | 春の歌（メンデルスゾーン） |
| 5 | E～30 | 小鳥屋の店（レーク） | E～22 | くちぶえふきと犬（ブライヤー） | E～52<br>E～29 | 春の小川，金婚式（マリー）<br>茶つみ，その他 |
| 6 | E～13 | 時計屋の店（オルト） | E～43 | カッコーワルツ（ヨナーソン） | E～61 | 楽興の時（シューベルト） |
| 7 | E～45 | 森のかじや（ミヒャエリス） | E～78 | さえずる小鳥（バレロン） | E～63 | みなと，波をこえて（ローザス） |
| 9 | E～58 | くつが鳴る変奏曲 | E～59 | 踊る人形（ボルディーニ） | E～25 | 軽騎兵序曲（スッペ） |
| 10 | E～3 | たのしいうた | E～23 | トルコマーチ（モーツァルト）（ベートーベン） | E～75 | 金と銀（レハール） |
| 11 | E～87 | ガボット（ゴッセク） | E～103 | クシコスの郵便馬車（ネッケ） | E～2 | きれいな声で |
| 12 | E～102 | アメリカ巡ら兵（ミーチャム） | E～104 | 鉛の兵隊（ピエルネ） | E～95 | 楽しいピアノ曲 |
| 1 | E～80 | キューピーの観兵式（リベリ） | E～64 | ゆき，楽しきそりの遊び | E～92 | おもちゃのシンフォニー（ハイドン） |
| 2 | E～42 | 国際急行列車 | E～74 | カチカチ時計<br>時計屋の店 | E～15 | 小牧人の入場（ピエルネ） |
| 3 | E～85 | おもちゃの兵隊（イエッセル） | E～91 | にんぎょうの行進（リンデマン） | E～88 | いろいろな曲 |

| | 4年 | | 5年 | | 6年 | |
|---|---|---|---|---|---|---|
| 月 | 請求番号 | 題名 | 請求番号 | 題名 | 請求番号 | 題名 |
| 4 | E～28 | 若葉，くるみ割り人形より　マーチ（チャイコフスキー） | E～81 | 春の名曲（メンデルスゾーン） | E～19 | メンデルスゾーンの音楽 |
| 5 | E～27 | メヌエット（ベートーベン） | EL～15 | ペーターと狼（プロコイエフ） | E～49 E～57 | モーツァルトについて(トルコマーチ) モーツァルトの音楽 |
| 6 | E～56 | ペルシァの市場（ケテルビー） | E～10 E～38 | 雨だれ前奏曲（ショパン） フォスターの音楽 | EL～17 | 動物の謝肉祭（サン・サーンス） |
| 7 | E～41 | 白鳥（サン・サーンス） | E～26 | いろいろな合唱曲 | E～66 E～72 | 組曲　ペールギュント（グリーク） ペールギュント組曲(第一) |
| 9 | E～17 | おどりの音楽 | EL～20 | ウィリアムテル序曲（ロッシーニ） | EL～1 E～86 | 世界の民謡 〃（曲のみ） |
| 10 | E～16 | 愉快なかじや（ヘンデル） | EL～2 | ソナタイ長調（モーツァルト） | EL～7 | 演奏形態 |
| 11 | E～105 | きれいな歌 | EL～4 E～24 | ベートーベンの音楽 田園シンフォニー | E～31 | 世界の子守歌 |
| 12 | E～55 | スケーターズワルツ（ワルトトイヘル） | E～84 | 美しい独唱曲 | E～101 | クリスマスの歌 |
| 1 | E～68 | 輪唱と合唱 | E～97 E～54 | 有名なワルツ 楽しい行進曲 | EL～3 | 世界の音楽家 |
| 2 | E～69 | 軍隊行進曲（シューベルト） | EL～9 | くるみ割り人形（チャイコフスキー） | E～7 EL～6 | 日本の音楽 (1) 〃 (2) |
| 3 | E～99 | 音楽のたのしみ | EL～24 | ます五重奏曲（シューベルト） | EL～25 | 別れの曲（ショパン他） |

このほか，器楽についてのもの12本，歌唱についてのもの20本，創作についてのもの24本，一般的なもの50本がある。





(4)　今後の問題

以上，音楽科における教材（資料）について，現在整備されているものの概要と例をあげたのであるが，これらの教材は，つねに児童の実態に即し，あるいは，指導計画の改善に従って改訂されなければならないことは，論をまつまでもないが，録音された音や音楽，その中に入れられている話しことばなど，いっそう，実践研究された反省の上で改善されなければならないものである。

また，じゅうぶんな創作や器楽の面なども，これからだんだん充実させたい。資料相互間の関係も，音楽科では特に考慮して，ある学年，月などに固定されることなく，自由に，また有効に，活用できるようにくふうしなければならないと考えている。

### 図画工作科における場合

(1)　教材の特質

ア　興味や意欲を高めるもの

図工科は，いうまでもなく手と目と頭の総合活動によって，なんらかのものとして作り出されるという教科である。

この総合活動をささえるものは，造形への情熱であり，興味であり意欲である。これなしには満足な造形活動は営まれない。この興味・意欲が強ければ強いほど，その活動は活発になり創造的になるといってよい。

したがって，図工科の用いる教材は，第1に児童の興味や意欲をより高め盛り上げるという機能をもっていなければならない。

イ　豊かな発想・着想の源泉となるもの

図工科は，物を媒体にして自己表現をしたり，また目的を表現したりする教科である。

頭の中に発想したイメージ（映像）が，ことばや身ぶりや音によってでなく，平面または立体（空間を含む）造形として具体化されるのがその特色である。

したがって，その造形内容の貧富は最初のイメージいかんにかかるといってもよい。

教材は，そのイメージの豊かな源泉となるものでなければならない。

ウ　多様な表現形式または表現方法を示唆するもの

図工科は，具体的に手を用い，または手の延長としての道具を使用する。

したがって，常に技法上の困難や障害はついてまわるものである。

これら技法上の抵抗は，ときに創造的な思考や経験を高める契機ともなるものであるから，一概にこれを恐れるあまり，当初から親切すぎる指導や指示を与えると，かえって積極的な追求心や意欲を抑制してしまうといった結果を招きやすい。

したがって，はなはだしい危険が予測されたり，はなはだしい不合理な技法により表現が阻害されるおそれがあると予想されるものについての教材は用意されなければならない。

エ　他人の作品や，文化遺産の鑑賞・理解に役だつもの

図工科は，自己表現の具体的な経験を土台にして，他人の作品の批判や理解へ，ひいては文化遺産としての作品群を鑑賞・理解する能力をもたせるという大きな目標をもっている。

この意味において，鑑賞教材が精選され，可能なかぎり広く多く児童の視野に届くように用意され，提示される必要がある。

(2)　教材収集・作成上の観点

図工科の教材は，場合によっては学年を問わず，また領域の区別を問わず自由に利用できるものであるし，またそうした用い方が望ましい場合もあるから，一応領域別に収集・作成するのが望ましいと考える。

ア　「絵をかく」教材





「絵をかく」学習は，内容的に心の中のものをかく，外界にあるものを見ながらかくの二つに分類されるが，それぞれの明確な境界線をつけがたいという点でしばしば論議の対象ともなる。

いずれにしても，第1に考えるべきことは，ふつう用いられる導入方法，つまり話し合いなどによってもなお豊かな発想を誘い出すことの困難な時に必要なもの，という考え方で収集すべきであろう。

また，題材によって各種描画材料の駆使による新しい表現形式のくふうを促すといったものを加える必要がある。

「絵をかく」教材は，他領域の「版画をつくる」「デザインする」との関連が深いので考慮する必要がある。

イ　「版画をつくる」教材

版画には多様な版形式があり，またそれに付随して技法もまた多岐にわたっている。

これらのすべてを限られた時数の中で経験させることは困難である。したがって版形式を，紙版画（低学年），木版（中学年），ドライポイン（高学年）の3種を柱にして，それぞれから派生的に考えられるものや，またまったく別種のものも収集するようにする。

効果的な刷り上げのための必要な技法上の教材も用意する必要がある。

また，木版画や銅版画はそれぞれ伝統ある版画で古来名作も多く，これらの鑑賞教材もできるだけ豊富に収集したい。

ウ　「粘土で作る」（彫塑）教材

いわゆる彫塑には＋と－の2面があるが，従来この粘土の扱いには発展的な指導段階ともいうべきものが不明確なうらみがある。また，作るものの「形」についても目標なしに放任されてきた傾向がある。これらに明確な指標となるような教材を用意する必要がある。

また，これは実物資料となるから，その保管や提示方法にはくふうが必要

となる。

エ　「デザインする」教材

デザインの領域の特質や指導上の問題については，ここ数年来の論議の中心でもあるが，自由なパターン作り・条件下の構成練習・目的あるデザインの3本の柱にして，主としてそれらの発想源となる教材群の収集が必要である。ここでは，理科の資料群との関連流通が考慮されなければならない。

オ　「ものを作る」教材

ここでは，材料練習・役だつもの・機構工作の3本の柱が考えられなければならないが，それぞれの共通のエレメントを「着想」という観点からとらえる必要がある。

材料に対する積極的な独創的な試み，また着想の独創的なものといった点に重点をおいて収集すべきであろう。

これもほとんどが実物資料であるから，それの保管・提示方法にはくふうが必要になる。

カ　「鑑賞する」教材

児童期における鑑賞は，それが端的に表現につながってはじめて有効といえる。教養として理解するのでなく，創造活動の契機としてあると考えるべきであろう。したがってそれは各領域ごとにその必要によって選択され，また提示されるように用意されていなければならない。

廊下やホールその他の場所に，半永久的にまたは時期的に展示されるものはすべて鑑賞教材と考えなければならない。

教材の性格によってこれらの展示時期・方法などくふうする必要がある。

(3)　整備・充実の実際

ア　「絵をかく」教材群

児童作品<全国的に，また本校児童作品より>を中心に，関連がありかつ鑑賞教材ともなる作家の作品<美術出版社より>および必要な参考写真<各





種写真グラフより>を選択収集した。

これらは，教室で提示したり，壁面にかけて児童の視野に適当な大きさを必要とするので大版の台紙<57cm×41cm>に張り付けた。裏面に解説を付し「図工科平面資料ロッカー」（特別製）に収納した。

また，参考写真類はインフォメーションファイルとしてキャビネットに収納した。これは時日を経るにしたがい必要に応じて更新されていくべきものである。

イ　「版画を作る」教材群

版画教材は，収集作製の観点にしたがい各版種，各技法にわたってできるだけ多様に収集し，選択をした。

なお，伝統的な木版および銅版などの鑑賞教材は，適当な大きさと良質の印刷のものは費用の関係で入手が困難であるので，現在の収集ではじゅうぶんとはいえない。

ウ　「粘土で作る（彫塑）」教材群

ほとんどのものを本校児童作品から選択した。半立体（レリーフ状）のものは壁面にかけられるように台板上に構成し，立体作品はあき箱のユニットに納め立体教材展示場を構成して展示するようにした。

エ　「デザインする」教材群

デザイン教材は，自由なパターン作り，条件下の構成練習ともに一応作品を整えたが，目的あるデザイン教材はまだ完全とはいえない。特にデザインは「物を作る」と密接不可分の関係があるので，その領域との関連で教材の位置づけを明確にしがたい場合が多いので問題が多い。

オ　「ものを作る」教材群

ほとんどの作品教材を本校児童のものの中から選択した。材料練習的なものは比較的容易であるが，「役にたつもの」と「機構的なもの」については，デザインとの関連があるのでじゅうぶんに整備できたとはいいがたい面

がある。

これらの立体教材は，彫塑と同じくあき箱のユニットに納め，立体教材展示場を構成し展示した。

カ　「鑑賞する」教材群

校内美化をもかね，平面・立体ともに校内全体のディスプレイ計画のもとに総合的に展示計画を立てる必要がある。ディスプレイの問題は今後単に図工科のみの問題としてでなく，つねに学校全体の計画的なディスプレイとして行なわれなければ，鑑賞資料も一貫した教育効果を発揮し得ないであろう。

## 家庭科における場合

### (1) 教材の特質

小学校の家庭科では，家庭の構成のよりよい一員としての人間関係と日常生活に必要な，衣・食・住に関しての初歩的，基礎的な知識や技能を児童の日常生活の問題解決の課題として，実践的に学習させることが，その大きなねらいである。

したがって，学習の内容も，生活の合理的なしかたについて考えさせたり児童なりの問題解決の方法を要求したり，さらにそのために必要な技術を得るために実験，実習，製作などの活動が行なわれるのである。

このような活動には，他教科との密接な関連を考慮した上での幅広い学習が要求されるし，また，技術的な内容の指導に男女差や個人の能力差に応じる心構えが要求されるのである。

このような教科の目標達成のためには，衣服，食物，住居，家庭生活の四つの領域にわたって，教科書だけでなく，児童の実態にあう各種の学習資料が収集されなければならない。

また身近な課題を解決する手段として，科学の進歩や生活様式の変化に伴





う新しい資料選択もじゅうぶん考慮していかなければならない。

### (2) 教材収集作成の観点

家庭科で要求するねらいを達成するために利用する教材を，次にあげるような機能的分析の観点に立って収集作成した。

ア　学習への興味や関心をよびおこし，思考を伸ばし意欲的に学習活動が展開できるもの，

㋐　実物標本のように，完成された資料は興味や製作意欲を高めるもの

㋑　未完成品，欠点をもつ作品などは創意やくふうに役だつもの

㋒　製作過程標本は，自主的な学習活動への効果が期待されるもの

イ　生活の技能を高めるためのもの

基礎的な技術を教え，確実な知識や理解を得させるためには，拡大標本や写真や図表などが有効である。

以上のように二つの大きな観点を設定したが，実生活の関連の中から，創造性と将来への夢を育てるようなインフォメーションファイルも，今後多く収集されなければならない。

次に，このような観点に立った実際の収集計画を示すが，学習の展開は，アで示された内容のもの，イで示された内容のものを，相互に関連させ活用して，はじめて資料の効果を期待することができるものであってこのことは指導計画の中にじゅうぶん生かしていきたい。

### (3) 整備充実の状況

四つの領域の中の学習内容を，学年別単元別に検討を加え，その学習のねらいを達成するために，どのような教材が収集されなければならないかについての具体的な配慮のもとに，次のような収集計画をたてたのである。

ア　指導目標と教材の位置づけをどのようにするか。

イ　個人差に応じるにはどうしたらよいか。

ウ　既成のものをどのように受け入れるか。

エ　自作教材の製作にあたって，これまでの指導の経験をどのように生かすか。

オ　指導に必須な教材とはどれか，どんな形態のものにするか。

カ　指導に必要な教材の数をどのようにするか。

次に掲げる表は収集計画の一部を単元別に例示したものである。

1　衣服に関するもの

| 小単元 | 請求記号 | 標題 | 形態 | 数量 | 備考 |
|---|---|---|---|---|---|
| さいほう箱入れ | C—F—1 | 布地の種類 | MD | 1 枚 | 各種繊維別の布 |
| | C—F—1 | 型紙の作り方 | MA | 1 枚 | |
| | C--F—1 | 縫い方 | MD | 1 組 | 拡大段階（5枚） |

2　食物に関するもの

| 小単元 | 請求記号 | 標題 | 形態 | 数量 | 備考 |
|---|---|---|---|---|---|
| 一月に必要な食品と量 | C—O—1 | 1日の栄養 | MA | 2 枚 | |
| | C—O—1 | 100 g の目分量 | P | 1 | 「暮しの手帳」から |
| | FS(194) | 都民の食生活 | SL | | 24こま白黒 |
| | 59—シ—3 | わたしたちの食生活 | B | | 「目で見る家庭科」P33～37 |

3　住居に関するもの

| 小単元 | 請求記号 | 標題 | 形態 | 数量 | 備考 |
|---|---|---|---|---|---|
| すまいの清潔 | C—M—1 | すまい各場所の機能 | PH | (各1枚)<br>8 枚<br>1 組<br>自 作 | ・茶の間・寝室・台所・勉強室・浴室・便所・押入れ・廊下・庭 |
| | 59—シ—4 | わたしたちの住生活 | B | | 「目で見る家庭科」P42～44 |





4　家庭生活に関するもの

| 小単元 | 請求記号 | 標題 | 形態 | 数量 | 備考 |
|---|---|---|---|---|---|
| 家庭の仕事 | C—A—2 | わたしのうちと家の仕事 | MA | 1 枚 | |
| | C—A—2 | 母とわたしの生活 | 〃 | 1 | |
| | C—A—2 | 家の人の仕事調べ | 〃 | 5 | 家庭の形態の異なるもの各種 |

次の写真は現在収集された教材の一部である。

① 衣服の領域に関するもの

MD，L—F—2
簡単なししゅう

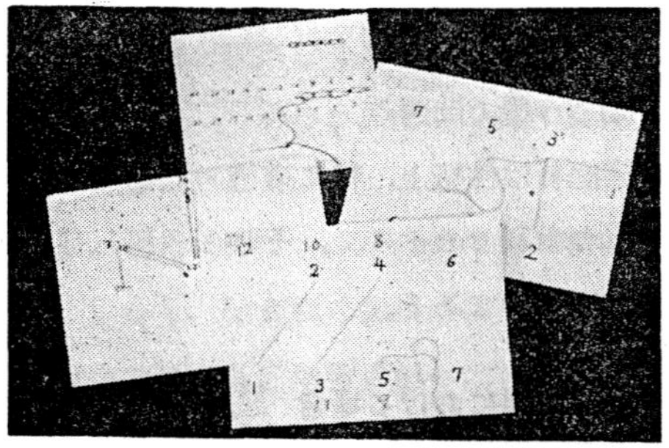

② 食物の領域に関するもの

MA，C—O—3
燃料のじょうずな使い方

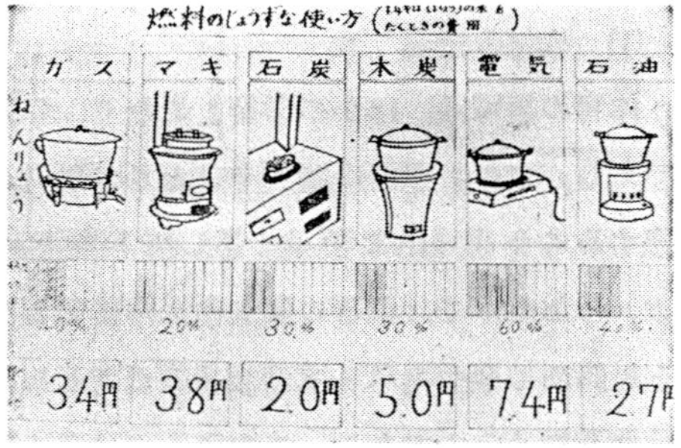

③ 家庭生活の領域に関するもの

MA，C—K—1
主婦の生活時間

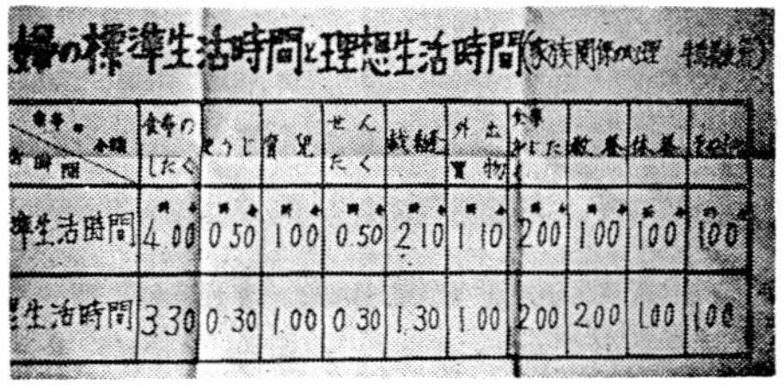

次に現在収集された教材の種類別に数を示した。

| 内容＼種類 | MA | MD | PH | SL | B | P |
|---|---|---|---|---|---|---|
| 1　衣服の領域に関するもの | 36枚 | 201枚 | 14枚 | 3種 | 5冊 | 14枚 |
| 2　食物の領域に関するもの | 40〃 | 0〃 | 14〃 | 3〃 | 7〃 | 13〃 |
| 3　住居の領域に関するもの | 30〃 | 0〃 | 8〃 | 1〃 | 4〃 | 12〃 |
| 4　家庭生活の領域に関するもの | 18〃 | 0〃 | 16〃 | 1〃 | 4〃 | 16〃 |
| 合　計 | 124枚 | 201枚 | 52枚 | 8種 | 20冊 | 55枚 |

(4)　今後の問題点

家庭科は性格上，特に道徳・社会・理科・図工科などと非常に密接な関連をもつ教科であるので，それら教科と有機的な交流を考えていくような配慮がたいせつである。

### 体育科における場合

(1)　教材の特質

体育の学習は，ほかの学習と異なり，学習が主として屋外でなされるものである。また，児童のひとりひとりが題材と対決し，学習目標に向かって到達するよう実践的な経験を通して技能を高め，理解を深めていく学習である。したがって，学習の個別化も常に図らなければならないのである。単なる教師の号令や指示・演示などのくり返しによる指導では，効率的な学習とはなりにくいのである。このほか，児童の能力差・技能差が，学習目標の達成に及ぼす影響も大きく，これらに応じた集団を編成したり，指導段階も系統的に考慮しておさえておく必要がある。

本校では，昭和37年度から，体育の学習資料として，「新しい体育」（日本図書文化協会）を使用し，体育科における保健や，体育の技能面における理解を深め，技能を伸ばすよう，児童の視覚に訴え，考える学習を実践して





きた。

しかし，準教科書としての「新しい体育」の本は，校庭へ持ちだすと，その保管に難点があり，能力差と技能差に応じた資料・教材がなかったり，資料間の関連もふじゅうぶんなために，指導段階の面で不足を感じることが多かった。

また，この本は，どの学校の学習にもあてはまるように編集されているため，解説にともなう図や，参考写真・統計資料などもじゅうぶんでなく，もっと細かに分けられたステップを考え，教材を収集してあるとよいと思われるが，ページ数や，値段などの点で難があるのであろう。そこで自作資料の収集・作成が考えられるようになってくるのである。

しかし，よい教材が収集・作成され，整備されても，それが学習の場に持ちこまれ活用されなければならない。しかも，体育科の教材はあくまでも実践化，行動化への動機づけの役目が大部分であり，学習目標や内容を理解させる補助的な手段として使用することになるため，短い時間で判断し理解させ，効果をあげ，児童の疑問点を解決することができ得るものでなければならない。

体育の学習に教材を持ちこんで，学習の目標や内容，さらに学習のしかたを正しく具体的にはあくさせる効果的な学習方法は，今までにも数多くの試みがなされて，研究も行なわれ，発表会や研究協議会なども各地でもたれているが，この場合，それらの教材が学校教育を進める中で，明確に組織づけられ，整理・収納されているというところまではいっていないのが現状である。必要に応じて，必要な学習教材が教師のもとへ提供され，学習の場にすぐにいかされるというしくみがたいせつである。できあがった資料の巧拙や適不適もさることながら，こういった教材の整理・収納・提供・更新といった組織化が系統的になされてこそ，教材もいきいきとしてくるのである。

(2)　教材作成上の観点

体育の学習に際し，教師はみずからが各種運動に対して技能的にすぐれ，指導段階も児童の能力の発達に応じて前もって知っておくことがたいせつであるが，多忙な教育活動の中にあって，どの教科にわたっても非凡な能力を備え，深い理解を持つことはなかなか困難である。こうした場合，指導する題材の内容・指導上の留意点・指導段階などに関する教材を簡単な貸し出し方法で提供できるならば効果的であろう。

体育研究部では，まず，教材群作成にあたって，教師が直接校庭や，講堂のような教室以外の場所で指導する際に必要となる教材を作成することにした。

次に，教師の演示であるが，教師みずからが，各種運動技能を身につけておくことが望ましいことはいうまでもないが，たとえ，じょうずに演示が行なわれたとしても，その運動の途中経過を示す分解的なポーズはなかなか演示しにくいものである。また，教師の運動技能がすぐれていても，直接それが児童の技能の高まりに役だつとはかぎらない。

そのような点を考慮して略画や写真により，運動の内容や要点，途中経過を示す姿勢，基本姿勢と悪い姿勢の対比などについて，わかりやすく理解させ，安全に運動をすすめる態度をもたせるための教材を作成することにした。

準教科書・参考図書・掛へ図・スライド・映画フィルムなどの利用による学習は，教室学習の域を出ることはむずかしい。このため，体育学習の本来の場である運動場（講堂兼体育館）で利用でき，しかも指導内容をわかりやすくし，要点をおさえたもので，その時間に即効的なものを中心として作成することにした。

教材の作成にあたって，運動技能全領域（固定施設・鉄棒・とび箱・マット運動・徒手体操・ボール運動・リズム・その他の運動）と，保健衛生に関する領域にわたって，写真（キャビネ版）・略画による指導板について自作することにした。たとえば，ボール運動では，ボール運動における攻守の方





法・守備位置・グループ練習の方法などの説明が手軽にできる図や，基本的な器械運動の分解写真や運動中の姿勢を示す図などは，従来の教師の演示や，児童の中で技能のすぐれたものが演技する程度の学習と比べ，はるかに効果的であり，学習のポイントを的確に指導し指示できるものである。

リズム運動の教材は，本校のこの面における現状からいって，まず，教師自身がとりつきにくいことと，準備（電源，プレイヤー・レコードなどの運搬，設定）の負担をなくし，どのように行なったら児童の学習意欲を盛り上げ，正しい技能を身につけ，リズムに対する理解を深めることができるかを考えた。それには，まず，教師がリズム運動を手軽に行なえるようにすること，つまり，レコード，解説書，プレイヤーなどの利用をたやすくすることが先決であると考え，これらの整備を第一に行なった。次に，リズム運動について教師が深い理解をもち，積極的にこれを授業に取り入れるため，教師のための研究用資料を，学年別・題材別に収集，作成することにした。もちろん，このほか，リズム指導の実技研修会も校内で行なっていることも付け加えたい。

保健衛生に関する教材では，小学校５，６年における保健学習の内容から，養護教諭として，指導助言の対象と思われるものを選んだ。つまり，学校内における児童の生活経験を通した身近な問題，たとえば，定期健康診断に関する資料・統計や，身体測定の正しい受け方，レントゲンの撮影のしかた，予防注射に対する正しい理解を深めるといった教材を提供することにより，さらに保健学習が効果的に指導され，児童が身近な問題として学習が展開されるよう考慮した。

(3)　教材の整備と充実

教材の収集・作成にあたって，下記のような手順により，体育部員が分担して，作業を進めることにした。これを項目的にみると下記のとおりである。

- 体育科における教材の特性について検討する。
- 教材収集・作成に関する方法について検討し，その計画の立案をする。
- 教材収集・作成に関する予算，技術，収納する容器や利用される場面の検討をする。
- 教材収集のための基礎カードの作成をする。
- 運動技能・リズム運動・保健学習に関して，領域別・題材別に検討をする。
- 学習指導要領・指導書中の資料に関する留意事項を検討する。
- 自作教材の形状・寸法・写真教材などのてん付方法の検討をする。
- 自作教材の分類・整理・保管方法などの検討をする。
- 体育研究部の構成と教材収集・作成上の分担の検討をする。

上記のことを行ないながら，教材を作成したのであるが，次に体育指導書から引用した文を載せてみた。

「最近スライド，映画，掛け図，図表，その他各種の視聴覚教材を用いることが多くなっている。これらは，学習に興味をもたせ，学習の目標や内容さらには学習のさせかたを正しく具体的にはあくさせるなど，学習効果を高める上に効果がある。既成のものを利用する場合には，内容に応じて選び，必要に応じて自からくふうし，はっきりした指導計画のもとで適切な利用のしかたを考えるべきである。」

「保健や体育の知識に関して視聴覚教材や各種の調査資料を用いて指導するなどのくふうをし，日常生活で正しく楽しく運動を行なう態度や健康な生活を実践する態度を育てるようにすることがたいせつである。」

体育の学習指導要領には，

「体育科の指導には，図書及び図書以外の資料の効果的利用によって，知識の理解を助け深めることができ，また技能も利用度によって高めることができる。」とある。





収集・作成した教材　1964. 3. 30 現在

| 領域 | PH 写真 | SI 指導板 | R レコード | P 解説 | P 楽譜 | KI 切り抜き | MA 掛図 | MA 図表 | P パンフレット |
|---|---|---|---|---|---|---|---|---|---|
| マット運動 | 69 | 11 | | | | | | | |
| とび箱運動 | 34 | 12 | | | | | | | |
| 鉄棒運動 | 40 | 7 | | | | | | | |
| 陸上運動 | 22 | 7 | | | | | | | |
| ボール運動 | 46 | 20 | | | | | | | |
| 徒手体操 | 22 | 4 | | | | | | | |
| なわとび運動 | | 8 | | | | | | | |
| 水泳 | 8 | | | | | | | | |
| すもう | 7 | | | | | | | | |
| その他の運動 | | | | | | | | | |
| 固定施設 | | | | | | | | | |
| リズム運動 | 49 | | 53 | 37 | 11 | 37 | | | |
| 健康診断 | 32 | | | | | | 9 | 8 | |
| 保健衛生 | 10 | | | | | | 8 | 5 | 9 |
| 合計 | 339 | 69 | 53 | 37 | 11 | 37 | 17 | 13 | 9 |

○自作教材の例

大型指導板ルールの解説用教材

レントゲン撮影のときに事前に提示する教材群

(4)　今後の問題

収集・作成した教材は，これでじゅうぶんではないので，今後さらに作成し，収集しなければならない。低学年用の指導板を親しみやすい絵（現在は線画である）にかき直し，説明文の記入（指導上の留意点）を行ないたい。また，領域によっては，作成していないものもあるので，早急に作成する必要がある。

## 道徳における場合

(1)　教材の特質

道徳の指導は，他の3領域で行なわれる道徳教育を，補充し，深化し，統合し，また相互の交流を図るものである。したがって，ここで用いられる教材は，児童の道徳性の育成につながる格調の高いものが望ましいといえよう。

一般に道徳指導のねらいは，道徳的習慣・心情・判断の育成を通して，道徳的態度を身につけさせることにあるといわれている。そこで，そのようなねらいの達成を裏づける教材としては，主として道徳的知識・判断の育成に関するものと，主として道徳的心情の育成に関するものとがあげられよう。

(2)　教材収集・作成の観点

ア　主として道徳的知識判断を啓培するもの

「例」　1年　　がっこうのいきかえり

1年に入学してまもない児童たちは，道を歩くときは右側を歩きなさいと教えこまれている。その児童たちに，歩行規則を守ることは，自分の欲求をこえた「きまり」であると同時に，その規則を守ることが自分の生命の安全を守ってくれることになるということを理解させ，身につけさせ得るもの。

イ　主として道徳的心情を養うもの

(ｱ)「例」　5年　　まごころ





教材は，クオレの一節「雪投げ」，下校の途中，仲間たち入り乱れての雪がっ戦中，ガロッフィの投げた雪玉が，通行中の老人の目に当たり大さわぎとなる。犯人を探索するおとなたちの恐ろしいけんまくにおじけて，ガロッフィが自分であることを申しでるまで心情的に長い苦悶を続けた末，意を決して申しでる。この物語を通して，人間の心の弱さを直視し，ひとごとではなく正直に事に処することのいかに困難なものであるか，しかも，正直を貫くためには，何が最も必要かということを直視させ，心の奥底からにじみでるような深い感銘を与えようとした。

(ｲ)「例」　4年　　公共のために尽くした人

玉川上水工事の完成を自分たち兄弟の唯一の使命として，幾度かの失敗や障害に突き当たったにもかかわらず，ついに村人の心を動かし完成にまでこぎつけた玉川兄弟の伝記を通して，自分の仕事に最善を尽くすことを通して社会に貢献もでき，後世まで深い感謝を受けうるものであるということを心情的に理解させることを期待している。

以上三つの例を掲げ，本校が教材の収集にあたって設定した教材収集・作成の観点を説明した。

(3)　教材の整備充実

教材の収集整備にあたっては最初に主題を再吟味し，「道徳」指導にふさわしいと考えられるものを設定し，指導計画の全面的な改訂に着手した。主題と目標を文部省の示した36項目と関連分析し，目標の達成にふさわしいと考えられる教材の収集を始めた。その教材を最も効果的に生かすための指導計画には，その教材を利用した展開例を試案として作成。第1年度は図書以外の教材の収集に着手，しかし，資料とは名づけられても，目標達成にふさわしい教材は，なかなか数を加えることが困難であることを実感せざるを得なかった。第2年度は，図書および副読を中心とした検討に没頭，再資料化をしたほうが利用効果があると思われるものを補助文として，プリント化を図った。この仕事も限られた人数と時間の中で原典を通読した上での再資料化ということは，言いやすくして牛歩に似た焦燥を告白せざるを得ない。しかし，新聞からも貴重な教材を発見し得る目も多少育ってきたように思う。わたしたちは，本校がねらっている道徳指導をより一歩前進させるために，量より質へとふだんの生活の中にあって最良の教材を一つでも二つでも収集しようという心構えで努力を重ねてきたし，また，今後も更新できるように計画的に充実していくように検討もし，方途を講じている。

∘現有教材一覧

| 学年＼種類 | 絵図 | スライド | 紙しばい | 写真 | 作文 | テープ | 切り抜き | 補助文 |
|---|---|---|---|---|---|---|---|---|
| 1　年 | 16 | 4 | 3 | 3 | 1 | 1 | 2 | 1 |
| 2　年 | 3 | 7 | 3 | 3 | 2 | 1 | 2 | 3 |
| 3　年 | 2 | 6 | 1 | 3 | 4 | 2 | 4 | 10 |
| 4　年 | 1 | 3 | 0 | 3 | 4 | 2 | 4 | 10 |
| 5　年 | 0 | 3 | 0 | 2 | 3 | 3 | 8 | 15 |
| 6　年 | 0 | 3 | 0 | 2 | 5 | 3 | 8 | 15 |
| 計 | 22 | 26 | 7 | 16 | 19 | 12 | 28 | 54 |

### 特別教育活動における場合

ア　教材の特質

特別教育活動（以下特活と略す）が教育課程の中で果たすべき役割を端的にいえば，児童の自発性と共同性の育成にあるといえる。

学校や学級という共同の場で，よりよい生活に向上発展させるため，個々に発見された問題を民主的なルールに沿って話し合いを進め，その結果生じ





た多くの課題や仕事を組織の中で分担して，共同の目的を実現すべく努力していく過程が特に重要であり，教育的価値の上からも強く要求される。この要求にこたえるためには，児童たちが仲間という共同体意識をいだくと同時に，場の改善，人間関係の望ましいつながりを作りあげることを目ざして，その障害となるものを，互いに発見しあい，探究する喜びをたいせつにする態度がつちかわれなければならない。このような立場から教材の特質をおさえる必要があろう。

イ　教材（資料）収集作成の観点

特活の教材（資料）とは

(ア)　児童の自発性を伸ばすもの

(イ)　児童が学校や学級の生活に共同性を感じ得るもの

(ウ)　日常の学校生活，児童会の自主的な活動の参考となるもの

と考え，児童会活動，学級会活動，クラブ活動の分野からは，

①　児童会活動

児童会活動における教材（資料）は，問題発見の場を学校生活の全体の中に求めようとする意識を育てるものであり，児童会の過去の歩みをたどり，実際の運営を助けるものが必要である。

- 運営の能率を高めるもの
- 学校生活の中でみられる諸問題のうち，協同で解決を要するもの
- 児童会の歩みを知るための活動の諸記録

②　学級会活動

学級会活動における教材（資料）は，日常営まれている学級生活そのものの中にあると考えなければならない。この学級生活の何を資料とするか一概に規定はできないが，発達段階に即して，およその見当は提示することが必要である。

- 学級会の運営を能率的にできるもの

・学級児童の生活に日常みられる問題で，児童の手で解決される問題

・学級会活動の諸記録

③　クラブ活動

クラブ活動における教材（資料）は，教師の適切な助言と，先輩の残した研究をもとにして，児童が自主的に自分の所属しようと希望するクラブの選定に役だたせるためのものと，実際の研究の助けとなるものが必要である。

・入部指導の諸資料となりうるもの

・児童の研究課題に取り組む興味と内容を高めるもの

ウ　整備と充実の状況

(ア)　写真の収集

指導計画が完成した38年２月から，作成・収集を始める。

①　児童会活動

集会活動，児童会の行事的活動の状況を記録として保存する必要のあるもの

②　クラブ活動

入部指導の資料として必要と思われる各クラブの活動の状況を示すもの

(イ)　記録・図表の作成および収集

昭和38年度から新しい指導計画にもとづいて実施されたもので，昭和37年度に作成・収集された資料は，かならずしも内容的にじゅうぶんとはいえない。特に記録については，検討を加えながら収集する。

①　児童会活動，学級会活動の運営の基本的な手順を知らせる図表および児童会活動，学級会活動の諸記録

②　クラブ活動の研究物

エ　今後の問題点





特活に関する教材（資料）は，指導者が固定化した取り扱いではなく，ひとつの手がかり程度にとどめて扱うことが必要であろう。その場，その時期にあった扱いをしなければならないことはいうまでもない。図表等は平易にしたつもりであるが，利用する学年を特別に指定できないために，利用面でかなりの制約があろう。この点，今後の研究で解決していきたい。

### 学校行事等における場合

(1)　学校行事等の資料の考え方

資料の利用面から考えて，「児童のために役だつ資料」「教師のために役だつ資料」の二つに分けられるが，本校としては，「教師のために役だつ資料」すなわち，「学校行事等を計画するため，また実施するために役だつ資料」に重点をおき，次のような資料の収集と作成を計画した。

自作映画・自作スライド・記録写真・標本・地図・絵はがき・しおり・印刷物，教師の感想や意見，児童の感想文や希望，新聞雑誌のファイル等

(2)　資料の目的

学校行事等の目標である「児童の心身の健全な発達を図る」,「学校生活の充実と発展に資する」の達成に直接に結びつくものではないが，指導書に示されているいくつかの点を満たすことはできる。たとえば，

ア　学校全体の運営を円滑にする………しおり・印刷物・ファイル・地図等

イ　学校の歴史とともに，古い沿革を知る資料となり，生がい忘れることのできない楽しい思い出となる………自作映画・自作スライド・記録写真等

ウ　学校行事の計画や実践および反省のための反省資料………しおり・印刷物・教師の感想や意見・児童の感想文や希望・諸記録等

(3)　おもな行事とその資料

ア　遠足・見学

自作映画・自作スライド・記録写真・標本・地図・図書・絵はがき・印刷

物・しおり，教師の感想や意見，児童の感想文や希望

イ　運動会・学芸会・展覧会・音楽会

自作映画・自作スライド・記録写真・印刷物・反省記録

ウ　入学式，卒業式

自作映画・自作スライド・記録写真・印刷物・儀式凡例・反省記録・証書・記念品見本等

エ　社会的行事

図書・新聞雑誌のファイル

(4)　資料の組織化の方法

以上の資料のうち，図書・スライド・フィルム・標本を除いたものを「行事名」別に分類し，キャビネットに収納している。



# 第Ⅳ章　学校図書館資料をどのように組織化したか

## 1　資料・教材の組織化についての基本的な考え方

資料の組織化とは，①資料そのものの組織化（現物をどのように分類し配列するか），②資料に関する情報の組織化，の二つの側面をもっている。

今日の小学校における教育課程を実施していくためには，図書だけでなく視聴覚資料その他さまざまな資料を有効に活用することが望まれるわけであるが，それら諸資料に有効な組織づけを与えなければ，資料センターとしての機能を発揮できないことはいうまでもない。

それならば，単に資料の種類や内容や形態だけに着目して，それぞれにふさわしい独自の組織化を行なえば足りるのかというとそうではない。一面では，各資料の特性を考慮して，それぞれの資料にふさわしい現物分類や，目録化を行なう一方，特定主題ないしは件名ごとに諸種の資料の情報を一元化するくふうを加えなければ，資料の有効な活用は期待できない。また，ある場合は，種類の異なる資料の現物そのものが，特定主題のもとに集合配列されるような配慮も，インフォメーションファイル資料などの場合必要となろう。

つまり，資料センターとしての学校図書館に収集される資料を，その利用の目的に応じて組織化するためには，いわゆる①標準化，②専門化の両原則をともに採用していくことが強く望まれるのである。これらは，時に背反する原理であり，このために，労力上の問題も生じてはくるが，利用目的にふさわしい組織化を採用しないかぎり，真に役だつ図書館とはなりがたいと考えたのである。そこで，学校図書館の資料の組織化を一応つぎの二つの面から考えることにした。





### (1)　一般的な資料群の組織化

学校図書館は，学校の教育目的・児童の発達・地域の特性等を考慮して，ひろく市販されている図書その他の資料から，選択という手順を経て，資料群を収集するわけであるが，それらの諸資料については，次のような組織化の方法をとった。

ア　分類と配列

(ア)　図書　分類はＮＤＣ100区分。特殊のもの，２，９類の一部は1,000区分。配列については，推薦図書，教師用図書，ＰＴＡ図書は別置

(イ)　スライド　　分類は教科別（領域）　配列は受け入れ順

(ウ)　紙しばい　　分類はＮＤＣ　配列は受け入れ順

(エ)　テープ　　受け入れ順配列

(オ)　レコード　　分類はセンチ別。配列はセンチ別受け入れ順

(カ)　フィルム　　配列は受け入れ順

(キ)　掛け図　　分類は教科別，配列は教科別受け入れ順

(ク)　地　図　　分類は地方区分

(ケ)　模　型　　分類は教科別

(コ)　インフォメーションファイル　児童用はＮＤＣ配列，教師用は教科別

イ　目　録

(ア)　図　書　　配架目録（基本図書は書名目録，著者目録，件名目録）

(イ)　スライド　　配架目録，件名目録

(ウ)　紙しばい　　配架目録，件名目録

(エ)　テープ　　配架目録，件名目録

(オ)　レコード　　曲名目録，作曲者目録

(カ)　フィルム　　配架目録，件名目録

(キ)　掛け図　　冊子目録

(ク) 地　　図　　冊子目録

(ケ) 模　　型　　冊子目録

(コ) インフォメーションファイル　　なし

ウ　資料情報の一元化

イでわかるように，基本図書，スライド，紙しばい，テープ，フィルム等配の件名カードを作成しているが，それらカードを教科別件名目録中に音順に列することによって，特定件名のもとにさまざまな資料の情報が一元化されるように配慮している。

### (2) 教材群の組織化

ここでいう教材群とは，具体的にいうと，市販されている図書や，視聴覚資料その他ひろく学校図書館に収集される資料群（(1)参照）の中から，指導計画の中に取り入れられるもの，学年の発達段階にふさわしく再資料化されたもの（グラフの形式をかえるなど），ないしは，指導計画の要請によって自作されたものなどをさす。

ア　現物の分類

これらの教材群は，毎時の学習の流れの中でとりあげられるものが大部分を占めているのであるから，現物の分類も，NDCによるよりは，教科や領域の特性や，学習の計画にのっとる分類方式を採用するほうが便利である。もちろん図書やスライド等の場合は，現物そのものは，前述した原理によって分類配列されているのであるから，主としてファイル資料としてキャビネットに収納される教材群などが，独自の方式によって分類されることになる。このような現物分類における二元性は，利用促進上欠くことのできないものと考えたのである。

イ　目　　録





上述のような理由から，教材群の目録化にあたっては，一般的な資料群とは異った方法を採用した。すなわち，各教科ごとに学年別単元別ないしは領域別に「教材総合目録」を作成し，特定標目のもとに関係の教材群についての情報を一元化したのである。

| （教科，領域） | （教材総合目録） |
|---|---|
| ・国語科 | 学年別，単元別 |
| ・社会科 | 学年別，単元別 |
| ・算数科 | 学年別，領域別 |
| ・理　科 | 学年別，領域別（単元別） |
| ・音楽科 | 学年別，領域別 |
| ・図工科 | 学年別，領域別 |
| ・家庭科 | 学年別，領域別 |
| ・体育科 | 領域別 |
| ・道　徳 | 学年別，主題別 |
| ・特　活 | 活動別（学校児童会，学級会，各クラブ活動） |
| ・学校行事等 | 行事別 |

## 3　教材組織化の方法

### 国語科における場合

教材の組織化

ア　教材総合目録カード

収集された教材は学年別，単元別に分類整理され，保管されているが，これを管理していく点からも，利用していく点からも，総合目録カードが作成されている。次は，5年，9月教材の一例を示したものである。

| 〔国語〕(5年)　単元名　(感想をまとめる)　9月　No. 1 | | |
|---|---|---|
| 請求記号 | 標　　　題 | 備　考 |
| L—H | 漢字カード | |
| C—H—1 | 「海の勇者」感想文例 | |
| C—H—2 | 「残雪」補充文 | |
| 91ム | 椋鳩十集　椋鳩十　ポプラ社 | P. 194〜202 |
| 37ニ | 感想文を書こう　日書5年の2 | P. 91〜101 |
| C—H—2 | 「残雪を読んで」感想文例 | |
| 91ム | 片耳の大鹿　椋鳩十　牧書店 | |

請求記号…Cはキャビネット，Lはロッカーの記号で所在を表わす。

H…教科書における単元の順位　アルファベット順であるから，Hは8番目の単元となる

2…その単元のなかにおける小単元の順位

91ム…図書は請求記号を記入する

標　　題　次のように記入の順位を定め，学習の展開，管理上から便宜を考えた。

① 新出漢字カード

② 補充教材，補充文，表，カード，レコード・テープ，インフォメーション・ファイル等，学習に取り入れてほしいもの

③ 関連教材，他教科書の中に所載のもので，単元と関連しているもの

④ 関連読みもの，その他の単行本で単元とつながりのあるもの

⑤ 原典　ただし学習活動の中で補充文として取りあげてい





るものは補充教材として記入する。

備　　考　資料記号や指定のページなどを記入する。

イ　指導計画教材欄

指導過程にあわせて，教材名をあげ，請求記号・標題・備考さらに教材の取り扱いについても説明を加え，単元の展開に最も有効に役だてるよう配慮している。

ウ　今後の方針

学習活動を活発にして，学習効果をあげるためには，学習教材が手軽に利用できなくてはならない。そこで，整備がじゅうぶんでないと，必要を感じつつもおっくうになり，つい教材の利用を怠りがちとなるので，じゅうぶんな整理がたいせつである。

(ア)　図書資料について

本校の蔵書数は児童1人当たり7冊をこえているが，まだ国語の学習との有機的な関連づけがじゅうぶんとはいえない。基本図書目録，書名・著者目録の整備充実が進められているので，これを手がかりとし，国語の教材としてよりいっそう活用していきたい。

(イ)　レコード・録音テープについて

資料整備が最も遅れているのはこの面である。話す・聞くの教材として重要な機能を果たすものであるので，現在あるものをできるかぎり使用しつつ，充実を図りたい。

(ウ)　他教科の教材との関連

他教科で収集した教材であっても，国語教材として有効なものは，相当数にのぼる。このような教材の発見に努め，これを利用できるよう教材総合目録や年間指導計画の教材欄に記載していくようにしたい。

(エ)　自作資料の収集整理について

教師が指導を展開していくうえで，必要にせまられて自作したもの，あ

るいは，児童が学習の過程でつくりあげたものの中には，教材としてたいへん役だつものが多い。かべ新聞，学級新聞，絵日記，日記，文集，学級会の記録，当番日誌，学級日誌，雑誌や新聞の切り抜きなど，これを保存し，教材として役だてていきたい。

## 社会科における場合

### (1)　教材の組織化

教材の組織化は，当然指導計画に沿ってなされなければならない。37年度から指導計画の全面的な改訂を行なった。これは指導内容と教材の充実を期して行なったものである。この教材欄の整備充実のため，次のような研究を進めてきた。

ア　スライド内容の一覧の作成と組織化

本年度までに購入したスライドは社会科関係だけで 230本に及ぶ。しかし単なる台帳記入や受け入れ順の整理方式ではじゅうぶんな活用を期待することはできなかった。これには，視聴覚室の不備とか，器械・器具の不足などもあげられるが，まず解説書と実物とによって内容解説を行ない，それらが，どの学年，どの単元で活用されたらよいか吟味した。その組織化は教科別，学年別にカードによって行ない現物の配列は，他教科のものをも含め受け入れ順となっている。なお一こまスライドはブック式を採用している。

イ　資料一覧表の作成と整理

学年別，単元別の資料一覧表は，教材総合目録への発展の過程として作成したものである。これは指導計画の教材欄をいっそう充実させるためのものである。その内容は次のとおりである。

① 単元名，② 指導期間，③ 資料標題，④ 資料種別，⑤ 利用の観点，⑥ 備考欄





<社会科資料一覧表>

| 月 | 単元名 | 資料 請求記号 | 標題 | 備考 | 利用の観点 |
|---|---|---|---|---|---|
| 10月〜12月上旬 | いろいろな土地のくらし | C—C—4 | ∘雪国だより | きりぬき | ∘新聞や雑誌のきりぬきをじゅうぶん利用したい。 |
| | | C—C—4 | ∘日本各地の気温 | 掛け図 | |
| | | C—C—4 | ∘雪の多い地方 | 〃 | ∘季節風と積雪との関係もじゅうぶんとらえさせたい。 |
| | | | ∘寒い土地のくらし | FFD | |
| | | | ∘雪国の生活 | フィルム | |

この作成によって，どんな資料が各学年・各単元ごとに用意されているかが一覧できたし，その中からどれを教材とするかの目あてがつかまれ，教材組織化の第一歩としても，教材内容の覚え書きとしても有効であった。

ウ　教材総合目録の全容

① 教材総合目録の必要性

社会科では，

- 学習の場で，単元ごとの教材がなんであるかを知ることができる。
- 単元ごとのねらいに沿った教材を確実に検索することができる。
- 学習のおよその順序がわかり，どんな教材を利用したらよいかがわかる。
- 教材の全体を知ることができ，またその補充が容易となる。

② 教材総合目録の作成と活用

教材総合目録は，単元別，ねらい順に基本的な教材が統合され，カードで一覧できるものである。利用の対象は教師である。

次表のものが，カードボックスの中に，単元別（A，B，C……）ねらい別（1，2，3……）に配列されている。

＜教材総合目録の一例＞

〔社会〕(3)年 単元名(領域名) B(わたしたちの町の交通 7)(9)月 No. 17

| 請求記号 | 標題 | 備考 | |
|---|---|---|---|
| C－B－7 | 東調布青果市場のようす (あき箱をつんだトラック) | PH | |
| C－B－7 | 東調布青果市場のようす (やさい・くだものの山) | PH | |
| C－B－7 | 東調布青果市場のようす (せりのすんだくだものの運搬) | PH | |
| C－B－7 | 東調布青果市場のようす (小型トラックへやさいやくだもの …) | PH | |
| C－B－7 | 大田区の市場の分布図 | MA | |
| C－B－7 | 大田区へ集まるやさいやくだもの | MA | (昭.38.8.しらべ) |
| C－B－7 | 大田区へ集まるやさいやくだもの | MA | (昭.38.7.しらべ) |
| B－7 | わたくしたちの大田区 | B | P.43～P.47 |
| C－B－7 | 東調布青果市場見学のしおり | MA | |
| | | | |
| | | | |
| | | | |
| | | | |
| | | | |

この目録によってそれぞれの教材が案内されるのである。下学年では，写真・図表・切り抜きなどが多く収められているのに対し，上学年では，図書・掛け図・スライドなどがさらに加わってくる。

③　現物をどのように配列しているか。

現物には，それぞれ請求記号と標題とが与えられ，作成年月日と出所が記入されている。特に自作の写真については，裏面に教材の解説と利用の観点が書かれたものを張りつけてある。これらの教材を収めるフォルダーの山みだしと表面には次のような記述がなされている。

• 山みだし……低学年では単元名，中・高学年では小単元名を記入する。（フォルダーは模造紙 九つ折りのもの 10枚収納が限度であるので上のような方法をとった。）

• No. …………学習の順序に沿って配列し，新規に作成したものは末尾に順次記入していくことになる。

• 標 題 欄……個々の教材の標題を記入する。





• 備 考 欄……標題だけでは教材の内容がよくわからないときに記入する。たとえば統計・図表などは，その要項を記入し利用者の便をはかる。

前述のフォルダーは，学年ごとに，キャビネットのひき出しに収められる。

○フォルダーはひき出しの手前から奥へ，単元の展開順に収納する。多少の余裕をもたせて未整理の教材の収納場所をきめておくことが，便利である。

○社会科分類順件名標目表

| | | | | | |
|---|---|---|---|---|---|
| 210 | 古ふん | 〃 | 平安時代 | 210 | 戦国時代 |
| 〃 | 貝塚 | 〃 | 貴族 | 〃 | 安土桃山時代 |
| 〃 | 石器 | 〃 | 摂政関白 | 〃 | 江戸時代 |
| 〃 | 土器 | 〃 | 鎌倉時代 | 〃 | 江戸幕府 |
| 〃 | はにわ | 〃 | 武家政治 | 〃 | さ国 ⇒江戸時代 |
| 〃 | じょうもん式土器 ⇒土器 | 〃 | ばくふ ⇒武家政治 | 〃 | 士農工商 |
| 〃 | やよい式土器 ⇒土器 | 〃 | 武士 | 〃 | 参勤交代 |
| 〃 | 大和時代 | 〃 | 守護 | 〃 | 大名 |
| 〃 | 飛鳥時代 | 〃 | 地頭 | 〃 | 明治時代 |
| 〃 | 大化の改新 | 〃 | 執権 | 〃 | 明治維新 |
| 〃 | 公地公民 | 〃 | 元こう | 〃 | 日露戦争 ⇒明治時代 |
| 〃 | 大宝律令 | 〃 | 建武の中興 | 〃 | 大正・昭和時代 |
| 〃 | 奈良時代 | 〃 | 室町時代 | 〃 | 第一次世界大戦 ⇒大正・昭和時代 |

| | | | | | |
|---|---|---|---|---|---|
| 210 | 第二次世界大戦 | 330 | 経済 | 〃 | 海流 |
| 〃 | 太平洋戦争 | 330 | 生産と消費 | 〃 | だん流 →海流 |
| 290 | きょう土 | 331 | 資本 | 〃 | 寒流 →海流 |
| 〃 | 都市 | 〃 | 需要と供給 | 〃 | 親しお →海流 |
| 〃 | じょうか町 ⇢都市 | 331<br>316 | 賃金 | 〃 | 黒しお →海流 |
| 〃 | 門前町 ⇢都市 | 332<br>210 | 産業革命 | 〃 | 日本海流 →海流 |
| 〃 | いなか | 334 | 人口 | 〃 | 千島海流 →海流 |
| 〃 | 農村 | 〃 | 移民 | 〃 | 対馬海流 →海流 |
| 〃 | 漁村 | 〃 | 人口密度 →人口 | 453 | 火山 ⇢山脈 |
| 〃 | 地図 | 337 | 貨へい | 454 | 地形 |
| 310 | 政治 | 338 | 銀行 | 〃 | 島 |
| 311 | 民主主義 | 345 | 税金 | 〃 | 山脈 ⇢地形 |
| 313<br>362 | ほうけん制度 | 346 | 関税 | 〃 | さばく |
| 314 | 国会 | 366 | 労働 | 〃 | 海岸 |
| 〃 | 選挙 | 〃 | 職業 | 〃 | 平野 |
| 315 | 政党 | 〃 | 労働組合 | 〃 | ぼん地 |
| 317 | 内閣 | 〃 | 副業 | 500 | 工業 |
| 318 | 地方自治 | 369 | 赤十字 | 501 | 動力 |
| 〃 | 都市計画 | 〃<br>524 | 災害 | 501 | オートメーション |
| 319 | 国際関係 | 〃 | 水害 ⇢災害 | 502 | 工業地帯 |
| 〃 | 国際連合 | 429 | 原子力 | 509 | 工場 |
| 〃 | ユネスコ ⇢国際連合 | 448 | い度と経度 | 514 | 道路 |
| 320 | 法律 | 451 | 気候 | 516 | 鉄道 |
| 323 | 憲法 | 〃 | 季節風 ⇢気候 | 516 | 高か鉄道 ⇢鉄道 |
| 〃 | 日本国憲法 →憲法 | 〃 | 台風 ⇢気候 | 517 | 運河 |
| 327 | さい判 | 452 | 大陸だな | 519 | 水道 |





| | | | | | |
|---|---|---|---|---|---|
| 519 | 上水道 ⇢水道 | 611 | 多角経営 | 661 | 漁港 |
| 〃 | 下水道 ⇢水道 | 〃 | 農地改革 | 663 | 養しょく |
| 〃 | 開発 | 611<br>614 | 水田 | 664 | 沿岸漁業 |
| 〃 | 総合開発 ⇢開発 | 613 | 肥料 | 〃 | 遠洋漁業 |
| 530 | 機械工業 | 〃 | 土地改良 | 〃 | 漁場 |
| 543 | 発電 | 614 | かんがい | 669 | えん田 |
| 〃 | 原子力発電 ⇢発電 | 〃 | 耕地整理 | 670 | 商業 |
| 〃 | 火力発電 ⇢発電 | 〃 | 干拓 | 673 | 問屋 |
| 〃 | 水力発電 ⇢発電 | 615 | 農産物 | 〃 | 小売店 |
| 560 | 鉱山と鉱業 | 〃 | かんがい | 〃 | 百貨店 |
| 561 | 地下資源 | 〃 | 冷害 | 675 | 市場 |
| 564 | 製鉄所 | 〃 | 二毛作 | 〃 | 魚市場 →市場 |
| 566 | 金属工業 | 615 | 品種改良 | 〃 | 青物市場 →市場 |
| 567 | 炭田 | 617 | 工芸作物 | 678 | 貿易 |
| 568 | 油田 | 629 | 国立公園 | 〃 | 輸出 ⇢貿易 |
| 570 | 化学工業 | 630 | 養蚕 | 〃 | 輸入 ⇢貿易 |
| 575 | 石油 ⇢化学工業 | 640 | ちく産業 | 680 | 交通 |
| 586 | ぼう績 ⇢せんい工業 | 〃 | 牧畜 →ちく産業 | 〃 | 運輸 |
| 〃 | せんい工業 | 〃 | 酪農 | 683 | 貿易港 |
| 〃 | 製糸 | 648 | にゅう製品 | 688 | 観光 |
| 〃 | 織物 | 650 | 林業 | 690 | 通信 |
| 〃 | 綿織物 →織物 | 〃 | 防雪林 | 693 | ゆう便 |
| 〃 | 絹織物 →織物 | 〃 | 防しゃ林 | | |
| 〃 | 毛織物 →織物 | 〃 | 防風林 | | |
| 600 | 産業 | 660 | 水産業 | | |
| 610 | 農業 | 〃 | 漁業 | | |

## 算数科における場合

### 教材の組織化

分類には単元別，領域別，学年別という分け方が考えられる。このうち，単元別と学年別をあわせるか，領域別と学年別とをあわせるかの，二とおりの分類が考えられるが，算数科としては，単元別か，領域別かの二つについて考えてみる必要がある。

単元別にすると，一つの教材が多くの単元に使えることがあったり，指導計画の改訂によって全面的に変更する必要も生じよう。その点領域別であると，指導計画の変更や他の単元に重複して使用される場合にも単元別のような不便を感じない。永久性があるという点で領域別を採用した。そこで算数科では領域を，数と計算，量と測定，数量関係，図形の4領域に分類し，数と計算をA，量と測定をB，数量関係をC，図形をDとした。

| 領域分類 |
|---|
| A　数と計算 |
| B　量と測定 |
| C　数量関係 |
| D　図形 |

領域別を取りあげたので，領域のあとに受け入れ番号をつけて分類することにした。

具体的な例をもって説明する前に，教材をどこにどのように整理しているかについて述べることにする。

教材作成一覧表のところで述べているように，作成する個数によって，保管する場所がおよそ決まってくる。各学級数作ったものは，各教室に配布し，全学級数に満たないものは，教具類は高学年と低学年用に分けて廊下の戸だなに入れ，その他のものは，資料室のキャビネットの中に入れてある。キャビネットには，AとCの領域，BとDの領域をそれぞれ組みあわせて収納している。AとC，BとDとを組み合わせた理由は，AやBの教材が少なく，CやDの教材が多いからである。

実際に作成した教材をもとに組織化の方法を具体的に述べてみたい。





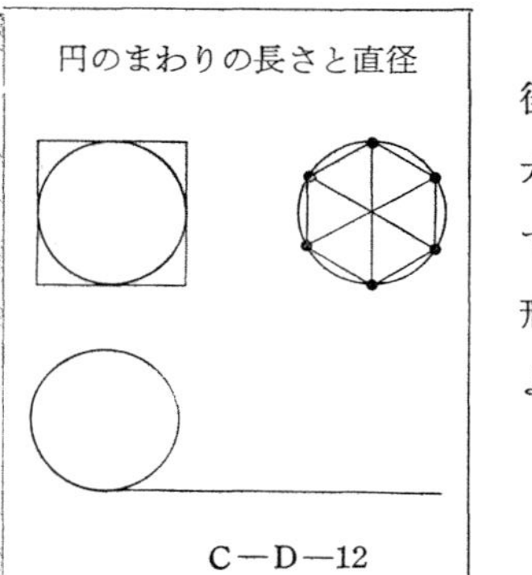


左の図は3年生の円のまわりの長さは，直径の約3倍であることを示す教材である。正六角形より円のまわりの長さのほうが長いので，直径の3倍より長く，円に外接する正方形のまわりの長さより短いので，直径の4倍よりも短いことがわかるというものである。

この左下にある，C—D—12であるが，

C —— D —— 12
↓場所　↓領域　↓受け入れ番号

のCはキャビネットに収められていることを示し，次のDは図形の領域を示し，最後の12は受け入れ番号を示している。

(2)　算数科教材総合目録の作成

算数科の総合目録の形式で他の教科と異なっている点は，教具類をもあわせて明示したことである。さらに，図書館に収集できる教材があまりないという点も見のがせない。算数の場合特に低学年で読み物から自分で学習して

<教材総合目録の具体例>

〔算数〕（5年）単元名（三角形と四角形）　5月　No.

| 請求番号 | 標題 | 備考 |
|---|---|---|
| C—B—21 | 三角形の面積の考え方を示す図 | |
| C—B—9 | 四角形の面積の考え方を示す図 | |
| C—B—22 | 三角形の内角が2直角であることを示す図 | |
| C—B—19 | いろいろな図形の性質を示す表 | |
| L—D—15 | 四角形・三角形の特殊一般の関係(角)　① | |
| L—D—17 | 〃　(辺)　② | |
| L—D—16 | 平面図形作成板 | |
| L—B—20 | 平行四辺形と長方形の面積の相互関係 | |

いくということは無理なことである。高学年でもなかなかむずかしい問題と思われる。もし児童に自学自習をさせるようにするとすれば，教材のそれぞれに手引きのようなものを作成しなければならない。この点は今後に残された大きな問題である。

以上，総合目録の形式や内容については問題がある。まだようやく作成に着手したばかりで，これから実際に活用し，さらに良いものへと改訂していこうとする段階である。

### 理科における場合

教材の組織化

前述したような教科の性格を考慮して，理科教材を次のような方法で組織化した。

ア　基礎的な操作や技術に関する教材は，領域別に分類した。

基礎的な操作や技術に関するものは，ある特定の単元で指導が行なわれるとともに，関連する内容をもつ学習の中で，随時反復されてこそ，身につくものである。

したがって，これらの教材は，学年に関係なく，理科の五つの領域に分類し，ファイリングキャビネットに収納した。

領域別の分類は，理科の学習指導要領に示されている五つの領域に，次のような，アルファベットの記号を付したものである。

生物とその生活……………………A
気象とその変化……………………B
天体とその動き……………………C
機械とそのはたらき………………D
物質とその変化……………………E

次に分類の方法と，実際の例をあげて説明しよう。





写真①
（フォルダー）

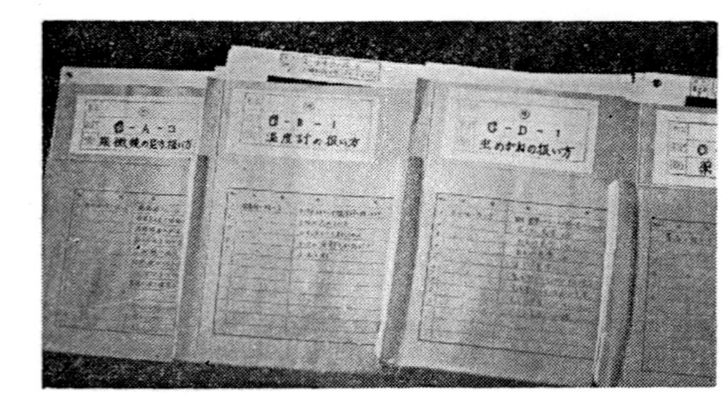

上の写真で示してあるように，ラベルの請求記号の「C」はキャビネットという所在を示し，「A」は前述した「生物とその生活」という領域である。

最右端の数字は，その教材の領域での作成順位を示す番号である。

また，下段には，主題を明示して使用上の便を考えた。

これらのフォルダーにはいっている教材は，数枚が一組みになっている組み写真が主体になっているので，現物そのものに使用上の順序を示す記号を記入してある。

また，組み写真の裏面には，利用上の観点や教材の内容も簡単に解説した。つまり，実際指導の場合，単なる技術指導に陥ることをさけて，技術指導そのものの中で，児童の思考を高めるように配慮したのである。

次の写真はこのフォルダー内の，組み写真を示したものである。

写真②　フナの解剖

写真③

顕微鏡の見方，扱い方

写真④　薬品の扱い方

またこのフォルダーの表面には，フォルダー内の組み写真の枚数と内容を記入し，全体利用，部分利用の便を図った。

イ　単元に直結する教材は，学年別，単元別に分類した。

「ロ」の分類に属する教材は，一単元を単位として，フォルダーに収納され，その単元で利用する教材のうち，形態的に同じ種類のものを一括してあ

写真⑤　池や小川の植物

る。

これらの教材は，今後，大いに収集整備をはからなければならないものである。

ウ　自発的・発展的な学習のための資料は，学年別に理科の五つの領域別に一括してフォルダーに納めてある。

エ　スライドについては，自作のもの，購入のもの，全部が受け入れ順の通し番号が付され，所定のスライドケースに収納してある。

掛け図類も，資料室の掛け図コーナーに一括収納してある。

オ　模型，標本などについては，独立した理科室があるので，本研究の分類によらず，別途考慮している。

音楽科における場合

教材（資料）の組織化

音楽科の学習では，資料を利用する場合，ある題材に，直接つらなるものは，当然，教材として組織化されなくてはならないが，このような場合でも，音楽科の特質として，その題材だけでなく，他の面でも，利用されることが多いのである。これは，同じ学年に限らず，主として，低学年で利用されるものが，高学年で利用される場合もあれば，器楽に使う教材を，鑑賞で使いたいこともあるからである。

このように，教材（資料）相互間の関係が，音楽科は，特に有機的に関連しあっているものであるから，その組織化については，これらがお互いに，どのような場面にでも利用できるように，考えることがたいせつである。

ア　教材の分類，目録，配架について

音楽科における教材のおもなものは，テープである。鑑賞用テープ・歌唱用テープ・器楽用テープ・創作用テープなどである。

その大きさは，３インチ，５インチの２種類である。そこで次のような分

類方法をとった。

ア　学習領域別分類　　　　　　　　　　　　　　　　　記号

- 一般用テープ（この中には，聴音用，テスト用など含む）　A
- 歌唱用テープ　B
- 器楽用テープ　C
- 創作用テープ　D
- 鑑賞用テープ　E

ただし，音楽科の場合は，3インチと5インチを利用しているので，5インチの場合に限り，Lを付加することにした。

すなわち，E Lは，5インチの鑑賞用テープであることを示している。

次に，配架方法であるが，スペースの経済的利用および，作成順の関係から，受け入れ順に与える番号をもって，配架番号とした。

イ　受け入れ順による配架

たとえば，1年生，6月の鑑賞として「時計屋の店」のテープをとりだそうと考える。そこで，カードを見ると，E13の記号がある。これは鑑賞テープの，13番目に配架されているテープであるから，Eの13のテープをとりだせばよいのである。

次に，目録化であるが，本校では，1か月，一題材としての，指導計画の構成をとっているので，カードが作成された場合の配列を，学年別，月別配





列とした。

ウ　目録カードの学年別，月別配列

たとえば，3年の9月，鑑賞用テープ「軽騎兵序曲」をとりだしたいと考える。これをテープ目録カードによって，配架場所を見つけようと思えば，3年のところの9月のカードを見ればよいのである。すると，そのカードによって，内容の概要と，請求記号のE25というのがわかるから，配架場所からそれをとりだして，利用すればよいのである。

以上が，音楽におけるテープの分類，目録，配架の概要であるが，さきに述べたように，この中心教材であるテープを，より効果的にする補助的教材すなわち，写真・掛け図・楽譜なども，このテープに準じて，学習領域別分類，受け入れ順による配架方法をとることにした。

イ　総合目録のための件名

さて，さきに述べたように，音楽科については，その特質から，どうしても，教材の学習領域別分類だけでは，不便な場合が多く，相互の有機的関連を考えなければならない。そこで，その方法として，件名による総合目録を作成したのである。

いわゆる，音楽科の資料であるレコード・テープ・ソノシート・楽譜・写真・スライド・図書・切り抜きなど，必要とするすべての資料の情報を件名目録によって一元化したのである。

(ア)　総合目録カードの例

| 歌（か）劇（げき） | | |
|---|---|---|
| 請求記号 | 標　題 | 備　考 |
| B 76のカ | 柿木吾郎著　少年少女音楽全集(5)　演奏の形 | P36〜59 |
| B 76のマ | 真篠将著　少年女少音楽全集(2)　世界の名曲 | P38〜47 |
| R A 6の4 | ロッシーニ作曲　ウィリアムテル序曲 | |
| (R) C 1の5 | ワグナー作曲　タンホイザーマーチ | 教師用　5年必修 |
| T A の 20 | ロッシーニ作曲　ウィリアムテル序曲 | 5年9月 |

記入方法　表は青インキ，児童，教師とも利用できるもの

裏は赤インキ，教師だけ利用するもの

(イ)　音楽科資料総合目録のための分類順件名標目表

760（音楽一般）
- 音楽の歴史
- 日本の音楽⇒日本の楽器（楽器）、⇒日本の民謡（歌）
- 鑑賞のしかた
- 演奏のしかた
- 作曲のしかた
- 音楽の練習

762（音楽家）
- 作曲家，演奏家
- 指揮者　それぞれの人名（約20名）

767（演奏の形）
- 独　唱←ソロ
- 重　唱
- 輪　唱
- 合　唱←コーラス
- 独　奏←ソロ
- 重　奏
- 管弦楽←オーケストラ
- 吹奏楽←ブラスバンド
- 弦楽合奏

768（歌）
- 国　歌
- 童謡と唱歌
- 世界の民謡
- 日本の民謡←わらべうた
- ジャズ

761（楽譜のきまり〔楽典〕）
- 楽譜のかきかた
- 拍　子
- リズム←節奏
- 音符と休符
- 音名とけん盤
- 調と音階←移調
- 音程と和音（和声）
- 記　号←速度、←発想←表情

763（楽　器）
- 弦　楽　器
- 木管楽器
- 金管楽器
- 打　楽　器←リズム楽器
- けん盤楽器←ピアノ，オルガン，アコーディオン
- 日本の楽器
- その他の楽器

769（機械その他）
- 蓄音器←電蓄
- レコード
- 録　音

764（音楽の形〔形式〕）
- 声楽の形式
- 歌　曲←一部，二部，三部形式、←リード
- 歌　劇←オペラ，オペレッタ
- 器楽の形式
- 行進曲←マーチ
- ロンド
- 描写曲
- 舞　曲
- 組　曲
- 変奏曲←バリエーション
- 序　曲←オーバーチュア
- 奏鳴曲←ソナタ
- 交響曲←シンフォニー
- 協奏曲←コンチェルト
- 舞　踊←バレー





図画工作科における場合

教材の組織化

ア　ロッカーへの収納と表示

絵・版画・デザインの平面教材，およびそれぞれの鑑賞教材を「図工科平面教材ロッカー（本校考案特別製）」に収納した。

教材記号は次のとおりである。

A……………………………絵

B……………………………版画

D……………………………デザイン

E……………………………掛け図

請求記号は次のとおりである。

| 図　　工 |
| --- |
| A |
| 1 —— (1) |

| 主題 | | |
| --- | --- | --- |
| 出所 | | 年　　月　　日 |

※　上表のAは教材記号の絵の領域を示す。

1は番号であり，(1)は数枚ある場合の番号を示す。

教材についての解説は，裏面につけて児童に見せながらの使用に便利なようにした。

解説の内容については，教科書・指導書・掛け図などとの関連を考慮した上で，必要不可欠の事がらについてのみしるし，複雑にならないように配慮した。

また，一見して理解できると思われるものについては解説を省略したものもある。

イ　指導計画教材欄への表示

指導計画の教材欄を作り，そこに必要教材の所在を示した。これが教材利用のスタートになる。

| 月 | 題　材 | 領域 | 時間 | 指導目標 | 学習活動 | 材料 | 技術経験 | 教材 | | | その他 |
|---|---|---|---|---|---|---|---|---|---|---|---|
| | | | | | | | | 請求記号 | 標　題 | 備考 | |
| | | | | | | | | | | | |

ウ　立体作品の展示と表示

立体作品は，一般にたなに配架するという方法がとられるが，積極的に教材としての機能を果たすには，もっと別の方法もあると考え，校内各所に立体作品の展示場を設け，あき箱をユニットにして構成し，低・中・高それぞれの該当学年の手近なところに展示した。

教材記号は次のとおりである。





C…………{ 彫　塑 / いろいろなものを作る }

(木のあき箱に収納された立体教材)

エ　鑑　賞　教　材

鑑賞資料には，半恒久的のものと，時期的のものとがあるが，それぞれに応じて展示場を設定し，積極的に児童の視野に届くようにした。

また，平面の鑑賞教材は，「平面教材ロッカー」内に収納し，随時に児童の鑑賞に供してある。この平面の鑑賞教材の資料記号は，教材記号に従い，番号は通し番号でラベルの色を変えて区別してある。

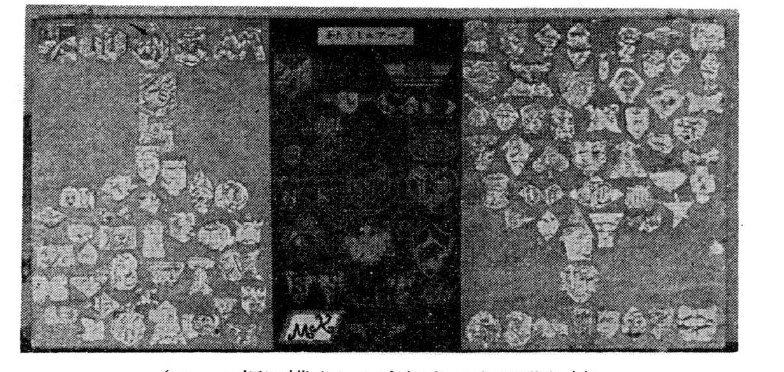

（ベニヤ板に構成した半恒久的な鑑賞教材）

家庭科における場合

教材の組織化

ア　収納の方法

教材の種類や形態によってその収納の方法も異なるが，陳列戸だなに収納する教具類は自由に取り出させる方法とした。

写真や，フォルダーに収納できる実物標本類，切り抜き等は，ファイリングキャビネットに，また実物標本（主として衣類に関するもの）は，資料箱を準備して単元別に分類した。

フォルダー内のものは主としてその単元に使用されることをねらいとして収集されてはいるが，別の時間，他の指導の際や基礎的な技術の反復の際にも自由に容易にひきだせるようになっている。

次に，請求記号について述べると，大単元を５年，６年を通してAからQまで記号をつけた。次いで小単元を算用数字で１，２，３と表わしていった。





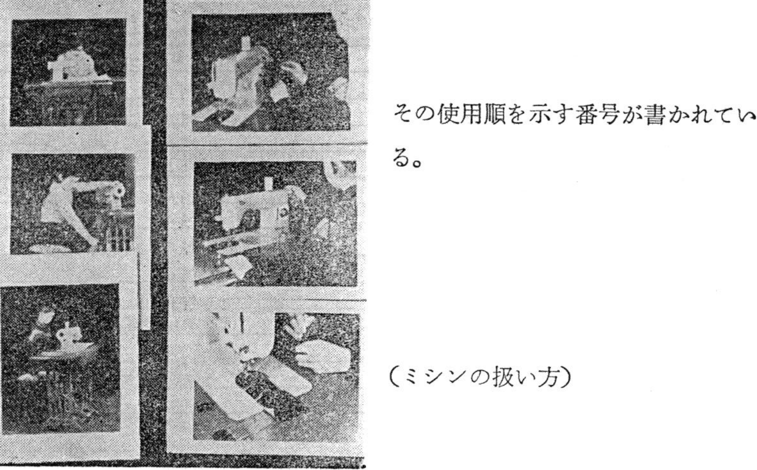

左の写真は組み写真の場合を示し，その使用順を示す番号が書かれている。

（ミシンの扱い方）

先にも述べたように，製作過程標本や，キャビネットの規格外のものは，資料箱を製作し単元別に分類整理した。

上記資料箱は家庭科ロッカーに納められ，キャビネットとともに，資料室の家庭科コーナーに集中されている。

イ　教材総合目録の例とその解説

次のページの総合目録は５年「せいけつなすまい」の例である。

C—B—1　Cは「キャビネット」，Bは単元名「せいけつなすまい」，１は小単元名「そうじのしかた」を表わしている。MAは教材の形態である。

つまり，そうじのしかたに関する教材は，図表の形のものが２種類フォルダー内に収納されて家庭科キャビネット内にはいっていることを示している。

〔家庭科〕(五)年　単元名(領域名)（せいけつな　すまい）(4.5)月　No. 1

| 請求記号 | 標題 | 備考 |
|---|---|---|
| C～B～1 | そうじの　しかた | MA　1枚 |
| C～B～1 | そうじの　しかた | MA　1枚 |
| C～B～2 | はたきつくり | MA　1枚 |
| C～B～3 | 台ふきつくり | MA　3枚 |
| C～B～3 | 運針の姿勢 | MA　1枚 |
| C～B～3 | 針の使い方 | MA　1枚 |
| C～B～3 | ぞうきんと袋物の製作 | MA　1枚 |
| C～B～3 | へらの　つけ方 | MA　1枚 |
| C～B～3 | 台ふきによい布調べ | MA　1枚 |
| C～B～3 | 運針の基礎技術に関する組写真 (台ふきつくり) | PH　8枚 |
| | | |
| FS (191) | 針の運び方 | 25コマ白黒 |
| | | |
| | | |

次にL—B—3　は，Lは「ロッカー」を，Bは上述「せいけつなすまい」，3は「台ふきつくり」の小単元名を表わしている。MDであるので（模型），資料箱の中に収納されて家庭科ロッカーの中にあることを示しているのである。

〔家庭科〕(五)年　単元名(領域名)（せいけつな　すまい）(4.5)月　No. 2

| 請求記号 | 標題 | 備考 |
|---|---|---|
| L～B～3 | 針の種類　1.毛糸とめ針　2.ししゅう針　3.ふとん針 | MD　4枚 |
| | 4.くけ針　5.縫い針　6.絹くけ針　7.絹縫い針　8.待針 | |
| L～B～3 | 持ち針のうち方　5例（よい例1を含む） | MD　8枚 |
| L～B～3 | 持ち針のうち方順序（正否の比較） | MD　8枚 |
| L～B～3 | 布の裁ち目，みみ | MD　8枚 |
| L～B～3 | なみ縫い | MD　8枚 |
| L～B～3 | 玉むすび・玉どめ | MD　8枚 |
| L～B～3 | 重ね継ぎ | MD　8枚 |
| L～B～3 | なみ縫い（正否の比較） | MD　8枚 |
| L～B～3 | 台ふきの作り方順序（1—7） | MD　7枚 |
| L～B～3 | 同上　拡大（4倍）のもの | MD　7枚 |
| L～B～3 | 台ふき　できあがり　糸こきの適否 | MD　8枚 |
| | | |
| | | |





## 体育科における場合

教材の組織化

ア　教材の分類

下記のように教材を領域別に大きく分け，それらをさらに小分類することにした。

〔大　分　類〕　の例示

| | | |
|---|---|---|
| A　マット運動 | B　とび箱運動 | C　鉄　　棒 |
| D　陸上運動 | E　ボール運動 | F　徒手体操 |
| G　なわとび運動 | H　水　　泳 | I　す　も　う |
| J　その他の運動 | K　固定施設 | L　リズム運動 |
| M　健康診断 | N　保健・衛生 | |

〔小　分　類〕の例示

A　マット運動

| | | |
|---|---|---|
| 1よこまわり | 2ゆりかご | 3ふたりぐみよこまわり |
| 4まえまわり | 5まえまわり連続 | 6うしろまわり |
| 7開脚まえまわり | 8開脚うしろまわり | 9腕立側転 |
| 10背支持まえまわり | 11とびこみ前転 | 12倒立（補助） |

L　リズム運動

| | |
|---|---|
| 3—1　花と虫 | 3—2　パウパウパッチ |
| 3—3　グスタフスコール | 3—4　のぎく |
| 3—5　おまつり | 3—6　ロンドンブリッジ |
| 3—7　形つくり | 3—8　らっかさん |

※リズム運動には，枝番号をつけた。

3—1　の3は3学年を示している。1は3学年におけるリズム運動教材の1番目に当たるという意味である。

N　保健・衛生

1結核予防　2伝染病予防　3寄生虫予防
4むし歯予防　5かぜ，インフルエンザの予防
6けが，病気の手当て　7姿　勢　8便所の使い方

記号　「A—6」は，Aがマット運動の領域を示し，6は，「うしろまわり」を示している。したがって，この記号だけでも，「うしろまわり」の学習の際に，この教材が取り出せるようになっている。この記号は指導計画に記載されている。

さきにもふれたが，この「A—6」という記号は，そのまま教材の請求記号となり，この記号がわかれば，収納されている場所，位置がわかるようになっている。もちろん，体育科の教材を収納しているキャビネットへ行けば山見出しに領域名がしるされているので，容易に取り出すこともできるしくみになっている。

なお，本書87ページの体育科自作教材一覧表を参照されたい。

イ　教材総合目録

〔体　育〕（　　）　領域名（マット運動）

| 請求記号 | 標　題 | 備　考 |
|---|---|---|
| A　—　11 | とびこみ前転　PH5枚<br>ゴムテープをこえる方法<br>ロールマットをこえる方法<br>とび箱をこえる方法　Si13枚 | |
| 78 — サ — 15 | スポーツ事典　ポプラ社　P239 | |

上表は，体育科における教材総合目録である。自作・収集した教材についてはもちろん，学習展開に従って必要と思われる諸教材が一目でわかるよ





う，図書および図書以外の教材の情報について総覧できるようにしたものである。つまり，教師は「とびこみ前転」運動の題材を扱った授業をする場合前もって現有，教材の全体をつかまなければならないし，その教材群から教材の選択を考慮しなければならない。このため，数多くの教材を手当たりしだいに取り出して検討していくのは時間の労費である。一見して簡単に記載はしてあるが，このカードを見れば，写真教材の有無はもちろんのこと，教材の内容や，参考図書のページ数もわかるし，それぞれの教材の請求記号もわかって，所在もたちどころに判別できるのである。

道徳における場合

教材の組織化

ア　自作教材の分類方法　　学年別・主題別に分類した。

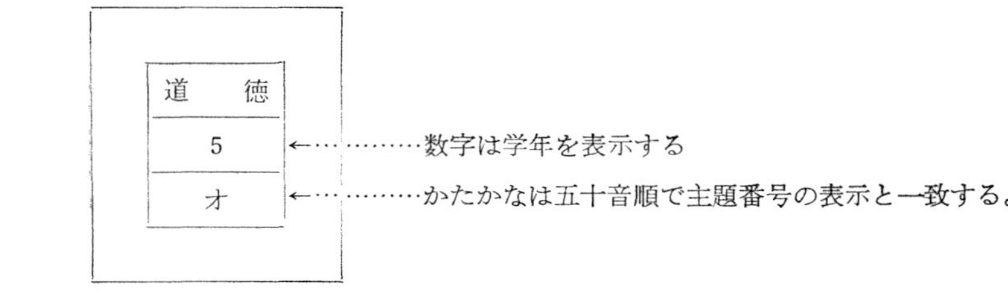


イ　教材総合目録と年間指導計画一覧表との関係

①　教材総合目録（道徳）5年　単元名　わけへだてなく　5月No. 287

| 請求記号 | 標　題 | 備　考 |
|---|---|---|
| C — 5 — オ | 母とこじき | P<br>福翁自伝，青下書房　P30〜31 |
| | | |

② 年間指導計画一覧表

| 教材 | | | その他 |
|---|---|---|---|
| 請求記号 | 標題 | 備考 | |
| C－5－オ | 母とこじき | P<br>福翁自伝，青下書房　P30～31 | 図書館に原典なし |

ウ　キャビネットの利用

教材総合目録にCの記号のある教材は，すべてキャビネットに保管されている。キャビネットのひき出しには学年表示がしてある。

エ　道徳コーナーの利用

補助文・説話教材の原典は，道徳コーナーに配架し

オ　フォルダーについて

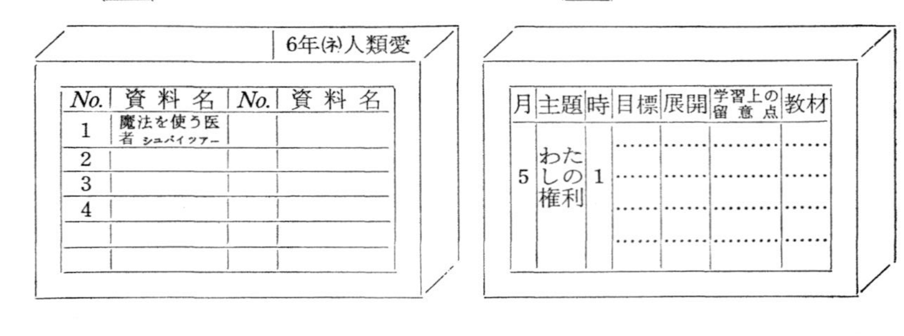


フォルダーの表には，納められている教材の標題を記入する。

新しい教材を入手した際は追記できるようにしてある。裏には指導計画をはり付けてある。

特別教育活動における場合

- 児童会活動関係の資料は，





1 代表委員会　2 図書部　3 放送部
4 新聞部　5 整美部　6 園芸部
7 保健部　8 安全部

- 児童会関係の資料は一本にまとめ，
- クラブ活動関係の資料は，

1 読書クラブ　2 生物クラブ　3 気象クラブ
4 理科実験クラブ　5 理科工作クラブ　6 美術クラブ
7 書道クラブ　8 音楽クラブ　9 陸上クラブ
10 リズムクラブ　11 卓球クラブ　12 球技クラブ
13 手芸クラブ　14 演劇クラブ　15 写真クラブ
16 珠算クラブ　17 郷土クラブ

計26の件名のもとに整理した。現在一件名にひとつのフォルダーを当て，キャビネットに収納している。

内容の一例をあげれば，児童会活動の代表委員会のフォルダーには，

- 代表委員会，小委員会の記録
- 代表委員会，小委員会の話し合い活動のきまり
- 集会の記録

朝の集会，3年生参加の代表委員会，卒業生を送るこども会など

- 代表委員会，小委員会，児童会各部，学級会記録用紙の記入例
- 校舎，運動場の平面図
- 議題発見から実施，反省までの例

などが収納されている。

# 第Ⅴ章　学校図書館の利用指導計画をどのように展開したか

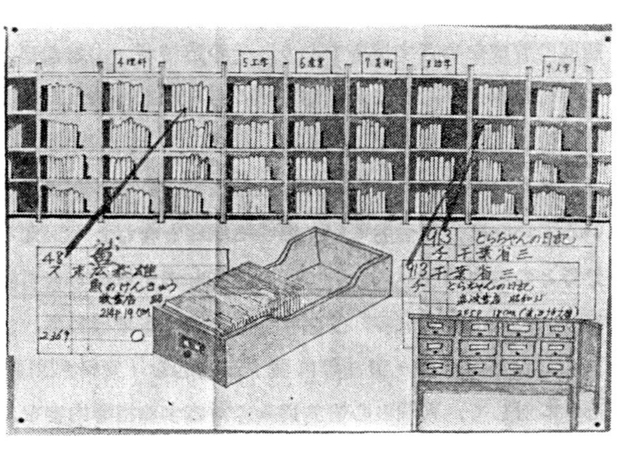

# 1　基本的な考え方

従来，学校図書館の意義や役割に関する指導，ないしは学校図書館という場や資料や奉仕活動を利用して行なわれる営みいっさいに関する指導を，読書指導とか図書館教育とか呼んできたが，文部省は，昭和36年刊行の「小・中学校における学校図書館利用の手びき」において，新たに広義の利用指導という名辞をうちだし，その中を

① 学習の効果を高めるための利用指導
② 狭義の学校図書館利用指導
③ 読書指導

の３分野に分けて説明している。各分野における指導活動の内容をまとめてみると，①は，各教科をはじめとする学習指導そのものに，学校図書館という場・資料・奉仕活動をくみいれるための指導であり，教科等の学習指導そのものの一面にほかならないであろう。くわしくは第Ⅵ章を参照されたい。②は，学校図書館の場・資料・奉仕活動を利用するための基礎的な知識・技能・態度の育成をめざす指導であり，その応用が，①および③に生かされるものと考えられよう。③は図書館利用のもっとも自然な母体ともいうべき読書活動の全般に関する指導であるが，読書の営みの中には，各教科の学習そのもの，教科の発展の姿ないしは自由な読書活動等，さまざまな側面が含まれている。いわば，価値的にはあらゆる様相を含むともいえる。しかし，①②の分野との内容的関連において③の分野を考えることも可能であろう。そこで本校としては，人間の知的な営みに対応する指導分野，つまり知識や情報を求めるための手段・方法等に関する内容を「資料利用指導計画」にもり，それに対して，人間の心情的営みに対応する指導内容を，特設「読書指導」計画にもりこむこととした。





## (1) 狭義の学校図書館利用指導の内容を焦点化して資料利用指導の時間を特設した

昭和34年の「学校図書館運営の手びき」以来，文部省は「図書館の利用指導」の内容として，15項目の主題をあげ参考とするよう指示しているが，それらの項目を内容的に再組織してみると，次のようにまとめられるようである。

ア　オリエンテーションにあたる内容
① 学校図書館の概要
② 図書・図書館の歴史と現状
③ 図書館道徳と読書衛生
④ 図書の構成と取り扱い方
⑮ 校外の読書施設・文化施設

イ　知識や情報の検索に関する内容
⑤ 図書の選択
⑥ 分類と配列
⑦ 図書の目録
⑧ 辞書・事典・索引の利用
⑨ 年鑑・統計類の利用
⑩ 雑誌・新聞の利用
⑪ インフォメーションファイルの利用
⑫ 視聴覚資料の取り扱いと利用

ウ　知識や情報の理解に関する内容
⑬ 読書法

エ　知識や情報の保存・伝達に関する内容
⑭ 参考書目の作り方やノートの取り方

このように考えると，イ・ウ・エ，つまり5～14の内容が中核的な指導内容であり，「自らの求める知識や情報をどのように入手し，消化し，自己のためにメモしたり，他人に伝達したらよいか」という，資料利用に関する基礎的な知識・技能・態度の指導と考えてよいであろう。

このような検討の結果，従来の15項目の内容中，オリエンテーションにあたる内容はできるだけ簡単な指導計画にもりこみ，図書館利用の際，随時随所において反復指導し，内容の修得を期待することとし，知識や情報の検索・処理に関する内容を主軸として，特設時間における資料利用の指導計画をたてたのである。

この指導は，コミュニケーションのメディアの発達および，おびただしい情報の渦中にある現代社会人の一つの資質をつちかうことを主たるねらいとしたものであり，シンボルの哲学でいう，シンボルのもつ合理的・実用的機能と対応する指導分野と考えたのである。

### (2)　読書指導の全体計画を樹立するとともに，読書による情操教育の時間を特設した

読書指導は，学校の全教育活動の中において行なわれるべきものである。国語科を中心として，各領域の学習や，その他さまざまな機会において，読書そのものの指導，動機づけの指導，読書による指導等が行なわれることはいうまでもない。しかしながら，従来ばくぜんと言われてきた読書指導という語を少しく検討してみると，国語科における読書指導との異同が不明であったり，読解指導となんら異ならない場合も多く，また利用指導との関係もあいまいな点は否定できないように思われる。そこで本校としては，たとえば，国語科教科書の教材を補うという意味での読書指導は国語そのものの指導であり，いわゆる学校図書館の読書指導の領域ではないという考え方をとった。したがって国語科を中心とする各領域における読書指導は，従来どお





り各教科や各領域の指導の中でおしすすめることとし，その周辺ないしは中核に，資料利用指導との関係を考慮して，独自の目標をうちたてることにしたのである。つまり前述の資料利用指導が主として人間の知的側面につらなる領域であるのに対して，読書指導は，人間の心情・情操の側面をおさえることとし，端的に芸術的情操の育成を中心に進めることにしたのである。もちろん国語科における文学教材の指導とはっきり一線を画することはできないが，国語科教材が「文字」を媒体とする幅広い内容をふまえるのに対し，特設時間における指導は，主として文学作品を介して得られる幅広い人間理解をねらうものといえよう。

### (3)　二つの指導分野との関係

資料利用指導の内容は，主として情報検索，文献操作といった知的操作に関連するため，そこでは，いかなる場合にも応用できるような合理的一般的内容が指導されることになる。どの教師がどの学級で行なっても，ほぼ同じ水準の効果が期待されるものである。いわば資料利用についての客観的な法則（ルール）を指導することになろう。

これに対して，情操教育に焦点をあてる特設時間における読書指導の場合は，指導者の個性，興味等によって，ある程度指導上の偏差が生じてくるのも当然である。そこで児童の発達段階や読解力等を考慮して，最小限各学級に共通して与えるべき作品を限定し，それ以外の作品の選択にあたっては，指導者および児童の興味関心にもとづく自発的選択の余地を認めることにした。もちろん学校図書館としては，指導にあたる教師の活動に便を与えるために書目を用意したり，児童のために推薦その他の形で自由選択の効率化を期している。このように主として，分析，比較，総合といった知的操作にかかわる特設資料利用指導と，主として，共感，直観，合一といった心情面にかかわる特設読書指導とをもって，広義における利用指導の中核的拠点とし

たのである。

## 2　特設時間における資料利用指導

### (1) 指導計画

前節で述べた基本的考えかたにたって，資料利用指導の目的を達成するために，指導すべき内容を設定し，配列して，具体的な指導計画を立案した。この計画を立案するにあたっての第1の課題は，学校における全教育課程との関係をはっきりおさえて，資料利用指導の内容を正しく位置づけることであった。本校では前節で述べたように，一部を特設の時間に指導し，他を4領域の関連ふかい領域で指導する型をとった。すなわち，文部省で示された15の項目（本校では領域と呼ぶ）のうち，七つの項目を選んで特設時間で指導することにした。その理由としては，教科，道徳，特活，学校行事等の4領域と統合して行なうと，それぞれの領域の本質的なねらいからはずれ，学習の流れがスムーズにいきにくいこと，また，他の4領域に無理なくそう入できても，利用指導のめざすねらいをじゅうぶんに徹底できない恐れがあることがあげられる。いいかえれば，各教科その他で分散して指導できるものでも，共通して指導される事項は特設時間に集約・体系化して指導した方が有効である，という考えにたっている。

第2に，領域の指導内容を学年別におさえ，内容を配列した。

第3に，指導時間・時期・回数・指導者などを考慮して，系統的な指導計画をたてることにした。

ア　領域の設定

前に述べた7つの領域を，次にかかげると，

(ア)　オリエンテーション（学校図書館の概要，校外読書施設と文化施設）





(イ)　分類と配列

(ウ)　目録のはたらきと利用

(エ)　辞書，事典，年鑑など参考図書の利用

(オ)　新聞，雑誌，インフォメーションファイルの利用

(カ)　視聴覚資料の利用

(キ)　参考書目の作り方，ノートの取り方

である。

次に本校では，どのような立場でこの領域を設定したか，その理由と領域のねらいを述べてみよう。

(ア)　オリエンテーション

資料センターとしての学校図書館の機能を発揮させるためには，どうしても，学校図書館の組織・運営・資料に関して総合的・有機的に指導する場面を設けておく必要がある。また児童の将来の自己教育や研究のためにも，公共図書館，国会図書館，さらには世界の図書館に関する知見を身につけさせることがたいせつであると考えられる。

ねらい

a　本校図書館および図書館資料へ親近感をもたせ，利用の意欲を喚起させる。

b　教育課程の学習の上に，学校図書館がいかに重要な役割をもっているかを自覚させる。

c　学校図書館の組織・運営，資料の収集・整備などについて概括的に理解させる。

d　本校図書館および本校図書館資料の利用に関する最も基礎的な，知識・技能・態度を養う。

e　公共図書館・国会図書館の利用の意義・方法を考えさせる。

(イ)　分類と配列

本校図書館には，約13,000冊の蔵書があるが，分類・配列されたこれらの図書館資料の中から，自分の求める主題の資料をできるだけすみやかに発見するためには，図書館資料の分類・配列が，いかなる原理によってなされているかを知ることがたいせつであると考えられる。図書館資料の利用を合理化し，かつまた，物事を類別・整理する態度を養い，この原理を日常生活等に生かしていくという面でも意義が深い。

ねらい

a　分類の必要とその効果および種類や実際を理解させる。

b　請求記号の意味と必要について理解させ，図書の発見・返却に習熟させる。

c　自分の蔵書などを分類，整理する習慣，ひいては，生活の合理化を志向させる。

(ウ)　目録のはたらきと利用

求める主題の資料をできるだけすみやかに発見するためには，二次文献としての目録を利用することが，きわめて有効であると考えられる。本校で作成している目録は，大型カード式総合目録，教科別件名目録，書名目録，著者目録である。これらの目録の意義を理解し，利用になれることが必要である。将来，公共図書館を利用する場合を考えても，目録利用の指導はきわめて重要であると考えられる。

ねらい

a　目録法の概要について理解させる。

b　図書目録・資料目録の種類・用途・編成について理解し，その使用法になれさせる。

c　本校基本図書目録・出版目録などについて，その使用法を理解させる。

(エ)　辞書・事典・年鑑など参考図書の利用





この領域は，国語・社会・理科などの教科学習には欠くことのできないものである。特に，学習活動の広がりや深まりにつれて，参考図書の利用はきわめて多くなっている。また，児童が自主的に自らの疑問や問題を解決するためにもきわめて重要な領域であると考えられる。これらの観点から，この領域について，一般的利用法を指導することは必要であり，ひいては，日常生活を合理化し科学化する面からも大きな意義がある。

辞書，事典などについては，国語教科書のなかでも取り扱われている。（５年生上「知識を求める」）また，国語辞典などは，中学年からその利用の必要に迫られている。しかし国語学習だけでは習熟・徹底がはかれないむきもあるので，その発展的指導のためにこの領域を設けた。

ねらい

a　辞書・事典・年鑑・統計類の種類・構成・特色およびその利用法の一般的な事項について理解させる。

b　目的に応じて各種の辞書・事典および索引類，年鑑・統計類を有効に使用する技能を身につけさせる。

c　あらゆる疑問や問題を放置せずに，積極的に辞書，事典を利用して解決していく習慣・態度，かつ，科学的・合理的思考態度を身につけさせる。

(オ)　新聞・雑誌・インフォメーションファイルの利用

新聞・雑誌は児童の日常生活や学習活動にも密接な関係をもっているが，これらは現在，社会的にも教育的にもいろいろな問題をなげかけている。

一方，インフォメーションファイルは一般図書資料や参考図書等にはのっていない自作教材や現時的な資料，地方的・郷土的な特殊な資料が中心になっているので，教科指導や特別教育活動にはなくてはならないものである。いずれも，自らの求める知識・情報を入手するためには欠くことのできない資料である。

本校購入新聞は，一般用3種，児童用2種であり，雑誌は，児童用3種（学年別）であるが，これらの資料の利用に対する一般的・基本的な知識・技能・態度を指導することは，児童の日常生活を健全にし，学習活動の充実を図る上からも，また将来の日常の実践にとってもきわめて大きな意義がある。

ねらい

a　新聞・雑誌の種類や，よい雑誌・新聞の条件を知らせる。

b　雑誌・新聞の正しい読みかたを理解させる。

c　読後の有効な利用・整理の方法について知らせる。

d　ファイル資料の種類と特性を知らせる。

e　ファイル資料整理用具・整理法・利用法を知らせる。

(カ)　視聴覚資料の取扱いと利用

現在，視聴覚資料を媒体として，知識・情報を獲得したり，また，これらを利用して吸収した知識・情報を伝達することがきわめて多くなっている。

本校では，視聴覚教育についてはやくから関心をもち，相当な成果をあげている。本校の資料としては，紙しばい・映画フイルム・スライド・レコード・録音テープ・その他があるが，これらの使用が学習指導や現代生活に占める意義がきわめて大きいと考えられている。また，本校図書館が資料センターという構想にたつとき，この領域の占める位置は大であるといわなければならない。

なおＡＶ教具の取り扱いの指導は，児童会放送部委員のみに行なうように計画している。

ねらい

a　視聴覚資料の種類と特性を知らせる。





b　視聴覚資料の整理の方法，用具の名称とはたらきを理解させる。

c　視聴覚資料の整理と利用法について知らせる。

(キ)　参考書目の作り方とノートの取り方

児童が調査・研究のために図書館資料を利用するということは，資料センターとしての学校図書館の機能の本質にかかわる重要な一面である。その利用がスムーズにできるようになるかどうかは，児童の学習に重大な影響を及ぼすと考えられる。特に調査・研究のための資料目録の作り方を指導することは，この面でも大きな意義をもつと考えられる。

資料の利用に伴うノートの取り方の指導は，知識や情報を確実に消化し理解を深めるためにも，のちのちの利用や人に伝達するためにもきわめてたいせつな領域であると考えられる。

資料の選択は適切であっても，ノートの取り方が適切でなかったら，研究自体も不完全となり，じゅうぶんな学習はできないと考えられる。

ねらい

a　適切な参考資料を早くみつける能力を養い，資料目録の作り方を知らせる。

b　速読，摘読によって必要な箇所を早くみきわめる力を養う。

c　求める主題の内容を要約してノートにとる力を養う。

d　出典，出所をはっきり書いて，自分の意見との区別をする習慣を養う。

イ　主題の位置づけ

各領域をさらに分析して指導内容を決定した。（これを本校では主題とよんでいる。）それを次にかかげてみると

(ア)　オリエンテーション

a　図書館めぐり　　b　資料の種類と所在

c　貸し出しのしかた　　d　本の扱い方

e　目次のはたらき　　f　学級分館の運営

g　公共図書館　　h　国会図書館

i　世界の図書館

(イ)　分類と配列

a　低学年図書の配架　　b　簡単な分類

c　ＮＤＣ10区分　　d　ＮＤＣ　100区分と特別な配架

(ウ)　目録のはたらきと利用

a　目録の利用（書名目録・著者目録）

b　教科別件名目録の利用　　c　大型カード式総合目録

(エ)　辞書・事典・年鑑など参考図書の利用

a　図鑑の利用　　b　国語辞典の利用

c　百科事典の利用　　d　年鑑・統計類の利用

e　専門事典，その他参考図書の利用

(オ)　新聞，雑誌，インフォメーションファイルの利用

a　雑誌の利用　　b　絵はがきの利用

c　新聞の利用　　d　新聞・雑誌の切り抜きの作り方

e　ファイル資料の利用

(カ)　視聴覚資料の利用

a　紙しばいやスライド　　b　スライドの利用およびビューアー

c　録音機の利用　　d　シンクロファックスの利用

e　８ミリ映画の利用　　f　視聴覚資料の特性

(キ)　参考書目の作り方とノートの取り方

a　研究のための資料目録の作り方

b　研究のためのノートの取り方

前に述べたように，知識・情報をいかに獲得し，それを消化して，いかに伝達するか——という基本的な考えにもとづいて，主題を決めたわけである





が，本校の図書館資料の構成等を考慮にいれたことはもちろんである。

さらに，この主題を具体的に，どのように学年におろしていくかを検討した。

第１に，児童の成長・発達と能力・興味に応じて適切な経験を与えうるようにしたことである。本校児童の知能テスト（田中Ｂ式），読書力テスト（阪本式，昭和38年６月実施）学力テストなどからみると，全国水準より上位にあると考えられる。また，図書館利用についても，１年生から本館を利用しているので，図書館および図書館資料の利用については，かなり習熟していると考えられる。さらに，昨年度実施した読書環境調査，興味調査からも，読書環境に恵まれた者が多く，読書に対する興味・関心度も高いとみている。

主題配列にあたっては，「図書および図書館利用能力表（試案）学校図書館運営の手引文部省」を参考にしたが，上記のような本校の実態をもとにして計画をたてた。

第２に，他の全教育課程の計画と密接な関係をもつことである。この点については，各教科書にもられている図書館利用指導に関する内容を検討した。特に，国語教科書との関連が深いが，しかし，各教科で，習熟，徹底をはかれるものでも，特設の時間は指導したほうが有効であると考えられる共通的要素は抽出して計画にもりこんだ。

また，児童の要求や必要性から，教科の教材配列より，はやく指導するような配慮を加えたことは前述のとおりである。

第３に，指導が循環的に展開されるようにした。必要な主題については，習熟・徹底をはかるために，適当な期間をおいてくりかえし指導し，順次に内容を高めるように計画した。

## 各学年におろした主題一覧表

| 領域 | | 1年 | 2年 | 3年 |
|---|---|---|---|---|
| 1 | オリエンテーション | ・図書館めぐりと資料の種類と所在<br>・貸し出しのしかたと本の扱い方 | ・貸し出しのしかた | ・貸し出しのしかた<br>・目次のはたらき<br>・学級分館の運営 |
| 2 | 分類と配列 | ・低学年図書の配架 | ・簡単な分類（ラベルの色によるわけかた） | ・ＮＤＣ10区分（やさしいことばによる10区分） |
| 3 | 目録のはたらきと利用 | | | |
| 4 | 辞書・辞典・年鑑など参考図書の利用 | | ・図鑑の利用 | |
| 5 | 新聞・雑誌・イフォメーションンファイルの利用 | ・雑誌の利用 | ・雑誌の利用 | ・新聞雑誌の利用<br>・絵はがきの利用 |
| 6 | 視聴覚資料の利用 | ・紙しばいやスライド | ・スライド（ビューアー）の利用 | ・録音機の利用 |
| 7 | 参考書目の作り方とノートの取り方 | | | |

| 領域 | | 4年 | 5年 | 6年 |
|---|---|---|---|---|
| 1 | オリエンテーション | ・公共図書館（スライド上映による） | ・国会図書館（スライド上映による） | ・世界の図書館 |
| 2 | 分類と配列 | ・ＮＤＣ10区分 | ・ＮＤＣ100区分と特別な配列 | |
| 3 | 目録のはたらきと利用 | ・教科別件名目録の利用<br>・大型カード式総合目録の利用 | ・教科別件名目録の利用<br>・その他目録の利用 | |
| 4 | 辞書・事典・年鑑など参考図書の利用 | ・図鑑の利用<br>・百科事典の利用<br>・国語辞典の利用 | ・図鑑の利用<br>・百科事典専門事典の利用<br>・年鑑統計類その他参考図書の利用 | ・図鑑の利用<br>・百科事典専門事典の利用<br>・年鑑統計類その他参考図書の利用 |
| 5 | 新聞・雑誌インフォメーションファイルの利用 | ・切りぬきの作り方<br>・ファイル資料の利用 | ・ファイル資料の利用 | ・ファイル資料の利用 |
| 6 | 視聴覚資料の利用 | ・シンクロファックスの利用 | ・８ミリ映画の利用 | ・視聴覚資料の特性 |
| 7 | 参考書目の作り方とノートの取り方 | ・研究のための資料目録の作り方<br>・研究のためのノートの取り方 | ・研究のための資料目録の作り方<br>・研究のためのノートの取り方 | ・研究のための資料目録の作り方<br>・研究のためのノートの取り方 |





### ウ　指導時間と時期の位置づけ

この計画を実施するための特設時間は，本校では学校行事等に位置づけた。その時間数は低学年が５時間ぐらい，高学年は10時間内外をとり，年間35時間（１週１時間）の図書館の固定時間の中で指導するようにしている。また，１主題，最低１時間単位の時間数をとり，できるだけ他教科との融合はさけるようにした。（低学年の１部は合科もある。）

なお，指導の時間については，昭和38年度当初は年間にならして分散するように計画したが，年度当初に指導したほうが効果的である点から，多くの主題を１学期に指導するよう改訂したが，それぞれの主題の指導時期の決定にはできるだけ他領域（４領域）との関連を考慮している。

一例をあげれば

・図鑑の利用は５年，理科「花のつくり」４月と関連をもたせる。

・百科事典の利用は５年，国語「本で調べる」５月と同時期に扱う。

などである。

特設時間における資料利用計画月別配当表

| 年＼月 | | 4 | 5 | 6 | 7 | 9 | 10 |
|---|---|---|---|---|---|---|---|
| 1 | 主題 | ・図書館めぐりと資料のありかた | ・本の扱い方<br>・低学年図書の配架 | ・紙しばいやスライド | | ・貸し出しのしかた | ・雑誌の利用 |
| | 時間 | 1 | 1 | 1 | | 1 | 1 |
| 2 | 主題 | ・貸し出しのしかた<br>・図鑑の利用 | ・簡単な分類 | ・雑誌の利用 | | ・スライドの利用 | |
| | 時間 | 2 | 1 | 1 | | 1 | |
| 3 | 主題 | ・貸し出しのしかた<br>・学級分館 | ・NDC10区分<br>・目次のはたらき | ・新聞，雑誌の利用 | | ・絵はがきの利用 | ・録音機の利用 |
| | 時間 | 2 | 2 | 1 | | 1 | 1 |
| 4 | 主題 | ・図鑑の利用<br>・国語辞典の利用 | ・NDC10区分<br>・百科事典の利用 | ・大型カード式総合目録<br>・教科別件名目録の利用 | | | ・ファイル資料の利用<br>・切り抜きの作り方 |
| | 時間 | 2 | 2 | 2 | | | 2 |
| 5 | 主題 | ・図鑑の利用<br>・NDC100区分 | ・年鑑統計類その他参考図書の利用<br>・百科事典専門事典の利用 | ・研究のための資料目録の作り方<br>・目録の利用<br>・教科別件名目録の利用 | | ・研究のための資料目録の作り方 | ・ファイル資料の利用 |
| | 時間 | 2 | 2 | 3 | | 1 | 1 |
| 6 | 主題 | ・百科事典専門事典の利用 | ・年鑑，統計類その他参考図書の利用<br>・図鑑の利用 | ・研究のための資料目録の作り方 | | ・ファイル資料の利用 | ・研究のためのノートの取り方 |
| | 時間 | 1 | 2 | 1 | | 1 | 2 |





| 年＼月 | | 11 | 12 | 1 | 2 | 3 | 時間合計 |
|---|---|---|---|---|---|---|---|
| 1 | 主題 | | | | | | 5 |
| | 時間 | | | | | | |
| 2 | 主題 | | | | | | 5 |
| | 時間 | | | | | | |
| 3 | 主題 | | | | | | 7 |
| | 時間 | | | | | | |
| 4 | 主題 | ・シンクロファックスの利用 | | ・公共図書館 | ・研究のための資料目録の作り方 | ・研究のためのノートの取り方 | 12 |
| | 時間 | 1 | | 1 | 1 | 1 | |

| 月 | | | | | | | | 計 |
|---|---|---|---|---|---|---|---|---|
| 5 | 主題 | ・8ミリ映画の利用 | | ・国会図書館 | ・研究のためのノートの取り方 | | | 12 |
| | 時間 | 1 | | 1 | 1 | | | |
| 6 | 主題 | | | | ・世界の図書館 | ・視聴覚資料の特性 | | 9 |
| | 時間 | | | | 1 | 1 | | |

エ　展開例の作成

なお，上記の計画案にもとづいて，各主題を具体的に1時間の学習におろすために展開例を作成した。下記の形式に示すとおり，学習活動および内容，時間配当，指導時期，指導上の留意点，それにともなう教材という角度から検討していった。（教材については後に述べる。）

展開例をかかげると

4年　分類と配列

| 月 | 主題 | 時間 | 目標 | 学習活動および内容 | 指導上の留意点 | 教材 請求記号 | 教材 標題 | 教材 備考 | その他 |
|---|---|---|---|---|---|---|---|---|---|
| 5 | NDC 10区分 | 1 | 図書館資料の中から自分の求める知識や情報をすみやかに手に入れるために10区分の分類を知らせる | 1　今までの図書の発見のしかたや返しかたについて話し合う<br>2　NDCの分類のしかたの大略と配架のきまりを調べるために映画をみる | ・10区分の知識で図書の発見返し方で困った点などをあげさせる<br>・映画の内容は図書館エチケット読書衛生，その他概要的な内容が含まれているが，分類のところを特に気をつけてみるようにしむける | C-4-B<br>4-B<br>C-4-B | ・10区分図表<br>・図書館の手引<br>・分類ラベル配架図表 | MA<br>8 F<br>MA | |





| 月 | 主題 | 時間 | 目標 | 学習活動および内容 | 指導上の留意点 | 教材 請求記号 | 教材 標題 | 教材 備考 | その他 |
|---|---|---|---|---|---|---|---|---|---|
| | | | 日常生活における身近な物事を形態や内容において分類する態度を身につけさせる | 3　分類のしかた配架のきまりについて話し合う<br>4　図書の発見の練習をする<br>5　分類と配架の生活化について話し合う | ・100区分の必要性と有効さを考えさせる<br>・できるだけ具体物にあたって知らせる<br>・教科学習と結びつけて教科書の中から主題を選びさがさせる | | | | |

オ　指導者および実施上の具体的方法

原則として，学級担任がその指導にあたることにし，司書教諭が学級担任の助言者となっている。

本校は司書教諭の有資格者が多い（7名）が，分類や目録など，かなり専門的な知識が必要とされる領域は，指導者も敬遠しがちである。そこで，利用指導部員（各学年1名）が中心となり，毎週もたれる学年会で，詳細な計画を立案して指導にあたるようにしている。また，指導の形態としては，時間のゆるすかぎり，ごっこ的な学習や実演的な学習を多く取り入れて興味ある学習になるよう考えている。

### (2)　教材の収集作成と整理

本校の特設時間における資料利用指導計画は，上記のような経過のもとに作成された。この利用指導計画がより効果的に行なわれるためには，適切な教材が用意されなければならない。ここで考えられる教材は，実物・掛け図・図表・切り抜き・視聴覚資料等である。

そこで，下記のように大きく領域に分け，必要と思われる教材を収集・自作し，配列した。

## 利用指導のための教材一覧表

| 領域＼学年 | 1 | 2 | 3 |
|---|---|---|---|
| 1 オリエンテーション（A） | 図書館のエチケット（全国ＳＬＡ）<br>図書館の使い方（自作）<br>貸し出しのきまり（自作）<br>たのしい図書館(4567)（教画） | 貸し出しカード（自作）<br>本の借り方①②（教画） | 図書館の利用，貸し出し（自作）<br>私たちの学級文庫（学研）<br>本の貸し出し（教図） |
| 2 分類と配列（B） | | いろいろなラベル（自作） | 図書の分類（全国ＳＬＡ）<br>図書の分類（教図） |
| 3 目録のはたらきと利用（C） | | | |
| 4 辞書事典，年鑑等参考図書の利用（D） | | 2年の学習図鑑（学研）<br>学習花卉図鑑（保育社） | |
| 5 新聞，雑誌インフォメーションファイルの利用（E） | 小学一年生(小学館)<br>一年の学習（学研）<br>幼稚園（小学館）<br>教材ニュース | 二年の学習（学研）<br>科学の教室（学研）<br>小学二年生(小学館)<br>教材ニュース | 毎日小学生新聞<br>小学三年生(小学館)<br>三年の学習（学研）<br>科学の教室（学研） |
| 6 ＡＶ資料の利用（F） | | | |
| 7 資料目録の作り方と研究のためのノートの取り方（G） | | | |





| 領域＼学年 | 4 | 5 | 6 |
|---|---|---|---|
| 1 オリエンテーション（A） | 日比谷図書館（自作） | 国会図書館（自作） | 世界の図書館（自作） |
| 2 分類と配列（B） | 図書館の利用（自作）<br>〃（自作）<br>日本10進分類表<br>分類から配架まで（自作） | 図書の分類（全国ＳＬＡ）<br>分類から配架まで（自作） | |
| 3 目録のはたらきと利用（C） | たのしい図書館(10,11)（教画）<br>件名目録（自作） | 図書館の利用（全国ＳＬＡ）<br>書名，著者目録（自作） | |
| 4 辞書，事典年鑑等参考図書の利用（D） | 百科事典の利用（全国ＳＬＡ）<br>少年少女学習大百科事典（学研）<br>私たちの生活百科（生活百科）<br>玉川こども百科（玉川大学）<br>辞典の使いかた（全国ＳＬＡ）<br>植物の図鑑（小学館）<br>原色少年植物図鑑（北隆館） | 百科事典の利用（全国ＳＬＡ）<br>辞典の使いかた（全国ＳＬＡ）<br>児童百科大事典（平凡社）<br>世界大百科事典（平凡社）<br>少年朝日年鑑（朝日新聞）<br>図説社会科年鑑（小学館）<br>日本植物原色図鑑（保育社） | 児童百科大事典（平凡社）<br>世界百科大事典（平凡社）<br>玉川児童百科事典（玉川大学）<br>少年朝日年鑑（朝日新聞）<br>図説社会科年鑑（小学館）<br>原色日本昆虫図鑑（保育社）<br>専門事典 |
| 5 新聞，雑誌インフォメーションファイルの利用（E） | 毎日小学生新聞<br>読売少年少女新聞<br>四年の学習（学研）<br>科学の教室（学研）<br>小学四年生(小学館)<br>スクラップの作り方（自作） | 切り抜きの作り方（自作）<br>毎日小学生新聞<br>読売少年少女新聞<br>小学生新聞（旺文社） | |
| 6 ＡＶ資料の利用（F） | | 遠足（Ｔ）（自作）<br>遠足（Ｔ） | 卒業生のことば（自作） |

| 7 資料目録の作り方と研究のためのノートの取り方（G） | 少年少女学習百科事典<br>学習少年百科事典<br>二宮金次郎<br>和井内貞行 | 少年少女学習百科大事典（学研）<br>児童大百科事典（平凡社）<br>玉川学習百科事典（玉川大学）<br>既製の資料目録 | 少年少女学習百科大事典（学研）<br>児童百科事典（平凡社）<br>玉川学習百科事典（玉川大学）<br>ルネッサンス・山本七平（岩崎書店）<br>目でみる世界の歴史　尾鍋輝彦（偕成社） |
|---|---|---|---|

ア　教材の収集作成と具体的方法

基本的な考え方のところで述べたように，特設時間における資料利用指導の指導内容は，読書指導に比して一般的で固定的な性質をもっている。したがって教材も必然的に一般化・固定化の性質が伴うものと考えられる。

さらに，ともすると講義式になったり，また指導方法によっては無味乾燥な学習におちいる危険性も多分にあるので，児童の興味を喚起し，関心を高める意味において，紙しばい，スライド・映画フィルム等をできるだけ多く取り入れるようにした。

まず，教材一覧表に示されたとおり，各領域別の必要な教材をあらいだした。そして，指導内容の検討を進めると同時に，展開に必要な基本的な教材を選択した。市販されている資料をあらってみたが非常に少なかった。

イ　整理の方法と利用

これらの教材の整理方法は，領域別と学年別分類の二つが考えられる。教材の数も少なく，固定的な性格ももっているので，学年別に分類し，さらにそれを領域別に分けた。

4年の例を示すと

A　オリエンテーション

B　分類と配列

C　目録のはたらきと利用





D　辞書・事典・年鑑等その他参考図書の利用

E　新聞雑誌インフォメーションファイルの利用

F　視聴覚資料の利用

G　参考書目の作り方と研究のためのノートの取り方

分類された教材は，教材の形態別により（図表，掛け図等はフォルダーにいれ，キャビネットへ，指導板はロッカーに，スライド，フィルムは，それぞれ，スライドボックスに配列した。

教材の数が少ないので，目録化の必要性は少ないのであるが，保管場所がそれぞれ違う関係上，総合目録を作成して，利用の便をはかるようにした。

次に総合目録の一例を示そう。

| 〔利用〕　(5)年　単元名（C，目録のはたらきと利用）　（　）月No.23 | | |
|---|---|---|
| 請求記号 | 標題 | 備考 |
| L－5－C | 書名カード | Si |
| L－5－C | 著者カード | Si |
| L－5－C | 件名カード | Si |
| L－5－C | を見よ参照カード | Si |
| L－5－C | をも見よ参照カード | Si |
| L－5－C | 目録の利用 | Ki |

請求記号は

L　－　5　－　C

（場所を示す）（学年を示す）（領域を示す）

備考の記号は　教材の形態・種類を表わす

Ｓｉ………指導板

Ｋｉ………切り抜き

## 3　特設時間における読書指導

### (1)　特設読書指導の時間数とその指導計画

読書指導の時間を特設して，それを教育の全体計画の中に定着させ，有効に学習活動を展開させるということは，その指導内容をじゅうぶん計画化し，かつ，かなり固定化しないかぎり，考えられる以上に困難なことである。そこでまず，かなり機械的ではあるが，表のような時間配当を行なった。もちろん実践的な経験から，低学年により多くの時間を配当したほうが有効であるという考えと，特設利用指導の時間とのかねあいから決定されたものである。

この時間の中で行なわれる学習指導を次のように考えている。

| 学年＼学期 | 1学期 | 2学期 | 3学期 | 計 |
|---|---|---|---|---|
| 1 年 | 4時間 | 5時間 | 3時間 | 12時間 |
| 2 年 | 4 〃 | 5 〃 | 3 〃 | 12 〃 |
| 3 年 | 4 〃 | 4 〃 | 3 〃 | 11 〃 |
| 4 年 | 4 〃 | 4 〃 | 3 〃 | 11 〃 |
| 5 年 | 4 〃 | 3 〃 | 3 〃 | 10 〃 |
| 6 年 | 4 〃 | 4 〃 | 2 〃 | 10 〃 |

ア　必修図書による指導

ここでいう必修図書とは，複本あるいはプリントなどによって，児童全員に必読させることを考えている図書のことである。読書指導は，なんといっても同一作品をすべての児童が読み取り，それによって生じた感動の中から問題を意識し，感想を述べ，討論し，より高次の思考へ，より高次の問題意識へ展開するというのが望ましい姿であろう。したがって，複本を豊富にそろえることが理想ではあるが，目下の本校の図





書館費の状態では読書指導の時間をじゅうぶん活用するに足るだけの複本を持つ余裕はない。かつまた，読書指導本来の性格からいって，この時間を常に固定的な作品の押しつけとすることをさけ，教師の個性的な作品選択の余地を持つことの重要さを考えて，当面，年間3種（3時間相当）の作品を選び必修図書とした。これらの作品の指導を通じて，全体的な読書指導の中心的課題にこたえようと考えているわけである。もちろん年次的な経過にともなって，予算面の充実と，実践的な経験の積みあげの中から，これらの複本あるいはプリントなどによる必修図書数を増加させたいと考えている。

なお，こうした必修図書の選定については，作品の良否はもちろんのこと，20～30分ぐらいで児童が読破でき，じゅうぶん意見交換が授業時間内で行なえる作品，作品のすじの展開が学年相応に明快であるもの，問題のはあくしやすいもの，などの観点にたって選定したが，実験的な段階で長編作品を必修としてどう扱うかも検討している。

イ　選定図書による指導

上述必修図書のほかに，読書指導用図書として各学年15～17冊にわたる図書（作品）を選定した。これらの図書は，ある程度の指導案および資料が付されて準備されている。読書指導では，教師自体が持った感動を児童へ伝えることが児童の読書意欲を高めることになるだろうと考えられる。そうした観点から，これらの図書の中から，各担任の個性的な作品選択によって，年間4～5時間の学習指導が行なわれる。これらの時間は，児童が実際に読むことよりも，読むことを前提としての導入的な学習，読むための興味の喚起，あるいは読後に生じるさまざまな問題の処理などの指導にあてられることが多い。ここではさまざまな指導内容が考えられるが，たとえば，長編作品などは，学校教育の場だけでは時間的な制約からいっても扱いきれないものが多い。しかし，ぜひ児童に与えたいという長編作品などについて，いったいどう指導したらよいかという重大課題についても，これらの時間はこた

えることになるであろう。具体的な指導法については後述のとおりである。

ウ　自由読書の時間の指導

読書指導は，けっきょくは児童ひとりひとりが，個性的な興味と能力によって何を選び，どう読んでいくかということが問題になってくる。与えられた作品だけでなく，児童の自由な選択によって文学作品を読みこませる時間，そして必要な個別指導をする時間が，児童の，日常の読書生活とそれの指導と深くかかわりあいながら，どうしても必要となってくる。こうした時間としての自由読書の時間が各学年年間３時間考えられている。もちろん国語科その他の教科等との関連を考えてのことであるが，基本として読書興味の高揚と読書領域の拡大を図りつつ読書遅進児，読書偏向児などの指導，あるいは読書治療的な指導なども，この時間には考えられているのである。

### (2)　特設読書指導用図書の選定

読書のプログラムはこれだ，というような確固不動のものはとうてい考えられないと思っている。ただ，指導する教師の便をはかり，教師および児童の選択の効率化を期して作られたものが，下記のリストである。したがってここに示されたものは，現在の到達したひとつの段階を示すにすぎないし，当然これからの実践に照らして改訂される性質のものである。また，その数も増加させたいと考えている。

ア　いわゆる文学的教養を，というのではなく，どういう時期にどんな作品に親しむことが，児童の健全な情操の発達に役だつのか，という特設したねらいにそっての実践的な視点で選定した。

イ　したがって，児童が持つ読書興味にじゅうぶんさぐりをいれ，これにはずれないように考えた。

ウ　同時に，読書に対する抵抗を感じさせてはならないので，児童の読書能力に過不足なく適合する作品を選ぶように心がけた。





エ　もちろんこうした配慮の上で，児童の発達的課題に対応する作品は何であるかを考えていった。

全体的な以上の観点に立ち，さらに各学年の具体的な選択の観点を検討の後，次のような決定を見たわけである。なお，これらの図書は，すべて本校図書館の図書から選ばれている。

### (3)　特設読書指導用図書選択の観点と必修図書および選定図書

1年

何といっても，学級，学校という新しい社会にはじめて足をふみいれたわけであるから，そうした新しい環境に適応させ，そぼくながらも愛への信頼を深めさせるのがこの期の指導の中心的課題であると考えている。しかも，はじめて文字ことばの世界にはいるので，ひじょうに興味をもって本を読む時期であるから，豊かな童話的空想の世界にひたらせて美しい夢を育てたいと考え，イソップやグリムの絵物語などを選んだ。また入門期でもあるので，紙しばい，スライド，絵本など，視覚を通したり，お話を聞かせたりして読書への興味を深めようと考え「ピョントコうさぎ」「ダンボ」などを入れ，「みつばちマーヤ」その他の絵本を多く取り入れることにした。また，読字力や読書意欲のつく後期をねらって，日本や各国の香り高いむかし話，民話，さまざまな子どもの生活に取材した作品，すぐれた人々の逸話などを与えたいと考えている。「日本のこころ」「山のこどもたち」「日本幼年童話」などがこれにあたる。

## 必修図書

○ エ 「みつばちマーヤ」　原作　ワイデマール・ボンゼルス
構成　絵　松本かつぢ　　文　佐藤義美　講談社版（一学期）

・選定の観点

かわいいみつばちが，一人まえとなって社会に出る，そこでいろいろな経験を通して，仲間の助けあいや，思いやりを知るという虫の生活を描きながら，読む人に多くのことを，教えている。

絵本は幼児むきに構成されており，文も短く読みやすい。絵も美しく印象的な場面が多い。

・主たる指導法

読み聞かせ　　　複本によるグループ読み

・資料

エ　「みつばちマーヤ」　Si－1－1～3　　複本

○ エ 「おかあさんだいすき」　原作　マージョリー・フラック
岩波書店編　（二学期）

・選定の観点

各ページ，半分以上は絵のある絵本で，全文ひらがなが使われており，文字の大きさも適当であり，一応ひらがなの習得される2学期の前半の読みものとして，適している。

内容は単純でやさしく，くりかえしの手法が用いられているので，容易に読み取ることができる。この物語をとおして母親への愛情を改めて喚起させたい。

・主たる指導法

読み聞かせ　　　複本によるグループ読み

・資料

エ　「おかあさんだいすき」　　複本

○ エ 「ちびくろさんぼ」　文　ヘレン・バンナーマン
え　フランク・トビアス　　岩波書店編（二学期）





・選定の観点

人名その他に，ひらがなが使用されているので，2学期ともなれば，全員がひとりの力で読むことができる。

内容も子どもと動物とのやりとりが，くりかえしの手法で展開されている。軽妙で，ユーモラスな描写の中にも，やさしさと愛情のあふれた作品である。

・主たる指導法

読み聞かせ　　　複本によるグループ読み

・資料

エ　「ちびくろさんぼ」　　複本

## 選定図書

| 請求記号 | 作品名 | 著者 | 出版社 | 主たる指導法 | 資料 | 備考 |
|---|---|---|---|---|---|---|
| K | ピョントコうさぎ | J.C. ハリス | グリム館 | 紙しばいを見せて話し合う | 紙しばい | 世界童話紙しばい百選 |
| エ | イソップ | | 小学館 | ストーリーテリングをする | | |
| エ | バンビちゃん | | 講談社 | 紙しばいを見せる | 紙しばい | |
| エ | 金のがちょう | グリム | トッパン | ストーリーテリングをする | | |
| エ | ダンボ | | 講談社 | スライドを見せて感想を話し合う | フィルムスライド | |
| エ | ピーターパン | | 講談社 | スライドを見せて感想を話し合う | | |
| エ | 人まねこざる | H.A. レイ | 岩波書店 | ストーリーテリングをする | | |
| エ | りすさんともりのともだち | | | スライドを見せて感想を話し合う | 学研フィルムスライド | |
| 91～オ | おむすびころりん | 大木雄二 | 偕成社 | 読み聞かせをする | | 日本のむかし話（一年生） |
| 90～7 | 3びきのこぶた | 久保喬 | 偕成社 | 読み聞かせをする | | 世界のむかし話（一年生） |

| | | | | | | |
|---|---|---|---|---|---|---|
| 90〜ニ | 2ひきのかえる | 新美南吉 | ポプラ社 | ストーリーテリングをする | | こどもの文学 |
| エ | うらしまたろう | | 講談社 | スライドを見せて感想を話し合う | 学研フィルムスライド | |
| 15〜ナ | くさばなのはかせ まきの とみたろう | 奈街三郎 | 小峰書店 | ブックトークし，一部分を読み聞かせる | | 日本のこころ（一年生） |
| 91〜ツ | おじいさんのえほん・おばあさんのえほん | 土屋由岐雄 | 河出書房 | 読み聞かせをする | | 日本幼年童話集 |
| 91〜ツ | 花はだれのために | 壺井　栄 | 河出書房 | 読み聞かせをする | | 日本幼年童話集 |

2年

集団生活の中でかなりの成長をみせてくるので，読書をとおして自分の生活を高める指導も考えられなければならない時期である。同時にそれは，集団生活の中で人間関係を理解していくことのたいせつな時期であると考え，そうした観点で再話された「ピノキオ」などを選んだ。しかし，まだまだ複雑なプロットのものなどにはついていけないし，視覚的な表現にたよる絵物語などに親しむころでもあるので，フィルムスライドなどを活用しながら，「夕づる」「白鳥ものがたり」「グリム童話集」などそぼくな印象的な作品を与えようと思う。けれどもまた，美しいさし絵などがあれば，かなり独立した読書の世界を持ち，幻想的な想像を楽しむことのできる時期でもあるので，「ききみみずきん」「新美南吉集」「せむしの小馬」「シナの五人きょうだい」などを選んだ。一般にこの期の児童は，まだまだ自己中心性の濃い心情の中で，メルヘン，昔話などの中に自己を同一化しながら成長することが多いので，こうした観点で上記のほかに，「日本民俗童話」「ごんべいとかも」「ジャックと豆の木」「おむすびころりん」などをあげた。





必修図書

○ エ 「ききみみずきん」　木下順二文　岩波書店版　(一学期)

・選定の観点

主人公藤六の行動や，小鳥や木などが話をする幻想的なおもしろさをとおして，日本民話のそぼくな美しさに親しませたい。

・主たる指導法

ストーリーテリング　複本によるグループ読み

・資料

エ 「ききみみずきん」　複本

○ 91—ツ 「ごんべいとかも」　坪田譲治編　講談社版　(二学期)

・選定の観点

昔話としてよく知られている「おむすびころりん」の中に「ごんべいとかも」がおりこまれている。よくばりから，とんだ失敗をした，かもとりごんべいの話のおもしろさと寓意を味わわせる。

・主たる指導法

・資料

B—91—ツ 「おむすびころりん」　P—2—1

○ 90—オ 「しあわせの王子」　原　作オスカー・ワイルド　(幼年世界文学全集2)　大木雄二訳　偕成社版　(二学期)

・選定の観点

「しあわせの王子」の作品中に登場する王子とつばめの，善意にみちた，やさしい美しい心情を読み取らせたい。

やさしい心，美しい心など，情操を豊かにするため，この作品が適当である。

・主たる指導法

読み聞かせ　複本によるグループ読み

・資料

B—90—オ 「しあわせの王子」　複本

選定図書

| 請求番号 | 作品名 | 著者 | 出版社 | 主たる指導法 | 資料 | 備考 |
|---|---|---|---|---|---|---|
| 91〜ハ | 泣いたあかおに | 浜田広介 | 偕成者 | ストーリーテリングをして話し合う | | |
| 91〜キ | 夕づる | 木下順二 | 新潮社 | スライドを見せたり，読み聞かせをする | フィルムスライド | |
| 91〜フ | おそばのくきはなぜ赤い | 藤沢衛彦 | 講談社 | 読み聞かせをする | | 読み聞かせ p139〜144 |
| 90〜ム | 小公女 | 村岡花子 | あかね書房 | ブックトークをしスライドを見せる | フィルムスライド | |
| 91〜ヤ | おおかみと七ひきの子やぎ | 矢崎源九郎 | 講談社 | ブックトークをし紙しばいを見せる | 紙しばい | グリム童話集4 |
| 91〜イ | ながいながいペンギンの話 | 乾とみこ | 宝文館 | ブックトークをし一部を読み聞かせる | | |
| 91〜セ | 白鳥ものがたり | 関　英雄 | 実業の日本社 | スライドを見せて話し合う | フィルムスライド | |
| 91〜ニ | きょねんの木 | 新美南吉 | 大日本図書 | 読み聞かせをし，新美南吉集についてブックトークをする | | 新美南吉集 |
| 91〜シ | にじとかに | 志賀直哉 | あかね書房 | 読み聞かせをし，日本の文学2年生についてブックトークをする | | 日本の文学二年生 |
| 94〜モ | ごぼうのうち | 森田たま | 宝文館 | 読ませて話し合う | | 世界幼年文学全集 |
| エ | シナの五人きょうだい | 石井桃子 | 福音館 | ストリーテリングをする | | |
| 91〜フ | せむしの小馬 | 福井研介 | 講談社 | スライドを見せて話し合う | フィルムスライド | 世界名作童話全集18 |
| エ | ふしぎなたいこ | | 岩波書店 | 読み聞かせをする | | |
| 97〜カ | ピノキオ | 川崎大治 | 実業の日本社 | スライドを見せて話し合う | | |
| 91〜ツ | 一休さん | 土屋由岐雄 | 偕成社 | ブックトークをする | | |





3年

急激な思考力の発達がみられ，情緒的にも変化のはげしい時期である。読書指導の面からも低学年から高学年への過渡的な転換であり，本格的読書指導開始の時期であると考え，さまざまな点に留意することがたいせつである。

まず，3年生ともなれば，読むことによって想像の世界を構成する能力が一応のレベルに達するものと思われるので，その世界のとりこにさせるような読みものを選んだ。「ガリバー旅行記」や「どんぐりと山猫」などはその系列にはいる作品である。そこで大いに想像の世界にひたらせたいと思う。

知的な発達からみれば，すでに自己中心的な心性はほとんど消滅している。昔話なども真実の物語として信じてはいないはずである。架空の物語と知りつつ，しかも奇想天外な想像を楽しむものと思われる。そこで一方において現実的な興味の芽ばえもたちぎえさせないため，いわゆる生活童話も与えたい。「マッチ売りの少女」はそのような要望にこたえるものである。

客観性に目ざめて来たこのころは，また，伝説，伝記などにも興味をもちはじめる。「りょうかんさま」を取り上げた理由はそこにある。さらに外国の文学と日本文学との比も考慮しながら選んである。

必修図書

○ 91—シ　「菜の花と小娘」　志賀直哉著　偕成社版　（一学期）

・選定の観点

すじが簡単であり，女主人公の菜の花に示すやさしさ，親切さ，または仲間意識を，児童に感得させたい。また空想性を脱却してないこの時期の子どもには，菜の花の擬人化は興味がもたれるであろう。

・主たる指導法

ブックトーク　プリントによる一斉読み

・資料　B91—シ　「菜の花と小娘」　P—3—1

○ 90—カ 「魔法のなしの木」　鹿島鳴秋編　講談社　（2学期）

・選定の観点

3年生ともなれば，自我のめばえが感じられる。そこで所有欲も強くなってくる。所有欲を親切の問題とも関連させながら，この作品を選んだ。

・主たる指導法

ブックトーク　録音テープを聞かせる。

・資料

B90—カ 「魔法のなしの木」　P—3—2　テープ

○ 93—ア 「マッチ売りの少女」

原作　ハンス　クリスチャン　アンデルセン

訳　山本藤枝　偕成社版（児童名作全集）　（2学期）

・選定の観点

きびしい現実と空想性が，はいっていて，この時期の児童の心性によく適合している。

・主たる指導法

ブックトーク　プリントによる一斉読み

・資料

B99—ア 「マッチ売りの少女」　P—3—3

選定図書

| 請求番号 | 作品名 | 著者 | 出版社 | 主たる指導法 | 資料 | 備考 |
|---|---|---|---|---|---|---|
| 91〜ミ | こがねもち | 水島春夫 | 小峰書店 | 読み聞かせをする | | 日本の心 |
| 28〜イ | りょうかんさま | 五十公野清一 | 日本書房 | 読み聞かせをする | | 国語教科書と関連 |
| 91〜カ | ひよどりごえ | 片桐顕智 | 実業の日本社 | ストーリーテリングをする | | 少年日本文学 |
| 93〜ス | ガリバー旅行記 | スウィフト 宮脇紀雄訳 | 偕成社 | ストーリーテリングをする | | |
| 93〜コ | ピノキオ | コロディ 大木雄二訳 | 偕成社 | ストーリーテリングをする | | |
| 91.3〜ト | 安寿と厨子王 | 徳永寿美子編著 | 講談社 | ストーリーテリングをする | | |
| 98〜1 | ぴよぴよ一家 | ノーソフ 福井研介訳 | 講談社 | ストーリーテリングをする | | |
| 95〜ト | くろうま物語 | シュウエル 富沢有為男訳 | 偕成社 | ストーリーテリングをする | | |
| 93〜ア | 白鳥の王子 | アンデルセン 大畑末吉訳 | 講談社 | スライドを見せて話し合う | スライド | |
| 98〜ト | イワンのばか | トルストイ 水谷まさる | 講談社 | ストーリーテリングをする | | |
| 91〜ア | くもの糸 | 芥川龍之介 | 偕成社 | 読み聞かせをして話し合う | | |
| 93〜シ | ピーターパン物語 | 渋沢青花 | 偕成社 | ストーリーテリングをする | | |
| 91.3〜ミ | どんぐりと山猫 | 宮沢賢治 | あかね書房 | 読み聞かせをする | | |





## 4年

4年生ともなれば，かなり論理的な思考の発達がみられ，物語を読むことによって自己を客観化し，自己および周囲の問題を発見したり，あるいは解決のためのいとぐちを見いだしたりすることもできるようにならなければならない。したがって，児童の生活に親近性があり，かつかれらが持つであろう問題の解決に資するようにと「クオレ」などを選んだ。もちろん，空想的な作品からも，それを読むことによっての文学的経験と感動から，自己を客観化したり，問題解決のためのより高い思考の発展を期することが可能な時期であるから，ひととおりの情緒の分化が見られ，かつその興奮を求める年齢であることも考えあわせて，「ひつじ太鼓」「ネギを植えた人」「ドリトル先生もの」「りょうしとさかな」その他を選んだ。

生活範囲の広がりによって，よその地方，よその国，遠い昔を舞台とした物語などに興味向かうところでもある。そこで外国文学を割合多く考え，「火の鳥」「グリム」「せむしの小馬」「ウサギどんキツネどん」などを入れ，児童の健全な読書興味の発達に資するようにした。

必修図書

○ 91—ミ 「セロひきのゴーシュ」　宮沢賢治著
岩波書店版（岩波少年文庫）　（1学期）

・選定の観点

人間の苦しみを助けたものが，実は人間の他の動物に与えた親切だった，という話の中に，作者の慈悲への考え方が，はっきりでている作品だが，何よりも動物たちと人間の交情が，美しくえがかれており，ゴーシュの努力のようすなど，児童の胸をうつものがあると思われる。

・主たる指導法

ブックトーク　　複本によるグループ読みと感想の話し合い。

・資料

B91—ミ　「せろひきのゴーシュ」　　複本

○ 97—ア 「クオレ」　　原作　デ・アミーチス
池田宣政編　　講談社版　　（2学期）

・選定の観点

イタリアの一少年の小学生時代を中心に，アミーチスが，敗戦の中から立ち上がるイタリアの民族への，勇気づけ，はげましのつもりで書いた作品で，同年齢の児童に教訓と感動を与えうる名作であると考えられる。

・主たる指導法

ブックトーク　　プリントによるいっせい読み。　感想の話し合い。

・資料

B97—ア　「クオレ」　P—4—1

○ 92—キ 「ネギを植えた人」　　金　素雲著
岩波書店版（岩波少年文庫）　　（2学期）





・選定の観点

朝鮮の民話を集めたもので，世界のどこの国にもある民話の，類型的なものが多いが，その中に民衆のたくまないユーモアと願望のこもった作品であり，四年生ぐらいの児童を，民話ずきにするためにも，非常に役だつと思われる。

・主たる指導法

ブックトーク　　プリントによるいっせい読み。

・資料

B92—キ　「ネギを植えた人」　P—4—2

選定図書

| 請求番号 | 作品名 | 著者 | 出版社 | 主たる指導法 | 資料 | 備考 |
|---|---|---|---|---|---|---|
| 90〜エ | せむしの小馬 | ピョートル エルショフ | 岩波書店 | 読ませて感想を話し合う | スライド | |
| 93〜ロ | ドリトル先生月へ行く | ロフティング | 岩波書店 | ブックトークし，一部を読み聞かせる | 指導板 | |
| 93〜チ | 長い長いお医者さんの話 | カール・チャペック | 岩波書店 | 「郵便屋さんの話」を読み聞かせる | 感想文 | |
| 98〜フ | りょうしとさかな | プーシキン 福井研介訳 | 講談社 | 読み聞かせをして話し合う | | 世界童話文学全集ロシア編 |
| 94〜ス | アルプスの少女 | ヨハンナ・スピリ | 創元社 | 自由読書　教科書とちがう部分などを読み聞かせる | 感想文 | 国語教科書と関連 |
| 94〜グ | ヘンゼルとグレーテル | グリム | 岩波書店 | 読み聞かせ，グリム童話集についてブックトークする | | グリム童話集上，中，下 |
| 91.3〜イ | ひつじ太鼓 | 巌谷小波 | 三十書房 | 「きのこ大夫」を読み聞かせる | 感想画 | |
| 99〜レ | ニールスのふしぎな旅 | ラーゲルレーブ | 講談社 | ブックトークをする | | |
| 95〜ハ | ウサギどんキツネどん | J.C. ハリス | 岩波書店 | 「タールぼうや」を読み聞かせる | | |
| 94〜ア | 人魚姫 | アンデルセン | 岩波書店 | アンデルセン作品の読書経験を発表させる | | アンデルセン童話集上，下 |
| 90〜ケ | 動物会議 | ケストナー | 岩波書店 | 自由読書をさせ，読後の感想を話し合う | テープ | 岩波こどもの本 |

| 98〜ア | 火の鳥 | アフナーシェフ | 岩波書店 | ブックトークをする | スライド | |
|---|---|---|---|---|---|---|
| 97〜コ | ピノキオ | コロデイ | 偕成社 | 読書経験を話し合わせてからブックトークをする | | |
| 91〜オ | あすもおかしいか | 岡本良雄 | 講談社 | 読み聞かせて感想を話し合う | | 世界童話文学全集16 日本文芸童話集 |
| 91〜オ | 赤いろうそくと人魚 | 小川未明 | ポプラ社 | 最初の部分を読み聞かせる。小川未明集についてブックトークする | 指導板 | 新日本少年少女文学全集 小川未明集 |

5年

読み取る力もついてきている時期であり，読書の範囲も広くなるので，より美しい文学への接近をはかり，それによって児童自身の自己の内面化を期することを中心的課題としたい。

したがって，低・中学年までの夢や空想的な世界をえがいたものでなく，作者の意図するものが，より高い人間性への近づきを図っているものをと考え，日本文学から「春を告げる鳥」「一ふさのぶどう」「風の又三郎」「柿の木のある家」などを，外国文学から「ああ無情」「小公女」その他を選んだ。

また体力も強くなるし，生活上の問題を勇気によって打開する冒険物語にも興味を持ってくるので，友人愛のもられた「十五少年漂流記」や「ロビンソン漂流記」を選んだ。

知的な面でも未知の世界への興味が高くなるので，外国の物語を加えた。

古典的な名作，すぐれた現代作家の創作で定評のあるもの，読書の領域を広げるもの，友情，きょうだい愛，正義感を正しく育てるもの，批判したり，問題をはあくしながら読めるもの，などを選択の目やすとした。





必修図書

○ 91〜ウ「春を告げる鳥」　宇野浩二著　三十書房版　（1学期）

・選定の観点

同じくらいの年齢のこどもが，主人公となる物語に，非常に興味をもっておりその行為について，自己と比較し感想を述べることができるが，単にその程度にとどまってしまう傾向があるので，主人公について，より深い読み取りをさせるとともに，父親のきびしい愛情を考えさせる。

・主たる指導法

ブックトーク　プリントによる一斉読み。

・資料

B〜90〜ウ「春を告げる鳥」　P—5—1　Si—5—1〜11

○ 91〜ム「片耳の大鹿」　椋　鳩十著　牧書店版　（2学期）

・選定の観点

動物が人間とおなじように考えたり，感じたり，ものをいったりする動物童話は一応読み終わっているが，しかし，事実をもとにした動物の物語には強い興味をもっている時期であるので，動物の生活に豊かな共感をいだかせるような作品に親しませたいと考えた。

・主たる指導法

ブックトーク　プリントによる一斉読み。

・資料

B〜90〜ム「片耳の大鹿」　P—5—3

○ 91〜ツ「柿の木のある家」　壺井栄著　光文社版　（2学期）

・選定の観点

肉親の愛情の美しさをしみじみと感じさせる作品である。

変化の多い冒険もの，科学ものに特に興味を示す時期であるだけに，かえってこのような作品をていねいに読み取らせ，文学作品を読むよろこびを得させることがたいせつであると考えた。

・主たる指導法

ブックトーク，プリントによる一斉よみ，読後に感想を話し合う。

・資料

B―90―ツ　「柿の木のある家」　P―5―2

選定図書

| 請求番号 | 作品名 | 著者 | 出版社 | 主たる指導法 | 資料 | 備考 |
|---|---|---|---|---|---|---|
| 91〜ナ | 少年少女のための文学への道しるべ | 滑川道夫 | 牧書店 | ブックトークする一部プリント利用自由読書をさせる | プリント | |
| 91〜ツ | 善太と三平 | 坪田譲治 | 同和春秋社 | 読み聞かせをする | | |
| 91〜ア | 杜子春 | 芥川龍之介 | あかね書房 | スライドを見せて話し合う | スライド | |
| 93〜ウ | あしながおじさん | ウェブスター | 岩波書店 | ブックトークをする | | |
| 95〜ベ | 十五少年漂流記 | ベルヌ 大田黒克彦訳 | 講談社 | 課題読書させ感想を話し合う | | |
| 93〜バ | 小公女 | バーネット 水島あやめ | 講談社 | 一部を読み聞かせる | | |
| 91〜シ | 清兵衛とひょうたん | 志賀直哉 | あかね書房 | 志賀直哉集についてブックトークする | | 志賀直哉名作集 |
| 92〜シ | ツバメの大旅行 | 秦兆陽 | 牧書店 | ブックトークし，一部を朗読する | | |
| 93〜デ | ロビンソン漂流記 | デフォー 南洋一郎訳 | 岩波書店 | ブックトークし，自由読書させる | | |
| 94〜ケ | 飛ぶ教室 | ケストナー | 岩波書店 | ブックトークし，自由読書させる | | |
| 95〜ユ | ああ無情 | ユーゴー 池田宣政 | 講談社 | ブックトークをする | | |
| 98〜シ | 石の花 | バショーフ 神西清訳 | 創元社 | スライドを見せて話し合う | スライド | |
| 91〜ミ | 風の又三郎 | 宮沢賢治 | 筑摩書房 | ブックトークをする | | |





| | | | | | | |
|---|---|---|---|---|---|---|
| 91〜ア | 一ふさのぶどう | 有島武郎 | 講談社 | プリント（一部）のいっせい読み | プリント | |
| 93〜ロ | 子じか物語 | ロウリングス　吉田弦二郎訳 | 偕成社 | 自由読書をさせる | | |

6年

論理的，抽象的な思考が進められ，事物の因果関係などを追求することもできる時期にきているので，5年生で志向されたものの発展として，よりよい文学の享受の中から，児童の内面的な生活の成り立ちを期待したい。したがって，事物の表面だけでなく，内面の生活をえがいたもので，人間の行動として納得できないもの，複雑な人間心情の描写のすぐれたものと考え「路ぼうの石」「次郎物語」「ハムレット」「ビルマの竪琴」などを選んだ。

また，人間の愛憎のさまざまなかたちにふれることによって，幅広い人間理解に役だてようと考え，「若草物語」や「港についた黒んぼ」「坂道」「ヴィーチャと学校友だち」などを選んでみた。

また，この時期になると，その好みに性差を生じ，男児は正義感の強いもの，行動的にうったえるものを好み，女児は家庭生活や学校生活に取材した愛情を中心とした作品を好む傾向を示すので，一応この点も考慮し，あえて「宝島」「坊ちゃん」，前記「若草物語」などを加え，その点の均衡をはかった。

必読図書

○ 91〜オ　「みなとについた黒んぼ」　小川未明著　あかね書房　（1学期）

・選定の観点

理想を象徴する南の島の生き方と，望んでもそれに到達できない姉娘の現実の悲しみをとおして，善意の人間をえがこうとするのが，この作品のねらいであろう。今までに子どもが読んできた童話というものをこの機会にじっくり考えさせ，深い作者の意図をとらえさせたい。

・主たる指導法

ブックトーク　　プリントによるいっせい読み。

・資料

B～90～オ　「みなとについた黒んぼ」　　P－6－1

○ 91～ツ 「坂道」　　壺井　栄著　　新潮文庫　　　　　　　　（1学期）

・選定の観点

貧しい青年の正義感と，その青年に親しみよる作中のこどもの目をとおして作者のヒューマニズムが端的に表現されている。正義への信頼感をもたせるために，この期の児童に適した作品であると考えた。

・主たる指導法

プリントによるいっせい読み。

・資料

B～90～ワ　「坂道」　P－6－2

○ 91．3～タ 「ビルマの竪琴」　　竹山道雄著　　　中央公論社　　（3学期）

・選定の観点

音楽が敵味方の間に和を生み，人間性回復への大きな力となったこと。また，自己の責任をきびしく追求する水島上等兵の誠実さ。そこに作者の人間性がにじみでている。児童向きに書かれた作品であるので，この期の児童に適した作品であろう。

・主たる指導法

課題読書をさせ感想を話し合いさせる。

・資料

B—90—タ　「ビルマの竪琴」

### 選定図書

| 請求記号 | 作品名 | 著者 | 出版社 | 主たる指導法 | 資料 | 備考 |
|---|---|---|---|---|---|---|
| 91～ナ | ①わがはいは猫である ②坊ちゃん | 夏目漱石 | ポプラ社 | 夏目漱石集についてブックトークする | | 夏目漱石名作集 |
| 93～ラ | ①ハムレット ②ベニスの商人 | ラム | 岩波書店 | ブックトークをする | F スライド | シェークスピア物語 |
| 93～チ | 小公子 | 千葉省三 | 講談社 | ブックトークし，自由読書をさせる | | |
| 91～ヤ | 路ぼうの石 | 山本有三 | ポプラ社 | スライドを見せて話し合う | F スライド | 新日本少年少女文学全集17 山本有三名作集 |
| 93～ス | 宝島 | スチブンソン | 岩波書店 | 自由読書させて感想画を書かせる | | |
| 90～ケ | エミールと探偵たち | ケストナー | 岩波書店 | 自由読書させて感想を発表させる | | |
| 91.8～コ | 耳なし芳一 | 小泉八雲 | あかね書房 | ブックトークし，読み聞かせる | | 小泉八雲名作集 |
| 91.3～ニ | 天狗と龍 | 西尾光一編 | さえら書房 | 今昔物語についてブックトークする自由読書 | | 今昔物語 |
| 97～ア | クオレ　上下 | デ・アミーチス | 岩波書店 | 一部読み聞かせ，感想を話し合う | | |
| 91.3～シ | 次郎物語 | 下村湖人 | 池田書店 | 課題として読ませ話し合う | | 少年のための次郎物語 |
| 98～マ | 森は生きている・十二月 | マルシャーク | 岩波書店 | ブックトークし自由読書をさせる | | |
| 98～ノ | ヴィーチャと学校友だち | ノーソフ | 岩波書店 | 課題として読ませ感想を話し合わせる | | |
| 93～オ | 若草物語 | オルコット | 岩波書店 | ブックトークする | | |
| 93～ド | 月曜物語 | ドーデー | 岩波書店 | 一部を読み聞かせ感想を話し合う | | |





#### (2)　指導法のくふう

読書指導計画の項で，ブックトークとか，ストーリー・テリングなどという簡潔な表現で指導法が書かれているが，これらの表現は，現在のところ，必ずしも一般化されていない。また，本校独自の考え方もあるので，それらを含めて，次に，わかりやすく，説明していくことにする。これらのひとつひとつの指導法が，具体的に，どのように1時間の指導の中で生かされるのか，つまり，各指導法の授業の中での位置づけは，展開例のところを参照して，理解を深めていただきたい。なお，この記述は，すべて，特設読書指導の時間のものであることを付記しておく。

(ア)　ブックトーク(本の紹介)

ブックトークは，主として，ことばで本を紹介していく方法である。この場合には，話のすじなどは，それほどくわしく説明はしない。この方法は，児童に本をじかに読ませるわけではないから，ここでは，主として，児童の読書意欲を喚起することをねらうことになる。本校では，各学年とも，多少は，この方法を取り入れており，特に高学年では，低学年よりも多くした。高学年のほうが，ブックトークにより動機づけられるあとで，自主的に独立的に，読書していく準備性が，より高いと考えたためである。実施にあたっては，作者の肖像や，本のさしえを，常に児童にみせながら，話をすすめるようにしてある。1回に取り上げる本は，単数のことも複数のこともある。なお，ブックトークの原稿は，あらかじめ用意されてあるので，教師は，それを読んでおいて，児童に話してやったり，テープレコーダーに収録されたものを聞かせ，教師は，ひとりびとりの児童の反応を見守りながら，その後の指導が展開できるようにもしてある。ブックトークに使用した本は，必ず，児童が手に取れるような場所におくことにした。次は3年生に使用するブックトークの原稿例である。





「マッチ売りの少女」

この本の作者，アンデルセンは，今から約150年ほど前に，デンマークのオーデンセンという町で生まれました。デンマークは，古い歴史をもった文化の高い国です。一つの大きな島と多くの島々とからできていて，国じゅうが青々とした畑と森や林におおわれた平和な農業国です。

アンデルセンは，名まえを，ハンス・クリスチャンといいました。家は，それはそれはまずしく，おとうさんは，くつなおしの仕事をしていましたが，そのおとうさんも，アンデルセンが9歳のときなくなりました。

おかあさんは，よその人たちのせんたくなどをして，アンデルセンを育てました。15歳になったとき，アンデルセンは，首都のコペンハーゲンに出ていろいろ苦労しながら，勉強をつづけ，大学を出ました，この苦しい思い出は，「みにくいあひるの子」の中によく書き表わされています。

アンデルセンのお話は，どれ一つをとってみても，アンデルセンの子どものころのすなおで美しい心，正しいものをたっとぶ心，まずしいものを思いやる心などが，書き表わされていますね。この「マッチ売りの少女」は，みなさんの中の多くの人たちが，すでに読んだことがあるでしょう。

どうしても売らなければならなかったマッチを，寒さにたえかねて，使ってしまったかわいそうなマッチ売りの少女の話。

なんど読んでも，みなさんは，主人公といっしょに泣いたり，悲しんだり，あるときは，ほっとしたりすることでしょう。

また，少女の美しい心やすなおな心，どんな苦しみにもたえていく心や世の中のきびしさを読み取ることができるでしょう。

(イ)　ストーリー・テリング

ストーリー・テリングというのは，児童に物語のすじを話して聞かせることである。ブックトークが，本や著者や内容の紹介であるのに対し，ストーリー・テリングは，主として物語のすじを話して聞かせることである。読み聞かせる物語は，季節や児童の発達段階などとからみあわせながら，各学年各学期に配当されていることは，指導計画のところにしるしてあるとおりである。指導にあたっては，それぞれの物語にもとづいたストリー・テリングの方法を書いた原稿が用意されてあるので，それらを読んでおくことが望ましい。さらに，間のとり方，手ぶり，身ぶりの練習もするようにする。

次に示す，ストーリー・テリングの例は，本校の低学年で行なう場合の一例である。右端には，実施上の細かい注意が記入されている。

「二ひきのかえる」　新美南吉著

|  |  |
| --- | --- |
| 緑のかえると，黄色のかえるが，畑の中で，ばったりゆきあいました。「いやぁ，君は黄色だね，きたない色だ。」と緑のかえるがいいました。「君は緑だね，君は自分を美しいと思っているのかね。」と黄色のかえるがいいました。 | にくにくしげに<br>負けないで |
| 2ひきのかえるは，とうとうけんかを始めました。緑のかえるは黄色のかえるの上に飛びかかってきました。このかえるは飛びかかるのが得点でした。黄色のかえるは，あと足で砂をけとばしましたので，相手は，たびたび，目玉から砂を払わなければなりませんでした。 | |
| すると，その時，寒い風が吹いてきました。2ひきのかえるは，もうすぐ冬のやってくることを思いだしました。かえるたちは，土の中にもぐって寒い冬を越さなければならないのです。「春になったらこのけんかの勝負をつけるよ。」といって緑のかえるは，土にもぐりました。 | ゆっくりと |
| 「今いったことをわすれるな。」といって黄色のかえるも，もぐりこみました。 | 動作化 |
| 寒い冬がやってきました。かえるたちのもぐっている土の上にびゅうびゅうと北風が吹いたり，霜柱がたったりしました。 | 動作化 |
| そして，それから春がめぐってきました。土の中に眠っていたかえるたちは，背中の上の土が暖かくなったので，わかりました。はじめに緑のかえるが目をさましました。土の上に出てみました。まだ，ほかのかえるたちは，でてきません。「やい，おい起きたまえ。もう春だぞ。」と土の中に向かってよびました。 | 動作化 |
| すると黄色のかえるが「やれやれ，春になったか。」といって土からでてきました。「去年のけんかを忘れたか。」と緑のかえるがいいました。「待て待て，からだの土を洗い落してからにしようぜ。」と黄色のかえるがいいました。 | |
| 2ひきのかえるは，からだからどろを落すために，池のほうにいきました。池には，新しくわきでるラムネのようにすがすがしい水が，いっぱいにたたえられてありました。その中へかえるたちは，どぶんどぶんと飛びこみました。 | ゆっくりと |
| からだを洗ってから，緑のかえるが目をぱちくりさせて，「やあ，君の黄色は美しい。」といいました。「そういえば，君の緑だってすばらしい。」と黄色のかえるがいいました。 | びっくりしたように |
| そこで，2ひきのかえるは，「もう，けんかはよそう。」といいあいました。 | はればれと |
| よく眠ったあとでは，人間でもかえるでも，きげんがよくなるものです。 | |





### (ウ)　教師による朗読（読み聞かせ）

朗読は，本の全部または一部を原文に忠実に読んで聞かせるものである。音声によって，書かれてあることがらを，児童に理解させようとするものである。

この方法には，単読，対読，および，群読といった方法があるが，教師の単読を中心にして，適宜，その他の方法も使っていきたいと考えている。

### (エ)　紙　芝　居

これは，操作がいちじるしく簡単であり，演ずる場所についても，ほとんど制限がなく，特殊な設備を必要としないこと，しかも，大きな効果を発揮すること，これらが大きな特性となる。絵という具体的なものを説明することばによって話をすすめるので，著しく具象化され，児童の理解が容易となる。したがって，本校では，主として，低学年でこれを活用する計画がたてられている。紙しばいは，わかりやすく具体的なものであるが，一編の紙しばいの内容は文章になおすと，かなり長い文章にひってきする内容がもりこまれているから，すじをたどるだけでも，低学年児童では，程度の高い学習となるのである。したがって，ではじめは，なるべく内容の単純で，多数の児童が話し合いや発表に応じられるようなものを選んである。

(カ)　スライド利用

スライドは，写真などの拡大映写によって，同時に多数の児童に見せることのできる利点をもっている。読書指導と関連させて考えるとき，スライドの利用により，原作への接近の足がかりを与えるようにさせたり，または物語を読んで，その知識や経験の不足を補って正しい理解と解釈を与えさせる役目を果たさせたいと考えている。

(オ)　特設読書指導時間における感想文の指導

これによって，児童の思考力を高めたり，その習慣を養うようにさせ，また，自分の読書したことに対する反応をたいせつにさせ，読書による人格形成に役だてていきたいと考えている。真実を率直に発表させるように心がけていきたい。

低学年では，すきなところや，おもしろいところを抜き出させ，高学年では，自分の生活や意見と比べながら，感想がもてるようにし，いろいろな型の感想のあることを気づかせていこうと考えている。いろいろな型の感想とは，主題に即した感想，叙述面に即した感想，すじに即した感想，いろいろな場面についての感想などである。

(キ)　感　想　画

読書感想文が読後の感想なり，感銘なりを文で表現するのに対し，これは，絵で表現させようとするのである。ここでは，児童には，最も感銘した箇所を一点につめて，絵で発表させるようにした。

ここでは，各児童の能力や個性に応じて絵で表現させるようにする。そこ





で，絵のよしわるしは，問題にしないようにする。また，なるべく，さし絵のまねにおちこまないようにさせていきたい。

(ク)　特設読書指導の時間における読書ノート

学校できめた読書ノートに読後感をまとめさせるようにする。所定の時間に書きおえるように，自分の考えをにつめて，比較的短い文章で書かせるようにする。つまり，児童に読んだ本の感想の要点を要領よく簡潔に表現させるのである。書くべき基本的なことがらは，書名・著者名・発行所名・読み始めの月日・読み終わりの月日・感想文となっている。

## 4　そ　の　他

○**読書週間の行事計画**（昭和38年度）

(1)　ねらい

読書の秋にあたって，児童の読書活動をさらに活発にし，読書力を伸ばし，読書生活を豊かにするために，本年は特に資料の利用に対する興味と意欲を喚起させる。

(2)　内　容

①　標語の募集

全学年各学級ごとに読書生活全般にわたっての作品を募集し，入選作10点を選んで，ポスターに入れる。

②　ポスター募集

全学年各学級ごとに半数の児童に，図工科の時間に書かせ入選標語を必ず入れる。18点を選び入賞作品とする。

③　各学級での輪読会

基本図書の文学書を対象に１学年20種程度を選定し，学級５～６種を選定して，５～６グループを編成し輪読させる。

④　学級での読書会

１，２年は担任を中心に行なう，３年以上は輪読書の話し合いを中心に行なう。

⑤　読書感想文・読書感想画の募集

輪読書を対象にした感想文を各学級５点選んで，学校読書感想文集を編集発行する。感想画は図工科の時間に書かせ，18点を入選作とする。

⑥　読書ノートの展示

３年以上は学校指定のノートを各学級５点ずつ選定して，図書館内に展示する。１，２年は本校作製のもの（１枚もの）３枚以上のものを選定して展示する。

⑦　読書座談会

３年以上各学級の代表２名と図書部員で，読書週間行事の反省を行なう。録音にとって，校内放送で全校に流す。

⑧　お話し会と校内放送

・お話し会（低中高学年別に講師の話しを聞く）

・校内放送（入選標語の発表，朗読，感想文発表，座談会など）

⑨　ＰＴＡ読書サークル座談会

講師を囲んで情操教育の諸問題についての座談会を行なう。





| 三十八年度 読書週間行事計画 | | | | 学級での計画実践 | | | | | | | 備考 |
|---|---|---|---|---|---|---|---|---|---|---|---|
| 月 | 日 | 曜 | 学校行事 | 標語 | ポスター | 本の選定 | 輪読会 | 感想文 感想画 | 読書会 | 読書ノート | |
| 10 | 12 | 土 | 読書週間行事実行委員会 | | | | | | | | |
| | 16 | 水 | 図書部会（原案説明） | | | | | | | | |
| | 21 | 月 | 研修日（三部）職員会 | | | | | | | | |
| | 23 | 水 | 研究授業（井野一（読書指導）／西島一（利用指導）） | | | | | | | | |
| | 24 | 木 | クラブ活動 | ⇧ | | ⇧ | | | | | |
| | 25 | 金 | | ｜ | | ｜ | | | | | |
| | 26 | 土 | 標語投票（朝会） | ⇩ | | ｜ | | | | | |
| | 27 | 日 | | | | ｜ | | | | | |
| | 28 | 月 | 当選標語発表（校内放送掲示） | | ⇧（ポスター） | ⇩ | | ⇧（感想画） | | | |
| | 29 | 火 | | | ｜ | | ⇧ | ｜ | | | |
| | 30 | 水 | 研究授業（宮川一（利用指導）／岡田一（読書指導）） | | ⇩ | | ｜ | ⇩ | | | |
| | 31 | 木 | クラブ活動 | | | | ｜ | | | | |
| 11 | 1 | 金 | お話し会（井沢先生他）写真撮影（東洋館） | | | | ｜ | ⇧ | | | |
| | 2 | 土 | | | | | ｜ | ｜ | | | |
| | 3 | 日 | （文化の日） | | | | ｜ | ｜ | | | |
| | 4 | 月 | 研修会（教師） | | | | ｜ | ｜ | | | |
| | 5 | 火 | | | | | ｜ | ｜ | | | |
| | 6 | 水 | 図書部会（反省会） | | | | ⇩ | ｜ | ⇧ | ⇧ | |
| | 7 | 木 | 読書クラブ（発表） | | | | | ｜ | ｜ | ｜ | |
| | 8 | 金 | 読書座談会（児童） | | | | | ｜ | ｜ | ｜ | |
| | 9 | 土 | 入選者名簿提出（感想文、画／ノート） | | | | | ⇩ | ⇩ | ⇩ | |
| | 10 | 日 | | | | | | | | | |
| | 11 | 月 | 賞状授与 | | | | | ⇧（すいこう） | | ⇧（展示） | |
| | 16 | 土 | 読書感想文集の原稿提出 | | | | | ⇩ | | ⇩ | |
| | 25 | 月 | 読書感想文集編集完了 | | | | | ⇧（校正その他） | | | |
| 12 | 16 | 月 | 読書感想文集、印刷製本完了 | | | | | ⇩ | | | |

○　読書週間輪読書目録

1，2年向

| | | | |
|---|---|---|---|
| ふしぎなたいこ | 岩波こどもの本 | はなのすきなうし | 岩波こどもの本 |
| おそばのくきはなぜあかい | 〃 | こねこのぴっち | 〃 |
| ちびくろさんぼ | 〃 | ナマリの兵隊 | 〃 |
| ちいさいおうち | 〃 | みつばちのぼうけん | 新潮社世界の絵本 |
| ねずみとおうさま | 〃 | 夕鶴 | 〃 |
| まいごのふたご | 〃 | 日本幼年童話集 | 河出書房 |
| おかあさんだいすき | 〃 | 坪田譲治全集第8巻（民話） | 新潮社 |
| どうぶつのこどもたち | 〃 | 山のクリスマス | 岩波こどもの本 |
| もりのおばあさん | 〃 | 二年生の赤い鳥 | 小峰書店 |
| ひとまねこざる | 〃 | ねことオルガン | 〃 |

3年向

| | | | |
|---|---|---|---|
| こどもの文学三年生 | ポプラ社 | フランダースの犬 | 新潮社世界の絵本 |
| むく鳥の夢 | 三十書房 | 熊のプーさん | 岩波少年文庫 |
| ふしぎの国のアリス | 講談社 | グリム童話選 | 〃 |
| アルス児童文庫日本民話集 | アルス | アンデルセン童話集 | 創元社 |
| 三年生の赤い鳥 | 小峰書店 | せむしの子馬 | 講談社 |
| イソップのお話 | 岩波少年文庫 | しあわせの王子 | 〃 |
| みんなの世界 | 岩波こどもの本 | 火の鳥 | 岩波少年文庫 |
| 山のクリスマス | 〃 | ふしぎなオルガン | 〃 |
| 金のにわとり | 〃 | プー横丁に立った家 | 〃 |
| アルプスのきょうだい | 〃 | わらしべ長者 | 〃 |
| 百まいのきもの | 〃 | ごんぎつね | 〃 |
| 九月ひめとウグイス | 〃 | | |





4 年向

| | | | |
|---|---|---|---|
| くろんぼノビのぼうけん | 岩波少年文庫 | アルス児童文庫日本民話選 | アルス |
| わらしべ長者 | 〃 | アンクルトム物語 | 講談社 |
| ラング童話集 | 創元社 | ガリバー旅行記 | 〃 |
| 点子ちゃんとアントン | 岩波少年文庫 | フランダースの犬 | 〃 |
| レスター先生の学校 | 〃 | エミールと三人のふたご | 岩波書店 |
| どうぶつ会議 | 〃こどもの本 | ああ無情 | 偕成社 |
| 小川未明童話集 | 講談社 | こどもの小学四年生 | 小峰書店 |
| くもの糸 | 三十書房 | 四年生の赤い鳥 | 〃 |
| 一ふさのぶどう | 〃 | 幸福の王子 | 創元社 |
| のんちゃん雲にのる | 光文堂 | ふしぎの国のアリス | 岩波少年文庫 |
| ニールスのふしぎな旅 | 岩波少年文庫 | クオレ上下 | 創元社 |

5年向

| | | | |
|---|---|---|---|
| 家なき子 | 岩波少年文庫 | 山芋 | 百合出版 |
| ヴィーチャと学校友だち | 〃 | シャーロックホームズの冒険 | 岩波書店 |
| オージンの子ら | 〃 | アンクルトムズケビン上下 | 新潮文庫 |
| アルプスの少女 | 創元社 | 十五少年漂流記 | 講談社 |
| クオレ | 岩波少年文庫 | ジャングルブック | 創元社 |
| 宝島 | 〃 | フランダースの犬 | 〃 |
| トム・ソーヤの冒険 | 〃 | 幸福の王子 | 〃 |
| ノンちゃん雲にのる | 光文社 | 日本児童文学選 | アルス書店 |
| ピーターパン | 岩波少年文庫 | 五年生の赤い鳥 | 小峰書店 |
| 村に学校ができた | 〃 | 五十一番目のザボン | 光文堂 |
| 森は生きている | 〃 | あばらやの星 | 岩波少年文庫 |

6年向

|  |  |  |  |
|---|---|---|---|
| 月曜物語 | 岩波文庫 | 戦争と平和 | 講談社 |
| 杜子春 | 新潮文庫 | ロビンソン・クルーソー | 岩波少年文庫 |
| 風の又三郎 | 岩波文庫 | アンクルトムズケビン | 新潮文庫 |
| 風の中の子供 | 新潮文庫 | 石の花 | 創元社 |
| 二十四の瞳 | 光文社 | 黒馬物語 | 岩波少年文庫 |
| ヴィーチャと学校友だち | 岩波少年文庫 | 長い谷 | 〃 |
| 赤いろうそくと人魚 | 角川文庫（小川未明） | 水の子 | 〃 |
| こぐま星座 | 岩波少年文庫 | 若草物語 | 岩波書店 |
| 人間の歴史 | 〃 | 少年次郎物語 | 池田書店 |
| 十五少年漂流記 | 創元社 | コタンの口笛 | 東都書房 |
| ファーブル昆虫記 | あかね書房 | 平家物語 | さえら |
| シートン動物記 | 評論社 | ギリシャ・ローマ神話 | 岩波少年少女文学全集 |



# 第VI章　学習指導の効果を高めるために学校図書館資料をどのように利用したか

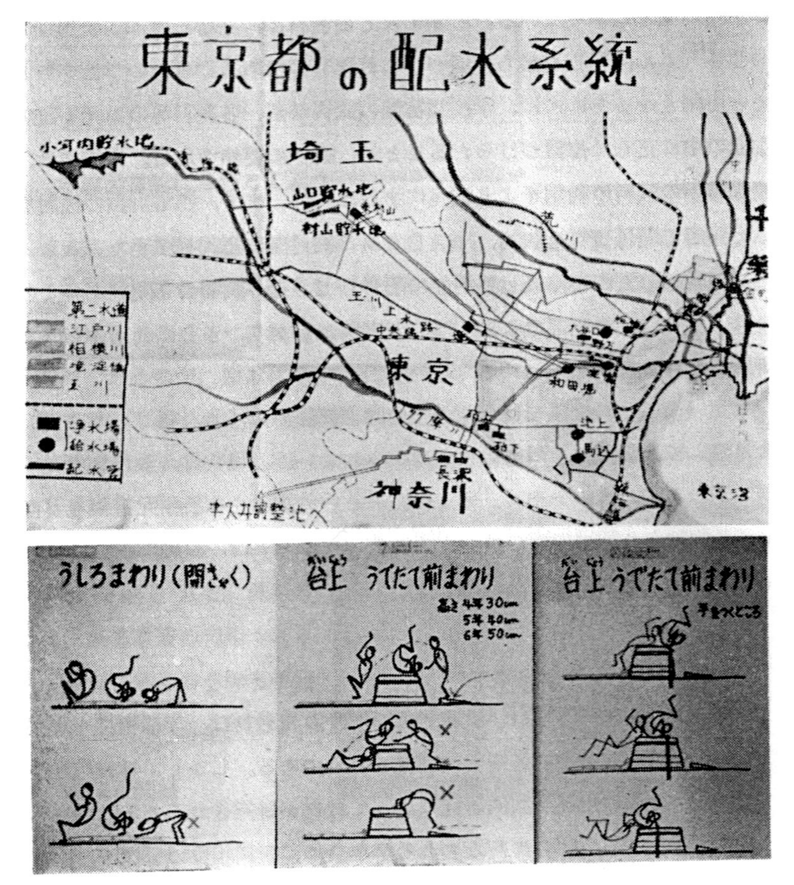

## 1　教材提供上のくふう

### (1)　各教科等の研究部におけるくふう

各教科研究部等では，指導計画の指導欄に，利用する教材を位置づけてその活用の便をはかっている。しかも，この教材は，指導計画作成の過程の中でじゅうぶん検討しながら位置づけられたものである。日々の学習をいきいきと展開させるためには，学校図書館の諸資料が，各教科等の単元や題材，主題の中に正しく位置づけられることが，第一の要件である。本校では，学校図書館の資料の利用をより活発にするために，まず，指導計画の検討をすると同時に関係資料を収集，作成しながら教材欄に記入してきた。なお，教科別の教材一覧表を作成し各担任に配布して，その説明会を開いた。このことによって教科研究部の収集，作成の実際がわかり，さらに利用のしかたの研究にもなった。

単元（領域）に位置づけられた学校図書館資料は，各教科ごとの「教材総合目録」に記載されその組織化がはかられている。現物は，教科別単元（領域）別のキャビネットやロッカーに，あるいは別置される単元書架などに収納され配列され利用の便をはかっている。このことは，資料が豊富になれば一段と必要性を増すものと思われる。

### (2)　各学年におけるくふう

各教科研究部や図書館自体で収集，作成された教材は，学級担任や専科担任によって，日々の学習の中で活用されるのである。しかし，学級担任ひとりでなく，5人の担任の共同研究によって教材が研究されることは望ましいことである。毎週金曜日に行なわれる学年会に，教科担当の分担で，進度を





打ち合わせ，教材の紹介や利用のしかたの研究を行なうのである。いずれも(1)で述べた指導計画がその基本となっているわけであるが，既製のものに改定も加え，更新もされる重要な機関の一つでもある。この学年会で決定された教材は，下記の「教材提供票」に記入され，図書館に提出される。

昭和39年(　)月　第(　)週(　)月(　)日～(　)月(　)日　四領域，読書指導，利用指導のための教材の提供

| 学年 | 教科等 | 国語 | 社会 | 算数 | 理科 | 音楽 | 図工 | 家庭 | 体育 | 道徳 | 特活 | 行事等 | 読書指導 | 利用指導 | その他 |
|---|---|---|---|---|---|---|---|---|---|---|---|---|---|---|---|
| 1 | 単元主題 | | | | | | | ／ | | | | | | | |
| | 教材 | | | | | | | ／ | | | | | | | |

### (3)　学校図書館におけるくふう

ア　(1)で述べた各教科等の「教材総合目録」は，資料室に備えつけられている。この目録を見れば，必要な教材の所在はすぐわかるわけである。しかしここで問題となることは，教材が学年単元に位置づけられてはいるが，大部分が単数であるので，複数化をする必要が生ずる。しかし，物によっては，不可能に近いものもある。（高価なもの，複製のできないものなど）

イ　(2)で述べた学年からの「教材の提供票」は，資料室の「教材提供一覧表」に記入される。（全学年の一覧）

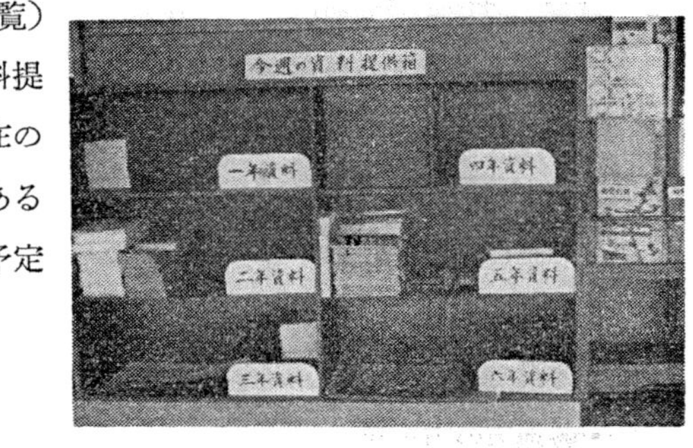


ウ　次に，資料室内の「資料提供箱」に収納される。現在のものは，廃棄書架の利用であるが，いずれよいものを作る予定である。

### (4)　今後の問題

ア　教材の複数整備について

経費の問題があるが，教材については，複数そろえることが必要である。それまでの期間は学年内で，授業時間の重なりを少なくしていくことを配慮している。

イ　「教材提供箱」は資料の展示だなでもあるが，本来は利用の便のために作ったものである。現在では「今週の教材提供箱」としているが，来週の資料箱の用意があればさらに有効であろう。

ウ　教材の更新について

提供された教材の利用の結果が反省されて返却されることが更新にとって必要なことである。個々の教材の裏面に利用上の観点と反省記録の記入用紙を貼付しているので，更新のためのよい資料となるであろう。

## 2　各領域における教材利用の事例

### 国語科における場合

第4学年　国語学習指導事例

1　単元　ことばのちがい

2　目標　方言と共通語について興味や関心をもたせ，全国に通用することばを使うことがたいせつであることを知り，国語を愛し，つねにことばをみがこうとする心を養う。

3　教材と利用の観点

(1)　方言の本質をしらせるためのもの
- 京都，宮城，鹿児島の方言テープ

(2)　方言と共通語のちがいをしらせるもの
- 各地方の方言集
- 地方によることばのちがい（地図）





(3)　新出漢字の筆順，読みを理解させるもの
- 新出漢字の筆順表

(4)　方言を地理的に理解させるためのもの
- 日本地図，方言分布図

4　指導計画（総時数6時間）

第1次　日常の会話のやりとりで，困ったりおかしかったりしたことを話し合いさせる。
第2次　方言の意味と共通語の意味を理解させる。
第3次　方言のよいところ，悪いところを読みとらせる。……(本時)
第4次　共通語について書いてあることを読みとらせる。
第5次　全文の構想を読みとり，説明文のよみかたを理解させる。
第6次　わたしたちのまわりにある方言について話し合い，方言集を作らせる。

5　本時の指導

(1)　主題　ことばのちがい

(2)　目標　方言のよいところと悪いところを読みとらせる。

(3)　展開

| 指導段階 | 学習活動 | 教材名 | 教材利用上の留意点 |
|---|---|---|---|
| 導入（5分） | 1 「ことば」全文を2回，指名読み | ・地方によるあいさつのちがい(表)<br>・新潟地方の方言 | ・方言に関心をもたすように掲示しておく |
| 展開（35分） | 2 方言について話し合い，方言で話しているのを聞く | ・方言で話した言葉(表)<br>・方言で話したテープ | ・方言の特長を聞きとるよう。一つずつゆっくり聞かせる。 |
|  | 3 方言の特長，長所，短所について話し合う | ｛宮城 京都 鹿児島 | ・方言では通じない例として |

| | | | |
|---|---|---|---|
| 終末（5分） | 4　方言の特長について記入されているところを文中からさがす。<br>・文中に書かれているところをノートに書き出して，確認する。<br>5　方言の欠点から，共通語の必要性を話し合い，次時に共通語について考えることを話す。 | ・おばけの方言分布表<br>・日本地図 | ・地理的につかませる。 |

おばけの方言分布図

あいさつのことば（ごめんください）
アカリデモソ
オイロン
ゴヨウシャオシツケラレマッセ
ゴヨウジャ　ゴヨウ
ゴシャメンチサレマセ
オユルシナ
ゴリサイ，ゴイサレ
オヨセテクダサイ
ゴメンネアセアンセ

さようなら
マタクルガノ　宮崎県
マタナ　大分県
インマナ　えひめ県
マタキマショ　広島県
ヘエ　マタキマショウ　島根県
マタコズニ　マタヨ　静岡県
コンドメヤ　新潟県
マタアガリヤス　福島県
マタキャスベ　福島県
マタクマッセア　岩手県
オミョウニチ　宮城県
オアスワ　山形県





⑷　教材の解説

。方言で話したテープ

①宮城県の方言でのあいさつ　　2人（東北代表として）

②京都の方言でのあいさつ　　2人（関西代表として）

①と②の話し合いの内容は同じで，表現のちがいを知らせることができる。

③鹿児島県の方言で話し合っているところ

方言でなごやかに，しかし，ぜんぜん通じないことばの代表となる。これらのテープは，方言の本質からいっても，東京の人にはまねのできないアクセント，イントネーションを，そのまま伝える必要から，作成したものである。

。方言集

①地方によるあいさつのしかた

各地方によって，「ごめんください」「さようなら」の表現のちがいを表にしたもの。

②方言で話し合いをしていることばを表にしたもの

これは，アクセントのちがいに気づかせるためのもの。

③「おばけ」の方言分布

おばけも方言では，いろいろに表現される。それを日本地図の中にそのことばで書きいれたものである。

④新潟県の方言と共通語

日常の新潟県のことばとそれを解説したもの。

⑤その他の地方の方言集

⑸　備　　考

地方から来た児童は少ないが，ことばづかいに関心をもっているもの，また，アクセントのちがいに敏感なものが多い。

## 社会科における場合

### 第3学年　社会科学習指導事例

1　単元「わたしたちの町のむかしと今」

2　目標

(1)　田園調布の町のようすが入学以来，変わってきたことに気づかせる。

(2)　むかしの人々の生活や町のようすは町に起こったいろいろなできごとを契機として，変わってきたことを理解させる。

(3)　大田区のむかしと今のようすも，変わっていることに気づかせる。

(4)　区内には関東大震災，郊外電車の開通，工場の設置，道路や河川の改修など，さまざまなできごとを契機として，変わってきていることを理解させる。

(5)　町の発展は，先人の努力とみんなの協力によるものであることを理解させる。

3　単元のおもな教材と利用の観点

(1)　C—D—1・2　むかしの校舎，町の景観，建物などの写真
(2)　C—D—1・2　今の校舎，町の景観，建物などの写真
(3)　C—D—2　卒業アルバム
(4)　C—D—2　祖父母などから聞いた話（作文）
(5)　C—D—2　渋沢秀雄氏の話（テープ，東急新聞から抜き書き）
(6)　C—D—2　児童数のうつりの図表
(7)　C—D—2　田園調布の古い地図
(8)　C—D—2　開校当時の職業構成の図表
(9)　C—D—3　目蒲線と東横線の開通当時の写真
(10)　C—D—3　目蒲線と東横線の現在の写真
(11)　C—D—5　郊外電車ののびていくようすを示す図表





(12)　C—D—5　戦災前と戦災後の工場数の変化を表わす図表
(13)　C—D—5　大田区の人口調べの図表

・むかしの写真教材……現在は見ることができなくなった歴史的な「むかし」をしのばせるために，視覚的に訴えるものとして使う資料である。(1)(3)(9)

・むかしの話の教材……古老の話をテープに録音して再生したり，また祖父母などの子どものころのようすの作文を児童に聞かせて，目で見るだけでなく当時のようすを実感としてとらえさせるための資料である。(4)(5)

・対比のための教材……この資料は，現在と過去とを対比させ，そのうつり変わりの事実に気づかせるものである。(1)と(2)，(9)と(10)

・考えさせる教材………図表，統計，地図などは視覚に訴え事実に着目させるだけでなく，どうしてそのようになったか，自然的，社会的変化の要因とその過程などを考えさせる資料として用いるものである。(6)(7)(8)(11)(12)(13)

4　指導計画（総時間26時間）

第1次　年ごとに変わる町のようす……………………(2)
第2次　田園調布のむかしと今………………………(7)（本時は第4時）
第3次　田園調布のようすや人々のくらしの変化…(3)
第4次　大田区のむかしのようす……………………(4)
第5次　大田区内のようすの変化……………………(8)
第6次　これからの大田区……………………………(2)

5　本時の指導

(1) 主題　田園調布のむかしと今

(2) 目標　祖父母のころから父母の子どものころまでの田園調布の変遷を調べながら，今のようすと比べ，そのうつり変わってきていることを理解させる。

(3) 展開

| 指導段階 | 学習活動と内容 | 教材名 | 教材利用上の留意点 |
|---|---|---|---|
| 導　入（10分） | ∘おじいさんから聞いた「むかしの話」を読んで聞かせ当時のようすについて話し合う。 | ・おじいさんから聞いた話P.（作文） | |
| 展　開（30分） | ∘当時のようすを地図で調べる。 | ・むかしの田園調布の地図，MA（大正6年）㊙(1) | ・鉄道敷設前は田畑や森林が多く家が少なかったことに気づかせる。 |
| | ・大正6年（鉄道敷設前）と昭和2年（田園都市株式会社分譲中）と比較 | ・宅地化された田園調布の地図MA（昭和2年）㊙(2) | ・鉄道道路，住宅の建設とその変化に気づかせる。 |
| | ∘開校当時の町のようすを調べる。<br>・人口のうつり（途中入学者の増加）<br>・農家がへってきたこと<br>・住宅が急激にふえたこと<br>・そのわけについて | ・開校当時の途中入学者調べ，MA ㊙(3)<br>・開校当時の家の人のしごと調べMA ㊙(4)<br>・大正末期の写真と現在の写真PH ㊙(5) | ・開校当時の人口の増加をとらえさせたい。<br>・農村形態がしだいに住宅地として変わっていった事実を知らせる。<br>・祖母のころの田園調布のくらしのようす。 |
| 終　末（5分） | ∘次時の予告<br>・当時の人々のくらし | | |





(4) 教材の解説

・作文は録音テープによってもよいが，本時は朗読して聞かせる。大正ごろから，昭和2年ごろまでの田園調布のようすを描写したものである。

・地図㊙(1)　作文で耳からはいったものを視覚にうったえて，大正6年ごろの田園調布の地形を示すもので，鉄道敷設前の当時のようすを知らせる教材である。（この地図は$\frac{1}{2,500}$の地図を参考に3年生むきに作成した。）

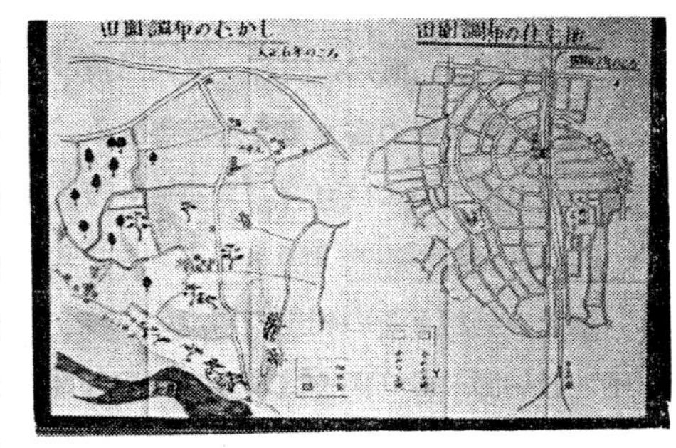


資料(1)　大正6年のもの　　資料(2)　昭和2年のころ

・地図㊙(2)　上掲の地図と対比のため，宅地が計画的に造成されていく昭和2年当時の多摩川台住宅地平面図（田園都市株式会社発行）を約2倍にしたもので，地図㊙(1)と比較できるように拡大してある。

・図表㊙(3)　は，人口の増加の一つのあらわれである途中入学者が非常に多いことをはあくさせる教材である。

・図表㊙(4)　は，昭和2年～昭和4年までの本校卒業生の家庭の職業構成から，農業，商業，勤め人に大別したものである。

(5) 備　　考

学級の児童，在籍50名中，その父母が本校卒業生の者は6名である。むかしのようすを知る作文や録音テープは，これらの父母から収録したものである。

## 算数科における場合

### 第３学年　算数科学習指導事例

1　単元　コンパスと三角定木（６月）

2　目標

(1)　円について半径と直径の関係，周の長さは直径の約３倍であることなどを知らせる。

(2)　球の用語，球の中心，半径，球の大きさの測り方を理解させる。

(3)　辺，頂点，直角，直線，直角三角形の用語を理解させる。

(4)　直角三角形の書き方を理解させる。

(5)　三角定木およびコンパスの使い方を知らせ，図形を書いたり，できた図形をたしかめたりできるようにさせる。

3　単元の教材とその利用の観点

(1)　C—D—6　円や球についての各部の名称を示した図……正しく用語を理解させる。

(2)　C—D—8　コンパスの使い方を示す組み写真……正しくコンパスの使い方を理解させる。

(3)　C—D—12　円の直径と円のまわりの長さの関係を示す図……円周は直径の３倍より長く，４倍より小さいことを理解させる。

(4)　C—D—11　いろいろな円の直径と円周をかいた表……円周は直径の約３倍であることをみやすくする。また，直径と円周の関係は円の大小に関係のないことを知らせる。

(5)　C—D—10　三角定木の使い方を示す組み写真……正しい三角定木の使い方を理解させる。

4　指導計画（総時数　８時間）

第１次　コンパスの使い方　２時間　第２次　まるい形の大きさ　２時間





第３次　円のまわりの長さ　２時間（本時第１時）

第４次　三角定木　　２時間

5　本時の指導

(1)　主題　円のまわりの長さ

(2)　目標　円のまわりの長さは，直径の約３倍であることを知らせる。

(3)　展開

| 指導段階 | 学習活動 | 教材名 | 教材利用上の留意点 |
|---|---|---|---|
| 前時の復習（３分） | ・円の各部の名称，円の大小は半径できまることを理解する。 | C—D—6 円の各部の名称を示す図 | ・用語を正しく使えるようにする。 |
| 導入（５分） | ・おとな用とこども用の自転車の１回転の道のりについて話し合う。 | L—D—24 おとな用とこども用の自転車の車輪 | ・こどもに本時の学習のめあてをはっきりつかませる。 |
| 展開（30分） | ・円の直径と円のまわりの長さとの関係を教材C—D—12を使って考える。<br>・円のまわりの長さの測り方について考える。<br>・各自もってきたものを使って直径と円周を測る。<br>・測定の結果を発表し，直径と円周との関係を調べる。 | C—D—12 円の直径と円のまわりの長さの関係を示す図<br>C—B—11 いろいろな円の直径と円のまわりをかいた表 | ・円のまわりの長さは直径の３倍より長く，４倍より小さいことをつかませる。<br>・測定して表に結果を記録し直径と円のまわりの長さをつかませる。 |
| 整理（５分） | ・最初の大きな円についての結果が正しいかどうかテープをつかってたしかめる。 | ・テープ | ・(直径)×３＝(円のまわりの長さ)にまとめる。 |
| 次時への発展（２分） | ・運動場のまわりの長さをもとめる。 | C—D—25 運動場のまわりの長さ | ・次の時間の学習に対する導入 |

(4)　教材の解説

C—D—6

円の各部の名称を示す図

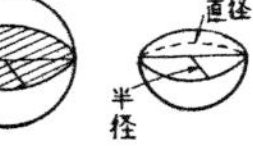
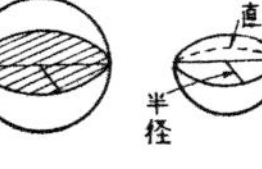


C—D—12

円の直径と円のまわりの長さ

C—B—11

いろいろな円の直径とまわりの長さ

| はかるもの | 直径 | まわりの長さ |
| --- | --- | --- |
|  |  |  |
|  |  |  |

C—D—25　運動場のまわり

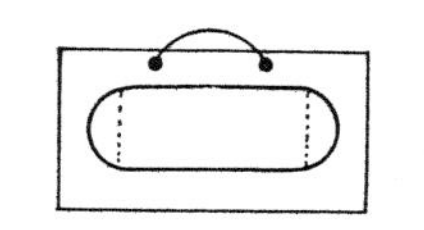

(5) 備　考（学級の実態調査人員47名）

平行四辺形をながしかく，凹四角形を三角形，だ円を円とみる児童が多い。

① 図形の弁別（不正確なもの）　正方形５名　長方形38名　円25名　三角形26名　完全正答者６名

② 円の各部の名称

各部の名称を完全に知っているもの。　８名

内または，まるの名を知っているもの。　33名

中心・半径の名を知っているもの。　24名

直径の名を知っているもの。　13名

③ 円のまわりの長さと直径の関係　約２倍　13名　約３倍　21名　約４倍　８名　約５，６，７倍　各１名





## 理科における場合

理科学習指導事例　第４学年

1　単元　池や小川の植物（６月）

2　目標

(1) 池や沼には水面に浮いているもの，葉や茎の一部が水面に出ていて根を地中におろしているもの，水中にはえているものがあることを知る。

(2) 水中，水辺，水面に生育している植物の根，葉，茎などのいちじるしい特徴に気づく。

(3) ウキクサはからだがわかれてふえることに気づく。

3　単元の教材とその利用の観点

(1) ＳＬ—６，７，10　ミズカンナ，クロモとスイレンの花

ＳＬ—11，13，23　クロモ，ウキクサなどの群生

(2) Ｃ—Ⅳ—８　(1)（ＰＨ）　岸辺の植物

〃　(2)（ＰＨ）　アシ，ショウブなど水辺の植物

〃　(3)（ＰＨ）　フサモなど水中にはえている植物

〃　(4)（ＰＨ）　オモダカ，クワイなど根が水底にあり，葉や茎が水面にでている植物

〃　(5)（ＰＨ）　スイレンなど根が水底にあり葉が水面に浮いている植物

〃　(6)（ＰＨ）　水面に浮いている植物

ウキクサのふえたようすを示したもの。

ウキクサを観察するときの観点を示したもの。

(3) Ｃ—Ⅳ—８　（Ｋｉ）　アサザ，オモダカなどの水生植物の花

(4) Ｃ—Ⅳ—８　(1)（ＭＡ）　ホテイアオイ，ウキクサの構造図

C—IV—8　(2)（MA）　水生植物の生育場所を示す図

(5)　47ホ　　植物図鑑　　学習に興味をおこさせ，発展や整理の場で利用する。

(6)　そ　の　他　　学校の観察池に見られるもの（マコモ，アシ，クワイ，スイレン，ホテイアオイ，ショウブ，ヤナギモ)。

宝来公園の池に見られるもの（スイレン，ミズカンナ)。

学習指導要領で，この学習について「実験や観察」とあるのは，水生植物が実際に生育している状態を観察したり，現地で採集したりすることを学習活動の中心にすることを要求しているのであるが，地域の実情から，こうした学習活動をじゅうぶんにすることは困難である。

したがって，学習の形態はこれらの水生植物を手に入れて，教室で実物を観察し，ふえ方を実験し，水草が環境に適応した姿をしていることに目を開かせることをおもな活動とし，生態はスライド，写真，切り抜きによってとらえさせるよう意図した。

また，水生植物の生態や環境適応について限られた観察だけで一般化することをさけるために，児童の観察や思考を助長するため，これらの植物の姿や部分を抽象化した図や，観察の観点をはっきりさせる写真などを用意した。

4　指 導 計 画

(1)　第1次　　池や小川の植物…………3時間

a　葉や茎の一部が水面に出ている植物（スイレン）　(1時間)

b　水中に生育する植物（クロモ）　(1時間)

c　水面に浮いている植物（ウキクサ）　(1時間）—本時

(2)　第2次　　ウキクサのふえかた……1時間





条件を加えて継続比較観察

5　本時の指導

(1)　題目　　ウキクサ

(2)　目標

a　ウキクサの葉（葉状体）の表面は水をよくはじき，裏面は水をすうようになっていることに気づかせる。

b　ウキクサの根はおもりの役目をしていることに気づかせる。

c　ウキクサを水の中で強くおさえると，あわがでることから，ここに空気があることに気づかせる。

d　水面にういている植物の種類と生育の状態について知らせる。

(3)　展開

| 指導段階 | 学　習　活　動 | 教　材　名 | 教材利用上の留意点 | 用具その他 |
|---|---|---|---|---|
| 導　入<br>(10分) | 1　水面に浮いている植物について話し合う。<br>・場所　・種類<br>2　水面に浮いている水生植物の生態スライドをみる。 | C—IV—8<br>水田のウキクサ(6)<br><br>S L—23 | かんたんに見せるだけ<br><br><br>ウキクサ，サンショウモだけ | グループ学習（4名） |
| 観察実験<br>(20分) | 3　ウキクサの観察をする。<br>・からだ全体のようす<br>・からだのようす<br>・根のようす<br>・うらがえしにして見る<br>・根を切ってみる<br>・しずめてみる<br>・つぶしてみる | C—VI—8<br>(6)ウキクサの根<br><br><br>C—IV—8<br>(1)ウキクサの断面図 | 最初から見せておしつけにならないようにする。<br><br><br>知らせるていどにしておく。 | ウキクサ<br>サンショウモ，ピンセット<br>虫めがね<br>水そう<br>ビーカー<br>はさみ |

| | | | | |
|---|---|---|---|---|
| まとめ（10分） | 4　ウキクサのからだのつくりのまとめ<br>5　ホテイアオイについて話し合う。<br>・うきかた<br>・空気がはいっていることを調べる。 | C—IV—8<br>(1)ホテイアオイの断面図 | ウサクサのときと同じであること。 | ホテイアオイ |
| 次時予告（5分） | 6　ウキクサはどんなふえかたをするか話し合う。 | C—IV—8<br>(6)ウキクサの少ないときと多いとき | 同じ場所で日をおいてとったものであることを説明する。 | |

(4)　教材の解説

・スライドはコマスライドで，ウキクサとサンショウモである。

・ウキクサの根の写真はビーカーに浮いているのをま横から写したもので根の先に注意するようにしてある。

・ウキクサの断面図は，空気室がわかるようにしたもので，顕微鏡でみた観察図である。ホテイアオイも空気室がわかるように図示したものである。

・C—IV—8(6)は，水田の写真で同じ場所を一週間ずらして写したものである。

(5)　備　　考

学級での予備調査人員　47名（男28名，女19名）

・水草についての関心や知識は少ない。

水草の名まえをぜんぜんあげられないものが，23名

・よく知られている水草は，スイレン，ハス，ホテイアオイである。

・池，沼，小川などの水草に接する環境にめぐまれていない児童，29名





## 音楽科における場合

第1学年　音楽科学習指導事例

1　題材　うたあそび

2　目標　児童が，日常生活に使っている簡単なことばを，旋律化して歌わせることによって，作ることのよろこびを味わわせ，旋律創作の基礎を養う。

3　教材とその利用の観点

指導板（Ｓｉ）

・Ａ５～Ａ８………三拍子の基本的な手うち，ひざうちに関するもので，次のＤ12のリズム譜に類するもの。

・Ｄ12　リズム絵譜

・Ｄ９　くだものの絵

・Ｄ８　くだもののことばあそび………くだものあそびの導入に，あるいは，その指導に，直接役にたつものである。

内容1　くだものについての話と歌

2　りんごという三音節語による歌づくり

3　楽器によるふし問答　　などである。

以上，児童の創作意欲をもりあげるにふさわしく，また学習目的を達成するのに効果のあるものがよい。そぼくで，簡単な資料のほうが，楽譜に導入するときにつごうがよいなどを考慮した。

4　指導計画（総時数）3時間

第1次　動物の鳴き声あそびをさせる。

第2次　くだもののことばあそびをさせる。（本時）

第3時　階名唱や楽器によるふしあそびをさせる。

5　本時の指導

(1)　題材　くだもののことばあそび

(2)　目標　・三音節語（りんご，みかんなど）からなることばのふしだけになされる。

(3)　展開

| 指導段階 | 学習活動 | 教材 | 教材利用上の留意点 |
|---|---|---|---|
| 導入（10分） | ・「なきごえあそび」を歌わせる。<br>手うち，ひざうちをさせながら歌わせたり，かえうたによって歌わせたりして，楽しいふんいきをつくる。<br>（長調と短調の感じのちがいや三拍子を感得させる。） | S i<br>手うち，ひざうちA 5～A 8 | ・手うち，ひざうちの絵譜から，記号への導入をはかるとともに，記号をはっきりと理解させる。<br>（この点，思ったよりやさしく，児童には理解できたようであった） |
| 展開（30分） | ・リズムうちのくふうをさせる　♩ ♩ ♩ 𝄽<br>手うち，ひざうちではどのようなうち方ができるか，みんなで考えたり，発表しあったりさせる。 | S i<br>リズム絵ふ<br>D12<br>（写真参照） | ・リズム譜に近い絵譜を用いる。<br>（児童からでたいろいろな形を，この指導板でまとめた。） |
| | ・♩ ♩ ♩ 𝄽 にあうくだものの名やそれに関係のあることばをみんなで考えたり，発表しあったりさせる。<br>（すいかが，くだものか，やさいかでたいへんおもしろくなった。） | S i<br>くだものの絵<br>D 9 | ・指導板を展示し，児童の発表を容易にする（ただ，絵の中にあるりんごいちごなどにのみとらわれないように注意する。） |
| | ・発表したものを，短いふしにまとめて，みんなで歌ったり，合奏させたりする。<br>（テープは，創作を規定してしまうかもしれない恐れがあったので，整理の段階で聞かせる予定であったが，児童の発表の内容から，創作の導入として用いた。結果はたいへんよかった。） | T<br>D 8<br>（資料としての教材以外に大だいこ，タンブリン，トライアングルなども使った。） | （時間があれば，自分たちでつくったものも録音して聞かせたいと考えたが，実際には時間不足で，みんなで作った〝あかいりんご，はやく，たべよう〟の一曲を歌ったり，リズム伴奏を考えたりした程度で終わった。） |
| 終末（5分） | ・みんなで作ったりんごのうたを歌ったり，リズム伴奏で楽しんだりさせる。 | | |





(4)　指導の反省

創作指導は，他の領域以上に，段階をおった学習がたいせつであるが，担任教師でない指導者が授業するので，児童の活動などに，まずい点がでるのではと心配した。しかし，ぜんぜんそのようなところはなく，児童の音楽に対する反応もたいへんよく，特に，テープによる創作導入は，とてもうまくいった。また，指導板に対しての理解もはやく，これを利用することによって，散漫になりやすい，1年生の児童の注意が，容易に集中できたように考えられる。

### 図画工作科における場合

第６学年　図工科学習指導事例

1　題材　文字をつかった模様<デザイン>

2　目標

(1)　文字を使って模様を作らせ，適合の感覚を養う。

(2)　配置配合の感覚を養う。

(3)　色彩との関係をくふうさせ，デザインに対する興味を高める。

3　教材とその利用の観点

(1)　「かたち」(日本の伝承Ⅰ)　——日本の生活の中に生かされている文字

の例として。(109ページ，120，121ページ)

(2) 文字の適合についての教材

D—11—(1)　牛のやき印

D—11—(2)　かん字の適合

D—11—(3)　かなの適合

D—11—(4)　ローマ字の適合

4　指導計画（総時数　4時間）

第1次（1時間）（本時）

- 教材「かたち」を見て話し合い，日本の昔からの生活の中に文字が記号として，また模様として，いかに生かして使われているかを理解させ，文字の模様化への興味を強める。
- 文字の適合の実習をさせる。
  教材「D—11—(1)から(6)」までを見て，文字が限定されたスペースの中に適合することによって，模様として美しいパターンとなることを理解させ，じっさいに自分でやらせてみる。

第2次（3時間）

- 「デザインの学習（副）」9ページを見て，画用紙上に分割線を引かせ，大小さまざまのスペースを作らせる。
- 分割してできた大小のスペースに，いろいろな文字を適合させ，文字の模様を作らせる。

5　本時の指導

(1) 題材　　文字の適合実習

(2) 目標

① 文字の適合について理解させる。

② じっさいに適合の実習をさせる。

(3) 展開





| 指導段階 | 学　習　活　動 | 教材名 | 教材利用上の留意点 |
|---|---|---|---|
| 導　入（10分） | ・教材「かたち」を見て話し合い，日本の生活の中に，文字が記号として，またもようとして，いかに生かして使われているか理解する。<br>・教材D—11—(1)～(4)までを見て，文字の適合ということを理解する。 | 「かたち(日本の伝承(II)」<br>D—11—(1)～(4) | 順に一つずつ見せる。 |
| 展　開（30分） | ・漢字・かな・ローマ字のうちから，自分のすきな文字を一つ選ぶ。<br>・その文字の全体の形を見て，○・△・□の文字を適合させるスペースの形をきめる。<br>・画用紙をその形に切る。<br>・色紙を切り，画用紙の上に適合するように文字をはる，そのとき，色紙も画用紙と同形に切り，できるだけ切りくずを出さないということを共通の条件にしてやる。 | | 途中ならべておく。 |
| 終　末（5分） | ・展示して話し合う。<br>・うまく適合しているか。<br>・読めない文字はないか。 | | |

(4) 備　　考

① 5年生のとき「飾り文字」「文字飾り」で，文字の変形（デフォルメ）についてあつかっている。

② 同様に「ポスター」で絵と文字の配合の学習経験もある。

③ 今回の学習では，さらにせばめられた条件学習として発展的に学習させる。

④ この学習は，将来レタリングへ発展し，伝達デザインの基礎としての性格をもっている。

6　児童と教材との対応状況について

(1) 「日本の伝承II」の写真例では，酒のこもかぶりのぎっしり並んでいるもののそれぞれに使われている文字（白雪とか正宗とか）が洒だる全体の形の中で，その大小・配置などよく考えられているものだということがよくわかったもののようである。

(2)　同じく江戸時代の火消しの用いたはんてん，まといなど直線と曲線とのコントラストによる目だちかげん，すなわち文字が記号として機能性を発揮していることとの理解に適切な写真であった。

(3)　D—11—(1)から(6)までの自作教材は，一定のスペース内に文字がピタリと適合するには，いろいろなやり方やくふうがあるものだということの示唆に大いに役だったと考えられる。また，デザイン学習特有の条件（学習の展開中に示した。）にも無理なく，抵抗感もなく，むしろ強い興味と関心を示した。

(4)　将来レタリングへ発展する基礎的な学習または経験であるという観点から，できあがった作品群は点対称・線対称など算数との関連の深いものが多くなったということは当然といえるが，また学習条件からはみ出たように見える1，2の作品にも別の意味ですぐれているといえるものができた。

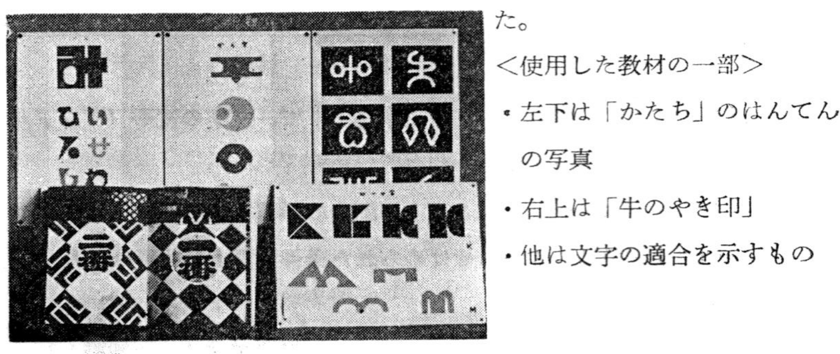

<使用した教材の一部>

・左下は「かたち」のはんてんの写真

・右上は「牛のやき印」

・他は文字の適合を示すもの

## 家庭科における場合

第5学年　家庭科学習指導事例

1　単元　せいけつなすまい





2　目標

(1)　すまいの清潔や整理整とんに関する衛生的・能率的・計画的な知識や技能を身につけさせ気持ちよく住まおうとする態度を養う。

(2)　台ふき・はたきなどの簡単なそうじ用具を製作したり，しまつや修理などがわかるようにさせる。

(3)　裁縫用具の種類や使い方がわかり手縫いの基礎技術を習得させる。

3　単元の教材とその利用の観点

(1)　基礎的な技術を得させるために意図した教材

本単元で初めてこうした技術を修得するために特に多くの教材を用意した。

①　完成標本　ア　はたき　　イ　台ふき

②　図　　表　ア　そうじのしかた　イ　そうじ用具の整とんのしかた
ウ　はたきの作り方　エ　裁縫用具のいろいろと名称
オ　ぬい方姿勢　　カ　針のもち方
キ　へらの使い方　　ク　ものさしの使い方

③　スライド　針のはこび方（学習研究社）（白黒25コマ）

④　写　　真　ぬい方の基礎（組み写真　自作）
ア　布のもち方　イ　針のもち方　ウ　ゆびぬきのはめ方　エ　ぬい方　オ　長針のゆびぬきのはめ方
カ　長針の針のもち方　キ　長針のときのぬい方
ク　へらのもち方としるしのつけ方　ケ　ものさしとへらの扱い方　コ　布のたち方

⑤　製作段階標本　はたき　ア　はたきの布　イ　ほ先布の作り方
ウ　はたきのとめくぎのさし方　エ　くぎのさし方
台ふき　ア　布を中表にして二つ折り　エ　しるしのつけ方　ウ　まち針のさし方　エ　ぬり

オ　きせをかける　カ　表にかえしてまわりぬい，中ぬいのしるしつけ　キ　まわりぬい　ク　完成したもの

(2)　技術の適否などについて比較検討させて児童の思考を助長するために意図した教材

①　拡大標本　ア　台ふきつくり段階標本　イ　正しいまち針のうち方

(2)　実物標本　ア　正しい布目　イ　しるしのつけ方　ウ　まち針のうち方　エ　正しいぬいめ　オ　糸こき　カ　玉どめ　キ　玉むすび　ク　かねつぎ

## 4　指導計画（総時数　12時間）

第1次　そうじのしかた（4時間）
- ①身じたく……………………1時間
- ②そうじの順序としかた / ③そうじ用具の手入れとしまい方，作り方……3時間

第2次　台ふきつくり　（8時間）
- ①さいほう用具………………1時間
- ②なみ縫いの練習……………3時間
- ③布の選び方と大きさ / ④作り方……4時間（本時第2時）

## 5　本時の指導

(1)　主題　台ふきつくり

(2)　目標

①　台ふきのつくり方の順序を理解させる。

②　布のたちめ，みみがわかり，よこ布たて布をわからせる。

③　しるしつけや，まち針のうち方ができるようにさせる。

(3)　展開





| 指導段階 | 学　習　活　動 | 教　材　名 | 教材利用上の留意点 | 備　考 |
|---|---|---|---|---|
| 導　入（5分） | 1　台ふきつくりの計画表を見て，仕事の手順を話し合う。 | ・L—B—3 製作段階標本 | ・つくり方順序を確認する。 | 計画表 |
| 展　開（35分） | 2　布めを正しくたつ。<br>・たて布とよこ布との区別<br>・みみたちめについての理解 | ・L—B—3 正しい布目 | ・←→のいみをあきらかにする。 | 台ふき布<br>たちばさみ |
| | 3　たちめを合わせて二つに折る。<br>・表を中にして二つ折り | ・C—B—3 へらのつけ方 | | |
| | 4　しるしをつける。<br>・ぬいしろの必要<br>・ぬいしろは1cm<br>・へらの使い方<br>・ものさしの使い方 | ・C—B—3 ものさしのつかい方 | ・とおしべらをしないように注意する。 | へら<br>へら台<br>ものさし |
| | 5　まち針をうつ<br>・まち針の必要<br>・正しいまち針のうち方 | ・L—B—3 まち針のうち方 | ・布がずれないように注意。 | |
| | 6　ぬ　う<br>・まち針とまち針の間を縫う | ・L—B—3 玉どめのしかた | ・とりはずしたまち針の処理のしかた。 | まち針 |
| 終　末（5分） | 7　計画表に記入 | | | |

(4)　教材の解説

| 種　類 | 形　態 | 内　容 | 数　量 |
|---|---|---|---|
| 写　真 | 四つ切り | ・へらのもち方　・へらとものさしの扱い方　・布のたち方　・しるしのつけ方 | 各　1　枚 |
| 図　表 | 掛け図大 | ・へらのつけ方　・まち針のうち方 | 各　1　枚 |

| 実物 | 並み幅（児童用と同じ） | ・正しい布目（たちめ，みみ，たけ，幅の記入したもの。）<br>・まち針のうち方（よいうち方，わるいうち方，うち方順序。） | 各 8 枚 |
|---|---|---|---|
| | 拡大（児童用の4倍） | ・正しいまち針のうち方，台ふきつくり段階標本<br>・玉どめのしかた | 各 1 枚 |

## 体育科における場合

第6学年　体育科学指導事例

1　題材　徒手体操　　台上前回り

2　目標

| ／ | 徒手体操 | 台上前回り |
|---|---|---|
| 技能 | ・徒手体操を行なうことによって，からだを部分的総合的に動かすことができる。 | ・両足で踏み切り，高くとび，なめらかに前回りができる。<br>・両手を確実について，回ることができる。<br>・着地がなめらかにできる。 |
| 態度 | ・相互に運動を見ながら，注意し合い練習をする。<br>・運動の効果を理解し，正しく行なう。 | ・グループの中で助け合って行なう。<br>・用具の出し入れは責任をもって手ぎわよく行なう。 |
| 安全 | ・準備運動や整理運動に活用する。<br>・急に運動したり，強くやりすぎないようにする。 | ・助走路，踏み切り板，とび箱，マットの安全をたしかめて行ない，自分の能力や調子を考えて練習する。 |

3　題材の教材とその利用の観点

・F－1（PH）　教室掲示によって，腕，胴体の運動の基本姿勢を理解させる。

・B－8（PH）　台上前回りの踏み切り，手の位置，空中姿勢，着地について理解させる。





・B－8（SI）　大型指導板によって，B－8（PH）の解説に利用する。

台上前回りの良くない姿勢，踏み切り方法，手の位置，空中姿勢，着地について理解させる。

4　指導計画（総時数　2時間）

| ／ | 10分 | 20分 | 30分 | 40分 |
|---|---|---|---|---|
| 1時 | 徒手 | | 台上 | |
| 2時 | 体操 | | 前回り | |

| ／ | 徒手体操 | 台上前回り |
|---|---|---|
| 1時 | ○ 腕，胴体の運動<br>・腕を前，上，下，横に正確に曲げ伸ばしたり，ふり上げる。<br>・身体を横に極限まで曲げる。<br>○ ふたり組みで柔軟体操 | ○ マット上で前回りをする。<br>○ ロールマットの上で前回りをする。<br>○ とび箱上の前回りをする。<br>・踏み切りから着地までなめらかに前回りをする。 |
| 2時 | ○ 腕，くび，胴体の運動<br>・腕を前横，上，下に強弱，遅速をつけ正確に曲げ伸ばしする。<br>・頭を前後，左右に曲げたり，回転させる。<br>・体を横に曲げる運動をまとめる。 | ○ とび箱上の前回りをする。<br>・だんだん踏み切りを強くする。<br>・高い位置から前回りする。 |

5　本時の指導

(1)　題材　　徒手体操　　台上前回り

(2)　目標

| ／ | 徒手体操 | 台上前回り |
|---|---|---|
| 技能 | ○ 腕の運動<br>・腕を前，上，下，横に正確に曲げ伸ばし，ふりあげる。<br>○ 胴の運動・身体を極限まで曲げる。 | ○ ロールマットの上で前回りができる。<br>○ ロールマットの前回りからとび箱上の前回りにうまくうつれる。 |

| | | |
|---|---|---|
| | ○ ふたり組みにより，柔軟体操をする。 | ○ 手のつく位置，踏み切り，着地の要領を理解し正しく行なう。 |
| 態度 | ○ 運動の効果を理解し正しく行なう。 | ○ グループの中でたがいに教え合い，助け合って行なう。<br>○ マット，とび箱など器具の扱いに注意し，みんなで守る。 |
| 安全 | ○ 軽い服装で行なう。<br>○ 運動後の汗のしまつをする。 | ○ マット，とび箱の安全をたしかめ，運動中人とつきあたらないよう間合いについて考えさせる。 |

(3) 展　開

| 指導段階 | 学　習　活　動 | 教　材　名 | 教材利用上の留意点 |
|---|---|---|---|
| 導　入<br>（５分） | ○ 集合，整列(服装の点検)<br>○ 話し合い（本時の学習について話し合う。） | | |
| 展　開<br>（35分） | ○ 徒手体操<br>・既習運動の復習（あしの運動，首の運動）<br>・腕の運動をきょう正しあう(ふたり組みで行なう。)<br>・胴体の運動をきょう正しあう（ふたり組みで行なう。） | F―1(PH) | ○ 教室掲示をし「どこまで曲げたらよいか」「このくらいは曲げよう」と小見出しをつけることにより注意させる。 |
| | ○ 柔軟体操（ふたり組みで補助をさせる。） | F―2(PH) | ○ むりをしないように個人差に応じて行なわせる。 |
| | ○ 台上前回り<br>・台上前回りの正しい姿勢を理解させる。<br>・マット上で前回りをする（両足ふみきり） | B―8(PH) | ○ 踏み切り，手の位置，着地について，正しい姿勢を理解させる。 |
| | ・ロールマットの上で前回りをする（なめらかにまわる。助走をあまりしない。）<br>・ロールマットの上の前回りからとび箱上の前回りをする。 | B―8(SI) | ○ 写真についての説明を大型指導板で行ない運動のきっかけをつかませる。<br>○ 手の位置と腰の当たる位置によって回転がなめらかにいき，よく着地ができることをつかませる。 |
| 終　末<br>（５分） | ○ 整理運動（動作を大きく，体の調整を行なう。）<br>○ 次時の予定を知らせる。<br>○ 用具のあとしまつをする（各係で責任をもつ。） | | |





(4) 教材の解説

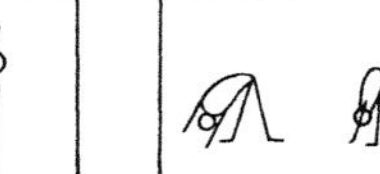

F―1（PH）
徒手体操写真の一例
正面および側面からの姿勢を２枚はりつけて良い姿勢，悪い姿勢がわかる。

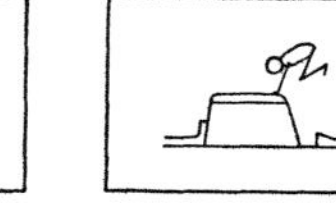

B―8（PH）
台上前回り運動のスナップ写真の一例
手をつく位置，踏み切り姿勢，回転姿勢を組み写真でフォルダーに収納している。

B―8（SI）
大型指導板　厚ボール紙
・上段の図は基本姿勢を示している。
・下段はよくない姿勢を示している。
・図はいずれも線画の色別けで示す。

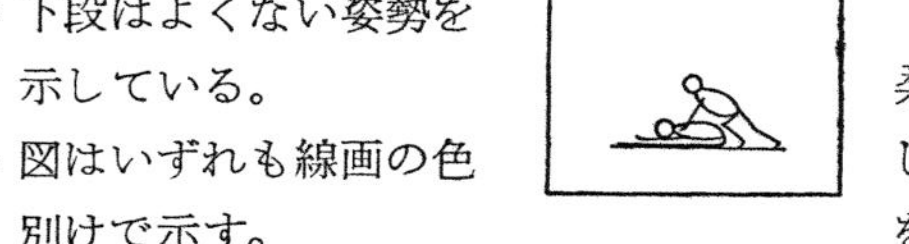

F―(PH)
柔軟体操の一例
柔軟度に応じた曲げ方を指示する

## 道徳における場合

### 第1学年　道徳学習指導事例（6月）

1　主題　　手をきれいに

2　主題設定の理由

学校にもようやくなれ，1学期も後半にはいる充実した時期である。4月から始まった身体検査や体力測定も一とおり終わって，自分の健康について多少の関心を持つことができるころでもある。

児童の生活では，一日に何回となく手を洗う必要がある。中旬からは梅雨期にはいり，食あたりや伝染病などもおきやすいので，保健衛生について大いに関心を持たせたいと考えて，この主題を設定した。

3　目　　標

「手を洗う」ことの必要性を理解させ，いつも手をきれいにしておく生活習慣を養い，身体の清潔が健康保持に役だつことを理解させる。

4 (1)　主題の教材とその利用の観点

「手を洗いましょう」（学研スライド，カラー，25コマ）

児童は日常生活の中で，手を洗うことの意味を考えないで行動していることが多い。そこで，手洗いの必要性やその意味を理解させるために，それらの行動を具体的に提示し，客観的に分析することによって，知的な理解を深める媒介物として，このスライドを利用する。

(2)　教材の解説

このスライドは，①遊びのあと，②便所から出た時，③外出から帰った時，④食事前の四つをあげて，手を洗わない場合の「ばい菌」について児童にわからせようとしており，さらに理解だけに終わらず，実際にそのつど励行しなければならないことを強調している。医者が食中毒を起こして苦しんでいる太郎君のまくらもとで，「手をきれいに洗うことが完全に実行





されれば，諸病の90%は防げる」とさとしてもいる。

5　本時の指導…………（1時扱い）

(1)　本時の目標

「手を洗う」ことの必要性を理解させ，いつも手をきれいにしておこうとする気持ちを育てる。

(2)　展　　開

| 指導段階 | 学　習　活　動 | 教　材　名 | 教材利用上の留意点 |
| --- | --- | --- | --- |
| 導　入（5分） | ○　給食の時のようす，特に食前の手洗いについて話し合わせる。 | | |
| 展　開（30分） | ○　スライドを見させながら，手洗いと病気になる関係を知らせる。 | FS.235（学研）手を洗いましょう。 | ・スライドのすじに引きずられることなく教師の意図でおさえるようにする。<br>・(9)急性はらいたをおこす。<br>(11)きたない手でおやつを食べたんじゃない。<br>の2コマをおさえて，児童の生活を引き出すように扱う。 |
| | ○　手を洗ういろいろな場合を発見させる。 | | ・(13)便所の戸にはばい菌がたくさんついている。<br>(14)遊んだあと，便所から出たときは，手にばいきんがたくさんついており食べ物といっしょに口の中へはいる。<br>視覚に訴え，ばいきんがいかにつきやすいかを(13)(14)によってじゅうぶん認識させる。<br>(13)(14)の画面が不鮮明なので板書に書くなどの方法で，理解を徹底させる。 |
| | ○　手を洗わなくてはな | | ・(19)よく洗った手と，洗わ |

| | | | |
|---|---|---|---|
| | らない理由をわからせる。 | | ない手との比較から病気になりやすい原因，特に指先のばいきんを追求させる。 |
| | ○ よい洗い方を知らせる。 | | ・(20)おがみ洗い (21)つかみ洗い どちらが，ばいきんを洗い流すか考えさせる。 |
| | ○ 病気がなおってからの太郎君について考えさせる。 | | |
| 終　末（10分） | ○ 実際に手を洗わせ，（代表者），じょうずな洗い方ができたかたしかめさせる。 | | |

### 学校行事等における場合

第2学年　春の遠足事前指導事例

1　主題　　遠足「新宿御苑」

2　目標

(1) 春の自然界に接し，特に新しい成長の芽を出す植物の姿に注意させる。

(2) 都の中心部に，広々とした庭園，芝ふ，池などが存在することに驚きと，しあわせを感じ，あらためてその良さを認識させる。

(3) 大温室では，熱帯の植物，鳥の姿を，自然の姿で観察させる。

(4) 交通機関，公園を利用し，公衆道徳の実践の場とする。

(5) 団体行動を正しくとる訓練の場とする。

3　展　開





| 内　容 | 方　法 | 教材名 | 教材利用上の留意点 |
|---|---|---|---|
| 「新宿御苑」について | ・新宿御えんの規模・施設沿革等について話す。<br>・特に注意して見学する点を説明する。 | 自作映画（8 ㎜）<br>写真・絵はがき・<br>自作しおり<br>御苑内案内図 | ・8㎜映画は，36年度作成の物であるから，多少ちがうところがあるが，導入段階に利用する。<br>・御苑内案内図は「しおり」にも記載してあるが，拡大したものを準備する。 |
| 利用する交通機関について | ・東横線　田園調布⇄渋谷<br>・地下鉄　渋谷⇆新宿御苑 | 「しおり」<br>交通地図 | ・拡大した交通略図を準備する。<br>・地下鉄についての資料を準備する。 |
| 注意事項 | ・日程上の注意<br>・行動上の注意<br>・持ち物について | 「しおり」 | ・「しおり」を中心として，その要項をしっかり理解するように。 |
| 班の編成 | ・3列縦隊<br>・1班は，6名～9名 | | |
| 集合・解散の練習 | ・各組ごとに3列縦隊に並ぶ，笛の合い図を徹底させる。 | | |
| 備考 | ・教材利用にあたっては，既存の物を活用することはたいせつであるが，あくまでも実地調査を精密に行なって，現状を重視しなければならない。 | | |

4　教材の解説

(1) 計画立案に際しては，準備された教材を大いに活用して効率的に進めうる。前年度の「挙行報告」・「しおり」・「反省記録」など。

(2) 実施にあたっては，実地調査を精密に行ない，机上プランにならないように特に気をつける。交通機関，施設等は，変わることが多いので，準備された教材は，現実としっかり照合して利用すること。

(3)　教材の改訂は，そのつど，記録の整理とともに行なっている。

## 資料利用指導における場合

### 第１学年　特設時間における資料利用指導事例

1　領域　　オリエンテーション

2　目標

図書館の施設や資料にはどのようなものがあり，また図書や図書以外の資料をどのように利用したらよいか，１年生なりに知らせる。

3　教材とその利用の観点

教材名　ＦＳ「図書館のエチケット」（全国ＳＬＡ）

図書館では，本を読んだり，借りたりすることができ，これを利用するには，きまりを守らなければならない。そこで多くの人が利用することから，図書館での態度や図書の正しい取り扱いは，どのようでなければならないかを，児童が興味をもちながら考えられるように，このスライドを利用し，図書館利用のエチケットと読書衛生を常時実行しようとする態度を身につけさせるようにする。

4　指導計画（総時間　３時間）

第１次　　図書館めぐり　　（４月）……………１時間

第２次　　本の扱い方　　（５月）……………１時間（本時）

第３次　　貸し出しのしかた　（９月）……………１時間

5　本時の指導

(1)　主題　　本の扱い方

(2)　目標

図書の正しい取り扱い方についての理解を深め，読書衛生の必要を知らせる。

(3)　展　開





| 指導段階 | 学　習　活　動 | 教　材 | 教材利用上の留意点 |
| --- | --- | --- | --- |
| 導　入（５分） | ○　学級分館のこわれた本について話し合わせる。 | | |
| 展　開（35分） | ○　スライドを見ながら，正しい本の扱い方を考えさせる。<br>○　正しい本の扱い方について話し合わせる。<br>○　正しい本の扱い方をじっさいにやらせながら，本を読ませる。 | ・天然色スライド「図書館のエチケット」 | ○　本時の学習のねらいとなる部分ではさらに画面の解説を加えて考えさせる。 |
| 終　末（５分） | ○　正しい本の扱い方ができたか反省させる。 | | |

(4)　本時の教材の解説

「図書館のエチケット」　図書館教育シリーズ　25こま天然色スライド

このスライドは,「としょかんでは人にめいわくをかけないように」と「本をたいせつに」,「えいせいにきをつけて」の三部からなっていて，動物を擬人化し，親しみやすく図書館のエチケットがわかるように作られている。またこのスライドの利用範囲が，小学校から高等学校までになっているため，内容が多すぎるので，本時では，２番目の「本をたいせつに」を中心に利用して，前後の部は，特に関係があると思われる画面のみ利用した。

(5)　備　考

ア　他領域との関連

分類と配列「図書の配架」（５月）で正しい本の取り方と返し方をじっさいに行なう。

イ　関連教科

国語「本をだいじに」学校図書１年（中）

第４学年　特設時間における資料利用指導事例

1　領　域　視聴覚資料の利用（シンクロファックスの利用）………１時間

2　目　標　知識や情報を入手したり，あるいは伝達するために，シンクロファックスを利用すると有効な場合があることを知らせ，その特性，シートの整理や利用法をわからせる。

3　教材の解説と，その利用の観点

・シンクロシート（C―４―F）

音楽「踊る人形」分解演奏解説

社会「汐留駅」これからの学習の手がかりとなる解説

行事「高原学園」日光高原学園の写真と作文の朗読

・Ｓｉ「踊る人形」の解説を拡大したもの

・リコーシンクロファックス　１台　（機械の操作は児童はしない）

・その他のシートは見せるだけにとどめ，どのような種類のものがあるかを知らせる。

・代表的なシート３枚だけ聞かせ，シンクロファックスに関心を持たせ，利用しようという意欲をおこさせる。

4　展　開

| 指導段階 | 学習活動 | 教材 | 教材利用上の留意点 |
|---|---|---|---|
| 導入（５分） | ○　図書館にある視聴覚資料について話し合う。<br>・視聴覚資料について知っていることを発表する。<br>録音の経験発表<br>・本時の目標を話す（教師） | | |
| 展開（35分） | ○　シンクロファックスとはどんなものであるか，またその利用法を知らせる。<br>・解説の資料を聞く<br>・シンクロファックスの特性（録音機とのちがいなど）<br>・そのほかどんな種類のシートがあるか。<br>・利用のしかたについて（自学自習，ひとりないし数人のグループできくものである。など）<br>○　シートを作成する。<br>・社会科「東京めぐりの記録」<br>・作成したシートを聞いて反省し話し合う。 | ・シンクロファックスシート音楽「踊る人形」<br>・Ｓｉ　〃<br>・社会「汐留駅」<br>・行事「高原学園」 | ・３枚のシートはつづけて聞かせず，１枚だけ先に聞かせ，あとの２枚は話し合いの後聞かせる。<br>・あらかじめ原稿と写真を用意しておく。 |
| 終末（５分） | ○　近代的な図書館の施設や設備，またそれを利用する心構えについて話す | | |





5　学級の実態

・録音機のある家庭　(16)

。シンクロファックスのある家庭（０）

6　備　考

録音機は学校でも大いに利用されており，操作できる児童も多い。しかし，シンクロファックスを利用したことのある児童は皆無で，ひじょうに興味をもち，目を輝やかせて聞きいっていた。これらの教材をいっそう充実していかなければならないことを反省した。

第４学年　特設時間における資料利用指導例

1　領域　　新聞・雑誌・インフォメーションファイルの利用

2　目標

(1)　新聞・雑誌の読後の有効な利用・整理の方法を知らせる。

(2)　ファイル資料の整理用具・整理利用法を知らせる。

(3)　ファイル資料の種類と特性を知らせる。

3　指導計画

第1次　切りぬきの作り方……………………… 1時間　（本時）

第2次　ファイル資料の利用…………………… 1時間

4　本時の指導

(1)　主題　切りぬきの作り方

(2)　目標　新聞や雑誌の読後の利用や整理の方法として，スクラップの作り方を理解させる。

(3)　本時の展開

| 指導段階 | 学習活動 | 教材 | 教材利用上の留意点 |
| --- | --- | --- | --- |
| 導入（5分） | ○　切りぬきの利用の経験について話し合う。 | 切りぬき「エスキモーの生活」「八が岳の生活」 | ○　国語「エスキモーの生活」社会「八が岳の生活」で切りぬきを使用したことを話し合う。 |
| 展開（35分） | ○　切りぬきの作り方の幻燈を見る。<br>○　見たことについて話し合う。<br>・記事の選び方<br>・切りぬきを作る順序<br>・材料の扱い方 | スライド「切りぬきの作り方」<br>指導板<br>・マーキング<br>・仮記入<br>・本記入<br>・のりづけ | ○　切りぬきの必要性と作り方の技術的な面を知らせる。<br>○　スライドで見たことの確認のために使う。<br>○　材料の扱い方は抵抗があるので練習させる。 |
| | ○　切りぬきの作り方を知り，実際に作ってみる。<br>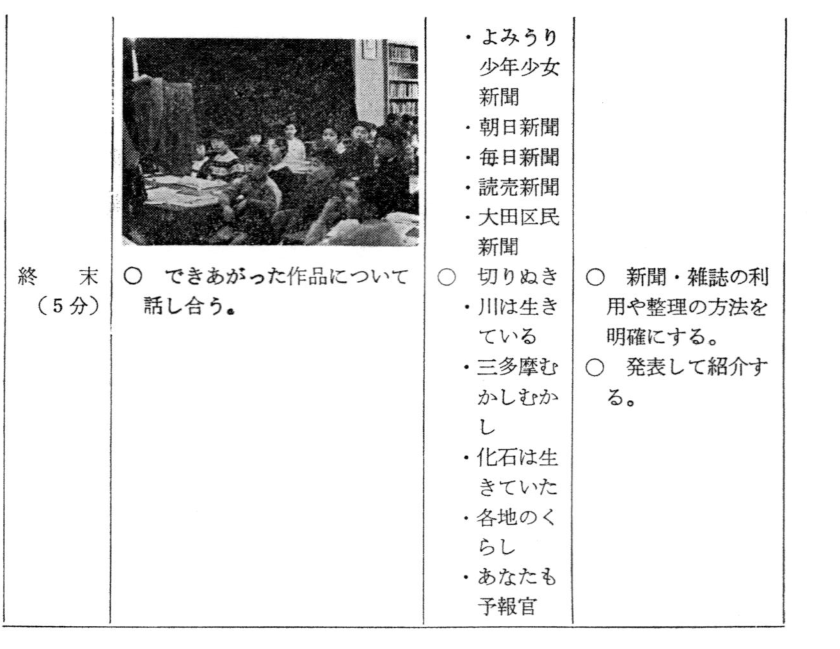 | ○　新聞<br>・毎日小学生新聞<br>・よみうり少年少女新聞<br>・朝日新聞<br>・毎日新聞<br>・読売新聞<br>・大田区民新聞 | ○　児童に読める記事の中から選ばせる。 |
| 終末（5分） | ○　できあがった作品について話し合う。 | ○　切りぬき<br>・川は生きている<br>・三多摩むかしむかし<br>・化石は生きていた<br>・各地のくらし<br>・あなたも予報官 | ○　新聞・雑誌の利用や整理の方法を明確にする。<br>○　発表して紹介する。 |





(4)　教材の解説

①　切りぬきの作り方（自作スライド18コマ）

白黒スライドである。4年生をモデルにし，切りぬきの作り方を示すものである。新聞・雑誌の有効な記事が，学習に役だつことを知らせ，自分でも作れるように，記事の選び方，その切りぬきを作る順序，また，整理のしかたを1コマ1コマに写し，説明したものである。

このスライドは，導入の段階でも，まとめの段階でも，また，重点的に指導したいところはそのように，指導者の使いやすいようにくふうした。

②　指導板

マーキング・仮記入，本記入・のりづけしたものなどの指導板で，スライドで見たことの確認のために使うと，より効果的であると考えられる。

③　既製の切りぬき

これは，導入段階では，興味の喚起や，その目的を知らす上に使うと効果があると考えられ，また，発展段階では，切りぬきを作る傾向を知らせることができるものである。

「エスキモーの生活」　（朝日新聞）
「八が岳の生活」　（４年の学習）
「川は生きている」　（読売新聞）
「三多摩むかしむかし」　（朝日新聞）
「化石は生きている」　（朝日新聞）

(5)　備　考

指導後に反省したことをあげてみると，

①　４年生の読解力を考えて，新聞を小学生向きのもの一，二にしぼったほうがよいと思った。

②　５年の切りぬきと４年の切りぬきの取り上げ方が似ているので，どちらが先がよいか，内容の適否も検討したい。

③　新しいことばとして，ファイルとか，仮記入のことばの説明をもっと具体化するとよいと思った。

④　重要な場面はスライドだけでなく，写真にとっておくとよいと思った。

⑤　家庭作業でやる場合が多いから，全部自分でやらなければいけないというわけではないので，新聞・雑誌の利用の方法を正しく知らすことでよいと思われる。

⑥　指導板の児童の実態をみると，自発的に切りぬきを家で作っているものが，かなりいた。このことから，新聞・雑誌の記事を注意深く読





んでいることもわかり効果のあるがことがわかった。

第５学年　特設時間における資料利用指導事例

1　領　域　目録のはたらきと利用

2　目　標　自分の求める主題の図書をさがすためには，目録を利用することが有効であることを理解させ，目録の種類，利用の方法を知らせる。

3　指導計画

第１次　教科別件名目録の利用……………………１時間（本時）
第２次　その他の目録の利用………………………１時間

4　教材の解説とその利用の観点

(1)　指導板

ア　件名カード　イ　書名カード　ウ　著者カード

件名，書名，著者名の記載事項を説明するための図で，五十音順に配列されていることを示したものである。

この教材から特に標目の意義，標題，請求記号の意味をじゅうぶんに知らせたい。

(2)　いろいろな目録と配架（自作）

図書の検索を能率的に合理的にするために，目録を活用することが望ましいことを示すもの。カードと書架上の図書の関係を示している。カードに記載されている図書は，請求記号をたどることによって書架上の図書を発見することができることを示したものである。

この教材から，目録には，件名目録，著者目録，書名目録などがあること，これらの目録を活用することによって，図書の発見は，より能率的合理的になることを理解させるために利用し，特に，件名目録は学習上必要

な資料をさがすのに最も役だつものであることを強調したい。

5　本時の指導

(1)　主　題　教科別件名目録の利用

(2)　目　標　自分の求める主題の図書を確実に，はやく発見するには，教科別件名目録を利用することが有効であることを知らせ，それの利用法を理解させる。

(3)　展　開

| 指導段階 | 学習の流れ |
|---|---|
| 導　入<br>（5分）<br>件名目録を使った経験について話し合う。 | T・自分の調べたいことがらの本をどのようにさがしましたか。<br>C・百科事典，統計，年鑑の目次や索引を見てさがしました。<br>・分類をもとにして本をさがしました。<br>・件名目録を使って本をさがしました。<br>T・件名目録の使い方を4年生の時，習った人は手をあげてごらん。<br>（15名くらい，5年になる時組かえをしたので）<br>・じっさいに件名目録を用いて本をさがした人は？<br>（5～6名）<br>・きょうは件名目録はどんなもので，どんなはたらきをし，どんなしくみになっているかについて勉強しましょう。<br>・分類だけでさがすのと，件名目録でさがすのと，どちらが便利ですか。（経験ある者に）<br>C・分類よりはやく本をさがせました。<br>・自分で調べたいことがらが正確に見つかりました。 |
| 展　開<br>（35分）<br>○件名目録のはたらきを知らせる。<br>○分類順件名標目表について知らせる。 | T・そうです。件名目録は，自分の求める本を，はやく，正確にさがしてくれるわけです。<br>（はやく，正確に，と板書する。）<br>・件名目録は，本の内容をことばで引けるようになっているのです。<br>（例をあげる）<br>T・（分類順件名標目表を提示して）<br>この表のことばは，みなさんが調べたいことを表わすことばです。<br>1年から6年までに勉強することばがたくさんありますが，小さな項目のことば，大きな項目のことばにまとめてあるのです。ちょうど百科事典と同じようなしくみになっているのです。 |





| 指導段階 | 学習の流れ |
|---|---|
|  | （例をあげる）<br>・「メダカの育ち方」という標目はありませんね。これはどの項目にはいりますか。<br>C・魚です。<br>T・コレラやチフスはありますが，これはどの項目にはいっていますか。<br>C・伝染病です。 |
| ○件名カードのしくみを知らせる。 | T・この標目表で調べることばを見つけたら，件名カードのところへ行きます。<br>件名カードは件名の頭文字をとって，五十音順に並べてあります。そのカードには，魚なら魚についてのことが書いてある本の名，請求記号などがかいてあります。<br>（指導板，件名カードを示して説明する。）<br>・請求記号は何を表わしているのでしたか。<br>C・本のある場所を表わしています。<br>T・そうすると，本のある所番地と書名がわかれば，その本が手にはいるわけですね。<br>（いろいろな目録と配架の図表を提示し，カードと本の関係を確認する。）<br>T・このように，件名目録は本とみなさんのなかだちをしているのです。<br>・自分で件名目録を使って本をさがせますか。<br>C・はい（大部分が手をあげる。） |
| ○件名目録を利用して本の発見の練習をする。<br>○グループで問題点について話し合う。 | T・それでは各グループの研究問題を本をさがして調べてごらんなさい。<br>（グループにわかれ，分類でさがす方法と件名でさがす方法のどちらがはやく，正確に本をさがせるかやってみる。）<br>T・困った問題はありませんでしたか。<br>（各グループの状況の発表）<br>C・カードで調べたのですが，さがしているうちに請求記号を忘れ，また，調べなおしをしてしまいました。<br>T・そんなときはどうしたらよいでしようね。<br>C・請求記号と書名をメモしておくとよいと思います。<br>T・そうですね。カードは引きぬいてしまわずに，別の紙にメモしておく必要がありますね。<br>・分類でさがす方法と件名のとでは，どちらがはやくさがせましたか。 |

| | |
|---|---|
| 終　末<br>（5分）<br>件名目録の利用について話し合う。 | C・件名です。<br>T・正確さはどうでしたか。<br>C・件名です。件名でさがすほうが正確に求める本をさがせました。<br>T・そうでしょう。君たちはこれからどんどん件名を使って本をさがすようにしましょうね。<br>とくに公共図書館にいきますと，どうしても必要になるのです。<br>では，これまで。 |

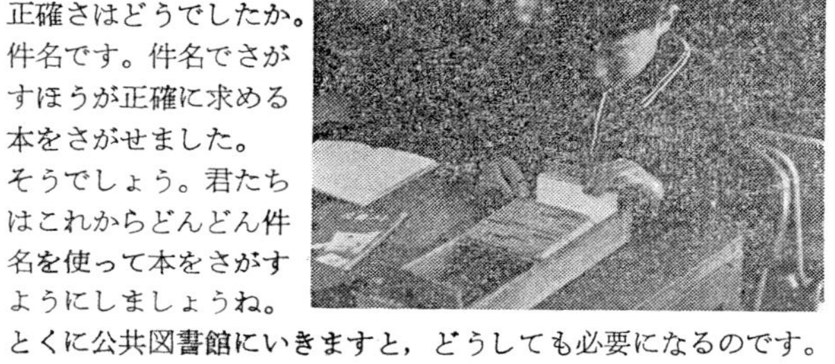

読書指導における場合

第1学年　特設時間における読書指導事例

本時の指　（6月）

1　主題　「みつばちマーヤ」

2　目標　生まれて初めて，広い世界にとびだし，美しい自然の中で，いろいろな経験をした「みつばちマーヤ」の話を読み聞かせて，花や虫の生活に興味をもたせたり，仲間の助け合いや，思いやりを感じさせて，心情を豊かにさせたい。

3　教材の解説　「みつばちマーヤ」　講談社絵本　32ページ

原作　ワイデマール・ボンゼルス

構成　絵　松本かつぢ　　文　佐藤義美

主人公のみつばちをはじめ，それと関係のある虫の習性や生活が，芸術的な手法で，美しく描写されており，やわらかく抒情的に表現されている。虫の生活を描きながら，読む人に多くの事を教えることをくふうしている。

絵本は幼児むきに構成されており，文も短いので読みやすい。絵も





美しく印象的に描かれている。

4　展開

| 指導段階 | 学習活動 | 教材名 | 教材利用上の留意点 | 備考 |
|---|---|---|---|---|
| 導　入<br>（5分）<br>・「みつばちマーヤ」の絵本を紹介する。 | ○この本を読んだことのある人いますか。<br>・知らない。読んだことがない。<br>○「みつばちマーヤ」のお話を，聞いたことがありますか。<br>・あんまりよく知らない。<br>・聞いたことがない。 | エ「みつばちマーヤ」 | 複本5冊ぐらいを，児童の見やすい書架に掲げておく。 | 板書<br>みつばちマーヤ |
| 展　開<br>（35分）<br>・朗読 | ○では，これから，この本を読んであげましょう。<br>1～5ページまで。 | | | |
| ・話し合い | ○マーヤは，こんなきれいな花ばたけの上を，とんだのでしょうね。<br>・きれいだね。<br>・かわいい。<br>・チューリップだ。<br>○マーヤはお花のにおいを，お日さまのにおいだと，思ったのですね。<br>・初めてだから，知らなかったんだ。 | Si-1-1 | 指導板<br>（花ばたけのマーヤ）提示 | |
| ・朗読 | 6～11ページまで。 | | | |
| ・話しあい | ・とんぼ大きいね。<br>・ぎんやんまだ。 | Si-1-3 | 指導板<br>（とんぼのしゅぬっく）提示 | |
| 朗読 | 12ページ～19ページまで。 | | | |
| ・話し合い | ・マーヤは頭がいいね。<br>・マーヤはさっきのお返しだね。 | Si-1-2 | 指導板<br>（かぶと虫を助けるマーヤ） | |
| ・朗読 | 20ページ～32ページまで。 | | | |
| ・感想発表 | ○「みつばちマーヤ」のお話はこれで，終わりです。ど | | | |

| | | | | |
|---|---|---|---|---|
| | んなところがおもしろかったかな。<br>・戦争のところ。<br>・お花ばたけのところ。<br>・かぶと虫を助けて，えらい。<br>・おもしろかった。<br>・戦争で，みつばちが，勝ってよかった。<br>・マーヤが，知せたからだね | | 指導板を見ながら話し合う。 | |
| 終末<br>（5分）<br>・感想画を書かせる | ○では，いまのお話の絵を，書きたい人は，書きましょう。大きく書ける人は，黒板に書いてもらいましょう。 | | かけるものについてのみ，書かせる。 | |

5　反省　すでに，イソップ童話（5月ストーリー・テリング）金のがちょう（6月読み聞かせ）を指導したが，いずれも短い文のものであった。本時は，比較的長い絵本であったが，興味をもって，聞くことができ，短いことばではあったが，感想を述べることができた。感想画は全員ができ，自然の美しさ，仲間同志の助け合い，勇敢な場面など，興味の中心となったところの表現が多かった。

### 第3学年　特設時間における読書指導事例

本時の指導（10月）

1　主題　「魔法のなしの木」

2　目標　魔法のなしの木の話をテープレコーダーを通して聞き，そこで児童が，感じたり考えたりしたことを，なるべく，いろいろな面から，特色のある感想として表白させたい。

3　教材の解説

この魔法のなしの木は，聊斎志異（りょうさいしい）の中にはいっている中国の話である。鹿島鳴秋編著，（講談社刊）魔法のなしの木には，ここで扱っ





た魔法のなしの木ほか，10数編がはいっている。ここでは，その話をテープにおさめ，それを児童に聞かせたのである。一つの梨の実を惜んだ百姓が，とんだ失敗をしたというのが，魔法のなしの木の大要である。

4　展開

| 指導段階 | 学習活動 | 教材利用上の留意点 | 備考 |
|---|---|---|---|
| 導入（5分）<br>・中国の話に，どんなものがあるか。<br>・魔法のなしの木を紹介する。 | ○今までに，どんな中国の話を読んだことがありますか。<br>・「そんごくう」「まほうのなしの木」…………<br>○魔法のなしの木を読んだことのある人は？<br>・7人挙手<br>○きょうは，この本で勉強する。あなたがたは，この本からどんなことを勉強したいと思いますか。<br>・魔法のなしの木って，どんな木か。<br>・どんな人がでてくるか。 | | |
| 展開（35分）<br>・聞きとるときのめあてを話し合う。 | ○きょうはね，先生の聞いてほしいことを言いますから，それをしっかり聞いてください。<br>どんなおもしろいところがあるか，どんな人がでてくるか，その人たちをどう思うか，これを書いた人がいいたいことはなにか。<br>ぼくたちだったらこうするということ。 | ・聞くめあてを書いたカードは全児童の見えるところにおく。 | ・聞くめあてを書いたカード |
| ・テープレコーダーにふきこまれた話を聞く。<br>・感じたこと，考えたことを，話し合う。<br>聞く前のめあて | ○話を聞いてどうでしたか？　おもしろかったところはどこ？　聞く前のめあてに照らして話し合う。<br>・百姓が坊さんの魔術にかかり，がっかりした。<br>・百姓はけちで，一つのなしも惜んであげないのはよくない。 | ・テープを二度ききなおす時間がないので登場人物名を書いたカ | ・テープレコーダー<br>・登場人物名のカード |

| | | | |
|---|---|---|---|
| に照らして，話し合う。<br>・感想文を書く。<br>・感想文を，三つぐらい取り上げて読む。 | ・坊さんがなしの木にお湯をかけたところは，おもしろかった。<br>○百姓について，どう思いました？<br>・よくばりだ。<br>・けちでいじわるだ。<br>・見物人にわけてやった坊さんは，親切だ。<br>・魔術をした人は，えらいと思う。<br>・みんなとってしまってずるいと思う。<br>○見物人についてどう思う。<br>・物ずきだと思う。<br>・お金を出し合って１つだけかってあげたから，えらいと思う。<br>○この本を書いた人は，どんなことを読みとってほしいのだろう。<br>・小さなけちでも，あとで，たいへんなことになる。<br>・いじわるをすれば，あとで罰があたる。<br>・人には親切にしなければ，いけない。<br>○わたしだったらこうするということはないかな。<br>・ぼくなら坊さんに，なしを一つぐらいあげる。<br>・くれなければ，うでずくで取ってしまう。<br>○感想文を書いてください。<br>○ＡＢＣ三人に読ませて，その反応を話し合う。 | ードを提示しておく。 | |
| 終末（５分）<br>・物語の読みとり方について考える。 | ○これから話を聞くときには，どんなことに気をつけなければ，いけないでしょう。今日の勉強をよく思い出して，おいてください。 | | |





### 第４学年　特設時間における読書指導事例

本時の指導（11月）

1　主題　「りょうしとさかな」

2　目標　プーシキン作の童話「りょうしとさかな」を読み聞かせ，話し合いながら，民話のもっているおもしろさなどについて考えさせる。

3　教材の解説

　○「りょうしとさかな」プーシキン（1799～1837）作（1833年作）
　福井研介訳　講談社刊「世界童話文学全集ロシア篇」所収。

　○プーシキンがロシアの民話から取材した童話詩の一つ。この本には他に「金のにわとり」も収録されている。

4　展開

| 指導段階 | 学習活動 | 教材利用上の留意点 | 備考 |
|---|---|---|---|
| 導入（５分）<br>・前時に読んだ，「ネギを植えた人」について話し合わせる。<br>・作者について話してやる。 | ○この前，この時間にどんな本について話し合ったかな。<br>・朝鮮の民話「ネギを植えた人」です。<br>○あの時どんなことが問題になったのかな。<br>・いろいろありましたけれど，ネギを植えに帰った人は，少しバカじゃなかったかということです。<br>・でも，きょうだいたちに食べられちゃってバカみたけど，ほんとはすごく仲間を愛していたりっぱな人じゃないかという話になりました。<br>・それから，こんな話をよろこんで聞いた朝鮮の人たちは，ほんとは苦しい，悲しい生活してたんじゃないかということです。 | | 板書する |

| | | | |
|---|---|---|---|
| 展開（35分）<br>・「りょうしとさかな」を読み聞かせる。<br>・感じたことを発表させる。<br>・登場人物について話し合う。<br>・プーシキンのころのロシアの話をしてやる。<br>・感じたこと考えたことを，みんなでまとめさせる。 | ○そうだったね。きょうは一つ，プーシキンという人の作った，ロシアのお話「りようしとさかな」を読んであげよう。<br>★プーシキンについて話してやる。<br>★民話から取材した童話詩だったことを知らせる<br>○「りょうしとさかな」を読んでやる。<br>○どうだった。おもしろいところはどんなところだったかな。<br>・おばあさん，ずいぶんいばり屋だね。<br>・おじいさん，まぬけだよ。おばあさんのいうことばっかり聞いているんだもん。<br>○じゃあ，おじいさんはどんな人でおばあさんはどんな人か，考えてみようか。まず，おじいさんは。<br>・やさしいけど，気が弱い。金のさかなに親切だけど，おばあさんにはやられっぱなしだから。<br>・しまりがない。だらしないよ。<br>・お人よしだわ。<br>○じゃあ，おばあさんは。<br>・きらい，おじいさんの恩を忘れていじめたりするから。<br>・よくばりだね。おじいさん，よくがまんしてるよ。<br>○それじゃこの話はどういうことが書いてあるんだろうね。<br>・よくばりすぎると損をするということです。<br>○そうかな。ところでこのお話はね。<br>★プーシキンのころのロシアの社会について話してやる。<br>★民話には，常民の生活や願いが | ・はじめは平和の生活だったことを強調する。<br>・くり返しの段階に留意させる。<br>・単純な教訓話として受取りやすいのでそれをさける。 | ・プーシキン<br>・りょうしとさかな<br>・ロシア<br>・民話<br>板書<br>⊙おじいさん<br>・やさしい<br>・気が弱い<br>・しまりがない<br>板書<br>⊙おばあさん<br>・恩を忘れる<br>・よくばり<br>・いばり屋 |





| | | | |
|---|---|---|---|
| 終末（5分）<br>民話の読み方について考えさせる。 | 描かれていることが多い。<br>・このおじいさん，まるでそのころのお百姓じゃないか。<br>・おばあさんは，じゃあ皇帝たちのことかもしれないね<br>○さあどうかな。民話を読むときには，その話を伝えた人たちのことを考えるとおもしろそうだね。 | | |

第5学年　特設時間における読書指導事例

本時の指導（5月）

1　主題　「春をつげる鳥」

2　目標　ブックトークにより，作品，作者を知り，プリントによる読書をさせ，父の愛情と，うぐいすに生まれ変わった子どもが楽しい平和を願う「春をつげる鳥」となった意義をつかませる。

3　教材の解説

(1)　「春をつげる鳥」日本童話名作選集11　宇野浩二著　三十書房

(2)　プリント　150部（教師自作のもの）

(3)　指導板　11枚

指　導　板（Si—5—1～10）

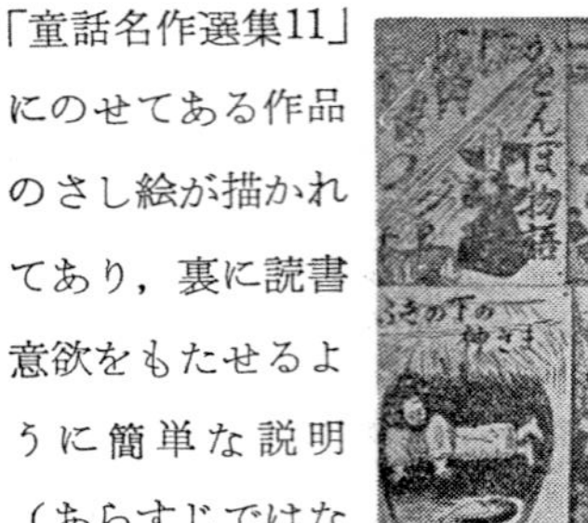


「童話名作選集11」にのせてある作品のさし絵が描かれてあり，裏に読書意欲をもたせるように簡単な説明（あらすじではない）が書かれている。

(4)　アイヌ人を扱った童話「春をつげる鳥」（1927）は，作者の小学生時代の夢と，文学への愛情をもりこんだ作品であり，処女作「ゆりかごのうたの思い出」とともに代表作といわれる。神話や昔話にありそうな幻想的な物語で，しかもやさしい文体でもあるので，この期の子どもたちの鑑賞に適したものである。

4　展開

| 指導段階 | 学習活動 | 教材名 | 教材利用上の留意点 |
|---|---|---|---|
| 導入（10分）<br>○作品作者についての紹介 | ○「春をつげる鳥」を読んだことのある人？<br>・6人挙手する。<br>○「宇野浩二」という人の作品を読んだことのある人？<br>・「ゆりかごのうたの思い出」（ほとんど全員）<br>○作者，作品について話す。（ブックトーク）<br>本名，うまれた所，生活をした所，少年時代のエピソード小川未明が童話の父とすれば作者は童話の母とまでいわれる人であること。<br>「文学の鬼」といわれるほど文学にうちこんだ人であること。<br>物語の背景となっている北海道について。 | ○B—90—ウ<br>日本童話名作選集11（三十書房） | ○現物(図書)5さつを展示しておく。 |
| 展開（30分） | | P—5—1（プリント） | |
| ○「春をつげる鳥」（プリント）を各自読ませる。 | ○読み終わったものから，読書ノートに記録させる。 | | |
| ○読後の感想を話し合う | ○作品のあらすじについて発表させる。<br>○登場人物について話し合う。<br>父酋長について<br>・ひどい人だ。「助けてくれ」といったことも聞かずに山をおりてしまった。<br>・いや，こども思いの人だ。三日目に山の小屋にいったのも心配だからだ。<br>・墓の中に子どものたいせつにしていたものなど埋めてやったのも子どもがかわいかったからだ。<br>こどもについて<br>・かわいそうなこどもだ。<br>・ぼくがこのこどもでなくてよかった。<br>・春をつげる鳥になり，しあわせになって，ほんとによかった。<br>（父酋長に対する誤ったけん悪感と，子に対する単純なセンチメンタルな共感に特に気をつけ，試験というのは，当時の成年式（成人式）であり，部族のおきてというものが，けっきょくは自分たちを守るのだということなどから，父の立場を理解させる。）<br>○このできごとの後，この部落はどうなったと思うか。<br>・戦いのない平和な部落になりみんながそれぞれ特長をいかした生活をすすめていったと思う。<br>○感じたこと，考えたことをまとめる。 | | |

| 終　末（5分） | ○同じ作者の他の作品について紹介をする。<br>ふきの下の神さま。ふたりのあんま。雪だるま。糸くず物語。よくばりぞん。勝つ話と負ける話。村のじぞう。人にすぐれた芸。わがまま太郎。かとんぼ物語。 | SI－5－1～10<br>（指導板） | ○あまりくわしい内容にわたることをさけ，読書意欲をもたせるように留意する。 |
|---|---|---|---|



# 第Ⅶ章　今後に残された問題

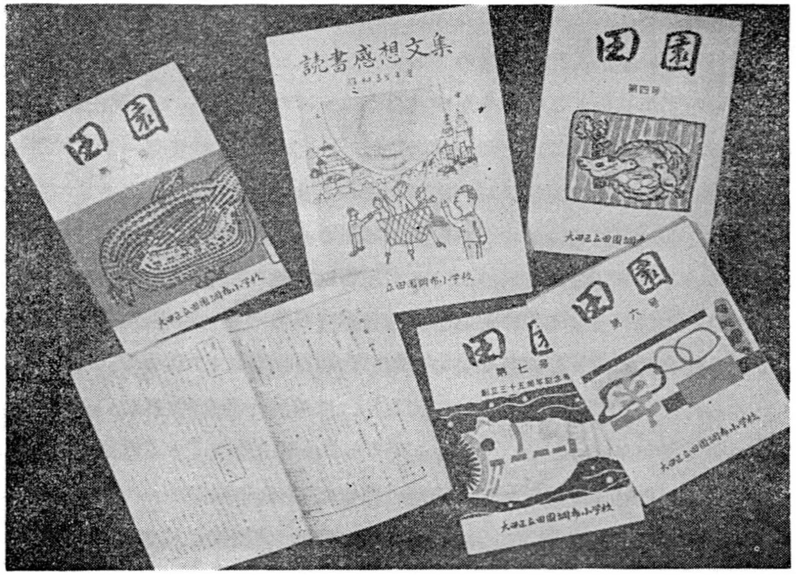

# 1　管理運営の問題

## (1) 人 の 問 題

ア　司書教諭，事務職員の配置について

図書館が真にその機能を発揮するためには，管理面においてつねに整備された状態になければならない。このためには，事務的処理にも専門的技術が必要になる。

本校の学校規模，資料保有の現状からすれば，司書教諭および事務職員それぞれ２名の配置が必要であると考える。現在ＰＴＡの雇い入れによる事務担当者が１名いるが，司書教諭の２名がいなければ，資料の提供調整その他の仕事もむずかしい。このような実践のつみあげの上にたって，学校図書館職員の制度化に努力していきたい。

イ　図書館主任および司書教諭，事務職員の事務内容の明確化

図書館主任は一般教諭の中から教務主任級の人材を配置すべきである。教師のあらゆる教育活動を資料の面でささえる図書館のになう役割は重大であるので，経験豊かな指導力のある幹部職員が当たるべきである。

また，司書教諭および事務職員の仕事の内容を明確にしていきたい。とかく日の当たらぬ片すみの仕事としてでなく，積極的な教育的価値をもつ職制として育てていきたい。

ウ　職員による管理運用の組織と事務の簡素化について

今回の本校の研究体制下においては，管理面，運用面に全職員を配置して，図書館体制を一応作ってきた。このことによってどの職員も図書館についての一応の見識と理解をもつまでになったと思っている。問題は今後であるが，管理面においては縮少して一部の職員で行なう方式を考えているが，





運用面については全職員がなんらかの形で参加する体制が続くであろう。すなわち資料の更新，学習指導における教材利用，読書指導や資料利用指導などをとおして全教師が運用の面に参加することとなる。ことに継続研究を行なっていかなければならない問題，すなわち読書指導，資料利用指導の問題や資料提供上の問題等は，現在よりしぼった人数で研究をつづけていきたいと考えている。

従来の学校の事務組織，研究組織に新しい分野が追加されるわけであるから，学校全体の立場を考え合わせながら図書館関係の事務ならびに研究組織の問題を処理しなければならないが，図書館関係の仕事が従来の仕事の上に，単に加わったというのではなく，質的な重点の移行とも考えられるので，教科研究部との有機的関連のもとに効率的な運営を実現していきたい。

## (2) 資 料 の 問 題

資料には一般資料と教材（主として教師の使うもの）があることは，すでに述べたところである。これら資料は図書館の生命である 。一応整えられたからといって，一段落したという性質のものではない。より質のよい資料へと絶えざる更新を続けていかなければならない。

一般資料は主として，児童・教師の自主的学習の対象になるものであるが，市場にはよりよい資料が絶えず出版されるので，選択検討の上，図書館に納めることを続けていきたい。また職員のための研究図書，教養のための図書も今後いっそう充実をはかる必要がある。

教材センターの機能の充実については，教材の更新の問題として，これも今後に残された最も大事な仕事の一つである。

## (3) 件名目録と学習目録の問題

本校の件名目録は全国学校図書館協議会の件名標目表を基本にして，これ

に加除訂正を加えて作成したものであって，教科別の五十音順に配列してある。教科別か五十音順かにも問題があろうが，今後の問題は件名目録か学習目録かの問題であろう。

件名目録は標準化，簡素化の立場から大項目主義をとっているため，目録作成の手間は省けるが，標目が必ずしも児童の求める主題と一致しない。多くの場合，広い領域の中から，捜し出すこととなり不便である。

これに対し素材標目表というのがある。学習事項を細かに取り上げて，素材にまで立ちいって目録化しているので，使うものにとっては便利であるが，はたしてほんとうに児童の親切になるか疑わしい面もある。また，それを作る繁雑な仕事は一般的には通用すまい。ここまでいくと辞典がその用を果たしてくれそうである。

そこで，素材標目表よりは大項目で，件名標目表よりは小項目で，しかも主題が学習主題に結びついたような学習標目が考えられる。児童の求める主題に沿った項目であれば，児童への親しみもあろうし，項目の領域も手ごろであれば，手数もあまりかからない。最も実際的なものではないかと考える。

しかし，これに見あう適当な図書の出版が，先決問題である。これらを合わせ考えながら，学習目録の問題を今後考えていきたい。

### (4)　施設，設備の問題

ア　残された施設，設備

一応の整備を終わったというものの，現在なお校舎改築の途上にあるので，最終的な段階でおさえることができないのが現状である。改築工事が進んで教室の余裕ができれば今にでも，低学年閲覧室をとりたいと思っている。視聴覚室もあまりに狭い。だが現在はギリギリの線でとっているが，6月ごろには，前述の室もとれるかもしれない。それに伴う設備等も当然今後の問題となる。その他，今後の施設設備の問題については，機能面を考慮し





て，できるだけ能率的，合理的に近代化の方向へ進みたい。

イ　資料の分散と集中について

資料情報の一元化の問題は一応解決の緒についたと考えているが，資料そのものの集中，分散等の問題については，校舎改築進行の状況とにらみ合わせながら，実際運営を通して検討していきたい。

ウ　経　　費

研究途上のこととて試行錯誤もあり，費用もかさみがちであったが，今後の維持，発展に要する経費は，それほどかからないと思う。また，重点的に配慮し節約を図っていきたいと考えている。しかし，現在の公費だけでは，維持さえも困難であると考えるので，重要な課題として提起しておきたい。

## 2　教育課程の問題

### (1)　資料・教材と学習形態および教科研究との関係

われわれが資料や教材について論ずる場合，一般に行なわれている学習形態を是認した上で論じているようである。われわれもそうであった。けれども学習形態を確かに押えた上であるかというと，ばく然とした押え方であったと思っている。アメリカの小学校では，普通の時間にも図書館資料がしきりに利用されているようであるが，わが国のように多人数の学級のいっせい指導の形態をとっている場合とでは，資料，教材の扱い方はもちろん，学習指導そのものにちがいがありそうである。そこで資料，教材の質や性格を論ずる前に，学習形態について少しく究明しながら，その関連の上にたって，資料，教材を改めて考えていきたいと思っている。

われわれはとかく従来の型や方法に流されやすい。もちろん現在の方式が試練を経て形づくられ引き継がれてきたよきものではあろう。

しかし，固定化は進歩への障害である。従来の学習形態を再検討してみて，効率的な学習形態を探ってみたい。この関連の中で，資料，教材の質や与え方を考えてみたいと思う。

また，資料，教材は教科のあり方を離れては無意味である。教材研究はそのまま教科研究とつながるものである。図書館においては，資料，教材とその提供までが，研究の対象になるのであるが，教科研究に裏うちされない教材であっては価値が少ないのである。したがって，今後図書館の資料，教材の問題についての質の向上，その他の問題の解決は，教科研究を深めることと不離一体の形で進められなければならない。これも今後の課題である。

### (2) 教材の更新と複数整備の問題

収集，自作された教材は，もちろん完全のものでもなければ，固定さるべき性質のものでもない。元来指導計画は実践しつつ，つねに改訂を加えるべきもので，これなくして学習指導の向上はあり得ない。前述の教科研究の前進とともに更新されるべきものなのである。

より新しく，より質の高い教材が精選され更新されていくことでなければならない。その手続き，方法，時期等については，実践をとおしながら検討を加えて，定着したものとしていきたい。

教材の複数整備の問題については，目下大部分の教材に関して一部ずつしか用意されていない。1学年5学級の本校においては，使用時の重複をさけるため，時間割りの作成等に意を配っているが，同じ教材が，2部あるいは3部あったほうがよい場合もある。今後この問題については必要なものは複数にしたいと考えている。

### (3) 利用指導，読書指導の概念規定の明確化とその必要性の認識について

利用指導，読書指導の概念規定については，広狭さまざまであり，人によ





って見解もちがい混乱もまぬがれない現状である。本校では前述のごとく，一応全体をおさえた上で，その核となるべき，資料利用指導，読書による情操教育の時間を特設して本校の立場を明らかにした。今後さらに利用指導，読書指導の概念規定を明確にしていきたい。同時に，全教育活動の立場において，この指導の必要性についての認識を広めたいと思う。必要性の確認こそ今後に残された問題である。

その結果，両指導を四領域の中に定着させていきたい。この場合，国語との関係が主として問題となるであろう。特設時間を学校行事等に位置づけたことは，あくまで暫定的措置にすぎないのである。

### (4) 資料利用指導の学習指導法の研究

資料利用指導について，その目標，内容等を決定し，各学年の発達段階に即して配当をした。また指導に要する教材等も一応収集して，研究授業等も行なってきたが，その学習指導の方法については，まだじゅうぶんなものとはなっていない。これら指導については指導計画の検討とともに今後に残された問題である。

### (5) 読書による情操教育の推進とその定着

この問題は，本校に残された最大の研究課題である。

今日の社会，文化の諸情勢下における情操教育の必要性や本校の教育目標からも重視していきたい問題である。なおこれの実際指導については，特別な指導計画を作っているが，資料の面で，必修図書の選定，推選図書の問題，複本，抜きずりの問題等のほかに，指導法の問題等，課題は多い。

しかし重要な問題であるだけに，実践をとおしながら教育課程に定着させていきたい。

### (6) 読書感想文について

読書指導につながるものとして読書感想文がある。毎年読書感想文を発行して，年々向上のあとが見えるようであるが，内容は似たりよったりの感がないでもない。いわゆる書評的感想文に終わっているようである。平板な感じである。

従来の読書指導が，児童を本に近づけ，読ませるということに主眼がおかれて，その先の深められた指導が進んでいなかったことと関連があるかもしれない。じかに児童の生活にぶつけたような個性のにじみでた感想文，従来の型を破った感想文があってよいように思う。今後の課題の一つである。

## 3 結　　論

図書館の資料利用による学習の効率化と読書による人間形成（情操育成）とは，学校図書館の役割であり目標である。この両面をおさえて，さらに実践と研究を進めることによって，学校図書館を学校教育の中に定着させ，真に学校において欠くことのできない施設としての学校図書館の発展を期待するものである。なお，このことがとりもなおさず学校教育の進展を意味するものと信じている。

MEJ 3072

初等教育実験学校報告書 8

学習に役だつ小学校図書館

昭和39年 5 月30日　初版発行
昭和40年 7 月10日　再版発行

著作権所有　文　部　省

発行所　株式会社　東洋館出版社
代表　錦織登美夫

印刷者　株式会社　東洋館印刷所
代表　錦織豊松

東京都千代田区神田淡路町 2 の13

発行所　株式会社　東洋館出版社

電話（253）8821～3
振替口座 東京　96823

定価　279円

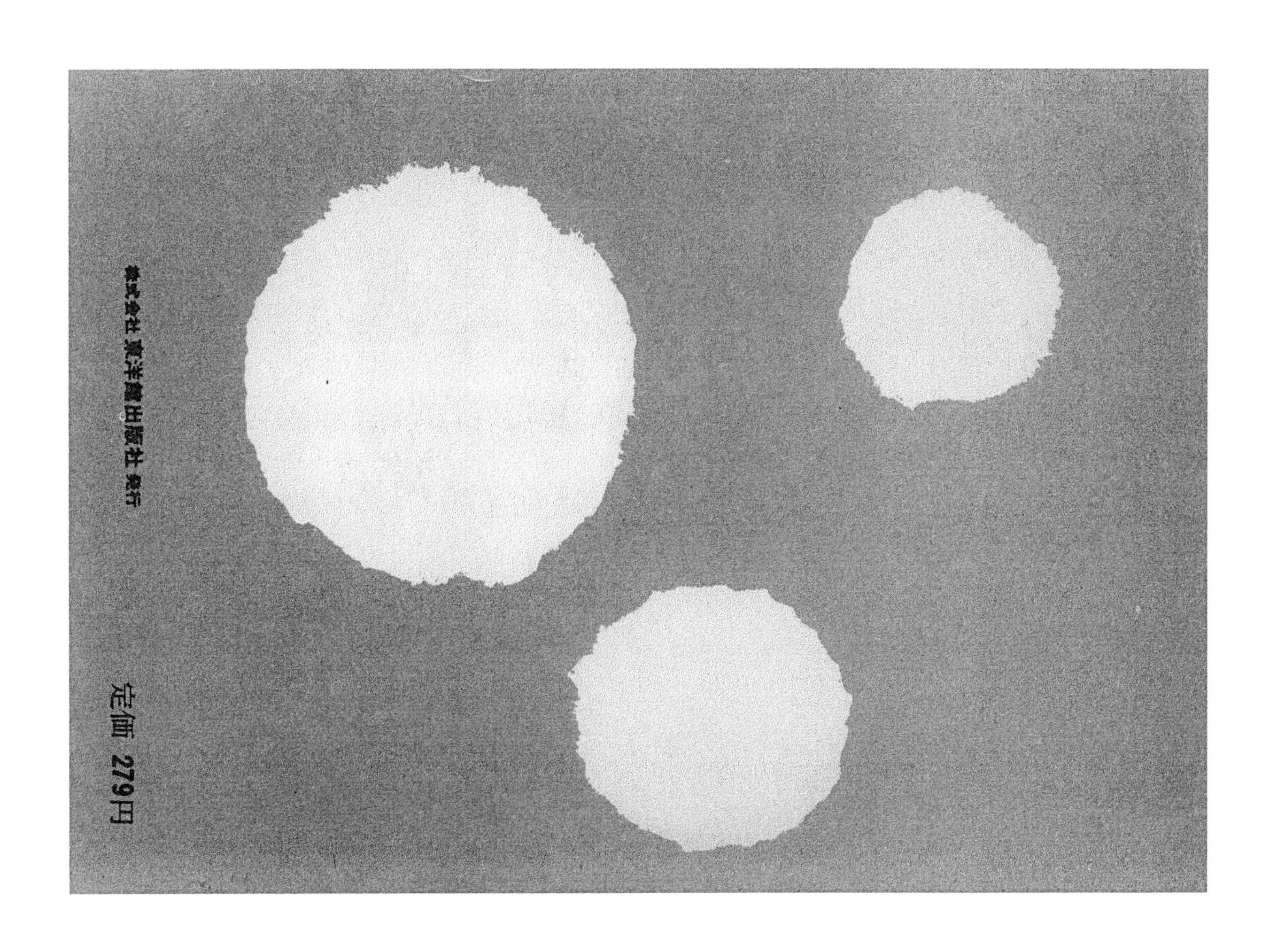
株式会社 東洋館出版社 発行
定価 279円

編集復刻版
戦後改革期文部省実験学校資料集成（せんごかいかくきもんぶしょうじっけんがっこうしりょうしゅうせい）　第Ⅲ期　全3巻

2018年5月20日　第1刷発行
揃定価（本体75、000円＋税）

編・解題者　水原克敏
発行者　小林淳子
発行所　不二出版
東京都文京区水道2-10-10
℡03(5981)6704
印刷所　富士リプロ
製本所　青木製本
乱丁・落丁はお取り替えいたします。

第2巻　ISBN978-4-8350-8204-2
（全3冊　分売不可　セットISBN978-4-8350-8202-8）